高等院校应用心理学系列教材

中国心理学会心理学教学工作委员会组织编写

运动心理学

（第二版）

总主编　黄希庭

主　编　张力为　毛志雄

华东师范大学出版社

·上海·

图书在版编目（CIP）数据

运动心理学/张力为，毛志雄主编. —2版. —上海：华东师范大学出版社，2018
ISBN 978 - 7 - 5675 - 7449 - 6

Ⅰ.①运…　Ⅱ.①张…②毛…　Ⅲ.①体育心理学－高等学校－教材　Ⅳ.①G804.8

中国版本图书馆 CIP 数据核字（2018）第 016549 号

全国应用心理学系列教材
运动心理学（第二版）

编　　著　张力为　毛志雄
项目编辑　师　文
封面设计　卢晓红　俞　越
版式设计　蒋　克

出版发行　华东师范大学出版社
社　　址　上海市中山北路 3663 号　邮编 200062
网　　址　www.ecnupress.com.cn
电　　话　021 - 60821666　行政传真 021 - 62572105
客服电话　021 - 62865537　门市（邮购）电话 021 - 62869887
地　　址　上海市中山北路 3663 号华东师范大学校内先锋路口
网　　店　http://hdsdcbs.tmall.com

印 刷 者　常熟高专印刷有限公司
开　　本　787毫米×1092毫米　1/16
印　　张　29.25
字　　数　674千字
版　　次　2018年2月第2版
印　　次　2025年7月第11次
书　　号　ISBN 978 - 7 - 5675 - 7449 - 6
定　　价　65.00元

出版人　王　焰

序

2000 年 8 月 19 日至 22 日在上海举行的中国心理学会心理学教学工作委员会第七届学术年会上,与会代表提出,鉴于近年来许多院校建立了应用心理学系或专业而教材却十分匮乏的实际情况,希望教学工作委员会能协助解决该问题。经我国心理学界同仁们的共同努力,由中国心理学会心理学教学工作委员会组织编写的第一批应用心理学专业系列教材终于出版了。这套教材共 12 本,它们是:《应用心理学导论》(黄希庭主编);《心理学研究方法》(莫雷主编);《现代心理学理论流派》(马欣川主编);《人力资源管理心理学》(朱永新主编);《咨询心理学》(刘华山、江光荣主编);《公共关系心理学》(秦启文主编);《健康心理学》(郑希付主编);《旅游心理学》(游旭群主编);《消费心理学》(王莉主编);《法律心理学》(乐国安主编);《运动心理学》(张力为主编);《广告心理学》(冯江平主编)。这套教材是为大学本科应用心理学专业的学生编写的,也可以作为相关实际工作者的参考用书。

这套应用心理学专业系列教材既包含大学应用心理学专业的基础课也包含该专业不同方向的主干课。在编写这套系列教材时我们力求贯彻"教育要面向现代化,面向世界,面向未来"的精神,体现科学性与思想性的统一,理论与实际相结合,从而为培养具有创新精神、适应社会发展的应用型人才服务。这套教材,无论是专业基础课或专业方向主干课,都是导论性质的课程。为此我们这套教材在编写上力求体现以下特点。

1. 科学性

力求系统地阐述本门学科的基本概念、基本技能、基本原理和基本理论,做到概念准确,原理清楚,技能培养切实可行。对概念、原理和理论的阐述,力求以事实为依据。这里所讲的"事实"既可以是实验研究、相关研究所得到的定量资料,也可以是临床研究所得到的定性资料;既可以是科学研究的资料,也可以是人文研究的资料;既可以是国外的资料,也可以是国内的资料。

2. 前沿性

力求反映本学科最新的研究成果,指出本学科最新的发展趋向,回答当代社会生活实践中所提出的某些应用心理学问题。在这套系列教材中,我们力求整合多种研究取向的成果来阐述现实生活中活生生的人的心理,从而有助于学生形成正确的心理观。

3. 启发性

力求有助于培养学生发现问题、分析问题和解决问题的能力，有助于培养学生的创新精神。对于有争议的问题，提倡以多种研究取向加以分析。本套教材各章之后均列有复习思考题和推荐参考书，有的还设专栏讨论。

4. 可读性

力求做到文字通达，易读、易懂，可读性强。

如何使用这套教材？

首先，要重视基础知识（原理、理论）和基本技能的教学。任何一门心理学课程都有其基本概念、基本原理和基本理论，应用心理学专业的课程也不例外。我们应根据教学的实际情况，讲清教材中的基本概念、基本原理和基本理论，让学生们掌握心理学的基础知识。与此同时教师还应注重对学生实践能力的培养，让学生掌握一定的应用技能。例如可以通过模拟咨询、案例教学、临床咨询等实践，让学生掌握初步的咨询技能。

但是，只教应用心理学的基础知识和基本技能还不够，还应教给学生获取知识的方法。古人云"授人以鱼"不如"授人以渔"。除了教材中列出推荐给学生进一步阅读的材料外，教师还应结合某课程中的某些知识和技能的讲解，告诉学生还可以在哪些杂志和书籍中找到有关的知识。如果有可能还可以讲解有关研究方法，让学生做一些调查或实验。这不仅有助于学生加深对知识技能的理解和掌握，而且更重要的是使他们掌握怎样去获取新知识的方法。

再进一步讲，教给学生知识技能并教给学生获得新知识的方法，我认为还不够，作为一位优秀的心理学教师还应当教给学生发现问题、分析问题和解决问题的本领。应用心理学专业的学生，毕业走向社会后面对的是活生生的人。人为万物之灵，他之所以为万物之灵，就是因为有一个复杂的心理系统。对于这个复杂的心理系统，我们应当用不同的视角来加以考察。例如，面对中学生家长的咨询：他的孩子上课萎靡不振，不专心听讲，希望我们给予帮助。导致中学生此种状况的原因是多方面的，我们只有从多种角度来观察、来思考，才能找到问题的症结，并给予切实的帮助。如果我们培养出来的应用心理学专业的毕业生能够从各种不同的视角去观察人，用广阔的心理学视野去发现问题、分析问题和解决问题，那么他们将来一定是很有后劲的，我国的应用心理学事业就会大有希望。

我们期盼着我国应用心理学繁花似锦时代的到来，期盼着我国应用心理学事业在实践的应用中得到更大的发展！

黄希庭谨识

2002 年 11 月 25 日

于西南师范大学窥渊斋

前　言

　　党的二十大报告中提出,要广泛开展全民健身活动,加强青少年体育工作,促进群众体育和竞技体育全面发展,加快建设体育强国。运动心理学在发挥体育运动的育人作用,促进运动活动参加者的自我完善、心理健康和社会互动方面扮演着重要的角色。

　　本书的框架遵循了两个原则:

　　第一,根据兼顾理论与实践、中国与外国、过去与未来的原则,在体系上对以往的运动心理学教材做了根本改造。这种改造表现在范围和结构两个方面。在范围上,本书几乎涵盖了目前运动心理学在竞技运动、体育教育和大众锻炼三大领域中所有的理论探索和应用实践,以便使背景不同、需求不同的读者能够在一本大全的教科书中各取所需。在结构上,本书试图构建运动心理学体系的完整性和逻辑性。本书以运动活动参加者(包括运动员、教练员、学习体育课程的学生、参加锻炼活动的个体等)为线索,以包含动机和情绪两大成分的动力因素为起点,介绍了他们因运动活动而产生或在运动活动中体现的个人差异和认知特点,阐述了他们的自我完善、心理健康和社会互动问题。

　　第二,根据面向市场、关心读者的原则,在格式上尽量让学生感到易学,让教师感到好教。为此,在每章中安排了专栏,或讨论热点、难点和争论问题,或介绍应用实例;在每章末安排了本章提要、关键术语、复习思考题和推荐参考读物;在全书末安排了名词解释、参考文献和主题索引。我们希望凭借这些精心设计,帮助学生理解主旨,记忆要点,开阔视野,培养兴趣。

　　本书共分七编二十二章。第一编为总论,用一章的篇幅介绍了运动心理学的发展简史、性质和任务。第二编为运动活动参加者的动力因素,用四章的篇幅介绍了运动活动参加者的动机和归因,以及应激、唤醒、焦虑与运动表现的关系。第三编为运动活动参加者的心理特征,用两章的篇幅从个体差异的角度讨论了运动员的智力特征和人格特征。第四编为运动活动参加者的认知过程,用五章的篇幅论述了运动活动过程中的感知、记忆、思维和注意特点以及运动技能的形成规律。第五编为运动活动参加者的自我完善,用两章的篇幅介绍了运动员平时的心理训练和比赛的心理调节。第六编为运动活动参加者的心理健康,用四章的篇幅讨论了运动员的运动损伤、过度训练和兴奋剂使用的心理学问题,以及普通人进行体育锻炼的动机和心理效应

前
言

1

问题。第七编为运动活动参加者的社会互动,用四章的篇幅讨论了运动团体的凝聚力、教练员的领导与管理、观众效应与主场效应以及运动场上的攻击与暴力问题。

本书编写过程中,北京市体育科学研究所的任未多研究员阅读了本书的大部分章节并提出了很好的意见和建议,北京体育大学研究生院高访学者江宇、研究生赵开强、陈荔、刘芳琳为本书提供了技术性帮助,北京体育大学李永安、谢娟、雷文秀、王金刚同学阅读了本书初稿并从读者角度提出了建议,在此一并致谢。特别要感谢丛书主编黄希庭教授给予的指导和帮助,感谢华东师范大学出版社为编辑出版本书而付出的辛劳。

成人的一种欣喜就是看自己儿时的照片,回想过去的幼稚,品味现在的进步,如果此时还能夹带着对未来的憧憬,那滋味,简直就是美酒加咖啡。

回顾运动心理学过去的幼稚和坎坷,我们为运动心理学今天的进步感到自豪和骄傲,同时也为运动心理学明天的发展感到鼓舞。读者寄往下述地址的批评斧正,将帮助本书日后以更实、更新、更雅的面貌再版。

张力为

教育学(体育运动训练学)博士,哲学(心理学)博士

100084 北京体育大学心理学教研室

liweizhang@hotmail.com

2023 年 8 月

目录

第五编　运动活动参加者的自我完善

目
录

目
录

运动心理学（第二版）

第一编

总　论

心理学与奥运会。2000年4月16日,中国体育科学学会运动心理学专业委员会暨中国心理学会体育运动心理学专业委员会在福建厦门召开了"运动心理学发展暨悉尼奥运会心理咨询工作研讨会"

2000年7月13日,当奥委会主席萨马兰奇宣布北京赢得2008年奥运会主办权的时候,北京沸腾了,中国沸腾了,全世界的华人为之欢呼雀跃。在中国,奥林匹克由此得到史无前例的瞩目,体育运动也得到前所未有的关心,成为中国社会发展的重要领域。

社会经济的发展和生活质量的提高,使人们有了更多的休闲时间和更大的活动空间。现在,体育运动已不仅是保持身心健康的必要手段,而且已成为生活的一种基本需要。研究体育运动的各种科学也随之应运而生,运动心理学便是其中一门年轻而又富有生命力的新学科。诚然,无论是在体育教育领域还是在竞技运动领域,无论是对于体育教师、学生,还是对于教练员、运动员、裁判员、观众、球迷、记者,心理因素都是人们最常提及、最熟悉和最热衷的话题之一,但将体育活动中的这些心理因素作为对象进行系统的科学研究,却并不为人们所熟知。现在,毕竟它已跨入了科学的殿堂,成为心理科学和体育科学的重要组成部分。

第一编只有一章。这一章将介绍运动心理学的简要发展历程,讨论运动心理学的性质并介绍运动心理学的任务,以帮助读者对运动心理学有一概括了解,并为学习后面的内容打下基础。

第一章 运动心理学的简史与任务

插图 1-1 体育锻炼上的投资会减少医疗保险上的投资吗

　　运动心理学是一门应用学科,其研究动力主要来自社会需要、母科学心理科学和体育科学以及相关学科的发展,而各学科的发展实际上也体现了社会需要。中国的经济、社会以及体育各方面的迅速发展,正在不断地给运动心理学提出更多的挑战。例如,在竞技体育领域,采取哪些心理学手段才能最大限度地在训练中开发并在比赛中体现运动员的潜在能力?在体育教育领域,如何通过体育活动发展学生的心理品质?在大众健身领域,体育锻炼能够给人们带来什么心理学效益?这些问题,既体现了社会的需要,也蕴含着运动心理学自身发展的机会。

　　运动心理学已经是体育院系学生的基础课程和必修课程,也是体育科学研究的一个主要方面。为了使读者对它有一个全面的了解,本章将回顾运动心理学发展的历史进程,讨论运动心理学的科学地位,分析运动心理学的研究方向和研究特点,介绍中国运动心理学当前的工作领域。

第一节　运动心理学发展简要历程

一、世界运动心理学发展的简要回顾

艾宾浩斯(Hermann Ebinghaus,1850—1909)对心理学的发展有一句广为流传的评语:"心理学有一长期的过去,但只有短暂的历史。"(引自波林,1982,ii)前半句话指的是心理学源远流长,对心理学问题的探讨可追溯至古代中国、古代希腊的哲人,如孔子、孟子、亚里士多德等;后半句话指的是心理学作为一门科学从哲学中脱胎出来,不过才有100多年的历史,其标志一

插图1-2　美国印第安纳大学的特里普利特

般认为是冯特(Wilhelm Wundt,1832—1920)于1879年在德国莱比锡建立了世界上第一个心理学实验室。而运动心理学作为心理学的分支学科,就更显年轻。以目前掌握的资料而论,最早出现的运动心理学文献是美国印第安纳大学的特里普利特(Norman Triplett)于1897年发表在《美国心理学杂志》上的一篇论文。当时,特里普利特进行了一项实验以研究社会促进效应(effect of social facilitation)问题,观察观众在场对运动技能表现的影响。结果发现,当有人在场或进行比赛时,自行车运动员的骑行成绩要比自己单独骑自行车时更快。这项经典研究,既开社会心理学研究之路,也创运动心理学研究之先。

两年之后,1899年,美国耶鲁大学的斯克里彻(E. W. Scripture)在《大众科学月刊》撰文,提出参加体育活动可以改善人的个性特征。

在1913年的洛桑会议上,现代奥运会创始人顾拜旦(Pierre de Coubertin,1863—1937)明确提出了运动心理学的研究问题,推动了心理学与体育运动相互结合的科学历程。

更重要的是,1923年,被称为美国运动心理学之父的格里菲斯(Coleman Roberts Griffith,1893—1966)在美国伊利诺斯大学开设了世界上第一个运动心理学课程;1925年,他建立了世界上第一个运动心理学实验室,系统地进行了一系列的运动心理学实验(Wiggins,1984;Kroll & Lewis,1970)。如果我们把德国心理学家冯特在莱比锡建立世界上第一个心理学实验室这一事件看做心理学发展史上的重要里程碑的话,那么,格里菲斯建立运动心理学实验室的工作,则在运动心理学发展历程中起到了划时代的作用,可被视为运动心理学(sport psychology)学科建立的标志。格里菲斯的主要研究领域包括运动技能学习(motor learning)、运动技能操作(motor performance)以及体育运动中的个性问题。他研制了一些仪

插图1-3　建立第一个运动心理学实验室的格里菲斯

器设备,用以测量运动知觉、心理觉醒程度、视觉、听觉、触觉反应时、稳定性、肌肉协调能力、肌肉紧张和放松程度以及学习能力等运动心理特征(Kroll & Lewis,1970)。1926年他编写了世界上第一部运动心理学教科书《教练心理学》,1928年又出版了《运动心理学》。1938年,他作为体育运动心理咨询专家,受聘于芝加哥一家棒球俱乐部代表队,对运动员进行了一系列运动测验和纸笔测验,以确定运动员的心理状态和心理潜力(Anshel,1990)。

20世纪20—30年代,苏联的运动心理学也处于萌芽和初创阶段。苏联的中央体育学院即莫斯科体育学院的心理学教研组和列宁格勒体育学院的心理学教研组研究了训练过程技能形成的特点,体育活动对发展知觉、记忆、注意和想象的影响,以及体育对个性形成、智力发展的作用等课题。1927年和1930年,涅恰耶夫两次出版了《体育心理学》(祝蓓里,1986)。

与此同时,德国的运动心理学也开始发展,1927年和1929年分别出版了波斯的《运动心理学》、舒尔清的《体育心理学》和梅格尔曼的《体操和运动员的人格类型》等著作(祝蓓里,1986)。

40年代和50年代,尽管运动心理学的发展速度不是很快,但有许多运动技能学习实验室相继建立,使得研究人员在对体育活动中的运动行为进行研究时有了更为复杂和更为科学的方法。通过这种研究,体育运动领域的科学家们在研究设计、仪器研制和使用、统计技术等方面也得到很大提高,论及运动技能学习、运动技能操作之机制的文章数量也在增加(Anshel,1990)。

60年代和70年代,运动心理学得到了前所未有的迅速发展,其重要标志有二:第一,1965年,由意大利运动医学联盟倡议,在罗马召开了第一届运动心理学会议,成立了国际运动心理学会(International Society of Sport Psychology, ISSP)。此后,每4年召开一次国际运动心理学会议(表1-1)。第二,1970年,《国际运动心理学杂志》(International Journal of Sport Psychology)创刊,它沟通了世界各国运动心理学研究的信息,推动了运动心理学的科学研究。

表1-1 历届运动心理学大会情况

届数	年代	地点	主 题
第一届	1965	罗马	运动员的心理准备;运动心理疗法的价值;运动动机;运动活动与个性
第二届	1968	华盛顿	运动员的心理准备;运动动机;体育活动中的自我努力;运动心理学的学科性质
第三届	1973	马德里	运动心理学的一般任务;竞争心理;运动训练与竞争能力;作为娱乐手段的身体活动和运动活动
第四届	1977	布拉格	入学前后的体育心理学问题;缺陷儿童体育心理学的特征;青少年、成人的娱乐心理;运动活动的心理分析;竞技者心理紧张的问题;运动中必需的心理品质和动力学特征;社会心理学和体育活动
第五届	1981	渥太华	运动员生活的心理意义;体育与生活相适应;从初学者到运动员的运动训练方法;运动与生活中的自我控制;体育政策指导和计划心理;21世纪的运动心理学

届数	年代	地点	主 题
第六届	1985	哥本哈根	锻炼与运动心理学：全民的参与
第七届	1989	新加坡	运动心理学和人的运动表现
第八届	1993	葡萄牙	计算机应用；教练与心理学；认知与决策；体育运动中的文化差异；测量与方法学问题；健康、幸福与心理学；运动操作与技能掌握；体育运动中的问题；职业训练；学校体育与心理学效应；社会心理过程；选材与发展

　　各国体育界都积极支持运动心理学科学研究的开展，相继成立了有关的学术团体。例如，苏联在二战后成立了"运动心理委员会"；美国在1967年成立了"运动心理学全国协会"，另在"奥林匹克训练中心"设立了运动心理学研究小组；日本于1950年在体育学会内成立了"体育运动心理专科分会"；1967年，"北美运动心理学会"成立；60年代末，"欧洲运动心理学联合会成立"；1991年，"亚洲及南太平洋地区运动心理学会"成立。另外，目前全世界有4种运动心理学专业学术期刊（表1-2），它们标志着运动心理学作为科学的独立性，也从学术的角度推动着运动心理学的发展。

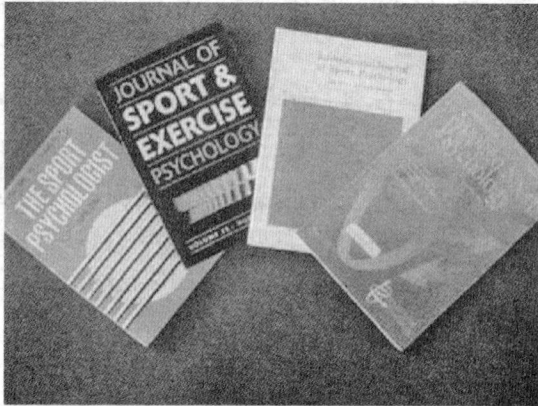

插图1-4　4种国际性的运动心理学学术期刊。左起：运动心理学家，运动与锻炼心理学杂志，国际运动心理学杂志，应用运动心理学杂志

表1-2　4种运动心理学专业学术期刊

期 刊 名 称	出版单位	创刊时间	专业倾向
运动与锻炼心理学杂志 Journal of Sport & Exercise Psychology	北美运动心理学会	1979	范围广泛的综合性内容
国际运动心理学杂志 International Journal of Sport Psychology	国际运动心理学学会	1970	范围广泛的综合性内容
运动心理学家 The Sport Psychologist	人类运动学出版社	1987	心理训练，心理咨询
应用运动心理学杂志 Journal of Applied Sport Psychology	应用运动心理学发展协会	1989	应用性运动心理学研究

二、中国运动心理学发展的简要回顾

(一) 早期和近代的发展

中国古代就已开始萌发了一些同体育运动活动有关的心理学思想,这些思想散见于《礼记》、《庄子》、《史记》、《吕氏春秋》、《梦溪笔谈》等著作中,包含着运动发展心理、运动保健心理、技能形成心理、运动竞赛心理、运动战术心理、心理训练等方面的论述,闪烁着中国运动心理学史前时期的火花,对中国运动心理学的发展有着积极的影响(柴文袖,1991)。

我国著名体育教育家马约翰早在1926年就撰写了题为《运动的迁移价值》的论文,这是笔者所能了解到的中国现代运动心理学的最早的专论。1942年,全国武术和体育研究院的吴文忠、肖忠国编译出版了我国第一部《体育心理学》。

1957年,苏联运动心理学家鲁吉克(Rudik)的《心理学》被介绍到中国;1958年,苏联运动心理学家车尼克娃(Chernikowa)的《运动心理学问题》被译为中文。各体育院系逐渐开设运动心理学的课程,而这两部著作也成为该课程的主要依据(Ma,1989)。

(二) 20世纪80年代和90年代的发展

在20世纪50年代和60年代,由于众所周知的政治失误,苏联和中国的心理学被打入冷宫近20年之久,至70年代后期才重见天日。1979年,中国心理学会体育运动心理专业委员会成立;1980年,中国体育科学学会运动心理学会成立。两会的首任主任委员是马启伟教授,他对中国运动心理学的发展作出了奠基性的贡献。两会的建立,标志着中国运动心理学开始走向迅速发展的道路。1986年,中国运动心理学会(China Sport Psychology Society)作为团体会员加入国际运动心理学会;1991年,中国运动心理学会作为发起国之一,组织建立了亚洲及南太平洋地区运动心理学会。

插图 1-5 第一届中国心理学会体育运动心理学专业委员会和第一届中国体育科学学会运动心理学专业委员会的主任委员马启伟

中国运动心理学会自建立以来,共组织了7次全国学术会议(表1-3)。80年代和90年代,中国运动心理学在运动员心理评定/心理选材和运动员心理训练/心理咨询两大方面做了大量研究工作和实践工作,取得了丰硕成果。

表1-3 中国运动心理学会组织的学术会议

届次	时间	地点	会议名称
第一届	1983年	云南昆明	全国运动心理学学术论文报告会
第二届	1986年	四川成都	"心理学在运动训练中的应用"专题论文报告会
第三届	1989年	山东蓬莱	全国运动心理学学术论文报告会
第四届	1993年	广东广州	全国奇星运动心理学学术论文报告会
第五届	1996年	河南郑州	第五届全国(竹林胺)运动心理学学术会议
第六届	1998年	云南昆明	佰溢第六届全国运动心理学学术会议
第七届	2002年	北京	汉殷第七届全国运动心理学学术会议

运动员心理评定是心理选材（talent selection by psychology）和心理训练的第一步。1980年至1982年，武汉体育学院承担了国家体委重点科研课题《优秀运动员心理特征研究》。在这一课题的研究过程中，课题研究人员开发了一批适用于体育运动要求的专门仪器和测试方法，通过对2 719人的测试，搜集了短跑、体操、游泳、排球运动员心理特征的大量资料，为更好地理解运动员的心理特征奠定了研究基础。自此以后，有关运动员心理特征的研究层出不穷，成为研究数量最多的一个领域。

选材是训练的起点。国家体委（体育总局）长期以来都将选材作为一项战略任务来抓，从1980年开始，即组织了大型综合性科研课题《优秀青少年运动员科学选材》的研究；2001年，又组织了《奥运优秀运动员科学选材的研究》，以便为2008年北京奥运会服务。在这两项大型课题中，心理选材均是重要组成部分。一般来说，心理选材需要解决以下问题：首先要确定出某个专项运动员的关键性心理特征，方法有专家评判、多元回归分析和因子分析等；然后再确定出关键性心理特征中受遗传因素影响较大且稳定性较好的供选材使用的心理特征，方法有双生子研究、不同血缘关系的研究和纵向追踪研究等；进而以各级高水平运动员为参照体，制定选材模式，包括少年运动员的常模；最后，对于根据以上模式选择出的运动员进行跟踪研究，以检验选材模式的有效性并发现问题，进一步完善选材模式。但目前还很少有能够完成以上全过程的系统研究，心理选材工作的效益也有待提高。

中国运动员的心理训练和心理咨询（psychology counseling）工作是从80年代初开始的。起初，有几位运动心理学家应中国射击队和中国射箭队的邀请，开始对几名运动员进行心理训练和心理咨询的大胆尝试，其中一名双向飞碟运动员在调整心理状态之后参加比赛，创造了世界纪录。于是，更多的运动队（如中国跳水、游泳、体操、田径、排球、乒乓球等队）也相继要求接受心理学家的帮助，优秀运动员的心理训练进一步广泛开展起来。

1987年，中国运动心理学会承担了国家体委的重点科研课题《我国优秀运动员心理咨询和心理品质的调查研究》，根据课题的计划，在第六届全国运动会的比赛场地设立了心理咨询中心。咨询服务过程中使用的主要方法包括认知调节、按摩放松、音乐放松、表象训练等。这种临场的运动心理咨询服务受到运动员和教练员的普遍欢迎，共有15个省市的288名运动员在临比赛前和比赛期间前往心理咨询中心寻求运动心理学工作者的帮助，并收到良好的效果。

在单项运动的世界锦标赛、世界杯赛以及亚洲运动会和奥林匹克运动会之前，不断有国家队寻求运动心理学的帮助。据张力为和丁雪琴1994年的一项统计，十几年来，在接受心理训练和心理咨询的运动员中，有35名世界冠军和20名亚洲冠军。优秀运动员的心理训练其范围正在由小到大，其方法也正在由单一到多样，一步一步深入发展起来，心理训练的效果正在日益明显地体现出来。

运动心理学家在运动员心理训练和心理咨询过程中涉及的主要问题有动机、自信心、注意、情绪、心理疲劳以及人际关系等。为了帮助运动员做好赛前的心理准备和赛中的心理调整，所采取的主要方法有认知调节（cognition intervention）（如表象练习、自我暗示、合理情绪疗法等）和生理调节（physiological intervention）（如放松练习、生物反馈练习等）。

（三）2000年以后的发展

进入新千年之后，中国运动心理学发展的主要特点之一是研究领域明显扩大。受中国竞技运动飞速发展的推动,20 世纪 80 年代和 90 年代,中国运动心理学的研究主要集中在竞技运动领域。受社会发展多元化、科学研究多元化以及科学教育国际化的影响,从 90 年代后半期开始,中国运动心理学除了在竞技运动领域一如既往地投入之外,在体育教育和大众健身方面的研究明显增多,这一趋势从 2002 年全国运动心理学学术论文报告会征文主题中就可以明显地看出。该次会议的主题为"运动心理与科技奥运",研讨的主要问题有 4 个方面:第一,竞技运动领域的心理学问题,包括心理训练的方法,心理训练的评价,心理选材,运动员、教练员、裁判员的心理特征,心理疲劳的评定和预防,伤病的预防和康复,兴奋剂问题,等等;第二,大众锻炼领域的心理学问题,包括锻炼的参与动机和锻炼的心理效益,等等;第三,体育教育领域的心理学问题,包括体育课程和课外体育的参与动机和心理效益,运动技能学习,体育活动参与动机和心理效益的年龄、性别差异,体育差生心理,等等;第四,运动心理学的研究方法问题,包括心理统计、心理测量、实验心理、仪器开发、量表研制,等等。

综上所述,尽管中国运动心理学的起步较晚,但发展很快,且有着一个光明的未来。

第二节　运动心理学的性质和任务

一、运动心理学的三大领域

(一) 竞技运动领域

竞技运动领域的心理学研究主要是围绕运动员的心理评定、心理选材、心理训练和心理咨询工作进行的(张力为、任未多,2000)。

运动训练过程是从选拔运动员开始的,运动员的选拔内容必须包括心理因素。心理选材要根据运动心理学的原理,借助于有效和可靠的心理测量、心理实验等手段,按照各专项的心理特征,为教练员提供长期预测的信息,以便从训练的起点开始就实行最优化的训练。心理选材研究的主要问题是确定在什么时间、用什么指标进行心理选材(张力为、毛志雄,2000)。

心理训练和心理咨询的目的有二:第一,帮助运动员以最有效的方式掌握运动技能和表现运动技能,最大限度地发挥自己的运动才能;第二,帮助运动员不断完善自己的人格,以更加积极的方式去应付运动生涯中和运动生涯后的各种挑战。运动员心理训练和心理咨询涉及的主要问题有动机、自信、情绪控制、注意控制以及人际交往等(张力为、任未多,2000)。

专栏 1-1

运动心理学工作者的职业道德

应用运动心理学会(AAASP)和加拿大运动心理学会曾参照美国心理学会的职业道德标准,提出了一套运动心理学工作者的道德标准。该职业道德标准的核心,是运动心理学咨询人员应尊重运动员的个人尊严与价值,保证基本人权以及为其保密等,其基本精神是把运动员的幸福(well-being)放在首位。

在 AAASP 的道德标准中,列有 6 项一般原则:

第一，能力。这是运动心理学工作者在工作中努力追求的最高目标,同时运动心理学工作者应该分清他们的专业领域和工作范围。如果一个运动心理学工作者对团队形成和团体动力学了解不多的话,而希望别人相信他正在或者将要和一支球队一起工作,这是不道德的!

第二,正直。运动心理学工作者在科研、教育和咨询方面都应该表现出高度的正直。他们不做虚假的报告,并且向球队或组织分清自己的角色(例如告诉选手他们将参与队员的选拔)。

第三,职业和科学责任感。运动心理学工作者应该把当事人的最大利益放在首位。例如,为了研究竞技运动中的攻击性行为,而故意教导一组被试攻击另一组被试,即使这样做被试可以从中学到更多东西,这也是不道德的。

第四,尊重他人的人权和尊严。运动心理学工作者尊重咨询对象的基本人权(例如隐私)。不论当事人的种族、性别、社会地位如何,除非经过当事人的同意,否则决不能公开咨询对象的有关事宜。

第五,关心他人的幸福。运动心理学工作者必须充分考虑当事人的幸福。因此,运动员的心理、生理健康较比赛的胜负更重要。

第六,社会责任。运动心理学工作者在关心人类幸福的同时,应绝对保障参与者的利益。例如一个运动心理学工作者如果只提供给实验组可以减少沮丧的运动处方,而在实验结束后不愿意把同样的处方提供给控制组的被试,这不仅违反社会责任,实际上也是不道德的。

(二)体育教育领域

体育教育领域的心理学研究主要是围绕如何帮助学生掌握运动技能和增进心理健康这两个问题进行的。掌握运动技能和增进心理健康,是人们适应社会变化和发展生存能力的必要条件。

人们适应自然、改造自然和享有自然的活动,始于大脑的想法,终于肢体的活动。肢体活动是实现理念的工具。敲击键盘、驾驶汽车、使用刀叉、滑冰游泳,都是运动技能的表现,具有广泛的适应意义。有关运动技能形成、保持和发展的研究在国外已经成为单独的学科,叫做运动技能学习(motor learning),所研究的问题包括肌肉系统与神经系统的联系,运动技能的记忆,运动技能在不同肢体间的迁移,运动技能自动化的特征等问题。了解和掌握运动技能学习和发展的规律,有助于人们更加有效地学习和掌握那些生存技能(如跳跃、游泳)和发展技能(如敲击键盘、驾驶汽车)。

学校体育教育有着重要的心理建设功能(张力为、任未多,2000),这种功能表现为以下三个方面:第一,诱发运动兴趣,培养锻炼习惯。例如,学校体育课程和课外体育活动将引导学生在运动活动中享受人际交往的乐趣和肌肉运动的乐趣,培养锻炼需要,形成健康的生活方式。第二,欣赏体育文化,享受身体活动。例如,学校体育课程和课外体育活动将引导学生亲身体验更高、更快、更强的活力,亲身体验身体美与心灵美交织形成的快感。第三,发展健康人格,增强社会适应能力。例如,学校体育课程和课外体育活动将帮助学生亲身体验竞争中的合作和合作中的竞争,亲身体验制订和遵守游戏规则的重要性,亲身体验吃苦耐劳、坚忍不拔、顽强奋斗、向既定目标不懈努力的拼搏过程。

(三) 大众健身领域

大众健身领域的心理学研究主要是围绕参加体育锻炼的动机和体育锻炼与心理健康的关系这两个方面进行的。前者的研究涉及参与或退出体育锻炼的原因和影响体育锻炼动机的因素两个问题;后者的研究涉及一次性体育锻炼对心理状态的影响,长期体育锻炼对健康人心理特征的影响,长期体育锻炼对患者心理疾病的治疗作用,体育锻炼促进心理健康的机制等问题。这一研究领域与健康心理学和行为医学关系密切。

二、运动心理学、体育心理学、锻炼心理学的关系

上述三个领域的研究与实践活动推动了运动心理学的学科发展,并出现了运动心理学、体育心理学(psychology of physical education)和锻炼心理学(exercise psy-chology)三种称谓并存的局面。

(一) 运动心理学与体育心理学

关于体育心理学和运动心理学的关系,任未多(1996)曾指出:

> 两者在研究对象和研究内容上的既相互交叉又有所不同的关系源于体育和运动的相互关系。体育心理学和运动心理学研究的对象都是身体运动活动条件下的人的心理现象。但同时也应该认识到,前者所涉及的是体育教学和参与体育活动中一般人的心理现象,而后者则局限于以运动员为主的竞技运动参与者的心理现象。体育的核心部分是通过体育教学和身体活动达到教育和培养的目的。竞技运动的运动训练过程包括教学的成分,也含有培养人的目标。但体育教学的目的主要是使学生学会和掌握一般运动技能,而运动训练过程中的教学则是竞技运动专项技能的教学,是以大运动量甚至是极限运动量的高强度、高密度身体负荷为特征,以技术动作高度自动化和达到高水平竞技运动能力为目标。因此,两者在与教学有关的心理过程、教学方法的心理学依据以及学习者的动机结构等方面既有相同之处,又有不同之点。又如竞赛是竞技运动的主要存在和表现形式,学校体育和群众体育也有竞赛活动,在竞赛项目和规则上也与竞技运动基本一样,都有相同形式上的胜负,对参加者都会产生应激,都需进行一定的心理准备。但两者在对参加者的意义、要求及比赛的激烈程度等方面也有一定差异,因此,参加者所表现出的心理现象也不尽相同。所以,在我们研究的很多问题上,相似与相异共存。(15—16 页)

如前所述,中国运动心理学的发展偏重于以高水平运动员为中心的竞技运动,产生了明显的社会效益,对学校体育教育中心理学问题的关注虽有所增加,但仍然显得薄弱,使得该领域的研究成为整个运动心理学发展的薄弱环节。尽管已经有多种版本的体育心理学问世,但

其内容都与运动心理学教科书的内容有较多重复，主要原因是以体育教育问题为研究对象的研究成果较少。应当看到，体育教育是整个教育系统中的重要组成部分，关系到人的全面发展，其中心理学问题的研究具有重要的战略意义，值得运动心理学研究者做出更多的投入。祝蓓里在1986年曾指出，世界运动心理学研究的一个新动向就是要求体育心理学和运动心理学逐渐分家，成为两门独立的学科。现在，我们从一些体育心理学教科书中（如祝蓓里、季浏，1995；马启伟、刘淑慧、任未多、张力为，1996），已经可以明显体验到这种发展的趋势。

著名认知心理学家、诺贝尔奖获得者司马贺（Herbert Alexander Simon[①]）教授于1984年在北京心理学会上作了题为《关于心理学的发展道路和展望》的报告。他指出，认知心理学至少有两个应用方面的研究，其中之一是强调如何把认知心理学应用于教育方面。体育是教育的重要组成部分，因此，从认知心理学的角度研究和解决体育运动中的教学和心理问题是有指导性意义的（季浏，1987），有可能成为运动心理学研究的新的突破点。

（二）运动心理学与锻炼心理学

北美运动心理学学会的机关刊物于1988年更名为《运动与锻炼心理学杂志》（Journal of Sport & Exercise Psychology），说明锻炼心理学的地位已经得到提高，过去的运动心理学已经难以涵盖锻炼心理学的内容，两者需要向不同方向发展并最终构建独立体系。1992年，威利斯和坎贝尔（Willis & Campbell，1992）出版了一本《锻炼心理学》，更说明该领域受到重视的程度及其研究进展。锻炼心理学所涉及的领域主要是大众健身方面的心理学问题，如参与体育锻炼的动机、进行体育锻炼的坚持性、体育锻炼与心理健康的关系、体育锻炼群体的社会心理等问题。如前所述，随着中国社会的经济发展，人们也更加关注健康问题，这必然导致对心理健康的高度重视，而体育运动作为促进心理健康的积极手段，使锻炼心理学具备了发展的强大动力。

运动心理学与锻炼心理学最明显的差异表现在研究目的方面。运动心理学多采用原因研究模式，即以各种心理变量为因，运动成绩为果，研究这些心理变量对运动成绩的影响，例如，赛前焦虑对运动成绩的影响。锻炼心理学则多采用结果研究模式，即以锻炼活动为因，以心理变量为果，研究锻炼活动对各种心理变量的影响，例如锻炼活动对焦虑和抑郁的影响（张力为、任未多，2000）。

在研究同样的因果关系时，两者的侧重点也会表现出较大差异，例如关于动机对运动活动的影响问题，运动心理学关注的主要是运动员追求卓越的成就动机，而锻炼心理学关注的则是体育活动兴趣和体育锻炼习惯。

（三）三合一的运动心理学

以上讨论的运动心理学与体育心理学的关系以及运动心理学与锻炼心理学的关系问题，实际上是研究对象的界定与扩展问题。表1-4列出了运动心理学、体育心理学和锻炼心理学在研究重点上的差异。

[①] 司马贺是指Herbert Alexander Simon(1916—　)，其姓一般译为西蒙。他是以信息论为基础的现代认知心理学先驱，通过电脑模拟人脑开创了人工智能研究，于1978年获得诺贝尔经济学奖。

表 1‐4　运动心理学、体育心理学和锻炼心理学部分主题的研究侧重

领域	运动心理学	体育心理学	锻炼心理学
动机	运动员成就动机目标设置的成效	学生的兴趣、习惯、坚持性目标设置的成效	大众的兴趣、习惯、坚持性
情绪	竞赛焦虑对运动成绩的影响 赛前、赛中的应激控制	体育活动对情绪的影响	锻炼活动对焦虑和抑郁的影响 锻炼产生的特殊愉快感受
人格	运动员人格对运动成绩的影响 运动训练对运动员人格的影响	体育教育对人格的影响	体育活动对人格的影响
技能学习	高水平技能学习	低水平技能学习	——
归因	运动员的归因特点 归因对运动训练的影响	学生的归因特点 归因对学习成绩的影响	——
自我观念	整体自我观念 独立自我与互联自我	身体能力自我观念 外观体貌自我观念	身体能力自我观念 外观体貌自我观念
群体凝聚力	群体凝聚力与运动成绩的关系	——	——

改编自张力为、任未多，2000，5—6 页

从表 1‐4 中可以看到，即便是相同的心理学主题，运动心理学、体育心理学和锻炼心理学研究的侧重点也有所不同。以动机研究为例，运动心理学的研究者更加重视运动员的成就动机和目标设置，试图了解成就动机和目标设置（goal setting）与训练效果和比赛成绩的关系；体育心理学的研究者更加重视学生群体的兴趣、习惯和坚持性以及体育教学中目标设置的成效；锻炼心理学的研究者则更加重视大众的兴趣、习惯和坚持性。

再以情绪为例，运动心理学的研究者多将情绪作为原因，探讨应激（stress）、唤醒（arousal）、焦虑（anxiety）对操作成绩（performance）的影响；体育心理学和锻炼心理学的研究者多将情绪作为结果，探讨体育活动或锻炼活动对愉快感等积极情绪的诱发作用，对抑郁、焦虑等消极情绪的控制作用以及对心理疲劳的缓解作用。

尽管运动心理学、体育心理学和锻炼心理学三个研究方向各有特色、各有侧重，但从目前出版的各类教科书和学术刊物（表 1‐2）分析，这三个研究方向还没有形成自己完整的、独立的理论体系，也未同其他两个方向做完整区分，你中有我，我中有你，交叉重叠较为明显，作为独立学科尚需时日。因此，本书仍以"运动心理学"概括这三个领域的研究方向。

三、运动心理学的性质和任务

运动心理学的产生、发展，正是由体育运动实践和整个社会发展的需要促成的。作为心理学的分支学科，它是阐明体育运动的心理学基础、研究人在体育运动中心理活动的特点及其规律的科学。它的主要任务包括（马启伟、张力为，1996）：

第一，研究人在体育运动中心理过程的特点和规律以及人的个性差异与体育运动的关

系。比如：在体育活动中，存在自信方面的性别差异吗？哪些因素会影响人们参加体育活动的动机？

第二，研究体育活动对人的心理过程和个性特征产生的短期影响和长期影响。比如：有氧训练和无氧训练对人的焦虑水平有什么短期效应和长期影响？长期的运动训练会促进或改变运动员的个性吗？体育活动能够加强残疾人生活中的独立性和自信心吗？

第三，研究掌握运动知识、形成运动技能、进行技能训练的心理学规律。比如：如何克服运动技能形成过程中的高原现象？如何利用迁移规律更快地掌握运动技能？哪些影响运动技能掌握、提高的重要心理因素更多地受遗传因素制约？

第四，研究运动竞赛中人的心理状态问题。比如：比赛中的最佳唤醒水平是什么？如何在比赛中达到最佳唤醒水平？如何区分和评定运动员的心理负荷和生理负荷、心理疲劳和生理疲劳？优秀运动员在比赛的关键时刻运动操作的注意中心是什么？

四、运动心理学研究的项目特征

在运动科学研究领域，学科不同，所侧重的运动项目（sport event）也有所不同（表1-5）。运动心理学的研究集中在射击射箭和球类项目，运动生理学（exercise physiology）和运动医学（sport

表1-5　1990—1999年不同体育科学学科在部分运动项目中的研究数量

项目	文献总数	运动心理学 psychology		运动生理学 physiology		运动医学 sports medicine		运动生物力学 biomechanics	
		篇数	%	篇数	%	篇数	%	篇数	%
射击 shooting	1 232	139	11.28	38	3.08	61	4.95	70	5.68
排球 volleyball	2 544	239	9.39	79	3.11	100	3.93	98	3.85
篮球 basketball	6 275	498	7.94	133	2.12	190	3.03	100	1.59
击剑 fencing	251	24	9.56	15	5.98	17	6.77	13	5.18
摔跤 wrestling	1 208	104	8.61	92	7.62	105	8.69	17	1.41
足球 soccer	4 640	410	8.84	301	6.49	392	8.45	101	2.18
体操 gymnastics	2 367	204	8.62	109	4.60	154	6.51	221	9.34
乒乓球 table tennis	426	63	14.79	27	6.34	14	3.29	19	4.46
举重 weightlifting	795	41	5.16	141	17.74	101	12.70	83	10.44
游泳 swimming	5 723	421	7.36	872	15.24	446	7.79	378	6.60
柔道 judo	480	40	8.33	51	10.62	32	6.67	18	3.75
射箭 archery	488	38	7.79	9	1.84	9	1.84	23	4.71
田径 track and field	2 829	174	6.15	168	5.94	96	3.32	152	5.37
羽毛球 badminton	497	24	4.83	21	4.23	23	4.63	21	4.23
跳水 diving	1 266	49	3.87	144	11.37	86	6.79	39	3.08
赛艇 rowing	1 153	46	3.99	292	25.33	114	9.89	83	7.20

据 Sport Discus 1990—1999/12。加曲线的运动项目为运动心理学研究较多的运动项目

medicine)对体能性项目(fitness oriented sports)(如赛艇、举重等)的研究更为重视,运动生物力学(sport biomechanics)则对技能性项目(skill oriented sports)(如体操)的研究更为重视。

有三个因素影响着运动心理学的研究方向(马启伟、张力为,1996):

第一个因素是运动项目的普及程度。越受群众欢迎的、普及程度越高的运动项目,也越为研究者所熟悉,越容易找到被试,自然也越容易受到运动心理学的关注。

第二个因素是运动项目的性质。心理因素的作用往往在技能性为主的项目(如排球、篮球等)中比在体能性为主的项目(如举重、赛艇等)中更为明显和突出,因此,技能性项目的教练员和运动员也更重视比赛的心理准备。这种来自实践领域的需要也就成为运动心理学家进行探索和研究的巨大动力。

第三个因素是进行实验控制的难易程度。为了得到可靠和有效的研究结果,必须严格控制实验条件。而大多数运动项目的进行均为动态过程,要实施实验控制并应用仪器进行动态观测会遇到很多困难。因此,运动心理学家常常希望寻找那些易于进行实验控制的"静态运动项目"(如射击)进行研究。

本章提要

1. 特里普利特于 1897 年进行的研究社会促进效应实验,既开社会心理学研究之路,也创运动心理学研究之先。

2. 1925 年,格里菲斯在美国伊利诺斯大学建立了世界上第一个运动心理学实验室,这一事件,可被视为运动心理学学科建立的标志。

3. 1965 年,国际运动心理学会成立,推动了运动心理学在全世界范围内的迅速发展。

4. 1979 年,中国心理学会体育运动心理专业委员会成立;1980 年,中国体育科学学会运动心理学会成立。自此,中国运动心理学开始走向迅速发展的道路。

5. 从研究内容分析,运动心理学有三大研究领域,即竞技运动心理、体育教育心理和大众锻炼心理。

6. 20 世纪 80 年代和 90 年代,中国运动心理学在竞技运动心理方面进行了大量的研究工作和实践工作;2000 年以后,研究领域明显扩大,体育教育心理和大众锻炼心理的研究明显增加。

7. 运动心理学作为心理学的分支学科,是阐明体育运动的心理学基础、研究人在体育运动中心理活动的特点极其规律的应用科学。

8. 运动心理学的主要研究任务是:研究人在体育运动中心理过程的特点和规律以及人的个性差异与体育运动的关系;研究体育运动对人的心理过程和个性特征产生的影响;研究掌握运动知识、形成运动技能、进行技能训练的心理学规律;研究运动竞赛中人的心理状态等问题。

9. 在技能性为主的项目(如篮球)和"静态运动项目"(如射击)中,由于心理因素的重要性更为突出和较易进行实验控制,运动心理学的研究与应用也更为广泛。

关键术语

运动心理学,体育心理学,锻炼心理学,诺曼·特里普利特,科尔曼·罗伯特·格里菲斯,国际运动心理学会,中国运动心理学会,技能性项目,体能性项目

复习思考题

1. 运动心理学在竞技运动、体育教育和大众锻炼三个领域有哪些作用?

2. 如何看待运动心理学与体育科学和心理科学的关系?

3. 你对体育运动中哪些心理现象感兴趣?

4. 检索 Silver Platter 3.0 SPORT Discus 2002,比较 2002 年运动心理学对体能性项目和技能性项目进行研究的论文数量。

推荐参考读物

1. 柴文袖(1991):我国古代运动心理学思想再探。体育科学,5 期,89—92 页。

2. 刘淑慧、张力为、任未多、毛志雄、李京诚(2000):我国运动心理学的发展与前瞻。见中国体育科学学会(主编):体育科学研究现状与展望。北京:中国体育科学学会。

3. 骆正(1994):论我国运动心理学的发展战略方向。河南体育科技,1 期,39—41 页。

4. 辛格(李京诚、张力为译,1990):世界运动心理学研究的新成果及发展趋势。北京体育师范学院学报,2 期。

5. 辛格(张力为、李京诚译,1991):世界运动心理学研究的新成果及发展趋势(续)。北京体育师范学院学报,1 期。

6. 张力为(1992):中国运动心理学发展若干问题的探讨。体育科学,12 卷 4 期,83—86 页。

7. 张力为(2002 年 10 月):困惑运动心理学家的十大难题。见中国体育科学学会运动心理学专业委员会、中国心理学会体育运动心理学专业委员会(主编):汉殷第七届全国运动心理学学术会议论文集,7 页。中国,北京。

8. 张力为、丁雪琴(1994):中国运动心理学的发展:历史、现在与未来。心理学报,26 卷 3 期,324—330 页。

9. 张力为、任未多(1992):运动心理学发展的理论范式。江苏体育与科学,4 期,29—31 页。

10. 张力为、任未多(1995):现代运动心理学研究。心理学报,27 卷 4 期,386—394 页。

11. 祝蓓里(1986):运动心理学的历史与现状。心理学报,2 期,224—226 页。

以上这组论文从不同角度讨论了世界运动心理学及中国运动心理学的过去、现在和未来。

12. 张力为、任未多(主编,2000):体育运动心理学研究进展。北京:高等教育出版社。该书由 21 位中国运动心理学工作者从 21 个不同方面介绍了运动心理学的研究进展,特别是介绍了许多中国学者的研究成果,是全面了解运动心理学研究进展的高级读物。

13. Singer，R. N.，Hausenblas，H. A. & Janelle，C. M.（Eds. 2001）. Handbook of Sport Psychology (2nd ed). New York：John Wiley & Sons. 该书分为 7 大部分：技能掌握、高水平运动的心理特征、动机、提高成绩的心理方法、毕生发展、锻炼与健康心理学和未来发展，全面介绍了运动心理学在竞技运动、体育教育、大众健身三大领域的研究成果和研究进展，是全面了解运动心理学研究进展的高级读物。

14. Silva Ⅲ，J. M.（2001）. Current trends and future directions in sport psy-chology. In R. N. Singer，H. A. Hausenblas & C. M. Janelle（Eds.），Hand-book of sport psychology (2nd ed. pp. 823－832). New York：John Wiley & Sons. 该论文回顾了运动心理学发展历程中的重要历史事件，并预测了运动心理学的未来发展。

第二编
运动活动参加者的动力因素

人们从事任何活动,都要解决两个问题,首先是要不要做,然后是如何去做。第一个问题就是动机问题。它涉及人们活动的方向和活动的强度。动机问题作为行为的起点和原因,在心理学涉及的所有领域都是十分重要的,体育运动领域也不例外。

竞技运动、体育教育和大众健身的实践不断给运动心理学提出有关动机的问题,例如,体育活动为什么会成为某些人乐趣的来源和日常的需要,而另一些人则因为体育活动而伤害了自尊心?为什么有人不顾生命危险从事攀岩活动,连续几天不间歇地跑步,从四五岁起便开始系统的专业化训练,或者要忍受极大的伤痛坚持训练?体育活动能够给人们的生活带来什么?显然,要令人满意地解释这些问题,需要从生物、社会、文化、经济等方面进行全方位的分析。

心理学对动机问题的研究有4大思路:一是从生物学角度进行研究,探讨动机的遗传、神经和内分泌基础,如关于饥、渴、性、睡眠等现象的研究多从其生理机制着手;二是从学习角度进行研究,如从条件反射和社会模仿的角度探讨动机与学习的相互关系;三是从认知角度进行研究,如从人的主观期待、对诱因价值的评价以及对成败的认知着手探讨动机;四是综合性研究,即博采众长,将以上三个维度结合在一起,综合分析人的动机。

人们不顾生命危险而去从事攀岩活动,到底是为了什么

本编第二章讨论动机的基本概念、主要分类以及和体育运动关系密切的几个重要的动机理论,介绍在体育运动实践中培养、激发动机的方法。第三章讨论人在刺激下的一般应激反应和运动员在比赛中的特殊焦虑反应。第四章分析唤醒、焦虑与运动成绩的关系,介绍预测和解释这种关系的倒U形假说、内驱力理论、个人最佳功能区理论、突变模型、多维焦虑理论和焦虑方向理论。第五章讨论运动员、教练员寻找比赛胜负原因的心理过程,介绍归因的概念、理论和维度,讨论习得性无助的性质,并对训练、比赛后进行原因总结提出具体建议。

第二章　运动活动的动机

插图 2-1　动机 = 动力 + 方向

第一节　动机概述

一、动机的含义

动机(motivation)是推动一个人进行活动的心理动因或内部动力。它的基本含义是：能引起并维持人的活动，将该活动导向一定目标，以满足个体的念头、愿望或理想等。动机是个体的内在过程，行为是这种内在过程的结果。

一般说来，动机的作用(基本职能)有三类。(1)始发作用：动机可引起和发动个体的活动；(2)指向或选择作用：动机可指引活动向某一目标进行或选择活动的方向；(3)强化作用：动机是维持、增加或制止、减弱某一活动的力量。心理学就是从"方向"和"强度"这两个角度理解动机问题的。"方向"与一个人目标的选择有关，即人为什么要做某件事；"强度"与一个人激活的程度有关，即为了达到某一目标，人正在付出多大努力。例如，有的人本可以在音乐或美术方面有所造诣，而却选择了或许并不擅长的体育作为奋斗的事业，这是动机的方向问题。又如，在相同条件下为什么有的运动员能够长期坚持在一天中进行 5 个单元的刻苦训练(早上、上午、中午、下午、晚上)，即除了规定的训练时间外，自己还要去补课，而有的却不能，这是动机的强度问题。

那么，哪些因素会影响动机的强度和方向呢？一般来说，有两大类因素，即源于人的内部的需要(need)和源于人的外部的条件。内部的需要是指个体因对某种东西的缺乏而引起的内部紧张状态和不舒服感。比如,有长跑习惯的人,长时间不锻炼就会感到难受。需要能产生愿望和推动行为的力量,引起人的活动。动机就是由需要构成的。外部的条件指环境因素,即个体之外的各种刺激,包括各种生物性的和社会性的因素,比如,体育系统和企业界人士给奥运会金牌获得者以高额奖金、汽车、住房,对他们的贡献表示承认和奖励。环境因素是产生动机的外部原因。行为可由需要引起,也可由环境引起,但往往是内外因素交互影响的结果。其中内因是主要的,外因通过内因起作用。某一时刻最强烈的需要构成最强的动机,而最强的动机决定人的行为。

二、动机与需要、目的的关系

需要、动机、目的三个词在日常语言中往往混用,但在心理学上则给予不同的解释,以利于对人的心理活动的分析(张述祖、沈德立,1987)。

(一) 动机与需要

需要与动机紧密联系。人的绝大部分动机,都是需要的具体表现。但是需要和动机也有细微的差别,表现在:

第一,动机是需要的动态表现,需要处于静态时则不成为动机。或许可以这样理解:当需要未转化为动机之前,人不可能有所活动;只有当需要转化为动机之后,人才能开始活动。例如,饿了需要找食物,但通过什么样的活动去找食物,就要由环境条件和本人条件来决定:是去食堂买,还是自己做,或者上饭馆吃。如果食堂已过开饭时间,自己做又没有炉火,就只好决定上饭馆去。如果你还没有根据条件来决定究竟选择上述三种活动中的哪一种时,你就只是有了吃饭的需要,还没有形成动机。如果你已经根据条件决定选择上饭馆的活动时,你才真正产生了上饭馆吃饭的动机,或者说吃东西的需要已经转换成了上饭馆吃饭的动机。

第二,行为并非全部由需要引起,一些并非属于需要的心理因素(如偶尔产生的某个念头、一时的情绪冲动等)也有可能成为行为的动因。例如,某运动员正在埋头训练,突然联想到一位朋友的不幸遭遇,心里十分难过,于是也可能中断训练。这种干扰的念头与情绪也是一种动机,但不是需要,至少不是当前活动的需要。

(二) 动机与目的

动机与目的(goal)既有区别又有联系。动机是驱使人们去活动的内部原因,而目的则是人们通过活动所要达到的结果。如前例所述,产生了上饭馆吃饭的动机之后,还要进一步决定到什么样的饭馆吃什么样的东西,才能使活动得以具体进行,因为街上的饭馆很多,食品的种类和价格差异也很大。此时,吃东西的需要就进一步由去饭馆吃饭的动机转换成到什么饭馆吃什么东西的目的。动机与目的的关系表现为如下几方面:

第一,动机和目的可能是完全一致的。

第二,动机和目的是可以相互转换的(因此目的也常常具有动机的功能)。

第三,有时,目的相同,动机不同;也有时,动机相同,目的不同。

比如,同样以选择某一运动专项为目的,有的人是因为这一运动专项人才缺乏,有的人是因为这一专项适合自己的兴趣,还有的人是因为这一运动专项有一个知名的教练。

三、驱力与诱因

驱力(drive)和诱因(incentive)是动机的两个重要概念。心理学家在考虑动机问题时,这两个概念长期占有统治地位(布恩、埃克斯特兰德,1985)。驱力指驱使有机体进入活动,与身体的生理需要相联系的内部激起状态,是从"身后"对行为的推动。实际上,它就是上面谈到的内部需要。诱因指引起个体动机,并能满足个体需求的外在刺激,是从"身前"对行为的拉动。实际上,它就是上面谈到的环境因素。尽管这两个概念看起来比较抽象,但仍可在实验条件下给以定量化的说明。比如,在实验室中,可采取某种强迫的方法让受过训练的老鼠在笔直的小径上直奔存有食物的目标箱。当然,老鼠知道在终点处有食物。为使老鼠跑得更快,激发其动机的方法无非有两个:

第一,可以增加它们对食物的需求程度,驱使老鼠获取食物,如增加不给食物的时间。24小时没进食的老鼠比刚吃过食物的老鼠跑得更快。这就是运用饥饿增加驱力的方法。驱力是老鼠获取食物的内在动力,增加驱力就是增加老鼠的内部动机,驱力越大,动机越强,老鼠就跑得越快。注意,需要导致驱力,但绝不等于驱力。假如让老鼠长时间挨饿,它对食物的需求会变得很高,但当它虚弱得不能行动时,驱力就会逐渐减少。

第二,也可以通过增加外部奖励的办法,诱使老鼠获取食物。如可以提高目标箱中食物的数量和质量。数量大、品种好的食物更具吸引力,老鼠跑得也就更快。这就是增加诱因的方法。诱因是老鼠获取食物的外在动力,在一定范围内增加诱因,有可能增加老鼠的外部动机,使其相应的行为表现得更加明显。

动机就是驱力和诱因、推动和拉动两种作用相结合的产物。

四、动机的种类

根据不同的分类标准,可以对动机进行不同的分类。

(一) 生物性动机和社会性动机

这是根据需要的种类和对象来分类的。以生物性需要为基础的动机称为生物性动机(biological motivation),如因饥饿、口渴而产生的动机;以社会性需要为基础的动机称为社会性动机(social motivation),如成就动机、交往动机。同时,根据动机所追求的对象,也可将动机分为物质性动机和精神性动机。这种分类方法注重动机与需要的关系,认为需要的性质决定动机的性质。

专栏2-1

什么决定着肥胖者的饥饿感:胃还是思维

沙赫特和他的同事格罗斯招募了一批志愿者,有些是胖子,有些是正常身材的人,让他们参加宣称是对肉体反应与心理学特征之间的关系的研究。实验者哄骗志愿者把手表交出来，因为要在手腕上绑电极。其实，绑在他们手腕上的电极只是个幌子，为的是诱使他们脱下手表。研究者们还在房间里留下一些饼干，并告诉志愿者——他在试验期间是一个人待着——随便用。房间里面有一座经过修改的钟，要么是半速走，要么是快一倍。过了一会，志愿者认为到了午餐时间。不过，这时候尚不到吃饭的时间。其他一些人则认为还没有到午餐时间，而实际上午餐时间早过了。认为已经过了正常午餐时间的肥胖者，比认为还没有到正常午餐的肥胖者吃的饼干多一些。正常的志愿者吃的饼干则一样多，不管他们认为到了什么时间。结论是：不是胃，而是思维决定着这些肥胖者饥饿的感觉。

亨特（1999，李斯译），648—649页

（二）直接动机和间接动机

这是根据兴趣的特点来分类的。以直接兴趣为基础，指向活动过程本身的动机是直接动机（direct motivation）；以间接兴趣为基础，指向活动的结果的动机是间接动机（indirect motivation）。例如，有的运动员对于自己所从事的运动本身感兴趣，认为它是对自己身体机能的积极挑战，从中可以最大限度地发挥和体现自己的潜力，体验到一种效能感和满足感。这种训练动机就属于直接动机，即指向训练本身的动机。也有人对大运动量训练本身不感兴趣，仅认为它是为战胜对手所必须克服的困难，这种枯燥的训练仅有助于竞赛的胜利。这样的训练动机就属于间接动机，即指向训练的结果的动机。一个运动员在训练中往往同时受到这两种动机的驱动。

（三）缺乏性动机和丰富性动机

缺乏性动机（deficiency motivation）是以排除缺乏、制止破坏、避免威胁、逃避危险等需要为特征的动机。它包括生存和安全的一般目的。缺乏性动机以张力的缩减为目的。例如，有的运动员为逃避即将到来的比赛而谎称伤病、不愿出场，这种动机属于缺乏性动机。诈伤是为了逃避比赛失败的"威胁"，是为了降低或减轻心理负荷，并将这种负荷保持在最低水平。还有人为保住自己在队中的主力位置而被迫刻苦训练，这也属类似情况。不难预测，随着张力的缩减，这种缺乏性动机也会随之减弱。

丰富性动机（abundancy motivation）是以体验乐趣、获得满足、达到理解、寻找新奇、有所发现、有所创造和有所成就等欲望为特征的动机。它包括满足和刺激的一般目的。与缺乏性动机相反，它往往趋向张力的增强而不是张力的缩减。例如，人们做许多事情往往不能缓和任何已知的驱力：看恐怖电影、读侦探小说、玩电子游戏、到原始森林探险等，都是在追求刺激而不是避免刺激，期望得到

插图 2-2　丰富性动机的方向是追求刺激和加强刺激

运动心理学（第二版）

兴奋、愉快、赏识和威望等。丰富性动机受诱因激发而不是受驱力激发,力图把刺激保持在高水平上。

(四) 外部动机和内部动机

1. 外部动机和内部动机的含义

这是根据动机的来源来分类的。来源于客观外部原因的动机称为外部动机(extrinsic motivation);来源于主观内部原因的动机称为内部动机(intrinsic motivation)。

外部动机以社会性需要为基础,人通过某种活动获得相应的外部奖励(extrinsic reward)或避免受到惩罚以满足自己的社会性需要。它是汲取外部力量的动机,是从外部对行为的驱动。例如,某运动员参加体育运动并取得成功可能是为了获取赞扬和公众的承认,或是为了获取奖杯和薪金,或者是为了通过参加运动队来满足自己归属的需要,等等。总之,行为的动力来自外部的动员力量。

内部动机以生物性需要为基础,通过积极参加某种活动,应付各种挑战,从中展示自己的能力,实现自己的价值,体验到莫大的快乐和效能感。它是汲取内部力量的动机,是从内部对行为的驱动。如果在活动中取得成功,则这种活动和成功本身就构成了一种内部奖励

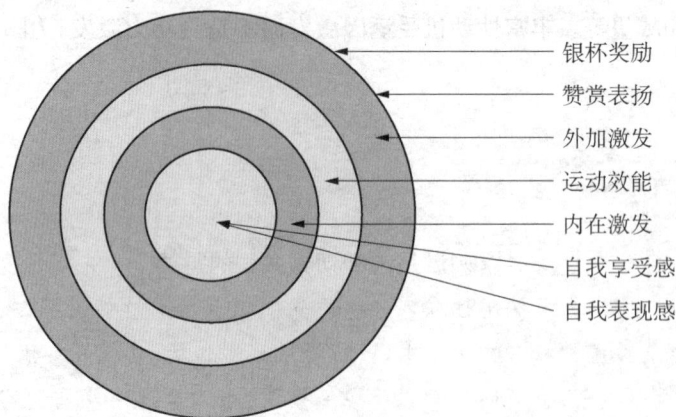

图 2-1　内在动机和外在动机的产生及其相互作用
引自马启伟(编译),1983

(intrinsic reward),对人起到激发作用。例如,某运动员由于热爱自己的专项而参加训练和比赛,他们参赛是为了一种内在的自尊,这促使他们在比赛中即使没人观看也会竭尽全力去拼搏,或在训练中能够不厌其烦地千百次重复某一动作。总之,行为的动力来自内部的自我动员。

一般说来,运动员参加体育运动完全可能既为了内部奖励,也为了外部奖励,也就是说其动机既有外部的又有内部的,运动员的运动表现同时受到这两种因素的影响(图 2-1)。这两种动机对于体育运动活动均是有意义的。但应该看到,体育之所以有一种吸引千百万人的特殊魅力,主要是因为它能使人们在自己选择的活动中迎接身体性挑战时产生兴奋感以及能力不断提高的满足感。从这个意义上说,内部动机或许具有更重要的作用。

2. 外部动机与内部动机的关系

外部动机对内部动机的影响既可以是积极的,也可以是消极的;既可能加强内部动机,也可能削弱内部动机。这主要取决于外部奖励的方式以及运动员对内部奖励和外部奖励重要程度的认识。如果奖惩得当,则外部奖励甚至小范围内的惩罚都可激发运动员的正确行为,并促进外部动机向内部动机的转化。反之,则有可能破坏内部动机,得到相反的效果。

关于内部动机和外部动机的关系,美国心理学家德西(E. L. Deci)做过一系列的实验(刘淑慧等,1993a)。他将被试分为三组,让他们去完成一些十分有意思的题目。甲组被试在开始解题之前就被告知每解出一道题就付给多少酬金,乙组被试是在完成规定的解题任务之后宣布解出一题的酬金,丙组被试不给任何报酬。在规定的解题时间结束之后,三组被试留在各自的房间里,所有房间里放有杂志和另外一些同样类型的问题。他们可以在房间内随意从事任何活动,没有其他人在场,也不对他们提出任何要求。实验的假设是此时仍去解题的人,是纯粹由于兴趣即内部动机所驱使。

实验结果表明,不给任何报酬的丙组和实验后才给报酬的乙组,要比实验前就告知给予报酬的甲组有更多的人在实验后自由活动的时间里用更多的时间去继续解题。因此,德西得出这样的结论:奖励会产生使内在动机削弱的效应。这种效应以后就被称为德西效应。

随着研究的进一步深入,学者们认为将动机分为内部的和外部的不足以揭示行为激起和调节的本质特征,而真正影响行为自我激发和调节的是人们对行为的自主性或控制性意识。自主性是指自主选择行为和承担行为责任的程度;控制性是指在某种压力下做出特定行为的程度。奖励是一种社会控制手段,限制了人的自主性。德西认为:事先就告知将给予奖励的被试,在完成工作任务的过程中,就会把当前做的事归于我将为此得到报酬,也会考虑给予我的奖励对于我所要完成的任务来说是否值得一干。而在完成解题任务后给予奖励的被试的内部动机未被削弱,这一点或许正是考虑给予奖励的时机的依据。

不过,"德西效应"仅指单独给予奖励所产生的结果。如果在给予奖励的同时伴以对能力进行积极肯定的正反馈,效应就复杂了。这种情况既可能引起内部动机的下降,也可能提高或维持内部动机水平。这与个体的需要水平和自我意识等因素有关。这里所说的正反馈是指在给予奖励的同时,用语言或其他形式表明奖励是对受奖人能力和贡献的一种积极性肯定(刘淑慧等,1993a)。

总的来说,从外部动机向内部动机的转化与以下三个问题有关:第一,是否有强有力的外部奖励使运动员产生反应?第二,是否使运动员体验到了最初的成功(即外部奖励使他觉得自己的能力在提高)?第三,是否使运动员意识到外部奖励并非最终的奖赏,而对所达到的成就产生的自我满足感才是最终的奖赏?如果答案均为"是",则外部动机会加强内部动机。

第二节　动机理论

近些年,社会认知理论(social cognitive theory)对体育运动领域整个动机研究的方向所起的影响作用越来越大(Roberts,1992)。这一学派的研究者们将人的动机行为看做社会情境中人的认知过程和思维过程的体现。人的认知过程与控制感、能力感、目标感和价值观有关,对人的动机过程有着重要影响。罗伯特(Roberts,1992)认为,目前,动机领域研究的趋势是对影响动机的两种认知过程的高度重视,即对人的自我观念(如能力感、控制感)和目标价值观念的高度重视。下面我们将分别介绍与社会认知理论相关的三种动机理论,讨论这三种理论在运动活动中的意义。

一、认知评价理论

体育运动是人们为了追求乐趣而从事的最普遍的活动,其动机基础无疑是很复杂的,孩子们玩追逐游戏的动机在很大程度上与挣6位数工资的职业运动员参加篮球联赛的动机不同。认知评价理论从人的内部动机出发,强调人的兴趣感、能力感、控制感和主动感在体育运动中的重要性,对于哪些因素对内部动机影响最大,如何解释内部动机方面产生的可观察到的变化等问题进行了深入的探讨,认为内部动机这一概念有助于解释许多不可思议的体育现象,有助于解释为什么有人在不可能获得明显外部奖励时仍然津津乐道于某一活动的行为。比如,没完没了地投几个小时的篮或一遍又一遍地在冰场上滑8字。在体育活动中,主要的奖励往往是来自内部的,这不但对一般的体育爱好者来说是如此,就是对运动员、教练员来说,也时常如此。

（一）能力评价、自我决策、内部动机

内部动机是以能力需要和自我决策需要为基础的，因此，认知评价理论（cognitive evaluation theory）认为，任何影响自我决策感和能力感的事件都可影响人的内部动机（Deci & Ryan，1980），而且每一事件均具有两种功能：控制功能和信息功能。

事件的控制功能与人们的自我决策体验有关。具有高度控制性的事件是迫使人们按照某种特殊方式去行动、思考、体验的事件，具有低度控制性的事件是使人们感到自己可以选择做什么和如何做的事件。如果事件的控制性很高，人们就会感到自我决策的可能性很小，感到因果关系是由外部因素决定的，感到自己的行为是无能为力的。如果控制性很低，人们就会感到自我决策的可能性很大，感到因果关系是由内部因素决定的，感到自己的行为取决于自己的动机和目标。

事件的信息功能与人们的能力体验有关。能力信息可能是积极的，也可能是消极的。积极信息提示着具备某种能力并可促进能力的提高，消极信息则提示着或确证能力不足。另外，信息可以处于自我决策的参照系中，也可以处于非自我决策的参照系中。认知评价理论认为，积极信息（如高信息性、低控制性）会加强内部动机。加强内部动机的事件称为信息性事件（informational event）。在非自我决策情况下的积极信息往往加强的是外部动机而不是内部动机。加强外部动机的事件称为控制性事件（controlling event），因为这些事件的控制性功能超过了信息性功能。另外，消极信息如果暗示着能力不足或使人感到无法达到所期望的结果，就往往既破坏内部动机，也破坏外部动机，导致缺乏动机和产生失助感。

下面我们将以内部动机作为主线，讨论哪些事件会提高内部动机，哪些事件会降低内部动机。

1. 事件的控制性功能

早期的研究发现（Ryan，Vallerand & Deci，1984），像金钱、食物和奖品这类外部奖励均使内部动机下降，这在不同年龄、不同性别和不同任务的各种研究中，得出的结论都是如此。另外，以最后时限、监视以及惩罚威胁为条件的研究也得出了相同的结论。可能的解释是，这些外部促动因素被广泛地用来控制人，因此人们往往对这些事件的控制性方面体验得很深刻，人们感到他们的自我决策权是极其有限的。例如，一个男孩一开始出于个人兴趣打排球，但后来逐渐把赛季末得到运动衫作为自己参加这项运动的原因。他最初的动机是内部的（我打球是因为好玩），但后来就变成外部的了（我打球是为了得到运动衫）。根据认知评价理论，这种转变会伴随着自我决策权的丧失，因为这个男孩的行为是由奖励物来控制的。随着自我决策权的丧失，他更少受到内部动机激发，一旦外部奖励丧失吸引力，或难以得到这些外部奖励，他就很可能退出此项运动。

根据上述推理，可以预测，当一种奖励的控制性表现得十分显著、十分强烈时，参加体育活动的内部动机将会下降。这一假设在奥立克和摩莎（Orlick & Mosher，1978）关于奖励对参加体育活动内部动机的影响的研究中得到了证实。在这项研究中，他们使用自由活动时间内选择体育活动的时间作为内部动机的指标，对 9—11 岁的儿童进行初测以评估他们从事平衡器

活动(一项有趣的运动性平衡任务)的初始内部动机水平。然后,这些孩子们在有奖励(因从事这项活动而得到一个奖杯)或无奖励的条件下继续从事这项活动。4天以后,对这些孩子的内部动机进行终测。结果发现,奖励条件下的儿童在自由活动时间内选择体育活动的时间比初测时减少,与此相反,无奖励条件下的儿童在自由活动时间内选择体育活动的时间比初测时增加。这一事实表明,引入外部奖励会损害儿童从事这种有趣活动的内部动机。

莱恩(Ryan,1980)曾以认知评价理论作为指导,调查了体育奖学金对男女大学生运动员内部动机的影响。在头两项研究中,他用调查表评估两所大学运动员的内部动机,并对获得奖学金的男运动员和未获得奖学金的男运动员进行了比较。结果发现,前者参加运动的外部原因更多,对运动活动的乐趣更少。在第二项范围更为广泛的研究中,他运用认知评价理论的信息性—控制性概念来预测体育奖学金和运动员性别在内部动机上的交互作用。他推测,获得体育奖学金的男运动员会认为自己是为金钱从事体育活动,因此对体育活动的乐趣将比未获得体育奖学金的男运动员少,这种奖励是控制性的。另一方面,获得奖学金在女运动员中不多见,因此她们会将此事看做是标志自己个人能力的信息,这种奖励便被体验为含控制性较少的事件,因而内部动机也就不会遭到破坏。他从12所大学中抽取了424名男运动员和188名女运动员进行调查。结果表明,女运动员的反应和预测相同,奖学金并未损害她们参加运动活动的内部动机。男运动员则根据项目不同而对奖学金有不同的反应:橄榄球运动员的反应和预测相同,"给打球付酬"损害了他们的内部动机;摔跤运动员的反应更类似于女运动员的反应,奖学金并未损害他们的内部动机。莱恩认为,奖学金对于橄榄球运动员可能更具控制性,因为利用奖学金来吸引运动员是橄榄球运动的惯例。但对于摔跤运动员来说,由于奖学金较少,因此可能更多地被看做是能力的标志(调查表明,和橄榄球运动员相比,摔跤运动员认为在本项目中能够获得奖学金的人数百分比更低)。

2. 外部因果性和内部因果性

按照认知评价理论,如果某一事件加强了一个人进行自我决策的感受和知觉,主观上的因果关系控制点就更偏向于内部,内部动机也会提高。祖科曼等人(Zuckerman, Porac, Lathin, Smith & Deci,1978)曾探讨了选择权对内动机的影响。这一研究发现,如果给一些被试提供选择问题和分配时间的决定权,这些被试的内部动机就有所提高,而那些没有决定权的被试,其内部动机则没有提高。

汤普森和万德尔(Thompson & Wankel,1980)曾考察了对一项活动的选择感对妇女参加身体锻炼班的影响。在一个身体锻炼班中,登记参加的学员被随机分入实验组(选择)和控制组(无选择)。主试设法使控制组的被试相信,为她们提供的训练计划并未考虑她们的特殊爱好;同时告诉实验组的被试,在她们的训练计划中已考虑到了她们的活动要求。但实际上,主试对两组训练计划做了精心安排,使被试对两组活动的喜好程度在实际上相等,因此,两组的差别仅在于对有无选择权的主观感受不同。他们对持续6周的出勤率进行了记录,结果发现,主观选择组的出勤率显著高于主观无选择组。这一结果说明,在没有奖励时,主观自由(Iso-Ahola,1980)或自我决策(Deci & Ryan,1980)是坚持体育活动的重要基础。

3. 事件的信息性功能

如果某一事件所包含的信息可以标志人们从事某种有意义的活动的能力并使人们体验

到进行自我决策的因果性,我们就说这一事件的信息性很强。认知评价理论认为,如果某一事件的信息性很突出,内部动机就将随人们对能力的感受和知觉而变化:能力感的提高会导致内部动机的加强,能力感的下降会导致内部动机的减弱。费希尔(Fisher,1978)的一项研究对上述假设提供了直接支持,尽管她在研究设计中没有采用运动活动。她的这一研究发现,如果被试感到无法自我决定自己的操作水平,那么能力水平和内部动机就无关。但是,如果被试感到能够自我决定自己的操作水平,那么在能力水平和内部动机之间就有一种高度正相关的关系。

有几项研究曾评价了操作表现的信息对体育活动内部动机的影响。体育活动中操作表现信息的主要来源,是教练员和队友的口头反馈,因此这一变量就被用来作为一些内部动机实验的指标。比如,维勒兰德和雷德(Vallerand & Reid, in press)曾评估了完成一项平衡器任务时,积极反馈和消极反馈对内部动机的影响。实验是这样进行的:每4次练习后,给被试以积极反馈(如"你完成得真好")或消极反馈(如"你完成得不太好")。结果表明,积极反馈提高了内部动机,消极反馈降低了内部动机。他们的研究还证明,能力感作为反馈对内部动机产生影响的中介变量有着极其重要的作用。对反馈条件(积极反馈、无反馈和消极反馈)所进行的路径分析表明,能力感在反馈和内部动机之间起着调节作用,从而支持了认知评价理论。能力感解释了内部动机方差中的40%多,而反馈本身仅解释了8%。这一结果充分说明了能力感对于内部动机的重要性。

维勒兰德(Vallerand, 1983)的另一项研究调查了积极反馈的数量是否会影响后继的内部动机的问题。被试是50名13—16岁的橄榄球运动员,让他们在模拟的橄榄球情境中完成一项很有趣的决策任务。在24次实验练习中,被试接受0、6、12、18或24次有关他们操作表现的积极语言反馈。结果发现,和没有得到积极反馈的被试相比,得到积极反馈的各组被试其内部动机更强,但得到积极反馈的各组被试之间没有差异。这说明,就反馈对内部动机的影响来说,反馈的数量并不是关键性的因素,反馈的意义才是关键性的因素。如果被试将反馈看做是自己能力的反映,那么,不论反馈的数量是多是少,内部动机都会得到加强。

4. 信息性功能和控制性功能

尽管积极反馈常常表现出可以加强内部动机,但是也应看到,在某些情况下,人们也可将它体验为控制性的。例如,积极反馈强调人们应当如何去做,在某种程度上,它还迫使人们去尽量做好。彼特曼等人(Pittman, Davey, Alafat, Wetherill & Kramer, 1980)的研究以及莱恩(Ryan, 1982)的研究既包括了信息性的积极反馈,也包括了控制性的积极反馈,两项研究均表明,前者对内部动机的促进作用比后者更大。例如,当告诉被试"你做得真不错,达到了你应当达到的标准"或者"你做得真不错,你的数据对我的研究目的很有用"的时候,他们的内部动机较少得到激发,而当给他们以不含控制成分的积极反馈时,他们的内部动机提高了很多。

不但以控制性方式给以奖励会产生消极影响,而且即便以信息性方式给以奖励,也有可能产生消极影响,尽管这些消极影响主要产生在因成绩不佳而没有得到奖励的人身上。维勒兰德等人(Vallerand, Gauvin & Halliwell, 1982)曾进行了一项研究以检验这一假设。在该研究中,完成平衡器任务的一半被试得到了奖励(1美元的"最佳成绩奖"),另一半被试没有得到奖励。设置得奖的条件是为了模拟真实运动情境,即给成绩优异的运动员以奖杯、奖牌或其他形式的奖励。研究结果表明,正如预期的那样,未得到奖励的被试比得到奖励的被试体验到的能力感更少,表现出的内部动机也更弱。由此看来,甚至传递积极反馈信息并相对不含控制性评价的奖励也可能对没有得到奖励的人产生始料未及的消极影响。这些结果对于体育教师、教练员、家长以及其他对提高运动成绩感兴趣的人或许是十分重要的。

5. 个人差异

认知评价理论强调奖励和反馈等事件对于承受者的意义。我们讨论过的大多数研究通过操纵事件(如强调或减小某事件的控制性功能)探讨了这一问题。还有几项研究则以个人差异变量为基础,预先选择出特点不同的组,然后再探讨某事件对不同被试组的影响。波基诺和巴里(Boggiano & Barrett, 1984)考察了反馈对内外部动机定向不同的儿童产生的影响。他们认为,对外部动机定向者给以的积极反馈不会被体验为是由被试个人引发的,因此会加强被试的外部定向;对内部动机定向者给以的积极反馈会被体验为是由被试个人引发的,因而会加强被试的内部动机。他们预测并的确发现,积极反馈使内部动机定向者的内部动机提高得更多,但使外部动机定向者的内部动机提高得较少。他们的另一个有趣发现是,尽管消极反馈降低了外部动机定向者的内部动机和操作成绩,但这种消极反馈对于内部动机定向者来说代表着一种挑战,因此,它使内部动机定向者的内部动机和操作成绩均保持不变。

伊恩(Earn, 1982)曾利用洛特(Rotter, 1966)的控制点测量方法来探讨与奖励有关的个人差异。他将被试分为内控组和外控组,预测并发现,如果以一种模糊的形式呈现奖励,使这种奖励的信息性和控制性特征不很清楚的话,这种奖励就会使内部控制点组的内部动机提高,使外部控制点组的内部动机下降。也许这是由于具有内部控制倾向的人往往将奖励解释为信息性的,而具有外部控制倾向的人则往往将奖励解释为控制性的。

6. 竞赛中的信息性和控制性问题

许多运动活动都带有竞赛的特征。有些运动项目的竞赛是针对个人的内部标准进行的,也有些运动项目的竞赛则是与对手直接的面对面的交锋。在后一种形式中,比赛的目的似乎就是击败对手。

德西和莱恩(Deci & Ryan, 1980)认为,将重点放在取胜本身,可能会使人觉得这是该活动的外部因素,会使人把比赛活动当作取胜的工具,而不是当作其本身就很有趣的事,这就可能引起内部动机的降低。另外,直接的竞争在某些情况下带有强烈的自我投入意义,而这种自我投入会降低内部动机。德西等人(Deci, Betley, Kahle, Abrams & Porac, 1981)曾探讨过竞赛对内部动机的影响。在他们设计的一项研究中,被试或者与对手直接竞争,或者争取比对手更快地解决难题,或者仅仅是当着另一被试的面尽自己所能迅速解决难题。第一项条件代表着面对面的竞争,第二项条件代表着同某一优秀标准竞争。结果发现,在后继的自由选择活动期内,和对手面对面竞争的被试其内部动机下降,和某一优秀标准竞争的被试则没有表现出这种内部动机的下降。这种效应对女性表现得更为明显。温伯格和里根(Weinberg & Ragan, 1979)也探讨过竞赛对内部动机的影响。他们让被试在两种竞赛条件和一种非竞赛条件下完成转盘追踪的任务,结果发现,在两种竞赛条件下,男性被试的内部动机得到加强,女性

被试的内部动机没有改变,而在非竞赛条件下则未发现这样的效应。

(二) 认知评价理论在体育运动中的意义与作用

体育教师、教练员、家长的定向对于儿童的内部动机有着重要影响。德西等人(Deci, Schwartz, Sheinman & Ryan, 1981)对教师进行过一项研究,评估他们是倾向于"控制儿童"还是倾向于"支持儿童独立自主"。结果发现,在与儿童交互作用的过程中,倾向于高度控制方式的教师所带的学生,其内部动机和自尊程度都较低,而倾向于给学生提供更多自主机会的教师所带的学生,其内部动机和自尊程度都较高。那么,在体育活动中,应当在什么范围内利用外部压力、语言反馈或物质奖励来激发运动员?应当在什么程度上对学生或儿童强调竞赛的意义? 答案部分地取决于人的目标和价值观。

作为职业教练员或运动队的各级管理者,如果唯一的目标是取胜,那么强烈的外部定向可能是达到该目标的必要且有效的途径。在竞争极其激烈的现代社会,没有取胜就意味着经济损失或可能的失业,所以控制性的、外部的定向是可以理解的,甚至是合乎情理的。竞技体育同其他高竞争、高压力的职业一样,不大关注运动员结束运动生涯之后的内部动机。因此,如果强调的重点只是达到最佳成绩或最佳结果而不考虑心理健康方面的问题,那么,也许可以这样说:"压力越大越好。"将运动员的自尊心、生活目标和比赛成绩挂钩,提供重奖或施加比赛压力,或者使用其他的外部手段也许的确具有激发动机的作用。

但是,如果不考虑竞技体育,我们认为,强调取胜的控制性方式对于体育教育活动和业余体育活动是不适宜的。在体育教育活动和业余体育活动中,主要目标应当是提高人们对体育活动本身的兴趣和认识,鼓励人们终生都积极参与健身活动,促进人的全面发展。体育教育应提高人们对运动技能的鉴赏力,同时还应满足所有参加者(不仅仅是获胜者)的心理需要。体育教育还应通过向人们提供自我决策和能力体现的机会和方式,来提高人们的自尊感和自信心。如果希望提高参加体育活动的内部动机,那么,外部压力、取胜定向和物质奖励往往起到相反作用。即便是职业的优秀运动员,也不应将争取获胜作为唯一的目标,他不应只是关注谁赢得胜利,他还应注意如何进行比赛,并希望其他人也能从体育活动中得到乐趣。只要坚持这种体育精神,就有可能使人们从体育运动中获得更多的乐趣,并使人们由于参与体育活动而生活得更加健康和幸福。

插图 2-3 孩子们从事运动活动,就是为了享受运动活动本身的乐趣

综上所述,认知评价理论注重认知特征对于动机的直接作用,为运动动机的培养和激发提供了具有重要价值的理论依据,具有指导意义。该理论注重内部动机的积极作用,主张从内部激发动机,这一点符合辩证唯物主义的哲学观,是完全正确的。但是,该理论用对立的观点看待内部动机与外部动机的关系,忽视外部动机的作用,这一点应予以注意。

二、自我效能理论

（一）自我效能、思维模式、行为模式

自我效能（self-efficacy）源于班杜拉（Bandura，1977）的社会认知理论，是社会心理学和动机心理学中的一个重要概念，指一个人对自己能否成功地完成一项任务所持的信心和期望，或者对自己成功地完成一项任务所具备的潜能的认识。班杜拉认为，自我效能判断关心的"不是某人具有什么技能，而是个体用其拥有的技能能够做什么"。许多证据显示，可以通过效能期望来预测行为。例如，迪克雷门特（DiClemente，1985）考察了一组想戒烟的人，他们发现，高自我效能者比低自我效能者更容易成功戒烟。

图2-2对效能信息（行为成就、替代经验、言语劝说、情绪唤醒）、效能期望、行为及思维模式三类因素之间的关系做了一个概括。是什么决定了人的自我效能呢？按照班杜拉的观点，这取决于以下4个因素：

第一，行为成就：效能期望主要取决于过去发生了什么；过去的成功导致较高的效能期望，过去的失败导致较低的效能期望。

第二，替代经验：观察他人的成败，可以对自我效能产生与自己的成败相似的影响（但作用小一些）。

第三，言语劝说：当你尊敬的人（如师长）强烈认为你有能力成功地对付某一情境时，可以提高自我效能。

第四，情绪唤醒：高水平的生理唤醒可导致人们经历焦虑与紧张，并降低自我效能感。

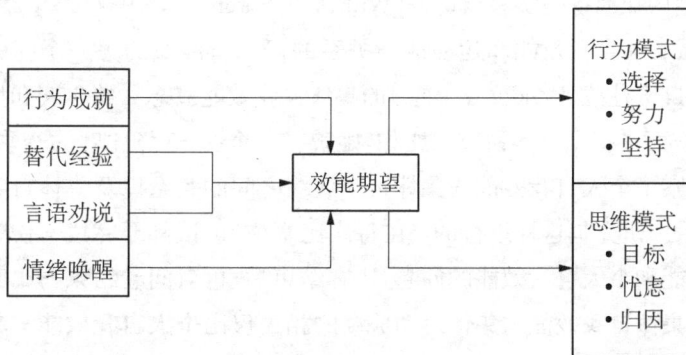

图2-2 效能信息（左）、效能期望（中）、行为以及思维模式（右）的相互关系

这4类信息来源决定了人的效能期望，并从人们所接受的挑战、进行的努力和坚持的时间中体现出来。自我效能影响着人的认知过程，如成功与失败的表象、目标定向、归因等，这些认知过程进而影响着人们的动机状态（Feltz，1988a）。

目前，研究自我效能的方法主要有两种，一种是通过实验者的控制操纵自我效能（Weinberg，Jackson，Gould & Yukelson，1981）。比如，可以让被试同另一作为主试合作者的"假被试"进行功率自行车的比赛，规定让某些被试始终以10秒钟领先以形成一个高自我效能组，让另一些被试始终以10秒钟落后以形成一个低自我效能组，再观察两组被试的后继行为表现。或者让不同被试观看内容不同的录像带，以形成不同的自我效能。另一种是通过问卷

测定自我效能,再与被试的其他特征如运动成绩、坚持进行体育活动的时间等进行相关分析。比如,莱克曼等人(Ryckman, Robbins, Thornton & Cantrell, 1982)曾编制了一个《身体自我效能量表》(Physical Self-Efficacy Scale, PSE)。该量表又分为两个分量表,一个是含 10 个条目的《主观身体能力分量表》(Perceived Physical Ability, PPA),比如,其中一个问题是"我的伸展性极好";另一个是含 12 个条目的《身体性自我表现自信心分量表》(Physical Self-Presentation Confidence, PSPC),比如,其中一个问题是"因为我的姿势不好看,所以人们对我的印象不好"。要求被试在有 6 种选项的里科特式量表上作答。

体育运动领域中有关自我效能的实验室研究和现场研究主要围绕三个方面进行,即自我效能与运动成绩的关系、自我效能与体育活动动机的关系以及如何提高自我效能。

(二) 自我效能与运动成绩的关系

体育运动领域绝大多数自我效能的研究都是围绕自我效能与运动成绩的关系进行的。许多研究表明,自我效能越高,努力程度越高,运动成绩就越好。例如,威斯等人(Weiss, Wiese & Klint, 1989)发现,省级水平的体操运动员,其自我效能水平同比赛成绩的相关为 $r = 0.57$。温伯格等人(Weinberg, Gould & Jackson, 1979)在实验室实验中也得到了类似的结果,相关系数为 $r = 0.68$。在这一类研究中,自我效能大多能可靠地预测运动成绩,其相关系数一般均超过 $r = 0.50$。费尔茨(Feltz, 1981)则发现,如果利用过去的运动成绩和自我效能一起预测运动成绩,其效果要比单独用自我效能预测运动成绩好。还有研究发现,如果被试在完成力量性任务之前,进行提高自我效能的认知准备,所取得的成绩就会比不进行认知准备的控制组或进行其他类型认知准备的实验组更好(Wilkes & Summers, 1984)。

体育运动领域有关自我效能和运动成绩关系的研究所涉及的另一个问题是运动队集体的自我效能,它源自班杜拉(Bandura, 1986)的集体自我效能概念。费尔茨和她的同事(Feltz, et al, 1989)在这方面进行了许多研究。比如,她曾在一个有 32 场比赛的赛季中,以 7 个大学冰球队为被试,考察了个人自我效能与集体运动成绩之间的关系以及集体自我效能与集体运动成绩之间的关系。研究是这样进行的:在每次比赛前,被试都要完成一份关于自己在队中排名、集体自我效能和个人自我效能的问卷,比赛结束后,再对问卷结果与比赛成绩进行相关分析。结果发现,集体自我效能与集体运动成绩的相关仅比个人自我效能与集体运动成绩的相关稍高一点。更重要的发现是,运动员对于自己在队中排名的知觉可以比个人自我效能和集体自我效能更好地预测集体运动成绩。这一结果提示,运动员关于自己在队中排名的知觉可能是测量主观能力的更好方法,而集体自我效能可能较易受答题偏差的影响。

(三) 自我效能与运动动机的关系

根据社会认知理论,自我效能应是促进动机的重要因素,自我效能高者,参与体育活动的动机也应较高,反之则低。这种预测得到了一些研究的支持(Bezjak & Lee, 1990; Dzewaltowski, Noble & Shaw, 1990)。比如,嘉西亚等人(Garcia & King, 1991)对一组老年办公室的工作人员进行了一项研究,先对他们进行自我效能的初测,然后,将其分入三个不同的身体锻炼组和一个控制组进行为期一年的身体锻炼。结果发现,自我效能与身体锻炼的坚持性有可靠的中等程度的正相关(6 个月时测得的相关为 $r = 0.42$,一年时测得的相关为 $r =$

0.44），自我效能高者，身体锻炼的坚持性也更好。

（四）自我效能的改善与提高

如果自我效能与运动成绩和运动动机均有正相关的关系，那么即便还不能确定这种关系就是因果关系，但至少存在这样一种可能，即通过提高自我效能来提高运动成绩和运动动机。有些研究表明，通过不同手段，如观看有助于提高自我效能的录像片（Leavitt，Young & Connelly，1989）、鼓励性的自我暗示（Weinberg & Jackson，1990）、表象（Feltz & Riessinger，1990），均可有效地提高自我效能。还有些研究表明，通过自我效能的提高，可以进而提高坚持进行肌肉耐力性活动的时间（Feltz & Riesinger，1990）。

更引人注意的是，哈罗威等人（Holloway，Beuter，Duda，1988）在一项研究中假设，体育运动情境中（力量练习）提高的自我效能，可以迁移到其他生活情境，提高人们生活的自信心。他们以 27 名青年妇女为被试，其中 6 名自愿参加了一项为期 6 周的力量练习，8 名妇女为无运动活动的控制组，13 名妇女为轻微活动的控制组。实验结果支持了他们的假设，实验组的被试不但提高了力量训练的自我效能和身体能力的信心，而且还提高了整个生活的自我效能和自信心。布罗笛（Brody，Hatfield，Spalding，1988）也发现，掌握一项高危险性的运动技能后，该项任务自我效能的提高，可以迁移到其他相似的高危险活动中去。

（五）自我效能理论在体育运动中的意义与作用

在大众体育领域，自我效能研究关注的主要问题是从事体育活动的动机问题。在竞技体育领域，自我效能研究关注的主要问题是自我效能与运动成绩的关系问题。尽管这些问题引起了国外体育运动心理学工作者的广泛兴趣，但国内的体育运动心理学研究较少涉及自我效能这一概念。就笔者所掌握的有限资料来看，我们尚缺乏这方面的专门研究。但是，在对运动员进行的心理咨询和心理训练中，许多体育运动心理学工作者都遇到了自我效能对运动成绩的影响问题。它往往同运动员的注意方向、情绪控制等共同影响着运动员的运动表现，应当引起足够的重视。

总的来说，体育运动领域有关自我效能的研究已经初步确定了自我效能与运动成绩和运动动机的正相关关系，因此，今后的研究有必要进一步探讨：它是否是稳定的个性特质，抑或可以随不同情境和不同任务而不断变化？通过认知训练，它在多大程度上是可以变化提高的？有哪些因素与自我效能有关？对这些问题的回答将有助于我们理解人的认知过程与体育运动之间的关系，并为心理选材、心理咨询和心理技能训练的实践工作提供理论依据。

三、目标定向理论

（一）任务定向、自我定向、内部动机

目标定向理论（goal orientation theory）的研究主要集中在确定哪些心理因素和行为因素会影响人的主观能力，这种主观能力又如何影响人的后继行为及其效率。这类研究十分强调对目标问题的探讨，同时，也十分重视人们如何解释自己的能力，这种解释又如何影响后继的能力感。

在完成一项任务的过程中，如果强调的重点是任务本身，那么，人们对自己表现出的能力

的知觉是以自己个人为参照系的,不同他人做比较。因此,可以预测,这种任务定向(task orientation)有助于培养和提高人的主观能力感(Elliott & Dweck, 1988)。而自我定向(ego orientation)则不同,它考虑的主要是个人的能力水平。在这种情况下,人们对自己表现出的能力的知觉意味着对自己是否比别人强这个问题做出的评估。因此,可以预测,这种自我定向更有可能使人们产生能力不足之感(Duda, 1992)。研究也的确表明,同自我定向相比,任务定向可更好地提高人们的能力感,而这种能力感对人们的运动成绩(Feltz, 1988a)以及从事体育活动的持久性(Burton & Martins, 1986;Roberts, Kleiber & Duda, 1981)均有重要影响。

关于动机的社会认知理论认为,在体育运动中,目标定向可能是影响内部动机的重要因素。具体来说,可以预测,任务定向会激发对任务的直接兴趣,而自我定向则会导致内部动机的下降。比如,杜达和尼克尔斯(Duda & Nicholls, 1989)曾以高中学生为被试进行了一项研究,方法是采用《体育活动任务定向和自我定向调查表》来确定在任务定向和自我定向以及满足感、枯燥感、兴趣感之间的相关,表2-1总结了这次调查的结果:任务定向与从事体育活动时的乐趣感有可靠的正相关,与枯燥感有负相关。

表2-1 任务定向、自我定向和乐趣感、兴趣感、枯燥感之间的相关

心理感受	全体被试		女性被试		男性被试	
	任务定向	自我定向	任务定向	自我定向	任务定向	自我定向
乐趣、兴趣	0.34**	0.05	0.58***	0.32	0.30**	-0.12
枯燥	-0.28*	-0.00	-0.42***	-0.12	-0.19	0.10

* P<0.05, ** P<0.01, *** P<0.001。引自 Duda & Nicholls, 1989

在另一项研究中,杜达等人(Duda & Nicholls, 1989)让被试进行6分钟每次最大强度自行车功率计练习,然后,对被试提出一些问题。根据高任务定向/低自我定向的被试的报告,在练习过程中,被试体验到的主观努力水平(Rate of Perceived Exertion, RPE)更低,积极情绪更多。因此,杜达等人认为,体育教师、教练员以及其他体育管理人员应当尽力创造并维持一种积极气氛,帮助体育参加者建立一种高度的任务定向。

有一些实验室的研究也考察了任务定向和自我定向对体育活动中内部动机的影响。比如,威勒兰德等人(Vallerand, Gauvin & Halliwell, 1986)报告,如果让男孩子们先从事一项竞争定向的活动而不是任务定向的活动,那么,在以后可自由支配的时间内,他们花在该项任务上的时间就更少。

从上述研究中,我们或许可以总结出一个初步的结论:在体育运动中,在目标定向和动机过程、成就行为、价值感之间,存在着交互影响的关系。

(二)目标定向理论在体育运动中的意义与作用

同认知评价理论一样,目标定向理论也极其重视人的认知过程对动机的重要作用,重视内部动机的维持与增强,可以说,它们没有实质性的不同。不同的只是,目标定向理论更强调人的目标定向对动机的影响。显然,它是主张任务定向的,希望体育活动的参加者通过这种目标定向来获得更多的乐趣,从而加强内部动机。这种通过体育活动的乐趣性提高人的生活质

运动心理学(第二版)

量,使人生活得更加健康和幸福的出发点,无疑是大众体育的基石。也许,这对儿童的体育教育和体育活动有更为重要的现实意义。

该理论更适合于大众体育。在竞技体育领域中,任务定向自然会有助于运动员能力感的提高和内部动机的维持,但又无法回避自我定向的问题,他们将不得不在同其他人的能力比较中生存。

第三节　运动动机的培养和激发

在体育运动中如何培养和激发动机,是摆在体育教师、教练员、运动员和体育管理人员面前的重要问题。本节所讨论的培养和激发运动动机的各项方法和原则,大都是以上述三种动机理论为基础的。

一、满足运动员的各种需要

满足运动员的需要,是有效地激发动机的关键。如果教学训练过程符合运动员正在寻求的情感体验,则这个过程本身就能起到激发动机的作用。

在体育运动领域中,尽管每个人都有自己的特殊需要,但根据马斯洛的需要层次理论,大多数人的需要可归为以下三类:接受刺激、追求乐趣的需要,从属于一个集体的需要,展示才能和自我价值的需要。

(一) 满足运动员追求乐趣的需要

体育运动的魅力之一就是具有鲜明的挑战性和趣味性,并使身心集于一体。它是乐趣式的,但同时它也可能成为一项艰苦的劳动,从乐趣式的转变为工作式的。如果教学安排与训练安排枯燥无味,过多剥夺了运动员的自由或者对运动员提出了过高的要求,那么它就剥夺了运动员训练的乐趣,导致运动动机的下降。有的教练员发现,有些运动员在训练课上无精打采,但当训练结束之后,他们常自动留下来按自己的兴趣再玩一会儿。这一事例说明,教练员的训练课很可能存在问题,它未能很好地满足运动员追求乐趣的需要。教练员应该分析一下自己,是不是总爱品头论足,说消极话;工作是否杂乱无章;是否总爱命令人,非常蛮横;是否没完没了地讲授,未给运动员提供充分的机会;训练方式是否千篇一律,等等。这些都是破坏运动员兴趣的重要原因。体育教师和教练员只有设法使单调无味的训练富于趣味性,满足运动员追求乐趣的需要,才能更有效地激发运动动机。为满足运动员追求乐趣的需要,应在教学训练中注意以下几点:

第一,使运动员的能力适合练习的难度。如果一个人总是失败,那他就决不会觉得这项运动有趣。因此,应该有意识地促成运动员成功的体验。

第二,使训练方法和手段多样化。这一点很重要,有的运动员报告,他的教练常使运动员笑着累倒在操场上,这样的教练大多是优秀的教练。

第三,让所有人都积极参与。如果某些人在别人积极参与时感到无事可做,他们就会感到厌烦。

第四，在练习中根据运动员的特点分派任务，使他们有机会在完成任务的过程中享受乐趣。

第五，允许运动员在训练中有更多的自主权（这一点将在后面进行分析）。

（二）满足运动员归属集体的需要

可能所有的运动员都有归属的需要（need for affiliation）（即从属于一个集体的需要）。甚至有少数人，他们参加体育运动就是因为希望能成为运动集体中的一员，他们需要归属于一个能为自己增添色彩的集体。归属于他人、为他人所接受就是这些人的主要动机，他们的主要目标就是满足这种需要，而不是去赢得荣誉。他们常常很乐意地当一名替补队员，只要偶尔出场比赛就足够了。对于这种人来说，不惜一切代价来争取最佳表现或取胜并无多大意义。当然，如果取胜是集体的一个目标，他们也会为之努力的，因为他们迫切希望成为集体的一部分，迫切希望被教练员和集体所接受。

插图2-4　集体的名称给运动员带来归属感、光荣感、责任感甚至神圣感

体育教师和教练员可以利用集体成员的资格作为一种颇具诱惑力的奖励，以激励这类运动员为优良成绩去努力拼搏，也可以用集体的行为规范、集体的目标、集体的荣誉感来激发他们的成就动机。

（三）满足运动员展示自我的需要

感到自己有价值（能力与成功）的需要是体育运动中最普遍最强烈的需要。这种需要的特点是由运动员归因的特点决定的（我们将在第五章详细讨论归因问题）。可以根据归因的特点将运动员分为两类：成功定向的运动员（success oriented athlete）和失败定向的运动员（failure oriented athlete）。归因（attribution）时具有更多积极特征的运动员称为成功定向的运动员；归因时具有更多消极特征的运动员称为失败定向的运动员。他们各自的特点如表2-2所示。无论对于哪类运动员，自我价值感（perception of self value）也许都是他们最为珍惜和悉心保护的精神财产。展示自己的才能并使他人承认自己的价值，或者不必得到他人的尊重而只需自认为有价值、有能力，都可以满足这种需要。体育运动领域的各种任务时时都在向人的能力提出挑战，作为教练员，必须尽可能去保护运动员，不要使他们失去自我价值感。

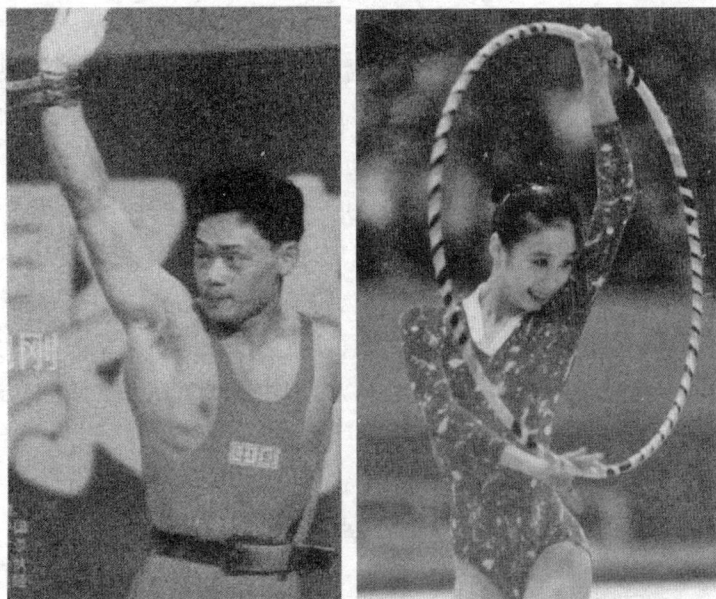

插图2-5 体育运动的魅力在于,运动员将自己的心理自我和身体自我以完美结合的形式展现在同类面前

变　量	成功定向运动员的特征	失败定向运动员的特征
成功/失败史	不断的成功	不断的失败
总的情况	积极的、乐观的	消极的、悲观的
归因—成功时	能力	幸运或任务容易
—失败时	努力	能力
责任—成功时	归功于自己	不归功于自己
—失败时	应当承担责任时就承担责任	对失败承担责任
任务选择	中等难度	非常容易或非常困难的——因此可预测成功和失败
情感—成功时	满意	有点满意
—失败时	不满意	非常不满意
运动的重要性	提高—	降低—
	参加运动给运动员带来了关于自己的好消息	参加运动削弱了运动员的自我价值感

对于失败定向的运动员,体育教师和教练员应帮助他们重新确定目标,并尽可能设法通过成功的体验来满足他们表现才能与自我价值的需要,引导他们积极改善归因的控制点,这样才能有效地培养和激发他们的内部动机。例如,对于屡受挫折、自尊心受到极大伤害的运动员,应帮助他们重新确定切实可行的目标,引导他们将成功归因于能力(成功定向),并积极为其创设经努力而成功的训练环境,提高其自我价值感,保护其自尊心。

39

二、合理运用强化手段

动机既可以从内部被激发，也可以从外部被激发。强化（reinforcement）是指出现可接受的行为时，或者给予奖励，或者撤除消极刺激的过程。正确的强化，是主要从外部激发动机的方法。如果运用得当，强化不仅可以激发外部动机，也有利于内部动机的培养。如果运用不当，强化则可能既破坏内部动机，又破坏外部动机。强化可分为两种：

第一，积极强化（positive reinforcement）：出现特定的行为时就给予奖励。例如，教练员的微笑、表扬、注意等精神奖励，以及奖杯、证书等物质奖励。

第二，消极强化（negative reinforcement）：通过撤除消极的结果来鼓励特定行为。例如，足球教学比赛的负方应按惯例在赛后罚跑 2000 米，但由于负方队员表现出色，教练员决定免跑，这就是消极强化。

一般来说，强化的方法优于惩罚的方法，因为它比惩罚更能鼓励正确的行为。但适当的惩罚也是必要的，因为它有利于减少错误行为反复出现的可能性。

进行强化时应注意以下原则：

第一，明确规定应获奖励的行为、奖励的条件以及奖励的标准。例如，在篮球教学比赛中规定，谁如果在全场比赛中抢到规定数量的篮板球，则下次训练课就可以自选准备活动或带领全队做准备活动。

第二，最好对达到标准的良好表现进行没有规律的强化（奖励）。

第三，鼓励运动员间的相互强化。

第四，奖励不能过量，不能让运动员感到教练员正在企图控制他们的行为。

第五，应使运动员懂得，奖励不是最终目的，它只是能力、努力和自我价值的标志，这有利于加强内部动机。

下面是一个强化运用不当而损坏动机的例子。父亲对孩子说："儿子，如果你每天坚持练2 小时的足球，我可以每天给你 5 角钱。"过了一段时间，孩子对父亲说："爸爸，我不要你的钱，也不练足球了。"可见，强化如果不能带来运动员能力如何的信息，就起不到激发动机的作用。

缺乏性需要比丰富性需要更容易得到满足，一旦这种需要得到满足，它就不再成为人争取达到的目标，因而也就失去了动机作用。从这个意义上说，培养和激发内部动机比外部动机更重要。

三、因人因时因地而异，直接激发动机

有三种直接的方法可用来影响运动员的动机：依从方法、认同方法和内化方法。体育教师和教练员可以因人而异地选择一种方法，也可以因时而异或因地而异地结合交替采用这三种方法。

（一）依从方法

依从方法（compliance method）指利用外部奖励和惩罚的作用来激发运动动机的方法。例如，教练员对运动员说"如果你今天赢了，那我们星期一就不练了"，或者"你要是再不听，就暂停你的伙食费"。这就是通过依从法来激发动机。该方法是激发动机的有效手段，特别是对于

那些没有建立起良好的行为习惯、自我观念很淡薄的运动员来说,尤其重要。

(二) 认同方法

认同方法(identification method)指利用教练员与运动员之间的关系来激发运动动机的方法。它是依从法的隐蔽形式。例如,教练员说:"如果你关心全队,为全队尽力,那你也是在为我做这件事,帮了我的忙。"这就是通过认同法来激发动机。这种方法实际上是依从方法的隐蔽形式,这句话的潜台词是:"如果你按照我的要求做,你就会得到奖励;如果你不这样做,就会受到惩罚。"要成功地利用认同法来激发运动动机,教练员就必须与运动员保持良好关系,使运动员觉得自己应该照教练员的要求去做。应当看到,过分依赖惩罚和消极强化的教练员容易同运动员产生隔阂,运动员服从教练只是因为怕受罚。

(三) 内化方法

内化方法(internalization method)指通过启发信念和价值观来激发内部动机的方法。例如,教练员赛前对运动员说:"高军,为了准备这次比赛,你的确练得很努力。你应当对准备工作感到满意,我相信你肯定能充分发挥出自己的水平。我想,你一定知道,无论比赛结果如何,我都会为你感到骄傲。"这就是教练员通过内化法来激发动机的典型例子。

使用上述三种直接方法时,应注意以下一些问题:

第一,在技能发展的初级阶段,依从方法与认同方法最有效,因为该阶段运动员尚不成熟。

第二,随着年龄的增长和心理的成熟,内化方法会起作用,也最适宜。

第三,对于那些十分习惯于依从法而不适应、不接受内化法的运动员,激发其动机的方法取决于目标:如果首要目标是取胜,则应充分依靠和运用依从法和认同法,因为它更省时、更容易,也很有效。如果首要目标是帮助运动员成熟和发展,特别是要使他们在心理上不断成熟和发展,从而建立积极的自我意识和完整的价值观念,则应先利用依从法和认同法帮助运动员建立起正确的价值和信仰体系(接受内化法),然后才可能用内化法激发和培养其运动动机。

第四,运动员归因的控制点(locus of control)不同,激发其运动动机的直接方法也不同:对于内控归因的运动员,更适合使用内化的方法。对于外控归因的运动员,更适合使用依从和认同的方法。

四、变化训练比赛环境,间接激发动机

改变教学与训练的环境是培养与激发运动动机的间接方法。这个环境包括物质环境和心理环境。例如,变换练习场地,改善练习设备条件等,这是改变练习的物质环境。又如,在某些人不在场的情况下组织练习,取消消极评语,改变运动员的分组,改变传统的练习方法,等等,都是改变练习的心理环境。体育教师和教练员应当精心安排每一次训练和比赛,使之具有趣味性和启发性,以满足运动员接受刺激、追求乐趣的需要,进而培养和激发内部动机。

五、给予自主权,培养责任心

许多研究表明,给人以控制自己生活的权利,可以加强动机,提高成就,促进责任感和自我

价值感的发展。这一点对于培养和激发运动动机尤为重要。

在体育运动领域中,毫无疑问,教练员对于训练和比赛所作的安排往往是比较适合于运动员发展的。但也应看到,最了解运动员状况的,莫过于运动员自己。一旦运动员学会了如何自己设置训练计划,掌握了作出正确决策的方法,他们可能会设计出更好的计划,可能会有更强烈的责任心去执行自己亲手制订的计划。

中国古代有句名言:"授人以鱼,则供一餐之需;授人以渔,则其终身受益。"有许多教练员不给运动员提供自己选择的机会,训练方案一概由教练员包揽,运动员对此没有任何发言权,他们只是按计划训练,成为执行计划的机器。其实,这种做法不利于运动员主观能动性的发挥,很可能挫伤运动动机。试想,如果弗斯伯里(Fosbury)仅仅按照教练告诉他的方法练跳高,就不会产生背越式跳高;如果王贞治仅仅追求"标准的"挥棒姿势,他就不可能成为棒球本垒打之王。

体育教师和教练员应根据运动员的能力和水平,在有组织的范围内下放权力,培养运动员的责任心、自觉性以及在有限的条件下作出正确决策的能力。这样做不仅能培养和激发内部动机,而且会使运动员在将来的生活和工作中受益。

在下放自主权的过程中应注意以下问题:

第一,根据运动员的能力和水平,有选择地下放自主权。

第二,放权后耐心帮助运动员进行决策,不要急于求成,过分指导。体育教师和教练员应花些时间同运动员一起讨论决策的方法和决策中应注意的问题,并让他们了解自己过去曾作出的一些决策的原因。同时,应允许运动员在决策中出错,出错时要帮助他们从中汲取教训,待运动员对他们的责任习惯后,错误自然会减少。不适当的过分指导,往往会损害运动动机,因为这样做实际上剥夺了运动员学习自我调整、自己作出决策的机会,而且运动员也很难一次改正过多的错误。

第三,体育教师和教练员应具有移情心。移情心是一种理解运动员感情和态度的能力,一种会站在运动员的角度来观察思考问题的能力。这种能力会在师生关系之间创造一种信任感。体育教师和教练员应充分理解运动员所面临的困难。

六、因材施教,区别对待

由于运动员之间在家庭背景、个性特征、需要、归因特点、文化程度等方面存在差异,因此在培养和激发运动动机的过程中应充分考虑这些差异,做到因材施教。在体育运动领域中激发动机,没有同时适合所有人、所有情况的方法。体育教师和教练员应该从实际出发,因人制宜,创造性地运用各种方法以取得良好的效果。如果一味教条式地生搬硬套,就会适得其反。例如,有些运动员可能会把教练员的惩罚看成是一种奖励,也有人可能把奖励看成是一种惩罚。比如,在你大声训斥某人时,他却觉得自己成功地引起了你对他的注意;对于性格特别腼腆的运动员,你让他带领全队做准备活动以示奖励,他却可能将此事看成一种惩罚。这些都是强化运用不当的表现。

本章提要

1. 动机是推动一个人进行活动的心理动因或内部动力。它能引起并维持人的活动,将该活动导向一定目标,以满足个体的需要、愿望或理想。

2. 动机的基本作用有三个,即始发作用、指向或选择作用以及强化作用。引起动机的基本条件是内部需要和外部环境。

3. 驱力指驱使有机体进入活动,与身体的生理需要相联系的内部激起状态。诱因指引起个体动机、并能满足个体需求的外在刺激,动机就是驱力和诱因两种作用相结合的产物。

4. 常见的动机分类有生物性动机和社会性动机、直接动机和间接动机、缺乏性动机和丰富性动机、外部动机和内部动机等。

5. 以饥、渴、性等生物性需要为基础的动机称为生物性动机;以成就、交往等社会性需要为基础的动机称为社会性动机。

6. 以直接兴趣为基础并指向活动过程本身的动机称为直接动机;以间接兴趣为基础并指向活动的结果的动机称为间接动机。

7. 以排除缺乏和破坏、避免威胁、逃避危险等需要为特征,以缩减张力为目的的动机,称为缺乏性动机;以经验享乐、获得满足、理解和发现、寻找新奇、有所成就和有所创造等欲望为特征,以提高张力为目的的动机,称为丰富性动机。

8. 来源于客观外部原因的动机称为外部动机;来源于主观内部原因的动机称为内部动机。

9. 认知评价理论认为,内部动机以人的能力需要和自我决策需要为基础,任何影响能力感和自我决策感的事件都可影响人的内部动机。每一事件均具有两种功能,即与自我决策感相关的控制功能和与能力感相关的信息功能;外部奖励如果能够提高自我决策感和能力感,则会加强内部动机;外部奖励如果降低自我决策感和能力感,则会损害内部动机。

10. 自我效能指一个人对自己能否成功地完成一项任务所持的信心和期望,对自己成功地完成一项任务所具备的潜能的认识。自我效能理论对效能信息(行为成就、替代经验、言语劝说、情绪唤醒)、效能期望、行为及思维模式三类因素之间的关系做了概括。该理论认为效能信息决定着效能期望,效能期望进而影响着人的行为模式和思维模式。自我效能可以从人们所接受的挑战、进行的努力和坚持的时间中体现出来,并影响着人的认知过程,如成功与失败的表象、目标定向、归因等等,这些认知过程进而影响着人们的动机状态。

11. 目标定向理论认为,目标定向是影响内部动机的重要因素。指向活动本身并以自身进步为参照的任务定向可以激发对任务的直接兴趣,而指向将自己同他人进行能力比较的自我定向则会导致内部动机的下降。

12. 目前,动机领域研究的趋势是对影响动机的两种认知过程的高度重视,即对人的自我观念(如能力感、控制感)和目标价值观念的高度重视。

13. 在运动动机的培养和激发的过程中,应注意以下 6 项原则:满足运动员的各种需要;正确运用强化手段;因人因时因地而异,直接激发动机;经常改变教学与训练的环境,保持训练和比赛的趣味性和启发性,间接激发动机;给予运动员更多的自主权,培养运动员的责任心;因

第二章·运动活动的动机

43

材施教,区别对待。

关键术语

动机,需要,驱力,诱因,生物性动机,社会性动机,直接动机,间接动机,缺乏性动机,丰富性动机,外部动机,内部动机,认知评价理论,控制功能,信息功能,控制性事件,信息性事件,自我效能,自我效能理论,目标定向理论,任务定向,自我定向,归属的需要,成功定向的运动员,失败定向的运动员,强化,积极强化,消极强化,依从方法,认同方法,内化方法

复习思考题

1. 动机问题为什么如此重要?

2. 向运动员发放奖金,会产生哪些正面影响和负面影响?

3. 如何控制向运动员发放奖金时可能产生的负面影响?

4. 认知评价理论、自我效能理论和目标定向理论有哪些共同点?

5. 哪些运动动机属于缺乏性动机,哪些运动动机属于丰富性动机?

6. 如何长时间地维持运动活动的动机?

7. 竞技运动和大众健身两个领域中的动机问题有什么差异?

8. 如何测量运动活动的动机水平?

推荐参考读物

1. 克雷奇(1981):心理学纲要(下册)。北京:文化教育出版社,357—386 页。

2. 张述祖、沈德立(1987):基础心理学。北京:教育科学出版社,190—201 页。

3. 章志光主编(1984):心理学。北京:人民教育出版社,56—81 页。

以上三本著作为普通心理学著作,均以专章简要介绍了动机的基本概念、功能、分类和理论,可作为了解动机基础知识的参考读物。

4. 霍斯顿(孟继群、侯积良等译,1990):动机心理学。沈阳:辽宁人民出版社。该书为动机心理学专著,详尽介绍了动机的概念、功能、分类和理论,讨论了相关领域的研究成果。

5. 马腾斯(王惠民、任未多、李京诚、张力为编译,1992):心理技能训练指南。北京:人民体育出版社,25—66 页。该书为美国教练员岗位培训教材,有专章介绍如何理解和如何培养运动动机,内容通俗易懂。

第三章　应激、唤醒及焦虑

在一场冠亚军争夺战中,离终场还有一秒,你所属的篮球队落后一分,对方犯规,由你主罚。此刻,你走向发球线准备主罚两个球中的第一个。刚刚还是人声鼎沸的全场,突然宁静了下来,似乎一根针落在地上也会发出响声。你抬头举球,面对着篮筐……不,也许你面对的不是篮筐,而是焦虑的父母、期待的女友、希望的观众、与你同窗奋斗十年的队友以及紧张得埋下头的教练,面对的是你有生以来最严重的挑战……

应激、唤醒与焦虑不但对运动员的比赛发挥水平产生着重大影响,也在运动员日常生活的脚步中留下了深深的印记。本章将从概念、结构、类型及作用等方面讨论应激、唤醒与焦虑对运动活动的意义。

插图3-1　篮球运动员最后1秒钟的罚篮,好像是站在天堂和地狱的十字路口(奥尼尔正在准备罚篮)

第一节　应激过程

一、应激的概念

应激在有些心理学教科书中被翻译为压力(Rice,石林等译,2000),指有机体遇到干扰自己平衡状态或超越自己应对能力的刺激事件时,表现出的特定的或非特定的反应过程,包含应激刺激、对威胁的知觉评价和应激反应三种主要成分。

应激刺激(stressor)也被称作应激源,指对有机体形成威胁并引起有机体产生变化的各种内在及外在的影响因素。例如,肠胃不适是典型的内在的应激刺激,裁判错判是典型的外在的应激刺激。应激刺激要求有机体作出应激反应。

应激反应(stress reaction)指有机体对应激刺激作出的适应性变化,包括生理的、行为的、情绪的以及认知上的改变。例如,肠胃不适后产生的呕吐,裁判错判后发生的争吵,都可视为应激反应。我们经常看到,遇到相同的应激刺激时,不同的人其反应相去甚远,这是因为应激刺激与应激反应的关系不是直接的、单一的,这种关系还受到许多条件的影响(图3-1)。

应激是一个十分复杂的心理生物过程。从图3-1可以看出,应激过程包括应激刺激、对应激刺激和应激资源的评价,以及根据这种评价产生的适应性反应三个因素。其中,对应激刺激和应激资源的评价受到人的生理、心理和文化特点的制约。对应激刺激(威胁)的反应可分为不同水平:生理的、行为的、情绪的和认知的;有些反应具有适应性,有些反应不具有适应

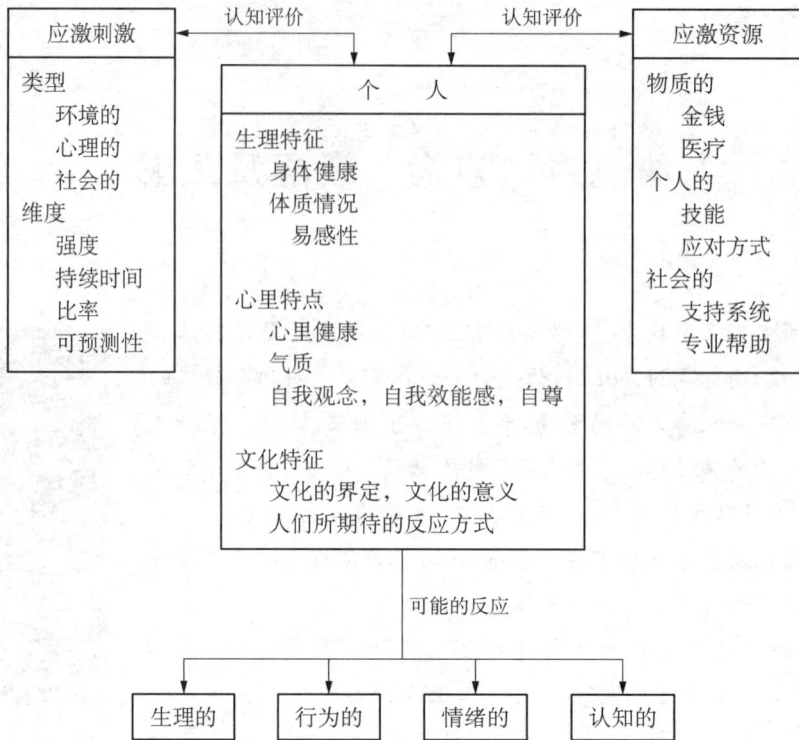

图3-1 应激的前因后果

引自 Zimbardo & Gerrig，1999，p. 504

性，甚至带有毁灭性。

二、应激的诱发原因

生活中的重大事件，如高考、谈恋爱、找工作、伤病、比赛等，都可能对我们的应对能力形成挑战，使我们感到难以应对，因而造成应激，带来身体和心理上的不适。我们把打破日常平衡

插图3-2 愉快事件也会带来应激？（瑞典网球名将文斯奎拉胜利后的表情）

并对人的应对能力形成明显挑战的事件称为生活事件。即便有些生活事件带有明显的积极性质（如彩票获奖、结婚），但由于这些生活事件打破了日常的宁静和平衡，需要我们适应新的环境，因此，也具有明显的应激性质。霍姆斯和拉赫（Holmes & Rahe，1967）曾编制了一个《社会再适应量表》（Social Readjustment Rating Scale，简称 SRRS），旨在对重大生活变动对身心健康的影响做出量化评定（表3-1）。该量表列出了43种大部分人所经历过的生活变动事件。这些生活变动事件可分为愉快的和不愉快的两大类。研究人员在研制过程中，曾要求来自不同职业、阶层和身份的成年人评定每一事件所需要的再适应程度，然后再与"结婚"这个事件相比较，以此决定该事件本身的变动数值。研究人

员将结婚的数值规定为 50 个变动单位。这样,如果要求被试从所有 43 种生活变动事件中选出过去一段时期中他/她所亲身经历的那些变动事件,再合计所选出的生活变动单位的总数,即可得到该段时期内这个人所承受的应激程度。

表 3-1 《社会再适应量表》

生 活 事 件	冲击程度	生 活 事 件	冲击程度
配偶死亡	100	子女离开家	29
离婚	73	与姻亲关系不好	29
夫妻分居	65	个人有杰出成就	28
坐牢	63	配偶开始或停止工作	26
家族近亲死亡	63	开始上学或停止上学	26
个人身体有重大伤害或疾病	53	社会地位的变动	25
结婚	50	个人习惯的修正	24
被解雇	47	与上司不和	23
夫妻间的调停、和解	45	工作时数的变动	20
退休	45	居住地点的变动	20
家庭成员的健康状况不好	44	就读学校的变动	20
怀孕	40	娱乐消遣活动的变动	19
性困扰	39	教堂活动的变动	19
家庭中有新成员(如婴儿)产生	39	社交活动变动	18
职业上的再适应	39	较轻微的财务损失	17
财务状况的变动	38	睡眠习惯的改变	16
好友死亡	37	家庭成员总数的改变	15
转变职业	36	进食习惯的改变	15
与配偶争吵数次有变动	35	假期	13
负债未还、抵押被没收	31	圣诞节	12
设定抵押或借债	30	违反交通规则	11
工作任务的变动	29		

引自 Holmes & Rahe,1967

　　SRRS 的理论与测量可能存在两个问题(张亚林、杨德森,1993):第一个问题是,同一生活事件在不同的性别、年龄、文化乃至同一个体的不同时期,可能具有不同的意义;第二个问题是,SRRS 假定,生活事件不管是积极的还是消极的,都会造成应激。但有研究发现(刘破资、杨玲玲,1989;郑延平、杨德森,1990;Sarason,1978),消极的生活事件与疾病的相关最为明显,但中性的和积极的生活事件的致病作用并不明显。有鉴于此,杨德森和张亚林(1990)根据中国人的特点发展了一个《生活事件量表》(表 3-2)。该量表包含 48 种在中国人中较常见的生活事件,涉及家庭生活(28 种)、工作学习(13 种)和社交及其他方面(7 种)。量表还另设了两个空白条目，以供被试填写经历过的、但量表未予列出的生活事件。该量表要求被试填写所经历的事件发生的时间，并根据自己的感受判断事件的性质、对心理的影响程度以及这种影响持续的时间。研究者根据以上参数分别计算积极事件刺激量、消极事件刺激量和总的生活事件刺激量。该量表似乎更适合于中国社会的情况，同时评定也更为精细、合理。

表3-2 《生活事件量表》条目

家庭有关问题	工作学习中的问题
1. 恋爱或订婚	29. 待业、无业
2. 恋爱失败、破裂	30. 开始就业
3. 结婚	31. 高考失败
4. 自己（爱人）怀孕	32. 扣发奖金或罚款
5. 自己（爱人）流产	33. 突出的个人成就
6. 家庭增添新成员	34. 晋升、提级
7. 与爱人父母不和	35. 对现职工作不满意
8. 夫妻感情不好	36. 工作学习中的压力大（如成绩不好）
9. 夫妻分居（因不和）	37. 与上级关系紧张
10. 夫妻两地分居（工作需要）	38. 与同事邻居不和
11. 性生活不满意或独身	39. 第一次远走他乡异国
12. 配偶一方有外遇	40. 生活规律重大变故
13. 夫妻重归于好	41. 本人退休离休或未安排具体工作
14. 超指标生育	
15. 本人（爱人）作绝育手术	社交与其他问题
16. 配偶死亡	42. 好友重病或重伤
17. 离婚	43. 好友死亡
18. 子女升学（就业）失败	44. 被人误会、错怪、诬告、议论
19. 子女管教困难	45. 介入民事法律纠纷
20. 子女长期离家	46. 被拘留、受审
21. 父母不和	47. 失窃、财产损失
22. 家庭经济困难	48. 意外惊吓、发生事故、自然灾害
23. 欠债500元以上	
24. 经济情况显著改善	如果您还经历过其他的生活事件，请依次填写
25. 家庭成员重病、重伤	49.
26. 家庭成员死亡	50.
27. 本人重病或重伤	
28. 住房紧张	

引自杨德森、张亚林，1990

生活中的重大事件对人的影响固然明显,生活中的一些小事有时也会给人带来困扰,比如训练迟到而受到教练批评,与朋友约会但路上塞车,考试时钢笔没墨水了,等等。这些小事累加起来,也会产生破坏身心健康的效果。

三、认知评价在应激过程中的作用

我们常会看到,面对同样的应激刺激,不同的人会有不同的应激反应。比如,面对比赛失败,有的人捶胸顿足,有的人暗自神伤;有的人从此颓废,有的人发奋图强。原因何在? 一个重要的因素就是人们的认知评价不同。所谓认知评价(cognitive appraisal),是指个体对自己与他人之间的关系或自己与环境之间的关系作出的判断。实际上,人们面对应激刺激时,在作出任何实际的应激反应之前,就先对应激刺激的性质进行了评价。如果人们觉察到某一情境具有威胁性,可能造成伤害或挫折,那么,该情境便可诱发应激(马启伟、张力为,1996;Martens,Vealey & Burton,1990;Spielberger,1972)。如世界杯决赛,学习一个高难动作,服用兴奋剂后又必须参加药检等情境,对于运动员来说,都是具有潜在威胁的应激刺激。如果人们将一个应激刺激看做是危险的或是有威胁的,那么,不管这一危险是否客观存在,都将导致应激反应,包括生理反应、心理反应和行为反应。

威胁感作为一种主观认知,是联系应激刺激和应激反应的不可或缺的中间环节,调节着两者之间的关系。换句话说,应激反应在强度上的差异和随时间变化产生的波动受到主观觉察到的威胁的大小和多少的影响。应激过程三个主要成分之间的关系可用以下时间序列表示:

应激刺激──→对威胁的知觉或评价──→应激反应

从主观上分析,威胁(threat)指可能产生的危险或可能造成的伤害。这种危险和伤害可能是生理性的,如长期训练造成的腰肌劳损;也可能是心理性的,如比赛失败造成的自尊受伤。对一个特殊应激刺激的反应取决于个体对该应激刺激有多大威胁的认识。对威胁的评价当然要受到客观状况的影响。大多数人都把客观上具有危险性的应激刺激评价为带有威胁的刺激。但是,由于个体的应对技能不同,早先在相似情境中的经验不同,由特殊事件诱发的思维和记忆也不相同,因而使得对同样一个应激刺激,有的人觉得是个威胁,有的人认为是一种挑战,而有的人则视为与己无关。比如,对即将进行的一场奥运会选拔赛,新队员可能由于从未经历过大赛场面,生怕第一次大赛打不好而毁掉自己的整个运动前程;年轻队员可能会认为这是表现自己、超过他人的好机会,跃跃欲试;而那些肯定能入选的尖子队员或入选无望的队员,都可能认为选拔赛对自己仅仅是一个过程而已。

对威胁的评价有两个特点:第一,定向于将来。一般来说,它与对尚未发生但可能造成伤害的事件的期待有关。第二,受知觉、思维、记忆和判断等参与评价的复杂心理过程调节。把当前或将来的事件评价为威胁是产生应激反应的一个重要因素。这种应激反应可促使一个人采取避免受到伤害的行动。特别需要指出的是,即便没有客观危险,但只要将一种情境知觉或评价为具有威胁,就足以传送出应激的关键信息,导致各种应激反应。

四、对应激刺激的生理性反应

（一）紧急反应

有机体面对内在威胁（如细菌的侵犯）和外在威胁（如对手的挑战）时，身体的自主神经系统将调节身体各器官的活动，使呼吸加快加深、心跳加快、血管收缩、血压升高。除了这些内部变化外，喉咙和鼻子的肌肉会放松，使更多的空气得以进入肺部。另外，也会产生强烈的面部表情。这一信息会传到平滑肌，以中止某些身体功能，如消化作用。因此，运动员在比赛过程中很少会有饥饿的感觉。

自主神经系统在应激过程中的另一功能是促使肾上腺分泌两种激素：肾上腺素和去甲肾上腺素。这两种激素会通知身体其他器官执行特殊功能，如脾脏会释放较多的红细胞，这样，在身体受伤时，血液可迅速凝结；骨髓会制造更多的白细胞，以抵抗感染；肝脏则会制造较多的血糖，以增加身体能量。一般认为，肾上腺素在恐惧反应中起重要作用，而去甲肾上腺素则与愤怒反应有密切联系。

应激过程中，自主神经系统也会促进内啡酞的分泌，这些脑内麻醉物质与吗啡的作用相同，都可减低疼痛程度。在比赛场上，运动员受伤后（如足球运动员被冲撞后受伤）也会觉得痛感较低，显然，这有助于运动员带伤坚持战斗，应对当前的挑战，但也有可能过度使用与伤情有关的机体部位而使伤情加重。

插图3-3 应激过程有助于降低运动员对疼痛的知觉

脑垂体接收从下视丘传来的信息后，会分泌两种激素以对抗应激。一种是甲状腺刺激激素，它会刺激甲状腺制造更多的能量以供身体之需；另一种是促肾上腺皮质激素，它会刺激肾上腺的皮质分泌类固醇。类固醇在新陈代谢中具有相当的重要性，会促使肝脏分解糖类进入血液中。促肾上腺皮质激素会传递信息至身体各种器官，分泌出大约30种激素，而每一种激素均参与身体"备战状态"的调整。

（二）一般适应症候群

加拿大内分泌学家汉斯·薛利（Hans Selye）是第一位研究持续性高应激如何影响身体反应的学者。他在医学院读书时，一次他的老师在介绍完5种疾病之间的差别之后，他问了一个简单的问题：所有这些疾病的相似之处是什么呢？从此，在半个世纪的研究生涯中，薛利在蒙特利尔大学进行了一系列开创性研究。通过动物实验，他发现，尽管存在多种应激刺激（包括所有疾病，以及其他许多生理状态和心理状态），但有机体在维持和恢复自身的完整上所需要的适应性反应都是相同的。除了对特定应激刺激的特殊反应以外（如寒冷时血管的收缩），另外还有一种非特定性的适应性生理唤醒反应，这是个体面对重大应激刺激（并且是一种持续性的威胁）时都会出现的反应。薛利将这种反应称为"一般适应症候群"（General Adaptation Syndrome，简称GAS）。他发现这一症状包括三个阶段，即警觉阶段、抗拒阶段和衰竭阶段（Selye，1976a，1976b。图3－2）。

运动心理学（第二版）

正常抗拒之程度

| 警觉阶段 | 抗拒阶段 | 衰竭阶段 |

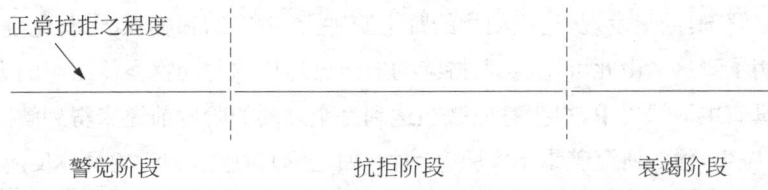

图 3-2　一般适应征候群

警觉阶段是由各种生理变化组成的,这些生理变化可使受威胁的有机体迅速恢复正常的功能。不论应激刺激是来自身体方面的(如饮食不当、睡眠不足、伤病),还是心理方面的(如比赛失利、考试落榜、失去亲人),警觉反应都由相同的一般形态的生理和生化变化所组成。这或许可以解释为什么罹患不同疾病的人们,常常抱怨有相似的症状,如头痛、发烧、疲倦、肌肉和关节酸痛、没有胃口,以及普遍的不舒服的感觉,等等。警觉反应动员身体的防御系统来恢复内在的平衡,这不同于对抗外界危险事件的紧急动员所引发的反应。

假如个体继续处于这种应激情境中,则继警觉反应之后,会跟着出现抗拒阶段。在这个阶段中,个体显然已发展出对应激来源的抗拒。即使扰乱的刺激继续出现,但第一阶段所出现的症状却都消失了。另外,在警觉反应时期,被搅乱的生理过程现在也都恢复到了正常状态。脑垂体前叶与肾上腺皮质的大量分泌似乎有助于个体对应激刺激的这种对抗。

在第二阶段中,虽然个体对原先的应激刺激有了较大的抵抗力,然而对其他应激刺激的抵抗力却反而降低了。这时,即使是一个轻微的应激刺激也可能会造成强烈的反应,这是因为个体的大部分资源都被用于对抗先前的应激刺激去了。比如,一个人如果得了感冒,你会发现他也比较容易发怒。

假如处于有伤害性的应激刺激中时间过长的话,有机体可能再也无法维持对应激刺激的抵抗,这样就会进入一般适应症候群的第三个阶段——衰竭阶段。这时,脑垂体前叶和肾上腺皮质再也无法继续分泌对抗应激的激素,这意味着有机体再也无法适应长期性的应激。这时许多警觉阶段的症状又重新出现。假如应激来源依然持续,有机体将会面临死亡。

科学是需要实证的。薛利的证据来自动物实验。长期处于应激刺激的实验室动物死亡

插图 3-4　汉斯·薛利是研究应激问题的专家,一般适应征候群的发现者
引自 Rice,2000,4 页

后,薛利曾将其解剖,结果发现,这些动物的肾上腺肿大,淋巴结和胸腺(参与免疫作用的器官)萎缩,胃部充满了溃疡。由此可见,长期持续的应激已造成这些动物身体组织的大量破坏。当然,在大部分真实生活情境中,很少有应激在达到完全衰竭的阶段前还未得到解除的。

薛利是位医生,他的研究着重于实验室动物(如老鼠)对应激刺激的身体反应,所以他的理论很少提及人类应激过程心理层面的重要性。他的批评者认为,他过度强调非特定的组织因素在应激引起的疾病上扮演的角色。同时,以动物为被试,自然无法探讨人类应激过程中对威胁的认知评价所具有的重要性。但无论如何,薛利仍然被认为是探索应激反应的先驱,他的洞察力和研究促进了一个全新研究领域的出现和发展。

五、对应激刺激的心理性反应

对应激刺激的生理反应是自动化的和可预测的固定反应。正常情况下,我们对这些生理反应不具备意识上的控制能力。但是,心理反应则不同。心理反应是后天习得的,它在很大程度上取决于我们对环境的知觉与评价以及我们应对应激刺激的能力。

(一)应激的行为反应

应激刺激引起的身体反应可以集中和动员能量,因而可以适应较大的身体消耗。显然,这对于体能性运动项目(如长跑、自行车、游泳)以及体能和技能相结合的运动项目(如足球)尤其重要。

插图3-5 竞赛作为一种应激刺激,可以诱发攻击行为

应激刺激可以诱发攻击行为。研究发现,动物面临各种应激刺激(如隔离、过度拥挤、吗啡戒断、电击)时,会表现出攻击的行为反应。比如,把一对动物关在无法逃离的笼子中,并给予电击,则当电击开始和结束后不久,它们便会打起架来。当只有一只动物被关起来时,同样的电击只是引起吃食行为(Azrin,1967)。体育竞赛中对方的粗野动作或出乎意料的失败等应激刺激诱发运动员的攻击行为和球迷斗殴的事例,也是屡见不鲜的。

对人类而言,进食也是一些人应对日常应激事件的典型行为反应,就像一位肥胖妇女报告的那样:"有时候我认为自己完全不感到饥饿,我只是为某些得不到的东西感到沮丧。而食物是最容易得到并可使我觉得舒服与美好的东西。"(Bruch,1973)

(二)应激的情绪反应

应激刺激可诱发多种积极的和消极的情绪反应,积极的情绪反应包括精神振奋,但更普遍的是消极的情绪反应,包括暴躁、愤怒、焦虑、忧郁和沮丧等。消极的情绪使人感受的那种不愉快感,会促使个体以各种直接和间接的方式降低不愉快的程度。

（三）应激的认知反应

应激刺激引起的身体反应可以促使个体提高警觉程度,集中注意,对环境线索更加敏感。在运动竞赛中,如果这种效应引起个体将注意指向任务相关信息,如对手反应,则促进运动操作;如果这种效应引起个体将注意指向任务无关信息,如观众反应,则妨碍运动操作。

应激刺激引起的身体反应可以促使个体缩小注意范围,应激刺激越强烈,这种效应就越明显。因此,对信息加工量较小的运动项目或非对抗性运动项目(如举重)而言,这种效应可能促进运动操作;而在信息加工量较大的运动项目或对抗性项目(如足球、篮球、排球)中,由于运动员需要同时注意和分析多个对手、多个队友的位置、移动及其与球、球筐、场地的关系,因此,如果应激刺激引起过强的身体反应,而导致注意范围的过度缩小,则可能阻碍运动操作。

专栏 3-1

人到紧张的时候,只知道用力

1982年5月21日,英国伦敦,第十二届国际羽毛球(汤姆斯杯)赛男子团体决赛,中国对印尼。

林水镜好不容易把比分追成平局,却失去了放松自然的竞技状态。在他看来雨过天晴,形势很好,希望快一点杀下我来,恰好背上了我刚刚甩下的包袱。有一个很好的球,只要杀下去就可以得分,可他却用尽了全身力气去杀。人到紧张的时候,只知道用力,拼呀,杀呀,忘记了巧。结果好好的球竟杀到了界外。我在几分钟后又以16:14领先,只要再拿一分就结束战斗了。这小小的一分,关系到中国队的大比分能不能由二变成三,关系到今晚的胜负……(斜体为作者所加)

韩健,1985,140页

应激刺激通过身体反应而缩小注意范围的效应,除了表现在对外部信息的提取和分析上以外,还会表现在对内部信息的提取和分析上,即可能干扰运动员对相关记忆内容的提取和恢复。比赛中经常见到的一个现象就是,运动员在关键时刻忘记了比赛前教练员反复叮嘱、自己也反复准备过的有效的战术,而采用了无效的战术。

对内外信息提取和分析的困难会导致思维的变通性降低,使人以刻板和僵直的方式解决问题。因此,一般来说,强烈应激可能有助于某些固定化的、非随机应变的认知操作或运动操作,但却不利于创造性的发挥。

六、应对应激的方式

生活中,困难、挫折和挑战常不依我们的意愿而突然出现在我们面前,给我们带来短期的或长期的影响,我们别无选择,必须勇敢地面对这些困难、挫折和挑战。假设你即将参加一项重要的选拔赛,成功与否将决定你的整个运动生涯,而你又将运动视为第一生命;又假设你的恋爱朋友提出与你分手;或者你决定不再跟从现在的教练训练了,而他/她一旦知道你的决定,定会十分愤怒。在这些挑战面前,人们都会以这样或那样的方式应对应激。下面,我们将讨论人们一般的应对方式。在第十三章"心理技能训练"、第十四章"比赛的心理准备和心理调节"以及第十五章"运动损伤与过度训练的心理分析"中,我们还会详细介绍应对应激的其他方法。

（一）第一评价与第二评价

第一评价(primary appraisal)是对应激情境严重性的最初评判,涉及的问题包括"发生了什么事情","这件事与我有关吗","这件事对我不利吗","这件事对我已经造成了伤害还是可能造成伤害"以及"我有必要采取什么行动吗",等等。一旦你确认需要采取行动,就会开始进行第二评价(secondary appraisal)。你会评价可以利用的那些个人资源或社会资源,并考虑需要采取什么行动,所涉及的问题包括"我有能力自己应对这件事吗","我能不能请别人帮助","我应不应请别人帮助","有谁可以帮助我","我可以采取哪些行动","这些行动有作用吗",等等。作出应对反应时,评价会继续进行,所涉及的问题包括"这样做有效吗","需要改变策略吗",等等。如前所述,认知评价是影响应激刺激和应激反应关系的调节变量(moderator variable),因此,在同样的应激刺激面前,不同的人会产生不同的反应,同一个人在不同的时间也可能产生不同的反应。

（二）问题定向的应对策略与情绪定向的应对策略

根据应对行为的目的,可将应对行为分为问题定向的应对(problem focused coping)和情绪定向的应对(emotion focused coping)(Billings & Moos,1982;Laza rus & Folkman,1984)。问题定向的应对旨在面对和解决应激刺激带来的问题,采取的方式是解决问题的直接行动,以改变应激刺激或个体与应激刺激的关系;情绪定向的应对旨在减轻应激刺激带来的不愉快感受,但并不试图改变应激刺激或者个体与应激刺激的关系。表3-3列出了这两种应对方式的区别。问题定向的应对行为对于那些可控性较大的应激刺激是有效的和适宜的。例如,对于比赛失利、训练受伤这类的应激刺激,就可以采用问题定向的应对策略。相比之下,情绪定向的应对行为对于那些可控性较小的应激刺激可能更为有效,也更为适宜。比如,对于身患重病的母亲,你有责任长期照顾护理,即便这给你的生活工作带来很大不便。在这种情况下,情绪定向的应对策略可能更为有效,也更为合理。

表3-3　应激应对方式的分类

应对种类	应对目的	示　　　例
问题定向	解决面临的问题	战斗(破坏、移开,或者使威胁减轻) 战斗(使自己远离威胁) 选择战斗或逃跑(谈判,讨价还价,妥协) 避免将来的应激(采取措施提高防御能力或降低未来应激刺激的强度)
情绪定向	减轻不愉快感受	躯体定向的活动(抗焦虑的沉思,放松,生物反馈,药物) 认知定向的活动(有计划地转移注意,幻想,关于自己的思维) 进行治疗,以调整额外焦虑的意识或无意识过程

改编自 Zimbardo & Gerrig,1999,p.518

面临应激情境时,可资利用的应对策略和资源越多,我们就会越坦然;可资利用的应对策略和资源越少,我们就会越紧张。因此,应当注意开发、增加和保护应对的策略和资源,以使自己"有备无患"。

(三) 社会支持

社会支持(social support)是我们应对应激刺激的重要资源,它是由别人提供的,是在社会交流和互相帮助的基础上形成的,可使我们体验到被爱、被关心、被尊重和被接受(Cohen & Syme,1985)。社会支持包括三种形式,即情感性的(爱、关心、尊重、接受,等等)、物质性的(钱、交通工具、住房、食物,等等)和信息性的(建议、消息、反馈,等等)。我们周围的重要社会关系,如家人、朋友、队友、同学、同事、领导、教练,都可能成为社会支持的来源。有一项研究探讨了严重肾病患者的死亡率,结果发现,家庭支持每升高一个测量单位,死亡的可能性就下降13%(Christensen,Wiebe,Smith & Turner,1994)。这一类研究提示,遇到困难、挫折和挑战时,如果人们能够有机会寻求其他人的帮助,就可以更好地应对失业、离婚、丧偶等严重事件以及工作生活中的日常琐事(Gottlieb,1981;Pilisuk & Parks,1986),而且还可以延长自己的生命。简而言之,社会支持对于身心两种健康都是必不可少的,朋友是最好的"药"。

专栏 3-2

再见,亲爱的观众

现在,如果有人问我世界上最珍贵的是什么,我会告诉他:最珍贵的是感情,珍惜感情的人是最富有的人。当我告别体坛时,倍加感到观众所给予我的感情比金子还珍贵。这感情已深深地播进我的心田,它将伴我去度过新的岁月……

再见,亲爱的观众!

朗平,1988,543 页

第二节 竞 赛 焦 虑

应激刺激引起的生理反应,会使个体的唤醒水平提高;应激刺激引起的心理反应,会使个体的焦虑水平提高。而唤醒与焦虑的变化,与运动员的比赛表现和比赛成绩密切相关。我们在通常意义上感觉到的情绪对运动成绩的影响,主要体现在唤醒、焦虑的变化与比赛表现的关系上,本节将对此进行深入讨论。

一、唤醒与焦虑

唤醒指有机体总的生理性激活的不同状态或不同程度。当外部刺激作用于感受器所产生的神经冲动沿传入神经进入延脑后,沿着两条通路行进:一条是特异性神经通路,它沿着延髓背侧,经中脑、间脑到达大脑皮层的特定区域,引起特定的感觉;另一条是非特异性神经通路,它沿着延髓腹侧,贯穿延髓、中脑、间脑的脑干网状结构,弥散性地投射到大脑皮层广大区域,引起皮层下所经部位及皮层的兴奋状态,称之为唤醒或激活。唤醒有三种表现,即脑电唤醒(刺激使脑电出现去同步化的低压快波)、行为唤醒(非麻醉动物唤醒时伴随着行为变化)和植物性唤醒(较高水平刺激时的植物性神经系统的活动)。三者可以同时存在,也可以单独存在。唤醒对维持与改变大脑皮层的兴奋性、保持觉醒状态有主要作用,它能为注意的保持与集中以及意识状态提供能量。

焦虑指由于不能克服障碍或不能达到目标,而体验到身体和心理的平衡状态受到威胁,形成的一种紧张、担忧并带有恐惧的情绪状态(朱智贤,1989)。焦虑状态含三种主要成分,分别为生理唤醒,情绪体验以及威胁、不确定性和担忧的认知表征(Hackfort & Spielberger,1989)。

焦虑往往与结果的消极性有关,或与结果的不确定性有关,即不知道即将发生什么,不知道别人期望自己做什么,也不知道最好的行动方针是什么。足球运动员以点球决胜负之前,常常会体验到这种情绪。其他项目的运动员在决定胜负的关键时刻,也可能体验到这种情绪。

焦虑有不同的种类,其中状态焦虑和特质焦虑以及躯体焦虑和认知焦虑这两种分类系统在体育运动中具有特殊意义。

二、状态焦虑和特质焦虑

继弗洛伊德(Sigmund Freud,1856—1939)在《危险信号理论》一书中对焦虑问题的研究作出重大贡献之后,焦虑研究最重要的理论发展之一就是将焦虑区分为短暂的情绪状态(状态焦虑)和稳定的人格特质(personality trait)(特质焦虑)。卡特尔和斯凯尔(Cattell & Scheier,1961)以及斯皮尔伯格(Spielberger,1966,1972)都明确阐明过状态焦虑和特质焦虑的概念并相应地进行了测量。

状态焦虑(state anxiety)是一种短暂的情绪状态,特点是由紧张和忧虑所造成的一些可意识到的主观感受,也是高度自主的神经系统的活动。状态焦虑有着不同的强度并且随时都在波动。比如,第一次参加国际比赛的短跑运动员走到起跑线前,即将进入比赛时所体验到的紧张、不安,就属于比赛前的状态焦虑。

特质焦虑(trait anxiety)是一种人格特质,即在各种情境中产生焦虑反应的情绪倾向和行为倾向。也就是说,一个人无论在何种情境中都预先具有一种以特殊的焦虑反应方式和焦虑反应程度来对待事物的倾向,从而显示出多种情境中焦虑反应的一致性。比如,某个运动员,无论是在训练、比赛中,还是在平时待人接物、发言、谈话、处理日常事务中,都具有情绪紧张、焦躁不安、忧心忡忡的倾向,他的特质焦虑程度就是较高的。另一个运动员,在以上各种情境中都显示出不慌不忙、沉着冷静、情绪稳定的特点,他的特质焦虑程度就是较低的。

有研究者认为,焦虑主要是一种取决于人们如何加工威胁性信息的认知现象(Mathews,1988)。临床研究表明,焦虑障碍患者有两种信息加工倾向:第一,倾向于将接收到的信息解释为具有威胁的;第二,倾向于加工具有潜在威胁的信息(Mac-Leod, Mathews & Tata,1986;

Mathews & MacLeod, 1985；McNally, Kaspi, Riemann & Zeitlin, 1990)。在这种解释和评价过程中，他们会体验到生理唤醒水平的提高(Logan & Goetsch, 1993)。生理唤醒水平的提高会使条件反射的形成过程加快(Howe, 1958)。消极条件反射的不断重复则导致最终形成焦虑症(Logan & Goetsch, 1993)。同理，对威胁性刺激的注意和解释亦会使运动员产生状态焦虑，这种过程的不断重复，会导致特质焦虑的形成，而特质焦虑作为行为反应的固定模式，又会反过来影响运动员在特定情境下的状态焦虑。

三、躯体焦虑和认知焦虑

20世纪60年代中期，研究者就已开始注意到焦虑在内容上的多维性。莱伯特和摩利斯(Liebert & Morris, 1967)首先提出，焦虑可能包含认知—忧虑和情绪—唤醒两种成分。70年代，恩德尔(Endler, 1978)、戴维森和施瓦特兹(Davidson & Schwartz, 1976)以及博克维克(Borkovec, 1976)也分别发现了焦虑的这两种成分，后来这两种成分就被称为躯体焦虑和认知焦虑。

躯体焦虑(somatic anxiety)是焦虑的生理性特征，直接由自发的唤醒引起，通过心跳加快、呼吸急促、手心出汗、肠胃痉挛以及肌肉紧张表现出来。认知焦虑(cogm-tive anxiety)是焦虑的认知性特征，由对内外刺激的评价引起，是含有担忧和干扰性视觉表象成分的一种不愉快感受(如刚彦, 1990；Morris, Davis & Hutchings, 1981)。躯体焦虑和认知焦虑在概念上独立，但在应激情境中也可能会有共变。

将焦虑分为躯体焦虑和认知焦虑具有重要的功能意义。例如，一些研究表明(Morris et al. , 1981；Sarason, 1984)，和躯体焦虑相比，认知焦虑与完成认知任务的成绩呈现出更强的负相关，提示认知焦虑对认知任务有更为重要的影响。另一些研究表明(Burton, 1988；Gould, Petlichkoff, Simon & Vevera, 1987)，躯体焦虑与运动任务的成绩呈现曲线相关关系，提示躯体焦虑对运动任务有更为复杂的影响。

四、竞赛焦虑

体育竞赛与生活中其他类型的竞争有着明显不同的特点。例如，体育竞赛常是面对面的竞争，对手相互制约，结果反馈迅速，规则清晰，判罚及时，运动员同时承受高心理负荷和高生理负荷等，这些都与学校考试、公司决策、战场格斗等形式的竞争有明显区别。这些特点使得研究竞赛焦虑及其对人的心理过程、行为倾向、竞赛结果的影响成为具有重要理论意义和实践意义的课题。根据焦虑的一般定义(汤盛钦, 1991)和运动情境的特点，可将竞赛焦虑看作"对当前的或预计到的具有潜在威胁的竞赛情境产生的担忧，它包含情绪体验、认知表征和生理变化三种成分"(张力为，

插图3-6　比赛中，运动员同时承受高心理负荷和高生理负荷(孙雯与美国运动员在比赛中)

1999)。无论是运动心理学家,还是教练员,均对竞赛焦虑予以高度重视,认为它是运动员比赛表现的重要前因。我们将在第四章"唤醒、焦虑与运动成绩"中,详细介绍竞赛焦虑对运动成绩(或操作表现)的影响。

专栏 3－3

四举四落,一枪惊人

1984 年 7 月 29 日 9 时,美国洛杉矶普拉多射击场,第 23 届奥运会男子手枪慢射决赛。

观众和记者的目光已从瑞典选手斯卡纳克尔转移到了许海峰身上,他们在 40 号靶位后边筑起了厚厚的人墙。"嘭嘭"的枪声,"咔嚓咔嚓"的拍照声和"嗡嗡"的询问、赞叹声,混成一片,顿时增加了射击场上的紧张气氛。裁判员和监察员频频挥舞着小红旗,制止着激动的观众,但随着比赛紧张地进行,声音依然有增无减,或许是裁判怕观众不懂得摇晃小红旗是什么意思吧,又特地在一块牌子上写下了"安静"的字样。

只剩下这最后的一组了,眼看大局已定。谁知道好事多磨,平地又起风波。许海峰的第四发子弹打了个 8 环,第五发,又是一个 8 环。观众和记者突然安静了下来。冠军之争往往是上下一环定乾坤哪,甚至环数相等,只好以 10 环数的多寡决定冠、亚军的名次。两枪连失 4 环,形势严峻。许海峰警觉了,他放下枪,背朝着观众,坐在椅子上,用双手轻轻地托着头,像是在沉思,又像是在闭目养神。原来,他意识到,刚才由于求胜心切,打得不够冷静。这时,他在做着"心理调整"。他要排除一切杂念,集中心绪,让射击动作要领"统治"身心。这以后许海峰虽然连打了两个 9 环、两个 10 环,然而,拥有雄厚实力的斯卡纳克尔,毕竟是射坛名宿,宝刀不老,一环一环地咬得很紧,剩下最后一枪时,他比许海峰仅仅落后一环了。

顿时,普拉多射击场上被一层紧张的气氛所笼罩。热情的观众、众多的记者都屏气息声,紧张地注视着许海峰这最后一枪。中国射击队总教练张福的脸上显出少有的严肃神色。此时,年过古稀的国家体委顾问黄中无法抑制自己狂跳的心脏,不得不悄然离开射击场,躲到休息室去了……

许海峰自然意识到这最后一枪的分量……他默默地叮嘱自己:冷静、冷静、一定要冷静!……许海峰是具有遇险不惊、情绪不轻易为客观环境所左右的射击运动员气质的。只见他举枪瞄向靶心,可是又放了下来;又举枪,又放下……如此四举四落。紧张的心都快跳到嗓子眼儿来了。时间,一秒钟好像拖长了老半天,千百双眼睛紧紧盯着许海峰手上那支"默哈里"手枪。终于,许海峰稳稳地把"默哈里"举过头顶,然后慢慢直臂下落,稳稳地把自己变成了一尊塑像,手枪、胳臂纹丝不动时,他扣动了扳机……

国荣洲,1988,256—257 页

本章提要

1. 应激指当有机体遇到超越自己应对能力的刺激事件或扰乱自己平衡状态的事件时表

现出的特定的或非特定的反应形态。应激是一种复杂的心理生物过程,包含应激刺激、对威胁的知觉评价和应激反应三种主要成分。

2. 生活中的应激刺激既有身体性的(如疾病),也有心理性的(如失败)。重大生活事件带来的变化及日常困扰的积累是应激的主要来源。

3. 应激刺激需要通过个体对威胁的认知评价,才会引起心理方面的应激反应。

4. 面对应激刺激时,人的第一评价涉及对应激情境严重性的最初评判,第二评价涉及可以利用的那些个人资源或社会资源,并考虑需要采取什么行动。

5. 应激刺激引起的生理反应由大脑的下视丘控制和调节,它经由控制自主神经系统的活动和促进脑垂体的分泌,引起许多紧急的生理变化,导致对疼痛的敏感性降低,增加额外的供能。

6. 薛利发现,个体在面对重大应激刺激(持续性的威胁)时,通常会出现一种非特异性的适应性生理唤醒反应,叫做一般适应症候群,包括三个连续的阶段:警觉阶段、抗拒阶段和衰竭阶段。

7. 应激刺激引起的心理反应包括行为的、情绪的和认知的。行为反应包括由于聚集和动员能量而引起的力量增强和耐力提高,产生攻击行为以及过度进食。情绪反应包括急躁、愤怒、焦虑和忧郁等。认知反应包括警觉程度的提高,注意范围的缩小,对内部和外部信息提取和分析的困难,以及思维的灵活性降低。这些认知反应可能有助于简单的认知操作但不利于复杂的认知操作。

8. 问题定向的应对旨在解决应激刺激带来的具体问题,采取的方式是解决问题的直接行动,以改变应激刺激或个体与应激刺激的关系;情绪定向的应对旨在减轻应激刺激带来的不愉快感受。前者更适于可控性较高的应激刺激,后者更适于可控性较低的应激刺激。

9. 社会支持是最重要的应对应激的外部资源。

10. 唤醒指有机体总的生理性激活的不同状态或不同程度。

11. 焦虑指由于不能克服障碍或不能达到目标,而体验到身体和心理的平衡状态受到威胁,形成的一种紧张、担忧并带有恐惧的情绪状态。焦虑状态含三种主要成分,分别为生理唤醒、情绪体验以及威胁、不确定性和担忧的认知表征。

12. 状态焦虑是一种短暂的、强度在随时波动的情绪状态,特点是由紧张和忧虑所造成的可意识到的主观感受,也是高度自主的神经系统的活动。特质焦虑是焦虑相对稳定的人格特质,即在各种情境中产生焦虑反应的情绪倾向和行为倾向。

13. 躯体焦虑是焦虑的生理性特征,由自发的唤醒引起,通过心跳加快、呼吸急促、手心出汗、肠胃痉挛以及肌肉紧张表现出来。认知焦虑则是焦虑的认知性特征,由对内外刺激的评价引起,是含有担忧和干扰性视觉表象成分的一种不愉快感受。

14. 竞赛焦虑指对当前的或预计到的具有潜在威胁的竞赛情境产生的担忧,它包含情绪体验、认知表征和生理变化三种成分。

关键术语

应激,应激刺激,应激反应,一般适应性症状,生活事件,威胁,认知评价,第一评价,第二评价,问题定向的应对,情绪定向的应对,社会支持,唤醒,焦虑,状态焦虑,特质焦虑,躯体焦虑,认知焦虑,竞赛焦虑

复习思考题

1. 哪些重大事变和日常困扰构成了运动员生活中的应激刺激?

2. 如何确定重大事变和日常困扰对运动员心理健康的影响?

3. 哪些因素会影响应激刺激与应激反应之间的关系?

4. 遇到困难、挫折或失败时,你通常会采用什么方式应对?你认为哪些方式最有效?

5. 集体主义国家运动员与个人主义国家运动员的竞赛焦虑会有不同吗?

6. 运动员在长期应激情况下其适应能力会得到提高吗?

7. 这种对训练比赛的适应能力会迁移到其他情境中吗?

推荐参考读物

1. Martens, R., Vealey, R. S. & Burton, D. (1990). Competitive anxiety in sport. Champaign, IL: Human Kinetic Publishers. 该书介绍了《运动竞赛焦虑测验》和《竞赛状态焦虑量表》的研制过程和两个量表的信度和效度检验结果,讨论应用这两个量表进行研究的成果,同时还提供了两个量表。

2. Rice, P. L.(石林、古丽娜、梁竹苑、王谦译,2000):压力与健康。北京:中国轻工业出版社。该书通过实例全面讨论了应激的应对理论和应对模式,介绍了与个人、家庭、社会、工作有关的压力处理方法。

3. Smith, J. C. (1993). Understanding stress and coping. New York: Macmillan. 该书对应激与焦虑的研究进行了全面评述,同时还介绍了应对应激的方法。

4. Weinberg, R. S. & Gould, D.(简耀辉、季力康、卓俊伶、洪聪敏、黄英哲、黄崇儒、廖主民、卢俊宏译,2002):竞技与健康运动心理学(第二版)。台北:台北运动心理学会;丽达广告事业股份有限公司。该书第四章讨论了唤醒、压力与焦虑问题,图文并茂,通俗实用。

5. Woodman, T. & Hardy, L. (2001). Stress and anxiety. In R. N. Singer, H. A. Hausenblas & C. M. Janelle(Eds.), Handbook of sport psychology (2nd ed. pp. 290—318). New York: John Wiley & Sons. 该论文介绍了应激与焦虑的概念、来源、测量方法,讨论了应激、焦虑与运动操作关系,分析了相关领域未来研究的可能方向。

运动心理学(第二版)

第四章　唤醒、焦虑与运动成绩

应激刺激引起的生理反应,使个体的唤醒水平提高;应激刺激引起的心理反应,使个体的焦虑水平提高。而唤醒与焦虑的变化,与运动员的比赛表现和比赛成绩密切相关。我们在通常意义上感觉到的情绪对运动成绩的影响,主要体现在唤醒、焦虑的变化与比赛表现的关系上,本章将对此进行讨论。

唤醒、焦虑与运动成绩的关系是体育运动心理学家最钟爱的研究课题之一,这一领域产生的理论假说,不但对运动心理学家的研究具有推动作用,而且更重要的是,这些理论假说对运动员的比赛心理准备往往具有直接的指导作用。我们或许可以将这些理论假说分为两个部分:第一部分是行为主义心理学家提出的早期理论,用以解释动机水平与操作成绩的关系,具有高度概括化的特点,适用范围十分广泛。第二部分是运动心理学家提出的现代理论,用以解释唤醒、焦虑与运动成绩的关系,对竞技运动具有较强的针对性和适用性。

插图 4-1　乒乓球世界冠军孔令辉是那么的全神贯注

第一节　动机水平与操作成绩

行为主义心理学家很早就对动机水平与操作成绩的关系产生了兴趣,下面将要讨论的倒 U 形假说和内驱力理论,应该是运动心理学的高频词。这两个理论的特点之一是,将两个变量或多个变量的关系函数化,或者说定量化。心理学家曾经希望通过建立两个变量甚至更多变量之间的函数关系,使心理学也像物理学那样,在量化和实证的基础上得到发展。

一、倒 U 形假说

倒 U 形假说(inverted U hypothesis)是人们在唤醒水平与操作成绩关系的研究中讨论得最多的理论。这一理论来自最初的耶克斯—多德森定律(Yerkes & Dodson,1908)。将近 100 年以前,耶克斯和他的学生多德森通过大白鼠完成各种难度工作任务的经典实验提出:"需要精细知觉辨认和复杂连接的工作技能,在较弱刺激下容易获得。相反,对简单工作的习惯建立,需在强刺激下才易形成。"可以看出,这一定律是以活动的动机水平为出发点的。以后麦尔莫(Malmo,1959)和斯潘斯等人(Spence & Spence,1966)都指出这一定律同样可以说明唤醒与

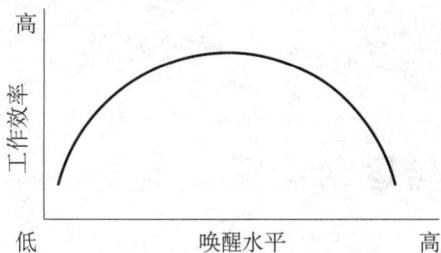

图 4-1 唤醒水平与工作效率的关系

操作成绩的关系。

倒 U 形假说的第一个理论预测涉及唤醒水平与操作成绩的关系,即人处于较低的唤醒水平时,工作效率较低;处于中等唤醒水平时,工作效率最高;处于较高唤醒水平时,工作效率下降(图 4-1)。

倒 U 形假说的第二个理论预测涉及工作任务性质对唤醒水平与运动成绩关系的重要作用。马霍尼(Mahoney,1979)提出,单一力量性任务如举重,可从高水平的唤醒或焦虑中获益,而许多认知性任务,像高尔夫球,即便是中等水平的焦虑体验也会造成不利影响。兰德斯(Landers,1980)假定,适中水平的唤醒会有助于涉及高信息加工、复杂运动整合以及低能量代谢等任务的操作,这同样得到了使人信服的研究证据的支持。奥克斯汀(Oxendine,1970)总结了有关唤醒水平与任务性质关系的研究,将其归纳为以下几点:

第一,高唤醒水平是耐力、力量和速度性运动项目取得最佳成绩所必要的。

第二,高唤醒水平会对复杂运动技能活动,精细肌肉活动,要求协调性、稳定性以及一般注意力的运动活动产生干扰。

第三,对所有运动任务而言,稍高于平均水平的唤醒比平均水平或低于平均水平的唤醒更合适。

据此,我们可以假设,完成体能成分为主的任务时,最佳唤醒水平(optimal arousallevel)要求处于较高位置;技能成分越多,最佳唤醒水平要求处于越低的位置。比如,以力量和速度为主的体能性项目,应有较高的唤醒水平;协调配合、小肌肉群精细调节占主要成分的运动项目,应有较低的唤醒水平(图 4-2)。短跑属于典型的体能性项目,在赛前和赛中的唤醒水平需要相对较高的唤醒水平才能创造佳绩。射击属于典型的技能性项目,赛前和赛中需要相对较低的唤醒水平,才能一鸣惊人。

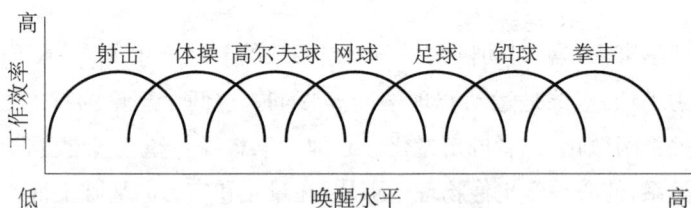

图 4-2 不同体育项目的最佳唤醒水平参考点
引自马启伟、张力为,1996,99 页

二、内驱力理论

内驱力理论(drive theory)最初是由赫尔(Hull,1943)构想出来以解释复杂技能操作的,后来得到了斯潘斯等人(Spence & Spence,1966)的修正。该理论推测操作成绩(P)是内驱力状态(D)与习惯强度(habit strength)(H)的乘积,即 $P = D \times H$。Hull 把内驱力定义为一种所有行为均含有的普遍的和非特定的活动冲动,并将内驱力与文献中的生理唤醒相提并论,因为

后者易被科学地测量。习惯则与正确的和错误的反
应所占的优势情况有关,习惯强度是完成专门技能任
务时正确反应与错误反应的等级序列。根据这一理
论,内驱力的增强(唤醒增高)将使优势反应出现的可
能性增大。所谓优势反应(dominant response),是指
那些习惯性的、唤醒水平升高时极易诱发出的行为反
应。如果优势反应是正确的(即处于技能掌握的晚
期),唤醒水平(arousal level)的增高会引起操作成绩
的提高;如果优势反应是错误的(即处于技能掌握的
早期),唤醒水平的增高会引起操作成绩的下降。实

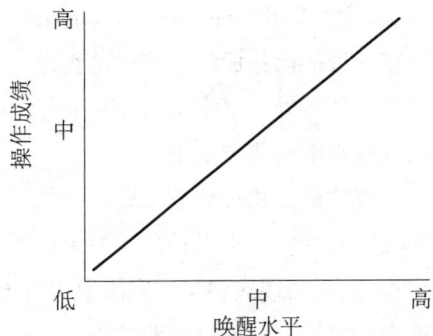

图4-3 内驱力理论对唤醒水平与操作
成绩关系的预测

际上,内驱力理论认为,唤醒与运动成绩之间实质上是一种线性关系。随着唤醒水平的提高,
操作成绩也会提高(Mahoney & Meyers,1989)(图4-3)。

我们举个跑步的例子来说明内驱力理论的预测。一般来说,头向前的正向跑步是人们的
正确反应,是一种熟练掌握了的生活技能,而头向后的逆向跑步(倒着跑)则是人们的错误反
应,是一种不熟悉或不熟练的生活技能。如果在大街上突然遇到煤气爆炸,你受到威胁,唤醒
水平陡然升高,这种情况下,你如果采用正确反应,或者应用熟练掌握的技能,正向奔跑,求生
的欲望(唤醒水平提高)会使你的速度大大提高。但是,如果令你采用错误反应,或者应用未熟
练掌握的技能,逆向奔跑(其实,你根本奔不起来),求生的欲望(唤醒水平提高)则会使你绊倒
(跑步效率下降)。

公式 $P = D \times H$ 意味着,在 D(内驱力或者唤醒水平)提高时,P(操作成绩)是提高还是下
降,要取决于 H。如果 H 为正(习惯是正确的),则 P 提高;如果 H 为负(习惯是错误的),则 P
下降。

但是,要想确定一种行为习惯是正确反应还是错误反应,往往较为困难。例如,篮球运动
员训练中定点罚篮的命中率达到了89%,这种行为应该算作正确反应还是错误反应,似乎不
太容易界定。有鉴于此,对该理论的实证研究不多(Cox,2002)。希望对该理论有更多了解的
读者,可参阅考克斯(Cox,1990)在1990年编写的《运动心理学:原理与应用》。

第二节 唤醒、焦虑与运动成绩

竞技运动的发展吸引了众多运动心理学研究者的注意,他们对动机水平与操作成绩关系
的早期理论感到不满意,希望发展出更好的理论来预测和解释唤醒、焦虑与运动成绩的关系。
从20世纪70年代开始,运动心理学家为此作出了不懈努力,并得到了丰硕的成果。

一、个人最佳功能区理论

苏联学者汉宁(Hanin,1989)在20世纪80年代以现场研究即在赛前赛后对状态焦虑的
测量为基础,提出:每个个体有一个自己的理想机能区段(Zone of Optimal Function,简称

ZOF；或者 Individual Zone of Optimal Function，简称 IZOF）。当焦虑水平处于这一区段内时，可获得最佳操作成绩。该理论否定中等唤醒水平较之低或高的唤醒水平更有利于操作，而是强调个体差异。汉宁认为，不同的运动员有不同的最佳状态焦虑，即运动员能最充分地发挥自己竞技水平的焦虑水平。

评估最佳状态焦虑主要有两种方法：第一，系统地测量每个人赛前的操作活动焦虑水平和赛中实际发挥水平；第二，如果比赛发挥了水平，则在赛后测量运动员赛前或赛中体验到的焦虑，这叫回顾式测量。应用第二种方法时，要指导运动员评价在最成功的比赛之前的感受，或者评价最充分自然地发挥自己的竞技水平时的感受。

汉宁在相关研究和临床实践中使用了最佳焦虑水平的回顾式评估方法。结果表明，最佳状态焦虑水平变动范围很大，250 名优秀运动员的分值范围从 26 分到 67 分不等，不同样本的均值从 39 分到 43 分不等。如果确定了最佳焦虑水平个体差异（individual differences）的范围，则可建立最佳功能区（ZOF），这样，就可以评价比赛没有充分发挥水平之后运动员报告的状态焦虑水平距最佳功能区的误差。在运动员最佳赛前状态焦虑水平分值上加减 4 分（大致等于赛前分值的半个平均标准差），便确定了最佳功能区的上下限（Hanin，1989）。

例如，图 4-4 显示了两名划艇运动员赛前赛中状态焦虑的分数。赛前状态焦虑的测量在比赛前一周进行，目的是将测得的分数与最佳的状态焦虑水平（ZOF）比较。尽管两名划船运动员的状态焦虑大致相同，但教练员却明显地面临着完全不同的任务，即设法提高一个人的赛前焦虑水平，同时降低另一个人的焦虑水平。另外还需要尽量减少焦虑水平高低不同的两名划船运动员之间的接触。

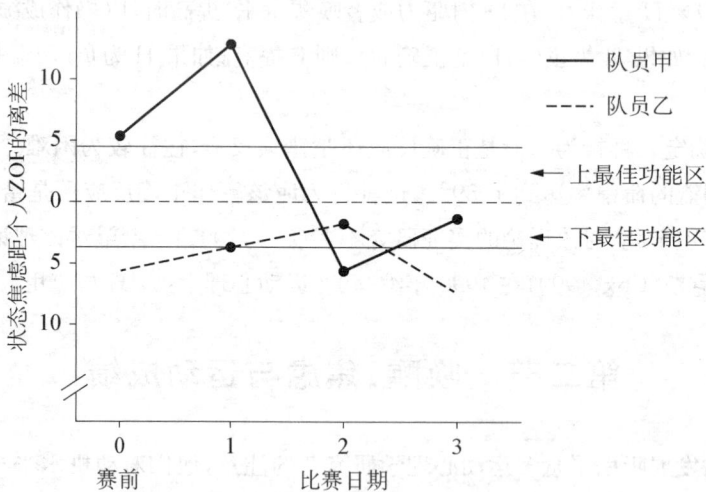

图 4-4　赛前赛中的状态焦虑同最佳功能区的比较
引自 Hanin，1989

最近，汉宁似乎希望将自己的理论加上"个人"一词（个人交流，1996）。或许个人最佳功能区更能体现他的理论观点的特征。因此，我们在大题目中的最佳功能区理论之前加上了"个人"这个重要的修饰词，即为个人最佳功能区理论（individual zone of opti-mal function theory）。

最佳功能区理论的特点一是个人化,二是定量化,三是生态学效度较好。它注重个体差异,从比赛实际出发,通过长期跟踪测试及对测试结果的相关分析,显得非常实用。它为教练员提供了一些实际的参照点,由此可确定控制赛前赛中焦虑的方法,以便使运动员在比赛中更好地发挥自己的竞技水平。

二、突变模型

1987年,哈迪和法基(Hardy & Fazey,1987)在突变理论的数学模型的启发下,提出了一个关于运动操作的突变模型(catastrophe model)。突变模型认为(图4-5),认知焦虑对运动成绩表面的动态变化起决定作用。当认知焦虑较低时,操作成绩与生理唤醒的关系类似一条柔和的倒U曲线;当认知焦虑较高时,操作成绩与生理唤醒的关系变得复杂了,呈现了突然性的跳跃。哈迪和法基(Hardy & Fazey,1987)在突变模型中假设:

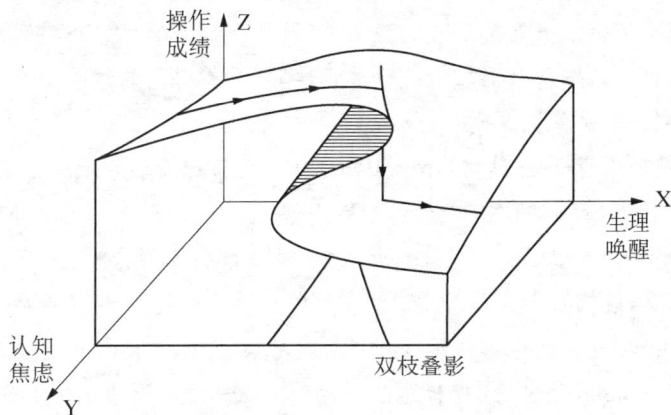

图4-5 哈迪和法基关于焦虑与操作关系的模型
引自 Hardy,1990,p.88

第一,生理唤醒及相应的躯体性焦虑反应并不必然对成绩不利。不过,当认知焦虑较高时,它显然与突变反应有关。

第二,随着认知焦虑的增加,发生"滞后"现象,即当生理唤醒增加和降低时,成绩变化的曲线是不一样的。而在低认知焦虑情况下,则不会发生"滞后"(图4-6)。

第三,中间水平的成绩大多不是出现在高认知焦虑条件下;更确切地说,在高认知焦虑下成绩是双形式的,而在低认知焦虑下成绩则是单形式的。

第四,使用某种统计方法(如 Guastello,1987;Oliva,Desarbo,Day & Jedidi,1987),使这种"灾难性突变"与现实生活中的资料明确吻合是可能的。

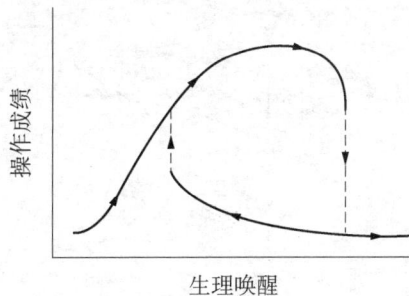

图4-6 高认知焦虑条件下会出现的滞后
引自 Hardy,1990,p.89

突变模型指出了实际工作中应该注意的问题,其中首要的一点就是必须认真对待认知焦虑。因为在认知焦虑较高时,对过度生理唤醒的惩罚是非常严重的。只有严格地控制和减少认知焦虑,才能保证有稳定的好成绩。不过,也不能忽视针对生理唤醒的放松。事实证明,善于调整认知焦虑和生理唤醒至适宜水平的人才可能成功。因此,就运动领域而言,运动员们必须掌握针对认知和生理两方面的应付策略和放松技术(庄锦彪,1992)。实际上,这两个方面正是当前运动心理学研究者对运动员进行心理技能训练和心理咨询的关注重点。

但是,也应当看到,采用机械模型来说明运动行为,存在一个生态学效度问题。就目前掌握的资料而论,检验该理论的实证研究也很少,也就是说,该理论要得到普遍的承认,还需获得更多的证据(张力为、符明秋,2000)。

专栏 4-1

如何用简单但有效的实验方法检验复杂的理论模型

突变模型是相对比较复杂的理论模型,进行实证检验并不容易。但是,Hardy 等人设计了一个巧妙的实验,实验结果支持了哈迪和法基(Hardy & Fazey,1987)的第二项假设。你如果有兴趣,不妨也尝试按照以下描述进行重复实验,看看得到的结果是否一致。结果的可重复性是科学研究的一个重要原则。

为了证明关键的假设 2,哈迪(Hardy,1990)对 8 个篮球女运动员进行过一项研究。他把认知焦虑作为控制变量,用《竞赛状态焦虑调查表 Ⅱ》(CSAI-2. Martens, Burton, Vealey, Bump, Smith, 1982)测定。将心率作为生理唤醒程度的指标,并且确定最高心率为每分钟 190—200 次,最低心率为每分钟 150—160 次。被试的任务有两种:一种是往返跑达到一定的心率;一种是往返跑达到最高心率后再减缓下来,其间都进行定点投篮。记分的方法是:空心球 5 分,擦筐进 4 分,擦板进 3 分,擦筐不进 2 分,擦边不进 1 分,不及边筐且不进 0 分。结果表明,在高认知焦虑条件下两种任务所得的分数曲线相差极大(图 4-7),而在低认知焦虑条件下的分数曲线接近重合(图 4-8)。对图 4-7 和图 4-8 进行比较,不难看出它们的相似性或一致性,因此,该实验结果支持了哈迪和法基(Hardy & Fazey,1987)的第二项假设。

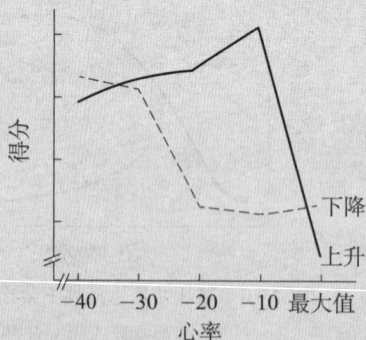

图 4-7　高认知焦虑条件下的成绩
引自 Hardy,1990, p. 93

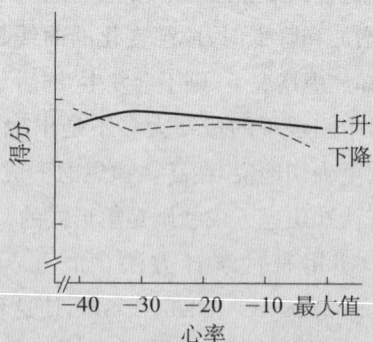

图 4-8 低认知焦虑条件下的成绩
引自 Hardy,1990, p. 94

三、多维焦虑理论

1981 年,摩利斯等人(Morris,Davis & Hutchings,1981)提出了关于测验焦虑的多维理论。他们认为,由于认知焦虑和躯体焦虑的不同特点和不同变化模式,使得认知焦虑对操作成绩的影响比躯体焦虑更为经常,也更为严重。躯体焦虑主要影响的是竞赛者最初的操作表现,这时竞赛者仍然感到紧张,但躯体焦虑对操作成绩的影响并不大。相反,认知焦虑对操作成绩的影响更大,因为在竞赛过程中,竞赛者对成功的期待可能会随时改变。而许多领域的研究表明,对成功的期待对操作成绩有极其重要的影响(如 Bandura,1977;Feltz,1982;Feltz,Landers & Raeder,1979;Rosenthal,1968;Weinberg,Gould & Jackson,1979)。

1982 年,马腾斯等人(Martens,Burton,Vealey,Bump & Smith,1982)迅速将此思路移植到运动领域,提出将竞赛焦虑分为认知状态焦虑(state cognitive anxiety)、躯体状态焦虑(state somatic anxiety)和状态自信心(state confidence)。认知状态焦虑指在竞赛时或竞赛前后即刻存在的主观上所认知到有某种危险或威胁情境的担忧。它是由对自己能力的消极评价或对比赛结果(成绩)的消极期望引起的焦虑,主要以担心失败、对自己讲一些消极的话,以及不愉快的视觉想象为特征。躯体状态焦虑指在竞赛时或竞赛前后即刻存在的对自主神经系统的激活或唤醒状态的情绪体验。它是直接由自主神经系统的唤醒引起的焦虑,通过心率加快、呼吸短促、手心冰凉而潮湿、胃部不舒服或肌肉紧张感的提高表现出来。状态自信心指在竞赛时或竞赛前后运动员对自己的运动行为所抱有的能否取得成功的信念。

根据三个维度各自的性质以及它们各自随时间而变化的模式,多维焦虑理论(multidimensional anxiety theory. Martens et al.,1982;Martens,Burton & Vealey,1990)对每一个维度与操作活动的关系作出了不同的解释(图4-9)。首先,由于认知焦虑的特征是将自己的注意从对与任务有关的线索转移到与任务无关的线索和社会评价上,因此,当认知焦虑提高时,操作活动水平相应降低,两者呈线性关系(图4-9A)。其次,以前的研究已经发现,当积极的成功期望增加时,自信心增强,而且,积极的成功期望对操作活动有显著影响,故随着自信心的增强,操作活动水平提高,两者也呈线性关系(图4-9B)。最后,多维焦虑理论指出,以生理特征为主的躯体焦虑与操作活动的关系是倒U形的(图4-9C)(季浏、符明秋,1994)。

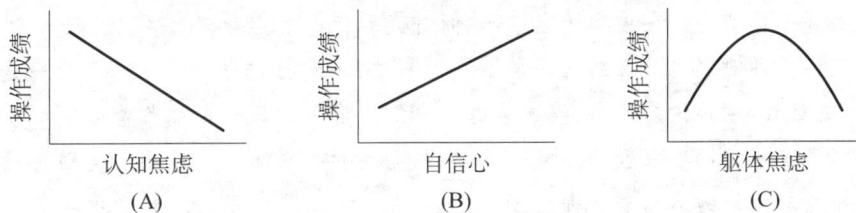

图4-9　多维理论对认知焦虑、自信心、躯体焦虑与操作成绩关系的不同预测

多维焦虑理论提示,认知焦虑和躯体焦虑可能会对运动成绩产生不同的影响,教练员需要分门别类地进行分析,运动员也需要采用不同的策略加以应付。特别是认知焦虑,由于它与运动成绩呈现负的线性相关,因此,在任何情况下都应当尽量降低认知焦虑。我们随后就会看

到,这种观点很快就受到了有力的挑战。但毫无疑问,它提示我们,认真对待认知焦虑的主导思想是很重要的。采用认知焦虑和躯体焦虑分别预测运动成绩,比仅用生理唤醒预测运动成绩会具有更好的生态学效度。

四、焦虑方向理论

20世纪90年代,琼斯和斯万(Jones & Swamn,1992;Swamn & Jones,1993)在多维焦虑理论的基础上提出焦虑方向理论(anxiety direction theory)。该理论认为,以往测量竞赛焦虑只是测量运动员焦虑体验的强度,如CSAI-2,这是不够的,这种思路不能全面了解竞赛焦虑的实际情况。应当重视运动员对焦虑体验的方向解释,即他们是将竞赛焦虑体验为积极的、对运动成绩具有促进作用的,还是反之,将竞赛焦虑体验为消极的、对运动成绩具有阻碍作用的。同时,还应重视运动员焦虑体验的发生频率,即某种强度的焦虑体验是经常出现,还是不经常出现。琼斯和斯万假设,运动员不但在竞赛焦虑体验的强度上具有差异,而且在方向和频率上也具有差异,且后两种差异更为重要,与操作成绩和运动水平的关系更为密切。

琼斯和斯万的焦虑方向理论仍旧是以多维焦虑理论及其CSAI-2为基础提出并进行检验的,因为是新近提出的,所以实证研究数量也有限,但是他们的思路仍值得借鉴,即将焦虑本身看做是比马腾斯所设想的更为复杂的多维构念(张力为、符明秋,2000)。当然,这并不是说将焦虑看得越复杂越好,或从焦虑引出的维度越多越好,任何复杂性都应有其理论基础,并能够经得起实证检验。

专栏4-2

哪个更重要:竞赛焦虑的强度还是竞赛焦虑的方向

是竞赛焦虑的强度与运动水平的关系更为密切,还是竞赛焦虑的方向与运动水平的关系更为密切?为了回答这一问题,琼斯和斯万(Jones & Swamn,1995)采用《竞赛状态焦虑量表》(CSAI-2;Martens et al.,1982)的特质测量修订本(Albrecht & Feltz,1987)对板球运动员进行了一项研究。在该项研究中,他们对竞赛状态焦虑量表-2(CSAI-2)进行了修订,把焦虑方向(即对焦虑是有利的还是不利的看法)也包括进来。CSAI-2量表是一份包含27道题的量表,测量认知焦虑、躯体焦虑和自信。量表的每一道题都有4级的答案(1=一点也不,2=有一些,3=一般,4=非常)。在修订后的CSAI-2中,要求运动员确认他所感知到的情绪对以后的运动表现是促进还是抑制。方向量表要求运动员在一份7级量表($-3,-2,-1,0,+1,+2,+3$)中确认自己的焦虑强度对比赛表现或水平发挥有抑制作用(负分)还是有促进作用(正分)。

结果表明,优秀板球运动员与一般板球运动员在认知焦虑和躯体焦虑的强度分数上无差异,但与后者相比,前者认为这两种焦虑对运动成绩更具有促进作用;两组运动员的自信心无差异(表4-1,表4-2)。另外,在一般板球选手内部,那些将竞赛焦虑体验为更具阻碍作用的人,其认知焦虑的强度更高。但在优秀板球选手内部,则无此趋势(表4-3)。

表4-1 板球运动员特质性认知焦虑、躯体焦虑、自信心的平均数和标准差

	一般运动员 M	一般运动员 SD	优秀运动员 M	优秀运动员 SD
认知焦虑强度	22.93	4.56	22.46	5.00
躯体焦虑强度	18.92	4.65	19.22	4.96
自信心强度	21.32	4.54	22.54	5.11
认知焦虑方向	0.07	8.33	4.09	8.26
躯体焦虑方向	1.91	6.49	5.28	7.91

引自 Jones & Swamn,1995,p.205

表4-2 板球运动员的技能水平与对焦虑进行解释的方向之间的关系

	一般板球选手人数	优秀板球选手人数	总和
进行阻碍性解释的人数	18	8	26
进行促进性解释的人数	19	38	57
总和	37	46	83

引自 Jones & Swamn,1995,p.206

表4-3 认知焦虑强度、躯体焦虑强度和自信心的平均数、标准差及两因素交互作用的 F 比率

	一般运动员				优秀运动员				df	F	P
	阻碍		促进		阻碍		促进				
	M	SD	M	SD	M	SD	M	SD			
认知焦虑强度	25.94	5.24	20.90	3.95	22.62	4.85	21.62	4.72	1.79	4.64	<0.05
躯体焦虑强度	19.56	4.01	18.15	4.45	18.88	5.92	17.89	4.93	1.79	0.85	N. S.
自信心	19.61	3.95	24.15	4.79	17.50	5.06	23.97	5.49	1.79	0.92	N. S.

引自 Jones & Swam,1995,p.206

　　总的来说,上述6种理论均有实证研究结果作支持。现在还没有充分的证据说明,哪一种理论可以取代另一些理论。但是,就研究者的兴趣和实证研究的数量来说,似乎倒 U 形假说、最佳功能区理论和多维焦虑理论更具魅力。

　　对于教练员和运动员来说,以下一些要点是需要特别重视的:

　　第一,运动项目不同,场上任务不同,需要的最佳唤醒水平也不同。

　　第二,最佳唤醒水平或者最佳焦虑水平也会因运动员而异。

　　第三,应当注意对认知焦虑的控制。

　　第四,控制认知焦虑的一个重要方法,可能是改变运动员对焦虑作用的认识。焦虑是一把

双刃剑：它既可能产生消极作用,也可能产生积极作用。

本章小结

1. 关于唤醒水平与操作成绩关系的早期理论有倒 U 形假说和内驱力理论,具有普遍适用性;现代理论则有最佳功能区理论、突变模型、多维焦虑理论和方向频率观点,具有运动特殊性。早期理论没有涉及焦虑问题,现代理论均涉及焦虑问题。

2. 所有关于唤醒、焦虑与运动成绩关系的理论都具有量化和实证的特征。目前,对倒 U 形假说、个人最佳功能区理论和多维焦虑理论的实证检验更多。

3. 倒 U 形假说预测,个体处于较低的唤醒水平时,工作效率较低;处于中等唤醒水平时,工作效率最高;处于较高唤醒水平,工作效率下降。倒 U 形假说还预测,对于需要精细肌肉协调性的复杂运动任务而言,最适宜的唤醒水平可能较低一些。

4. 赫尔的内驱力理论推测,操作成绩(P)是内驱力状态(D)与习惯强度(H)的乘积,即 P=D×H。内驱力的增强(唤醒水平提高)将使优势反应出现的可能性增大。如果优势反应是正确的,唤醒水平的增高会引起操作成绩的提高。如果优势反应是错误的,唤醒水平的增高会引起操作成绩的下降。

5. 汉宁的个人最佳功能区理论强调个体差异,认为每个运动员有自己独特的理想机能区段。焦虑水平处于这一区段内时,可获得最佳操作成绩。

6. 哈迪和法基的突变模型预测,认知焦虑较低时,操作成绩与生理唤醒的关系状似一条柔和的倒 U 形曲线;认知焦虑较高时,生理唤醒提高到一定程度时,操作成绩会呈现突然性的大幅度下降。

7. 马腾斯等人的多维焦虑理论将竞赛焦虑分为认知状态焦虑、躯体状态焦虑和状态自信三个方面,并预测,认知状态焦虑与操作成绩呈正线性关系,状态自信与操作成绩呈负线性关系,躯体状态焦虑则与操作成绩呈倒 U 形关系。

8. 琼斯和斯万的焦虑方向理论认为,运动员竞赛焦虑体验的强度不是最好的运动成绩相关变量,相比之下,竞赛焦虑体验的方向(积极性或消极性的解释)和频率对于运动成绩可能具有更好的预测作用。

关键术语

倒 U 形假说,唤醒,操作成绩,运动项目,内驱力理论,优势反应,习惯强度,个人最佳功能区理论,个体差异,突变模型,多维焦虑理论,状态自信心,认知状态焦虑,躯体状态焦虑,焦虑方向理论

复习思考题

1. 关于唤醒、焦虑与操作成绩关系的早期理论和现代理论的主要区别是什么?

2. 突变模型和多维焦虑理论的相同点和不同点在什么地方?

运动心理学(第二版)

3. 在 PsychINFO 或 Psychlit 中查阅一下本章讨论的 6 种理论的论文数量,哪种理论的论文数量更多? 为什么?

4. 设计一项研究,检验倒 U 形假说的第二项预测:不同的运动任务,倒 U 形曲线不同。

5. 你更赞同哪种(些)理论? 为什么?

6. 上述理论对运动员赛前的心理准备和赛中的心理调节有什么指导意义?

推荐参考读物

1. 张力为、符明秋(2000):焦虑、唤醒与操作成绩关系的重要理论。见张力为、任未多(主编):体育运动心理学研究进展(249—284 页)。北京:高等教育出版社。该文全面介绍了焦虑、唤醒与操作成绩关系的理论假说,列举和分析了相关研究证据。

2. Gould, D. & Krane, V. (1992). The arousal-athletic performance relationship: Current status and future directions. In T. S. Horn(Ed.), Advances insport psychology (pp. 119—142). Champaign, IL: Human Kinetics. 该节集中讨论了焦虑、唤醒与运动成绩的关系。

3. Hanin, Y. L. (1989). Interpersonal and intragroup anxiety in sports. InD. Hackfort & C. D. Spielberger (Eds.), Anxiety in sports: An interactional perspective (pp. 19—28). New York: Hemisphere. 该节介绍了最佳功能区理论,讨论了竞赛焦虑与运动成绩的关系。

4. Hardy, L. (1990). A catastrophe model of performance in sport. In J. Graham & L. Hardy (Eds.), Stress and performance in sport (pp. 81—106). New York: Wiley. This chapter reviews the catastrophe model of anxiety and per-formance. 该节介绍了突变模型的理论及相关研究。

5. Jones, G. & Swamn, A. B. J. (1995). Predispositions to experience debilitative and facilitative anxiety in elite and nonelite performers. The Sport Psychologist, 9, 201—211. 这篇论文阐述了促进性焦虑和阻碍性焦虑与运动水平的关系。

6. Martens, R., Vealey, R. S. & Burton, D. (1990). Competitive anxiety insport. Champaign, IL: Human Kinetic Publishers. 该书介绍了多维焦虑理论,还介绍了《运动竞赛焦虑测验》和《竞赛状态焦虑量表》的研制过程和两个量表的信度和效度检验结果,讨论应用这两个量表进行研究的成果。同时,提供了这两个量表。

7. Woodman, T. & Hardy, L. (2001). Stress and anxiety. In R. N. Singer, H. A. Hausenblas & C. M. Janelle(Eds.), Handbook of sport psychology (2nd ed. pp. 290—318). New York: John Wiley & Sons. 该论文介绍了应激与焦虑的概念、来源、测量方法,讨论了应激、焦虑与操作成绩关系,分析了相关领域未来研究的可能方向。

第五章　训练比赛的归因

插图 5-1　寻求对行为原因的解释是人们的一种自发倾向（德国门将卡恩）

对事物因果关系的探讨是科学家的天职，天文学家要了解地球为什么会围绕太阳旋转，医学专家要探讨癌症的发病原因，生物力学专家要分析为什么李宁的体操动作不但完美和谐，而且成功率极高。同时，对事物因果关系的探讨也是日常生活中的一种自然心理倾向，人们总是在为自己的行为寻找合理的解释。学生没有通过地理课考试，会考虑问题出在哪里，是考试题目太难，老师授课枯燥无味，还是自己努力不够？探险家不顾危险，只身到非洲原始森林，长期与野兽周旋，回到文明社会后，在新闻发布会上要说明：这是为了生态学研究，是一种个人爱好，还是要向世人证明自己的能力？运动员在奥运会上取得了金牌，也要对自己、对他人作一番解释：把成功归于集体配合，个人拼搏，教练水平，还是运气？总之，归因是这样的普遍、平常，乃至人们并不将它看做是特殊的心理现象。但实际上，对一个行为结果所进行的自我归因或他人归因对人的后续行为会产生重要影响，正是这一点，引起了心理学家特别是社会心理学家的高度重视。

归因问题的提出始于 20 世纪 40 年代，后来成为社会心理学的一个十分活跃的研究领域（时蓉华，1989；姒刚彦，1990）。它讨论的重点是个人如何对周围事物以及行为结果进行解释，这种解释又如何影响人的情绪与行为。在体育教学与运动训练中，人们对学习成绩和运动成绩的正确归因，是激励自己积极主动地学习、训练并不断进步的重要条件。体育教师和教练员也可利用正确归因的引导，提高学习、训练的效率和质量。体育教师和教练员要想更有效地管理学生和运动员，就必须了解他们如何解释运动场上发生在他们身边的事情，了解归因的类型和意义，了解归因对运动员的心理状态和未来成绩所产生的重要影响。本章将介绍社会心理学关于归因的几种重要理论，分析归因问题在训练竞赛领域的特殊意义以及它同动机问题的联系，讨论归因的主要维度以及归因问题的研究成果，最后，还将介绍训练比赛中利用归因原理引导学生和运动员的具体方法。

第一节　归因的 4 种理论

归因（attribution）是指人们对自己或他人的行为进行分析、判断和指出其性质或推论其原

运动心理学（第二版）

因的过程。这一过程遍及人们社会生活的各个领域,是人们自然而然、随时随地进行的一种心理活动。比如,中国田径运动的"马家军"突然以不可战胜的雄姿出现在世界体坛,立刻引起国内外体育界的关注,人们都在议论其成功的秘诀。一个运动员不能准时参加训练,他自己和他人也要解释或询问其原因。特别是比赛结束之后,教练员、运动员进行比赛总结时重点也都放在对成败原因的分析上。当然,归因也是体育记者、体育观众们所津津乐道的话题。对于这样一个普遍的心理现象,许多社会心理学家进行了认真的研究,并提出了多种不同的归因理论。

一、海德的归因理论

海德(Heider,1958)是最早研究归因理论的心理学家。他十分关心现象的因果关系,认为,人们需要控制周围的环境,预见他人的行为,只有这样才能更好地在复杂多变的社会中生活。因此,每个人都会致力于寻找人们行为的因果性解释。海德把这种普遍现象称为"朴素心理学"。朴素心理学认为,为了预见他人行为并有效地控制环境,关键问题在于对他人的行为或事件做出原因分析。

海德认为(Heider,1958),我们都相信一个人的行为必有原因,其原因或者决定于外界环境,或者决定于主观条件。如果判断个体行为的根本原因是来自外界力量,如个体的周围环境、与个体相互作用的其他人对个体行为的强制作用、外部奖励或惩罚、运气、任务的难易等,我们就把这种归因称为情境归因;如果判断个体行为的根本原因是个体本身的特点,如人格、品质、动机、情绪、心境、态度、能力、努力以及其他一些个体所具备的特点等,我们就把这种归因称为个人倾向归因。

时蓉华指出(时蓉华,1989),海德归因理论的核心在于:只有首先搞清楚行为的根本原因是内在的还是外在的,然后才能有效地控制个体的行为。

二、维纳的归因理论

维纳等人(Weiner et al.,1971)认为,在分析他人行为的因果关系时,原因的稳定与不稳定是第二个重要问题。人们对成功与失败的解释有以下4个方面:能力高低、任务难易、努力大小和幸运与否。这4个方面构成了两个维度:内外控和稳定性(Anshell,1990),这就是最初的归因模型(attribution model)(表5-1)。

表5-1　成功行为决定因素的分类

稳定性	内在的	外在的
稳定	能力	工作难度
不稳定	努力	运气

引自时蓉华,1989

维纳(Weiner,1981)的研究表明,人们把成功或失败归于何种因素,对情绪体验和今后工作的积极性有重要影响(表5-2)。他认为,能力、努力、运气和任务难度是个体分析工作成败的主要因素。一般来说,追求成功的人把成功归因于自己能力强,而把失败归因于自己不努力,认为只要自己努力,总会成功。相反,避免失败的人往往把成功归于运气好、任务容易等外部因素,而把失败归于自己无能。由于避免失败的人把成功与否归结为自己无法控制的外部因素,因此认为再次成功把握不大,这种人往往采取退让姿态。追求成功的人把成功与否归结为自己是否努力,这种人往往在下一次选择任务时,仍能选择有相当难度的任务,相信通过努力能够成功。因此,归因理论推崇自我努力,强调努力会给人带来一种兴奋感和自豪感,不努力会产生一种内疚感。

表 5-2 归因与情绪体验和工作积极性的关系

行为结果	归因方向	实例	情绪反应	工作积极性
成功	内部因素	努力,能力	满意,自豪	
	外部因素	任务容易,运气好	意外,感激	
失败	内部因素		内疚,无助	
	外部因素		气愤,敌意	
成功	稳定因素	任务容易,能力强		提高
	不稳定因素	努力,运气好		提高或降低
失败	稳定因素	任务难,能力差		降低
	不稳定因素	努力不够,运气不好		提高

根据时蓉华 1989 年资料编制

时蓉华指出(时蓉华,1989),大量实验证明,个体对学习成功的归因变化是有规律的。一般来说,幼儿和小学生看重努力的作用。但当学生进入初中时,努力的价值逐渐贬值,他们会越来越感到努力会表明自己能力低下。这种感觉与年俱增,到了大学阶段,人们就把能力看做是最能体现个人价值的关键了。

三、琼斯和戴维斯的归因理论

琼斯和戴维斯(Jones & Davis,1965)的归因理论也被称为对应推论说(corre-spond inferring theory)。这是一种利用可观察到的行为判断被观察者潜在特质、信念和态度的理论。当人们认为一个人的行为与其特有的内在属性(动机、品质、态度、能力等)相一致时,就是在进行对应推论。比如,看到某人好承诺却经常违背诺言,如果我们断定这是由他不诚实的品性所导致的,我们所作的归因就是对应推论。当然,推论恰当与否决定于事实上行为者的内在属性与其行为相互一致的程度。

琼斯和戴维斯还揭示了对应推论的程序,即首先判定行为者的动机,然后由此推定行为者的品性。他们认为,当他人有某种行为时,行为的观察者就要判定这种行为是不是他人有意做出的,以及这种行为所产生的效果中哪些是行为者所希求的。如果某种行为后果只是行为者无意造成的,就不能根据它来判断行为者的品性。

琼斯和戴维斯还提出可能影响对应推论的因素。第一个重要的因素是行为的合意程度。社会合意程度很高的行为符合社会规范,是大多数人都会采取的行为。如果行为者采取的是社会合意行为,人们就无法从中推论其品性。相反,一般人所不愿干的事,而某人却偏离社会规范干了此事,人们就会很有信心地推断说该行为反映了这个人的独特个性。第二个因素是行为的自由选择性。如果观察到的某种行为是行为者自由选择的结果,通过这种行为和未采取的行为的比较,人们就会假定该行为能够反映行为者的意图,据此就可以推论其品性。另一方面,如果观察者认为是外在力量迫使行为者这样去做,就会以外力的作用来解释他的行为。因此,当行为者的选择自由没有受到限制时,观察者就更可能进行对应推论。

四、凯利的归因理论

凯利认为(Kelley,1973)人们行为的原因十分复杂,有时仅凭一次观察难以推断他人行为的原因。因此,必须在类似的情境中作多次观察,根据多种线索作出个人或是情境的归因。人们要横跨三种不同的范围来检验因果关系,即客观刺激物(存在)、行为者(人)和所处情境(时间和形态)。因为这个理论涉及上述三个独立的方面,故称为三维归因理论(three dimension attribution theory)。

凯利的三维归因理论将外界信息分成三种不同的信息资料:

一是区别性资料,即他人行为是否特殊。如体育老师发现所教的某学生体操成绩很差,那么在分析原因时,首先看该学生其他体育课程学习成绩如何,如果田径、游泳、球类等课程成绩均好,则其体操成绩差是特殊的。

二是一致性资料,即分析他人行为表现是否与其他人一致。如上例中,若其他人体操成绩也很差,说明体操成绩差具有一致性。

三是一贯性资料,即分析他人特殊行为的发生是一贯的还是偶然的。如分析上例中的学生体操成绩差是历来如此还是最近突然下降,如果是前者,则肯定其体操成绩确实差。

对他人行为进行归因时,根据三个不同的范围,沿着上述三个方面的线索,我们就可以进行正确归因。

仍以上例分析:如果区别性低,说明该学生学习所有运动技能都很差,不仅是体操成绩差;一致性低,说明该学生的体操成绩差而其他同学则不差;一贯性高,说明该学生体操成绩一直很差。综合这些资料,可以认为这是该学生自己的原因。

如果区别性高,说明该学生学习其他运动技能都很好,只有体操成绩不好;一致性高,说明不仅是该学生体操成绩差,其他学生体操成绩也不好;一贯性高,说明该学生体操成绩总是很差。综合这些资料,可以认为原因是体操教师没有教好。

如果区别性高,即该学生学习其他运动技能都很好,只有体操成绩不好;一致性低,即其他学生体操成绩都较好,该学生却不好;一贯性低,即该学生过去体操成绩一直不错。综合这些资料,可以归因为当时的情境或条件。

五、归因偏差

(一)基本归因偏差

基本归因偏差(fundamental attribution error)主要是就观察者而言的。观察者倾向于把行为者本身看做是其行为的原因,而忽视了外在因素可能产生的影响。例如,一个学生两次迟到,教师容易认为这个学生懒散,而没有注意到该学生必须为家中病重的母亲买药。发生这种错误的原因在于:第一,我们有这样一种社会规范,即人们应该对自己行为的后果负责,故容易重视内在因素的作用而轻视外在因素的作用;第二,在一种环境中,行为者比环境中的其他因素更为突出,使得人们容易只注意行为者,而忽视了背景因素和社会关系。

(二) 观察者与行为者归因的差别

同观察者的倾向相比,行为者容易过高估计外在因素对于自己行为的作用。也就是说,行为者对自己的行为倾向易作外在归因,而观察者对他人的行为倾向易作内在归因。斯奈德(引自时蓉华,1989)曾进行过一项实验,考察人们如何解释自己的成功与失败。他请一些被试赛跑,另请一些被试观看赛跑。赛跑结束后,请参加赛跑的人解释自己成败的原因。结果表明,胜利者把自己的成功归因于内在因素,例如技术和努力,失败者则把自己的失败归因于外在因素,例如运气不好。旁观者的解释却又大不相同,他们认为胜利者的取胜是由于运气好和其他外在因素,而失败者却是败于技术不高,努力不够。

观察者和行为者这种分歧的原因是,第一,两者的着眼点不同:观察者通常把注意力放在行为者身上,而行为者则可能更注意外在因素对自己行为的影响;第二,两者可资利用的信息不同:观察者通常很少掌握行为者个人史方面的信息,只注意他此时此地的行为表现,而行为者则不仅仅是看到当时的情况,而且对自己过去的行为也非常了解。

(三) 忽视一致性信息

凯利曾假定人们在归因时同样重视区别性、一致性和一贯性信息。但事实上,一致性信息所受到的重视程度特别低。人们往往只注意行为者本人的种种表现,却不大注意行为者周围的其他人如何行动。造成这种现象的原因是:第一,人们习惯于注重具体的、生动的、独一无二的事情,而忽视抽象的、空洞的和统计类型的信息;第二,人们可能觉得直接信息比非直接信息更加可靠,而一致性信息涉及到行为者周围的其他人,这方面的材料相对分散,无法凭观察者自己来一一获取;第三,行为者周围的其他人与行为者本人相比,处于较不突出的位置,往往只构成观察的背景,因而受到忽视。

(四) 自我服务偏差

人们总是愿意获得成功,这种倾向也可能导致归因的自我服务偏差(self serving bias)。如果人们把成功看做是加强自我权威或保护自尊心的手段,就会对自己的失败行为作歪曲的解释。人们往往把成功的原因归于自己的内在因素,如能力、努力或品格等。与此相反,对于自己的败绩往往从外在环境中寻找原因,为自己开脱。这种自我服务偏差在行为者确信自己的行为原因无人确知的情况下最容易发生。

另一方面,为了解释自己的失败,行为者还可能出现另一种自我服务偏差,即自我贬损。在这种情况下,行为者用各种消极的办法如酒精、药物等来逃避个人的责任。自我贬损可以使失败者不必面对自己缺乏某种优良特质的难题,避免因个人的真实能力被发现而陷入难堪。

第二节　控　制　点

一、控制点的基本思想

和归因问题有关的研究绝大部分集中在控制点问题上。在日常生活中,人们总是有意识或无意识地相信某些因素控制着他们的生活,这些因素便是他们的控制点。它们可能是外部的,也可能是内部的。对于成就高的人来说,其控制点往往是内部的(Christopher,1989)。

内部控制点的含义是,强烈倾向于将人生中各种积极或消极事件看做是自己个人行为的结果,因此,这些事件是处于人的主动控制之下。外部控制点的含义是,强烈倾向于将人生中各种积极或消极事件看做与自己个人的行为无关,因此,这些事件是个人无法控制的(Lefcourt,1966)。高内部控制点的运动员倾向于认为他们的运动成绩取决于他们自己能够控制的那些因素,如努力程度、技能水平、注意范围等。与此相反,高外部控制点的运动员倾向于认为裁判、对手、观众等他们自己无法控制的一些因素对他们的运动成绩有更大的影响。

运动员在训练和比赛中,一方面要将注意力放在控制和把握那些可控因素上,比如技术战术、思维方式、期望、注意的范围和方向、唤醒水平、对失误的反应等;另一方面,要能够有效地应付那些不可控的因素,如天气、裁判、对手、场地、比赛时间等。在受到干扰的情况下,运动员要能够迅速重新将注意转向可控因素。比如,运动员无法控制裁判,无法改变已经作出的错判、误判,但他们可以控制自己对错判、误判的反应,可以控制他们其后的技术和战术。成功的运动员能够鉴别出哪些因素是可控因素,哪些因素是不可控因素,并不断发展和完善自己的控制能力,以使自己能有比较稳定的比赛表现。而且,他们也往往有自己的一套有效排除干扰的特殊方法(张力为,1993)。

关于控制点的理论,洛特(Rotter,1954)曾指出,人们的行为受两种因素影响:一是期望,人们期望自己的行为会导致特定的强化物出现;二是评价,人们对奖励和强化的价值有一评判。比如,如果一个运动员认为他的努力可使他达到目标,且这一目标是有价值的,他就会继续参加训练。奖励可能来源于内部,也可能来源于外部。

影响和反映控制点的一个重要因素是强化的价值。如果各种强化发生的概率相等,那么是希望得到哪种强化呢? 这就涉及人们对于不同强化的价值评判。人们有着自己的偏好等级,这种价值趋向会同期望产生交互作用。比如,假如一个运动员认为艰苦的训练(内部控制)会使他实现一生的梦想——入选奥林匹克代表队(高价值),他就会坚持训练。但如果他认为奥林匹克代表队的选拔为一些利欲熏心、不主持公道的人所控制(外部控制),或他认为是否入选奥林匹克代表队并不是什么了不起的事(低价值),他就可能中断训练。

二、有关控制点的研究

体育运动领域有关控制点问题的研究主要在信息加工、焦虑唤醒、领导策略、性别差异、运动成绩等 5 个方面进行。

（一）信息加工与控制点

关于控制点和信息加工之间关系的研究发现，内控者（internals）和外控者（externals）之间有一些明显差异。内控者能更有效地将自己的注意集中在活动任务本身的特点上（Pines，1973；Pines & Julian，1972），能进行更多的自我调节（Julian. Lichtman & Ryckman，1968），并表现出更高的处理问题的技能（Christopher，1989）。而外控者则更倾向于遵守社会规范和准则（Pines，1973；Pines & Julian，1972），在赛前赛中更容易从外部来源获得信息，更关注外部的、可控性较小的因素（Julian，Lichtman & Rychkman，1968；Lefcourt，1966；Pines，1973）。他们似乎需要更多的社会强化，更重视外部因素的重要性，因而也就更容易受到他人期望、消极强化和外界干扰的影响（Christopher，1989）。但也有人认为（Anshell，1990），外控型的运动员通常不感到应对自己的行为负责，当教练员对他们的成绩做出评价时，他们所受到的影响也较小。

（二）焦虑唤醒与控制点

对于极端的内控者来说，他们常常对失败有一种强烈的个人责任感，同时，又认为自己无法控制外部因素的作用，因此，在比赛前，他们可能会体验到较高的焦虑。有时，他们会对控制的含义产生一种错误的、不合理的认识，希望能对世界有一种最终的控制，然而这是不可能的。但另一方面，内控者往往比外控者能更为现实地处理成功与失败的问题，对自己努力的功效也更有信心。这种信念给内控者提供了一种进行自我调节的坚实基础，而这种自我调节可以导致赛前焦虑水平的降低（Phares，1976）。

研究还发现（Watson，1967），高焦虑与外控点之间有可靠的相关，实际的或主观上的缺乏控制会导致焦虑。和外控者相比，内控者有更多的解决问题的策略，能更好地控制自己的不愉快心情，能更从容地对待成功与失败（Manuck et al，1975；Lef-court，1966）。这可能是由于他们勇于接受自己的情感和行为产生的结果，勇于承担责任。

（三）领导策略与控制点

在这方面，内控者更倾向于努力控制和操纵外界环境，更善于进行自我导向和自我调节（Lefcourt et al，1969；Phares，1968；Seeman et al，1962），更少依赖于外部强化。外控者则相信，按照别人的要求去做并满足别人的期望，是控制强化和奖励的最好方法。因此，外控者往往对于来自体育教师、教练员和体育行政领导的社会强化和外部奖励有更强烈的需要。

（四）性别差异与控制点

尽管关于控制点的性别差异的研究并不太多，但研究结果显示，一般来说，女性比男性更倾向于外控（Anshel，1990）。霍娜的研究表明（Horner，1968）：第一，和男性相比，女性在竞争环境中取得成功后，感到不愉快的可能性更大，因为这种成功与女性行为的社会期待不一致；第二，避免成功的动机在女性中是互有差异的；第三，避免成功的动机在与对手直接竞争的情境中表现得更为突出，而在同某一标准竞争（不是直接与对手竞争）的情境中则表现得不是那么突出。因此，她认为，"对成功的恐惧"是女性的一种个性特征，影响着她们的成功与失败。在对 100 多项研究进行回顾之后，特里斯默（Tresemer，1976）却并未发现有充足的证据支持霍娜的观点。但雷斯和杰斯玛（Reis & Jelsma，1978）仍认为，在女性中，对成功的恐惧仍然是一个有效的概念,它可以描述女性的一种特殊归因模式,即在失败时的自我指责(缺乏能力)和成功时的否认荣誉(幸运、任务容易)。

在对体育运动情境的控制感方面,研究者也发现了某些性别差异(Anshel,1979;Blucker & Hershberger,1983;Rejeski,1980)。和外控型的女性相比,内控型的女性对消极反馈的反应往往是更为沮丧,也更关心比赛结果。总的来说,和男性相比,女性对自己能力的评价较低;对成功的期望较低;进行更多的外部归因(任务难度、运气等)和更少的内部归因(能力、努力等);在获得某种成功后,体验到的责任感和满足感较少;在遇到某种失败后,体验到的责任感和不满感也较少。

在控制点方面尽管有上述一些性别差异,但一个人对成功与失败的态度,可能更多地取决于个性特征的其他方面,而不是主要取决于性别。像自尊、成就需要等与控制点有联系的一些个性特征,在男女运动员中都是比较相似的(Anshel,1990)。性别到底是否是预测控制点的一个主要因素,仍是今后此类研究需要确定的一个问题。

（五）运动成绩与控制点

高水平的、获得更多成功的运动员往往从内部(能力和努力)来解释比赛成绩(刘淑慧等,1993;McAuley & Gross,1983;Rejeski & Brawley,1983)。他们不仅会从比赛的结果看问题,还会从是否达到了预期的个人目标以及是否体现出了个人能力的角度看问题(Roberts,1984)。如果整个队失利了,高水平运动员也不一定会感到对此失利负有责任。他们可能认为自己发挥得不错,而失利是由于队友的失误造成的。因为他们对自己有更多的信心,过去也有更多的成功经验。

稳定的运动成绩与运动员的归因有密切联系。研究发现(Roberts,1975),总是取胜的运动队的运动员,取胜后往往会进行能力归因。但偶尔失利时,这些运动员是不将失利归因于能力的,而是认为全队努力不够或对手太强(任务难度),但同时认为他们自己已尽了极大努力。与此相反,总是失败的运动队的运动员,则将结果归于个人或全队缺乏能力。不断失利的运动员(或认为自己是失败者的运动员——这种看法可能破坏性更大)往往认为自己缺乏能力。这种归因意味着他们将来成功的机会很小,比赛失利后,作出更大努力提高自己的可能性也更小。当然,他们也可能出现更严重的问题,如做出一些违反纪律的事或不合理的事以吸引他人注意,或干脆退出运动(Brawley,1984)。表5-3是根据控制点研究总结出的内控者和外控者的主要区别。

表5-3　内控者和外控者的主要特征

内控者的主要特征	外控者的主要特征
将积极和消极的事件均看做自己行为的结果	不把生活中的事件与自己的行为作因果联系
感到自己能够调节生活中的大部分事件并对这些事件负有责任	感到无法控制生活中各种事件的发生
高度自我导向和自我调节	遵从社会要求
更可能设置清晰、明确的目标	需要更多的社会强化

内控者的主要特征	外控者的主要特征
在人际交往中需要高度的个人控制	希望让别人控制人际交往的情境
注意集中于同任务有关的可控性因素	注意集中于外部的不可控因素
进行客观的、现实的评价	时常进行不合理的、不现实的评价
明显地受一些外界因素的影响，如外部反馈、成绩	身心较少受外部反馈或结果的影响（因为认为这些反馈和结果由幸运或机遇引起）
在涉及技能的环境中，很容易因批评意见而沮丧	相对不大受外界批评的影响
愿意处于能够应用技能的环境中，不愿意处于机遇的环境中	愿意处于机遇的情境中
极为关注成绩	相对不大关注成绩
设置挑战性相对较大的目标	设置挑战性相对较小的目标
自信心和自尊心较强	自信心和自尊心较弱
在学校的学习成绩较好	在学校的学习成绩较差
为了增加再次成功的可能性，对成绩进行强化和承认是极重要的	对成绩的强化和承认相对不是那么重要，因他们倾向于对成功与失败不承担责任
尝试完成任务的时间坚持得更长	尝试完成任务的持久性较差
对持续的失败作出更消极的反应	失败后引起的沮丧感较少
在男性和老年人中此种类型的人更为常见	在女性和年轻人中此种类型的人更为常见

引自 Anshel，1990，pp. 81—82

第三节　归因的 4 个维度

　　归因问题之所以重要，就是因为它对运动员的动机和成绩会产生重要影响。如果告诉运动员，他之所以做了一个错误动作而痛失良机，导致了全队的失败，是因为他缺乏能力，那么他放弃努力而离队的可能性就大一些；如果告诉他，失利是由于任务较难（这个底线球是太快了）、努力不够（再努一把力，往后站一点，就能接好了）抑或运气不好（这球太没运气了），那么他放弃努力而离队的可能性就小一些。经过几十年的理论研究和实际测量，人们发现并总结出了不同情境中进行归因的一些普遍规律，包括归因的主要方向。

一、内外控

　　内外控（internal/external orientation）也称（原因的）控制点，指行为结果（成功与失败）由内因引起还是由外因引起的认识。此维度已在控制点一节中详述。

二、可控性

　　可控性（controllability）是指对原因是否可控或在多大程度上可控的认识。"可控"因素指经努力完全可凭主观意志控制的因素,反之为"不可控"因素。比如,成功后归因于自身努力,是可控性归因;归因于教练员的能力,是不可控性归因。此维度也已在控制点一节中详述。

三、稳定性

稳定性(stability)是指对内因与外因是否稳定的认识。像能力高低与任务难度即属于较为稳定的因素,而努力大小和幸运与否则属于不稳定因素。当然,经过系统、长期的训练,人的能力可以得到提高;同时,原有的任务也会显得较为容易。但稳定性的主要思想是:能力高低与任务难度的可预测性更强,更具有长期效应;而努力大小和幸运与否的可预测性较弱,往往只具有短期效应。

较为流行的一个归因模式(attribution model)概括了以上三个维度(姒刚彦,1990),见表5-4。

表5-4　三维归因模式示例

稳定性	内在的		外在的	
	可控的	不可控的	可控的	不可控的
稳　定	个人能力	身体形态	训练场地	工作难度,他人能力
不稳定	个人努力	疲劳程度	比赛器材	努力,运气,裁判,天气

引自姒刚彦,1990

三维归因模式的每个维度以及其中的每个方面(共8个方面)对于人的动机、情感和行为都具有很大影响(表5-5)。例如,对于男运动员来说,最初的期望值如果很高,比赛发挥也很好,并将好成绩归因于自己的能力,那么可体验到高水平的骄傲感和满意感,进而对自己今后的比赛产生更高的期望。

表5-5　影响参加体育活动动机的因素

最初的期望	成绩	归因	情绪反应	期望
高*	高	能力或其他稳定的内部因素	最大的骄傲感和满意感	更高
高	低	运气不好,任务太难,缺乏努力,其他不稳定的因素	最少的羞愧感和不满意感	高
低**	高	运气不错,特殊努力,相对容易的任务	最少的骄傲感和满意感	低
低	低	缺乏能力,任务太难,稳定的内部因素	最大的羞愧感和不满意感	更低

* 与男性相关,** 与女性相关。引自 Carron, 1984, p. 92

四、整体性

整体性(globalness)是指对某一原因影响一特定情境中的特定事件,还是影响许多情境中的许多事件的认识。这一思想来源于关于抑郁问题的研究(Seligman etal.,1979)。普拉帕维西和坎农(Prapavessis & Carron, 1988)认为,它可能是体育运动领域归因的一个重要维度。比如,一场羽毛球比赛失利后,如果认为自己根本就不是打球的材料(原因扩大化),会导致信心下降,甚至离队退役;如果认为自己只是对左手防守型打法不太适应(将原因控制在具体的范围),则可能加强对此类打法的训练,加强自己适应不同球路的能力,提高在今后的比赛中战胜此类对手的可能性。

第四节 习得性无助

一、习得性无助的性质

习得性无助(learned helplessness)理论是由戴维克(Dweck,1975)提出的,他曾考察了儿童拒绝参加一项活动(特别是体育活动),或仅仅做一尝试,然后很快退出的原因。他发现,原因是他们对结果很少有或根本就没有控制权,结果在实践中体验到一种无助的感受。这是一种后天习得的经验或感觉,不是遗传的,也不是传染的,而是通过学习过程获得的。

马里斯和安舍尔(Marisi & Anshel,1976)在1976年进行了一项有关习得性无助的实验,要求被试用一手持仪器接触一个直径约一英寸的转动金属盘。各组被试的实验安排如下:

(1)关联性应激组:如果操作成绩一旦低于前4次练习中的最佳成绩,即被施与电击。

(2)非关联性应激组:不考虑被试的操作成绩而给以无规律的电击。

(3)控制组:完成同样的操作任务,但不进行电击。

实验结果表明,非关联性应激组的被试由于对自己操作成绩的后果(施以电击或不施以电击)无法进行任何控制,因此操作成绩最差;关联性应激组的操作成绩则最好。该项研究提示,如果一个人对某事件的出现或消除(通常是不愉快的事件)感到根本无能为力的话,就会产生习得性无助反应。这种情况给运动员(特别是技能水平较低的或较为年轻的运动员)带来的心理上的伤害是很严重的。有习得性无助感问题的人,包括运动员,具有下列特征:

(1)对一项活动坚持的时间短,退出的时间早,甚至根本就不尝试和参与该项活动。

(2)将失败归因于缺乏能力而不是缺乏努力。

(3)将自己看做是不断的失败者。

(4)不觉得进行更多的努力可导致成功。

(5)认为运气或任务较容易是成功的原因。

(6)不愿冒失败的风险,这就使他们在学习新技能的环境中感觉不快。

(7)对成绩感到无法控制,将失败看做是在自己的控制范围之外的事。

前面提到,习得性无助是后天获得的,理解到这一特征是很重要的。那种自己有某种缺陷的感受,对不愉快的环境无能为力的感受,失败的感受,都是建立在过去经验的基础上的。问题是:究竟是什么原因导致了无助感? 一个人对成功与失败之原因的感受取决于哪些因素? 归纳起来,有4种因素会影响人的无助感(Dweck & Reppucci,1973;Anshel,1979),即:

第一,个人的成功与失败史:成功的经验越多,无助感越少;失败的经验越多,无助感越多。

第二,提供信息反馈的方式:"这一球踢得还可以,但……"同"这球踢得真笨,你就不能做个正确动作吗"的效果具有本质的区别。

第三，提供信息反馈的频率：信息反馈越多，对运动员自我感觉的影响越大。

第四，信息反馈的来源：像教练员、父母、朋友等比其他人有更大的影响。

二、习得性无助感的矫正

既然习得性无助感是后天习得的，那么它也可以通过某些方法如归因训练（attribution training）加以预防和矫正。在儿童期，这种预防和矫正更容易见效。

插图 5-2　对于运动员来说，裁判是一个明显的不可控因素（欧洲冠军杯比赛）

如前所述，能力归因是相对稳定的归因，如果人们感到失败是由于能力低造成的，那么他们就有可能退出体育活动（Roberts，1984），因为人们知道能力不是能轻易改变的。而努力方面的归因是相对不稳定的归因，努力程度是较容易进行调节的，因此，可以利用这种归因来鼓励失败的人们重整旗鼓，通过进一步的努力争取成功，从而帮助人们避免或消除无助感。研究发现，在一项任务上坚持时间更长的儿童，更可能将自己的成绩归因于努力（如果我更努力，我的成绩会更好）。与此相反，在一项任务上坚持时间较短的儿童，更可能将自己的失败归因于能力不足而不是努力不够。在体育运动情境中，这种归因会导致将自己看做是一个不断的失败者并很快退出体育运动。因此，应当鼓励运动员将成绩不佳归因于努力不够，如果继续不断地努力，困难状况是能够改变的。这样，运动员就将产生一种控制感而不是一种失助感。

预防和矫正的主要原则是：第一，将注意力放在个人努力的重要性上，而不去注意那些较难控制或根本不能控制的环境因素，如运气和任务难度；第二，失败时避免做低能力的归因。

有证据表明，归因训练是有作用的。比如，在迪维克（Dweck，1975）进行的一项研究中，她先找出一些缺乏坚持性或倾向于退出的儿童，将这些"无助"儿童分成两组：第一组对其成功不断给以强化，以提高这些儿童的自信心并克服对失败的消极反应；第二组在经历成功与失败时，接受努力归因训练，即在每次练习后，都鼓励被试将自己的成功或失败归于自己个人的努力。通过这种方法，迪维克试图重新塑造这些儿童对自己操作结果的知觉和认识，使其向可控制的个人因素（努力）转化。她发现，接受努力归因训练的儿童坚持完成任务的时间更长，在带有竞争气氛的情境中焦虑水平更低，更愿意将自己的成绩归因于努力，对自己的自我评价也更高。那些受到训练、认识到应当将失败归因于自己的努力而不是缺乏能力的儿童，在其后

第五章　训练比赛的归因

83

的练习中,成绩也更好。他们不轻易放弃努力,希望通过自己的努力到达目标。

第五节 训练比赛的归因指导

归因问题既然重要,那么,它是否可以通过训练和教育加以改变,主要是向内控的方向改变,以使运动员更好地参与运动,提高成绩,适应生活? 迪维克的成功实验,是否也适用于成人? 显然,成人由于成熟和经验,其认识倾向会更为稳定,改变其归因方式也会较为困难,但也没有充足的理由说成人不能改变。对此,研究者的意见并不一致。有些研究者认为,归因是一种稳定的个性特征(Phares,1976);也有人认为,归因是可能突然变化的,一个人今天感到他可以控制环境,有所作为,但明天也可能会由于情境的突然变化,而感到自己对环境完全无所作为(Lefcourt,1976)。有几项研究曾尝试在进行了一项运动操作之后改变人们的控制点,但以大学生为被试(Anshel,1979)和以儿童为被试(DiFebo,1975)的实验均未成功。这有可能是由于控制点毕竟是一种较为稳定的个性特征,要改变它需要更长时间的训练和投入更多的努力。

由于人的个性特征随年龄增长而逐渐稳定,因此,如果没有特殊的训练和教育,要想改变归因特征是很难的。即便儿童的可塑性大一些,归因特征的改变至少不是很容易的事(Anshell,1990)。但是,由于教练员对运动员有极大的影响,其程度甚至可以超过父母,因此,这种影响同本人认真的、不懈的努力结合在一起,改变归因还是有可能的。

教练员如何评价运动员的训练和比赛,将极大地影响运动员对自己的技能水平和比赛表现的评价,甚至影响到运动员是否继续从事体育运动。有趣的是,同时也应引起教练员注意的是,研究表明,运动员对自己能力的评价通常比教练员对他们的评价高(Rejeski & Brawley,1983)。同时,每个运动员的自尊心与他对今后成绩的期望有直接联系。同自尊心低的运动员相比,自尊心高的运动员对自己的能力有更强的自信心,对今后的成绩有更高的期望值。因此,教练员的一个重要任务就是维持或提高每个队员的自尊心。对于教练员来说,任何降低运动员自尊心的评论都是极不明智的,这种评论对外控型的运动员所造成的伤害尤为严重(Ashell,1990)。以下是为运动员设计的改善归因、激发动机的具体建议。

一、进行积极的反馈

第一,尽量多给运动员提供积极的反馈("再抬高一点手臂就能打到这个位置了"),而不是消极的反馈("我看你今天是完不成了");提供行为定向的反馈("这个球踢的角度真好"),而不是特征定向的反馈("这种想法挺不错");同时注意提供稳定的反馈(避免在对待运动员的态度上时好时差)。

第二,要使运动员感到自己虽有缺点,但仍被集体、被教练员所完全地接受、喜欢。

第三,要使运动员的态度从"这不是我的过错"向"这是我的责任"的方向转化。

第四,要尽量利用非语言的沟通方式,如竖起大拇指、微笑、拍拍肩膀等向运动员表示赏识、满意、承认、关心、接受等积极性情感。

第五,避免使用讽刺性的语言("嘿,这球可是打绝了,没人能像你打得这么好!")、侮辱性的语言("二十好儿的人了,怎么还犯几岁小孩子的错误,你就不能自觉点吗?")、自罪性的语言("我真为你今天的表现惭愧!"),防止打击运动员的积极性。

当然,这并不意味着对运动员只进行恭维和鼓励,适当的批评也是必要的。研究发现,主要给以积极反馈,同时偶尔给以批评的教育,其效果比只给积极反馈的效果要好(Dweck,1975)。

二、增加成功的体验

一个人对自己和他人的看法不会轻易改变。这种看法从儿时就开始形成,在整个生活中又不断得到强化。为了改变一个人对自己改变事物和环境能力的消极看法,就有必要尽量创造机会,让他们在生活中经常不断地体验到通过自己的努力和能力而获得的成功。有了一定的成功感,才可能建立一种积极的心理定势,相信"我可以把握自己的命运"。为此,可以将运动员按照年龄、技能水平、体能水平分组,进行训练或比赛,以使不同的运动员有更多的机会体验成功。

专栏 5 - 1

年龄不同,归因大不一样

儿童对努力、能力和结果的看法如何?儿童对成就情境的看法又是如何成熟起来的呢?尼科尔斯和米勒(Nicholls & Miller)在1984年的研究表明:大约5—6岁的儿童还不能区分努力、能力、结果,因为在他们看来,努力的人就是成功的,成功者必定是努力者。更大一些的孩子(6—7岁)开始考虑别人能不能完成某项任务,即"很少有人完成的任务可能是太难了"。7—9岁儿童倾向于把努力看成结果的原因。到了9—10岁,能力也被作为结果的可能原因。直到10岁或11岁,少儿们才完成两者的综合,他们可以意识到能力的"限度",在完成任务的过程中它将限制努力的作用。一个有趣的现象是,在16—18岁的青少年中表现出很强的性别角色的模型作用。具体而言,男性的成绩多被归因为努力,而女性的成绩则被认为更多的与运气有关。教练员应根据以上年龄特征,因人施教。

引自 Nicholls & Miller, 1984

三、建立成功与失败的恰当标准

什么才算成功?什么才算失败?不同的人有不同的标准。高水平和低水平运动员有区别,一般人和运动员有区别,儿童和成人也会有区别。为了使人们能够有更多的内控性,应当以具体人和具体运动任务来确定合适的标准以评判成功与失败。一个年届七旬的老者,能天天坚持锻炼就是成功,而一个运动健将,则保持自己的世界纪录可能才被看做成功。因此,成功是一个相对的标准,但原则是,这一标准应是具体的、明确的、富有挑战性的、能够给你提供不断的成功体验的(张力为,1994)。表5-6是除了输赢以外的一些可供选择的成功标准,应让运动员根据这一原则和自己的具体情况制定自己成功的标准。

表 5-6 体育活动中不同的成功标准

训练中的成功标准	比赛中的成功标准
打破了力量练习的纪录	打破了个人纪录
打破了耐力练习的纪录	减小了比赛成绩的波动幅度
提高了训练的出勤率	充分发挥了技术水平
提高了训练的强度、密度	战胜了伤病,坚持完成了比赛
改善了生理测试的结果(如体脂减少了)	
减少了训练中消极自我暗示的次数	

引自张力为,1994,30页

四、明确各种影响因素的可控性

在有些情况下,运动员不能有意识地注意到或清楚地认识到哪些因素是可控的,哪些因素是不可控的,因此也就不能明智地计划自己的行为。教练员应引导运动员区分各种因素的可控性并时时提醒他们,将注意集中在那些可控性较大的因素上,忽略那些不可控或可控性很小的因素。表 5-7 列出了这样一些因素以供运动员做出选择。

表 5-7 影响训练、比赛各因素的可控性

因素	训练中的可控程度	比赛中的可控程度
天　　气	0123456789	0123456789
场　　地	0123456789	0123456789
时　　间	0123456789	0123456789
裁　　判	0123456789	0123456789
观　　众	0123456789	0123456789
记　　者	0123456789	0123456789
教　　练	0123456789	0123456789
队　　友	0123456789	0123456789
饮　　食	0123456789	0123456789
睡　　眠	0123456789	0123456789
准备活动	0123456789	0123456789
注意指向	0123456789	0123456789
技术动作	0123456789	0123456789
战术应用	0123456789	0123456789
对手情况	0123456789	0123456789

注:0 = 此因素与训练或比赛无关　　　　1 = 你对此因素完全无法控制
　　2-8 = 你对此因素可以控制的不同程度　　9 = 你对此因素完全可以控制

应当指出,上表所列出的因素只是一些大的方面,教练员与运动员讨论此问题时,应尽量将以上各因素进一步具体化。这样做有利于做出更为明确、更有说服力的判断。如观众因素,可以进一步具体化为:观众的倾向、观众的兴奋程度、观众的支持方式、观众的喊叫时间,等等。

刘淑慧等人(1993)在对中国射击队进行心理咨询的过程中,成功地运用了控制点的理论,帮助运动员建立射击比赛中正确的心理定势(表5-8),并取得了很好的效果。

表5-8 赛前控制因素的对比及可控因素的控制方向

条件	可控因素	不可控因素	射击比赛心理定向
对象	自己	他人	你打你的,我打我的,以我为主
时间	当前(现在)	过去的、未来的	打一发甩一发,发发从零开始
事件	动作	结果	想动作,不想(少想)结果

引自刘淑慧等,1993,9页

刘淑慧等人指出(1993),运动员在比赛中要想贯彻上述心理定向是非常困难的,他们普遍反映在比赛中"算着打,比赛一完,马上知道打了多少环、多少中,成绩概念特别清楚"。这实际上是把比赛的心理活动指向了结果。为了让运动员在认知上有所改变,他们沿两条思路对运动员进行启发:一条是沿着错误的认知前提,推出显然不希望得到的结果。即:想结果——算着环数打——随成绩变化引起情绪大起大落——内部生理过程改变:腿发抖、心慌、肌肉僵硬——精力(视力)前移、苛求标准点——进入瞄区便猛扣导致破坏正直用力、均匀用力、适时发射、自然击发的正确动作——出弹远——导致比赛成绩不佳。

另一条思路就是提供正面证据,说明多想动作、少想结果是可能的,如第21届奥运会步枪射击冠军巴沙姆的成功经验是可取的:有利保持赛中情绪稳定、头脑清晰、击发瞬间的力量保持和均匀正直扣扳机。

五、设置合理目标

设置明确、具体的目标可以帮助运动员接受个人的责任。内控型的运动员有较高的自我定向和自我调节技能,他们更愿意为自己的成绩和今后的发展接受个人责任(Christopher,1989)。外控型的运动员则可以从这种目标设置训练中获益,因为它可以帮助运动员更清楚地意识到"设置目标——作出努力——接近或达到目标"的这种因果关系,意识到通过自己的努力,可以实现或部分地实现自己的目标,从而增强控制事物结果的现实感和自信心。

六、强调个人努力

一般来说,教练员应尽量少运用外部归因(任务难度和运气)来解释比赛成绩不佳和没有达到预期目标的事实(Brawley,1980),因为它可能造成失助感,使运动员觉得无法做什么事情来改变目前的状况和今后的结果。

在训练和比赛中强调个人努力,对于培养运动员的内控倾向和动机倾向具有重要意义。

约克尔森等人(Yukelson，Weinberg，West & Jackson，1981)的一项实验很好地说明了这一问题。在这项实验中，他们让那些高水平、有成就的大学生完成一项投球任务，并告诉这些大学生，要将他们的成绩和参加此项研究的其他同学相比较，看看谁的成绩更好。因此，这些大学生以为他们在同其他人竞争，但实际上并没有真的进行比较。在进行了所谓的计算之后，告诉他们，投球的成绩或高于其他同学5分，或低与其他同学5分。接着，给他们以下列不同的指示语并让他们继续投球活动，以引导他们进行不同的归因。

能力定向指示语："我们发现，运动员的能力水平是能否很好地完成这项任务的最主要的决定因素。这种能力水平相对来说不受努力程度的影响。因此，你的成绩极大地取决于你的能力。有些运动员似乎天生就善于投球，有些则不行。现在，再给你10次投球机会，每次投球你都要集中注意，因为投球的准确性将决定你的分数。"

努力定向指示语："我们发现，这一技能极大地取决于一个人的努力程度，也就是说，极大地取决于一个人要做好的动机程度。当然，在完成这项任务的过程中，人与人之间也有一些小的能力差别，但这并不太重要。如果不尽最大努力，没有人能做得好。现在，再给你10次投球机会。记住，你要集中注意，尽最大努力。"

研究结果发现，和进行能力归因的被试相比，进行努力归因的被试，其成绩要更好，当他们认为任务的难度提高了时，他们的努力程度和成绩也随之提高。因此，应当教育运动员，个人努力(而不是个人能力)是技能提高和成绩提高的最重要决定因素，将会产生更好的动机效果并导致更好的成绩。对于那些水平较低、成绩较差的运动员来说，努力定向的归因就更显得重要。研究发现(Roberts，1984)，和其他归因方式相比，将失败归因于缺乏能力最可能导致退出体育运动，这在10—12岁左右的儿童中尤为如此。

七、谨慎比较运动员之间的差距

像"你怎么不能像邱京那样带球传球呢"或"你要是能跑得像张坚、李生那样快就好了"等类的评价，会降低运动员的自我能力感。当然，对运动员分析其队友的长处没有什么不好，但应注意使用客观的标准和恰当的期望。比如，如果使用操作性的、具体的评论来指出运动员的不足("秦静比你起跑快，是因为她在'各就各位'时能将自己的主要注意放在起跑动作上。而你是放在听发令枪上，如果你改变一下注意点，是可以提高起跑速度的")，有助于使技能较差的运动员明确他应当做怎样的努力才能改进技术，同时，也不会产生失落感和羞愧感。

八、实事求是

如果从教练员的观察和运动员的自我评价来分析，他的确已经尽了最大努力，但结果仍未获成功，这时，就不宜再运用努力归因引导运动员。有些运动项目要求运动员必须尽最大努力，否则，根本不可能完成比赛，如马拉松、铁人三项等。这时，某些外倾型的归因可能是必要的，如对手的水平很高，对气候不适应，等等。不分场合地一味运用努力归因，造成与实际情况不符，会使运动员产生对教练员的不信任感和抵触情绪(张力为，1994)。

本章提要

1. 归因是指人们对他人或自己的行为进行分析、判断和指出其性质或推论其原因的过程。体育运动领域的归因是指人们如何解释训练水平提高的快慢以及比赛的成功与失败。

2. 归因对人们从事体育活动的情绪、动机和期望有直接影响。训练及比赛结束后的归因，是后续行为的起点，因而具有重要意义。

3. 海德是最早研究归因理论的心理学家。他认为，要预见他人行为并有效地控制环境，关键问题在于对他人的行为或事件做出原因分析。他提出，人们的归因或是指向情境因素，或是指向个人因素。

4. 维纳认为，人们对成功与失败的解释有以下4个方面：能力高低、任务难易、努力大小和幸运与否。这4个方面构成了两个维度：内外控和稳定性，这就是最初的归因模型。他的研究还表明，人们把成功或失败归于何种因素，对情绪体验和今后工作的积极性有重要影响。

5. 琼斯和戴维斯提出的对应推论说，是一种利用可观察到的行为判断被观察者潜在特质、信念和态度的理论。当人们认为一个人的行为与其特有的内在属性相一致时，就是在进行对应推论，其程序是，人们首先判定行为者的动机，然后由此推断行为者的品性。

6. 凯利的三维归因理论认为，人们行为的原因十分复杂，必须在类似的情境中进行多次观察，才能做出个人或是情境的归因。人们要横跨三种不同的范围来检验因果关系，即客观刺激物、行为者和所处情境。人们在做出归因判断时还要依靠三种不同的信息资料，即区别性、一致性和一贯性资料。

7. 观察者有一种归因倾向，即往往把行为者本身看做是其行为的原因，而忽视外在因素可能产生的影响。这种归因倾向叫做基本归因偏差。

8. 人们往往把成功归于自己的内在因素，如能力、努力或品格等，而把失败归于外在因素。这种归因倾向叫做自我服务偏差。

9. 在日常生活中，人们总是有意识或无意识地相信某些因素控制着自己的生活，这些因素便是他们的控制点。内部控制点指强烈倾向于将人生中各种事件看做是自己个人行为的结果，外部控制点指强烈倾向于将人生中各种事件看做是环境因素影响的结果。

10. 在性别、年龄及运动成绩等方面，存在着控制点的一些差异。运动水平越高，运动成绩越好，运动员也越倾向于内控。一般说来，内控倾向的人能更好地适应生活，参与竞争。

11. 人们对成功与失败进行的归因，可以分为4个主要方面：内外控、可控性、稳定性和整体性，它们在体育运动领域具有实际意义。

12. 习得性无助是指由于无法控制某事件的出现或消除而感到无能为力，是后天形成的。它给运动员(特别是技能水平较低的或较为年轻的运动员)带来的心理创伤往往是很严重的。

13. 尽管归因是一种比较稳定的个性特征，但通过长期的、有计划的训练和教育，仍然有可能使它向人们所希望的方向改变。

14. 为了使运动员建立正确的归因定向，教练员应对运动员不断进行积极的反馈，增加他们的成功体验，建立成功与失败的恰当标准，明确各种因素的可控性，设置明确、具体的目标，强调个人努力的重要性，谨慎地比较运动员之间的差距。

15. 在培养运动员多从内部归因,更多地承担自己对结果的责任,强调个人努力的重要性的同时,还要注意实事求是,具体问题具体分析,不要不分情况地把任何结果均归因于个人努力。

关键术语

归因,情绪,动机,归因模型,对应推论说,三维归因理论,基本归因偏差,自我服务偏差,控制点,内控者,外控者,习得性无助,内外控,可控性,稳定性,整体性,归因训练,目标设置

复习思考题

1. 根据你对归因理论的理解,谈谈比赛失败时最好采取什么归因方式。
2. 根据你对归因理论的理解,谈谈比赛成功时最好采取什么归因方式。
3. 赛前的迷信行为与归因有什么关系?
4. 归因与自信有什么关系? 哪些归因方式有利于自信?

推荐参考读物

1. 章志光、金盛华(1996):社会心理学。北京:人民教育出版社。该书第五章论述归因问题,可作为归因问题的基础资料阅读。

2. Biddle, S. J. H., Hanrahan, S. J. & Sellars, C. N. (2001). Attributions: Past, present, and future. In R. N. Singer, H. A. Hausenblas & C. M. Janelle (Eds.), Handbook of sport psychology (2nd ed. pp. 444—471). New York: John Wiley & Sons. 该论文介绍了归因的概念和测量方法,讨论了归因在体育活动中的意义。

3. Cox, R. H. (2002). Sport psychology: Concept and applications (5th ed.). Boston: McGraw Hill Higher Education. 该书通过第四章(49—70 页)理论,结合实际地讨论了体育运动领域的归因问题。

第三编
运动活动参加者的心理特征

奥运冠军王义夫的老枪为祖国争取过无数荣誉

中国有句俗话，叫"人心不同，各如其面"。这里的"心"，其实指的就是人的心理特点。人们之间的心理差异有时有天壤之别。例如同是运动员，王义夫以沉稳和镇静著称，泰森则以暴躁和鲁莽惊人。有时只有细微差异，例如同是武士，张飞表现得粗中有细，李逵则表现得横冲直撞，不计后果。

运动场好像一个放大镜，可以把运动员的心理特征放大，并展现在世人面前，使人们在观看比赛时，不仅可以欣赏运动员的精湛技艺，还可以品味运动员的超强心理。甚至时过境迁之后，人们仍对运动员的心理特征及其行为表现记忆犹新，如徐寅生的智巧，邓亚萍的勇劲，布勃卡的不断超越，桑兰的娇柔和刚毅。

当我们考虑运动员或明显或细微的心理差异的时候，自然会思考其原因。从心理学的观点看，这些差异是由遗传、环境和个人选择之间的交互作用造成的。这些差异决定着训练比赛的成效，也受训练比赛的影响。本编将通过两章的内容，介绍运动活动参加者的心理特征。第六章讨论运动员的智力，即一般能力，包括智力结构与运动活动的关系和运动员的智力水平。而运动员在训练比赛中表现出的特殊能力，则在第四编第十章"运动活动的思维过程"中介绍。第七章主要从人格特质学派的角度分析运动员的人格特征，包括运动员人格研究的目的和作用以及不同场上位置、不同项目、不同水平的运动员的人格特征。

第六章　运动员的智力特征

在我们这个讲求效率、竞争激烈的社会中,从望子成龙的父母到机关企业的人事部长,从行为科学的研究者到竞技领域的教练员,无不对智力(intelligence)问题充满兴趣。作为一个日常概念,它家喻户晓,人人皆知;作为一个科学概念,又对它众说纷纭,莫衷一是。在体育运动中,智力意味着什么? 它对运动成绩至关重要吗? 运动员要取得优异成绩一定要很"聪明"吗? 一个看上去挺"笨"的人能够纯熟地完成复杂的运动任务吗? 运动员高超的运动表现是其智力水平高度发展所致吗? 天才运动员的智力发展水平也很高吗? 体育运动能够促进人的智力发展吗? 这些问题,既是体育教师、教练员面对的实际问题,也是运动心理学研究者探讨的理论问题。

插图6-1　在训练和竞赛中,优秀运动员是智力超群的一族(奥运冠军伏明霞和郭晶晶)

竞技体育是竞争极其强烈的领域,人的能力差异自然也就表现得十分明显,能力成为决定运动成绩的重要因素。智力作为能力的下位概念,成为衡量能力的一个重要标志。本章将讨论智力与运动活动的关系,介绍对运动员的智力进行研究的成果。

第一节　智力与运动活动

一、智力结构与运动活动

阅读任何一本心理学教科书都会发现,智力的定义具有歧义和难产的特点。在1921年和1986年,世界各地的心理学家曾两次开会,专门探讨智力的性质。会议的主题是:你认为智力(intelligence)是什么? 表6-1总结了这两次研讨会上心理学家对智力的认识的变迁。

表6-1　心理学家眼中的智力

智力的属性	1921年的选择%	1986年的选择%
1 高级认识过程(如推理、问题解决、决策等)	59	50
2 具有文化价值	0	29
3 执行控制过程	7	25
4 低级认识过程(如感觉、注意、知觉等)	21	21

智力的属性	1921 年的选择%	1986 年的选择%
5 对新情况作出有效的反应	21	21
6 知识	7	21
7 学习能力	29	17
8 一般能力(解决所有领域的问题的能力)	14	17
9 不易定义,不是一个结构	14	17
10 元认知过程(处理信息过程的监控)	7	17
11 特殊能力(如空间能力、言语能力、听觉能力等)	7	17
12 适应环境需求的能力	29	13
13 心理加工速度	14	13
14 生理机制	29	8

引自 Sternberg & Detterman,1986

　　从表 6-1 可以看出,65 年之间,心理学家对智力性质的看法有了一些变化,以至少 10 个百分点的变化为界,更多的心理学家认为智力有其文化价值,执行着控制过程,包含知识内容,与元认知过程有关,涉及特殊能力;更少的心理学家认为智力是学习的能力,适应环境的能力,与生理机制有关。但有一点似乎变化不大,即一半以上的心理学家认为,智力反映着推理、判断、问题解决、决策等高级认知过程中表现出的能力。

专栏 6-1

常用的智力测验

　　目前,运动心理学常用的智力测验有《韦克斯勒成人智力量表》和《瑞文标准推理测验》。

　　《韦克斯勒成人智力量表》(Wechsler Adult Intelligence Scale,WAIS)由美国心理学家韦克斯勒(D. Wechsler)编制。该测验为个别测验(即一对一地施测),内容包括言语和操作两类题目,构成两个分量表。言语分量表又分为常识、理解、算术、相似、记忆、词汇 6 个分测验,共 48 题;操作分量表又包括符号替换、图画完成、图系排列、方块设计、物形配置 5 个分测验,共 44 题。测验结果以离差智商表示,以 100 为平均数,15 为标准差。也可分别计算言语智商、操作智商和全量表智商,以分析比较被试不同方面的能力。

　　《瑞文标准推理测验》(Raven's Standard Progressive Matrices Test)由英国心理学家瑞文(J. C. Raven)编制,是一种非文字的图形补充测验,由 60 题组成,可个别或团体施测,要求被试从 6 个备选小图形中选择一个小图形,置于给出的一个整体图形中的空缺处,使整体图形变得合理和完整。测验结果以百分等级表示。

　　表 6-1 中除了第 9 种选择之外,其他 13 种选择都与智力的属性有关。这 13 种智力属性

中,第二种选择"具有文化价值"似乎与运动活动中体现的智力关系不大,因为奥林匹克运动所包含的身体运动和体育比赛成为一种国际化的活动,得到了大多数国家和人民的认可和参与,文化偏向的问题并不明显。第六种选择"知识"也似乎与运动活动关系不大,因为一般知识水平与运动能力关系不大。除此之外,表6-1中的11项内容似乎均与运动活动密切相关。例如,棋类运动有着严格的程序化、逻辑化的推理过程;球类运动需要在多变的对抗情境中迅速作出决策;运动员在大赛中总是需要对新情况作出迅速且有效的反应,等等。探讨智力的结构时,尽管不是所有的,但至少是许多心理学家都为运动活动体现的智力留下了一个特殊位置(表6-2)。这个特殊位置也许可以用空间能力或运动能力来代表。

表6-2 空间能力在智力结构中的位置

Thurstone 的智力结构	Gardner 的智力结构	Vernon 的层次模型
字词流畅性	空间智力	首层:一般因素
词语理解	音乐智力	二层:言语和教育因素/机械和操作因素
空间能力	言语智力	三层:言语理解、数量/机械信息、空间能力、手工操作
知觉速度	逻辑数学智力	四层:特殊因素
计数能力	人际智力	
归纳推理能力	内省智力	
记忆能力	身体运动能力	

在瑟斯通(Thurstone)的智力结构中,空间能力指知觉空间关系和表象物体位置变化的能力。在加德纳(Gardner)的智力结构中,空间智力的含义是理解视觉模式和表象物体间关系的能力;身体运动能力的含义是控制自己的身体运动和精确操作物体的能力(参见 Christensen, Wagner & Halliday,2002)。显然,根据一般常识,运动员此类能力明显高于常人。但由于空间能力仅是能力的一个方面,因此,我们还不能说,运动员的整体能力高于常人。

二、空间能力的性别差异

男性和女性在标准智力测验分数上似乎没有显著差别(Loehlin,2000)。其中一个原因可能是研制智力测验的原则之一就是性别平衡。编制智力测验时,如果有些条目有利于男性,就要加入另一些有利于女性的条目,以保持平衡。在需要进行性别平衡的年龄之前,男女性别差异则很小(Terman,1916)。尽管近期的一些研究显示,男女在智商上存在一定的差异,但差异量也是比较小的(Held, Alderton, Foley & Segall, 1993;Lynn, 1994)。男性和女性在智力上的差异主要表现在一些特殊能力方面(张厚粲,2002)。

空间能力是体现性别差异最明显的一种能力。所谓空间能力(spatial ability),一般包括空间知觉能力、心理旋转能力、空间视觉化能力和时间空间判断能力等。一些研究表明,男女在视觉——空间能力上存在明显差异。男性在心理旋转(如要求被试判断如果一个物体旋转一定角度后看上去会是什么样子)和追踪移动物体任务上的成绩优于女性,程度上接近一个标准差(Halpern,1992；Law，Pellegrino & Hunt,1993；Mastgers & Sanders,1993)。例如，Master 和 Sanders(1993)的一项元分析(采用统计技术进行的文献综述)发现，男性在心理旋转任务上高于女性 0.9 个标准差,约合 IQ 测验上的 13.5 分。

在发展上,空间能力的性别差异出现在 7—10 岁左右。年龄越大,空间能力的性别差异越明显,男性比女性显示出更大的优势。许燕(1995)的研究表明,空间能力的不同方面显示出不同的性别差异特点。小学女生在图形组合方面显示出优势,并且具有一定的稳定性。而小学男生在心理旋转的操作上,从小学二年级开始就显出优势。

三、空间能力的遗传影响

空间能力的遗传度似乎与言语、认知加工速度和记忆等能力的遗传度有些不同。麦克尤和波查德(McGue & Bouchard, 1989)曾对 72 对分开抚养的青少年双生子进行了一项研究,结果发现(表 6-3),空间能力的遗传度最高。但瑞典的佩德森等人(Pederson, 1992)对老年人双生子(平均年龄 65 岁)进行的研究(表 6-3)却发现语言和加工速度的遗传度最高。尽管这两项研究在空间能力上的遗传度结果互不一致,但都发现记忆是 4 种能力中最少受遗传影响的能力。

表 6-3　空间能力遗传度与其他能力遗传度的对比

能 力 指 标	McGue 和 Bouchard(1989)	Pederson 等人(1992)
空间能力	0.71	0.46
语言能力	0.57	0.58
加工速度能力	0.53	0.58
记忆能力	0.43	0.48

引自赵开强、张力为(2002)

第二节　运动员的智力

一、运动员的智力研究

为了帮助读者了解运动员智力研究的内容和涵义,有必要简要阐释几个与智力相关的重要概念。

如上所述,智力是在推理、判断、问题解决、决策等高级认知过程中表现出的能力。智商(intelligence quotient)则是常用的一种对智力的总体测量和表达方式。过去常用的计算方法是比率智商,现在常用的计算方法是离差智商。

智力的同义词是一般能力(general ability),它是表现在特定情境中的所有特殊能力的基础。特殊能力(special ability)则指在特定情境中完成特殊任务所必须的能力,如音乐家的"乐感",画家的空间想象能力,射击运动员的手动稳定性,体操运动员的平衡能力,球类运动员的迅速判断和迅速决策能力,等等。

运动员的特殊能力如空间能力会比一般人强,这一点似乎没有疑问。但是,运动员的智力会比一般人弱吗?运动员是"四肢发达,头脑简单"吗?要回答这些问题,最直接的方法就是对运动员进行智力测验(intelligence test),分析运动员同一般人、优秀运动员同一般运动员的智力差异以及运动员智力同运动成绩的关系。

菲拉古曾提出,篮球运动员的智商最低值不得低于90(罗季奥昂诺夫,1984)。苏联的研究者还规定"智商在120以下者,原则上不能出席重大的国际比赛"(罗季奥昂诺夫,1984)。但这种具体规定的理论和实践依据何在,我们尚未见到。松田岩男(1982)指出,如果综合一下历来的研究则可发现,被试对象年龄越小,或是运动任务越复杂,或者小肌肉群运动比大肌肉群运动越多,则运动和智力的相关就越高。哈德曼(Hardman,1973)在分析1952—1968年27篇使用《卡特尔16种人格因素问卷》(Cattell 16 Personality Factor Questionnaire,简称16PF)的研究结果后发现,运动员与普通人相比,智力水平要高一些。

专栏 6-2

Q 时代

一日,我去西单图书城闲逛,在心理学书架上看到好几本 Q 书,好像卖得还不错。让我们先来看看各种 Q 的含义:

IQ＝智商＝衡量智力发展水平的指标。

EQ＝情商＝衡量认识和管理情绪的能力的指标。

CQ＝创造商＝衡量创造能力、非线性思维能力的指标。

AQ＝逆境商＝衡量应对社会、工作和个人困境的能力的指标。

20世纪80年代以前,是IQ风靡天下。到了90年代,突然之间,EQ大行其道。现在,2000年代,则是CQ和AQ当红。Q已经成为现代生活的一个重要概念。你是否聪明,是否能找到一个好伴侣,一个好工作,一份好酬金,是否能飞黄腾达,总之,你的未来似乎在很大程度上取决于一个字:Q。我们现在的时代实在是一个Q时代。

但是,心理学家对每一种Q都持一种Q态度,即:questioning。我把它称作QQ,即怀疑商数。你要是无条件地相信所有Q,你就是低QQ。

中国学者在传统智力测验方向上进行的有关运动员智力问题的研究,主要是通过对体育院系学生和高水平运动员进行标准化智力测验,如运用《韦克斯勒成人智力量表》或《瑞文标准推理测验》来探讨运动与智力的关系。孙平(1986)以472名体育院系足、篮、排专业学生,一般大学学生和一般大学足、篮、排球代表队学生为调查对象,用《韦克斯勒成人智力量表》测量了他们的智力,结果发现,体育院系足、篮、排专业学生的总智商与一般大学文、理科学生不存在显著差异,但低于工科学生和一般大学足、篮、排球代表队学生。与一般大学生相比,体育院系足、篮、排专业学生在观察力、时空感、操作过程中的思维能力及视动协调能力等方面较强,而

在知识面,理解语言并运用语言进行分析、概括、判断、推理能力等方面较弱。孙平认为,足、篮、排运动的教学和训练有利于智力结构中知觉组织因素群的提高,并具有提高学生智力水平的积极作用。

周家骧等人(1985)曾对上海师范大学体育系47名学生进行了韦克斯勒成人智力测验。他们发现,体育系学生的智商(intelligence guotient)中上等以上的(IQ≥110)占68.1%,其中智力优秀(120≤IQ≤129)学生的比例为23.4%,大大高于理论常态分布水平(6.7%)。从总体来看,他们的平均全量表智商为113,远远高于理论常态智商平均数100。另外,体育系学生的总智商和中文系文科学生、数学系理科学生的总智商相比虽略低一点,但差异并不显著。他们的研究还发现,体育系学生的言语智商较中文系的低,且差异具有极其显著的意义;体育系学生的操作智商较中文系的高,但差异无显著意义。周家骧等人认为,体育运动与智力发展并不矛盾,而且还有促进作用。

祝蓓里、方兴初(1988)对上海地区31名健将级运动员智力状况的研究表明,高水平运动员的智力分布曲线具有比一般群体的智力分布曲线更加偏向优秀的趋势,而且智商达到优秀的运动员,其运动技术水平也相应较高。

李少丹(1988)研究了我国47名男子高水平自行车运动员和48名男子篮球运动员的智力发展情况,他也同样使用了《韦克斯勒成人智力量表》作为测量工具。他发现,我国男子高水平自行车和篮球运动员智力发展水平的分布具有比一般群体更加偏向优秀的趋势,即言语智商、操作智商和总智商都在中等水平(IQ=90)以上。他还发现,专项训练年限对其智力发展水平也有一定程度的影响。据此,他认为,长期地进行运动训练是可以提高运动员智力水平的。另外,他的研究结果还表明,高水平自行车运动员与篮球运动员的智力结构各不相同,自行车运动员智力结构的三个因素群分值都低于篮球运动员,他认为这主要是由专项训练的特点造成的。自行车运动员智力结构的三个因素群对其整体结构产生的影响程度依次为:知觉组织因素群、记忆集中注意因素群和言语理解因素群,而篮球运动员的排序为:知觉组织因素群、言语理解因素群和记忆集中注意因素群。

刘淑慧、韩桂凤(1989)采用《瑞文标准推理测验》对北京体育师范学院104名体育专业学生、北京师范大学数学系59名理科学生和中国政法大学法律系60名文科学生进行了调查,结果发现,利用A、B、C、D、E5项的得分及总分的原始分对体育专业学生与文、理科男女生的瑞文推理测验各项成绩进行比较,均未出现显著差异,说明体育专业学生和文、理科学生在知觉辨别力、想象力、类同、比较、图形组合、套合能力以及系列关系、互换等抽象推理能力等方面均发展到较高水平。作者据此认为,学生并没有因为参加大量的体育活动而影响了他们智力的发展,恰恰相反,体育学习活动与文、理科学习活动同样都在促进着大学生智力的发展。

潘前、刘志民(1990)对200名来自省队和国家队的男女羽毛球运动员的智力发展状况进行了研究,结果表明,健将级运动员或比赛名次好的运动员比非健将级运动员或比赛名次差的运动员智商要高,用韦氏量表反映出的羽毛球运动员的智力水平与其运动实践中所需要的智能有着密切的关系。

林逸琦、冉强辉、殷志新(1987)对168名中国女子排球运动员进行了调查,结果发现,运动技术水平较高的运动员,智能结构较平衡,但能力不高;运动技术较差的运动员以及青少年运动员的智能结构较差,尤其在创造能力、组织能力、研究能力和表达能力等方面较差。在分析原因时作者认为,优秀女排运动员由于训练年限长,经历各种高水平比赛磨砺的机会较多,再加上接受了一系列较为严密、科学的训练,因此使她们的专业智能水平提高较快。而一般水平的运动员,特别是青少年运动员,则由于主客观因素的限制,使她们的智能水平提高较慢,结构不平衡,能力低下。

毛志雄、张力为(1992)以北京体育大学 464 名、北京林业大学 83 名本科新生共 547 人为测验对象,采用《瑞文标准推理测验》进行团体施测。结果发现,体育专业学生平均瑞文等级为 2.38,略高于中等智力水平;从人数分布的百分数看,智力发展水平具有中等偏优趋势;按运动等级将被试由低向高依次分为"无等级"、"三级"、"二级"、"一级"以及"健将和国际健将级"5组,组间检验结果有可靠差异,运动等级与智力等级具有负相关的趋势;将田径、体操、游泳、举重、武术等项目的专业生归入"闭锁性技能"组,将球类、摔跤、柔道、拳击、散打、击剑等项目的专业生归入"开放性技能"组,将田径、游泳、举重专业生归入"体能类"组,将体操、武术、球类、重竞技专业生归入"技能类"组,将体操、武术专业生归入"表现性"组,将球类、重竞技专业生归入"对抗性"组,对以上分组进行的 F 检验均未见可靠差异;将乒、羽、网、排球专业生归入"隔网对抗"组,将篮、足、手球专业生归入"同场对抗"组,将除举重之外的重竞技专业生归入"格斗对抗"组,发现"格斗"组智力发展处于中等偏下水平,且分别与"同场"组与"隔网"组具有显著或十分显著的差异。

张力为、陶志翔(1994)用《韦克斯勒成人智力量表》对 95 名不同技术水平的中国乒乓球运动员进行了测验,结果发现,中国乒乓球运动员的智力发展水平从整体上看属中等智力发展水平,他们的言语智商略高于操作智商(107.83∶101.59);乒乓球专业的体院学生的智力发展水平优于中国国家队,中国国家队运动员的智力发展水平优于中国青年队,运动训练年限与言语智商有低度负相关关系(r = - 0.22, p<0.05),尽管相关值较低,预测价值不大,但它毕竟是负相关,同前述的研究结论有所不同。另外,作者还认为,韦氏智力测验可能不能有效地测定出通过乒乓球训练所促进的那种特殊智能,或者说乒乓球训练对于发展韦氏智力测验所测定的智力可能没有特殊的、异于其他活动的促进作用。另外,作者还发现,在世界比赛中获前三名的乒乓球运动员无一人全量表智商超过 120,仅有一人达到 120,平均值为 101.38(表6-4),这一结果并未支持"智商值在 120 以下者,原则上不能出席重大国际比赛"的提法。

表6-4 8名世界比赛前三名的中国乒乓球运动员的韦克斯勒智力测验成绩

运动员编号	运动成绩	全量表智商	运动员编号	运动成绩	全量表智商
1	世界乒乓球锦标赛第三	102	5	世界乒乓球锦标赛第三	120
2	世界乒乓球锦标赛第三	100	6	奥运会冠军	105
3	世界乒乓球锦标赛冠军	99	7	世界乒乓球锦标赛第三	93
4	世界乒乓球锦标赛冠军	107	8	世界乒乓球锦标赛第三	85
平均成绩		101.38			

专栏 6-3

低 IQ 的专家会比高 IQ 的专家强吗

根据大多数智力的定义,能否完成任务取决于高水平的智力或一般能力(intellectual capacity)。但是,塞西和利克(Ceci & Liker. 1986)认为,这样的假设可能是错误的。在他们的研究中,被试是一些在美国北威尔明顿市长期从事赛马活动的人。通过初期调查,他们确定了 14 名赛马专家和 16 名非专家。专家的智商(IQ)范围从 81—128,非专家的 IQ 范围从 80—130。两个样本的平均智商都是 100。更为重要的是,有 4 个专家的 IQ 特别低,这为对低 IQ 专家进行个案研究提供了可能。

研究者给这些赛马专家和非专家提供了 50 匹不知名的马和 1 匹不知名的对照马的 14 类信息(包括马的速度、比赛能力、血统等),让这些被试预测 50 匹马中每 1 匹马与对照马的比赛胜算。Ceci 和 Liker(1986)认为,完成这样的任务要求高水平的认知加工。研究结果与预期的完全一样,专家组的平均成绩远远高于非专家组,而专家在这一任务中的表现与他们的 IQ 几乎完全无关。尽管所有的专家和非专家每天都在看赛马,但低 IQ 的专家比高 IQ 的非专家使用了更为复杂的认知加工模式。

据此,塞西和利克(Ceci & Liker, 1986)指出:IQ 与认知复杂性的现实表现没有关系。他们证明了在特殊技能发展方面,持久而良好的动机的确可以弥补 IQ 上的缺陷。当然,毋庸置疑,与低 IQ 的人相比,高 IQ 的个体能够更快更容易地发挥其能力。这也说明,智力这个概念还是很有用的,抛弃它并非明智之举。

艾森克(主编,阎巩固译,2000),643—644 页。

二、运动员的智力总评

综合上述研究和国外其他同类研究的结果,我们归纳出如下一些趋势:

第一,高水平运动员具备中等或中等以上水平的智商。

第二,体育专业学生的智力发展水平与文理科学生的智力发展水平无显著差异。

第三,运动专项不同,取得优异成绩所要求的智力特征也不相同。

第四,运动技能的类型不同,水平不同,智力因素对技能获得的影响也不相同。

第五,运动技能学习的阶段不同,智力因素对掌握运动技能的影响也不同。

第六,智力缺陷儿童的智商分数越低,技能操作成绩也越差,掌握运动技能也越困难。

第七,在所完成的操作任务难度和智商分数之间有中等程度到高的相关。

关于第一点,我们有理由相信,具有中等程度的智力发展水平就已具备了成为高水平运动员的一个必要条件,欲成为高水平运动员不一定非要求具备高水平的智力。高运动技术水平同智力的关系可能和创造性同智力的关系相似:高创造性以一定水平的智力为必要条件,但不必以极高水平智力为必要条件(张力为,1993)。

关于第七点,我们也注意到研究结果不一致的情况。毛志雄、张力为(1992)等人发现运动训练年限与智商呈低度负相关关系,尽管相关系数较低,预测功效不大。我们认为,这种负相关可能同运动员的教育程度有关。标准化智力测验成绩同学生文化考试成绩有中等程度的相关,说明前者可能受到教育程度的影响,这在含有言语测验的《韦克斯勒成人智力量表》中反映得更为明显。运动训练年限长、运动技术水平高的运动员由于长年担负繁重的训练比赛任务,常常无法按时按质地完成文化学习任务,影响了他们教育水平的发展。运动训练年限短、运动技术水平较低的运动员承担的比赛任务相对少一些,文化学习的时间相对多一些,文化学习也更为系统,在教育水平的发展方面受到的干扰相对小一些,这可能成为智力测验时的一些有利因素(张力为,1993)。

最后,有必要指出,运用普适性的标准化智力测验于运动员,其主要功效在于将运动员同一般常人比较,或者是探讨各类运动员的智力发展水平。如果要研究体育运动与运动员特殊能力的关系,显然应当改变传统的智力测验模式,运用适合于运动特点的测量方法和手段。我们将在第十章"运动活动的思维过程"对此予以讨论。

本章提要

1. 心理学家对智力的看法不一,相对集中的意见是,智力反映着推理、判断、问题解决、决策等高级认知过程中表现出的能力。

2. 在探讨智力的结构时,许多心理学家都为运动活动体现出的智力留下了一个位置。这个位置也许可以用空间能力或运动能力来代表。

3. 男性在视觉—空间能力上优于女性。空间能力的性别差异出现在 7—10 岁左右。年龄越大,男性在空间能力上的优势越明显。

4. 智力测验表明,高水平运动员具备中等或中等以上水平的智商;体育专业学生的智力发展水平与文理科学生的智力发展水平无显著差异。

5. 关于智力与运动水平的关系,研究结果不尽一致。

复习思考题

1. 就你所从事的运动项目而言,运动员需要哪些特殊能力?

2. 运动活动可以促进智力的发展吗? 为什么?

3. 为什么说"运动员四肢发达、头脑简单"的说法不能成立?

4. 设计一项研究,检验运动活动促进智力发展的假设。

关键术语

智力,智商,一般能力,特殊能力,空间能力,韦克斯勒成人智力量表,瑞文标准推理测验

推荐参考读物

1. 白学军(1996)：智力心理学研究进展。杭州：浙江人民出版社。该书对关于智力的心理学研究进行了总结,特别是介绍了许多中国心理学家的智力研究成果。

2. 斯腾伯格(俞晓琳、王国宏译,1999)：超越 IQ——人类智力的三元理论。上海：华东师范大学出版社。该书用情境亚理论、经验亚理论和成分亚理论构建了智力三元理论,将智力界定为选择、适应、改造情境的能力。该书可作为智力研究的参考材料。

3. 张厚粲(主编,2002)：大学心理学。北京：北京师范大学出版社。该书第九章专章讨论智力,分析了智力的实质、测量、决定因素和发展变化 4 个问题,通俗易懂,可作为智力基础知识的参考材料。

4. 张力为(1993)：运动智力：思考中的困惑与困惑中的思考。中国体育科技,1 期,39—45 页。该文对运动智力的本质特征和相关研究进行了讨论。

5. Sternberg, R. J. (2nd ed. 2000). Handbook of intelligence. Cambridge：Cambridge University Press. 该书是智力研究大全,深入讨论了智力的性质、种类、发展、测验及生物学基础,不同人群的智力特点,智力与信息加工的关系,智力与社会、文化的关系,智力与聪明、人格、创造力的关系等范围十分广泛的问题。

第七章 运动员的人格特征

张力为,北京体育大学

石岩,山西大学

人格(或个性)是我们日常生活中的常用词。但究竟在什么情况下应用这个词才是比较准确的呢？首先,是在评价人的行为的时候；其次是当谈论的不是某个人行为的偶然特点,而是这个人行为经常的、习惯的特点的时候；第三是当谈论到某个人对世界的态度和行为方式的时候,才应用人格这个词。比如,一个运动员在老师提问的时候总怕问到自己,一到比赛前就吃不好饭、睡不好觉,时常担心自己说出不得体的话或做出不得体的事,比赛失利后很久都不能平静下来,遇到为难的事总是举棋不定,这些行为表现成为他在不同情境中稳定的、一致的行为模式时,我们就可能认为他具有容易焦虑的人格特征。再如,另一个运动员有十分广泛的兴趣和爱好,很健谈,常说笑话给人听,朋友聚会时总是手舞足蹈,尽情享受,结交陌生人时总是很主动,十分喜欢出外比赛和社交活动,我们就可能认为他具有偏于外向的人格特征。

插图7-1 人心不同,各如其面(欧洲冠军杯上拜仁队哈桑·萨利和哈米季奇庆祝进球)

人格是心理学中的一个重要概念,其含义十分丰富。有人将它理解为人类思维、情感和活动的性质、特色和遗传基础；有人将它理解为情绪、智力和性格(如诚实、勇敢等)的混合；带有更多行为主义色彩的心理学家则认为,人格不是一种内在的东西,而是对人的有组织的典型行为的外在观察模式(参见彭凯平,1989,365页)；还有人将人格理解为一个人在社会实践中形成的、带有一定倾向的、稳定的心理特征的总和,这些特征构成了一个人和其他人所不同的精神面貌(全国九所综合性大学《心理学》教材编写组,1982)。这里,"总和"意味着人格反映了人的心理特征的各个方面,标志着人与人之间的各种异同之处；"稳定"意味着人格一旦形成,会在极广的时空范围内不断显露出来,使得在不同条件下预测人的行为成为可能。本章将介绍心理学家对运动员进行人格评价的不同看法,讨论人格评价工作在运动员心理选材和心理咨询中的意义,分析运动员与一般人的人格差异以及不同运动项目、不同运动任务、不同运动水平与运动员人格的关系,预测运动员人格研究的发展趋势。

第一节　运动员人格研究的意义

一、人格特质及其测量

人格（personality）是个人独特的内在的动力组织及其相应的行为模式。心理学中关于人格的研究有 4 大学派，即心理动力学派、行为主义学派、人本主义学派和特质学派（Gleitman，1991）。目前广为流行的各种人格测验主要是特质学派（trait approach）理论和实践发展的产物。特质学派的主要代表人物是阿尔波特（GordonAllport，1897—1967）、卡特尔（Raymond B. Cattell，1905—）和艾森克（Hans J. Eysenck，1916—1997）。

在研究运动员的人格时，运动心理学家更多的是沿着特质学派的思路进行探索的。所谓特质（trait），是个体有别于他人的基本特性，是人格的有效组成元素，也是测定人格时常用的基本单位。下面，我们对特质学派代表人物的主要观点做一简要介绍。

（一）阿尔波特的人格特质

阿尔波特认为，人格是可以测量的心理现象，测量的最小单位是特质。特质构成了一个人完整的人格结构，体现了人的差异性和独特性。它使一个人对不同事物以相同的方式进行反应，因而使每个人具有独特的行为一致性。有的运动员一到比赛时就产生过分的情绪紧张，从而导致失利。是什么原因造成这种不良后果呢？是焦虑这种人格特质。阿尔波特（1937）曾将人格分为共同特质（common traits）与个体特质（unique traits），其中，个体特质又分为首要特质、中心特质和次要特质。

（二）卡特尔的人格特质

卡特尔是美国心理学家，主张特质理论。他把特质看做是人格的积木，并将其分为表面特质和根源特质。表面特质（surface trait）是彼此关联的、可以通过观察得到的行为或特征的集合。例如，受的教育越正规，看的电影就越少。这种观察到的资料是表面的东西，解释不了什么。它们是简单的一类特性组合在一起，这样的特性可能有许多根源。根源特质（source trait）是决定表面特质、支配个人一贯行为、作为行为或特征根源的基本人格因素，它们是个体人格结构中最重要的组成部分。这样，每一表面特质由一个或多个根源特质引起，一个根源特质能影响到几个表面特质。为了寻找和确定这些根源特质，卡特尔首先从字典中收集了 17 953 个描述行为的形容词。他认为，如果能够收集到描述行为的全部词汇，就可以了解整个人格体系。通过对同义词的分析，他把这些词汇简化为 4 504 个"真正"的特质，再进一步简化为 171 个特质词。又通过统计学的因素分析，得出 31 个表面特质和 12 个根源特质，在其后的工作中又发现和补充了 4 种特质，构成了总共 16 项人格因素（表 7-1）。他还设计了《卡特尔 16 种人格因素问卷》，以测量这 16 种人格因素。卡特尔认为，每个人身上都具备这 16 种人格特质，只是不同的人表现的程度不同；人格的差异主要表现在量上的差异。

表 7 - 1　卡特尔的 16 种人格因素

因　素	高 分 特 征	低 分 特 征
A—乐群性	善和他人相处,通力合作的适应能力强	缄默,孤独,寡言
B—聪慧性	聪明,富有才识	迟钝,学识浅薄
C—稳定性	情绪稳定,能以沉着的态度处理现实生活中存在的各种问题	情绪容易激动
E—恃强性	好强固执,自视甚高	谦虚,顺从,通融
F—兴奋性	轻松兴奋,随遇而安,有时有过分冲动的行为	严肃,审慎,冷静,行为拘谨
G—有恒性	做事尽职负责,有始有终	缺乏责任心和负责的态度
H—敢为性	冒险敢为,少有顾虑	畏惧退缩,缺乏信心
I—敏感性	敏感,易感情用事	理智性强,具有独立处理问题的能力
L—怀疑性	怀疑,不信任别人	与别人顺应合作,信赖随和
M—幻想性	喜好幻想,狂放不羁,有时过分不务实际	行为现实,合乎成规
N—世故性	精明能干,行为得体,能冷静分析一切	坦白,直率,天真
O—忧虑性	忧虑烦恼自扰	安详,沉着,不轻易动摇
Q1—实验性	喜欢评价判断,不拘泥于现实	比较保守,缺乏探索求新的精神
Q2—独立性	自立自强,当机立断	依赖他人,随群附和
Q3—自律性	知己知彼,能控制自己的情感与行为	矛盾冲突,经常不能克制自己
Q4—紧张性	紧张困扰,心神不定,过度兴奋	心平气和,能保持心理平衡

(三) 艾森克的人格特质

英国心理学家艾森克在人格理论方面的贡献可与卡特尔相提并论。他们都采用因素分析法来研究人格结构,都发展了人格特质理论。艾森克与卡特尔有两点不同:一是他比卡特尔强调的特质维度少;二是卡特尔强调根源特质,而艾森克则更强调较高层次的次级表面特质。艾森克提出人格的三个基本维度,即外倾性、神经质、精神质。人们通常用首写字母 E (extraversion,外倾性)、N(neuroticism,神经质)和 P(psychoticism,精神质)来代表这三个维度。他还编制了《艾森克人格问卷》(Eysenck Personality Questionnaire,简称 EPQ),专门用于测量这三个基本特质维度的个体差异。与《卡特尔 16 种人格因素问卷》相比,《艾森克人格问卷》(Eysenck Personality Questionnaire,EPQ)在美国人格心理学研究中的成果相对较少,但在运动心理学文献中它却显得非常重要(Cox,1985)。

(四) 人格的五因素模型

尽管卡特尔通过因素分析得到了 16 种人格特质,艾森克通过因素分析得到了三种人格特质,且在心理学界产生了重大影响,但多年来特质学派人格心理学家对于应当用哪些人格维度和多少人格维度来解剖和描述人格,仍然是众说纷纭,莫衷一是(Vernon,1964)。

经过漫长的探索,诺曼(Norman,1963,1967)等一批人格心理学家似乎逐渐达成了共识,认为人格维度有5个。1949年至1981年的人格维度研究表明(John,1990),以下五大特质因素是这些研究的共同归宿:神经质(neuroticism)、外倾性(extraversion)、开放性(openness to experience)、随和性(agreeableness)和意识性(conscientiousness)。为便于记忆,可将这五大人格特质因素的英文首字母构成OCEAN一词,意为"人格的海洋",中文可称大五人格(Big Five Personality)。

五因素模型的效度证据主要来自以下6个方面的研究成果:第一,跨文化的一致性;第二,自我评定与他人评定之间的一致性;第三,与动机、情绪及交往技能量度的一致性;第四,人格障碍诊断的功能;第五,遗传影响;第六,跨时间测量的稳定性。大五人格的发现与确认,被认为是"人格心理学发展的转折点"(McCrae & John,1992,p.177)。

目前,许多人格心理学家倾向于采用科斯塔与麦克雷编制的《NEO人格问卷修订本》(NEO-PI-R;Costa & McCrae,1992)来测量这5大特质因素。该量具包括240个条目,每一条目有完全同意到完全不同意5级选项。除了可以计算5个特质因素分数以外,还可计算每个因素包括的6个亚因素分数(表7-2)。

表7-2　五因素模型的主因素和亚因素

主因素	亚因素
神经质(N)	焦虑,气愤的敌意,抑郁,自我意识,冲动性,易感性
外向性(E)	合群性,自信性,活动性,热情性,兴奋寻求,积极情绪
开放性(O)	幻想性,审美性,感受性,行动性,思想,价值
随和性(A)	直率,利他,遵从,谦虚,温和,信任
意识性(C)	能力,秩序,责任,成就,努力,自我约束

二、运动员人格研究的争论

体育科学和心理科学的研究者在进行运动员人格研究时,探索的主要问题有:运动员是否存在别于一般人的人格特质?不同性别、不同项目、不同水平的运动员,其人格特质是否有所不同?是否能够利用人格特质来预测运动成绩?是否能够利用人格特质来预测选拔运动员?训练竞赛是否能够改变运动员的人格特质?体育锻炼是否能够改变运动员的人格特质?他们大量使用了《卡特尔16种人格因素问卷》和《艾森克人格问卷》。主要原因是,这两种测验具有比较坚实的理论基础和较好的心理测量学特征,在世界范围内得到了普遍承认和广泛应用。此外,这两种测验相对而言也比较简短,并有了中国修订本和比较常模。

1980年,摩根(Morgan,1980a)在一篇题为《运动人格学:轻信还是怀疑》的论文中指出,许多体育运动心理学家对于人格研究的有效性采取了一种较为极端的态度:有些研究者认为通过人格特征的测验,可以准确预测运动成就,因此,他们积极主张利用人格测验结果预测运动成就(Ogilvie & Tutko,1966);另一些研究者则对此持怀疑主义态度,他们对人格测验的预测功能不以为然(Rushall,1973;Kroll,1970;Martens,1976)。摩根(Morgan,1980b)和凯因

(Kane，1980)则采取一种中间态度,他们认为,如果人格研究设计合理,则在运动员人格特征和运动成绩之间可发现微弱的但可靠的相关。

关于运动员人格研究的轻信态度和怀疑主义的争论进行了许多年,考克斯认为(Cox，1994),这种争论是没有意义的。人格特征不是预测运动成绩的强有力的预测指标,但它仍不失为一个预测指标。以我们对人格本质的认识,没有理由期望在人格特征与身体技能间会有一个高相关。一个人的人格特征在众多影响运动成就的因素中只是一个因素。

三、运动员人格研究的作用

(一)人格评价与心理选材

在第一章中我们曾经提到,在竞技体育领域,选材包括心理选材是一个受到高度关注的科研方向。所谓心理选材,是指采用心理学的指标和方法,将具有发展潜能的人选入运动员训练体系的过程。了解运动员的人格特征,区分不同项目运动员之间的人格差异,可以使我们在科学的基础上预测运动员的行为,为运动员的选材提供参照系。以同卵双生子和异卵双生子作为研究对象的研究表明,人格受遗传因素影响(Buss & Plomin，1984；Floderus-Myrhed，Pedersen & Rasmuson，1980；Zucherman，1987),这一研究结果不但支持了人格特质理论,也为将人格作为选材指标提供了逻辑依据。

自20世纪80年代以来,我国体育运动心理学工作者进行了一些运动员人格特征的研究,比较有代表性的有谢三才等人(1984)对射击运动员的研究,邱宜均等人(1984)对短跑运动员的研究,姒刚彦等人(1984)对跳水运动员的研究,吴友莹等人(1986)对体育专业大学生的研究,方兴初等人(1986)对上海地区世界冠军和世界纪录创造者的研究,孙波等人(1986)对女子柔道运动员的研究,周工等人(1987)对划船运动员的研究,余敏克等人(1987)对摔跤运动员的研究,邓壮等人(1988)对无线电测向运动员的研究,丁雪琴(1990)对足球运动员的研究,秦志辉(1990)对男子足球运动员的研究,任丙男等人(1990)对男子乒乓球运动员的研究,卞薇(1991)对女排二传手的研究,魏运柳(1991)对女子无线电测向运动员的研究,石岩(1992)对324名运动员的研究以及张力为等人(1994)对女子游泳运动员的研究等。这些研究多采用16PF作为测量工具(石岩的研究采用的是《感觉寻求量表》和《艾森克人格问卷》),所得结果全面描述了运动员的人格特点,有些研究还比较了不同项目运动员和不同性别运动员的人格差异,对运动员的心理诊断和心理选材工作作出了一定的贡献。

但是,也应当看到,仅是全面描述出优秀运动员的人格特征,还不能解决选材的全部问题,比如,在多个与众不同的人格特征中,哪个或哪些特征是更重要的?这些人格特征虽在某种程度上受到遗传的影响,但毫无疑问,也会受到环境影响,长期的运动训练和比赛是否有可能在某种程度上改变运动员的人格?运动员的这些人格特征同运动成绩有什么关系?对这些问题的回答,显然是与将人格特征作为选材指标有联系的。

(二)人格评价与心理咨询

心理咨询是一种通过辅导达到教育目的和学习目的的过程。在这一过程中,通过面对面的交谈,咨询员根据受辅者的背景和需要,帮助受辅者了解自己,认识环境,解除困惑,完善人格,体现潜能。而针对运动员的心理咨询往往是学校代表队和专业运动队加强训练、准备比赛的迫切需要。

在对运动员进行心理咨询的过程中,咨询员首先需要全面地了解和把握咨询对象的背景情况,如发展状况、心理状况、训练比赛状况、人际关系状况以及健康状况等。人格测验(personality test)是常用的一种分析和掌握咨询对象心理状况的工具。使用人格测验来了解运动员的人格发展情况,费时少,也比较准确,因此,人格测验可以用来作为帮助运动员进行心理咨询和心理调节的依据之一(石岩,1992)。当然,通过同运动员的长期接触,如观看训练和比赛,进行咨询等,也可以逐步了解运动员的人格特征,但费时较多,也缺乏量化评价。

尽管人格测验和评价有以上好处,但在使用过程中亦应注意:

第一,不要滥用人格测验。人格测验是为了帮助咨询员进行诊断和分析,如果通过与咨询对象的交谈对其问题已形成明确的看法,就可以放弃不必要的人格测验。过多的心理测验容易破坏咨询过程的自然气氛,妨碍咨询顺利进行(张人骏、朱永新、袁振国,1987)。

第二,处理好利用人格测验了解情况和利用交谈了解情况的关系。通过人格测验了解情况不能代替通过交谈了解情况。通过交谈了解运动员情况往往更为自然,更为细致,更有针对性,但费时较多。

第二节　运动员的人格特征

20 世纪 60 年代以来,出现了几篇综述性论文,试图澄清人格特征与运动成绩的关系。大多数论文分析的结果是:人格特征与运动成绩的某些方面存在相关关系。大多数作者还指出,这种相关不一定是因果性的。比如,即便从统计学的意义上发现了运动水平与外向性格存在可靠相关(Kane,1980),也不能就此得出结论,认为一种特殊的人格特征作为原因,引发了运动成绩的提高(张力为,1991;Cox,1994),这是一般的统计学常识。

考弗尔和约翰逊(Cofer & Johnson,1960)曾对不同运动群体的人格研究进行了综述,但却有意识地避免从中归纳出任何运动员的人格特征。与此相反,奥吉尔维(Ogilvie,1968,1976)在回顾了许多运动员人格问题的研究之后,提出有 8 种人格特征同运动成绩紧密相关。这 8 种人格特征是:情绪稳定、意志坚强、自觉、自律、自信、低焦虑、信任感和外向。库伯(Cooper,1969)曾对 1937 年至 1967 年所进行的此类研究进行总结并提出,运动员具有非常明显的成就定向特征,还具有外向性、支配性、自信、竞争性、低焦虑、低强迫性、能忍痛等人格倾向。1973 年,哈德门(Hardman,1973)对 1952 年至 1968 年间进行的 27 项研究进行了总结,这些研究均采用 16PF 作为测试量具,共计 42 个样本。他发现,参与体育运动的现象同高智力、容易激动、好强固执、热情投入、权宜敷衍、畏缩退却、处世多疑和紧张性相关。更为重要的是,哈德门发现,在二级因素中,参与体育运动同低焦虑和独立自主性相关,参与体育活动与外倾性的关系因运动项目不同而有所不同。实际上,在对哈德门的结论进行认真分析后不难发现,只有一级因素中的高智力同参与体育活动有着稳定的高相关。

迄今为止,似乎还是摩根(Morgan,1980b)对于运动成绩和人格特征关系的综述研究最具广泛性和深刻性。在1968年举行的国际运动心理学大会上,凯因(Kane,1970)曾提出具体数据,表明人格特征可以说明参与体育活动所有方差中的20%。也是在这届大会上,拉什尔(Rushall,1970)却提出,人格特征并不是预测运动成绩的强有力指标。摩根的立场(Morgan,1980b)实际上是倾向于凯因的意见而不同意拉什尔的观点。当然,摩根并不是认为可将人格作为预测运动表现的精确指标,而是认为,如果能够同其他因素如生理因素和环境因素一起考虑,人格特征对于预测运动表现是有作用的。他坦率地承认,运动表现的总方差中,有50%—75%的方差不能得到人格特征的解释。尽管如此,他指出,这同时意味着25%—50%的方差可以通过人格特征加以解释。摩根以下述这段话作为对自己观点的总结:

> 本综述研究表明,在许多心理状态和人格特征方面,运动员与一般人是有区别的,如果研究对象是高水平运动员,则这些区别就会变得更加明显。不同运动水平的运动员其人格特征是否也有所不同? 对此,研究者的意见似乎就不那么一致了。无论如何,如果考虑到行为反应会受到某种扭曲,如果是采用多因素技术而不是单因素技术来分析所得结果,那么,就可以发现一些稳定的心理方面的差异。当然,也可以看到,本研究探讨的运动表现的总方差中有50%—75%的方差得不到解释。因此,单纯依靠状态模式、特质模式或状态—特质模式来预测运动行为都是不合适的。例如,很明显,许多生理变量对于运动成绩来说就起着十分重要的作用。(66页)

总之,我们可以看出,在运动员人格研究领域,研究者的争论是多方面的,这不但是由于研究结果的不一致性,而且同理论观点的不一致性有关。

一、运动员与一般人的人格差异

运动员同一般人在人格的许多方面都有所不同(Geron,Furst & Rotstein,1986),但这些特征究竟是有利于运动员还是有利于一般人,却是没有定论的。斯车尔、阿什雷和乔伊(Schurr,Ashley & Joy,1977)的研究表明,和一般人相比,参加集体或个人项目的运动员更具独立性,更为客观,更少焦虑。哈德门1973年的综述研究(Hardman,1973)也清楚表明,运动员的智力比一般人的平均水平更高些。除此之外,库伯(Cooper,1969)对运动员的描述是,运动员比一般人更为自信,更具竞争性,更为外向。摩根(Morgan,1980b)和凯因(Kane,1976)指出,运动员是更为外向的和低焦虑的。克林曼和希拉德(Clingman & Hillard,1987)曾对耐力项目运动员(长跑、游泳、自行车、铁人三项)的人格特征进行了研究,发现他们在成就动机、攻击性、自主性、恃强性、耐受性以及避免伤害等方面与一般人不同。马尼等人(Magni et al,1985)对优秀攀岩运动员的研究表明,和一般人相比,他们是低焦虑的、情绪更稳定的、低超自我的,并具有高度的感觉寻求特征。但是,石岩(1992)对不同项目324名运动员的研究表明,他们在感觉寻求量表上的得分与一般人并无显著差异。这两个研究者所得结果的不同或许是由于研究被试的不同造成的,马尼的研究被试是攀岩运动员,是特殊性更强的群体,而石岩的研究被试涵盖了16个运动项目,产生互相抵消效应的可能性更大。

专栏 7－1

运动员都是寻求刺激者吗

感觉寻求特质是指寻求变化的、奇异的和复杂的感觉或体验的一种人格特质。这个特质反映了每个人所特有的稳定的寻求刺激的人格倾向以及所期望保持的理想唤醒水平。感觉寻求特质在每个人身上都会存在,只是有强弱的差别。高感觉寻求者热衷于追求体力或精神方面的刺激,具有较低的生理可唤醒性,而低感觉寻求者总是信赖确切可靠和可以预知的事物,躲避那些没有把握和有风险性的事物,具有较高的生理可唤醒性。极限运动是一些富有刺激体验的活动,高感觉寻求者可以从中体验到一种快乐的满足,而低感觉寻求者则体验到一种极度的恐惧。

插图 7－2　高空滑板是一项极富挑战的极限运动

最早研究感觉寻求特质的是美国心理学家朱克曼及其同事(Zucherman,Kolin,Price & Zoob,1964)。在 20 世纪 60 年代朱克曼主持编制了《感觉寻求量表》(Sensation Seeking Scale,简称 SSS),1979 年推出《感觉寻求量表第五式》(SSS-V),1984 年第五式修订本问世。《感觉寻求量表第五式》由 4 个分量表构成,这 4 个分量表分别是:

——寻求激动和惊险(Thrill and Adventure Seeking,TAS),表示渴望参加激烈的、具有一定危险性的户外活动。这些活动如飞行、赛车、潜水、登山等,大都是被社会所承认或接受的。参加这些活动的目的不在于竞争,而在于参与。

——寻求体验(Experience Seeking,ES),表示通过独立思维和感觉去寻求各种新异的体验。

——放纵欲望(Disinhibition,DIS),表示热衷于使人情绪亢奋的、不受任何限制和约束的活动。

厌恶单调(Boredom Susceptibility,BS),表示厌恶平庸乏味的人或事,讨厌重复和停滞。

虽然《感觉寻求量表》并不是专为体育运动研制的,但它是一种测评运动员人格的有效工具,特别适用于高风险性项目运动员的研究。海姆鲍等(Hymbaugh & Garrett,1974)发现,跳伞运动员在感觉寻求上的得分显著高于非跳伞运动员。斯特劳勃(Straub,1982)研究过 80 名男运动员(伞翼滑翔参加者 33 人、赛车选手 22 人、保龄球选手 25 人)的感觉寻求特质,正如人们预料的那样,保龄球选手在总分和两个分量表分数上显著低于伞翼滑翔和赛

运动心理学(第二版)

车选手。罗兰德(Rowland,1986)的研究发现,高感觉寻求者比低感觉寻求者更喜欢参加具有高风险性运动(如高台跳水、高山滑雪、登山等);前者倾向于参加多种运动项目,后者则更喜欢长期坚持从事某一种运动项目。

张雨青等(1989)根据中国被试特点对《感觉寻求量表第五式》做了修订和标准化工作,制定了《感觉寻求量表中文版(SSS-VC)使用手册》。石岩(1992)和祝蓓里等(1994)分别采用 SSS-VC 对中国许多项目运动员进行了测查研究。由于这两个研究所测查运动员的项目等方面有一些不同,两个研究的结果也不尽相同。在体育运动中应用 SSS-VC 的研究中,让人感兴趣的还是优秀运动员是否都是高或较高感觉寻求者,但是研究中也看到了一些优秀选手并不是这样。看来,问题并不像我们所想的那样简单。

邱宜均、贝恩渤(1984)用 16PF 进行的研究表明,男子优秀短跑运动员和对照组大学生相比较,情绪的稳定性更强,但更易墨守成规;女子优秀短跑运动员和对照组大学生相比较,聪慧程度低一些,更倾向于墨守成规,但更能从容待事。

周工、妠刚彦、刘莅听(1987)用 16PF 进行的研究表明,和常模相比较,中国男子划艇运动员在好强、投入、敢为、当机立断方面的得分较高;中国女子划艇运动员在好强、直率坦白和自信方面的得分也较高。

石岩(1992)用《艾森克人格问卷》对 324 名运动员进行的研究表明,运动员较一般人具有外向和情绪不稳定的人格特征。他还发现,男运动员诚实直率,女运动员则有掩饰倾向。

张力为、陶志翔、孙红标(1994)用 16PF 进行的研究表明,中国女子游泳运动员在怀疑性(L 因素)上的得分低于常模,说明这些女子游泳运动员比常人更加信赖随和。

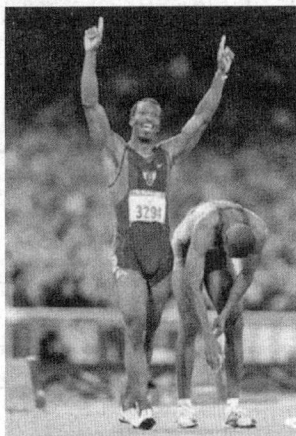

插图 7-3 优秀运动员常常有着极其鲜明的人格特征(迈克·约翰逊)

方兴初、周家骧(1986)曾对上海地区 20 名世界冠军、世界纪录创造者进行了 16PF 测验。结果发现,16 项人格特征中有 4 项特征的高分(8—10 分)频次和低分(1—3 分)频次有可靠差异(表 7-3),说明这些运动员的主要人格特征为:自信心、理智性、独立性、顽强性、好胜心均较强,并且轻松愉快,有耐心,有恒心,意气用事、拘谨等消极心理较少。

表 7-3　20 名世界冠军、世界纪录创造者的典型人格特征

因素	指标	低分频次	高分频次	p
E	特强性	0	6	＜0.05
F	兴奋性	2	10	＜0.01
I	敏感性	12	1	＜0.05
O	忧虑性	12	1	＜0.05

改编自方兴初、周家骧,1986

方兴初、周家骥(1986)在该研究中还将上海地区 20 名世界冠军、世界纪录创造者具有的上述 4 项典型特征,与美国伊利诺州大学人格及能力测验研究所用 16PF 测验世界性运动会的美国优胜选手所得结果进行了比较(表 7-4)。

表 7-4　中、美运动员 4 项人格因素平均标准分的比较

因素	指标	中国运动员	美国运动员
E	恃强性	6.53	7.80
F	兴奋性	6.74	6.40
I	敏感性	3.89	6.50
O	忧虑性	4.21	3.30

引自方兴初、周家骥,1986

他们发现,两国运动员在 E、F 因素上差别不大,均属高分特征;在 I 因素上,中美运动员有明显差异:美国运动员较为敏感,易感情冲动,中国运动员则较能理智地处理问题;在 O 因素上,中美两国运动员均属低分特征,但美国运动员比中国运动员更多自信,更少焦虑。方兴初、周家骥(1986)还指出,在美国伊利诺州大学人格及能力测验研究所通过对 23 种不同职业者进行 16PF 测验所制订出的不同职业人格因素模式中,世界性运动会优胜运动员 O 因素(分数越低表示自信心越强)得分与美国海军军校毕业生并列第 21 位(3.3 分),仅比最低分的美国大学行政管理人员(3.2 分)高 0.1 分,说明高自信心是优秀运动员突出的人格特征之一。

有必要指出,尽管大量研究支持运动员同一般人在许多人格特征方面有所不同的结论,但对什么人可算作运动员,却并无一致的意见。有些研究将参加大学代表队的人当作运动员,有些研究将俱乐部参加者算作运动员,有些研究将获得某种奖励的人算作运动员,等等。显然,如果对运动员的身份没有统一的认识和标准,将各研究结果进行相互比较时就会遇到困难,因为这些运动员至少在运动技能水平上具有很大差异。

二、不同运动项目与运动员人格

不同运动项目中的运动员是否具有不同的人格特征,或者运动员的人格特征能否作为区分运动项目的指标? 也许第一个试图回答这一问题的研究是对健美运动员的研究。比如,亨利(Henry, 1941)、瑟恩(Thune, 1949)、哈罗(Harlow, 1951)等人的研究表明,健美运动员总是怕自己的男性化不强,过于关心健康、体形、男性化等问题。但是,瑟若和格里尔(Thirer & Greer, 1981)却对这种早期的刻板模型提出了质疑。在一项设计和控制得很好的研究中,他们发现中等水平和高水平的健美运动员成就动机水平很高,不愿意有所变化,除此之外,其他人格特征都无与众不同之处。他们并未发现过去研究所刻画的健美运动员的一般特征和消极特征。

科洛尔和克伦肖(Kroll & Crenshaw, 1970)曾利用 16PF 对高水平的橄榄球、摔跤、体操和柔道运动员的人格特征进行了相互比较。结果发现,橄榄球和摔跤运动员与体操和柔道运

动员有明显区别,橄榄球运动员与摔跤运动员的人格特
征相似,体操运动员与柔道运动员、橄榄球运动员以及摔
跤运动员的人格特征都有所不同。

与上述研究相似,辛格(Singer,1969)的研究发现,
大学棒球运动员(集体项目)的几项人格特征同网球运动
员(个人项目)有明显不同,网球运动员在成就动机、自主
性、恃强性和攻击性方面的得分更高,在顺从性方面的得
分更低。

斯车尔、阿什雷和乔伊(Schurr、Ashley & Joy,
1977)的研究表明,集体项目运动员的人格特征与个人项
目运动员有所不同。集体项目的运动员更为焦虑、外向,
依赖性更强,更为警觉、客观,但更不敏感,更少想象力。

他们的研究还发现,身体接触性运动项目(篮球、橄榄球、足球等)运动员的人格特征与非身体
接触性运动项目(排球、棒球等)也有所不同。身体接触性运动项目的运动员独立性更强,自我
的力量更弱。

中国学者对不同运动项目运动员的人格特征也进行了许多研究,比如,邱宜均、贝恩渤
(1984)用16PF对优秀短跑运动员的研究表明,男子短跑运动员在恃强性(E因素)和兴奋性
(F因素)上的得分比篮球运动员高,而在自制性(Q3)上的得分比篮球运动员低;在稳定性(C
因素)和兴奋性(F因素)上的得分比排球运动员高;在聪慧性(B因素)、恃强性(E因素)、兴奋
性(F因素)和敢为性(H因素)方面比足球运动员得分高;在乐群性(A因素)和兴奋性(F因
素)上比射击运动员得分高,而在有恒性(G因素)、独立性(Q2因素)和自制性(Q3因素)方面
的得分比射击运动员低。邱宜均、贝恩渤(1984)的研究还表明,女子优秀短跑运动员在乐群性
(A因素)和敏感性(I因素)上的得分较篮球运动员高;在乐群性(A因素)和幻想性(M因素)
上的得分比排球运动员高;在有恒性(G因素)、敢为性(H因素)、世故性(N因素)、独立性(Q2
因素)和自制性(Q3因素)上的得分均较射击运动员低。

再比如,张力为、陶志翔、孙红标(1994)用16PF进行的研究发现,游泳运动员在聪慧性(B
因素)上的得分高于划船运动员和排球运动员;在稳定性(C因素)上的得分低于划船、短跑和
射击运动员;在兴奋性(F因素)上的得分低于跳水运动员;在有恒性(G因素)上的得分低于射
击运动员;在怀疑性(I因素)上的得分低于划船、篮球、排球和射击运动员;在幻想性(M因素)
上的得分高于篮球运动员但低于排球运动员;在世故性(N因素)上的得分低于射击运动员;在
实验性(Q1因素)上的得分高于跳水运动员;在独立性(Q2因素)和自制性(Q3因素)上的得分
低于射击运动员。

总的来说,以上国内外的研究表明(张力为、李翠莎,1993):

第一,运动项目不同,运动员的人格特征也有所不同,如根据原始分数的比较,中国男子足
球运动员较为外向,更愿意与他人合作,相比之下,中国男子射击运动员则更为冷淡和含蓄。
这说明运动项目特征和运动员的人格特征有可能存在一定的相关关系。应当指出,这种差异

既可能是由于长期训练造成的,也可能是运动员参加体育运动过程中自然选择和自然淘汰的结果,还可能有其他未知因素的影响,我们尚无充分证据来支持其中任何一种可能性。

第二,上述不同运动项目运动员在人格特征方面的差异,仅仅表现在人格特征的少数方面,大多数人格特征方面是没有统计学意义上的可靠差异的。

三、不同场上位置与运动员人格

既然前一节我们讨论了运动项目与运动员人格特征的关系,那么很自然地就会引出另一个问题:在同一运动项目中,运动员的人格特征是否会因所担负的任务不同而有所不同? 在集体运动项目中,功能专门化的现象是十分普遍和明显的。比如,在垒球中,需要根据运动员的利手情况来安排外场手;在排球中,主攻手和二传手的功能分工也是泾渭分明的;足球运动中,守门员同前锋的任务性质亦有本质的区别。显然,运动员是否因分工不同而有不同的人格特征这个问题,不但是体育运动心理学家的兴趣所在,体育管理人员和教练员也会十分关注。

1987年,考克斯(Cox, 1987)对担负不同任务的157名女子排球运动员进行了研究,结果表明,中路拦网手、侧路主攻手和二传手绝大部分人格特征较为接近,仅有的区别表现在她们的注意特点方面。和中路拦网手、侧路主攻手相比,二传手有更广阔的内部注意,在同一时间分析多个问题的能力更强。也许这些特征同二传手所面临的任务有关:她必须根据前排主攻手以及对方防守运动员的优点和缺点决定进攻的战术,组织进攻的行动。

斯车尔等人(Schurr et al, 1984)也曾进行过此类研究,他们利用《美耶斯—布里格斯类型问卷》(Myers-Briggs Type Inventory, MBTI)进行的测试发现,在判断力和知觉理解力方面,橄榄球边线运动员和后场运动员有明显的差异。边线运动员表现出更有组织性,更实际;而后场运动员则更为灵活,适应性更强。有趣的是,在进攻性边线运动员和防守性边线运动员之间没有可靠的差异。

总的来说,有关同一运动项目不同位置运动员的人格差异的研究资料不是很多,但这一问题对于体育管理人员和教练员来说是具有实际意义的。

四、不同运动水平与运动员人格

许多证据表明,高水平运动员人格特征与一般运动员有区别,摩根等人对长跑、摔跤和划艇运动员的研究清楚地说明了这一点(Morgan & Costill, 1972; Morgan & Johnson, 1977, 1978; Morgan & Pollock, 1977; Nagle, Morgan, Hellickson, Serfass & Alexander, 1975)。尽管如此,在任何一个运动项目中,采用人格特征来区分优秀运动员和一般运动员的尝试并不是特别有效(Morgan, 1980b)。比如,克洛尔等人对大学摔跤运动员和柔道运动员的研究(Kroll, 1967; Kroll & Carlson, 1967)就未能将优秀运动员和一般运动员区别开来。拉舍尔(Rushall, 1972)对橄榄球运动员的研究、辛格(Singer, 1969)对网球和棒球运动员的研究以及克瑞黑德等人(Craighead, Privette & Byrkit, 1986)对高中男子篮球运动员的研究也未能将优秀运动员和一般运动员区别开来。

斯车尔等人(Schurr et al., 1977)的研究结果也表明,采用16PF的二级因素进行统计,未能发现在人格特征和运动成绩间存在相关,因此,似乎也无充分理由期望采用16PF的人格特质进行统计能够将运动水平高一些的和运动水平低一些的运动员区分开来。但实际上,这两个组的运动水平都是相当高的,或者说,这些运动员运动水平的标准差并不大,在这种情况下,要发现运动水平与人格特征之间的相关当然是很困难的事。这一点在威廉姆斯和帕金(Williams & Parkin,1980)的研究中得到了确认。他们采用16PF对18名国际水平的、34名国家水平的和33名俱乐部水平的冰球运动员进行了比较,结果发现,国际水平运动员的人格特征同俱乐部水平的运动员有明显差异,但国家水平运动员的人格特征同另外两组运动员均无差异。

西尔瓦(Silva,1984)对此现象提供了一种看上去有些道理的解释。他认为,如图7-1所示,当运动员从运动技能水平的金字塔底部移向塔尖时,他们之间的人格特征和其他心理特征也越来越接近,而在体育运动的初学阶段,运动员心理特征的差异很大。但是,通过自然选择的过程,某些人格特征会增加运动员向高水平迈进的可能性,有些人格特征则会阻碍这一进程,在运动员人格特征金字塔的每一个更高的层次上,运动员人格特征的相似性也越来越强。

加兰德和巴里(Garland & Barry,1990)也曾进行了一项类似的研究,他们将272名美国大学橄榄球运动员分为水平高低不同的三个

尖子选手
奥林匹克选手
国家代表队选手
大学代表队选手
奖学金运动员
初次参加运动者

图7-1 人格特征与运动成绩关系的金字塔
引自 Silva,1984

组,即场上队员、替补队员和团体成员,结果发现,意志力、外倾性、依赖性和情绪稳定性4项人格特征解释了技能水平方差的29%(r = 0.54)。这虽不是高相关,但却明显比过去研究报道的相关要高。但是,戴卫斯(Davis,1991)在1991年报道,人格特征不能预测职业冰球运动员的运动水平。

看来,这类研究的结果很不一致,但我们有理由预测,运动员运动水平的差距越大,发现运动员人格特征和运动成绩之间的相关关系的可能性就越大;反之,这种可能性就越小。能否发现运动水平与运动员人格的相关关系,似乎极大地取决于被试运动水平差距的大小。

第三节　运动员人格研究的动向

在体育运动心理学的研究中,人格是最早受到关注的传统领域,得到了最广泛的探讨和应用。其原因有三:一是受科学心理学研究方向的影响;二是对于一般性的研究来说,研究手段简便易行,只需利用现成的标准化量表,根据测验手册的要求,对某一群体施测,再对研究结果进行分析,即可达到研究的基本目的;三是运动员人格特征的评定往往是进行心理训练、心理咨询和心理选材工作的基础。

人格研究作为体育运动心理学研究领域的一个热门课题,特别是在20世纪70年代,一度

成为体育运动心理学研究的主流。但是,自80年代以后,人格研究所占比例明显减少,到了90年代,研究数量在急剧减少,这是一个非常明显的变化趋势。当然,这并不等于说人格问题不重要,但它至少提示了两点:一是体育运动心理学在走向成熟的过程中,不断产生了新的研究兴趣,开发了新的研究领域;二是没有明确理论导向的单纯的人格测验和描述,已不能满足体育运动心理学发展和体育运动实践的需要,也不再为体育运动心理学的科学研究所承认。体育运动领域的人格研究需要在理论构思和测验方法上有所改进,并为体育运动的实践提供实际的帮助。

中国体育运动心理学在经历了10年的人格研究热潮之后,也开始对这类研究的成果、价值和不足进行反省。汤志庆和陆建平曾尖锐指出(1992),我们对这个课题的研究还处于初创阶段,无论是理论上的基础研究,还是方法论上的探讨,以及运动实践中的运用,都还是在较浅的层次上进行的。就研究方法的层次而言,我国目前对优秀运动员人格特征的研究还处于描述性阶段,对关系性和因果性研究很少涉及,只是客观地描绘出优秀运动员的人格特征图像,根本没有再进一步探讨这些人格特征形成的原因以及它们与运动成绩的关系,而后者恰恰是运动员人格特征的价值所在。应当说,这一批评是很中肯的。

如果要探讨运动员人格形成的原因,就要求研究者或是进行有控制的实验,或是进行长期的观察,或是根据对该运动项目的深刻理解做出逻辑分析。前两种方法费时费力,后一种方法要求研究者非常熟悉所研究的运动专项,这些都是对研究者的极大挑战,是比较困难的工作。如果要探讨运动员人格特征与运动成绩的关系,虽然可以较为省时省力地进行相关统计,但研究设计中需要选择运动水平差异较大的被试进行分组,但可惜许多研究并未考虑这一问题,仅仅选择了运动水平十分相近的被试。总的来说,中国体育运动心理学在人格方面的研究需要更新思路。

一、重视纵向追踪研究

体育运动领域中的人格研究主要依两个方向进行:横向比较研究(cross sectional study)和纵向追踪研究(longitudinal study)。横向比较研究主要是比较运动员和一般人之间的区别以及不同运动员之间的区别,并探讨人格特征与运动成绩的关系,本章前面论及的研究大部分属于这一类横向比较研究。

纵向追踪研究主要是探讨体育活动对人格的影响,例如,沃纳和古特黑尔(Werner & Gottheil, 1966)对340名经常参加体育活动的军校学员和116名不经常参加体育活动的军校学员进行了4年的跟踪,通过16PF的测试,并未发现经常参加体育活动对军校学员的人格有可靠性的影响。

吉克林(Jickling, 1977)曾对50名16—37岁的男子进行跟踪研究,通过16PF的测试,发现他们在参加了野外求生训练之后,其人格产生了积极的变化,变得更加开朗、大度、坚定和坦率。野外求生训练是探险性的活动,可能会对人的人格带来较强影响,但它不是大众化的体育活动,参加的人数较少,因此,其结论的外推范围受到较大限制。

毛志雄、张力为(1994)通过对从事不同比例的体育课程学习和文化课程学习的大学生进行的纵向跟踪研究,考察体育活动对人格发展的影响。研究结果表明,体育学院学生和一般大学学生在大学就学期间,其人格的部分因素产生了一些积极的变化,这些变化体现了他们自我完善的过程,也有助于他们将来更好地适应社会和服务社会,这是主流。但也有个别方面如实验性因素的变化是消极的,不利于他们将来更好地适应社会和服务社会。该研究还发现,从事不同性质的体育课程学习和文化课程学习,对学生人格发展的影响只在 L 因素(怀疑性)方面有所不同,提示不同性质的学习活动对学生人格可能会产生不同的影响,但这种影响仅限于人格的个别方面,影响的范围不是很大。

邱宜均指出(1986),体育运动心理学关于体育活动与人格发展的研究过于侧重横断面的比较研究,纵向追踪研究甚少。而要探讨体育活动对人格发展的影响问题,横断面的研究往往受到方法学上的限制,只能阐明两者的相关关系,难以解释两者的因果关系。为了对体育活动与人格发展的关系问题有一更为深入的认识,更多地进行纵向追踪研究是必要的。汤志庆和陆建平也指出(1992),目前大量的研究缺乏预测性功能,效度准则往往选择运动员已有的运动成绩,而不是以他们未来的运动成绩作为测试结果的准则或参照物。这种一次性的研究方法降低了它本身的价值,因为研究结果不能有效地预测运动员发展的可能性,同样不能给教练员提供取舍的有用信息,使得人们对这一研究的可靠性和实用性产生怀疑。显而易见,要取得预测效度的证据,需要等待较长时间,收集运动员在一段时期内的运动成绩数据,这不是一次性的横断研究力所能及的。

二、采用交互作用观点

维雷在 1989 年(Vealey, 1989)发表了一篇综述文章,回顾了自 1974 年到 1987 年间所进行的人格研究,并以此为依据讨论了体育运动领域人格研究的发展趋势。她的综述研究表明,体育运动领域的人格研究已经从对人格特征与运动行为关系的关注转向对环境、人格、运动行为之间交互作用情况的关注,这种研究取向被称为研究人格特征对运动表现影响的交互作用模式(interactional model)。交互作用模式不是一种人格理论,而是由包尔斯(Bowers,1973)和凯伦(Carron,1975)首先提出的一种观念。他们认为,为了理解人格特征、运动表现以及环境影响之间的复杂关系,应当采取一种关注情境特殊性的研究取向。

运动员都是带着自己基本的人格特征开始从事体育运动的。但是,最关键的因素并不是运动员本身的人格,而是运动员所处的具体情境。比如,篮球比赛还有最后 3 秒钟,双方打成平局,由你主罚唯一的一个罚球,这时,你肯定会紧张。不论你的特质焦虑分数是高是低,不论你是否是一个有高焦虑特质的人,在这种情况下,你都要紧张。你的基本人格影响运动表现的程度将取决于人格特征和具体情境的交互作用。这种交互作用的关系可用图 7-2 表示。图7-2中,整个圆圈代表影响运动表现的所有因素,运动员的人格只占一

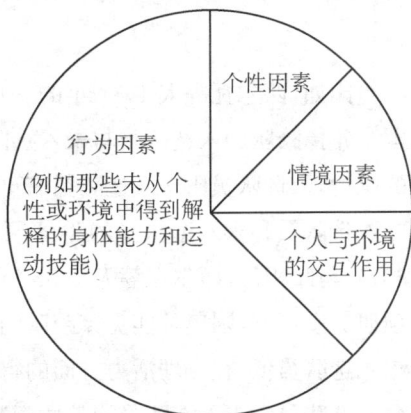

图 7-2　人格因素和情境因素对运动员行为的影响

引自 Cox, 1994, p. 44

小部分。另一小部分是与具体情境直接相关的因素,它同运动员的人格没有关系。圆圈剩下的部分代表运动员人格与具体情境的交互作用。如果将运动员人格、具体情境以及两者之间交互作用这三大因素叠加,则这些因素可以解释运动员行为的30%—50%。但假如我们仅仅考虑运动员的人格因素,那么只能解释运动员行为或运动成绩的10%—15%。

显然,加入了情境因素以后,我们可以对运动员的行为有更多的理解和更准确的解释。但是,圆圈中的最大部分仍被未得到说明的因素占据着。不应把这种不确定性解释为人格因素对运动成绩不重要。它只表明,运动成绩还受到许多其他因素的影响,如身体能力、运动能力以及任务难度等(Cox,1994)。

三、优秀运动员的心理面貌

利用交互作用的模式,体育运动心理学的研究者便能够为优秀运动员确定他们的心理图像。在图7-3中的10项心理因素中,有3项是人格特质,其余7项是心境状态。这10项心理因素能够有效地预测运动员的运动表现。

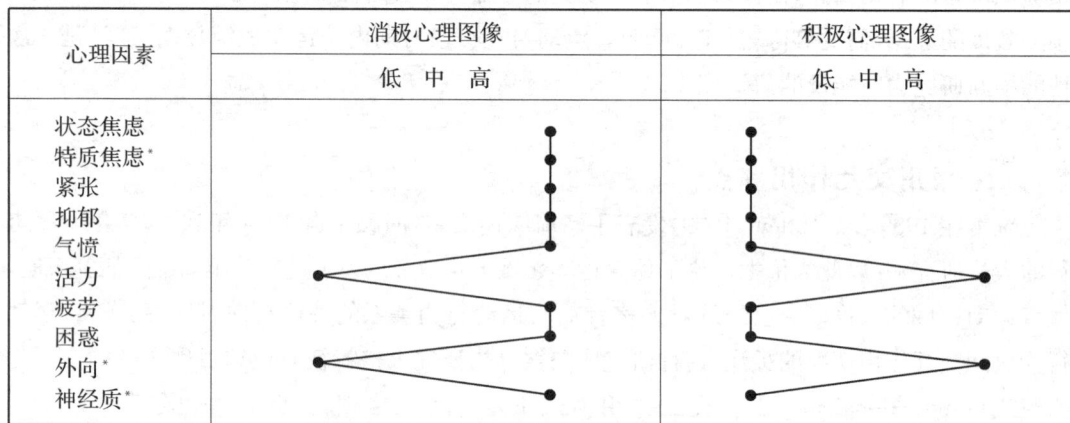

图7-3　成功运动员和不成功运动员的心理图像

引自 Morgan,1979b

比如,西尔瓦等人1981年的一项研究发现(Silva, Shultz, Haslam & Murray, 1981),美国少年摔跤队的入选队员与未入选队员相比,在抑郁、气愤、疲劳及困惑等方面得分较低。总的来说,入选队员比未入选队员有更积极的赛前情绪状态,采用交互作用模式,这10项因素区分入选队员和未入选队员的整体预测准确性为80%,预测增益为26.67%(基值比率为53.33)。与此相似,西尔瓦等人1985年(Silva, Shultz, Haslam, Martin & Murray, 1985)的另一项研究发现,美国奥林匹克摔跤队的入选队员在紧张、抑郁、气愤、疲劳和困惑等方面的得分比未入选队员低,在心理活力方面的得分比未入选队员高。采用交互作用模式,这10项因素区分入选队员和未入选队员的整体预测准确性为78%,预测增益为39%。在这两项研究中,如果将生理因素也列入计算,则判别正确率还可以更高。

以交互作用模式为基础,摩根等人(Morgan, 1979a, 1980;Morgan & Johnson, 1977,

运动心理学(第二版)

1978)提出了一个心理健康模式(mental health model)。他们认为,和不大成功的运动员相比,成功的世界水平的运动员一般来说具有更加积极的心理图像。当然,这并不等于说,所有成功的运动员都是心理健康的,而所有不大成功的运动员都是心理不健康的。心理健康模式预测,运动员的成功与积极的心理健康状况呈正比关系,与心理病理状况呈反比关系。具体地说,具有神经质、焦虑、抑郁、内向、困惑、疲劳等特征的运动员比没有上述心理特征的运动员成绩差。

摩根在自己的研究中得出的第二个重要概念是代表优秀运动员心理特征的"冰山图像"(iceberg profile)。实际上,冰山图像是心理健康模型的一个方面,它的特殊意义在于,它反映了心理因素和运动成绩中间的重要关系。在《心境状态量表》(Profile of Mood States, POMS)的测验成绩中,成功的世界水平的运动员在所有消极心境状态项目(紧张、抑郁、气愤、疲劳和困惑)的分数均低于 T 分数 50,而在积极心境状态项目(活力)的分数则高于 T 分数 50。因此,如图 7-4 所示,成功的世界水平运动员的心理图像看上去很像一座冰山,相比之下,不太成功的运动员其心理图像显得相当平缓。

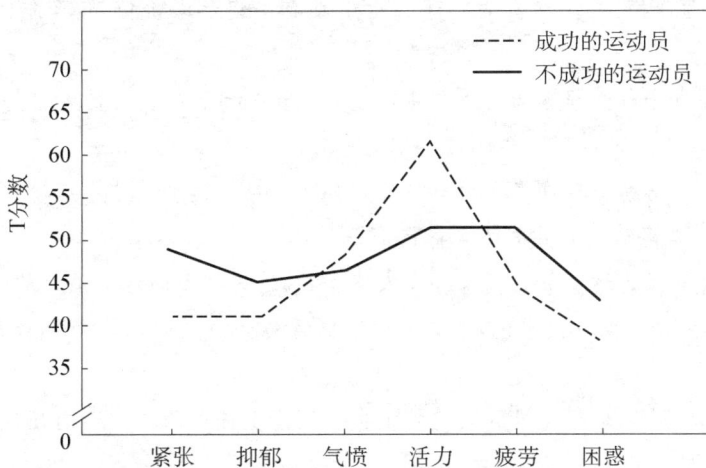

图 7-4　优秀运动员的冰山图像
引自 Morgan, 1979b, p. 183

许多研究表明,这一冰山图像可以用来描述优秀运动员的心理特征。比如,摩根等人对女子长跑运动员(Morgan, O'Connor, Sparling & Pate, 1987)和男子长跑运动员(Morgan, O'Connor, Ellickson & Bradley, 1988)的研究,以及贝尔和霍尔对铁人三项运动员的研究(Bell & Howe, 1988)都表明这一概念是有效的。

总的来说,优秀运动员在人格特质方面有低焦虑、低神经质和偏外向的特点,在心境状态方面有低焦虑、低紧张、低抑郁、低气愤、低疲劳、低困惑和高活力的特点,这些特点是同积极的心理健康模式相一致的。

本章提要

1. 心理学中关于人格的研究有 4 大学派,即心理动力学派、行为主义学派、人本主义学派和特质学派。目前广为流行的各种人格测验主要是特质学派理论和实践发展的产物。

2. 以阿尔波特、卡特尔、艾森克为代表的人格特质学派认为,构成人格的最小单位是特质,特质可以测量。所谓人格特征就是那些具有跨情境一致性和跨时间稳定性的、能够表现一个人独特行为倾向的特质。

3. 通过因素分析,卡特尔得出16种人格特质,艾森克得出三种人格特质。近来兴起的五因素模型则认为,最基本的人格特质有5种。

4. 运动员人格研究中普遍采用了各种形式的人格测验,使用频率最高的是《卡特尔16种人格因素问卷》(16PF)。

5. 有些研究者认为对运动员的人格评价没有实际意义,有些研究者则认为通过对运动员的人格测验,可以准确预测运动成就。但更多的研究似乎表明,运动员人格与运动成绩仅有低度或中度的相关。

6. 对运动员进行的人格研究在某种程度上可以帮助我们了解决定运动成绩的因素,预测运动员的运动行为,因而在运动员的心理选材中具有一定参考价值,但不能过高估计这种了解和预测的作用。

7. 在对运动员进行心理咨询的过程中,人格测验有助于对运动员人格特征的快速、全面的了解。

8. 运动员的人格特征在许多方面与一般人存在差异。运动员似乎有一些共同的特点,比如,高自信心是优秀运动员的共同的人格特征之一。

9. 不同运动项目的运动员之间也存在人格差异,这说明不同运动项目的训练比赛特点可能与运动员人格有关。但一般来说,不同运动项目运动员的这些人格差异只表现在人格特征的少数方面。

10. 同一运动项目中,运动员的人格特征也会因场上任务的不同而有所区别。这也说明,运动任务的特点与运动员的人格有关。

11. 有些研究表明,高水平运动员的人格特征与一般运动员有区别,但也有一些研究发现,人格特征无法用来准确预测运动成绩。西尔瓦提出,当运动员从运动技能水平的金字塔底部移向塔尖时,他们之间的人格特征和其他心理特征也越来越接近。因此,运动员运动水平的差距越大,发现运动员人格特征和运动成绩之间的相关关系的可能性就越大;反之,这种可能性就越小。

12. 在运动心理学的研究中,人格是最早受到关注的传统领域,得到了最广泛的探讨和应用。原因是:第一,受母科学心理学研究方向的影响;第二,此类研究简便易行;第三,运动员人格特征的评定往往是进行心理选材、心理训练和心理咨询的基础。

13. 从20世纪70年代末起,人格研究的数量在不断减少,这提示:第一,运动心理学在走向成熟的过程中,不断产生了新的研究兴趣,开发了新的研究领域;第二,没有明确理论导向的单纯的人格测验和描述,已不能满足体育运动心理学发展和体育运动实践的需要。

14. 体育运动领域中的人格研究主要依两个方向进行:横向比较研究和纵向追踪研究。横向比较研究占据了主导地位,它主要是比较运动员和一般人之间的区别以及不同运动员之间的区别,并探讨人格特征与运动成绩的关系,而纵向追踪研究主要是探讨体育活动对人格的影响。今后,有必要进行更多的纵向追踪研究。

15. 体育运动领域的人格研究已经从对人格特征与运动行为关系的关注转向对环境、人格、运动行为之间交互作用情况的关注,这种注重情境因素的研究取向被称为研究人格特征对运动表现影响的交互作用模式。研究表明,采用交互作用模式可以大大提高对运动成绩的预测准确性。

16. 以交互作用模式为基础,摩根等人提出了一个心理健康模式。他们认为,和不大成功的运动员相比,成功的世界水平的运动员一般来说具有更加积极的心理图像,即冰山图像,其主要特征是:优秀运动员在人格特质方面倾向于低焦虑、低神经质和偏外向,在心境状态方面倾向于低焦虑、低紧张、低抑郁、低气愤、低疲劳、低困惑和高活力。

关键术语

人格,特质,表面特质,根源特质,人格测验,卡特尔16种人格问卷,艾森克人格问卷,大五人格,心理选材,心理咨询,运动项目,运动水平,情境,交互作用模式,心理健康模式,冰山图像

复习思考题

1. 查阅2000年以后的《心理学报》《心理科学》和《体育科学》,了解人格研究的主题。
2. 如何判断优秀运动员与一般人的人格是否有差异?
3. 运动活动可以改变运动员的人格特质吗?
4. 体育锻炼可以改变锻炼者的人格特质吗?
5. 你所从事的运动项目要求运动员具备哪些人格特质,为什么?
6. 情境和特质对人的行为有何不同影响?

推荐参考读物

1. 黄希庭:人格心理学。台北:东华书局(1998繁体字版);杭州:浙江教育出版社(2002简体字版)。该书为人格心理学专著,详细介绍了人格心理学的发展、研究、框架和应用。

2. 珀文(周榕、陈红、杨炳钧、梁秀清译,2001):人格科学。上海:华东师范大学出版社。该书全面介绍了人格心理学的理论、方法和应用成果,可以帮助读者全面掌握人格心理学的专业知识。

3. 石岩(2000):运动员人格。见张力为、任未多(主编):体育运动心理学研究进展(384—402页)。北京:高等教育出版社。该章介绍了国内外运动员人格研究的历史和现状,探讨了运动员人格研究存在的主要问题,并指出了运动员人格研究未来的方向。

4. 张力为、李安民(2000):特质学派及五因素模型与运动心理学人格研究。北京体育大学学报,1期,27-31页。该文指出了特质学派及五因素模型的局限性,提出了运动心理学人格研究的发展思路。

5. Auweele，Y. V.，Nys，K.，Rzewnicke，R. & Mele，V. V. (2001). Personality and the athlete. In R. N. Singer，H. A. Hausenblas & C. M. Janelle(Eds.)，Handbook of sport psychology (2nd ed. pp. 239—268). New York：JohnWiley & Sons. 该文全面回顾和分析了体育运动领域人格研究的理论框架和研究成果，同时，还对今后的发展方向进行了讨论。

6. Silva Ⅲ，J. M. (1984). Personality and sport performance：Controversyand challenge. In J. M. Silva Ⅲ and R. S. Weinberg(Eds.). Psychological foundations of sport (pp. 59—80). IL：Human kinetics publishers. 该节介绍了人格的定义、运动员人格研究的一些争论以及主要理论范式等。

7. Vealey，R. S. (1989). Sport personology：A paradigmatic and methodological analysis. Journal of sport & exercise psychology，11，216—235. 该文在 Martens 对 1950—1973 年运动员人格文献综述基础上，对 1974—1987 年期间发表的有关运动员人格研究论文进行了分析，发现了运动人格理论已经从特质理论转变为交互作用理论。

第四编
运动活动参加者的认知过程

运动活动的感知、记忆、注意和思维
有明显的不同于其他活动的特点

和从事任何其他活动一样，从事运动活动，也必然有许多认识活动参与。较低级的认识活动包括感觉和知觉，较高级的认识活动就是思维。记忆则是所有认识活动的基础。体育活动中的认识活动是在肌肉运动中、在训练比赛中完成的，因此，它同其他活动中的认识活动有着明显的区别。例如，在作文比赛中，平衡感觉不起什么作用，但在体操比赛中则是关键性的因素；外科医生的肌肉运动感觉十分重要，但在操刀时没有任何的对抗性；司机对周围环境的预测和判断关系到驾驶安全，但很少有对手、裁判和观众在故意制造麻烦。学生在体育课程的学习中，运动员在比赛和训练中，需要更多地依靠肌肉运动感觉来感知、理解和记忆，需要不断根据对手和环境变化作出调整，需要更多地依靠形象思维和操作思维来快速分析和决策。这些，都是体育活动中认识活动的特点。

本编从体育活动的特殊性出发，来分析人的认识活动的特点。第八章讨论运动活动的感觉和知觉，特别对专门化知觉进行了分析。第九章讨论运动动作的短时记忆、长时记忆和运动表象，阐释运动记忆中的信息加工特点。第十章介绍运动员教练员的操作思维、问题解决和创造思维的特点和研究成果。第十一章介绍运动活动的注意方式理论及注意分配特点，讨论反应延迟和警觉、警戒在运动活动中的意义，并对比赛的注意定向提出了可以操作的建议。第十二章讨论运动技能形成的特点和规律。

第八章 运动活动的感知过程

感觉是感受器及对应的神经系统从外界环境中接受和表征刺激信息的过程;知觉则是对感觉信息进行选择、组织和解释的过程。感觉反映的是客观事物的个别特征;知觉反映的则是客观事物的整体特征。感觉发生在前,知觉发生在后;感觉是知觉的基础,知觉是感觉的延续。尽管感觉和知觉有这样的本质区别,在日常生活包括运动活动中,感知觉是统一的、连贯的过程,没有感觉的知觉或没有知觉的感觉几乎是不存在的。[①] 本章将重点讨论对于运动活动具有特殊意义的感知觉问题。

不同的运动项目对感知觉的要求既有共性,也有个性。动觉是所有运动项目进行有效运动操作的基础。视觉对球类项目至关重要,听觉对于艺术体操、花样游泳、花样滑冰等项目至关重要,速度知觉对跑步、竞走等项目至关重要。显然,对感知觉的分析和培养应当因项目而异。

插图8-1 动觉是所有运动项目进行有效运动操作的基础

第一节 运动活动与感觉系统

插图8-2 球感与动觉密切相关

一、动觉

动觉(kinesthesis)也称运动觉或本体感觉,它负责将身体运动的信息传入大脑,使个体对身体各部位的位置和运动有所觉知。动觉由肌觉、腱觉、关节觉和平衡觉4者结合而成。身体活动时,肌肉与肌腱的扩张与收缩,以及关节之间的压迫,产生刺激并引起神经冲动,传入中枢神经系统而引起动觉。日常生活中的各种动作,如说话、走路、写字、弹琴和使用工具等,均需要动觉的帮助。运动动作更是离不开动觉的帮助。动觉的培养和提高是发展高水平运动技能的关键。

---

① 新生婴儿的感觉、超感知觉(extrasensory perception,ESP)以及特异功能问题另当别论。

二、视觉

插图 8-3 深度知觉在足球等球类活动中十分重要

视觉(vision)是通过眼睛、视传入神经和视觉中枢产生的，对波长约为 380 到 740 毫微米之间的电磁辐射产生的感觉。视觉对绝大多数运动项目来说都是至关重要的，在对抗性项目中，视觉的行动定向和行动调节作用更为明显。例如，在球类运动中，球、对方队员、同伴队员始终都在不停地运动，要准确地观察这些空间、方位和距离上迅速变化的各种关系，才有可能建立正确的行动定向。有研究报告，优秀网球运动员的闪光融合频率(flicker fusion frequency)值高于一般运动员和普通人。该值的高低反映了视觉对光刺激在时间变化上的分辨能力，该值越高，表明时间的视觉敏度就越高(张力为、任未多、毛志雄、李铂，1992)。还有研究报告，优秀足球运动员的深度知觉判断能力高于一般足球运动员。深度知觉(depth perception)的作用是估计客体间的深度距离及其变化情况。如果一个足球前卫欲将球传给 30 米外本队的一个前锋队员，他首先必须对该前锋队员和防守他的对方后卫队员处于一种什么位置关系作出准确的判断(平行还是超出 0.5 米或 1 米)，然后才能决定这个球是否应该传并选择最佳的落点位置。决策的依据之一就是深度知觉(张力为、任未多、毛志雄、李铂，1992)。

广阔的视野对于大场地的集体球类项目是十分重要的。视野是指当头部不动，眼睛注视正前方某一点时所能知觉到的空间范围。有专门的视野计可测量单眼或双眼的视野，以度(°)为单位。实验表明，不同项目运动员和体育系学生瞬间知觉客体的数量不同，足球运动员为 3.5 个，体操运动员为 2.9 个，田径运动员为 2.7 个。另外，还有文献报道，橄榄球四分卫和篮球后卫的视野范围要大于其他位置的运动员(张力为、任未多、毛志雄、李铂，1992)。

三、听觉

听觉(hearing)是通过耳朵、听传入神经和听觉中枢对频率约为 20—20 000 Hz 的声音刺激产生的感觉。在有音乐伴奏的运动项目中(如艺术体操、花样游泳、花样滑冰)，听觉有重要作用。听觉刺激可以通过中枢神经系统的兴奋扩散效应，诱发动觉中枢的兴奋，从而产生节奏感，即听觉和动觉的联合知觉。

四、触压觉

触压觉(tactile sensation)是由非均匀分布的压力(压力梯度)在皮肤上引起的感觉，分为触觉和压觉两种。外界刺激接触皮肤表面，使皮肤轻微变形，引起的感觉叫做触觉；使皮肤明显变形，引起的感觉叫做压觉。触压觉常常简称为触觉。

在各种持械运动项目中，如射击射箭和球类运动项目，对运动员的触觉敏感性有很高的要求。篮球、手球运动员的触觉敏感性体现在手掌和手指皮肤上，足球运动员体现在脚背和脚内侧上。皮肤触觉敏感性仅仅是基础,还要经过长期专项训练才能发展起这种专项能力。皮肤触觉敏感性的测量通常可采取"两点阈"(two-pointthreshold)测试。方法是排除被试的视觉参与,同时给予被试某一部分皮肤强弱相等的两点刺激,这两点之间若达到一定距离,被试就会知觉为两个点;如果逐渐缩小这个距离,到某一程度,被试就分辨不出是两个点而产生一个点的感觉。这一临界值(两点的距离)就被称为两点阈。研究表明,全身各部位的两点阈有很大差异,个体间的差异也很大。

五、平衡觉

平衡觉(sense of equilibrium)是人体做加速度或减速度的直线运动或旋转运动时,通过内耳的前庭器官引起的感觉。平衡觉涉及身体整体的位置和运动,告诉我们身体尤其是头部在环境中相对于重力的方向,提供身体是否在旋转、加速、倾斜等信息。平衡觉对于保持身体直立非常重要。失去平衡觉的人最初会难以调整姿势,易摔倒,还可能感到眩晕,但可以通过视觉信息得到补偿。通过练习可以导致平衡觉的适应。

在日常生活中的觉醒状态时,人的头部多是保持与地面垂直的位置,即使偏离,也是短时间的和小幅度的。但在一些难美性运动项目中,如体操、跳水、技巧、武术和花样滑冰以及撑杆跳高等项目,运动员经常要完成一些倒立、旋转和空翻动作,并且在动作过程中还需要使自己的身体保持一定的姿势。这种改变头部日常习惯位置的活动(有时是快速不停地变换),会对运动员的平衡知觉能力提出极高的要求。因为要保持身体的平衡,首先要具备精确知觉自己身体位置变化情况的能力。

插图8-4 平衡觉在体操、跳水、技巧、武术和花样滑冰等项目中十分重要(杨波跳)

第二节 运动活动与知觉系统

空间、时间和运动是一切事物存在的固有形式。任何事物离开空间、时间和运动,就无法存在。在体育活动中,事物在这三方面的变化较日常生活更加迅速和剧烈,并要求运动员不断地和及时地对这些没有固定模式的变化作出准确的判断与决策,同时以各种运动行为对此作出反应。

一、空间知觉

空间知觉(space perception)是对物体空间特性的反映,包括形状知觉、大小知觉、深度与距离知觉、立体知觉、方位知觉与空间定向等。我们看到一个篮球,就可以知道它是圆的,比足球、排球、手球都大,还可以知道它距离我们有多远,是一个球体,在我们的什么方向。可以设想,运动场上的所有活动,随时都需要在空间知觉的帮助下进行。如射门、投篮、击球、扣球、传球、抢断球、突破过人等。在完成这些活动前,运动员必须首先判断出球、对方队员、同伴队员和自己的空间特征情况和彼此间的关系。排球比赛中的多数进攻战术都是旨在网上空间错开对方拦网队员的防守。跳高、跳远和跨栏运动员为了在助跑和栏间跑的最后一步准确地踏在预定的位置上,在整个跑的过程中,始终要通过空间知觉来控制自己的步幅。在一些投掷项目中,运动员要在高速旋转后将器械按照一定的方向和角度投出去,必须在旋转过程中保持清晰和准确的空间知觉。在体操项目中,有一些动作要求运动员暂时离开器械,再迅速回抓器械(如高低杠),没有准确的空间知觉就无法完成这种高难度的动作。当然,准确的距离知觉还是拳击、击剑等项目运动员不可缺少的能力。

(一) 方向知觉(derection perception)

人们判断物体或他人的方位时,主要依靠视觉,例如裁判员可以依靠视觉判定运动员移动的位置、方向和角度。听觉也参与方向知觉,但不如视觉可靠。例如可以根据听觉判定汽车行驶的位置和方向。人们判断自身运动的位置和方向时,既要依靠视觉,也要依靠动觉和平衡觉。例如,花样滑冰运动员三周半接两周半的腾空、旋转、落地的动作过程,动觉和平衡觉就具有重要作用。实验室研究表明(李建周,1985),有照明条件下,知觉运动方向主要依靠视觉;无照明条件下,或照明不足、视况不好的情况下,知觉运动方向主要依靠动觉(表8-1)。

表 8-1 整个屋子旋转时感知垂直方向的误差(度)

旋转速度		有照明条件	无照明条件
小(合力方向 20.5 度)	平均数	3.1	10.7
	标准差	2.6	5.6
大(合力方向 33.4 度)	平均数	0.3	24.7
	标准差	4.1	7.1

改编自李建周,1985

还有研究表明(李建周,1985),在暗室内进行实验时,假如头部和身体处于垂直位置,即使没有视觉线索,对垂直方向的知觉,也与实际垂直方向大体相符,因为依靠身体位置的垂直关系比较容易辨别运动方向。但当头部和身体倾斜时,由于改变了以前额垂直水平方向为主线的观察线索,对于垂直方向的运动知觉就会出现偏差。一般来说,当头部和身体倾斜度较小时,对垂直方向的运动知觉向着与身体倾斜相反的方向偏斜,即知觉身体运动倾斜的角度小于实际倾斜角,从而出现对身体倾斜度的低估。运动现场测验表明(松田岩男,1979),不经常锻炼的人对身体倾向 30 度时,在运动方向知觉上低估 20 度左右;锻炼者在身体倾斜 60 度时,在运动方向知觉上也低估 20 度左右。这种低估现象叫做 E 现象。当头部和身体的倾斜度加大时,对垂直方向知觉的误差向着与身体倾斜相同的方向偏离,即运动方向知觉倾向于高估身体实际倾斜度。这种高估现象叫做 A 现象。垂直运动知觉的这种高估和低估偏差统称为奥伯特(Oubert)现象。这种现象在竞技体操选手和非锻炼者的对比实验中得到了印证:前者容易出现 E 现象,后者容易出现 A 现象。

方向知觉与人格特征

从生理活动分析,方向知觉是内耳中的前庭器、半规管的功能与视网膜上的视觉映像相整合而产生的。但从心理活动分析,人们运用视觉线索和前庭感觉信息时存在个体差异,尤其是当两类信息不一致时,有的人更多地依赖内耳前庭感觉的信息,有的人则更多地依赖外部环境的视觉线索。这种依赖程度或依赖倾向可以通过棒框测验测量出来。

棒框测验是在缺乏其他参照线索的情境下,让被试面对棒框仪,仪器上有一个倾斜的方框,方框内有一根倾斜的直棒(图 8-1A),要求被试仅凭知觉把方框内的直棒调节垂直。研究结果发现,被试有两类反应:一类反应是不受周围方框的影响,把直棒调节成与地面呈垂直(图 8-1B)。另一类反应是以方框为依据,把直棒调节成与方框边缘呈垂直(图 8-1C)。这两种倾向分别叫做场独立性和场依存性。

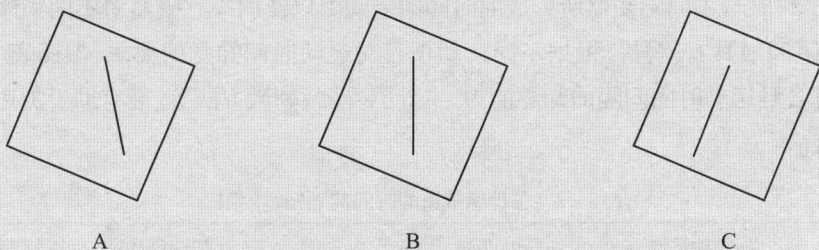

图 8-1　棒框仪及场独立性和场依存性测验

进一步的研究发现,具有这两种不同方向知觉特点的人,其人格特征也不尽相同。场独立性强的人,在人格上往往表现为:喜欢独来独往,对社会交往不感兴趣,生活中不太注意别人的意见,不轻易动感情,喜欢从事与人少有交往的职业。场依存性强的人,在人格上往往表现为:喜欢寻求社会支持,喜欢社会交往,重视他人意见,容易接受团体的建议,好动感情,喜欢从事与人打交道的工作。

崔丽娟,2002,128 页

(二) 距离知觉(distance perception)

距离或深度知觉主要通过视觉来形成。单眼和双眼的深度视觉存在差别。一般来说,双眼深度知觉的准确性高于单眼。这是由于用单眼衡量客体实际距离时,含有较多的经验补充,只以此为依据,对于判断距离是不利的。距离知觉的准确性除受感受器影响以外,还受其他主客观条件的制约。客观条件包括物体的清晰度、物体的相互掩盖关系、周围背景中熟悉的参照物体以及物体运动速度等;主观条件包括知觉远近物体时眼球肌肉的收缩与放松、观察时的身体位置以及个体经验等。

二、时间知觉

（一）时间知觉

时间知觉（time perception）是对时间长短、快慢、节奏和先后次序关系的反映，它揭示客观事物运动和变化的延续性和顺序性。自然界的周期性变化和人体内部的生理变化是人们产生时间知觉的依据。

时间知觉与时机掌握有重要联系。如排球中的扣球、篮球中的抢篮板球和盖帽等都需要运动员依靠准确的时间知觉帮助掌握最佳的起跳时机。排球中的时间差进攻，就是利用对方拦网队员时间知觉的误差来达到技战术目的的。

时间知觉还与情绪态度有重要联系。人对时间估计所产生的误差常常与主体的情绪和态度有关。在篮球、足球、手球等以单位时间内的成绩判定胜负的比赛项目中，处于比分领先的运动员和处于比分落后的运动员，在比赛快要结束时对时间过得快慢会有不同的知觉。前者倾向于知觉时间过得慢，后者则感到时间过得快。在足球等项目中，时间由裁判员掌握时，运动员有时会因时间问题与裁判员发生争执：落后方希望继续比赛，领先方希望尽快结束。

如表8-2所示，不同感受器所形成的时间间隔阈限以及同一感受器对不同物体或动作形成的时间间隔阈限具有差异。根据不同运动项目对运动时间知觉的要求，参照表8-2的数据，确定训练各种运动时间间隔的知觉能力、主导感受器、刺激方法等，会有助于加速专门化知觉能力的提高。

表8-2 各种感觉道的时间间隔知觉阈限

感觉道	刺激种类或刺激方法	时间间隔阈限（秒）	感觉道	刺激种类或刺激方法	时间间隔阈限（秒）
听觉	电火光声音	2.0/1 000	视觉	周围视觉	49/1 000
听觉	物体下落声音	5.6—6.7/1 000	视觉	中央和周围	76/1 000
触觉	给手指压力	27.7/1 000	听觉和视觉		60/1 000
触觉	给手掌压力	46—150/1 000	听觉和视觉		71/1 000
视觉	中央视觉	22—66/1 000			

改编自李建周，1985

（二）节奏知觉

节奏知觉（rhythm perception）也是一种时间知觉。把客观上相等的各种时间间隔，有规律地配合并连续呈现，就会产生各种时间节奏知觉。人脑对运动技术动作时间节奏的直接反映，称为运动时间节奏知觉。几乎所有运动项目的技术动作都有自己特定的时间节奏。在周期性运动项目中，如自行车、赛跑、游泳、速度滑冰等，节奏知觉往往是运动员控制自己动作节奏的先决条件。身体的节拍性运动和计数活动，有助于对时间长短的估计。对节奏性的刺激，人们习惯于伴随节拍性动作或用口头计数，这时所产生的动觉刺激也为衡量时间提供信号，补充和提高了知觉时间的能力。实践证明，当运动分析器出现障碍时缺乏动觉刺激，节奏知觉往往发生困难，影响知觉时间的准确性。对某些要求精确知觉时间的活动，人们借助口头数数提高估计时间的准确性。如跳伞运动员要在跳出飞机以后20秒钟准时开伞，时间误差超过一秒钟就失去了获胜的机会。这时,跳伞运动员可以借助口头数数帮助准确地估计时间。风帆运动员在出发前也需要靠数数的方法准确估计最后几秒的时间,以便准时快速启动,占据有利位置。径赛运动员在起跑线上,听到预备的口令之后,也有口数或默数两个数后就开始起跑,刚好是两秒。一些表现性运动项目的比赛如艺术体操、花样滑冰等有音乐伴奏,运动员就根据音乐的节奏来完成自己的动作。

运动节奏知觉可通过练习得到发展。郭元奇(1991)曾为跳远运动员建立了一种可随时调整的音响助跑节奏模式,经过 8 周训练实验后,用音响助跑节奏模式训练的实验组较对照组在速度、水平速度利用率、准确性和运动成绩等方面提高幅度更大,说明通过节奏知觉的帮助,可以收到良好的训练效益。

不同分析器形成节奏知觉的难易程度和最佳时间间隔不同。听觉领域中的节奏最容易使人形成运动时间节奏知觉。听觉最适宜的时间间隔是 0.5 秒至 1 秒,视觉最适宜的时间间隔是 0.5 秒至 0.75 秒。在此范围内,运动节奏知觉效果最好(李建周,1985)。

三、运动知觉

运动知觉(motion perception)是对外界物体运动和机体自身运动的反映,通过视觉、动觉、平衡觉等多种感觉协同活动而实现。在运动场上,外界运动的物体很多,如球类比赛中的球、对方队员及己方队员的动作等等。涉及的外界对象越多,运动员的运动知觉就越复杂。所以,体育运动对运动员的运动知觉发展水平的要求是很高的。

(一) 对外界物体运动的知觉(perception)

完成知觉外界物体的运动是依靠以视知觉为主的一些外部感受器来进行的。对外界物体运动速度的知觉受以下条件制约:

第一,运动物体的形状大小与速度知觉成反比,即运动物体形状越大,对其运动速度的估计越小。例如,注视篮球和乒乓球的运动时,在同样速度下,会感到篮球运动速度慢,乒乓球运动速度快。同理,篮球比赛中,在同等移动速度条件下,高个子队员的移动速度显得比矮个子队员慢。这种知觉现象是因为体积形状较大的物体或人,在视网膜上的投像较大,占据视野的时间较长,因而对这种视觉信息的速度知觉较慢(李建周,1985)。

第二,运动物体的形状大小与运动速度知觉的下阈限及上阈限成正比。有研究者(鹰野健次、藤田原,1976)用一固定窗口呈现画好的运动图形,比较窗口大小、图形大小与速度阈限的关系,结果发现,注视窗口及运动物体图形大的,速度阈限也大;反之,注视窗口及运动物体图形小的,速度阈限也小(表8-3)。

表8-3 运动图形大小与速度知觉阈限的关系

窗口(cm)	图形(cm)	速度知觉下限(cm/s)	速度知觉上限(cm/s)
15×5	1.6	0.35	142.5
7.5×2.5	0.8	0.21	80.3
3.75×1.25	0.4	0.11	39.5

引自李建周,1985

第三,在一定范围内,光线亮度与速度知觉成正比(表8-4)。光线亮的物体看起来运动速度快;光线暗的物体看起来运动速度慢。明度大的物体运动时,速度知觉下阈限低,上阈限高;反之,明度小的物体运动时,速度知觉下阈限高,上阈限低。明度越小的物体,越容易很快感觉不到物体的运动(鹰野健次、藤田原,1976)。

表8-4 图形明度与速度知觉阈限的关系

图形明度(反射率)	4.5	11.3	30.1	51.8
知觉阈限速度(cm/s)	488	400	400	364

引自李建周,1985

第四,运动背景条件如场地也会影响速度知觉。排球队员如果习惯于只能容纳一块场地的小球场,那么,到能容纳4个场地的大球场比赛,技术水平的发挥可能会受到干扰。因为场

插图8-5 赛车运动对速度知觉的要求极高

地越是宽广,对球的运动速度越感觉慢,这种速度知觉的错觉现象,会直接影响动作的反应速度。有研究表明,变态的异形运动背景,比缺乏变化的背景更能使运动员精确地感知物体运动速度。在无装饰的运动背景下和有装饰的(如运动情境放大画)运动背景下感知物体运动,后者更准确。游泳运动员在仰泳时,总是以游泳馆的屋顶为背景,作为运动速度知觉的参照物。如果馆顶的背景装饰是运动员不熟悉的,或是以天空为背景,就可能会影响他们的速度知觉。

第五,物体或动作的运动方向对速度知觉有影响。知觉沿水平方向移动的物体或动作较为容易,知觉沿垂直方向移动的物体或动作较为困难,因此,对沿垂直方向移动的物体或动作的运动速度进行知觉时,误差较大。研究表明,如果以水平方向运动速度估计值为100,那么,垂直向上的运动速度估计值为97,垂直向下的运动速度估计值为84,即人们倾向于低估垂直方向的运动速度(鹰野健次、藤田原,1976)。还有一个有趣的现象,就是闭眼作圆运动时,大部分人容易知觉为作椭圆形运动;如果让运动员闭眼沿圆形轨道走几圈后,再让他闭眼沿直线轨迹行走时,他会感到走的不是直线,而是与原来圆形轨道的走向完全相反的方向,这可能与身体运动后象的作用有关(李建周,1985)。体育教师和教练员应当注意运动方向对速度知觉的制约作用,以便提高训练效率。

第六,知觉者的主体状态对速度知觉亦有影响。对物体运动的速度知觉,是各种分析器协调活动的结果。除了视觉分析器以外,其他分析器如动觉、平衡觉、听觉、肤觉的分析器,都会对速度知觉的形成产生不同影响。运动员向来球方向跑动接球时,常把球速判断得比实际速度快些,因而出手(脚)动作较快;而运动员处于相对静止的状态下接球,则又会把球速误判为比实际速度慢些,造成出手(脚)过迟的现象。

用来感知物体运动的外部视感受器的附属肌肉组织会影响速度知觉。通过眼睛和头部的转动追踪运动物体时,虽然落在视网膜上的视像是静止的,但是眼球和头部提供的动觉信

运动心理学(第二版)

息,也能使人产生物体运动知觉。

(二) 对机体自身运动的知觉

对机体自身运动的知觉主要是通过运动分析器获得的。运动分析器的感受器分布在肌腱和韧带中的感觉神经末梢。机体活动时,这些感受器受到牵拉,产生神经冲动,沿传入神经传递到大脑运动中枢,产生对自身机体运动的知觉。

根据动作的形态、幅度以及时空特征,可将对机体自身运动的知觉分为 4 类:

第一,运动形态知觉,如关于身体的直线运动知觉、曲线运动知觉等。

第二,运动幅度知觉,如关于身体运动规模的知觉、动作摆动大小的运动知觉等。

第三,身体空间位置和方向知觉,如身体倾斜、倒立以及跳水、游泳、体操等项目的动作中的翻转动作时的空间、方向、距离知觉等。

第四,自身运动的时间知觉,如动作的持续时间、长短间隔、转换速度以及时间节奏知觉等。

根据动觉分析器以及其他分析器提供的信息,可将对机体自身运动的知觉分为 8 类:

第一,主动运动时的用力知觉,如排球扣球时的挥臂用力知觉。

第二,运动器官各部分发生改变时的知觉,如身体在双杠上摆动时挺腹和收腹的知觉。

第三,分辨运动器官活动开始与终结时的方位知觉,如屈体回环动作的开始与终结时的方位知觉。

第四,运动器官提升到一定高度时的用力知觉,如纵跳向上的重力知觉。

第五,身体运动的速度知觉,如跑动时的加速、减速知觉。

第六,身体表面接触到外界物体时的各种触摸知觉,如触摸球或器械时的硬度、光滑度以及物体的阻力、压力及重力的知觉等。

第七,躯体或运动器官位置变化时的各种平衡知觉,如身体滚翻或倒立时的平衡知觉。

第八,来自内脏的各种知觉,如跑步、跳跃时的内脏知觉。

以上这两种分类系统可以作为测量自身运动知觉的参照体系,即体育教师或教练员可以根据项目特征,在以上分类中选择适宜的方面,设计恰当的评估方法,对学生或运动员的专项运动知觉进行测量,作为人员选拔或成绩考核的依据。

对自身运动的知觉常常受到来自两方面的干扰:第一,外界的各种视觉和听觉的干扰;第二,自身动作反应的干扰。另外,运动感受器和运动反应器分布在同一部位,因此,正确知觉自身的运动往往比正确知觉一个外界物体的运动更困难。比如,在进行短距离跑等运动时,我们大都感到只是用足尖在蹬地疾跑,但高速摄影或录像提供的客观事实是:足跟先着地,然后逐渐过渡到足尖,由足背加力于地面而蹬地的。再如,乒乓球正手攻球,到底是前臂先挥动还是上臂先挥动,是前臂带动上臂还是上臂带动前臂,运动员和教练员一直争论不休。正是由于对自身动作的知觉有时不清楚,所以运动员经常用照镜子、摄影和录像等方法来帮助技术动作达到最理想的水平。

在体育运动中,运动员常常要同时知觉外界物体和机体自身的运动,如球类项目和一对一格斗项目。这就增加了知觉的复杂性。飞碟射击运动员在盯住快速运动的碟靶的同时,还要完成举枪、抵肩和贴腮等一系列动作。这些动作能否准确到位,就需要对自身运动的知觉来控制了。

四、专门化知觉

(一) 专门化知觉的含义

感知是人们认识客观事物的开端,运动技能的形成,也是由感知开始的。任何一门专项运动技能都是由很多细节所组成的复杂结构体系,都有自己的基本规律,并对运动员有一定的身体、生理和心理方面的要求。专门化知觉(specialized perception)就是专项运动对运动员心理要求的一个重要方面,它是运动员在运动实践中经长期专项训练所形成的一种精细的综合性知觉,能对自身运动和环境线索(器械、场地、运动媒介物质如水、空气)作出敏锐和精确的识别和觉察。专门化知觉具有以下三个特点:

第一,专门化知觉具有综合性,往往依赖多种分析器的同时活动。例如游泳运动员的水感,包括对水的触觉、温度觉,对环境的视觉,对自身运动的动觉以及速度知觉等。

第二,专门化知觉具有专项性,不同的分析器依专项特点而在不同的专门化知觉中起不同作用。平衡觉在跳水、体操项目中具有重要作用,但对射击、射箭就不那么重要。

第三,在所有运动项目中(不含棋类),动觉都是专门化知觉的主要因素。冰上运动项目的"冰感",球类项目的"球感",各种使用专门器械的运动项目的种种"器械感",射击、射箭、跳水等项目运动员的"动作感",等等,都以高度发展的动觉为基础。

专栏 8-2

范·巴斯滕是怎么用脚接到那个球的

前荷兰国脚范·巴斯滕曾在一场球赛中助跑十几米,在小角度凌空抽射队友的一个高吊传球,球应声入网。这一套在几秒内完成的不可思议的动作,不但使对手目瞪口呆,使球迷手舞足蹈,也使知觉心理学家陷入沉思:究竟哪些视觉信息使运动员能够找到准确接球的时间与位置?

一组知觉心理学家认为(Dannemiller et al.,1996),运动的球包括空中飞球包含的信息常量是:运动员会选择一个恰当的奔跑路线,使垂直方向的球速在自己的视野中保持不变。另一组知觉心理学家认为(McBeath et al.,1995),运动员会选择一个恰当的奔跑路线,使球在移动过程中与自己形成的角度保持不变。检验这些假设的通常作法是:发出一个飞球,让运动员追球和接球,将整个过程录像,再对录像进行数学分析,找出一个数学函数,以拟合运动员对球进行视觉跟踪过程中试图保持的那个常量。研究结果表明(Jacobs et al.,1996;McBeath et al.,1996),运动员通常将接球过程分为两个阶段:第一个阶段是加速跑至恰当位置;第二个阶段是当球迅速接近运动员时,充分利用位置线索和深度线索。

上述知觉心理学的研究重点是视觉线索问题,但整个问题给我们的另一个启示是:追接飞球实际上是在视觉引导下,视觉和动觉的协调整合过程。这一过程涉及空间知觉、时间知觉和运动知觉所有三个方面。这是专门化知觉综合性的典型体现。

（二）专门化知觉的测量

由于专门化知觉具有专项化特点，因此，对专门化知觉的测量也会因项目而异。这方面的研究虽不多，但仍为我们提示了量化评定专门化知觉的思路。在对备战盐湖城冬奥会空中技巧国家集训队运动员的一项研究中，郭云清、周成林、戈炳珠（2000）采用了三种方法测量运动员的助滑速度知觉：第一，被试做完一套动作之后，自报助滑速度，再与实测速度比较，两者差距越小越好；第二，计算机实验：当一个光点从计算机屏幕上从左向右移向目标点时，将移动光点隐去，让被试估计该光点到达目标点的时间，估计光点到达目标点的时间与光点实际到达目标点的时间差别越小越好；第三，先让被试跑步一次 300 米，再让被试重复一次刚才跑过的 300 米，两次所用时间差别越小越好。研究结果表明，第一及第二项测验的成绩与运动水平显著相关，但第三项测验的成绩与运动水平无关；助滑速度知觉可以通过速度知觉训练得到提高；每个运动员的最佳助滑速度各不相同；最佳助滑速度的范围随动作难度系数增大而缩小。这一研究提示：第一，测量专门化知觉时，采取多种方法可能会比单一方法更为全面和有效。助滑的自报速度和实测速度之差属于有专项特征的测量指标，计算机实验中的光点移动估计值和实测值之差则属于无专项特征的测量指标，将两者结合使用，或许更为有效。第二，应当注意运动员知觉特征的个体差异。不同的运动员有自己特殊的最佳速度范围，速度知觉的参照系应因人而异。这一思想同汉宁（Hanin，1989）就赛前竞赛焦虑提出的个人最佳功能区理论不谋而合。

（三）专门化知觉的培养

代表世界篮球最高水平的美国职业篮球队的每次训练都是从熟悉球性的练习开始。每人一球，进行类似杂技的随意耍弄，以此达到熟悉球性的目的。足球运动员的"掂球"也是熟悉球性的练习。西德击剑教练贝克曾通过培养运动员的"距离感"，利用距离的变化来控制对手和实施战术，利用"剑感"训练来提高队员快速、连贯的击剑能力。射击运动员能够在每发子弹射出后，根据自己的动作情况较准确地说出弹着位置。这种被称为"预报"的能力，就是一种对自我动作的精细专项感知觉。射击训练所采用的"夜训"、"盲训"等训练方法，也是着眼于培养运动员全身，特别是手臂、手腕及手指在持枪过程中的特殊动觉。张忠秋（1992）认为，"弧线助跑时间节奏、垂直空间及过杆时的身体弓桥感知觉"是背越式跳高项目的专门化知觉。他们在跳高教学与训练中通过培养这几方面的感知觉能力去帮助学生掌握专项运动技能，收到了较好的教学效果。

苏联学者拉托夫提出的训练理论和方法是对传统运动训练的一场革命。传统的运动训练是以运动负荷对有机体施以刺激，获得超量恢复，机体的力量水平提高，从而使运动成绩提高。但在有些项目中，如何使力量转化为速度一直是一个难以解决的问题。拉托夫的训练理论是，运动员要使速度提高，必须打破现有速度的感觉，建立一个新的、更高速度的动作感觉，力量才有可能发挥出来。他在跑道和泳道上空架设专门的设

插图 8-6 专门化知觉可以通过训练得到提高

施,放下一根绳子,挂在运动员的身上,绳子可随运动员向前运动。绳子的目的是减轻一点运动员的体重,使他现有的肌肉力量能获得更高的速度,获得一个新的高于他原来速度的动作感觉。当新的动作感觉完全建立和巩固后,逐步减少外力帮助,直至最后恢复到运动员最初的体重。该理论强调动作感觉的重要性。在这种理论和方法的指导下,一批世界冠军诞生了。

五、运动活动与知觉基本规律

(一) 运动活动与知觉的选择性

对象与背景的差别越大,越容易形成清晰的知觉。例如,墨绿色的乒乓球台配白色的乒乓球,或者蓝色的乒乓球台配黄色的乒乓球,容易被人知觉。因此,各运动项目比赛规则中关于比赛场地和器材的规定,都需要尽量使现场观众和电视观众更容易地欣赏体育竞赛,这样才能赢得更多的体育观众,促进体育事业的发展。

主观状态的不同也会引起知觉的选择,这主要是指主体的需要、兴趣、经验和当前心理状态的影响。主体在这些方面的不同,都是影响从背景中分离出知觉对象的重要条件。如果某事物对某人来说不是当前需要的,或是他不感兴趣的,或是完全陌生的,那么,这一事物就不容易从周围事物中区分出来而被知觉。同是观看一场球赛,运动员漂亮精彩的动作会被一般观众所知觉,这个队的阵容安排和战术策略则被某个队的教练员所知觉,而其他队的队员所感兴趣的是他将要防守的那个队员或与自己位置相同队员的技术特点,场上裁判员注意的是有没有出现违反规则的情况,临场技术统计人员则关心预定的几项技术指标的情况(任未多,1995)。

插图8-7 体育场景中对象与背景的差异会影响观众的知觉与欣赏
(左图:对象与背景的差别小;右图:对象与背景的差别大)

(二) 运动活动与知觉的整体性

刺激物在空间距离上接近或形状相似时,容易被选择为知觉的对象。如图8-2(A)中的12根直线由于在空间上接近和离开,就会被知觉为4组。相似的刺激部分容易组成知觉的对象。图8-2(B)中的图形会使人们自然地知觉为4个纵行,而不是4个横行。在团体操表演、集体跳伞和花样游泳的动作编排时也必须考虑知觉的这一规律(任未多,1995)。

(三) 运动活动与知觉的理解性

人们在知觉当前事物时,总是通过以前的知识经验去理解它,把知觉的对象纳入已知的某一类事物的系统之中。运动员储存的知识经验越丰富,知觉当前事物的准确性就越高。在对抗性运动项目中,对手的战术意图,各种假动作,就容易被经验丰富的运动员和教练员识别

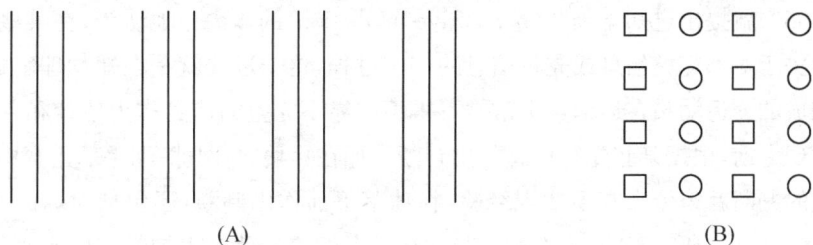

图 8-2 图形的接近和相似在组成对象中的作用

出来。伯德曼（Biederman，1972）的一项早期研究常被用作说明知觉过程及知觉结果对知识经验的这种依赖性。他用速示器让被试迅速看一些不同场景的照片，如校园、街道、厨房等，被试的任务是指出在某个场景中特定位置上的一个熟悉的东西（靶目标）。所用的场景照片分为两类：一类是正常的场景；另一类是将正常的场景分成几个部分，然后再杂乱地拼凑在一起。如图 8-3 所示，照片为街景，靶目标为自行车，上下两幅照片的左下部分是一样的，均包含自行车。在每一个场景内，靶目标的位置在适当的地方用箭头指出来。实验时，一种情况是箭头在场景呈现之前呈现（线索在前），另一种情况是箭头在场景呈现之后呈现（线索在后）。每次实验时，被试要在照片簿中展现的 4 个东西中，选出一个他确认的靶目标。在一半实验中，被试在场景呈现之前就要从中决定选择的东西（备择物在先）；在另一半实验中，被试要在看了场景之后才看备择的东西（备择物在后）。实验结果表明（图 8-4），在上述任何一种情况下，正常场景中靶目标的辨认率都高于杂乱场景。伯德曼和同事们（Biedeman，Glass & Staey，1973）后来的实验还发现，在正常场景中，搜寻一个靶目标的速度要快于杂乱场景中的搜寻。这些实验提示，人在知觉自然环境中的对象时，总是以已有的关于自然环境中诸景物的知识为依据的，关于这些景物空间关系的知识引导着我们的知觉活动（王甦、汪安圣，1992）。

知识经验对知觉过程的这种影响在运动活动中也表现得十分明显。波尔顿 1957 年

图 8-3 两种场景（上图 a：正常的；下图 b：杂乱的）

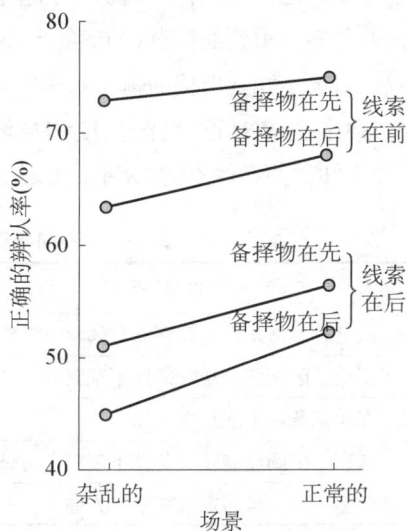

图 8-4 两种场景中对靶目标的辨认成绩

(Poulton，1957)就提出过知觉预测(perceptive prediction)的概念。他认为，在某些情况下，运动成绩将取决于对不完整信息或先行信息的加工过程，这一过程就是在知觉理解的基础上通过想象来完成的。运动员在运动场上常常不得不依靠不完整的信息作出估计和判断，有时要先于事物出现之前，根据某些先行信息作出判断。如在乒乓球、网球、羽毛球比赛中，接球队员对来球落点的判断就得依靠专项知识经验，在球落下前作出判断，还包括对球的力量和旋转方向及程度的估计。研究表明，优秀运动员和初学者的差异就是由知觉理解水平的差异造成的。巴德、弗里瑞和卡里尔里在一项研究中发现(Bard，Fleury & Carriere，1975)，在评判平衡木比赛动作时，优秀裁判员和裁判新手的注视情况不同。优秀裁判员注视点的固定次数更少，主要集中在注视体操运动员的上半身，而裁判新手则集中注视运动员的腿部。这说明，对裁判规则、裁判任务的理解水平不同，裁判员的经验程度不同，知觉的方向也不同。

(四) 运动活动与知觉的恒常性

在一定的范围内，运动物体的大小总是保持稳定的，这是由空间知觉中大小知觉的恒常性决定的(李建周，1985)。知觉恒常性指知觉的条件在一定范围内改变时，知觉的映像仍然保持不变的特点。例如足球，比赛场地很大，但场上运动员无论在哪个角度或位置看球，球的大小总是保持恒定的，不会受自己与球的距离影响。当然，这种恒常性只在一定范围内有效。坐在可容纳 10 万观众的体育场的最上排看足球，由于距离太远，大小知觉的恒常性可能会受到破坏。

为了对大小恒常性进行定量说明，伯鲁恩斯韦克(Brunswik)在分析了大量实际观测的数据之后，提出了一个恒常性比率公式，即：

$$K_B = (P - R)/(C - R)$$

其中，P 是对物体知觉的大小；C 是物体实际的大小；R 是按视角计算的网像大小，可以用物体的实际大小除以物体对眼睛的距离求得。恒常性数值在 0—1 之间。如果知觉的大小 P 等于实际大小 C，则比率值为 1，表明具有完全的恒常性；如果知觉大小 P 等于网像大小 R，则比率值为 0，表明不具备任何恒常性。

大小知觉的恒常性，对于准确判断周围事物及自身动作实际的大小具有重要意义。它可以保证人们忽略不重要的信息(如球的大小)，而对重要信息(如对手和队友的位置变化)迅速作出反应。对大小知觉保持的恒常水平叫做大小知觉恒常度，它受一系列条件制约，包括单、双眼，照明强度，距离远近，目测角度和身体姿势等条件的限制(李建周，1985)。表 8-5 说明，由于大小知觉的条件不同，大小知觉的恒常度也有所变化。

表 8-5 不同条件下大小知觉恒常度的差异

知 觉 条 件	双眼	单眼
最适合通常条件下观察立方体	88	88
用筒子限制部分视野条件下观察立方体	81	79
弱照明条件下观察立方体	78	74
暗室中依圆盘能转头条件下观察立方体	75	52
暗室中依圆盘固定头观察立方体	67	15

引自松田岩男，1979。表中数字可能为百分比

大小知觉恒常度与训练有关。对足球、手球等项目的守门员进行的研究表明,在改变身体位置时,他们对运动物体(球等)或人体运动的大小知觉恒常度较好,而超过一定距离时,则大小知觉比实际物体要小。与此相反,没有经过训练的人,即使距离较近时,大小知觉也比实际物体要大。随着距离的加大,在侧卧、倒立时比立位时知觉错误有增加的趋势,但锻炼者比非锻炼者的知觉误差小。锻炼者在运动活动中经常把身体运动的空间位置变化与球(或器械)的大小结合起来进行知觉,这种知觉是通过大脑进行分析、综合、加工和翻译的结果,本体知觉经验在此起了重要的补充作用,因此,对物体的大小知觉比较准确(李建周,1985)。

本章提要

1. 不同的运动项目对运动员的感知觉有不同的要求。比如,排球要求良好的深度知觉;足球要求广阔的视野;球类运动员良好的"球性"依赖于触觉的敏感性;径赛运动员要有良好的速度感;平衡感觉在体操、跳水、技巧、武术及花样滑冰等项目中具有重要意义。

2. 动觉也称本体感觉,是对身体各部位的位置和运动的感觉,由肌觉、腱觉、关节觉和平衡觉4者结合而成。动觉的培养和提高是发展高水平运动技能的关键。

3. 空间知觉是对物体空间特性的反映,包括形状知觉、大小知觉、深度与距离知觉、立体知觉、方位知觉与空间定向等。

4. 时间知觉是对时间长短、快慢、节奏和先后次序关系的反映,揭示客观事物运动和变化的延续性和顺序性。

5. 运动知觉是对外界物体运动和机体自身运动的反映,通过视觉、动觉、平衡觉等多种感觉协同活动而实现。运动知觉影响到运动员对运动技能的掌握、控制和比赛中时机的把握。

6. 专门化知觉是运动员在运动实践中通过长期训练形成的一种精细的主体运动知觉。它不仅仅是一些感觉综合和高度发展的产物,而且与运动员的表象、运动经验、思维和想象相联系。它能对器械、场地、运动媒介物以及专项运动中的时间、空间等特性做出高度敏锐和精确分化的识别与感知。

7. 测量专门化知觉时,采用多种方法可能会比采用单一方法更为可靠和有效。

8. 培养专门化知觉需要根据运动项目特征进行训练设计,关键是要提高动觉水平。

9. 在比赛器材的设计、比赛场地的安排以及运动动作的编排上,要充分考虑知觉的选择性,以使观众更容易地观赏运动竞赛。

10. 知觉的理解性在运动员的战术思维中体现得尤为明显。比如,运动员经常根据经验对不完整的信息进行加工并据此做出决策。

关键术语

动觉,视觉,听觉,触压觉,平衡觉,空间知觉,深度知觉,方向知觉,距离知觉,时间知觉,节奏知觉,运动知觉,专门化知觉

1. 运动员、教练员常说的球感、水感等,包含哪些具体的感知觉要素?
2. 根据你所从事的运动项目的特点,设计一种测量专门化知觉的测验。
3. 根据你所从事的运动项目的特点,设计一种提高专门化知觉的训练。

推荐参考读物

1. 艾森克(主编,阎巩固译,2001):心理学——一条整合的途径。上海:华东师范大学出版社。该书为普通心理学教科书,第四章为"感觉系统",第五章为"知觉和注意",可作为阅读本章的基础铺垫。

2. 郭云清、周成林、戈炳珠(2000,12月):备战盐湖城冬奥会空中技巧国家集训队运动员助滑速度知觉测量与训练的研究。在中国第六届体育科学大会上的报告。湖北,武汉。此项研究使用多种方法测量运动员的专门化知觉(助滑速度知觉),既实际实用,又较为符合心理测量学的原理,可以启发我们设计专门化知觉测验的思路。

3. Schmidt,R. A. & Wrisberg,C. A. (2000). Motor learning and performance (2nd ed. Chapter 3,pp.55—87). Champaign,IL:Human Kinetics. 该书是运动技能学习教材,第三章为"加工信息和做出决策",可作为本章的参考资料。

4. Starkes,J. L. & Helsen,W. & Jack,R. (2001). Expert performance insport and dance. In R. N. Singer,H. A. Hausenblas & C. M. Janelle (Eds.),Handbook of sport psychology (pp.174—201). New York:John Wiley & Sons. 该文从知觉、认知、决策等角度探讨了运动领域专家和新手之所以不同的原因。

5. Straub,W. F. & Williams,J. M. (Eds. 1984). Cognitive sport psychology. New York,Lansing:Sport Science Associates. 该书从认知运动心理学的角度全面论述了运动员的信息加工问题,包括对知觉选择和注意问题的专论。

6. Wrisberg,C. A. (2001). Levels of performance skill:From beginners toexperts. In R. N. Singer,H. A. Hausenblas & C. M. Janelle (Eds.),Handbookof sport psychology (pp. 3—19). New York:John Wiley & Sons. 该文从知觉、认知、决策等角度探讨了运动领域专家和新手之所以不同的原因。

第九章　运动活动的记忆过程

插图 9-1　运动记忆与情绪记忆、形象记忆、语词逻辑记忆有明显的区别

学习是人类通过实践获得适应环境、改变环境的能力的过程。由于学习是一个过程,在时间上有持续性,那么经过一定时间,仍具有这种能力就叫记忆(memory)。记忆的内容不能保持,或者提取记忆内容时产生困难,则称为遗忘(forgetting)。

人们的举手投足,一举一动,都与运动记忆有关。日常生活离不开运动记忆。例如,说话的功能就与面部的肌肉运动记忆紧密相关,平时骑车、游泳、刷牙、使用筷子、操作计算机,哪一样也离不开运动记忆。失去了运动记忆,人将寸步难行。

运动记忆与情绪记忆、形象记忆、语词逻辑记忆有明显的区别,与肌肉活动密切相关。本章将讨论运动记忆的特点、性质和作用。

第一节　短时运动记忆

一、短时运动记忆的遗忘曲线

遗忘曲线(forgetting curve)是通过统计方法表示停止练习之后遗忘速率随时间变化而变化的曲线,特点是遗忘的进程先快后慢,但识记的内容不会全部忘光。这一规律最初由德国心理学家艾宾浩斯(Hermann Ebbinghaus,1850—1909)通过无意义音节记忆实验而获得。但这一规律是否也适用于运动记忆呢?让我们来讨论一下运动领域的研究成果。

亚当斯和迪克斯特拉(Adams & Dijkstra,1966)曾做过一个直线定位反应实验。方法是要求被试蒙上眼睛,用手向前移至一个主试规定的目标点,然后再返回起始处,间歇一段时间,将目标点移开,再让被试移至自己认为是原目标点的地方停住,测量该点与原目标点的误差。他们选择了三组被试,分别练习 1 次、6 次、15 次以后再做记忆测试,结果如图 9-1。

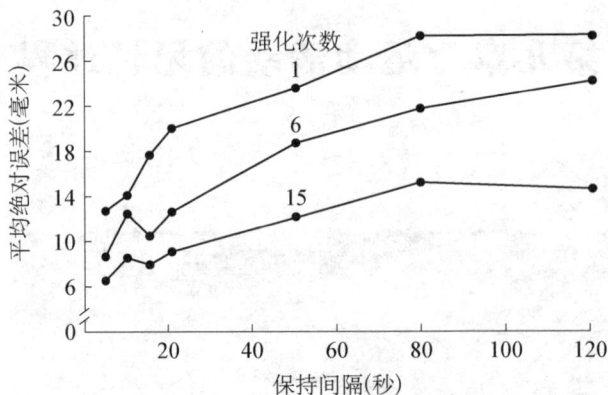

图 9-1   定位作业中保持间隔、强化次数和平均绝对误差的关系

引自 Adams & Dijkstra,1966

这一实验表明:回忆误差随测验间隔时间的增加而增加,在间隔时间为 80 秒时增加至最高值。在此以后,回忆误差不再随间隔时间的增加而增加,而是大致稳定在该水平上。也就是说,同言语反应相似,运动反应的记忆也有一个遗忘过程,大致在一分钟左右完成。该实验还表明,随着练习次数增加,遗忘的程度下降。克瑞蒂认为(Cratty,1973),如果训练以后紧跟着对该技能进行心理演练,可能会有助于短时记忆的改善或使短时记忆转为长时记忆。

二、前摄干扰对短时运动记忆的影响

所谓前摄干扰(proactive interference),是指先学习的材料对记忆后学习的材料所发生的干扰作用。关于前摄干扰对短时运动记忆(short term movement memory)的影响,阿斯克里和舒密特(Ascoli & Schmidt,1969)曾做了这样的实验研究:首先要求三组被试休息;然后 A 组做两次干扰性定位作业,B 组做 4 次干扰性定位作业,C 组不做干扰性定位作业;接着三组被试共同学习一个统一的标准定位运动;继而间歇 10 秒或 20 秒;再让后两组回忆先前学习的定位作业;最后再让三组被试回忆所学习的统一标准的定位运动。结果表明,在学习统一标准运动技能以前,学习其他技能越多,对后一个运动的学习结果影响越大(图 9-2),这种前摄干扰同言语技能学习过程是一致的。

三、运动记忆的位置线索和距离线索

在学习、保持和重现运动技能时,人是以位置为线索还是以距离为线索来复制所要求的动作呢?莱布斯等人对此问题进行了研究(Laabs,1973)。首先,他让被试闭眼移向一个终点,这一终点由主试告诉被试;其次将被试分为两组,主试将他们分别移向不同于原起点的一个起点准备开始回忆的移动。然后,要求 A 组沿原线路移向原终点,这样,被试第二次移动的距离与第一次主试引导他们的距离就不同,使得原距离信息失去一定的作用。再要求 B 组按

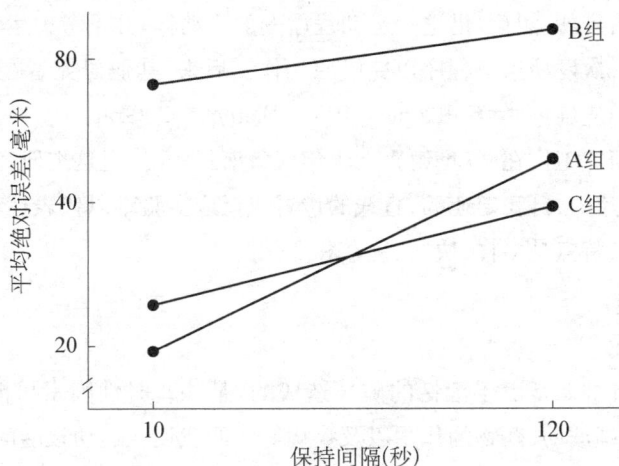

图9-2　定位作业中保持间隔、先前练习次数与平均绝对误差的关系
引自 Ascoli & Schmidt，1969

第一次移动的距离再移动同样的距离达到原终点,使得原位置的信息失去一定的作用,如图9-3所示。结果表明:以位置为记忆线索的被试能更准确地完成回忆任务。这就提示:被试在以距离为线索回忆原位置时遇到更多的困难,因而定位运动记忆可能更多地依赖于位置线索(position cues),而不是距离线索(distance cues)。

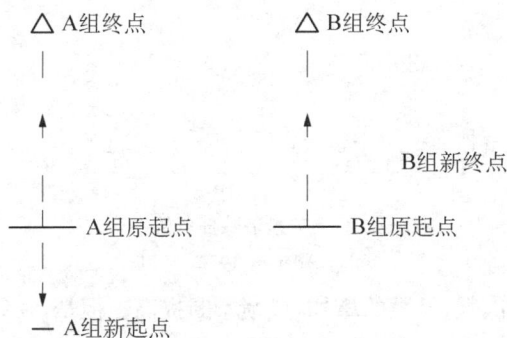

图9-3　不同线索的运动记忆实验设计
引自马启伟、张力为，1996

四、预先选择对短时运动记忆的影响

过去,人们研究短时运动记忆总是由主试向被试规定起止点,引导被试先做一次或数次,再让被试自己回忆原动作。1973年,马腾纽克(Marteniuk,1973)打破了这一传统的研究方法,令被试自己选择一个移动的终点。经过一段记忆间隔以后,让被试回到原起点重新移动以确定他原来选择的那个终点。结果发现,在自己选择移动终点再加以回忆的条件下,被试回忆的准确度明显提高。对这一现象的解释是,假如被试不知道目标终点将在哪里出现,那么他就不得不依赖于感觉线索来分析和确定终点,这导致运动的回忆在一个闭环过程中进行(反应——刺激肌肉知觉装置——反馈至下一个反应)。但如果被试自己先确定一个终点再对这一动作加以回忆,被试就是自己预先在头脑中将这一动作编成一个运动程序,即按时间先后

安排的运动动作执行步骤,然后,借这一运动程序发放一动作,并不考虑运动中的感觉结果,只是在记忆测验中再一次发动这一程序以完成原动作。后来,其他研究者在言语行为中也发现了同样的预先选择效应(Lee & Gallapher,1981;Slamcka & Graf,1978)。

运动短时记忆研究工作在20世纪六七十年代曾盛行一时,但这类研究并未像预期的那样有效。显然,这种慢速的、自我定速的、直线的位置点反应实验难以代表运动场上的运动行为。实际中的运动行为其特点是多样、快速、复杂和变化。

五、热身损耗

许多记忆的下降并非是由于记忆的破坏造成的,某些暂时性因素可能会影响到记忆,如丧失动机、每天的成绩波动、药物的作用以及疾病等。而我们在运动技能的练习或表现中常常可以看到,已经掌握的运动技能在间歇后不能立刻回复到原有表现水平的现象,这种特殊的运动成绩下降现象叫做热身损耗(warm-up decrement)。亚当斯曾做实验(Adams,1952,1961),让一大组被试完成追踪转盘的任务,实验5天,每天30次,每次30秒,结果如图9-4。

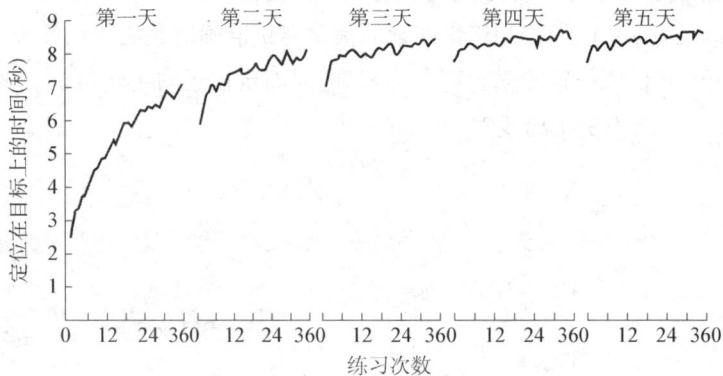

图9-4 5天转盘追踪任务的平均成绩

引自 Adams,1952,1961

显而易见,随着练习次数、日数的增加,成绩不断提高。但是,在经过较长时间即经过一天的间歇再重新开始练习时,就出现较大的技能损失,其程度大致相当于三四次练习后的提高程度。这种技能损失经过短短几次练习后很快就消除了。这种情况在运动中是非常普遍的,如足球上半场休息完,下半场刚上去总有一段时间达不到上半场末的水平,羽毛球很少在前几分钟打出非常精彩的漂亮球,等等。

对这种状态的心理学解释有两种(生理学用进入工作状态来解释,但上述实验并不需要心肺功能达到高水平)。一种解释认为,热身损耗是遗忘的一种表现,休息期间,发生了原技能的遗忘过程。但是,许多运动员掌握某技能已达到自动化程度,相当熟练,似乎不可能在短时间内产生遗忘。另一种解释是定势假说(set hypothesis),该假说认为,技能水平下降是由某种暂时性的内部状态或定势受损受阻引起的。这一假说得到了一些实验的支持。比如,1971年,纳森和舒密特(Nacson & Schmidt,1971)设计了一个右手握力作业,要求被试以20.6千克的力抓握一个握力计,共握20次后休息10秒,再做10次。在休息期间,A组不做任何活动;B组则先休息5秒,后5秒做另一个力量估计作业,这个辅加作业不是用右手而是用左手,是肘屈动作而不是抓握动作,力量是 9.1 千克而不是 20.6 千克。因此,辅加作业对于右手抓握技能的记忆是无帮助的。B 组对辅加作业共练习 18 次,每次间隔也是 10 秒,每次也都告知结果,然后立即与 A 组被试一起进行右手抓握作业的记忆测验。实验结果如图 9-5 所示。在 10 秒间隔后,完全休息组表现出明显的热身损耗,而休息一练习组则几乎未产生热身损耗,这说明辅加作业这种活动使得迅速消失的定势得以恢复,从而导致开始重新工作时保持原作业的准确性。另外,许多类似实验也说明,休息期间定势和内部状态受损引起重新工作时的热身损耗。这种定势很可能与中枢神经运动区的兴奋性有关。运动区本身具有一定惰性,它的兴奋也需一段加热过程,休息后兴奋性降低,恢复到原水平需要一定时间,这时便引起热身损耗。而在下一次活动开始前做一些辅助活动,可提高运动区的兴奋水平,从而减少热身损耗。这一点在运动训练中可能有重要意义,它提示运动员:

第一,上场前的准备活动必须认真做,且准备活动的动作结构、频率等特征应尽量与所要完成的动作技能相似。

第二,在比赛间歇过程中,如果利手、利脚需要放松休息,可利用非利手、非利脚在临赛前做热身活动,以保持利手、利脚的技能定势。

第三,当对方竞技状态极佳,势不可挡时,要采取措施,想方设法打乱对方的定势,如要求暂停,故意拍球以推迟发球时间等。

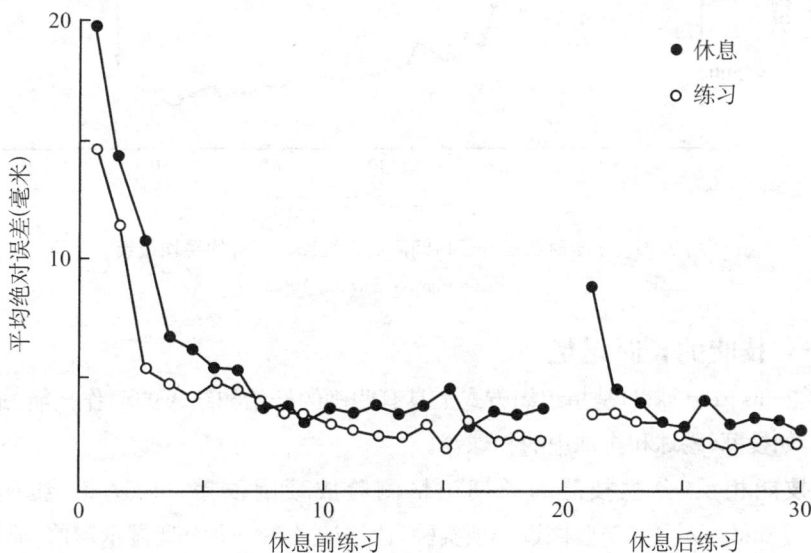

图 9-5 初学时和 10 分钟休息后力量估计作业的平均绝对误差
引自 Nacson & Schmidt,1971

第二节 长时运动记忆

一、连续技能的长时记忆

连续技能(continuous skill)是指组织方式上没有明确的开始和结束的动作技能,通常指那些具有重复或韵律性质，持续若干分钟以上的动作技能，如跑步、游泳、竞走、滑冰和骑自行车等。

许多连续技能，一旦被熟练掌握，常能记忆相当长的时间，日常生活中这种例证比比皆是。如骑车、游泳，许多年不做，做起来照样得心应手。有许多实验室实验涉及人的长时运动记忆（long term movement memory），较有代表性的是1962年弗里什曼和帕克的实验（Flishman & Parker，1962）。他们利用一个三维互补追踪作业，让被试每天练习三次，每次6分钟，共练习17天，总计51次。然后A组间歇9个月，B组间歇12个月，C组间歇24个月，再分别测验记忆成绩。尽管间歇时间差别较大，但三组被试间歇后回忆成绩都大致相同，即便间歇24个月的被试开始成绩略差，但仅仅经过三次练习，就迅速恢复到与其他两组大致相同的水平（图9-6）。

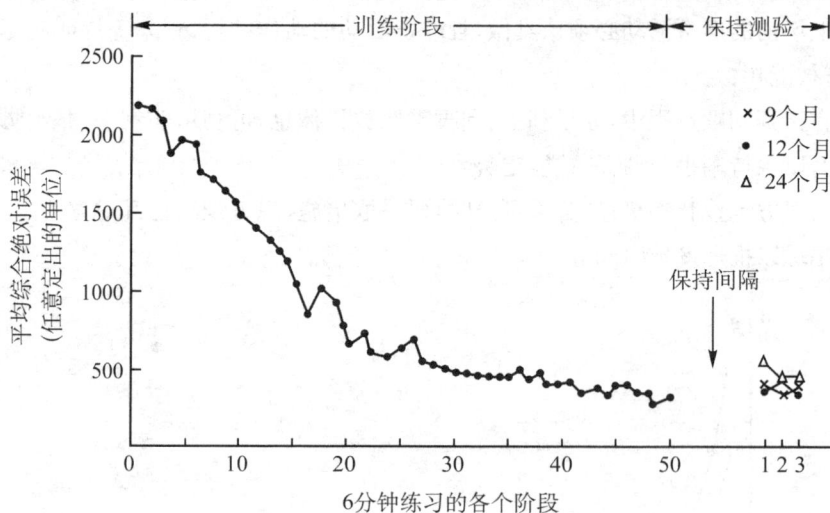

图9-6　初学时和三种保持间隔后三维追踪任务的平均成绩

引自 Fleishman & Parker. 1962

二、分立技能的长时记忆

分立技能（discrete skill）是指组织方式上具有明确的开始和结束的动作技能，通常持续时间非常短暂，如投掷、踢球和排球中的扣球等。

与连续技能相反，分立技能的长期记忆测验成绩则很差。1957年，纽曼和埃门斯（Neumann & Ammons，1957）曾做过一项实验，让被试坐在一个大型显示器前，显示器上有8组开关排成一个圆形，如图9-7，被试要打开一个内圈的开关，再找出外圈的那个与之相应的开关，如果被试找到正确的对应开关，电铃将给予指示。被试要学习到连续两次不出错误为止。然后间隔1分钟、20分钟、2天、7周、一年，再检查保持时间各不相同的各个实验组的记忆差别。结果如图9-8所示，20分钟后便开始出现技能衰退，随着间歇时间延长，技能衰退愈加显著，至一年后，成绩下降到比练习起始水平还低

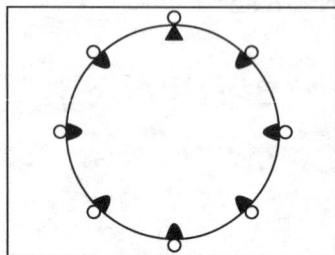

图9-7　长时记忆的实验装置

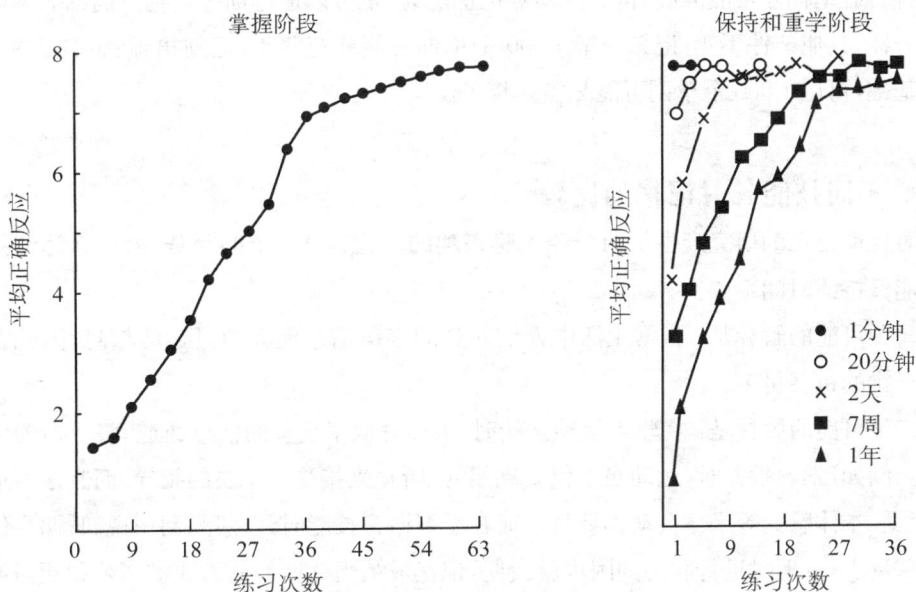

图9-8　初学和不同保持间隔后分立技能的平均成绩
引自 Neumann & Ammons, 1957

的程度,说明产生了几乎是完全的遗忘。当然,应注意作业的重学成绩要优于间歇前的学习成绩,即图中所示的斜率不同,说明仍有一些记忆保持在被试脑中。

三、运动记忆的遗忘

记忆与遗忘是一个事物的两个不同方面。遗忘本身既可能产生消极作用,也可能产生积极作用。人所面临的信息量如此之大,远远超过人的处理和记忆能力。选择最重要的事件加以记忆,是一个人智力发展的表现。人要筛选信息,有意识或无意识地遗忘不重要的信息。实际上,记忆是一种积极、主动的过程。它至少有4种作用:第一,改造信息,使之更合理化;第二,简缩信息,使之更精练化;第三,遗忘信息,减少消极情感、错误动作、错误定势、错误的知识等的影响;第四,保存信息。

在运动技能学习过程中,遗忘信息十分重要。在任何项目的训练中,都有一个纠正错误动作的问题。运动员的某些错误动作常常非常顽固,难以克服,如何抑制或遗忘这些错误动作是教练员、运动员的日常课题。有时,记忆是不以人的意志为转移的,想忘也忘不掉,想让错误不表现出来也不可能。一个错误的动力定型,可能伴随运动员的整个运动生涯。运动技能提高的过程,也就是一个记忆积极因素和遗忘消极因素的过程。

总的来说,动觉记忆的特征是形成难、遗忘慢。这两个特征决定了在青少年业余训练和专业队的初期训练中,要特别注意建立正确的、稳固的动觉表象。这个建立过程是先慢后快,先难后易的。教练员都十分重视从小要打好基本功,加强基础训练。从技术角度出发,这就是要加强肌肉运动的感觉能力、记忆能力和控制能力。不同专项要采用不同的特殊手段来训练这些能力,如足球,就要重点训练腿、踝、趾的肌肉感觉、肌肉记忆和肌肉控制能力。只有感觉清

147

晰,分化精细,记忆才可能准确、持久。动觉记忆能力,是可以通过训练得到提高的。如同背外文单词一样,其他条件不变,记第一组 1 000 个单词可能要花两年,记到第 10 组有了 9 000 个单词做基础,再记 1 000 个单词可能只需一年了。

四、不同技能长时记忆的比较

长时运动记忆的研究产生了两个令人感兴趣的问题:第一个问题是,为什么运动技能比言语技能保持的时间更长?

第一种可能的解释是:日常生活中人们遇到的言语信息大大超过运动信息,因此言语信息互相干扰的机会更多。

第二种可能的解释是:在学习运动技能时,人体开放了更多的信息通道,将更多的信息输入大脑。例如,学习投篮时,运动员不仅要利用视、听觉来接受教练员的指导,而且还要通过触觉、平衡觉、本体感觉等来体会动作要领。而在学习语言技能时,一般只利用视、听两个信息通道。信息量少,重现时进行联想的困难就大些,记忆成绩当然就差些。在雷诺兹和亚当斯进行的一个追踪练习器的实验中(Gagne & Fleishman,1959,p. 246),被试分为两组。A 组仅可以看到笔点是否接触目标;B 组则不仅可以通过视觉了解练习结果,还附加以听觉的强化,即追踪正确时每隔半秒钟听到一次音响。结果显示,B 组的练习效率较高,并且在取消听觉附加强化以后(第 50—55 次练习,两组都不用声音强化),B 组的成绩依然高于 A 组,说明听觉附加强化所取得的效果已记忆下来。该实验提示,多种感觉通道参与技能练习,不但有利于技能的掌握和提高,还有利于技能的记忆。

第三种可能的解释是:运动技能和言语技能常在不同的条件下加以比较,有些运动技能,如骑自行车、游泳,在平时是有更多重复机会的,因此不能说两者哪一个保持的时间更长。

第二个问题是:为什么连续技能(如骑车、游泳、打字)比分立技能(如撑杆跳、掷铁饼、体操)记忆得更好?主要原因可能是初学量的不同。一般来说,初学量增加,记忆成绩也提高。在典型的连续技能的操作中,假定有一持续 30 秒的练习,那么在 30 秒内可重复多次规定的动作,而每个动作实际上都包括许多连续性反应。如在转盘追踪实验中,笔尖与移动着的目标会脱离开,每脱离一次都需被试调整一次。而在非连续性作业中,每次练习仅是一次调整一个动作,没有重复的机会。因此,尽管连续性作业与非连续作业练习的次数一样,但前者比后者练习量要大,记忆成绩当然也更好。

第三节 运动表象

运动表象(motion imagery)指在运动感知的基础上,在大脑中重现出的动作形象或运动情境。运动表象反映运动动作在时间、空间和力量方面的特点,如对身体的位置,动作的幅度、方向、速度的表象。视觉表象与动觉表象以及内部表象与外部表象对运动活动具有特殊的重要性,以下分别加以讨论。

一、视觉表象与动觉表象

视觉表象(visual imagery)指视觉感受器感知过的客观事物重现在脑中的视觉形象。动觉表象(kinestheia imagery)指动觉感受器感知过的肌肉动作重现在脑中的动作形象。与其他表象形式(如听觉表象、味觉表象)相比,视觉表象和动觉表象在运动操作活动中起着更为重要的作用。对于固定动作而言,如跳水、体操、武术、射击中的固定动作,随着运动技能水平的提高,动觉表象越来越重要,而视觉表象的作用则会下降。

插图9-2　动觉是一种内在感觉,往往难以对其做精确的描述与分析(网球名将阿加西)

动觉是一种内在感觉,往往难以对其做精确的描述与分析。从外观上看很相似的一个动作,如同样是一个乒乓球的高抛发球,动觉可能大不相同,起关键作用的部位可能是手臂,可能是手腕,也可能是手指。我们只能通过发出的球间接判断这三部分肌肉的情况。教练员向运动员解释与示范肌肉用力感觉时,因缺乏直观性与清晰性,运动员实际理解和记忆的动觉可能与教练员所希望理解和记忆的动觉大不相同。要把自己的精细动觉传授给他人,比视觉、听觉难得多。教练员有些指示语,如乒乓球训练中"用70%—80%的力"、"中等力量击球"、"不发死力"等,仅是规定了质的、方向性的东西,不可能进行精确定量的指导。运动员只能理解总的原则,至于精细的动觉还得靠自己摸索。也有这样的情况,教练员自己本身有正确的动觉表象,但他无法用语言正确描述出来。他可以示范一个十分合理、标准、漂亮的投篮动作,但本来是向前发力,他可能说成是向左前方发力。

二、内部表象与外部表象

内部表象(internal imagery)是以内心体验的形式,表象自己正在做各种动作。内部表象以内部知觉为基础,感受自己的运动操作活动,却"看不到"自己身体外部的变化。内部表象实质上是动觉表象或肌肉运动表象。

外部表象(external imagery)指表象时从旁观者角度看到表象的内容,即可以从表象中看到自己运动过程中外观上的变化,就好像摄影、摄像获得的结果一样。外部表象实质上是视觉表象,感受不到身体内部的变化。研究表明,内部表象时的肌肉电位活动要高于外部表象时的肌肉电位活动(Mahoeny & Avener,1977)。

哪种表象更好:内部表象还是外部表象

　　研究发现,这两种不同的表象对成绩的影响似乎差异不大。研究者曾经分别给予运动员内部表象和外部表象指导语,结果显示,它们对成绩的影响没有太大差异。有时用外部表象较好,比如足球运动员在观看比赛录像后,纠正足球比赛中的错误跑位;有时内部表象较好,比如高尔夫运动员在挥长杆之前,先练习挥杆动作。根据墨菲等人(Murphy, Fleck, Dudley & Callister,1990)的调查,其实大部分的奥运会选手,都同时采用内部表象和外部表象两种方法。所以重要的不是外部表象还是内部表象,而是表象的图像要清晰且能控制。

　　但有些证据表明,内部表象的效果可能比外部表象的效果要好。另外一项研究发现,当被试想象手臂向内弯时,使用内部表象比外部表象,肱二头肌产生的电位变化更多(Hale,1982)。内部表象比较容易产生动觉,体会动作的感觉,接近实际的动作,例如,采用内部表象的高尔夫球员可能更能体会挥杆时的身体感觉。一位奥运会体操选手说:"有时你像是用摄像机在看,但大部分我都是从内向外看,因为它才是比赛进行中我所看到的。"

第四节　运动记忆中的信息加工特点

一、认知心理学的经典研究

　　技能水平、知识经验与刺激信息之间的相互作用对运动记忆有很大影响。认知心理学家曾在国际象棋和围棋运动员中做过一系列实验,研究他们在运动记忆编码方面的特点(司马贺,1986)。比如,下国际象棋时,每方最多摆 16 个棋子,双方共 32 个棋子,但在一般情况下棋盘上的棋子大约是 25 个。主试把含有 25 个棋子的棋盘呈现给被试 5 秒钟。5 秒钟足够使被试看清棋盘,但却不够对这些信息进行加工存入长时记忆。呈现后把棋盘移走,让被试重新摆出棋盘原来的样子。第一种实验方法是将象棋高手下到一半时的真实棋局呈现给两组被试,在这种情况下,象棋大师能恢复 23 个棋子,而一般棋手只能恢复 6 个左右。第二种实验是将 25 个棋子随机摆在棋盘上,结果,一般棋手所能恢复的棋子与上一个实验相同,仍是 6 个,而象棋大师的成绩急剧下降,也只能恢复 6 个,和一般棋手没有差别。由此可见,象棋大师并不具有更好的记忆力,如果呈现的不是正规棋局,象棋大师的优越性就体现不出来了。

　　这种现象与认知心理学信息加工理论中的"组块"(chunking)有关。所谓组块,是指在短时记忆的短暂时间中,个体对彼此分离的刺激(如数字、单词、棋子等),通过知觉组织加以迅速处理,将原本零散的个别信息单元,组合成一个包括多个单元(或者具有意义)的、便于记忆的整体。

这样,专家在看棋盘上的有规律的 25 个棋子时,并不是看 25 样东西,而是以组块为单元,通过加工组块之间的关系来观察这棋盘的。这样的布局不是随机的,而是他在多年的下棋经验中曾经多次遇到过的,25 个棋子对专家来说只是四五个非常熟悉的模式,这几个模式在他的短时记忆中能很快地保持下来。

二、认知运动心理学的研究

这类实验及其所反映的认知运动心理学(cognitive sport psychology)的时代精神给体育运动心理学的发展带来了活力和生机,一些体育运动心理学家按照以上研究模式对其他项目运动员的记忆进一步进行了研究并取得了振奋人心的结果。实验是把实际比赛场面的幻灯片给被试看 4 秒钟(篮球)或 8 秒钟(曲棍球),然后让被试在一个画有球场的磁盘上摆放磁石,以标出场上各个运动员的位置,从而检验被试的回忆能力。实验结果与上述研究结果是一致的,即技能水平与刺激信息之间有明显的相互作用。运动员回忆比赛信息的成绩比一般人好,优秀运动员比一般运动员好。同样,如果无规律地随意设置情境,再进行回忆,则各组被试间的成绩几乎没有什么差异。

专业知识和经验对记忆有着重要的影响。对专业运动的理解和想象能力也会对运动记忆发挥作用。因为对于任何人来说,在短短的几秒钟时间里,单纯依靠记忆是很难一个一个准确地记住那么多位置点的,必须在大脑中进行某种组合加工,以"组块"的形式储入短时记忆,如一个进攻队员和他的防守队员。这样,在"组块"中缺少的部分,就要靠"填充"来补全它。这种主动的填充要依靠运动员的专项知识和经验来完成。对于无规律的场面,运动员的专项知识经验也就派不上用场了,这种"填充"当然也就无法进行。

本章提要

1. 遗忘指记忆的内容不能保持,或者提取记忆内容时产生困难。遗忘曲线是通过统计方法,表示停止练习之后遗忘速率随时间变化而变化的曲线,特点是遗忘的进程先快后慢,但识记的内容不会全部忘光。

2. 同言语反应相似,运动反应的记忆也有一个遗忘过程,大致在一分钟左右完成。

3. 前摄干扰是指先学习的材料对记忆后学习的材料所发生的干扰作用。运动记忆也存在较明显的前摄干扰效应。在学习一种运动技能以前,学习其他技能越多,对后一个运动技能的学习结果影响越大。

4. 以距离为线索对动作进行回忆时可能会遇到更多的困难,因而定位运动记忆更多地依赖于位置线索。

5. 如果让被试预先自己选择一移动终点,则进行运动回忆的准确性会提高。这种预先选择效应可能同借助运动程序发动运动动作有关。

6. 热身损耗指经过较长时间间隔再重新练习一种已学过的技能时,技能成绩明显下降的现象,但仅需少数几次练习,即可恢复原来水平。其原因可能同遗忘有关,更可能同心理定势有关。

7. 连续技能指组织方式上没有明确的开始和结束的动作技能,通常指那些具有重复或韵律性质,持续若干分钟以上的动作技能,如跑步、游泳、竞走、滑冰和骑自行车等。

8. 分立技能指组织方式上具有明确的开始和结束的动作技能,通常持续时间非常短暂,如投掷、踢球和排球中的扣球等。

9. 连续技能比分立技能记忆效果好,这可能是初学量不同造成的。前者得到重复的机会多于后者,初学量大于后者。

10. 总的来说,动觉记忆的特征是形成难、遗忘慢。这提示在青少年业余训练和专业队的初期训练中,要特别注意建立正确的、稳固的动觉表象。

11. 运动技能往往比言语技能记忆得牢固,这可能同生活中言语信息产生干扰的机会更多有关,也可能同学习运动技能时人体开放了更多的信息通道有关,还可能同运动技能得到重复的机会更多有关。

12. 运动表象是在运动感知的基础上,在大脑中重现出的动作形象或运动情境,反映运动动作在时间、空间和力量方面的特点,包括身体的位置以及动作的幅度、方向和速度。

13. 视觉表象指在大脑中重现出的视觉形象;动觉表象指在大脑中重现出的肌肉运动形象。与其他表象形式(如听觉表象、味觉表象)相比,视觉表象和动觉表象在运动操作活动中起着更为重要的作用。

14. 内部表象指表象自己正在做各种动作,突出的是动觉表象。外部表象指表象时从旁观者角度看到表象的内容,突出的是视觉表象。

15. 对于固定动作(如跳水、射击)而言,随着运动技能水平的提高,动觉表象越来越重要,而视觉表象的作用则会下降。

16. 运动员回忆比赛信息的成绩比一般人好,但回忆无规律情境的成绩与一般人无差异,提示专业知识经验在记忆中的重要作用:运动员是以更大的"组块"为单位来记忆比赛信息的。

关键术语

短时运动记忆,长时运动记忆,遗忘,遗忘曲线,前摄干扰,距离线索,位置线索,运动程序,热身损耗,连续技能,分立技能,运动表象,视觉表象,动觉表象,内部表象,外部表象,组块

复习思考题

1. 哪些方法有助于尽快记住并重现一个正确动作?

2. 哪些方法有助于保持一个正确动作?

3. 你是否经常利用运动表象进行动作练习?在进行运动表象时,你主要运用视觉表象还是动觉表象?为什么?

4. 如何检验国际象棋大师在国际象棋复盘实验中,是在利用"组块"方式进行记忆?

推荐参考读物

1. 司马贺（荆其诚、张厚粲译，1986）：人类的认知。北京：科学出版社。该书是1983年西蒙到北京大学进行学术访问时的演讲内容，读者从中可以了解认知心理学探讨人类信息加工的独特思路，特别有助于读者了解新手和专家的差异何在。

2. Magill，R. A. (2001)．Motor learning concepts and applications(6th ed. Chapter 10，pp. 141—165)．New York，NY：The McGraw-Hill Companies. 该书为运动技能学习教材，第十章为"记忆成分、遗忘和策略"，可作为本章的参考资料。

3. Schmidt，R. A. & Wrisberg，C. A. (2000)．Motor learning and performance (2nd ed. Chapter 3，pp. 55—87)．Champaign，IL：Human Kinetics. 该书为运动技能学习教材，第三章为"加工信息和做出决策"，可作为本章的参考资料。

4. Straub，W. F. & Williams，J. M. (Eds. 1984)．Cognitive sport psychology. New York，Lansing：Sport Science Associates. 该书从认知运动心理学的角度全面论述了运动员的信息加工问题，包括对运动记忆问题的专论。

第十章　运动活动的思维过程

马拉多纳盘球突进的时候,几乎吸引了全场队员和全场观众的注意。对方三个后卫围追堵截,守门员高度紧张。眼看马拉多纳到了对方禁区右侧,正当球迷准备欣赏他突破过人和奋

插图 10-1　战术意识和战术思维在球类比赛中体现得尤为显著

力射门的英姿的时候,他却巧妙地向左后传中,迅速跟进的队友卡吉尼亚接到妙传,起脚射门,皮球应声入网。两人的绝妙配合使全场球迷欢呼沸腾。那一场面总让观众着迷。若干年后再看这场比赛的录像,或许连马拉多纳的对手都可能对他充满敬意。那么,他究竟是如何在那一瞬间进行判断,作出传中决策的呢?

这类比赛情境使人们很容易联想到战术意识和战术思维这类问题。运动训练领域和体育科学领域从来不乏对战术意识和战术思维的兴趣,但许多论述和研究往往流于表面的、概念的、经验的探索,缺乏深入的、实证的和理论的研究。幸而有认知运动心理学的出现,使我们对这类问题有了新的研究思路、新的研究手段、新的研究成果。本章将首先介绍对运动活动的思维过程进行传统研究的情况,然后介绍对运动活动的思维过程进行决策研究的进展。

第一节　运动员的操作思维

一、操作思维的概念与测量

如果根据思维的抽象性对思维进行分类,可以把思维分为直观行动思维、具体形象思维和抽象逻辑思维。不论是从种系发展还是从个体发展的角度看,人类最初发展的思维形式都是直观行动思维。直观行动思维在个体发展中向两个方向转化:一是它在思维中的成分逐渐减少,让位于具体形象思维;二是向高水平的操作思维发展。操作思维(operational thinking)中有形象思维和抽象逻辑思维的成分参与,有过去的知识经验作为中介,有明确的自我意识(思维的批判性)的作用。这时的操作思维就不是低级的直观行动思维了。操作思维是反映肌肉动作和操作对象的相互关系及其规律的一种思维活动,运动员掌握运动技能和表现运动技能,都需要发达的操作思维作为认识基础。这在开放性运动技能中表现得尤为突出(罗季奥昂诺夫,1984),因为在对抗性比赛中,运动员必须正确地预见对手或同伴最可能采取的行为,必

须发现双方可能采取的行为之间的关系以及可能造成的行为结果。

在运动心理学研究中曾经广为采用的操作思维测验方法有三个筹码测验和18块模板测验。三个筹码测验十分简单,实验程序如下(图10-1)。

次数	开 始 位 置	最 终 位 置	最佳步数
一	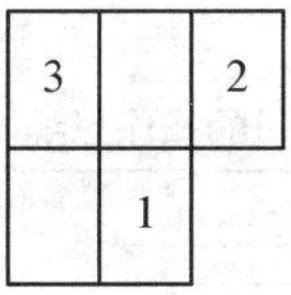 3 2 1	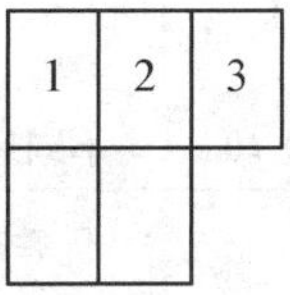 1 2 3	7
二	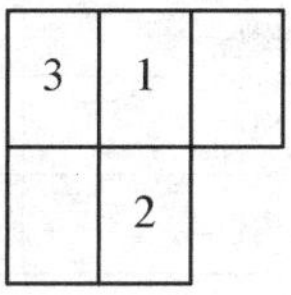 3 1 2	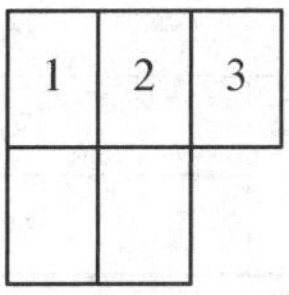 1 2 3	8
三	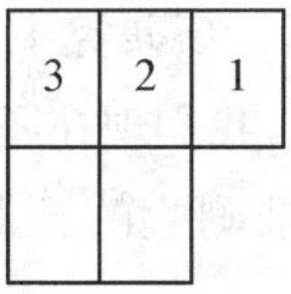 3 2 1	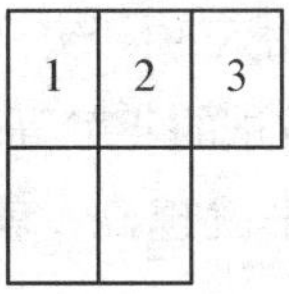 1 2 3	10

图 10-1 三个筹码实验的开始位置、最终位置和最佳步数

第一步:给被试呈现第一次实验的5格盘、筹码。

第二步:主试对被试说,这里有三个筹码,开始的摆法不一,每次你都要以最短的时间、最少的步数,按照最终位置的形式把三个筹码对号摆在5格盘1、2、3的位置上。每次上下或左右移动筹码一格,不能斜向移动或跳格移动,一个格子只能放置一个筹码。共做三次。

第三步:按照测试规定的三个筹码三种不同的起始摆法,要求被试各做一次。每次记下所走的步数和所用的时间。

二、不同运动水平与操作思维成绩

鉴于操作思维在运动技能中的特殊作用,可以设想,在运动员认知特征的评定中,操作思维测验应比一般智力测验具有更好的预测效度(predictive validity)(张力为,1993)。许尚侠(1984)曾用三个筹码测验对篮球运动员进行研究,结果发现,专业篮球运动员操作思维的步数和时间两方面的成绩均明显比体育学院篮球班学生好,体育学院篮球班学生操作思维的步数和时间两方面的成绩均优于师范学院非体育系学生。这说明操作思维与运动操作水平有一定关系。

邱宜均等人(1984)对302名甲级排球运动员的操作思维能力进行了研究,加上对照组共计1 506人,所用方法也是三个筹码测验。结果发现,甲级排球队运动员的操作思维能力较一

般操作职业的工人好,但较大学业余排球队学生和普通大学生差,而且,运动员的操作思维测验成绩与运动训练年限及短期排球训练也无明显关系,这一研究结果与许尚侠的研究结果明显不同。

周百之(1984)对不同水平的乒乓球运动员进行的研究也表明,操作思维测验的成绩从好到差的顺序为:优秀运动员,大学生运动员,一般运动员,即操作思维测验成绩并非与运动水平呈正比关系(表10-1)。

表10-1 不同运动操作水平的乒乓球运动员的操作思维

测验指标	优秀运动员	一般运动员	大学生运动员
步数平均数	7.93	9.25	8.88
步数标准差	0.85	0.76	0.65
时间平均数(秒)	7.21	8.89	8.18
时间标准差(秒)	0.61	0.78	0.58

引自周百之,1984

现在还很难判断上述三项研究产生矛盾的原因,也许同三项研究中运动员运动水平差异大小、被试的数量以及被试的年龄等因素有关。保守一些说,我们现在还无充分证据说明运动水平越高,操作思维水平就越高。就这一点来看,操作思维测验的预测效度并非预期的那样好。

三、不同运动项目与操作思维成绩

许尚侠还曾对不同项目运动员操作思维的测验成绩进行了比较(各项目被试均为20人,共80人),根据测验结果(表10-2),他认为操作思维与运动操作类型有明显关系。从事同场对抗项目的篮球运动员成绩最好,从事非对抗项目的体操运动员和游泳运动员成绩较差。与此相似,周百之(1984)对乒乓球、篮球、网球和中长跑运动员的研究也表明,不同运动项目的运动员,其操作思维测验成绩有明显差异,表现得最为明显的是,球类运动员的操作思维水平优于中长跑运动员(表10-3)。

表10-2 篮球、武术、体操及游泳运动员的操作思维成绩

测验指标	篮球运动员	武术运动员	体操运动员	游泳运动员
步数平均数	8.21	10.56	16.22	17.00
步数标准差	0.64	0.71	0.97	1.12
时间平均数(秒)	7.52	8.00	15.40	19.10
时间标准差(秒)	0.66	0.50	0.83	1.04

引自许尚侠,1984

表 10 - 3　乒乓球、篮球、网球及中长跑运动员的操作思维成绩

测验指标	乒乓球运动员	篮球运动员	网球运动员	中长跑运动员
步数平均数	8.17	8.89	10.06	18.90
步数标准差	0.68	0.77	0.81	1.23
时间平均数(秒)	7.51	8.61	8.96	21.02
时间标准差(秒)	0.59	0.71	0.78	1.14

引自周百之，1984

据此,我们有理由假设,对抗性项目由于人与人、人与器械之间关系的不确定性大大增加,因而运动员的信息加工量也大大增加,中枢神经系统迅速、灵活、大量地作出决策的机会也大大增加。长期训练会迫使运动员对这种任务要求产生适应性,提高在运动情境中迅速、灵活、大量处理信息并作出决策的能力,而这种能力也可表现在我们刚才提到的操作思维测验上。我们还可以进一步假设,在各类运动项目中,信息加工数量以及信息加工时间方面的要求越高,运动员的操作思维水平也越高,反之,则越低。在同一运动项目中,只要信息加工数量和信息加工时间具有至关重要的意义,那么运动水平越高,操作思维水平也越高,反之,则越低(张力为,1993)。当然,这一假设能否成立,还需要进行更多的研究。

1982 年,陈舒永等人(1982)对业余体校 11 个运动项目共 126 名少年运动员进行了 6 项心理指标的测试,操作思维的测试方法也是三个筹码测验,结果见表 10 - 4。作者指出,由于对每类专项运动员测试的人数较少,对测试条件控制得不够严格,有些测试结果不大理想是意料之中的。其中几点有意义的趋势为:乒乓球运动员所用步数较少;标枪和跳远运动员所用时间较短;标枪运动员所用时间越短,标枪成绩就越好(r = - 0.55)。另外,我们分析,被试的年龄大小不一,参差不齐(11—17 岁),可能也是影响测试结果的重要原因(张力为,1993)。

表 10 - 4　各专项运动员的操作思维在分布中的百分等级

运动专项	铁饼	标枪	铅球	跳远	跳高	棒球	乒乓球	垒球	篮球	足球	中长跑
操作思维步数	40	47	71	34	47	60	34	60	60	60	34
操作思维时间	40	19	61	29	52	49	57	54	61	42	52

第二节　运动员的问题解决

战术意识(sense of tactics)和战术思维(tactical thinking)问题是对抗性项目运动员和教练员十分关注的问题。所谓战术意识,是指运动员在比赛中按照一定的战术目的,正确合理地运用技术和战术的主动、自觉的心理活动,突出地表现为在紧张、激烈、复杂的比赛中迅速选择战术和合理运用技术的瞬间决策能力。所谓战术思维,是指解决战术问题的思维,包括了解对方和同伴情况、推测对方和同伴作战意图、选择和确定战术方针等。

体育科研人员对战术意识和战术思维进行过很多研究。遗憾的是,有相当一部分所谓的

"研究"，仅仅是对这一问题进行的界定、猜想、分析和讨论。这种纸上谈兵，只能作隔靴搔痒的表面文章。20世纪60和70年代兴起的认知心理学，为深入研究战术意识和战术思维问题开辟了新路。80和90年代兴起的认知运动心理学(Straub & Williams, 1984)，开始拨开笼罩在战术意识和战术思维上的迷雾。

狭义的认知心理学，也叫信息加工(information processing)心理学，是用信息加工的观点研究和解释人的认知过程的科学。可将这一认知过程看做是接受、编码、操作、提取和利用知识的过程，包括感知、注意、记忆、表象、思维、言语等。

认知运动心理学对战术意识和战术思维的探索，借鉴了认知心理学对思维现象进行研究的思路。这种思路有三个重要特点：第一，强调分解，即把一个综合的、宏大的问题（如战术意识和战术思维）降解为更小的、可以操作性测量的心理学构念（如注意）；第二，强调实验，即采用实验室实验的方法而不是思辨的方法进行探索；第三，强调情境，即在具体运动情境(sport situation)中（如预测冰球射门落点）而不是一般情境中进行探索。

认知运动心理学对战术意识和战术思维的探索，常常围绕着问题解决进行。所谓问题解决(problem solving)，是"人在没有明显的解决方案的情况下，将给定情境转化为目标情境的认知加工过程"(Mayer，1990，p.284)。问题解决是有目的的认知活动，而非自动化加工。下象棋是典型的问题解决情境(situation)。下棋时，给定情境是开局，或者某一未尽棋局，目标情境是把对方将死，认知加工过程涉及的心理活动包括知觉、注意、记忆和决策等。与常规的问题解决情境有所不同的是，运动情境中的问题解决常常需要在瞬间完成，速度成为决定性因素，例如，篮球中突破上篮时的瞬间突然改变原来的战术倾向而向同伴传球。

一、运动情境的挑战

运动员要完成当前任务，取得成功，必须做到什么？根据认知心理学的分析思路，运动员在运动情境中所面临的各项任务是：

第一，给情境特征命名并查找这些特征。运动员必须具备足够的关于运动任务的知识，以便了解重要的提示性信息将会出现于何处。

第二，寻找和探测与运动任务有关的线索。运动员不仅需要了解有关的线索并形成关于这些线索外部特征的概念，还需要把有关线索和无关线索区分开来。也就是说，运动员应具备注意的灵活性，根据环境条件来调节注意的指向。

第三，确定线索模式。大多数集体运动项目的环境都是很嘈杂纷乱的，运动员需要从这种环境中选择有关线索，过滤各种干扰，确定线索模式。运动员不必对每一个事件进行编码，但应确认哪些情境是有利的，哪些情境是不利的。

第四，调整注意方向。头脑中应负载什么信息以使后继的动作得以顺利完成呢？运动员的注意点应该放在他们最佳的活动上，放在为完成自己的活动计划所作的努力上。

第五，决策(decision making)。信息加工最终要导致动作决策。由于知觉的复杂性和反应速度的重要性，作出决策所依据的常常是很有限的信息量。高水平的运动员是明智的信息加工者，能够利用预感、直觉或猜想来确认和加工那些必要的线索，并利用这些信息进行合理的冒险。

二、问题解决的特点

上述各项任务涉及的主要问题是认知过程中的知觉、注意、记忆和决策。在这些方面，一些研究者所进行的有运动情境特点的研究，为我们理解运动员的信息加工展示出了一个新的方向。

(一) 注意(attention)

巴德和弗鲁利(Bard & Fleury，1981)利用眼动记录技术考察了冰球守门员的注意特点。他们给冰球守门员带上一种眼动测试器(角膜反射型)，然后让他在冰球场或实验室观看一些不同的进攻组合动作。尽管优秀守门员和初学者都努力将视觉固定在球杆和球上，但无论是在大力射门还是在小动作射门的情况下，初学者盯球的次数都比优秀守门员要多得多。另一方面，优秀守门员的防守动作比初学者做得早，做得快。根据这些实验结果，巴德和弗鲁利猜测，优秀守门员是利用球杆的信息(位置、速度)而不是利用冰球的信息来预测球的飞行，而初学者只是当球杆接触球时才判断出球的飞行情况。

埃拉和斯达克思(Allard & Starkes，1980)在1980年首次运用信号检测模式来研究排球中的知觉技能。他们认为，排球运动员所运用的最有效的策略也许是有意忽略看到的进攻阵型。在排球中，攻方的布阵常常要有意迷惑守方运动员，给他们以假象。在这种条件下，回避某些视觉信息而集中注意于与球有关的信息，就是一种更为可靠的策略。他们的研究要求运动员和一般人通过短暂呈现的排球情境幻灯片来检测是否有球出现在幻灯片上。有一半幻灯片呈现的是真实比赛情境，另一半呈现的是非比赛情境(暂停、准备活动等)。该研究提出的问题是：优秀运动员能像用回忆模式进行的研究所揭示的那样对有组织的比赛信息十分敏感吗？在实际测验过程中，一张幻灯片呈现16毫秒，然后被试必须通过麦克风尽快尽准地回答幻灯片中是否有球。所呈现的幻灯片中，有一半有球，另一半无球。因变量的情况用条件概率$p(A)$(知觉敏感性的一种非参数测量)和声音反应时表示。研究结果表明，运动员检测幻灯片中是否有球的速度比一般人要快(但并非更准)，他们在检测过程中采取的策略似乎同迅速探测球的位置同时忽略其他大部分比赛信息有关。

(二) 记忆

罗宾斯等人(Robbins，1996)指出，诸如选择象棋棋着这样的复杂任务要依靠工作记忆系统，该系统有三个成分：类似于注意力的中央执行器，用于言语复述的发音或语音环，用于视觉和空间加工的视觉空间速写簿。下棋既可以进行视觉—空间思考，也可以进行言语思考，因此，选择棋着时可能三种成分都有用。

罗宾斯等人所要研究的问题是：第一，下象棋时工作记忆的每个成分发挥什么作用？第二，象棋高手对这些成分的运用是否不同于一般棋手？为了回答这两个问题，他们让被试在下棋的同时完成4种不同的任务：(1)控制组：反复敲桌子；(2)抑制中央执行器：让被试说随机数字，占用中央执行器；(3)抑制视觉—空间速写簿：给被试一个3×3的小键盘，让他们按顺时针方向周而复始地按周边的8个键，以占用视觉—空间速写簿；(4)抑制发音环：让被试不停地重复说"看一看到"，占用发生环。

如图 10-2 所示,当伴随任务占用了中央执行器和视觉一空间速写簿时,被试选择棋着的成绩较差,而占用发音环则对下棋影响不大。这一结果表明,考虑棋着需要占用视觉一空间加工和集中注意力两类资源,而不需要占用言语复述资源。罗宾斯等人的另一个重要结论是:"本研究几乎没有证据表明,下棋技能的差异是由棋手工作记忆的数量或质量的差异所致。"(91 页)但是,在另一些象棋研究中发现,象棋高手记忆中存储的象棋棋局似乎比一般棋手多得多(艾森克,2001)。综合上述两种研究结果,我们得到的提示似乎是:象棋高手与一般棋手的差别不在于下棋时表现出的短时记忆,而在于下棋时表现出的长时记忆。

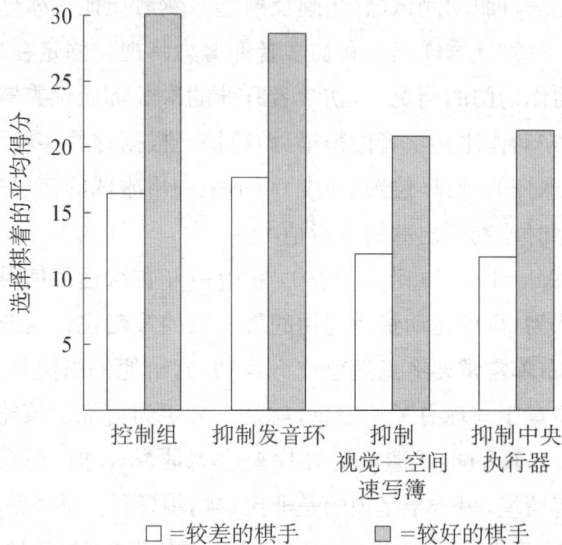

图 10-2　不同附加任务条件下象棋高手和一般棋手对棋着的选择

引自 Robbins, 1996

插图 10-2　比赛中预测往往比反应更重要(世界杯西班牙 6 号费尔南多主罚点球巴拉圭)

（三）预测

认知运动心理学认为,在某些情况下,运动成绩取决于对不完整的信息或先行信息的加工过程。比如,为了使自己的动作能防住飞来的冰球,冰球守门员必须对攻方运动员的位置进行准确的估计和判断,也许他不得不依靠不完整的信息作出估计和判断,甚至利用统计推断来估计和判断射门的可能性。琼斯和麦尔斯(Jones & Miles, 1978)曾考察了优秀网球运动员和网球初学者预测发球落点的能力。他让这两组被试观看网球发球电影,然后在球触拍之前的 1/24 秒和球触拍后的 1/8 秒或 1/3 秒使电影定格。在击球后 1/3 秒定格的条件下,两组被试的预测成绩相同,但在击球后 1/8 秒定格的条件下,优秀运动员预测发球落点的成绩比初学者要好。

韩晨(2000)则借鉴了前人的知觉预测研究模式,对我国棒球最高水平的北京棒球队运动员和清华大学棒球代表队的大学生运动员进行研究,在实验中测量了他们对投一击球进行判断的准确性和时间。他也采用影像定格技术,要求这两种不同水平的运动员在 2 msec 的定格时间内,对击球手所击的球在通过好球区时的落点进行预判。结果发现,优秀棒球运动员在不可能完成有效推理的极短时间内,判断的正确率均大于随机判断概率,被试的操作成绩由于运动训练的技术水平不同而表现出明显的差异。棒球高手能在 835 msec 的时间内作出高达 62%的正确判断。据此,韩晨(2000)提出,这一现象可被看做是运动员直觉决策的证据。

(四) 直觉

直觉既是一个古老的、深奥的哲学问题,也是一个现实的、高频的心理学问题。当我们无法逻辑地、条理化地分析和解释决策过程和决策结果时,最简单的办法就是将其归于直觉,然后就此打住。

直觉尤其是一个运动心理学问题(韩晨,2000;漆昌柱,2001;任未多、邢玉香,1989;王斌,2002)。例如,乒乓球运动员高抛发球时,将球抛向空中,当对方以为是左侧的侧身位球而提前移动至左侧准备接发球强攻时,发球手却突然将球发至右侧,令对手瞠目结舌,站在原来的位置上愣神。足球罚点球时,守门员不能等到罚球员的脚触球后才移动扑救,因为球飞行 12 码距离所用时间,远远快于人对复杂刺激进行反应的反应时间和移动时间。守门员必须根据罚球手过去的习惯、可能的战术、助跑的动作,甚至前一个罚球手射门的情况等先行信息,在极短时间内作出判断和决策。球类运动员在解决此类问题时,往往需要依靠自己的运动直觉。

1. 运动直觉的性质

运动直觉(sport intuition)是个体在复杂的运动情境中,根据有限信息,对问题做直接和迅速求解的思维。运动直觉是直觉的一种,其他类型的直觉还有艺术直觉、科学直觉和经验直觉(王斌,2002)。运动直觉具有以下特征(任未多、邢玉香,1989;王斌,2002):

第一,快速性。运动直觉经历的时间极短,甚至是在瞬间完成。

第二,直接性。运动直觉过程从现象直接到本质,没有经过严密的逻辑程序。

第三,或然性。由于以上两个特点,即运动直觉未经严密的逻辑推理而在瞬间形成解决方

插图 10-3　在复杂的运动情境中,运动员往往需要依靠运动直觉解决问题(乒坛名将王楠和李菊)

案,因此,运动直觉所得结论或所作决策不必然真,也不必然假,具有不确定性。

第四,情境性。运动直觉多出现于带有一定压力的、复杂的竞争情境。

第五,信息受限性。在运动情境中,当先行线索不充分的时候,高水平运动员容易表现出运动直觉。

2. 认知决策与直觉决策

决策即作出选择的过程。王斌认为,在运动中存在两种决策:认知决策和直觉决策。认知决策(cognitive decision making)类似于一般情境下的决策活动,以逻辑思维为主导,通过概率论或决策策略来进行决策活动。直觉决策(intuitive decision making)则是在快速运动、时间压力大和结果不确定的复杂运动情境中,运动员作出的具有快速、直接、或然性特点的决策。

根据这一构想,他对手球运动员的决策特征进行了研究,并在实验中通过比赛画面呈现时间的长短和对被试提出的反应要求,对球类运动员的这两种决策进行操作性的界定和区分。认知决策是在比赛情境画面呈现时间较长(1 000 msec),被试获取的线索较为充分,对决策反应时无刻意要求(指导语:尽可能准确和迅速地作出决策)的情形下,运动员所作出的较迅速的和高于随机概率的决策。直觉决策是在比赛情境画面呈现时间较短(400 msec),被试获取的线索不太充分,刻意要求迅速作出决策(指导语:比赛场上情况紧急,请尽可能准确地作出决策,尤其要迅速果断)的情形下,运动员所作出的较迅速的和高于随机概率的决策。

认知决策与直觉决策有着明显的相同点。首先它们同属决策过程,其次它们均有较好的决策正确性,但是,根据王斌(2002)的观点,两者有以下5种区别。

第一,运动情境的要求不同。表面竞争温和、时间较为充裕的非对抗性运动情境(如棋类)更多地促进着认知决策能力的发展和提高;表面竞争激烈、时间极为紧迫的对抗性运动情境(如足球)更多地促进着直觉决策能力的提高。

第二,可以利用的线索不同。认知决策常用于线索较为充分的运动情境(如高尔夫球);直觉决策常用于线索十分有限的运动情境(如篮球运动员突破上篮的一瞬间改变战术,传球给队友)。

第三,决策过程的速度不同。直觉决策速度极快,即便一个简单的再认活动,也需要大约1 000 msec 的时间(朱新明、李亦菲,2000),而手球高手(国家队或九运会冠军队队员)在直觉决策任务的反应时间仅为 1 200—1 400 msec 左右(王斌,2002。表 10-5),可见速度之快。

表 10-5 高水平手球运动员在两种决策任务上的反应时间(msec)

性别	认知决策				直觉决策			
	决策反应时		正确决策反应时		决策反应时		正确决策反应时	
	平均数	标准差	平均数	标准差	平均数	标准差	平均数	标准差
男(n=22)	1 433	329	1 458	349	1 284	329	1 231	272
女(n=21)	1 395	305	1 419	296	1 227	338	1 176	295

数据引自王斌,2002

第四,决策结果的准确程度不同。认知决策以追求决策的准确性为最大目标,希望通过严谨清晰的逻辑思维来保证决策的准确。直觉决策不但追求决策的准确,还特别追求决策的速度,这一倾向导致运动高手在直觉决策过程中往往采用启发式策略来进行决策。

第五,决策过程的意识程度不同。认知决策之后,决策者往往可以清晰表述决策过程和决策依据,而直觉决策之后,决策者往往难以清晰表述决策过程和决策依据。例如,他们只能以"太快了"、"没看清"(指线索呈现的时间太短了)来说明自己的决策情况(王斌,2002)。他们明显是凭直觉、靠猜测来作出决策的。对此现象,西蒙等人(Simon & Simon,1978)认为,专家之所以不能解释直觉过程,是因为许多中间步骤没有在短时记忆中出现造成的。

第六,决策过程的分解程度不同。认知决策是分析型决策,各个步骤之间逻辑联系清晰有序,可做详解。直觉决策是整体型(或综合型)决策,决策过程或跳跃发展,或一步到位,难做详解。例如,里普尔(Ripoll,1991)分析了眼动扫描技术的研究成果,发现运动专家的视觉扫描特点是:先注视对手位置(脸部、躯干和下肢),然后再转移到对手的球拍和飞行中的球。这样做有助于逐步降低情境中的不确定性。他因此提出,运动专家与新手在视觉搜索模式上的差异表现为:专家是综合型的,而新手则是分析型的。

通过以上分析可以看到,运动心理学对战术意识和战术思维的研究正在以认知心理学的研究思路为切入点,试图分解这样一种相当整合和相当复杂的过程。我们可以将战术意识和战术思维看做包着许多秘密的洋葱,要想对其进行深入探讨,就需要一层一层地剥洋葱。科学的任务之一就是"剥洋葱"(张力为,2000)。现在,认知运动心理学剥开的前几层有知觉、注意、记忆和决策。将来如何继续剥,剥开后又如何将其整合,将是吸引运动心理学家不断奋进的极具魅力的问题。

第三节 运动活动与创造思维

一、竞技运动创造活动的领域

创造,是指个体或群体生生不息的转变活动,以及知、情、意三者前所未有的表现;其表现结果使自己、团体或相应的创造领域进入另一更高层次的转变时代(郭有遹,2002)。

创造力(creativity),是指立异、改造和发明的能力;它是智力、年龄、创造动机、创造方法和相关知识的函数,可用下列公式表达(郭有遹,2002),即:

$$创造力 = 智力 \times 年龄 \times 创造动机 \times 创造方法 \times 相关知识$$

创造活动,是发挥创造能力,进行创造的过程。

创造思维(creative thinking),是独特的、新颖的、解决问题的思维,即在大量已知信息的基础上,产生不同方向和范围的、不因循守旧的、变化的、独特的新产品的思维。而新产品会具有个人价值或社会价值。创造思维的主要内容是发散思维(车文博,2001)。

专栏 10-1

谁站在霍金的肩上

亚里士多德被称为百科全书式的哲学家,他的学问涉及天文、地理、物理、伦理、政治等。

一直到中世纪,整个宗教、哲学都沉浸在亚里士多德的理论当中。长达 1 400 多年的黑暗的中世纪,占统治地位的亚里士多德一托勒密的地心说坚决反对"地动"的观点,而主张"天动",认为地球是宇宙的中心,静止不动,日月星辰都围绕地球转。这就是"古代最伟大的思想家"的思想。在我们现代人看来,亚里士多德当初的学问是多么可笑,可为什么在中世纪人们就心甘情愿地对此顶礼膜拜呢?以致哥白尼毕其一生来证明地心说的谎言,但得到的不过是指责。后来,伽利略、布鲁纳均为"日心说"付出了极大的代价。

到了牛顿,经典力学的大厦终于得以建立。正如牛顿所说:"如果我之所见比笛卡儿等人要远一些,那只是因为我是站在巨人的肩上的缘故。"自从有了牛顿力学,人们便如获至宝。虽然有人也提出或想到了许多疑问,也很快被自己和周围的人们给否定掉。"这不可能!"人们被牛顿的光环所笼罩,难得有勇气去认真思考旧的结论和提出新的观点。

插图 10 - 4　史蒂芬·霍金于 2001 年

历史又在重演,直到爱因斯坦的出现,人们才走出经典力学的大厦。爱因斯坦以其狭义相对论和广义相对论,以其弯曲时空和质能转化的奇特思想,在新千年到来之际,在一次又一次的媒体评比中,被列为最近千年之中,对人类文明作出最伟大贡献的思想家。

历史还在重演,直到霍金的出现。这位被禁锢在轮椅上近 40 年的当代最富有创见的科学巨人,既对爱因斯坦充满崇敬之情,也意识到他"相当人性和易犯错误"(霍金,2002)。他的勇气,他的黑洞,他对宇宙起源和归宿的思考和描述,使他站在了巨人的肩上。

问题是,谁,怎样,多少人,什么时间,站在霍金的肩上?尽管有这些不确定因素,但有一点可以肯定:他/她一定是一个"**见所有人之所见,想所有人之未想**"的人。

竞争意味着创造。竞争越激烈,创造越频繁。所有竞争领域都是展现创造能力和创造成果的舞台,竞技运动则是一个生动的实例。竞技运动领域创造活动主要表现在技术、战术、理论、教学训练手段、器材设备、测试方法、营养药物 7 个方面(陈小蓉,1994)。这些创造活动产生的创造成果,推动着体育运动不断向前发展(表 10 - 6)。

表 10 - 6　竞技运动创造活动领域及创造成果

创造活动领域	创造成果实例
1. 技术	跳高:背越式跳高;跳水:压水花;足球:内侧脚背弧线射门;短跑:蹲距式起跑
2. 战术	足球:2 过 1;排球:时间差进攻;篮球:全场紧逼
3. 理论	超量恢复理论;训练周期理论
4. 训练手段	Hilo 训练法;间歇训练法;高原训练法;多球训练法;电刺激肌肉训练法;乳酸阈训练法

创造活动领域	创造成果实例
5. 器材设备	乒乓球：长胶；游泳：鲨鱼皮泳装；生物力学：3 维测力台；运动生理：功率自行车
6. 测试方法	运动生理：遥测心率；生物力学：激光测速；运动心理：生物反馈
7. 营养药物	—

二、竞技运动创造活动的特点

李白、达·芬奇、爱迪生、爱因斯坦在文学、艺术、技术、科学领域的创造思维和创造成果令人叹为观止，这类天才其创造思维的特点早有专著论述(如郭有遹,2002)。竞技运动领域的创造思维则有其独特之处,最重要的就是它来源于不断的、直接的体育竞赛压力。体育竞赛是优胜劣汰的、公开的、无情的较量,对教练员运动员形成了巨大的心理压力,也激发了他们的创造才智。陈小蓉(1994)对 63 名运动技术战术创新发明者的研究表明(表 10 - 7),78.72％的创新动因来源于和竞赛相关的压力。竞赛压力迫使教练员运动员揣摩对手,分析现状,预测趋势,推陈出新。相比之下,因为好奇进行创造的仅占 1.28％。

表 10 - 7　技战术创新基本动因及影响因素

创 新 动 因	n	％
1. 运动成绩虽处于顶峰,但仍感到技战术无法保持优势	37	23.72
2. 发现本队或自身技战术处于落后状态	35	22.44
3. 规则修改为技战术创新创造了契机	26	16.67
4. 失利后试图打翻身仗	20	12.82
5. 增强技术实力,力图取得好成绩	20	12.82
6. 由于新任教练,为取得优异成绩而设计新的技战术	7	4.49
7. 因器材设备更新提供了良好条件而进行技战术创新	4	2.56
8. 因承包压力而创新	2	1.28
9. 因认识到创新的重要性	2	1.28
10. 为增加新的技术动作类型而创新	2	1.28
11. 因为好奇	1	0.64
总计	156	100

引自陈小蓉,1994,15 页

三、创新思维与创新活动的关系

陈小蓉(1994)将教练员分为有无技术战术创新成果的两组,将体育创新能力分为 6 个不同方面,然后进行了一项问卷调查。结果表明,在观察力、获得情报信息与分析能力和记忆力三个方面,两组教练员没有可靠差异;但是,在创新思维能力、创新设计能力和预见力三个方面,两组教练员具有可靠差异。

专栏 10-2

创造思维：中国乒乓球队常胜不衰 50 年的利器

我国著名的乒乓球运动员邓亚萍刚进国家队时，打法基本是正手攻，反手切挡。正手以快速为主，反手以变化为主，形成正手攻、反手防的基本技术结构。因此在比赛中，对手会针对她反手进攻无力的特点，以过渡球压制她的反手，然后伺机进攻两角。

针对以上弱点，教练为她设计了新的打法，采取正手攻防结合，反手以变化结合主动进攻。实践证明，这种新的打法效果很好，一改过去（反手）以防为主的打法，原来的弱项竟然变成了强项。在这种新打法的基础上，邓亚萍结合长胶进攻技术，刻苦训练，练就了举世无双的"狠、快、准、灵"的风格，从此罕遇敌手，多次获得世界冠军。

李富荣，1992，48 页

后来，陈小蓉(1994)又进一步将创新思维能力分为 4 个方面，对有无技术战术创新成果的两组教练员进行了一项问卷调查，结果发现，在多向思维能力方面，两组教练员没有可靠差异，但是在想象力、联想思维能力和灵感捕捉能力三个方面，两组教练员具有可靠差异。

该研究提示，以想象力、联想思维能力和灵感捕捉能力为组成成分的创新思维能力，对于竞技运动创造活动及其成果具有最为重要的意义。

本章提要

1. 操作思维是反映肌肉动作和操作对象之间相互关系及其规律的思维活动，有形象思维和抽象逻辑思维的成分参与，有过去的知识经验作为中介，有明确的自我意识（思维的批判性）的作用。

2. 关于操作思维成绩与运动水平的关系，研究结果不尽一致。关于操作思维成绩与运动项目的关系，研究结果表明，对抗性运动项目的运动员，其操作思维成绩优于非对抗性项目的运动员，这可能同长期训练对运动员进行信息加工的要求不同有关。

3. 战术意识指运动员在比赛中按照一定的战术目的，正确合理地运用技术和战术的主动、自觉的心理活动，突出地表现为在紧张、激烈、复杂的比赛中迅速选择战术和合理运用技术的瞬间决策能力。

4. 战术思维指解决战术问题的思维，包括了解对方和同伴情况、推测对方和同伴作战意图、选择和确定战术方针等。

5. 认知心理学是用信息加工的术语和观点研究和解释人的认知过程的科学。认知心理学将认知过程看做是接受、编码、操作、提取和利用知识的过程，包括感知、注意、记忆、表象、思维、言语等。认知运动心理学对战术意识和战术思维的探索，借鉴了认知心理学对思维现象特别是问题解决进行研究的思路。这种思路有三个重要特点，即强调分解，强调实验，强调情境。

6. 所谓问题解决，是在没有明显的解决方案的情况下，将给定情境转化为目标情境的认

运动心理学（第二版）

知加工过程。问题解决是有目的的认知活动,而非自动化加工。这种认知活动包括知觉、注意、记忆和决策等。

7. 运动员在运动情境中的决策过程涉及给情境特征命名并查找这些特征、寻找和探测与运动任务有关的线索、确定线索模式、调整注意方向以及直觉和猜想等过程。

8. 运动直觉是个体在复杂的运动情境中,根据有限信息,对问题做直接和迅速求解的思维。运动直觉具有快速性、直接性、或然性、情境性和信息受限性等5个特征。

9. 认知决策是一般情境中,以逻辑思维为主导,通过概率论或决策策略进行的决策。直觉决策是在快速运动、时间压力大和结果不确定的复杂运动情境中,所作出的具有快速、直接、或然性特点的决策。

10. 认知决策和直觉决策在运动情境的要求、可以利用的线索、决策过程的速度、决策结果的正确程度、决策过程的意识程度以及决策过程的分解程度等6个方面有所不同。

11. 创造力是立异、改造和发明的能力,是智力、年龄、创造动机、创造方法和相关知识的函数。创造思维是独特的、新颖的、解决问题的思维,即在大量已知信息的基础上,产生不同方向和范围的、不因循守旧的、变化的、独特的新产品的思维,其主要内容为发散思维。

12. 竞技运动领域创造思维成果层出不穷,主要表现在技术、战术、理论、教学训练手段、器材设备、测试方法和营养药物等7个方面。竞技运动领域创造思维活动的主要原因是不断的、直接的体育竞赛压力。

关键术语

操作思维,认知心理学,战术意识,战术思维,问题解决,运动情境,信息加工,知觉,注意,记忆,决策,认知决策,直觉决策,创造力,创造思维

复习思考题

1. 操作思维与抽象逻辑思维的主要差异是什么?

2. 查找运动心理学文献,列出除了三个筹码和18块模板测验之外的测量操作思维的方法。

3. 直觉、直觉思维、直觉决策有哪些特征?

4. 从中国乒乓球队雄踞世界乒坛50年的历程出发,谈谈操作思维与创造思维有什么关系?

5. 根据你所从事的运动项目特征,列出三种将战术意识分解为可以测量的心理特征的方法。

推荐参考读物

1. 郭有遹(2002):创造心理学。北京:教育科学出版社。该书全面讨论了创造思维和创造活动的性质、基础、特点和方法。

2. 张力为(1993)：运动智力：思考中的困惑与困惑中的思考。中国体育科技，1 期，39—45 页。该篇论文从传统智力测验、操作思维测验和信息加工分析三个角度讨论了运动智力的研究成果，有助于理解运动员的思维特点。

3. Schmidt，R. A. & Wrisberg，C. A. (2000). Motor learning and performance (2nd ed. Chapter 3，pp. 55—87). Champaign, IL：Human Kinetics. 该书是运动技能学习教材，第三章为"加工信息和作出决策"，可作为本章的参考资料。

4. Starkes，J. L. & Helsen，W. & Jack，R. (2001). Expert performance in sport and dance. In R. N. Singer，H. A. Hausenblas & C. M. Janelle (Eds.)，Handbook of sport psychology (pp. 174—201). New York：John Wiley & Sons. 该文从知觉、认知、决策等角度探讨了运动领域专家和新手之所以不同的原因。

5. Straub，W. F. & Williams，J. M. (Eds. 1984). Cognitive sport psychology. New York, Lansing：Sport Science Associates. 该书从认知运动心理学的角度全面论述了运动员的信息加工问题，包括对思维和决策问题的专论。

6. Wrisberg，C. A. (2001). Levels of performance skill：From beginners to experts. In R. N. Singer，H. A. Hausenblas & C. M. Janelle (Eds.)，Handbook of sport psychology (pp. 3—19). New York：John Wiley & Sons. 该文从知觉、认知、决策等角度探讨了运动领域专家和新手之所以不同的原因。

第十一章 运动活动的注意状态

插图 11-1 体育比赛中长时间的高度集中令人身心疲惫

　　普通心理学对注意问题的研究多是通过词语和数字图形的实验来进行的,其特点是注意对象为静态事物,注意范围相对不大,对其变化的要求也不是很高。所以,研究成果不容易直接引用到体育运动中。专门针对体育运动中注意问题的应用性研究不多。从20世纪70年代开始,一些体育运动心理学家开始着手这方面的探索,其中,有沿着认知心理学思路进行的研究,如双重任务的研究和注意瞬脱的研究,也有根据运动特点建构注意理论的研究。本章将介绍奈德弗的注意方式理论和认知运动心理学在注意方面的研究思路,还将讨论比赛的注意问题。

第一节 注意方式理论

一、注意方式

(一) 注意方式的理论

　　注意方式(attention styles)理论是奈德弗(Nideffer, 1976a, 1976b, 1978, 1980a, 1980b, 1986, 1990)在前人研究基础上提出来的,是有关注意结构、个体差异与操作成绩关系的理论。奈德弗认为(见图 11-1),注意的结构包括两个维度,即注意范围(attention span)和注意方向(attention direction)。注意的范围是指在瞬间能清楚地把握的对象的数量,由非常狭窄到非常广阔,广阔的注意可同时获得多种信息,狭窄的注意则滤掉很多信息。注意的方向是指人正在关注外部的环境信息(如对手的移动、教练的手势)还是内部的身心情况(如自己的心跳、情绪)。

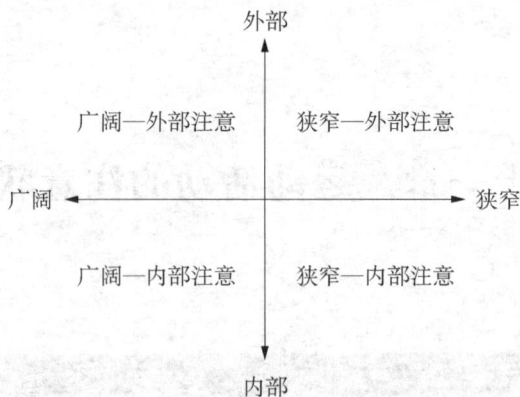

图 11-1　奈德弗的 4 种注意类型

上述 4 种注意类型影响着运动员运动活动的效率,它们的具体含义如下:

广阔—外部注意(broad-external attention):指注意范围广阔并指向外部环境的注意。这种注意对于把握复杂运动情境来说是最合适的,常用于集体运动项目,如足球、排球、篮球、水球、橄榄球、冰球、曲棍球等。具有这种能力的运动员预测能力很强。

狭窄—外部注意(narrow-external attention):指注意范围狭窄并指向外部环境的注意。作出反应的短暂时刻要求这种注意,这时注意指向外部且范围很窄,以便击球或对抗对手,如足球守门员防守对方点球的短暂时刻所需要的注意。

广阔—内部注意(broad-internal attention):指注意范围广阔并指向内部信息的注意。具备这种能力的运动员或教练员善于分析,因此学习速度快,善于把各种信息纳入自己的知识储备之中,并借此来制定训练和比赛计划,预测未来和回忆过去。例如,棋类运动员搜索记忆中的已知棋局时的注意,即为广阔—内部注意。

插图 11-2　运动项目不同,运动任务不同要求的注意方式也不同

狭窄—内部注意(narrow-internal attention):指注意范围狭窄并指向内部信息的注意。这种注意对于敏感地把握各种身体感觉是最必要的,如射击、射箭、跳水、体操等项目中的运动感觉体验,演练某一技能等就要利用这种注意。

奈德弗还认为,每个人、每个集体运动项目都需要将注意范围和注意方向加以特殊组合,以产生最佳运动表现(图 11-2)。一般来说,情境越复杂,情境变化越快,运动员就越需要利用外部注意方式。橄榄球、足球、冰球运动员需要广阔的外部注意,而棒球击球手则需要狭窄的外部注意。当分析或计划的要求提高了的时候,为改进技术动作,制定比赛战术计划时,内部注意就变得至关重要了。

(二)注意方式的测量

奈德弗(Nideffer, 1976a)于 1976 年编制了一个《注意方式测验》,也译为《注意及人际行为类型测验》(Test of Attentional and Interpersonal Style),简称 TAIS。TAIS 共包括 17 个分

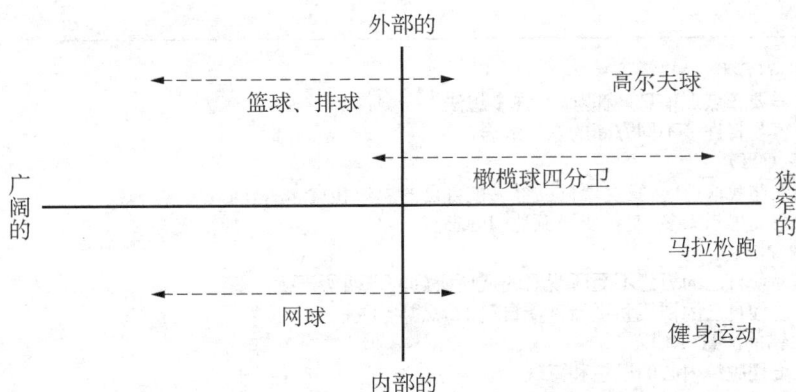

图 11-2 奈德弗的 4 种注意类型与体育运动

量表，其中 6 个分量表反映的是注意类型（表 11-1），两个分量表反映的是行为控制和认知控制的类型，9 个分量表描述的是人际行为的类型，共计 144 个题目。反映注意类型的 6 个分量表用来评估注意的范围和方向。

表 11-1 TAIS 量表中的 6 个注意分量表

分量表	含 义	高 分 倾 向
BET	广阔性外界注意	适应所处环境及其变化的能力强
OET	干扰性外界注意	由于外界无关刺激而分散注意，导致出错
BIT	广阔性内部注意	组织和分析信息的能力强
OIT	干扰性内部注意	常被自己的思想和感情干扰而陷入混乱
NAR	集中性注意	集中注意和抗干扰的能力强
RED	狭窄性注意	注意范围过狭而遗漏有关信息

BET = Broad-External；OET = External Overload；BIT = Broad-Internal；
OIT = Internal Overload；NAR = Narrow Effective Focus；RED = Errors of Underinclusion

为便于 TAIS 的推广，奈德弗同年又编制了一个简式 TAIS。他精选出 12 个题目用来测量注意集中的类型。每个分量表选择了两道题目供运动员自我评定用（表 11-2）。每一题目只要按以下 5 个等级作出一种选择：从不（0 分）；很少（1 分）；有时（2 分）；常常（3 分）；总是（4 分）。把各分量表的两个题目的得分相加，得到 6 个分量表的分数后，分别将它们点在常模图的相应位置上，就能得到运动员注意集中类型的剖面图（图 11-3，图 11-4，图 11-5）。

表 11-2 简式 TAIS 的测验题目

广阔性外界注意（BET） 　　（1）我善于很快地分析复杂的情况，例如，一场橄榄球比赛中的进展如何，或者场上的哪 4 个或 5 个队员开始打起来了。 　　（2）在一屋子的孩子中，或者在一个运动场上，我知道每个人在做什么。 外界负担过多（OET） 　　（1）当别人与我谈话时，我发现自己会为所见到的周围之物，或听到的声音而分心。 　　（2）我观看诸如足球比赛或马戏时，有许多事情同时发生，我就变得慌乱了。

广阔性内部注意（BIT）

   （1）我 只需要一点点信息,就能产生许多想法。

   （2）我很容易将许多不同方面的意见综合起来。

内心负担过多（OIT）

   （1）当别人与我谈话时,我发现自己容易被自己的思想和意念所分心。

   （2）由于我的思想太多,使我变得慌乱和健忘。

狭窄有效注意（NAR）

   （1）我容易使自己的思想不受所观看的或所听到的东西所干扰。

   （2）我容易使自己的视线和说话不受自己的思想所干扰。

未能顾及而出错的注意（RED）

   （1）我很难摆脱掉内心的思想和意气。

   （2）比赛时我出了差错,是因为我在看某个人在做什么,以及我忘掉了别人。

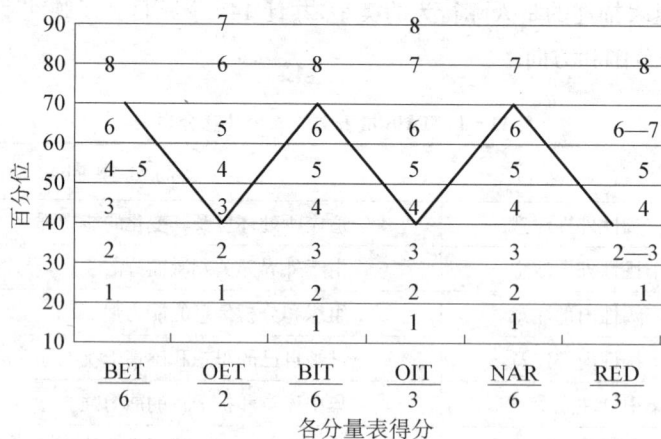

图 11-3　有效注意类型的剖面图

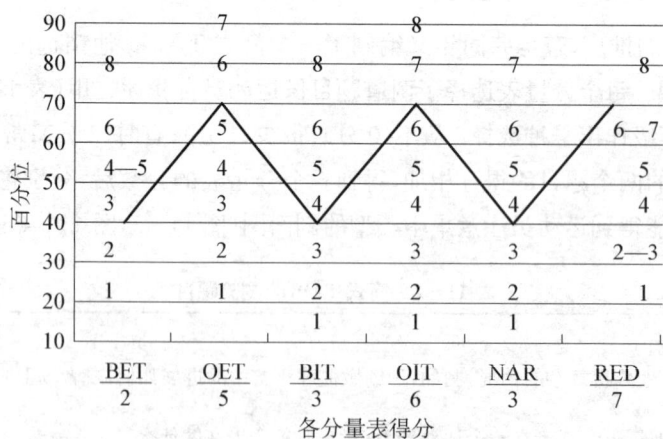

图 11-4　效率不高注意类型的剖面图

运动心理学（第二版）

百分位

	BET	OET	BIT	OIT	NAR	RED
90		7		8		
80	8	6	8	7	7	8
60	6	5	6	6	6	6—7
50	4—5	5	5	5	5	5
40	3	3	4	4	4	4
30	2	2	3	3	3	2—3
20	1	1	2	2	2	1
10			1	1	1	

各分量表得分

BET	OET	BIT	OIT	NAR	RED
3	3	4	4	4	4

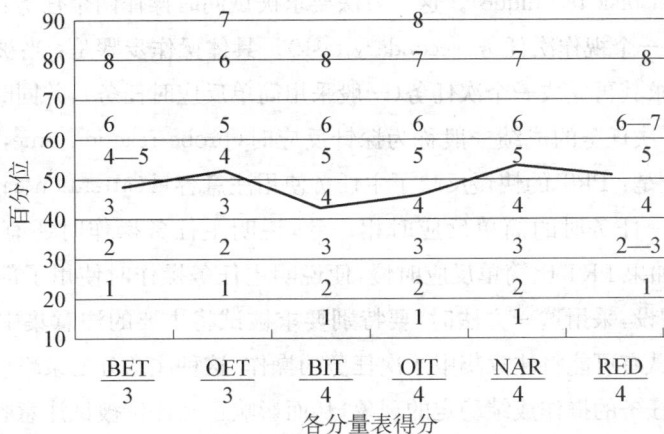

图 11-5 "平常"注意类型的剖面图

二、注意特征

奈德弗除了提出注意方式的两个维度外,还就注意方式、注意能力和注意过程等方面提出了一些假设。

(一) 特质注意和状态注意

某些注意特征是人格特质的一部分,也就是说,它们是相对稳定的,不易变化的。就个体而言,在不同情境中的表现具有一致性。这种注意叫做特质注意。另一方面,有些注意特征又依赖于具体情境,是不断变化的,可以调节的。这种注意叫做状态注意。特质和状态的划分有助于解释为什么在个人的操作活动中会出现很大不同。如果注意仅有特质这种成分,我们就可以毫不担心地根据一个人的注意特质去做十分准确的预测。但这同时又意味着所有注意力的训练只有针对特质去进行,因为特质决定它是不能随时调节和塑造的。状态的成分意味着依情境的不同而会有不同的表现,使预测的准确性受到影响。

(二) 注意能力的个体差异

很多事例表明,注意方面的问题可导致比赛的失误。例如,有些运动员不能及时自我调节以适应场地条件或对手战术的变化。他们建立了自己的心理定势,且固守这种定势,很明显,这就是狭窄外部注意型运动员的注意特征。

个体在注意能力方面的差异,似乎要求我们根据专项运动的特点来选择与之相应的注意类型的人从事某项运动,还需要针对运动员注意方式方面的弱点进行训练以提高注意能力,因为每个人在注意方面均有其长处和短处。当然,这就需要有一种有效的、可以测量出个体在注意能力方面优劣的工具,这也是奈德弗当初制定 TAIS 测验的目标。

(三) 焦虑或唤醒与注意过程的相互关系

奈德弗根据他自己的观察和其他一些人的研究,提出焦虑和唤醒水平的升高会对注意过程产生以下两方面的影响(Nideffer, 1980b):第一,干扰从一种注意方式转至另一种注意方式的过程;第二,造成注意范围的缩小。

一些研究认为,高唤醒水平会导致注意范围的缩小。对这种现象进行研究的常用方法是双重任务技术(dual-task technique)。这一方法要求被试同时操作两个任务：一个视作主任务(primary task)，另一个视作次任务(secondary task)。具体操作步骤是：当被试在操作一个主任务的过程中，要求其再完成一个次任务(一般采用简单反应时任务)，并同时测定主任务和次任务的操作成绩。次任务的成绩一般称为探针反应时(probe reaction time，以下简称PRT)。该方法的基本假设是：PRT的快慢反映了主任务使用注意容量(attention capacity)的程度，如果PRT与操作单一任务时的简单反应时相一致，说明主任务操作时还有足够的剩余容量(spare capacity)；如果PRT比简单反应时慢，便说明主任务操作时使用了部分或较多的注意容量。鉴于这一假设，采用这一方法时，要特别要求被试将主要的注意集中在主任务的操作上。这是因为，被试有可能将注意集中于次任务的操作，这种注意分配策略可能导致主任务的操作成绩下降、次任务的操作成绩稳定的现象，从而影响正确评价被试注意容量的使用情况。

当采取各种方法提高被试的唤醒水平后，被试一般都报告对次要任务的外周注意范围缩小了。这种现象的机制尚未了解清楚。但有研究报告(张力为、任未多、毛志雄、李铂，1992)，人在唤醒水平升高时，周围视觉的敏感性降低。对于操作活动来说，注意范围过于狭窄，会遗漏一些与操作活动有关的信息。注意范围过于广阔，也会由于纳入了一些无关信息而产生不利影响。

第二节　运动员的注意分配特征

一、注意分配的可能

注意分配(distribution of attention)指在同一时间内将注意指向不同对象。篮球新手在根据教练员的讲解完成运球动作的同时，不能看着篮圈，或看着其他队员，或者不能思考防守与进攻的任务，就是由于运球技术本身需要花费时间和能量去进行信息加工。

经验表明，一个篮球新手与一个篮球高手花在运球上的信息加工时间是不同的。新手在运球时几乎要花去所有有效的信息加工时间，高手则能在一定程度上减少对运球的注意，因此他能在运球的同时有更多的时间去寻找其他有关的线索并思考战术方案，如图11-6所示。

人类似乎具有同时注意一个以上的对象的能力。例如，熟练的篮球运动员可以在运球的

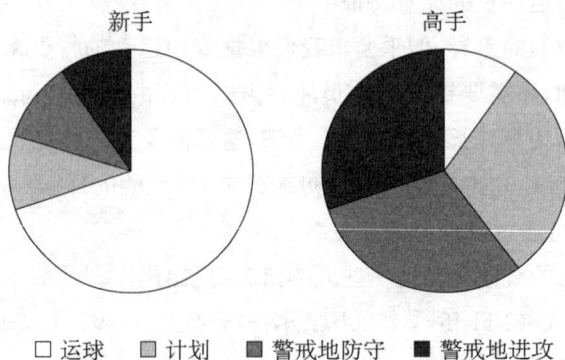

□ 运球　　■ 计划　　■ 警戒地防守　　■ 警戒地进攻

图11-6　篮球新手和高手运动员的有效信息加工时间

同时举起另一只手,指挥队友跑向接应位置。汽车司机可以在驾驶汽车的同时减油门、踩离合器、换挡并与乘客谈话。

可见,在注意分配能力有限的条件下,如果对有效信息加工时间的要求不太严格的话,人可以同时注意到一个以上的信息,也能够同时作出一个以上反应;假如完成每项任务都要求花上全部有效信息加工的时间,则人只能注意其中的某一项任务,从而使完成其余任务的能力下降。

专栏 11-1

运动员真的需要自始至终都盯着球吗

球类运动员常常会听到教练员这样的提示:盯着球。网球运动员可能听到:"盯着球,直到打到球。"棒球运动员可能听到:"你要想接住球,就要眼不离球。"但是,研究人员指出,这些过去一直被信奉的想法和做法,并不必然是正确的。例如,他们发现,在某些时候眼睛可以离开球的飞行轨迹,而不会影响击球效果(Savelsbergh, Whiting & Pijpers, 1992)。网球运动员在准备接球时并不一直注视着来球,因为要以眼睛追踪球速高达每小时 120—130 英里的来球几乎是不可能的事(Abernathy, 1991)。棒球选手击球时面临每小时 90 英里的来球,也遵循同样的道理。相反,优秀运动员能够利用对手的挥拍和抛球动作或投球手的投球动作等线索来判断发球的类别和来球的方向。

当然,上述这些证据并不是说"盯球"不重要,而是要强调什么时间盯球,盯多长时间的球,什么时间转而注意其他更为重要的线索。运动员根据对方动作线索预测球的飞行方向和飞行速度的能力,常常是制胜的关键。

但研究也表明,人的信息加工能力是有限的,即一个人同时做几件事的能力是有限的。如果一个运动员在完成有些运动任务时不能与其他的语词任务或运动任务同时完成,那么就表示要花时间去对一项或两项任务进行信息加工。相反,如果几项任务能够在同一时间内完成,则表示有些任务或者所有的任务是不需要花时间去进行信息加工的。因此,在注意分配能力有限的条件下,要求同时完成两项任务,有时就会降低运动成绩。当然,更为重要的是要弄清每项任务需要花多少时间来进行信息加工。

二、注意分配的测量

双重任务技术是研究注意分配的主要实验范式之一。例如,瑞斯伯格和舍(Wrisberg & Shea, 1978)在 20 世纪 70 年代就曾利用双重任务技术(dual-task technique)对运动员注意分配进行过研究。该研究要求被试在完成一项基本的运动任务(主任务)的同时,必须完成一项简单反应时的任务(次任务)。如果测得的反应时比正常时更慢,那么这项基本运动任务被判定为要求加以注意的任务,因而也是要求花时间去进行信息加工的任务。其结果表明,当运动技能学习成绩提高时,对运动活动的注意的要求就会降低。换句话说,当运动员的动作达到自动化或者娴熟的程度时,对运动员有效信息加工能力的要求就会降低。而且,运动员可以把注意分配到其他的线索上去。

双重任务技术的一个重要作用是能够探明动作操作过程中哪一个时期需要注意(章建成,2000)。在追踪移动目标的任务中,一些研究者发现(Ells,1973;Glencross & Gould,1979),动作开始阶段需要较多的注意。另一些研究者认为(Kerr,1975;Zelaznik,Shapiro & McClosky,1981),动作结束阶段也需要较多的注意,而在快速动作的中间阶段则不需要更多的注意(Posner & Keele,1969)。在体育运动中,研究表明(Starkes,1986),当来球的飞行后期或运动员接球动作开始时需要最大的注意。章建成认为(1988),乒乓球运动员在正手引拍、向前挥拍和顺势挥拍时需要较多的注意,在击球瞬间则不需要过多的注意。

双重任务技术的另一个作用是可以比较各种运动项目运动员的注意特点(章建成,2000)。从目前的资料来看,运动心理学研究者运用此技术对射击(Rose & Christina 1990)、羽毛球(Abernethy,1988a)、跳高(Girouard,Perreault,Vachon & Black,1978)、乒乓球(章建成等,1988)、网球(章建成,1994)等项目进行了研究。此外,研究者(Castiello & Umiltal,1988)对排球、网球、百米短跑、跨栏运动员注意需求的研究表明,不同运动项目运动员的注意容量或资源具有高度专门化的特点。

双重任务技术的一个最重要的作用是可以帮助教练员通过评价运动员的不同容量或资源水平,从而评价运动员的技能水平(章建成,2000)。因为容量或资源的分配与技能熟练程度有关(Shiffrin & Schneider,1977),即运动技能越熟练,可分配的容量或资源就越多。因此,这一技术不仅可评价新手与高手之间的技能水平差异(章建成等,1989),而且还可评价高手之间的技能水平差异(章建成、坂手照宪,1990;章建成,1994)。在大多数的运动技能评价中,用单一任务很难准确评价熟练者之间的技能水平差异,而双重任务技术则为这一评价提供了一个有效手段。

三、注意分配的改进

在大多数体育比赛中,运动员时常需要同时加工两个以上的信息。因此,比较新手和高手在操作双重任务中的成绩以及比较训练前后操作双重任务的成绩,成为研究提高注意分配能力的切入点。

帕克(Parker,1981)曾做了一个要求被试在30秒内接住一个来球后迅速将球投向一个指定目标(主任务)的同时,再判断一个视觉刺激(次任务)的实验。被试根据技能水平分成A、B、C三组。实验结果表明,三组的主任务之间没有显著性差异,而A组的次任务成绩明显好于其他两组。这一结果说明高水平被试显然有较多的剩余容量或资源分配给次任务。同样的结果在章建成等人(1989)对三种不同水平的乒乓球运动员的实验中得到了确认。

辛格等人(Singer,Cauraugh,Murphey,Chen & Lidor,1991)对分别接受单一任务训练和接受双重任务训练的两组被试进行了比较研究。结果表明,当两组都操作双重任务时,双重任务组的注意分配能力明显优于单一任务组。这一结果说明,双重任务的训练有利于提高运动员的注意分配能力。

艾森克认为(Eysenck,1984),双重任务成绩提高的内部机制可能至少有三个:第一,操作者对一个或两个任务的注意需求减少；第二，操作者提高了时间分配和注意转移策略，从而减少了任务之间的干扰；第三，可能是由于操作者降低了加工双重任务所需要的资源，使双重任务的各方都能避开另一方所需要的资源。

第三节　警觉、警戒和反应延迟

一、警觉、警戒

警觉（alertness）是指在相对较短的时限内，在一定环境中觉察特定的、不能预期出现的事件的准备状态；警戒（vigilance）则指在相对较长的时限内，在一定环境中觉察特定的、不能预期出现的事件的准备状态。警觉和警戒决定着在一段时间里能否对不频繁而又无规律的刺激作出快速、准确的反应。

警觉和警戒在比赛中具有十分重要的作用。比如，足球守门员应时常保持警戒，以防对方队员突然射门；网球运动员有时则需要在5局比赛中保持警戒；跳水运动员则在起跳的一刹那需要短期警觉。有时，我们往往听到有的运动员将比赛的失利归结为"没准备好"，这可能与警觉的变化规律有关。赫葆源、张厚粲、陈舒永（1983）提供的资料表明，如果不给预警信号，只在上一刺激和反应之后随机间隔0.5s、1s、2s或4s，就给予下一个听觉刺激，则1s和2s间隔条件下的反应快于0.5s和4s的间隔条件（表11-3）。另一项反应时研究表明（Botwinick & Thompson，1966），如果给予预警信号，且预警信号与刺激的间隔时间少于4s，反应时便会变慢。这提示，如果运动员要防住对手的突然袭击，必须在4s前做好心理准备。

表11-3　预备时间对听觉反应时间的影响（单位：毫秒）

刺激间距（预备时间）	500	1 000	2 000	4 000
平均反应时间	335	241	245	276
标准差	64	43	51	56

引自赫葆源、张厚粲、陈舒永，1983

警戒对比赛成绩的影响主要有两方面（Wickens，1984）：一方面是在高失误率或慢速检测的情况下，操作者很难长时间保持警戒；另一方面警戒能力在运动开始的30min内开始大幅度下降，疲劳和失眠会加剧其下降。因此，加强警戒能力的训练和有规律的睡眠有利于警戒能力的提高。

二、反应延迟

中枢神经系统处于疲劳或疾病状态，会导致反应的延长（马启伟、张力为，1996）。但这里所要讨论的反应延长现象，不是指中枢神经系统疲劳或疾病引起的反应延长，而是指刺激的特点引起的反应延长，而这种延长，似乎和注意有密切联系。

篮球比赛中，我们经常见到这样的情境：进攻队员先做了一个逼真的投篮假动作（诱惑动作），待防守队员对这个诱惑动作开始作出反应后，进攻队员再做真正的投篮动作。尽管防守队员中枢神经系统处于良好状态,全神贯注,但一旦对第一刺激开始了第一反应,再想迅速抑制第一反应并对第二刺激进行第二反应,也是爱莫能助了。足球比赛中,巴西队员卡福常常不触球地用腿的晃动诱发对方反应,一旦对方出腿对假动作作出反应,他再做出突发动作以求过人。排球中的时间差进攻则是两个攻方队员诱惑对方:二传手传出一个半高球后,快球手先原地做一快扣动作,待对方跳起拦网时,快球手再跳起到半高球的第二点扣球。这些,都是运动员利用对方心理不应期(psychological refractory period)时的反应延长而求胜的实例。

插图 11-3　排球中的时间差进攻利用的是心理不应期效应

在相继给予两个刺激并对两个刺激分别产生反应时,如果两个刺激间隔时间短,第二个反应的时间就延长,这种推迟的时间叫做心理不应期。在实验室中,如果采用光信号刺激,使被试在左边的灯泡亮时离开左手,以此作为第一反应,在右边的灯泡亮时离开右手,以此作为第二反应,并使灯泡先后亮起的时间间隔足够短,就可以很清楚地演示出心理不应期的出现(转引自杨治良,1984)。

如果两个刺激的间隔时间较短,则第二反应的时间就长。反之,在两个刺激的间隔时间较长时,第二反应的时间就较短。但是,如果只进行第一反应,那么时间间隔长时,反应时间也变长。这种情况不论在运动员身上,还是在一般人身上都存在(图 11-7)。

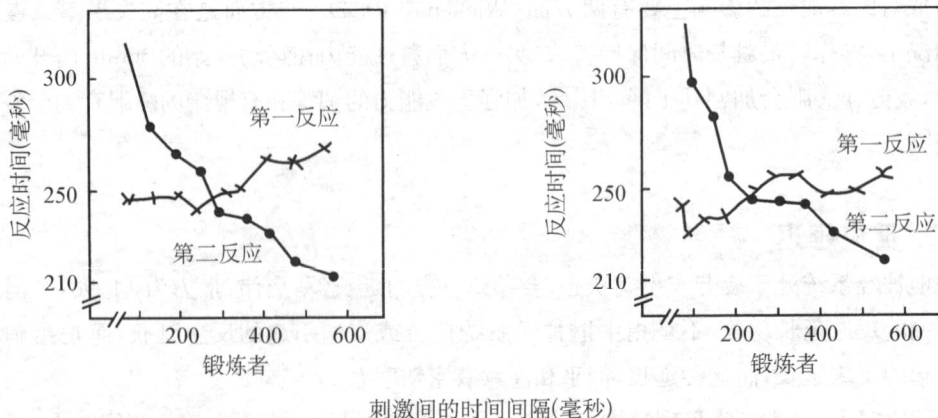

图 11-7　心理不应期和刺激时间间隔的关系

引自杨治良,1984

第四节　比赛中的注意指向

一、比赛心理定向

比赛心理定向(mental set in competition)是指运动员赛前和赛中的注意焦点。在体育教育中,比赛是教育的手段;在竞技体育中,比赛是训练的目的。比赛必然会有一个结果,这个结果的表现形式通常是胜或负、成绩、名次和是否出线。运动员在参加比赛之前,都自觉或不自觉地对比赛有着某种心理定向。这个心理定向有时并不表现在运动员的语言里,而是埋藏在运动员的潜意识里,但它无时无刻不对运动员产生着某种影响。这种影响作用于以下几个方面,包括:

——比赛的具体目标;

——比赛方案的制定(包括技术、战术等方面);

——赛前心理准备(心理程序的制定)。

心理定向(mental set)决定着运动员的参赛状态。积极的心理定向是将注意放在比赛过程上,放在当前任务上,放在自我控制上,放在技术战术上。积极的心理定向会成为运动员努力奋发和平衡心态的动力来源。消极的心理定向则是将注意放在过去或未来的比赛结果上,放在与他人进行的社会比较上。消极的心理定向会成为运动员的额外负担,影响技术水平的发挥。如何做好心理定向是一个看起来简单,但实践中往往解决不好的问题。

比赛结果是很多因素综合作用的产物,在这些因素中,属于一名运动员所能控制也就是运动员能否发挥出自己的水平这一方面的因素是很少的。即使发挥了水平,比赛的结果也不一定就是运动员所期望的。如果把心理定向定在比赛结果上,那就总也摆脱不了对比赛的社会影响的考虑。赢了会怎么样?输了又会怎样?我到底能赢吗?高期望值、侥幸心理不仅会白白消耗一些心理能量(心理能量是有限的,注意也消耗心理能量),还会引起焦虑、失眠和各种生理反应,造成神经和肌肉的疲劳。想赢怕输的内心活动也会逐步发展,最终形成失败恐惧。

二、赛前注意转移

如何使运动员以良好的体力和精神去参加比赛,一直是赛前安排的主要问题之一。旅途跋涉,异国异地的风光,社交活动,各种信息量的增加,所有这些对运动员来说都是新异刺激。但最重要的,也是引起运动员应激反应的刺激,是比赛环境和气氛。如何转移运动员的注意,使他们摆脱这些干扰?许多教练员都有各自的方法,有经验的运动员往往也有一些适合自己特点且行之有效的措施。有的采用"封闭"形式,深居简出,减少社交来往,在房间里看书、听音乐、绘画、练书法、玩扑克、打毛衣;有的采取"开放"形式,上公园、郊游、看电影、去俱乐部和文化宫。在第23届奥运会上获得女子马拉松金牌的美国运动员伊诺特的赛前心理调整十分有趣。在比赛前4天,她到山里采草莓,第二天在家里做草莓酱。她在赛前做了自己最喜欢做的和最感兴趣的事情,获得了愉快的情绪,注意得到转移,精神上得到放松。

三、赛中注意集中

比赛是高强度的身体和心理活动,对运动员的身体和心理的要求也是超于常人的。运动员在比赛过程中的所有活动几乎都有注意的参与。感知觉、记忆、思维活动等都离不开注意的集中。也只有在注意高度集中时,速度和力量才能发挥出来。有些项目还要求运动员保持长时间的注意稳定性。但比赛中常常有各式各样的无关刺激对运动员产生干扰。如第23届奥运会跳高决赛时,当高度升到2.33米时,在跳高场地附近的跑道上,正好接力比赛的运动员跑过来,再加上观众的欢呼声,使朱建华只得匆忙决定免跳,最后在下一个高度上失利。有时,比赛对手也有意识地采取某些手段来分散对方的注意。当然,最主要的分散注意的因素来自自己,各种与当前任务无关的思想活动,甚至关键时刻的一个一闪而过的念头,都会使注意分散。

集中注意的方法有很多。如有的运动员有自己习惯了的,并且十分有效的暗示语,这些暗示语简短、明确、有力;有的人拍一下手,或大叫一声;有的人做一次表象动作的练习;有的人做几次深呼吸;有的人在比赛间隙戴上耳机,听一会儿音乐,看看远处的风景,数数树木房子等,或干脆闭目养神、做做气功等。总之,这些做法的目的在于排除来自外界和自身的各种干扰刺激,减少心理能量的消耗,迎接即将到来的比赛。

本章提要

1. 奈德弗的注意方式理论将注意能力分解为两个维度:范围(狭窄到广阔)和方向(内部到外部),并以此分为广阔—外部、广阔—内部、狭窄—外部、狭窄—内部4种注意类型。

2. 奈德弗认为,注意有状态和特质之分,在发展4种注意能力方面,人与人之间有个体差异,这一点对选材有一定意义。焦虑和唤醒水平升高对注意方式的转变有干扰,并使注意范围缩小。

3. 运动员的注意方式可通过《注意及人际行为类型测验》(TAIS)中的6个注意分量表进行测量。该测验还有一个12个题目的简本,十分简便和实用。

4. 在注意分配能力有限的条件下,如果对有效信息加工时间的要求不太严格的话,人可以同时注意到一个以上的信息,也能够同时作出一个以上反应;假如完成每项任务都要求花上全部有效信息加工的时间,则人只能注意其中的某一项任务,从而使完成其余任务的能力下降。

5. 双重任务技术是测量注意分配情况的主要实验范式之一,其主要操作程序是:要求被试在完成一项基本的运动任务(主任务)的同时,必须完成一项简单反应时的任务(次任务)。如果测得的反应时比正常时更慢,那么这项基本运动任务被判定为要求加以注意的任务,因而也是要求花时间去进行信息加工的任务。

6. 双重任务技术的作用包括:探查动作操作过程中哪一个时期需要注意;比较各种运动项目运动员的注意特点;评价运动员的注意容量或注意资源,进而评价运动员的技能水平。

7. 当运动技能学习成绩提高时,对运动活动的注意的要求就会降低。这时,运动员可以把更多的注意的剩余容量分配到其他的线索上去。

8. 警觉指在相对较短的时限内在一定环境中觉察特定的、不能预期出现的事件的准备状态。警戒指在相对较长的时限内在一定环境中觉察特定的、不能预期出现的事件的准备状态。警觉和警戒决定着在一段时间里能否对不频繁而又无规律的刺激作出快速、准确的反应。

9. 在相继给予两个刺激并对两个刺激分别产生反应时,如果两个刺激间隔时间短,第二个反应的时间就延长,这种推迟的时间叫做心理不应期。比赛中,运动员常常利用这种心理不应期,通过假动作诱发对手作出第一反应,然后做出真动作,使对手对真动作的反应速度下降或不能对真动作进行有效反应。

10. 比赛心理定向引导运动员去参加比赛。积极的心理定向是将注意指向行为过程,即尽自己最大努力,力争优异成绩。消极的心理定向是将注意指向比赛结果。

11. 赛前注意转移是确保运动员以良好的体力和精力参加比赛的重要心理调节措施。比赛过程中的注意控制是发挥技术水平的一个重要因素。

关键术语

注意方式理论,注意范围,注意方向,广阔外部注意,狭窄外部注意,广阔内部注意,狭窄内部注意,注意及人际行为类型测验,注意分配,双重任务技术,注意容量,警觉,警戒,心理不应期,比赛心理定向

复习思考题

1. 分析你所从事的运动项目在注意方式分布图(图 11-2)中的位置。
2. 紧张程度的提高会对注意产生哪些影响?这些影响是有利的,还是不利的?为什么?
3. 运动员比赛中能"一心二用"吗?为什么?
4. 根据你所从事的运动项目特点,设计一个双重任务实验,以检验技术水平。
5. 试举两个运动实例,说明利用心理不应期的战术。
6. 赛前和赛中应将注意指向什么事情上?什么是赛前和赛中的最佳心理定向?
7. 哪些准备工作有利于创造赛前和赛中的正确心理定向?

推荐参考读物

1. 张述祖、沈德立(1987):基础心理学。北京:教育科学出版社。该书第六章讨论了注意问题,叙述的条理和思路清晰,是注意基础知识的铺垫材料。

2. 章建成(2000):比赛中的注意。见张力为、任未多(主编):体育运动心理学研究进展(140—174 页)。北京:高等教育出版社。该篇论文紧密联系运动活动的实际,详细讨论了认知心理学注意研究的思路、成果及对运动活动的指导意义。

3. Abernethy, B. (2001). Attention. In R. N. Singer, H. A. Hausenblas & C. M. Janelle (Eds.), Handbook of sport psychology (2nd ed. pp. 53—85). New York: John Wiley & Sons. 该文从认知心理学的角度分析了注意的特点,讨论了新手和专家在注意上的区别以及注意在体育活动中的意义。

4. Magill，R. A. (2001). Motor learning concepts and applications (6th ed. Chapter 8，pp. 116—125). New York，NY：The McGraw-Hill Companies. 该书为运动技能学习教材，第八章为"作为有限容量资源的注意"，可作为本章的参考资料。

5. Schmidt，R. A. & Wrisberg，C. A. (2000). Motor learning and performance (2nd ed. Chapter 3，pp. 55—86). Champaign，IL：Human Kinetics. 该书为运动技能学习教材，第三章为"加工信息和作出决策"，可作为本章的参考资料。

6. Straub，W. F. & Williams，J. M. (Eds. 1984). Cognitive sport psychology. New York，Lansing：Sport Science Associates. 该书从认知运动心理学的角度全面论述了运动员的信息加工问题，包括对知觉选择和注意问题的专论。

第十二章　运动技能的形成过程

运动动作是人类生活不可或缺的一个方面，它涉及人的一些基本生存问题，也同人的高级活动有关。试想，如果没有获得运动动作的技能，或者是丧失了运动动作的能力，将会发生什么？想去餐馆，你却不会开车或骑车；到了那里，你又不能用筷子或刀叉吃饭；坐在办公桌前，你不会用笔或计算机写字；在运动场上，你永远是个观众，因为你不会使用任何体育器械。当然，没有人会处于如此尴尬的境地，如果果真如此，人恐怕就只能作为"植物人"生存了。人从小就在父母、教师的指导下，不断练习着各种生活必须的运动技能，从刷牙到游泳，从弹钢琴到打网球，无所不包。我们不断享受着学习运动技能的好处，对此习以为常，以至于很少想到这些学习过程的本身是多么重要。现在，我们终于有机会坐下来认真地思考一下，我们究竟是怎样学会这些至关重要的技能的，今后如何才能更加有效地学习和掌握新的技能。

插图 12-1　人类所有选择自然、适应自然和改造自然的活动都需要运动技能

在体育运动领域，运动技能的学习和掌握显得尤为重要。10 年前，"她"可能还是个穿上冰鞋就摔跟头的小女孩，10 年后，"她"在冰上的优美舞姿和高难动作叫人眼花缭乱，拍手叫绝，其纯熟的运动技能到达了登峰造极的程度。把一个根本不会滑冰的儿童，培养成为一个花样滑冰的世界冠军，要走过多么艰难的历程。但任何人类活动都是有规律可循的。本章将讨论技能的本质、运动技能与智力技能的区别、运动技能的形成过程、影响运动技能学习的因素、掌握运动技能的有效方法以及不同运动技能之间的相互影响。希望通过以上讨论，读者能够了解运动技能学习的机制，提高运动技能学习的效率，并享受运动技能不断提高的乐趣。

第一节　运动技能概述

一、技能的概念

（一）技能

人的行动是由一系列的具体动作组成的。比如，一个乒乓球的正手攻球动作，就包括走位、拉后手、转腰、摆臂等相互联系的几个环节构成。能否顺利完成一项活动，大都依赖人对实现这些动作的方式掌握到何种程度为转移。任何一种新的动作，初学者都不能很完善地把它实现出来，起初甚至不知道应该怎样去实现它。在寻求实现新的动作方式时，初学者往往依靠从前的经验，依靠从前经验中与新动作相类似的东西。学骑三轮车的时候，人们都要试图利用过去已经掌握的骑自行车的经验，来把握腿蹬、手扶的用力形式。比较有经验的人的指导或对这些人的模仿，对于掌握新的动作有着巨大帮助。当然，更重要的是初学者的亲身实践，即需要练习，需要有目的地、有组织地、反复地完成这些动作。由于练习，实现动作的方式巩固了下来，于是，人就逐渐掌握了实现这种动作的方式。

人在特定的客观环境中实现的特定行动，如体操中的京格尔空翻、乒乓球中的高抛发球、花样滑冰中的三周半接二周半等，都是由一系列特定的动作方式构成的动作系统，它们都需要身体不同部位一连串动作的互相配合与协调。当某个人掌握了某种特定的动作方式，并根据这种特定的动作方式形成动作系统时，他就形成了某种技能。

技能（skill）是人们在活动中运用知识经验经过练习而获得的完成某种任务的动作方式或心智活动方式。

（二）技巧

任何实现动作的方式，都不是身体某些部分简单、机械的运动的组合，而是这些部分有目的、有组织的活动。但是，复杂的技能或一个完整技能系统一经形成，其中某些实现动作的方式便从有意识的转变为自动化的，即能够在意识参与和控制减少到最低限度的情况下，顺利地、有效地、一个接一个地实现出来。这样，人在完成某种动作时，就不必更多地集中注意于动作过程本身，不必把完整的动作系统划分为各个局部的动作，也不必考虑应该怎样去完成这些动作。因而整个动作就变得灵活、省力，人就有可能将剩余的注意能量放在可能出现的环境变化，放在如何创造性地完成动作，选择更有效的途径和方法，发挥最大的效率，进一步提高动作的质量上。比如，初学驾驶汽车的人，必须按照预定的顺序注意每个驾驶动作，但即使这样，也还是要经常发生错误。但当他的驾驶技术熟练以后，某些动作就从意识中解放了出来，变成了自动化的动作，因此，他无须再考虑怎样发动机器，如何转动方向盘、如何刹车等，他的注意可以集中在观察路面情况上以随时根据环境的变化作出相应的调节。

通常所说的技能包括了技巧，技巧（acrobatic skill）是技能的高级阶段。当动作的完成达到了自动化阶段以后，当人对动作的各组成成分以及时间、空间、力量特点产生了清晰的运动知觉和动作表象以后，这种技能就成为了技巧。如中国人使用筷子，西方人使用刀叉，打字员打字，普通人骑自行车，大都达到了技巧的程度。当然，运动场上运动员的表演，更是技巧的充分体现。

形成技巧以后,从动作的反应速度,从一个动作过渡到下一个动作的敏捷性,以及从动作的灵活性来看,动作仿佛是自动完成的。但是,不能因此而认为技能动作就是无意识的,因为只是在动作正确无误的情况下,在环境无特殊变化的情况下,动作的进程才是自动化的。一旦动作过程中环境出现了突然变化,或动作的某一环节遇到障碍时,人就会立刻发现这个变化,意识到动作效果与预定的目的不相符合。这时,他就会将更多的注意能量放在动作过程本身,更加有意识地调整动作,排除障碍。例如,骑自行车的人边骑车边和同行的朋友聊天,注意主要集中在聊天的内容上,骑车的动作是自动化的。如果车突然颠了一下,他会立刻暂时中断谈话,察看前方路面情况。如果发现是一块小石头,则继续按原来方式骑行和聊天,如果发现前方在修路,则需要做出调整,改变行进的路线。这说明技能动作不是无意识的动作,而是始终在意识的控制之下进行的。

技能动作自动化(automation),是由于大脑皮层建立了巩固的动力定型。在反复练习的过程中,大脑皮层经常受到按一定顺序出现的刺激物的作用,因而形成某种与之相适应的暂时联系系统,即动力定型(dynamic stereotype)。动力定型的各个环节是按确定的顺序排列的,始动刺激物将引起一系列的反应。正是由于这种动力定型的建立,才能使一系列动作能够按照一定的顺序自动化地、一个接一个地实现出来。但是,这个条件反射系统不是死板固定的。当活动的条件改变时,条件反射系统也会在一定的范围内相应地改变,依据客观要求改造为按照另一种方式进行的反应。驾驶汽车时,司机会随着道路的情况和汽车种类的不同,以不同的力量、速度和顺序去完成各种动作。足球运动员比赛时,可以根据风向、风力的不同,调节自己长传球的肌肉用力情况。

二、运动技能与智力技能的关系

根据技能的性质和特点,可以把技能区分为运动技能和智力技能两种。

运动技能(或动作技能,motor skill)包括书写、跑步、体操、骑车、操纵生产工具等,即是指在学习活动、体育活动和生产劳动中的各种行为操作。运动技能主要是借助于神经系统和骨骼肌肉系统实现的。本章讨论的问题,主要是运动技能的问题。

智力技能(mental skill)是指借助于内部言语在头脑中进行认识活动(如感知、记忆、想象、思维等)的心智操作,其中主要是思维活动的操作方式,例如运算、作文时的操作方式。

运动技能和智力技能既有区别,又有联系。运动技能主要表现为外显的骨骼肌的操作活动,智力技能主要表现为内隐的思维操作活动。感知、记忆、想象、思维是运动技能的调节者和必要的组成成分,而外部动作是智力技能的最初依据,也是智力技能的经常体现者。在完成比较复杂的活动时,人总是手脑并用的,既需要智力技能,也需要运动技能。黄希庭认为(黄希庭,1991),它们两者的区分主要是根据活动中的主导成分。例如,笔算主要是头脑中的"心算",用手加以记录,所以属于智力技能;体操主要是骨骼肌的活动,尽管受人的心理图式的支配和调节,但它属于运动技能。

应当指出,这种区分比较符合人们的一般经验,但在解释运动员的某些行为时也会遇到

插图 12-2 运动员的比赛行为包含着运动技能和智力技能两种成分

（申雪/赵宏博，中国的骄傲）

一定的困难。例如，足球运动员在罚点球决定比赛胜负时，罚球者和守门员的猜测、估计、分析、决策，对于比赛结果往往起着决定性作用。这种"斗智"，带有明显的智力技能的特征，但最后又是通过一个大肌肉群的运动体现出来的。单纯把这种罚点球、守点球的技能归于运动技能或智力技能，显然都不合适。

三、运动技能的分类

（一）连续技能和分立技能

根据运动动作是否具有连续性，可将运动技能分为连续技能和分立技能。在第九章"运动活动的记忆过程"中，我们对这两个概念已经做了界定。连续技能的主要特征是，运动操作由一个接一个的连串动作或系列动作组成，没有明确的开始与结束。游泳、滑冰、短跑等都属于连续技能。分立技能的主要特征是，一个动作的开始和结束非常明显，且持续时间相对短暂，例如：铁饼、标枪、举重、射击等。这类动作带有一定的爆发性。

（二）闭锁技能和开放技能

根据动作的环境条件和运动员相互之间的关系，可以把运动技能分为闭锁技能和开放技能。闭锁技能（closed skill）主要是根据变化不大的场地、器材情况特别是运动员内部的本体感受器所介入的反馈来进行调节，很少根据竞赛对手的情况进行直接、迅速和反复的调节，如跳水、体操、游泳、跑步、篮球的罚球等。开放技能（open skill）的主要信息来源是迅速多变的环境因素特别是竞赛对手的情况，运动员要准确预测对手动向，及时根据对手变化确定和实施动作方式，在集体项目中，还要参照同伴的情况进行决策和行动，比如，拳击、足球、篮球、排球、网球等项目所运用的技能，都是典型的开放技能。

（三）小肌肉群技能和大肌肉群技能

根据完成动作时肌肉参与的不同，还可以把运动技能区分为小肌肉群技能和大肌肉群技能。小肌肉群技能，顾名思义，是指以小肌肉群活动为主的运动技能，它具有细微、精巧的特点,手指和手腕的调节尤其重要,像绣花、织毛衣、写字、打字等都是典型的小肌肉群活动。大肌肉群技能,顾名思义,是指以大肌肉群活动为主的运动技能,它具有粗放、大型的特点,举重、摔跤、跑步等都是典型的大肌肉群活动。研究表明,由于这两种运动技能的肌肉参与差别极大,因此,这两类运动技能之间的相关很低(黄希庭,1991)。

四、熟练与习惯

熟练即高级技能,即我们在前面讨论的技巧。人们对某种行动方式熟练了,就不必事先考虑如何去完成它,不必再把某种行动分解为各个局部动作来进行,也不必预先拟定如何完成每个动作。例如,一个熟练的打字员,对于每个手指与键盘的对应关系以及对每个字的键盘对应键是不大注意的,他的主要注意方向是要抄写的文稿。一个熟练的木工在刨木料时,并不考虑怎样拿刨子,怎样前后推动刨子等。当始动刺激出现时,人就按一定的程序发动一系列的自动化反应。

习惯(habit)是完成某种自动化行为的需要。例如,一个人有饭前洗手的习惯,不论什么时候、在什么地方吃饭,都会先去洗手。一个人有午睡的习惯,不论在哪儿,到了中午就想睡觉。一个人如果有吸烟的习惯,他就会不知不觉摸出香烟和打火机来。

虽然习惯和熟练都是自动化的动作方式,但是,习惯毕竟不同于熟练。首先,习惯是实现某种动作的需要。习惯了的自动化行为已经变成了人的需要,如果这种需要得不到满足,就会引起不愉快的情绪;而熟练则指实现某种行动的方式,它不一定与人的需要联系在一起。也就是说,习惯和熟练所指的内容是不同的。其次,虽然有些习惯是通过有目的的培养形成的,如餐厅服务员待客人用完餐后,说一声"请您走好,欢迎再来",就是一种经培养形成的职业习惯,但有些习惯也可以在无意中通过简单的重复形成,如饭后用牙签剔牙的习惯。熟练则是按照一定的目的并以一定的方式组织起来的练习形成的。第三,习惯可能是有益的,也可能是有害的,即有好坏之分。劳动习惯、卫生习惯都是好的习惯,随地吐痰、吸烟等都是不良习惯。熟练只有高低之分,没有好坏之别。

第二节　运动技能形成的阶段

一、运动技能形成的阶段

运动技能的形成是有阶段性的,不同的阶段具有不同的特点,通常把运动技能的形成划分为三个阶段。

(一) 动作的认知阶段

在技能学习的初期,练习者的神经过程处于泛化阶段,内抑制过程尚未精确建立起来;注意范围比较狭窄;知觉的准确性较低;动作之间的联系不协调,特别是肌肉的紧张与放松配合不好;多余动作较多,整个动作显得忙乱紧张,完成的动作在空间、时间上都不精确;能初步利用结果的反馈信息,但只能利用非常明显的线索;意识的参与较多。在此阶段,练习者主要是通过视觉观察示范动作并进行模仿练习,较多地利用视觉来控制动作。因此,动觉的感受性较差,对动作的控制力不强,难以发现自己动作的缺点和错误。

(二)动作的联系阶段

练习者经过一定的练习之后,初步掌握了一系列局部动作,并开始把个别动作联系起来。这时,练习者的神经过程逐渐形成了分化性抑制,兴奋和抑制过程在空间和时间上更加准确,内抑制过程加强,分化、延缓及消退抑制都得到发展;注意的范围有所扩大;紧张程度有所减少,动作之间的干扰减少;多余动作趋向消除,动作的准确性提高;识别错误动作的能力也有所加强;初步形成了一定的技能,但在动作之间的衔接处常出现间断、停顿和不协调现象。在此阶段,练习者的注意主要指向技能的细节,通过思维分析,概括动作的本质特征,逐步完善地意识到整个动作,把若干个别动作结合成为整体。这时视知觉虽然起一定作用,但已不起主要作用,肌肉运动感觉逐渐清晰明确,可以根据肌肉运动感觉来作分析判断。

(三)动作的完善阶段

在这个阶段,练习者的动作已在大脑中建立起巩固的动力定型,神经过程的兴奋与抑制更加集中与精确,掌握的一系列动作已经形成了完整的有机系统,各动作都能以连锁的形式表现出来,自动化程度扩大,意识只对个别动作起调节作用。此时,练习者的注意范围扩大,主要用于对环境变化信息的加工上,对动作本身的注意很少;视觉控制作用减弱,动觉控制作用加强,能及时发现和纠正动作的错误。

二、运动技能形成的特点

从上述运动技能形成的三个阶段,可以总结出以下 5 种运动技能形成的主要特征。

(一)动作控制的意识性

在技能形成初期,内部语言起着重要的调节作用(黄希庭,1991)。这时,技能的各种动作都受意识控制;如果意识控制稍有削弱,动作就会出现停顿或出现错误。随着技能的形成,意识控制逐渐减弱而由自动控制取代。在技能的熟练期,人们在完成一种技能时,只关心怎样使这些技能服从于当前任务的需要,技能的整个动作系统已经是自动化的了。

(二)线索的利用

在运动技能形成初期,学习者只能对那些很明显的线索(如指导者的提醒)产生反应,不能觉察到自己动作的全部情况,难以发现自己的错误。随着技能的形成,练习者能觉察到自己动作的细微差别,能运用细微的线索,使动作日趋完善。技能达到技巧的程度时,练习者能根据很少的线索完成动作。这时,练习者头脑里已经存储了与特有的一系列线索有关的信息,当某一线索出现之后,便能预测出会产生怎样的情况。因而,练习者只需要很少的线索便能完成一系列的反应。

(三)肌肉的协调配合

如果请一个乒乓球运动员和一个举重运动员全力扣杀同样的乒乓球的过网高球,我们可以预测,尽管举重运动员的绝对力量远远超过乒乓球运动员,但杀高球的力量却不及后者(当然,我们也可以预测,罚足球点球时,相扑运动员射门的力量不及足球运动员)。究其原因,主要是乒乓球运动员能够巧妙地利用全身各部位的肌肉力量,使其在击球的一瞬间充分发挥作用,这包括选择最佳击球位置,充分拉后手,协调足、腿、腰、臂、头各部位肌肉的发力顺序和发力方向,使主动肌和协同肌最大限度地收缩,同时使拮抗肌充分放松等,而举重运动员则无法做好这些。试想,在做前臂负重屈曲动作时,如果肱二头肌(主动肌)发力的同时,肱三头肌(拮抗肌)不能充分放松,仍有相当程度的紧张,自然是无法充分发挥主动肌力量的效能。这说明,在有些技能中,肌肉的协调配合比肌肉的绝对力量更重要,肌肉协调配合的程度是初学者和优秀运动员的关键区别之一。这里,我们又遇到另外一个问题,为什么技能熟练者能够使肌肉在恰当的时间和空间协调用力? 运动程序的作用或许可以对此作出部分解释。

(四) 运动程序的作用

在运动技能形成初期,学习者依靠外部反馈,特别是视觉反馈来控制行为。例如,初学打字的人,一边看着自己的手指和键盘上的符号,一边敲键。初学跳舞的人,一边看着脚尖,一边跳舞。随着运动技能的形成和完善,运动控制逐渐开始不再依赖于视觉反馈,而是通过运动程序(motor program)来控制行为。拉茨罗(Laszlo, 1967)曾做过一个实验,实验是在剥夺视觉、听觉、触觉和动觉条件下进行的,要求被试用早已熟练了的手指敲击桌子的技能去敲打字机键,以此来观察再学习效果。结果发现,运动技能的熟练程度达到某一阶段时,人在头脑中就会产生运动程序,并依靠这些程序控制运动动作。可以推测,运动技能中外显动作质量的不同,是(至少部分是)由于头脑中运动程序的质量不同引起的。运动员的不断训练,改善和提高的也主要是这些运动程序的质量。

(五) 动觉反馈的作用

已经形成运动技能之后,人就借助于运动程序来控制动作的进行。但这并不是说,技巧的实现不需要反馈信息,这时,尽管视觉反馈(visual feedback)作用降低了,但动觉反馈(kinetic feedback)的作用却加强了。动觉反馈信息与运动技能有着紧密的联系。例如,走路时偶尔踩到一块小石头,就会立即产生防止跌倒的动作。这是由于脚部的动觉反馈信息对运动程序的调节。在形成运动技巧以后,动觉反馈是运动程序的控制器,保证着运动技能的顺利进行。

三、运动技能形成的理论

运动技能是通过什么机制形成的? 两种比较有影响的理论对这一问题提供了解释:一种是连锁反应理论,一种是认知心理学理论。

(一) 连锁反应理论

连锁反应理论(chain reaction theory)认为,可以用刺激—反应(S—R)公式的连锁反应系列来解释运动技能的形成。运动技能被理解为动作的连续反应:刺激引起反应,第一个动觉反馈调节着第二个动作,第二个动作的动觉反馈又调节着第三个动作……于是,就产生了运动技能的连续性操作。例如,儿童学会用钥匙开门的连续动作:用手拿钥匙,对准锁孔,确认插入的位置是否正确,将钥匙完全插入并按正确方向旋转,开门。这一动作系列的连锁反应如图 12 - 1。

在这个例子中,每个动作(Ss-R)如果不按上述顺序进行,就达不到目的。因为如果钥匙的

Ss → R → Ss → R → Ss → R → Ss → R

锁　对准锁孔　朝着锁孔的钥匙　插入钥匙　插入的钥匙　旋转钥匙　被旋转的钥匙　推门

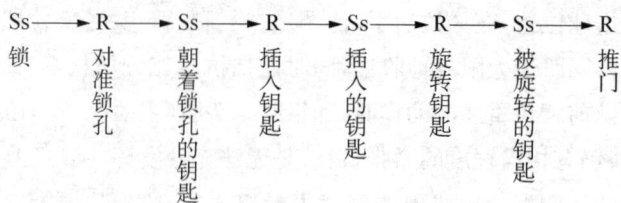

图 12-1　用钥匙开门的连锁反应

引自黄希庭，1991，601 页

方向不对，就无法插入锁孔；如果没有全部插入，就不能旋转。如果顺利地完成了一切操作，门就可以打开。开门是最后一个动作，对整个连锁反应起着强化的作用。

但是，连锁反应理论难以解释以下问题：

（1）人能在 100 毫秒之内开始、进行和停止一个动作，而利用感觉反馈所需的时间要比 100 毫秒长得多。例如，视觉反馈约为 190—260 毫秒，本体感觉反馈约为 120—125 毫秒。显然，这些时间都太长，不允许感觉反馈来控制动作的进行。例如，熟练的钢琴家不看键盘演奏，有些片段手指的动作每秒可达 16 次。这种快速动作之间的连接，感觉反馈是无法控制的。

（2）大多数运动技能都具有新颖性。尽管你签过上千次的名，但每一次的签名动作都有点独特性。花样滑冰运动员向后旋转三周半的动作练习过成千上万次，每一次也都不完全相同。根据连锁反应理论，这类动作应该是定型化的（黄希庭，1991）。

（二）认知心理学的理论

认知心理学用信息加工的观点来解释运动技能的形成过程。如图 12-2 所示，这一过程包含了感受—转换—效应器三个连续阶段。各种感觉器官接受输入信息，但人只有通过动觉才能意识到自己身体的运动。知觉正确与否，对运动技能的形成有重要意义。感觉信息超载或贫乏，都有可能导致知觉判断错误。感觉信息经过短时记忆（选择性记忆）转入第二阶段——由知觉到运动的转换。这一阶段有双重意义：既对感觉输入作出反应，又激起效应器

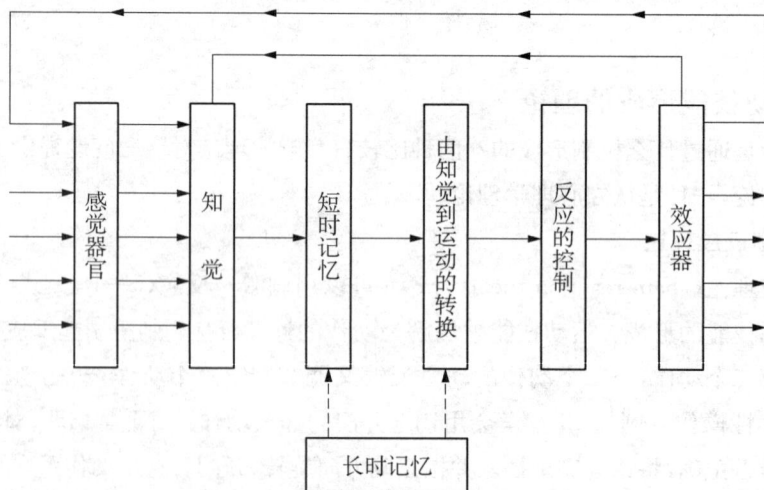

感觉器官 → 知觉 → 短时记忆 → 由知觉到运动的转换 → 反应的控制 → 效应器

长时记忆

图 12-2　运动技能形成的认知模型

引自黄希庭，1991，602 页

190

的活动。而效应器的活动通过反馈进一步得到校正或加强。研究表明，经过练习所形成的运动程序图式（motor program schema），即程序性记忆储存在长时记忆中。运动程序图式是经过长期的动作练习而形成的有组织的系统性知识（黄希庭，1991）。对于一种运动技能，如弹琴、打字、驾驶汽车等，要达到熟练必须经过 1 000—1 500 小时的练习，即可以熟练地运用该项技能。这仅是指一般性的熟练而言。

而在竞技运动领域，要形成一种能够在比赛中灵活运用的技巧，显然要经过更长的时间。按照每天训练 4 小时（大运动量训练一般为 6 小时左右，但包括了身体练习），每年训练 280 天计算，一个有 10 年球龄的排球运动员，达到运动巅峰状态时，已经训练了 11 200 个小时。这种经验丰富的运动员，把比赛中可能遇到的各种情况以及怎样处理都构成了一套套运动图式。这些运动图式随着练习而不断完善，不断巩固，它们好像整装待发的战士一样，随时听候启用的命令。在活动之前，这些运动图式构成一种总的运动图式并在无反馈的条件下使活动进行下去（黄希庭，1991）。经过长期练习以后，大脑的运动图式有两个特征：一是十分巩固，某种特定刺激总是立即引起相应运动图式的启动和调用；二是十分灵活，即在调用大脑中储存的运动图式指挥一个或一系列的具体动作时，容许在执行过程中根据具体环境产生大同小异的变式。这样，实际操作中千变万化的动作有可能出于同一大脑运动图式。

显然，这种认知心理学的理论能够比较好地解释连锁反应理论难以回答的那两个问题。

第三节 运动技能形成的途径

一、练习与练习曲线

任何技能都是通过练习逐渐形成的。所谓练习（trial），是指以掌握一定的动作或活动方式为目标的反复的操作过程。练习成绩的进步情况可以用练习曲线（或学习曲线，learning curve）表示出来。练习曲线是表示一种技能形成过程中练习次数和练习成绩关系的曲线。

二、练习过程的一般趋势

各种技能的形成都有一个共同的趋势，就是练习成绩的逐步提高，这主要表现为速度的加快和准确性的提高。速度加快是指单位时间内完成的工作量增加，或每次练习所需要的时间减少。准确性提高是指每次练习出现的错误次数减少。在实际练习中，上述共同趋势的表现形式主要有 4 种。

（一）练习进步的先快后慢

如图 12-3 所示，在练习的开始阶段，曲线急速下降，之后这种下降趋势逐渐减慢。

造成这种现象的可能原因有：第一，练习初期，练习者可以利用过去经验中的一些方式方法，所以进步较快。到后来，随着技能的不断进步，它与生活中常用的活动方式相差越来越远，可利用的经验成分就越来越少，建立新的神经联系的需要越来越多，因此，困难越来越大。这时，技能的任何改进都要付出极大努力，所以成绩的提高逐渐缓慢下来。例如，短跑、跳远等技能的学习就存在这种情况。

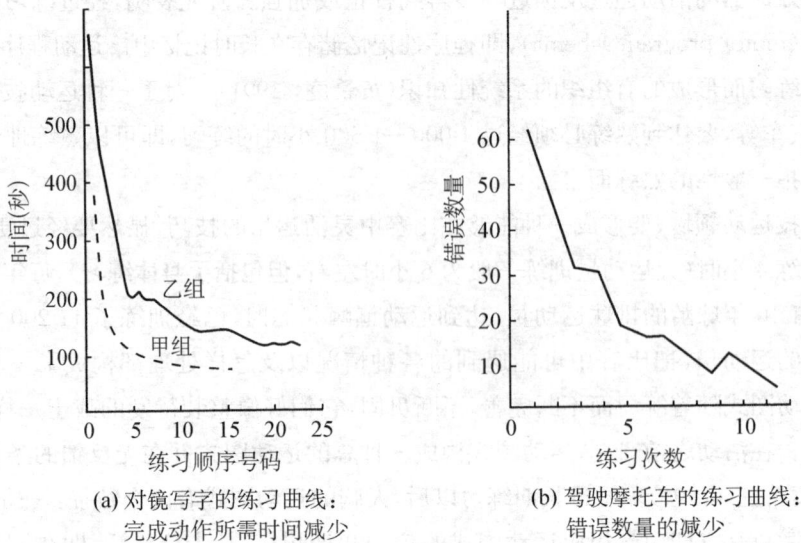

(a) 对镜写字的练习曲线：
完成动作所需时间减少

(b) 驾驶摩托车的练习曲线：
错误数量的减少

图 12-3　先快后慢的练习曲线

引自曹日昌，1980，116 页

第二，练习初期常常把较为复杂的完整动作分解为较为简单的局部动作练习，这就比较容易掌握。此时，如果测验的是分项技能而不是整体技能，就会看到开始进步较快的现象。到了练习的中后期，需要建立复杂的协调动作，而协调动作又不是若干局部动作的简单总和，比较困难，这时，如果测验的是整体技能或结合性技能，就会看到练习成绩的提高速度放慢了。

第三，练习者在练习的初期可能兴趣较高，情绪饱满，自我投入，而练习一段时间后，对练习本身产生了枯燥感，影响了练习的动机和情绪，因而造成练习提高速度的减慢。

(二) 练习进步的先慢后快

如图 12-4 所示，在练习的开始阶段，曲线上升缓慢，之后这种上升趋势逐渐加强。造成这种现象的可能原因是，在练习的初期需要在一些基本技能上下很大功夫，所以进步较慢，如游泳技能的学习。一旦掌握了基本技能，进步速度就明显加快。

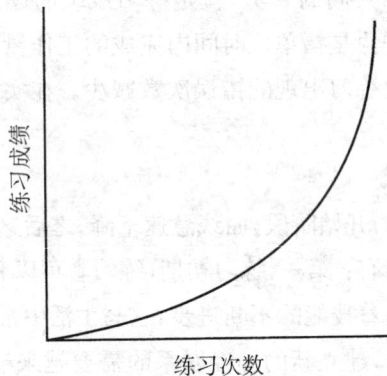

图 12-4　先慢后快的练习曲线

引自马启伟、张力为，1998

（三）练习进步的高原现象

布莱恩和哈特（Bryan & Harter,1897;1899）曾对电报实习生的练习进步情况进行了研究,他们每星期对被试进行一次测验,以每分钟所发或所收的字数为测量的成绩。结果表明,在最初的几个星期内,字数增加很快,以后逐渐减慢,产生常见的练习曲线。发报的练习接近到一定的"生理限度"之后就停滞不前了。收报的练习曲线上升得较发报的曲线慢些,在4个月后便不再上升,但经过一段停滞的时期后,又重新迅速上升(图12-5)。因此,将这种练习的进步出现了暂时停顿,经过一段时间又继续进步的现象叫做高原现象（plateau phenomenon）。布莱恩和哈特认为,产生高原现象的原因是由于低一级的技能尚未达到自动化程度,因而高一级的技能难以形成。因此,在收报者没有很好地掌握电码之前,其收报速度必然要慢,从而影响了练习的进程。

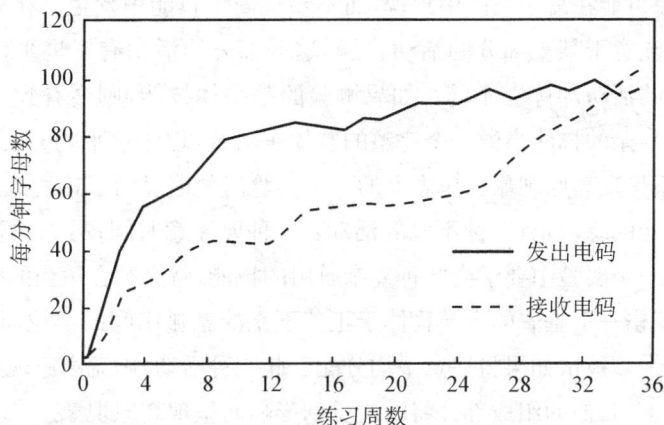

图 12-5 收发报练习中的高原现象

引自 Bryan & Harter,1897

布莱恩和哈特发现高原现象之后,又有一些研究者对这一现象进行了探讨。讨论的问题有两个:

（1）高原现象是否是练习曲线必有的特点,即它是否具有普遍意义。对这一问题的回答是否定的,因为在许多练习曲线上,看不出许多微小的波动(即在练习进程中,有时进步多一点,有时进步少一点)与长期停顿的现象(即真正的高原期)的区别(杨治良,1984)。

（2）布莱恩和哈特所提出的产生高原现象的原因是否能够说明问题。关于这一问题,显然是比较复杂的,因为运动技能学习的种类很多,难度不一,要求各异,是布莱恩和哈特的经典实验难以概括的。

除了布莱恩和哈特提出的原因以外,产生高原现象的可能原因还有:第一,由于技能的提高需要改变旧的动作结构和完成动作的方式方法,建立新的动作结构或技术风格,练习者在没有完成并适应这一改造之前,技能的进步就出现了暂时停顿甚至有所下降的情况。例如,著名乒乓球运动员郭跃华原来使用正贴球拍,为寻求更大发展,虽正贴技术已经比较成熟,仍改为反贴球拍。在刚刚改变打法的时候,由于整个技术结构变化较大,因此,整体技能水平有所下降,但是由于徐寅生教练作出的改变打法的战略决策是正确的,加之他训练刻苦,所以很快度过了高原期,技术有了长足的提高,最终获得了两次团体比赛和两次单打比赛的世界冠军。

第二,有些技能的提高取决于身体素质的提高,如跳高运动技能的提高就要以腿部力量为基础,因此,身体素质发展的落后状况会制约运动技能的发展,如果身体素质得到适当的提高,运动技能水平也可以继续发展。

第三,练习者的兴趣降低,动机不强,情绪低落,也会使运动技能的发展出现停滞。

第四,练习者身体状况不佳,如出现伤病,也会使技能的进步出现停滞。在运动员的训练中,伤病是困扰运动员和教练员的一大难题。运动员的某些损伤是慢性的,非经手术治疗或长期休养,无法治愈,但比赛的要求又不允许运动员手术治疗和长期休养,因此,只能带伤坚持进行训练,这自然会影响训练质量和技能发展。有时,这种训练的目的就不是提高性的,而是维持性的,即目的是使运动技能保持在现有水平不再下降,比赛中主要凭借经验优势获取成绩。

第五,高原现象可能在复杂技能中出现,而不易在简单技能中发生。在复杂技能中,练习者可能一时只集中注意于某一部分的活动,虽然这一部分的活动有了进步,但属于这一整体技能中的其他部分的活动却停滞不前。如果测验的是整体技能,则会看到高原现象的产生。如果练习者把一个复杂的技能当做一个完整的整体来看待,把注意平均分配于各部分的活动中,其练习进程就不呈现高原现象。包志立的一个实验清楚地说明了这一点(杨治良,1984)。实验为复杂肌肉技能的练习,有三种不同的活动:一种要注意时间;另一种要注意力量;第三种要注意方向。在一个实验中要学会此种复杂肌肉的技能,就必须在适当的时间,用适当的力量,以左手无名指反击一下垂着的金属物体于正落下来的悬弧中间的部位而达到仪器后面的铁丝网中间的白线上。被试如果将注意平均分配于此三种活动,则无高原现象;如果将注意一时集中于一种活动上,其他的组成部分将因此受到影响而呈现高原现象。

在被试 A 的练习曲线上(图 12 - 6),可见练习在第 2 次至第 10 次之间无进步,呈现高原现象。再把这个复杂技能组成的三个活动,分别画为三条简单的练习曲线,即时间曲线(图 12 - 7)、力量曲线(图 12 - 8)和方向曲线(图 12 - 9),那么,在时间曲线上,可见在这个练习

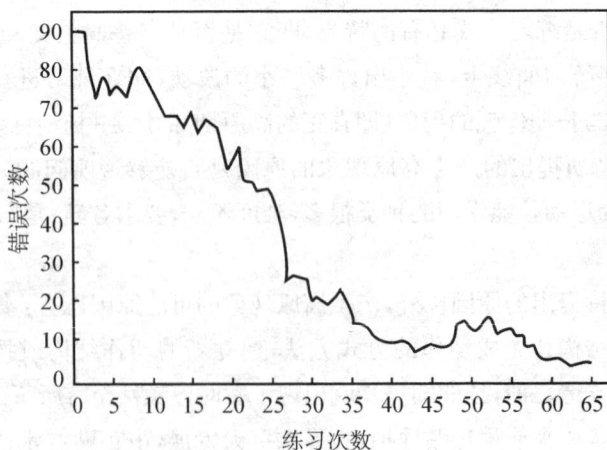

图 12 - 6　复杂技能的练习曲线

引自杨治良, 1984,342 页

运动心理学(第二版)

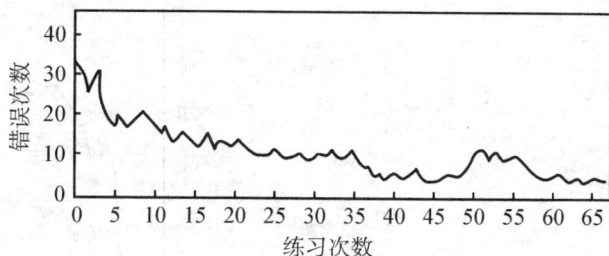

图 12-7　简单技能的时间曲线

引自杨治良，1984，342 页

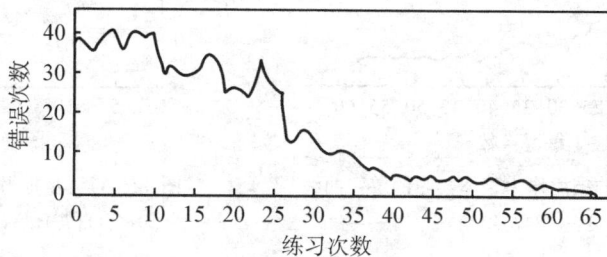

图 12-8　简单技能的力量曲线

引自杨治良，1984，342 页

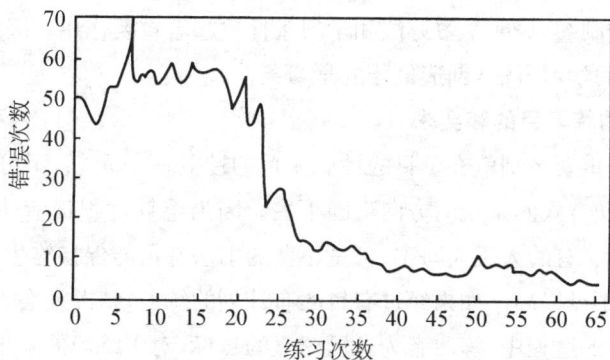

图 12-9　简单技能的方向曲线

引自杨治良，1984，342 页

期间，时间因素掌握得较好，进步很大，而在力量曲线和方向曲线上，则没有什么进步。在第10 次练习之后，力量因素开始提高，时间因素仍有进步，但方向因素依然没有明显提高，因此，在 10 次至 20 次练习之间呈现出另一个水平的高原。

在另一种情况下，如果被试 B 把一个复杂技能中三部分组成的活动或三个因素当作一个整体，把注意力平均分配于每个活动之中，则其练习曲线无高原现象（图 12-10）。

（四）练习进步的时起时伏

在具体的练习过程中，一个练习者所经历的技能获得、技能保持和技能表现的过程更可能是以上三种形式的结合，即练习的进程时起时伏（图 12-11）。这是由于影响技能进步的因素很多，如主观方面，练习者的兴趣、动机、情绪、态度；客观方面，练习环境、练习设备、练习内容、教师和教练的指导方法，等等，都会直接影响练习的效果。

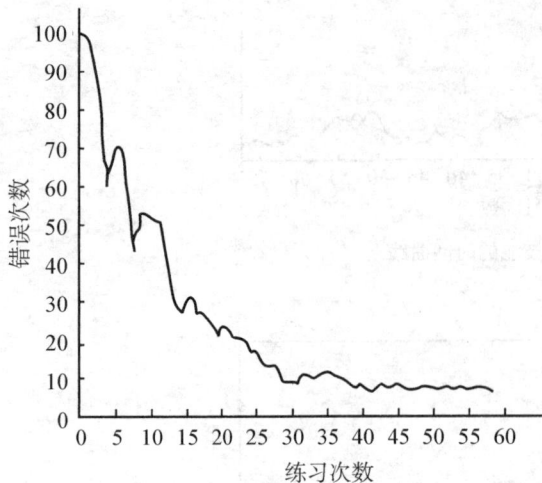

图 12-10　将三种成分的技能作为整体学习的练习曲线
引自杨治良，1984，342 页

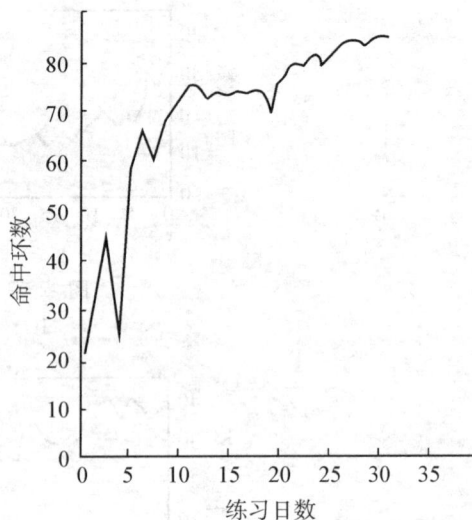

图 12-11　步枪射击的综合练习曲线
引自曹日昌，1980，118 页

三、高效率学习运动技能的条件

同样一批人学习同样的运动技能，其效果肯定会有不同，有的人学得快，有的人学得慢。这除了有学习能力的制约以外，学习方法和学习条件也起着重要作用。因此，要想提高学习效率，就必须掌握正确的学习方法，创造最佳的学习条件。

（一）建立明确的练习目的和要求

练习与重复的最重要区别就在于目的性。无目的性的简单重复，不可能使活动方式获得改善，甚至可能使活动方式向错误的方向巩固下去。因为重复对积极活动方式和消极活动方式均具有巩固的作用。有的人天天写字，可是不良的书法却可能保持终生；有的人年年夏天去游泳，但游泳技能也不见提高。如果经过有目的有计划的练习，情况就会大不相同。

在掌握运动技能的过程中，练习者为自己树立的目标，对于练习的效果具有重要意义。这个目标会以将要学习掌握的运动技能的心象浮现出来，练习者可以将练习的动作不断与要掌握的运动技能的心象相对照，同时思索着怎样才能达到这一目标，思维因此而经常出于积极状态。这样，练习完全不同于机械的重复，有助于练习效果的提高。

（二）正确选用部分练习法和整体练习法

部分练习法（part learning method）是指把比较复杂的技能分解成若干局部动作，先分别掌握这些局部动作，在有一定基础时，再把局部动作联合起来练习。整体练习法（synthetic learning method）是指通过一次练习，将全部内容完全学会为止。两种方法各有长处，选择何种方法，应以技能的种类、复杂程度，练习者的年龄、能力、身体状况以及场地器材等条件为依据。比如，排球的发球，具有相对的独立性，就可以作为局部动作进行单独练习；乒乓球中推挡、侧身、赶正手三个技术动作常常联系在一起运用，对于初学者，必须分解成推挡、推挡侧身和推挡侧身赶正手三个阶段逐步练习掌握，对于优秀运动员，则大多联系在一起进行练习。

(三) 合理安排练习时间

学习一种技能时,在一段时间内很少有间歇地反复进行练习,称为集中练习(massed practice)。如果在练习期间插入休息,这种学习称为分布练习(distributed practice)。许多研究表明(周谦,1992),学习文字材料时,分布学习优于集中学习。还有研究表明(黄希庭,1991),在转盘追踪、镜画、描红、弹钢琴等运动技能的练习中,分布学习优于集中学习。

专栏 12 - 1

对着镜子写字时,你会发现什么

坐在一面镜子面前,用一块小木板遮住自己的手和放在桌上镜前的纸,然后,试着在镜子中写下以下英文字母:A B C D E F G H I J。你会发现,一开始时,自己的旧习惯是那么顽固,要想写快写好并不容易。但是,随着反复练习,你对着镜子书写的技能会逐步提高,甚至可以到达自动化的程度。如果你每天坚持这样的练习,你可以发现本章介绍的许多运动技能的形成规律。

插图 12 - 3　镜画练习是一种常用的心理学实验方法

引自普拉图诺夫,1984,333 页

例如,在一个实验中(黄希庭,1991),实验者让被试进行转盘追踪练习,安排有 5 种不同休息时间(0 秒、15 秒、30 秒、45 秒、60 秒)。结果如图 12 - 12 所示,每次练习的休息时间越长,成绩越佳。休息 5 分钟后的成绩比休息之前都提高了。

曹日昌在一个实验中(1980),要求被试进行镜画练习,两组被试都练习 12 次,分为两个阶段进行,即在第 6 次练习与第 7 次练习之间间隔 24 小时。甲组被试第 1—6 次练习是分布练习,各次之间休息 1 分钟;第 7—12 次是集中练习,各次之间无休息。乙组相反,第 1—6 次练习是集中练习,各次之间无休息;第 7—12 次是分布练习,各次之间休息 1 分钟。练习成绩根据完成作业所用时间计算,成绩好表现为速度快、时间短。结果表明,甲组前 6 次的成绩较好,而后 6 次练习成绩的提高变慢了;乙组前 6 次的成绩比甲组差,但后 6 次练习时,成绩的提高加快,接近甲组的水平(图 12 - 13)。

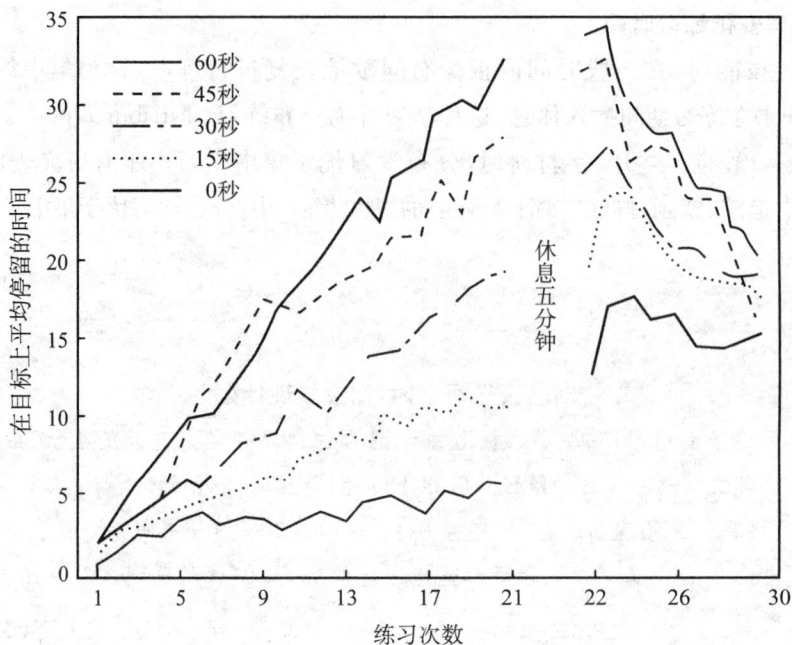

图 12-12　转盘追踪实验中分散学习与集中学习的比较

引自黄希庭，1991，610 页

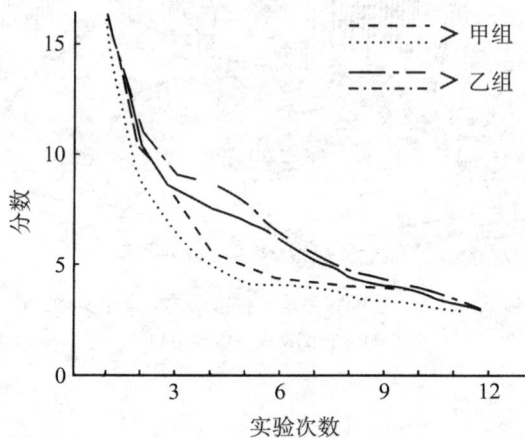

图 12-13　镜画实验中分散学习与集中学习的比较（分
数高表示所用时间长）

引自曹日昌，1980，128 页

　　集中练习的效果不佳，可能是由于引起疲劳所致。但是，这个理由却不能解释某些轻微的脑力或体力劳动的集中练习的效果也比较差的现象。因为某些比较轻微的脑力或体力劳动，如上述的镜画练习，即使进行比较集中的练习，也不至于产生疲劳。这种现象，也许可以用内抑制过程解释。每次练习都有两方面的作用：一方面是提高了练习的效率，即增加了条件反射的巩固程度；但另一方面，也加强了条件反射的内抑制成分。这种内抑制有降低练习效率的作用。如果每次练习的时间较短，内抑制就发展得较弱，每次练习之间有休息间隔，内抑制便有充分时间消退,使下次练习顺利地向高水平发展(曹日昌,1984)。

尽管一般而言,分布学习优于集中学习,但也并非任何情况下都是如此。研究表明(黄希庭,1991),在练习日开始进行集中学习,接着改用分布学习进行练习,比单纯进行分布学习的效果还好。因此,最有利的时间分配是:开始阶段进行较为频繁的练习,每次练习时间不宜过长;然后逐渐延长练习时距,每次练习时间也可略微延长;如果有几种不同性质的练习,最好交错起来进行。

总之,要进行高效率的练习,必须从技能的性质、练习者的能力、身体情况以及如何消除疲劳、克服遗忘等多方面的因素出发来考虑练习的时间安排。

(四) 让练习者及时了解练习结果

是否了解练习结果,对于提高运动技能的练习效率有着显著的影响。练习者每次练习后,及时了解自己的练习结果,了解自己的优点和缺点,就能使正确的得到巩固,错误的得到纠正。这种结果的反馈对正确动作起着强化作用,对错误动作起着抑制作用,加速了动作的分化过程。

在一个实验中(黄希庭,1991),实验者遮住被试的眼睛,让他们画 10 厘米长的线段。实验者安排了三个被试组:第一组有 20% 的实验次数让被试知道结果;第二组有 50% 的实验次数让被试知道实验结果;第三组有 100% 的实验次数让被试知道实验结果。结果表明,反馈量越大,学习速度越快。

除了反馈数量的多少对练习效率有着直接影响以外,反馈信息的及时与否对练习效率也有直接影响。格林斯普恩和弗曼的一个实验也很有说服力(Greenspoon & Foreman, 1956)。他们让被试画一条三英寸长的线段,但告诉被试结果的延迟时间分别从 0 秒到 30 秒不等。结果如图 12 - 14 所示,实验组的平均正确反应数都优于控制组,即了解结果越快,学习成绩也越好。

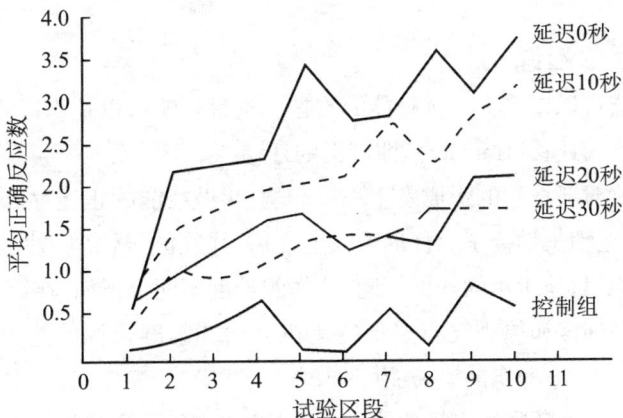

图 12 - 14　了解练习结果的延迟效应
引自 Greenspoon & Foreman, 1956

在练习中,如果能通过多种渠道了解练习结果的准确程度,对正确动作给予附加强化,有助于进一步提高效率,巩固练习的成绩。在一个转盘追踪实验中(Gagne, 1959, p. 246),被试手执笔杆使其尖端与旋转圆盘(每分钟转60次)上的一点保持接触。由于被试可以看到笔尖是否接触目标,所以可以随时了解练习结果。甲组被试按照这种方法进行练习。乙组被试则除了通过视觉了解练习的结果以外,还附加了听觉的强化,即追踪正确时,每隔半秒钟听到一次音响。实验结果表明,乙组的练习效果更好。在取消附加的听觉强化以后(50—55次练习,两组都不用听觉强化),乙组的练习成绩仍然高于甲组(图12-15),说明附加强化所取得的效果,已经巩固了下来。

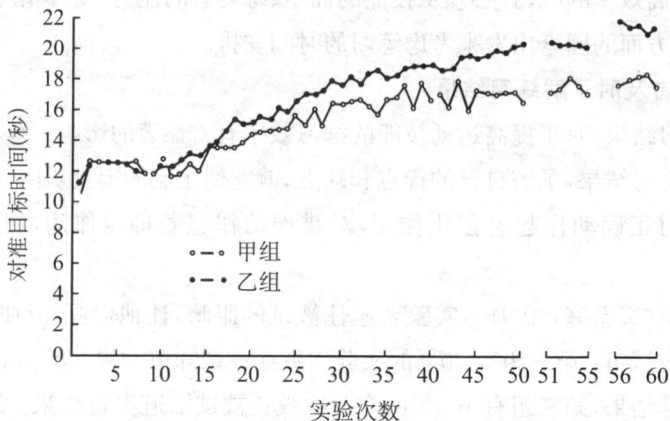

图12-15　附加强化对转盘追踪练习效果的影响

引自 Greenspoon & Foreman,1956

上述一些实验提示我们,在指导运动技能学习时,指导者应采用多种方法及时地、详细地告诉练习者练习的正误情况,以提高练习效率。

第四节　运动技能的相互作用

一、迁移问题的起源

已经形成的技能可以影响另一种技能的掌握。这种影响可以是积极的,也可以是消极的,可以把这种影响统称为迁移(transfer),即广义的迁移。

已经形成的技能对新技能的形成发生积极影响,叫做技能的正迁移(positive transfer),即狭义的迁移。例如,运动员学会了双杠的前摆上之后,往往能很快地掌握吊环的前摆上,因为两者的动作结构相似,只是所用的器械不同,动作的难度不同。再如,在第二次世界大战中,方向保持练习器被用来训练和检查飞行员保持飞机方向和瞄准目标的能力。该练习器是模拟飞机座舱设计的,为一个不稳定的旋转舱(图12-16)。

练习时要求练习者用两脚操纵座舱的转动,对准前方的一个目标。在一个实验中(Gagne & Fleishman,1959,p.255),甲组被试用直径7厘米的目标进行练习,乙组被试用0.5厘米的目标进行练习。在第10次练习之后,将两组的目标加以调换,再继续练习。在调换目标之后,与另外一个比较组的成绩对比,甲乙两组的成绩几乎达到了100%的迁移,即甲组在大目标上第1—10次练习相当于在小目标上练习10次的效果,第11—20次练习等于是乙组在小目标

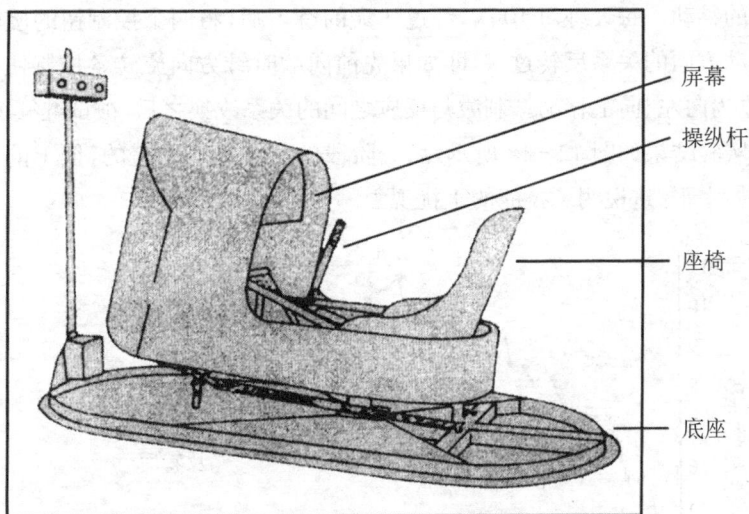

图 12-16　方向保持练习器

上练习的继续。乙组的练习效果也与此类似(图 12-17)。实验结果表明,在这项活动中,由于刺激物和反应既有相似性,又有共同的工作原理,因此,用大目标进行练习和用小目标进行练习,都取得了同样的效果。

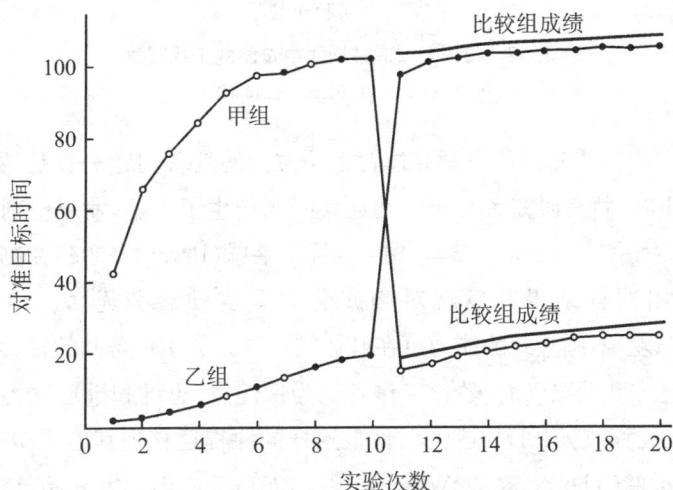

图 12-17　方向保持器练习中出现的技能迁移
引自 Gagne & Fleishman, 1959

已经形成的技能对新技能的形成发生消极影响,叫做技能的负迁移(negative transfer),也称技能的干扰(interference)。比如,学会打网球之后,再学习打乒乓球,往往不能正确灵活地运用手腕和手指,因为网球中手腕和手指需要相对固定,主要依靠前臂、大臂击球,而乒乓球则要更多地利用手腕和手指进行调节。再如,在一个实验中(Gagne & Fleishman, 1959, p. 255),实验者布置了动作方式的改变,以检验技能干扰的效果。被试旋转两个控制钮,以控制一个光点追踪运动着的目标。其中一个控制钮调节光点左右方向的移动,另一个控制钮调节光点上下方向的移动。每天练习 10 次,经过 3 天的练习后,将两个控制钮的旋转方向与所控制的光点的移动方向的关系反转过来,即如果先前向顺时针方向旋转各控制钮,光点向右、向下移动,现在改为向左、向上移动。刺激与反应之间的关系改换之后,被试继续练习 3 天,每天仍练习 10 次,实验结果如图 12-18 所示,后一阶段的成绩是非常差的,低于前一阶段实验中未练习时的原始水平,这说明了技能的干扰现象。

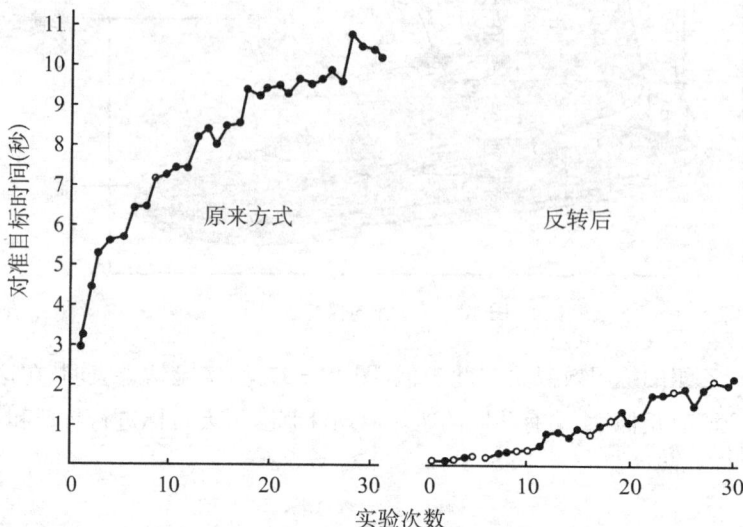

图 12-18　光点追踪操作中技能的干扰现象
引自 Gagne & Fleishman, 1959

在过去 100 多年中,大量的心理学和体育运动方面的迁移问题一直是教育理论的核心问题之一。19 世纪中叶,就有研究者对肢体间迁移问题产生了兴趣,发现辨别距离的能力可从训练手迁移到未训练手(Cratty, 1973)。1892 年,布莱恩(Bryant, 1892)在测验不同年龄儿童的敲击能力时得出同样结果并发现对侧疲劳与全身性疲劳无关。1899 年,武德沃斯(Woodworth, 1899)发现,画直线的能力可在肢体间迁移。关于任务间的迁移研究一开始主要集中在心理问题上。20 世纪以前,教育工作者认为像注意、思维和推理这类一般性特点在学校各课程之间产生迁移,它们可从拉丁文、代数这样的课程迁移到其他活动中去。自 20 世纪后,桑代克和武德沃斯(Thorndike & Woodworth, 1901)等心理学家开始反对这种观点,他们发现从一种学校课程到另一种学校课程很少发生迁移,并据此认为人类的心理和运动功能都带有特异性。这一争论仍在继续。

二、迁移的理论

(一) 概括化理论

概括化理论(generalization theory)由贾德(Charles Hobbard Judd, 1873—1946)首先提出。他发现当向人们解释了光的折射原理之后,人们可以更准确地用箭射中一个水下目标。他觉得运动的准确性是由于过去的经历对目前运动的需要带来了无意识的迁移,是由于启用了过去某些活动建立起的神经通路。因此，他认为一般的教育是有迁移性的。哈罗（Harlow，1949）在他对学习定势的经典研究中发现，儿童与大猩猩有能力每一次都在更高一些的起点上去解释一个呈现给他（它）的分类问题。二者似乎都在学习如何进行学习，都能掌握所谓的洞察力。他的经典实验的直接目的是观察猴子如何辨别出现在它面前的两种器皿特征以找到食物。每次呈现两个器皿，其中之一有食物，但前后出现的情境绝不相同，使猴子无法从前次的经验中获得线索以解决后次的问题，它必须每次面对新情境重新去尝试。换言之，该实验特别设计得使连续的学习情境之间没有关系，以避免产生学习迁移。该实验总共包括344个不同情境。实验结果发现：猴子的辨别学习确能随练习的增多而进步。固然，每一情境下首次选择纯凭猜测，选中的机会均为50%，但第二次以后的选择却因练习的增多而使选中率提高（若以成人为被试，第二次即可达100%）。结果是，练习到第10个情境时，第二次选中率为55%；到第100个情境时，第二次选中率升高到80%；到第300个情境时，第二次选中率为95%。前后两次学习既无共同元素，也无共同原则，为何能产生迁移效果呢？或许可做两方面的解释：其一是个体因多次练习而对学习情境熟悉，因而有助于学习；其二是个体纵然不能从前次学习发现线索，但却能从多次练习中发现哪些线索是重要的，哪些线索是不重要的（如在该实验中器皿排列的位置距离即非重要线索），因而可以减少刺激的干扰。如果这种假设能够成立，那么贾德提出的概括化理论也可以用来解释"学会如何进行学习"（Learning how to learn）的含义。

在教育学界，传统教学论与现代教学论的焦点主要是增加知识和培养能力的关系问题。夸美纽斯（Jan Amos Komensky，1592—1670）等人主张的传统教学论认为，教学的主要任务是传授系统的知识，提出把一切事物教给人类。而以杜威（John Dewey，1859—1952）、布鲁纳（Jerome Seymour Bruner，1915—）为代表的现代教学论通过分析社会知识与个人知识的尖锐矛盾，知识总量呈现爆炸式的增长趋势和学生在校期间学习掌握知识的有限性，提出教学要发展学生的一般获得能力。学生一旦具备这种能力，就不但能更有效地掌握知识，而且能更好地适应社会提出的其他要求。他们的现代教学论得到实验成果的有力支持。

（二）共同要素说（common factor theory）

桑代克（Edward Lee Thorndike，1874—1949）认为，只有一项任务与另一项任务所含成分具有共同要素时才会发生迁移，这种成分一般包括相似刺激或相同反应。这种相同不是模式或意义上的相同，而是各个独立的刺激与反应在形式上的相同。更多的实验支持这种观点。例如，训练被试估计三角形的面积，可使他们能正确估计类似的其他三角形面积，但在估计其他形状的面积时，就没有这样的训练效果。前面提到的方向保持器的迁移实验，就是运动技能中刺激相似、反应相同的实例。贝克和维利（Baker & Wylie，1950）、纳米克斯和阿克（Namikas & Archer，1960）等人进行过转盘追踪试验，发现当转盘转速相似时，可产生最大的迁移。在实验过程中，即在运动技能形成过程中，人们似乎在给练习的任务编制一种特殊程序，如编制一个追踪每分60转的目标的程序，而不是追踪70转或50转的目标的程序。这些实验都对共同要素说提供了有力的支持。

（三）格式塔理论（Gestalt theory）

经典的格式塔学习理论家们认为：如果在两种学习情境中发现了一种动态模式或关系，

就可发生迁移。如果完成一项任务有助于完成后一项任务,就称作发生了转换。其原因是存在着共同模式、图形或关系。一个人是通过理论(高层关系)而不是通过看到两种情境具有共同的独立刺激与独立反应来进行学习的。通过理解,一个人可将自己的经验迁移到大量的不同情境中去,而不是仅仅迁移到刺激某一反应的有限情境。例如,如果被试在深色和浅色之间学会了"深色为好"的关系,当实验者用更深色取代了浅色之后,更深色与深色配对,被试仍根据习得的关系作出判断。以"深色为好"作为标准,自然会对新换入的更深色反应。可见,辨别迁移的产生是由于顿悟了某种关系的缘故。克瑞蒂(Cratty,1962)曾利用不同大小的迷津测验来研究小模式的练习对大模式的练习的影响。他发现:蒙上眼睛练习小模式迷津有助于学习相同的大模式迷津,而练习一个颠倒的小模式迷津则阻碍大模式的学习。是正迁移还是负迁移,要取决于模式的相互关系。由于迷津通道的形状并不规律,以及主试强调了完成任务的速度,被试似乎将任务作为一个模式整体来学习,而并不理解所涉及的相互关系。他认为,这一实验结果表明,用格式塔理论来解释正负迁移现象最为合适。

但是这一试验似乎也可以用来支持共同要素说,如图 12 - 19 所示,小模式与大模式在刺激和反应的方向上是相同的,尽管在距离上是不同的。当然,被试认识到,方向线索比距离线索更为重要,也许这就叫理解、认识关系。

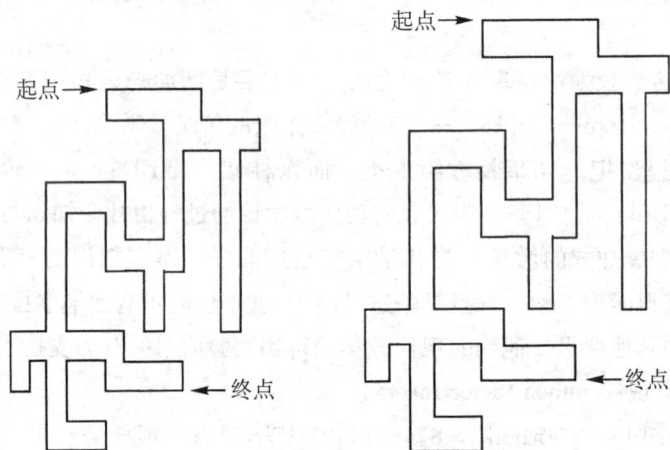

图 12 - 19 模式相同、大小不同的迷津

引自马启伟、张力为,1998

(四)双因素理论

有些研究者认为迁移是一般因素(概括化理论)与特殊因素(共同要素说)共同作用的结果,人们不仅可以"学习如何进行学习",迁移一般的工作方式,还可以通过掌握刺激与反应的模式来学习各项特殊的任务,是为双因素理论(two-factor theory. Munn,1932;Duncan,1953;Wieg,1932)。

周谦指出(1992),概括化理论可能是迁移理论中最有发展前途的理论。这个理论强调学生对教材内容的概括,特别是结合实际的概括,所突出的是方法的价值。就具有严谨性的自然科学而言,该理论有其适用的优势。另一方面,现代的研究者都主张,在深入研究迁移的过程中,最好是对各种理论进行综合的考虑。桑代克在后来的研究中,发现被试的智力越高,迁移量越大。这个结论与概括化理论相吻合,因为概括力无疑是智力的一个组成成分。同时,这个结论同格式塔学派的观点也有一致性,因为对关系和全局的知觉能力无疑同智力有关。由此可见,倘若过分强调某种理论,或仅以某种理论解释迁移,有可能失之过偏。

三、迁移的测量

图 12－20 直观地表示了测量迁移的几种不同的方法,但有许多棘手的方法学难题阻碍研究者们对迁移效应进行有效的、客观的实验研究。这些难题主要有:

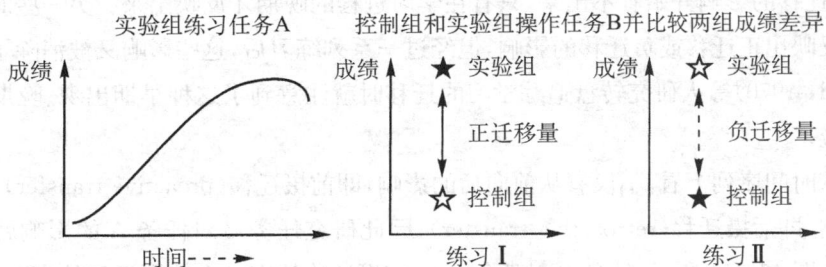

(a) 学习—操作效应的迁移量测量方法

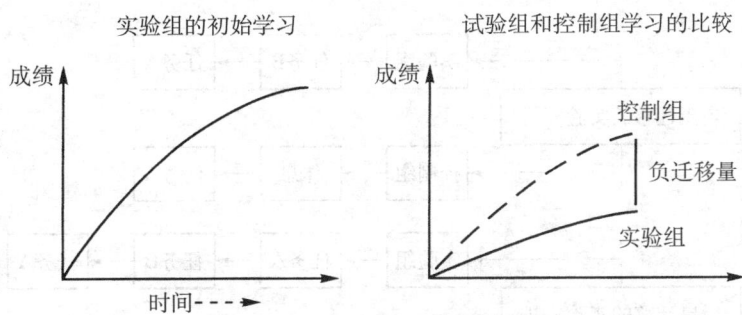

(b) 学习—学习效应的迁移量测量方法

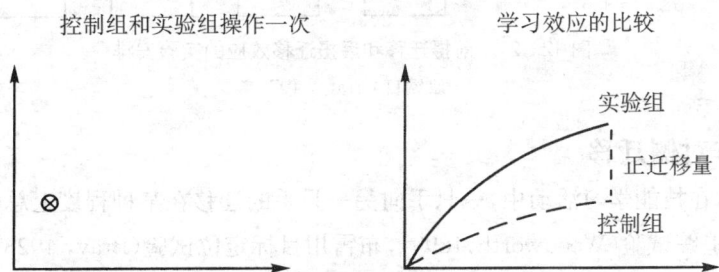

(c) 操作—学习效应的迁移量测量方法

图 12－20　直观地表示测量迁移的三种方法
引自 Cratty, 1973

（1）要在两项任务中区分心理成分与运动成分的不同影响极其困难。

（2）在任务练习过程中要想有效地控制被试所进行的心理练习的量也是很难的。

（3）各项任务间刺激与反应的精确分析也很麻烦，很难确定什么是共同因素，什么不是共同因素。

（4）要把由于集中练习与分布练习的不同所产生的结果与由于迁移所造成的结果区分开来也很困难。

（5）如果被试是经验丰富、能力较强的成年人，他们能从大量的经历中获益，可理解、识别所面临的任务，将这些经验应用于最后的标准测量任务，最后实验者可能既测不出正迁移，也测不出负迁移。他们本身很难受不同任务的影响。

（6）当用一个成绩或学习曲线来研究先一个任务对后一个任务的迁移影响时，有的时候正迁移、负迁移的影响开始看不出来，只有在学习进程的晚期才反映出来。另一些时候则可能一开始就反映出正迁移或负迁移的影响，但经过一系列练习后，这些影响又被消除了。利昂纳德（Leonard，1970）等人研究转盘追踪学习的迁移时就注意到了这种早期出现、晚期又消失了的迁移效应。

迁移从时间序列上看，不仅有从前向后的影响，即前摄迁移（proactive transfer），也有从后向前的影响，即后摄迁移（retroactive transfer），因此研究任务 B 对任务 A 的影响就有两个不同方向。如图 12-21 所示，任务 B 对任务 A 的前摄迁移效应可由前摄迁移的实验安排得到，任务 B 对任务 A 的后摄迁移效应可由后摄迁移的实验安排得到（Cratty，1973）。

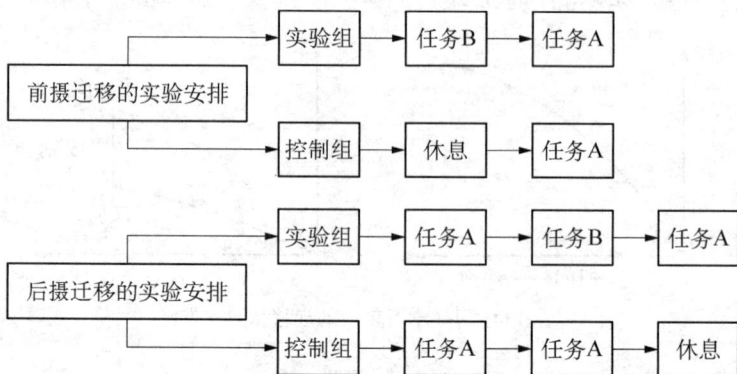

图 12-21　前摄迁移和后摄迁移效应的实验安排

改编自 Crraty，1973

四、肢体对侧迁移

一般来说，在技能学习活动中，一只手向另一只手的迁移在某种程度上总会发生。武德沃斯用镜像星迹追踪试验（Woodworth，1899），布雷用目标定位试验（Bray，1928），库克用迷津试验（Cook，1933）在早期相继发现肢体对侧迁移（bilateral transfer）现象，而且发现不但手对手可以产生迁移，甚至手对脚，脚对脚，脚对手也可以产生技能迁移。埃伯汉（Eberhand，1963）发现，让被试仅仅看另一个人先做单手操作任务，就足以产生对侧迁移（李四看张三用右手投篮，李四再用左手投篮），其迁移量竟同发生在实际单手操作任务中的对侧迁移一样多（李四先用右手投篮，再用左手投篮）。他的这个研究结果使人们对于迁移的了解作出了很有价值的贡献，特别是使人们进一步知道了视觉和智力过程在视动技能学习中的作用。

布雷(Bray，1928)曾从镜像碰撞目标的实验中总结出：在练习开始阶段，存在对侧迁移，而在终末阶段这种迁移又消失了。埃伦(Allen，1948)在镜画练习中，发现如果用两只手交替练习，会比先集中练习一只手，再集中练习第二只手的练习更好。研究还表明：动机对迁移也有重要影响。动机水平不高，缺乏对任务细节的注意，迁移也难以发生。

对侧迁移涉及运动实践的具体问题，如：什么样的练习条件和练习任务可导致最佳迁移？在实际的运动技能学习过程中，左右手的共同练习或交替练习能对技能学习起促进作用吗？据了解，国内已有人开始运用对侧迁移的积极影响来提高技能水平，如一些女子铁饼运动员(王大卫，个人交流，1987)。但毕竟，通过这种练习方法提高运动技能的所见不多。

关于产生这种肢体对侧迁移的机制，研究者们各持己见，提出了许多因素，如利用语言自我指导线索，利用视觉线索，掌握该项任务的一般特点和原则，复杂的知觉调整，身体的位置与姿势等。但起主导作用的可能还是中枢神经系统的功能，它可能与大脑两半球对身体对称部位的刺激不易形成分化的机制有关。可以做一个很简单的实验证明这一点：右手画圆，与此同时左手画方，很难。这是因为两手动作同时需要注意而导致的紊乱吗？不是。尽管人在某一短暂时刻仅能注意一件事物(根据注意的单通道说)，但右手画圆是高度自动化的动作，几乎不需注意。你可以一边用右手画圆，一边做口算题，朗诵唐诗宋词而很少受到干扰。因为人们已可以在运动中枢和语言中枢作出精确分化。而当指挥右手的左半球运动中枢处于低度兴奋状态而指挥画圆动作时，它对指挥左手的右半球运动中枢仍产生一定的干扰性影响，使其兴奋过程紊乱，最后导致画方动作难以进行。反之亦同。应当注意，即使右侧运动中枢无工作，也会有影响，这种影响使右侧运动中枢形成与左侧运动中枢相同的运动模式。另一方面，如果右手画圆，左手也画圆，情形就完全相反，右半球与左半球运动中枢的兴奋模式相同，运动模式相同，因此，相互间的影响可能是促进性的。由于控制右手(假定为利手)的左半球运动中枢得到更多的训练，形成动力定型或某种固定模式，它对右半球运动中枢影响可能就更大。这可能就是产生对侧迁移的主要原因。

斯维特(Swift，1903)的研究表明，在抛球实验中(一只手使两个球交替保持在空中)，假如左手熟练性差，自右手向左手的迁移就少；假如左手熟练性好些，自右手向左手迁移就多，这说明，迁移量取决于两手对技能掌握的熟练程度。维格(Wieg，1932)发现，成年人迷津技能的迁移量大于儿童。库克(Cook，1933)也认为，迁移取决于头一只受训练手的熟练程度。根据以上一些研究结果，可以认为：

(1) 利手的技能因熟练程度高，易迁移到非利手；非利手的技能熟练程度低，就不易迁移到利手。

(2) 当非利手的动作不熟练不准确时，非利手练习有可能对利手产生负迁移。

克瑞蒂(Cratty，1973)提出，如果先用利手练习任务A30分钟，休息30分钟，再练习30分钟，再休息30分钟，那么，因为利手练习任务A后产生疲劳，必须休息一段时间，以避免过度疲劳，此期间用非利手适量地练习任务A，或许会促进利手练习任务A的成绩。但假如任务A受到中枢神经系统的影响，用非利手练习任务A导致在皮层水平上利手的训练继续进行，在利手得不到充分休息的情况下，利手肌肉疲劳就会阻碍继续用那部分肌肉进行练习，结果

第十二章　运动技能的形成过程

非利手的练习反而会导致利手练习成绩下降。

尽管体育运动心理学已积累了许多关于技能对侧迁移的研究成果,但仍有许多问题需要通过体育运动心理学工作者和体育教师、教练员的密切协作来加以解决,比如:

(1) 对某一特定的运动技术,哪些训练手段能最有效地进行迁移?

(2) 在什么条件下可以利用非利手、非利腿进行练习以达到最佳迁移效果?

(3) 对侧迁移发生的机制是什么? 只有理解了主要机制,才有可能有效地进行迁移训练或避免负迁移。

(4) 迁移可能存在较大的个人差异,其他条件相同时,张三用非利手练习可促进利手技能提高,李四就可能看不出任何变化,而王五用非利手练习可能就阻碍利手的技能提高。另外,每个人达到最佳迁移效果的练习量可能不同,张三非利手练习 100 次投篮可看出对利手的技能产生了可测量到的影响,李四可能要用非利手练 200 次才可看出对利手技能的影响。那么,迁移的方向与迁移的强度与哪些个体变量有关呢?

五、语词—运动迁移

语言的自我指导有助于运动对侧迁移,在这方面的研究大都利用了成对序列性技能来进行实验。一个典型的例子如下:加涅等人(Gagne, et al., 1950)使用了一组可显示一系列视觉信号并配以相应开关的装置,让被试先进行口头练习,在一个视觉信号和一个开关之间进行正确的组合。在最后的视觉—运动测验中,看事先进行口头训练是否能对后继的运动行为有正迁移。回答是肯定的。被试的应答速度有提高。

在大多数情况下,这种成对的语言训练有助于提高涉及单个或一系列独立的刺激—反应成分的复杂运动技能。比如,一种言语公式:"红灯——1 号开关","蓝灯——3 号开关",是可以迁移到运动行为中去的。经过这种预先的语言训练的被试,其测验成绩比未经训练的高。但是,这种预先语言训练似乎有一最佳训练量。贝克(Baker, 1950)观察到,少量的预先语言训练无效,只有大量的预先语言训练才能产生技能迁移。麦克里斯特(Mcallister, 1953)让被试在看到不同颜色的灯光刺激后,把一金属小棒移向不同的星点上。结果发现,就此任务而言,预先的语言训练不是在提高应答速度方面而是在减少应答错误方面最有帮助。

到目前为止,关于语词—运动迁移(verbal-motor transfer)都是研究成对关系的动作效果,而实际的运动行为速度快,变化快,不规则,变化多,常常难以编制成一个简单公式。但我们仍可将许多开放技能中的战术、技术编制成一一对应的简单程序。如足球罚点球时,可先思考:我做准备动作时,对方可能会先做个微小的动作向左晃一下,引诱我向右踢,而实际上他是要迅速向右扑球的,因此,我还要向左射门。这样,可预先默念数次"左—左,右—右"。乒乓球比赛打到 10:10 形成关键平局后,轮到自己发球,可先想好战术:侧身发球,如果对方回左则搓,对方回右则拉,形成对攻,调左回右。形成这种定势,实际运用时常可收到增加信心、迅速果断的效果。

六、任务间的迁移

是复杂任务对简单任务的迁移更多呢，还是简单任务对复杂任务的迁移更多？许多试验结果的回答是相互矛盾的。罗戴尔和阿舍（Lordahl & Archer，1958）用追踪转盘进行了试验。A组被试先做每分钟40转的练习，然后由易向难过渡，再做每分钟60转的追踪练习；B组则先做每分钟80转的追踪练习，然后由难向易过渡，再做每分钟60转的追踪练习。结果发现，由易向难过渡的A组获得更多迁移。但也有许多其他形式的实验得出相反结论。列维斯等人（Lewis et al.，1952）让被试完成双手协调性任务，发现从难度大的任务向难度小的任务过渡时可产生更多迁移。因为初始工作如果较难，则要求更多的正确反应和不断抑制错误反应，与之相反，简单技能不需大量学习，也就减少了迁移量。

七、部分与整体迁移

有些动作，如体操的单杠旋下，整体性很强，操纵直升飞机起飞，双手双脚必须同时协调配合，这些动作细分为各部分进行反复训练可能意义不大。但也有许多运动技能可分解性很强，将其分为各个不同部分进行分解练习，对于降低学习难度，消除恐惧心理（如体操、跳水），掌握动作要领，提高技术质量，是十分有效的，也就是说可将部分练习的效果迁移到整体技术中去。在练习时间相同的条件下，这种先部分后整体的训练效果要明显优于先整体后部分的训练效果。如排球可分为发球、扣球、传球、拦网、扑救等不同技术，乒乓球可分为推挡、正手弧圈、反手弧圈、杀高球等技术，如不进行区分训练，仅进行比赛式的综合训练，很难快速提高，这是显而易见的。另一方面，各技术相加要大于各技术之和，即各技术之间的结合会对整体技能产生一种综合性的影响，使整体技能产生一些组成它的各部分技术所没有的特征，因此，体育教师和教练员们也十分清楚整体训练中的综合特点。问题是，在什么时间，什么条件下，用什么方法，多大比例进行分解练习可对整体技能产生最佳迁移？在各项目、各个人特点不同的情况下，有无一般规律可循？这些问题，仍是对体育运动心理学工作者的挑战。

某些技能如果先分成各组成部分训练，再进行综合性整体训练，不但不能促进整体技能的提高，反而会阻碍运动技能的提高。勒斯腾（Lersten，1968）曾做实验，让A组被试先练直线运动技能，再练习包括直线与圆形运动的整体技能。B组先练圆形运动技能，再练习包括直线与圆形运动的整体技能。C组则直接练习整体技能。练习完毕发现，B组在完成整体技能时，一开始所练习过的圆形技能仅有7%迁移到整体技能所包括的圆形技能中去了。更重要的是，他发现A组在完成整体技能时，原来练过的直线运动技能非但未产生正迁移，反而对整体技能中的直线运动部分产生了8%的负迁移。也就是说，尽管A组一开始分解性地练习了整体练习的一个组成部分，但效果比没练习还差。

舒密特（Schmidt，1982）认为此现象是由于：被试要完成的任务是整体性的，尽管它有两个组成部分，但只有一个运动模式来控制。如果在无前因后果的条件下，单独练习整体技能中的直线运动部分，就会单独形成一个直线运动模式，这与整体技能运动模式中的直线部分是不同的，它们并不一定相互促进，有可能相互干扰。因此，要具体分析某动作是由一个运动模式控制的，还是由几个运动模式控制的。如果是前者，那么将整体动作分开训练时，就要考虑分解部分的训练是否会形成不同于原运动模式的新模式。一般来说，如果动作速度极快，那就是一个运动模式控制的，如排球腾起扣球、拳击出拳、体操空翻转体、足球射门等动作。如果将这些动作分成各部分练习，如将乒乓球拉弧圈的动作分解为拉后手和挥臂两部分，未必会取得正迁移的积极效果。但如果动作速度较慢，且动作之间有短暂间隔可供调整之用，那该动作可能就是由多个运动模式控制的，将该动作分解练习，就可能会取得正迁移的积极效果。如乒乓球的高抛发球，可分解为左手抛、右手发两部分，左手先单独练抛球，要高、准，右手先练手腕手指的发力，再结合一起练整体动作，就可能产生正迁移的积极效果。

八、刺激与反应的相似性与技能迁移的关系

在运动技能的迁移现象中，最重要的影响因素是两项任务的刺激与反应的相似程度。如果先学习的技能其刺激与反应同后学习技能的刺激与反应高度相似，可获得最大的技能迁移。如果它们之间不相似，则会对后学习技能产生干扰。表 12－1 说明，在刺激与反应的相似程度对迁移性质的影响中，似乎反应的相似性在一定程度上比刺激的相似性更为重要（杨锡让，1985）。

表 12－1　刺激与反应的关系对技能迁移的影响

刺激—反应之间的关系	技能迁移的性质	刺激—反应之间的关系	技能迁移的性质
刺激不相似，反应相同	弱迁移	刺激相似，反应相同	强迁移
刺激相同，反应不相似	干扰	刺激相似，反应相似	弱迁移

引自杨锡让，1985

九、先学习的技能的练习量与技能迁移的关系

先学习的技能的巩固程度影响着技能的迁移。一般规律是，先学习的技能的练习量较大时，即先学习的技能较为巩固时，才可能获得较大的迁移。同时，先学习的技能的巩固程度不同，迁移的性质也可能不同。例如，先学习的技能练习 12 次以后，产生的是弱的迁移；练习 26 次以后，产生的是干扰；练习 96 次以后，又开始获得较大的迁移（图 12－22）。

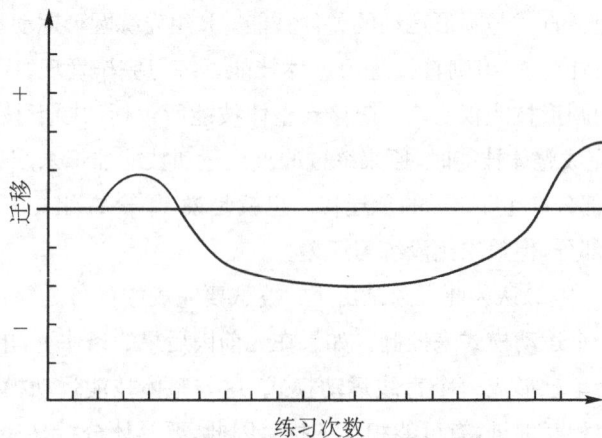

图 12－22　练习次数与技能迁移性质的关系

改编自杨锡让，1985

运动心理学（第二版）

十、时间间隔与技能迁移的关系

本奇(Bunch,1939)用动物做实验,让它们学迷津,结果发现:时间间隔越长,正迁移越少。关于负迁移,情况就复杂得多。假如练习与测验之间间隔不太长,负迁移将随时间间隔的延长而逐渐减少。但是经过时间上的某一点后,负迁移就消失了,随后出现正迁移,再随着时间间隔的延长,这种正迁移又逐渐降为零。

该试验是在动物身上做的,对人类是否适用,有待证明,但该试验向我们提示,时间间隔不但对迁移量,而且对迁移性质有重要影响。

十一、疲劳与技能迁移的关系

开普兰(Caplan,1969)曾就疲劳对迁移的影响进行了研究。他让被试进行不同程度的各种活动,在一种条件下,使一会儿将要进行运动练习的那部分肌肉产生极度疲劳;在另一种条件下,使被试产生全身性极度疲劳而不特别涉及将来进行运动练习的肌肉群。结果发现,在这两种疲劳状况下进行任务练习都会产生负迁移。

十二、集中练习与技能迁移的关系

在实验条件下,如果进行过多的集中训练,那么不论两任务间的关系如何(也许刺激反应十分相似),都将发生负迁移。黑尔(Hall,1939)进行了一项镜像追踪试验。如果不断地变换镜子的位置、角度,被试的追踪练习就会产生负迁移。因为被试在每次追踪定位后难得休息,就要再度适应镜像位置、角度的变化,这种大量集中练习造成的疲劳便产生了负迁移。而后来的实验,让被试在 10 次一组的练习之间得到 30 秒至 5 分钟的休息,便收到了正迁移的效果。

十三、迁移的原则

在体育教师和教练员实际指导练习者学习运动技能时,如果能够注意运动技能间的相互关系,利用迁移规律,往往可以收到事半功倍的效果。下面一些原则可供体育教师和教练员指导训练时参考:

第一,两任务的训练条件高度相似时,迁移量最大。

第二,刺激相似而反应相同时,会产生正迁移,随着刺激相似性的增加,正迁移量也增加。

第三,刺激相似而反应不同时,会产生负迁移,随着新反应与旧反应相似性的减少,负迁移量增加。

第四,两任务的反应如果不同,刺激越相似,正迁移就越小。

第五,学习一些有关联的任务时,连续练习有助于学会如何进行学习。

第六,对序列性相关任务进行大量练习可使顿悟(insight)发生得更为频繁。

第七,先前任务的练习量越大,迁移量就越大。

第八,理解两任务或更多任务所共同具有的一般原则,即对两任务建立认知关系之后,迁移量可能加大。

1. 技能是人们在活动中运用知识经验经过练习而获得的完成某种任务的动作方式或心智活动方式。

2. 运动技能是指在学习活动、体育活动和生产劳动中的各种行为操作，主要是借助于神经系统和骨骼肌肉系统实现的。智力技能是借助于内部言语在头脑中进行认识活动的心智操作，其中主要是思维活动的操作方式。

3. 运动技巧是运动技能的高级阶段，它的特点是对动作的清晰知觉和精确表象，以及执行动作时的高度自动化。

4. 根据不同的分类依据，可将运动技能分为连续技能和分立技能、闭锁技能和开放技能以及小肌肉群技能和大肌肉群技能。

5. 根据神经系统分化的程度、注意范围的宽窄、知觉的清晰性、肌肉动作的协调性、视觉和动觉的相对重要性、意识参与的程度等方面的情况，可将运动技能的学习过程分为动作的认知阶段、联系阶段和完善阶段三个互有区别又有紧密联系的阶段。

6. 运动技能不断提高的主要标志有：神经系统分化程度提高，形成愈加稳固的动力定型，注意范围加大，知觉的清晰性和肌肉动作的协调性提高，视觉反馈作用减弱，动觉反馈作用加强，意识参与程度减少。

7. 连锁反应理论认为，运动技能是通过刺激—反应的连锁反应系列逐渐形成的。一个刺激引起反应，第一个动觉反馈调节着第二个动作，第二个动作的动觉反馈又调节着第三个动作……于是，就产生了运动技能的连续性运动。

8. 认知心理学用信息加工的观点解释运动技能的形成过程，认为这一过程包含了感受—转换—效应器三个连续阶段，经过长期练习在大脑中形成运动程序图式，依靠运动程序图式指挥运动动作。

9. 运动技能必须通过练习获得。练习的效果可用练习曲线表示，它概括了练习次数与练习成绩的关系。

10. 练习成绩提高的共同趋势是速度的加快和准确性的提高，但练习的进步有先快后慢、先慢后快、高原现象、时起时伏几种不同形式。

11. 运动技能学习过程中，应注意建立明确的练习目的和要求，正确选用部分练习法和整体练习法，尽量采用分布练习时间的安排，并让练习者及时了解练习结果。

12. 已经形成的技能对新技能的形成发生积极影响，叫做技能的正迁移，即狭义的迁移；已经形成的技能对新技能的形成发生消极影响，叫做技能的负迁移，也称技能的干扰。

13. 概括化理论认为，迁移是由于人对各任务间具有的一般性因素进行了概括。共同要素说认为，迁移是由于各任务中各种成分具有共同要素，这种成分一般包括相似刺激或相同反应。格式塔理论认为，如果在两种学习情境中发现了一种动态模式或关系，就可发生迁移。双因素理论认为迁移是一般因素与特殊因素共同作用的结果，人们不仅可以"学习如何进行学习"，迁移一般的工作方式，还可以通过掌握刺激与反应的模式来学习各项特殊任务。

14. 技能的迁移现象包括不同任务间的迁移、肢体对侧迁移、语词→运动迁移、部分←→

整体间的迁移等。不同类型的迁移所涉及的机制不同。

15. 刺激与反应的相似性、先学习的技能的练习量、时间间隔、疲劳程度、练习方式等因素与迁移的方向和迁移的程度有关。

16. 在练习中如果注意利用迁移的规律,往往可以收到事半功倍的练习效果。

关键术语

技能,技巧,自动化,动力定型,运动技能,智力技能,连续技能,分立技能,闭锁技能,开放技能,习惯,运动程序,视觉反馈,动觉反馈,运动程序图式,练习,练习曲线,高原现象,部分练习法,整体练习法,集中练习,分布练习,迁移,正迁移,负迁移,概括化理论,共同要素说,格式塔理论,双因素理论,前摄迁移,后摄迁移,肢体对侧迁移,语词—运动迁移

复习思考题

1. 排球二传手的传球是运动技能,还是智力技能,还是其他类别的技能?

2. 请举专项实例,说明运动技能形成的三个阶段。

3. 奥运会冠军们在比赛中表现出的高水平运动技能有哪些心理特点?

4. 连锁反应理论和认知心理学理论在解释运动技能形成时有什么不同?

5. 高原现象产生的原因是什么?

6. 如何提高运动技能学习的效率?

7. 根据你的经验,哪种迁移理论更有道理?

8. 如何利用迁移规律安排训练?

推荐参考读物

1. 黄希庭(1991):心理学导论。北京:人民教育出版社,587—614 页。该书第十五章简要分析了运动技能形成的规律。

2. 张英波、杨锡让(2003):运动技能控制与学习。北京:北京体育大学出版社。该书为国内第一部运动技能学习的专著,全面论述了运动技能控制及运动技能学习的性质、规律,还介绍了掌握运动技能的有效方法。

3. Glencross,D. J. (1992). Human skill and motor learning:A critical review. Sport Science Review,1(2),65—70.

4. Glencross,D. J. ,Whiting,H. T. A. & Abernethy,B. (1994). Motor control,motor learning and the acquisition of skill:Historical trends and future directions. International Journal of Sport Psychology,25,32—52.

以上两篇参考文献均为综述论文,介绍了运动技能学习领域的研究进展。

5. Magill,R. A. (2001). Motor learning concepts and applications (6th ed. Chapter 10, pp. 141—165). New York, NY:The McGraw-Hill Companies.

6. Schmidt, R. A. & Wrisberg, C. A. (2000). Motor learning and performance (2nd ed. Chapter 3, pp. 55—87). Champaign, IL: Human Kinetics.

以上两部著作作为运动技能学的专用教材,可为希望全面了解该学科主要内容的学生提供参考。

第五编

运动活动参加者的自我完善

运动活动是人的自我完善的重要方式

运动员可能是最难的职业之一。运动员在回顾自己的训练比赛经历时常有这样的体验,叫"战胜自我比战胜他人更困难"。运动员也常常将"战胜自我,超越自我"作为自己的奋斗目标。的确,运动员在训练场和比赛场上面对的不仅仅是对手制造的困难和挑战,还要面对自己个人的怯懦、放弃、退缩、怕输等心理倾向,面对最后一秒钟决定胜负的极度紧张,面对精疲力竭瘫倒在地的极限劳累,面对 10 年心血付诸东流的惨痛失败,面对到底还要不要继续运动生涯的极度困惑。

训练竞赛的激烈竞争创造了一种特殊环境,使运动员必须不断适应,不断超越。从这个意义上讲,运动活动,特别是训练竞赛,是人的自我完善的重要方式。运动员要不断劝说自己、引导自己、控制自己、激励自己,才能在激烈竞争中立于不败之地。

本编将从心理学角度简要探讨运动员不断完善自己的方法。本编共有两章,第十三章讨论心理技能训练的目的和方法,重点介绍目标设置训练、放松训练、表象训练、注意训练、暗示训练和模拟训练的操作步骤。第十四章介绍赛前如何进行心理定向,包括比赛的角色定位、比赛方案的制定和心理定向的原则,还介绍赛中如何进行情绪调节,包括生理、认知和环境三类调节的方法。

第十三章　心理技能训练

在各级体育教育中,训练和竞赛都是一种教育手段,它有助于培养运动员的竞争意识、合作精神、果敢和顽强的意志、处理危机的能力以及正确对待成败的态度等优良心理品质,使他们将来能够更加从容地应付生活中的各种挑战。尽管体育教育与竞技体育有很大区别,但是,在训练和比赛过程中的心理调节仍有许多共同之处。心理技能训练也可帮助运动员提高处理危机和应付挑战的能力。本章将讨论心理技能训练的基本思想,并介绍 6 种常用的心理技能训练方法,它们分别是目标设置训练、放松训练、表象训练、注意训练、暗示训练和模拟训练。

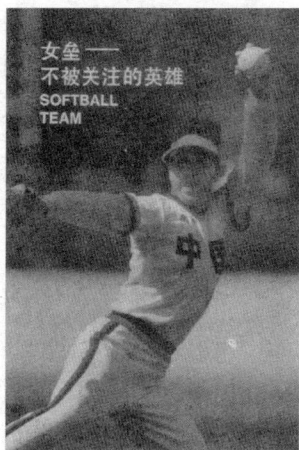

插图 13-1　心理技能训练帮助运动员提高处理危机和应付挑战的能力

第一节　心理技能训练概述

广义来讲,心理技能训练(mental training)是有目的有计划地对受训者的心理过程和个性心理施加影响的过程。狭义来讲,心理技能训练是采用特殊手段使受训者学会调节和控制自己的心理状态并进而调节和控制自己行为的过程。

心理技能训练是现代运动训练系统不可缺少的一部分,它影响、制约着运动员身体、技术、战术水平的改善和体现,可促进训练者心理过程的不断完善,形成专项运动所需要的良好个性心理特征,获得高水平的心理能量储备,使训练者的心理状态适应训练和比赛的要求,为达到最佳竞技状态和创造优异成绩奠定良好的心理基础。

心理调节能力和技术能力、战术能力、身体能力一样受后天环境和实践活动的影响,可通过训练获得和提高。心理调节能力的训练遵循一般技能学习的规律,必须长期地、系统地进行。心理技能训练不是魔术,指望心理技能训练的方法一学就会、一会就用、一用就灵、立竿见影,是不切实际的。

进行心理技能训练,要以预防为主,防患于未然,要有计划地进行并长期坚持,要争取训练者积极主动的配合,要同训练者的专项训练相结合并设法用量化指标评定心理技能训练的效果。只有这样,心理技能训练才有可能产生实效。

心理技能训练追求迁移效果,即不但使训练者对某种情境中的某个问题的心理调解能力得到提高,而且对其他情境中的其他问题的应付能力也得到提高;不但使训练者在自己的运动生涯中受益,而且使其终身受益。其最终目的是使训练者勇敢地、从容地、理智地、巧妙地面对一切困难,使他们对待困难的态度就如同一个战士对待敌人的态度一样:我可能被打倒,但永远不会被征服!

第二节　目标设置训练

目标设置是指对动机性活动将要到达的最后结果进行的规划。目标设置直接关系到动机的方向和强度。正确、有效的目标可以集中人的能量,激发、引导和组织人的活动,是行为的重要推动和指导力量。目标设置与动机、操作成绩以及个性培养有重要关系,这一主题最早见于管理心理学的研究,后来移用到运动心理学(Locke & Latham,1985)。

目标设置训练(goal setting training)是根据有效推动行为的原则设置合理目标的过程。下面将讨论这些原则。

一、目标设置中的 4 对重要关系

(一) 长期目标(long term goal)与短期目标(short term goal)

生活中人人都有某些愿意实现的希望和梦想,但目标则与这些长期的、一般性的希望和梦想不同,它是相对较短时期的行动目的。希望与梦想可能使我们体验到生活的意义,保持生活的勇气,并使行为具有一定的方向,而目标则是将这种可能转变为现实的第一个重要环节:它将希望和梦想变为切实可行的计划。因此,相对而言,它更注重中、短期的问题,这也正是它之所以如此重要的原因。一般来说,运动员都会有自己的长期的目标,但有相当一部分人不善于将他们的长期目标化整为零,变为中期和短期的目标。而恰恰是这一将长期目标转化为短期目标的过程才是长时期维持高昂动机和自信心的关键。因为每实现一个小的子目标都可以使人相对较快地、较明显地看到自己的进步,看到自己的努力和成绩进步的因果关系,并产生不断克服困难以达到下一个子目标的欲望和动机。

一般说来,短期目标最有效,对人的行动最容易产生立竿见影的推动作用。但必须有长期目标的引导,行动才能更加自觉、坚持不懈。例如,"我每周做三次、每次做三组、每组做 20 次负重深蹲练习,一个月内提高腿部力量 10%",就是短期目标;"我争取三年内通过国家锻炼标准",就是长期目标。

(二) 具体目标和模糊目标

明确、具体、可进行数量分析的目标,是精确的目标,它对于激发动机最有效;模糊的、无法进行数量分析的目标则少有激发动机的作用。

许多实验显示,设置具体的、可测量的目标会比仅仅设置一般性的目标(如"尽最大努力")产生更大的动机推动作用并导致更好的成绩(Hall & Byrne,1988;Bur-ton,1989;Frierman,Weinberg & Jackson,1990,Tenenbaum,Pinchas,Elbaz,Bar-Eli & Weinberg,1991;Boyce,1992)。比如,在一项实验中,255 名男女儿童被随机分为进行仰卧起坐训练的短期目标组(每次练习测验提高 4%)、长期目标组(10 周训练提高 20%)、短期目标加长期目标组和尽最大努力组共 4 个组,然后每天进行仰卧起坐训练,每周进行一次练习测验,每两周进行一次正式测验,共进行 10 周。结果表明,有具体目标的各组,其成绩提高幅度比只有模糊目标的组("尽最大努力")更大(Weinberg, Bruya, Longino & Jackson, 1988)。"身体训练做三组仰卧起坐,每组 50 个,5 分钟一组"之所以会比"身体训练做仰卧起坐,尽量做,越多越好"更为有效,不但是因为明确的目标有助于导致明确而有效率的行为,而且,还有助于结果的评估,有助于定量化地检验是否到达了目标。这种反馈对于目标的动机功能具有极重要的意义。不可测量的目标很难起到促进动机的作用。对于一个体育教师来说,"我要争取提高学生的体育课成绩"这个目标就不如"我的目标是将学生的体育达标率从 70% 提高到 90% 以上"更精确,因而对体育教师的促动作用也就小一些。

也有研究表明,对于简单任务,设置具体的目标比设置一般目标要更有效,取得的成绩更好。对于复杂任务,则没有这种效应,即具体目标和一般目标对成绩的影响无可靠差异(Burton, 1989)。

(三) 现实目标和不现实目标

现实目标是指通过艰苦努力仍可达到的目标。不现实目标是指不论通过多少努力也根本不可能实现的目标。在现实目标的指导下,通过一段时间的努力,获取一定的成功,自然会加强人们从事体育活动的兴趣和自信心。富有挑战性的、困难的,但经过努力完全可以达到的现实目标,对于激发动机更有效。也就是说,应该为自己设立难度适当的目标。因为超过现实可能性的过高目标会使人产生挫折感,怀疑自己,放弃努力;过易的目标又不可能充分动员、激发人的活动,挖掘人的潜力。

在第二章"运动活动的动机"中我们曾经提到,根据班杜拉的自我效能理论,人的自我效能(或自信心)受 4 种因素影响:行为成就、替代经验、言语劝导和情绪唤醒。其中最重要的就是第一点。成就就是目标的实现。运动员所达到的目标越多,所体验到的成功感就越强,自信心也就越强。因此,在体育课的学习和运动队的训练中将长期目标转化为现实的、具体的中期目标和短期目标是极其重要的。比如,一位体校运动员在平衡木的比赛中总是失败,如果只是自叹"看来我是过不了平衡木这一关了",当然于事无补。她应当在教练的指导下制定出一个中、短期计划,比如进行三个月的训练,第一个月将平衡木的成功率提高到 80%,第二个月提高到 90%,第三个月提高到 95%。然后,再相应地制定每周的训练目标。这样,她便可以开始作出切实的努力来解决这一问题了。

专栏 13-1

射击运动员的苛求心理

运动员一般对自己要求严格,希望自己做得最好,但有时过分苛求自己,会给自己形成不必要的压力,反而影响比赛的正常发挥。这种苛求心理在射击运动中比较突出。例如,一名射击运动员平时的训练成绩为 394 环,最好成绩为 398 环。在比赛时,他把自己的目标定为 597 环,假如第一枪打了 9 环,他可能会有点紧张。因为根据自己的目标,自己只有 3 次打 9 环的机会,其余全部是 10 环。第二枪又是 9 环,这时他会更加紧张,因为他只有一次失误的机会了,不能有更多的失误,在后面的 30 多枪中只能全部是 10 环,这种压力无疑会影响这名队员的发挥,结果可想而知。

在 2000 年悉尼奥运会上,我国女子射击运动员高静在女子气步枪决赛中,第五发打出了很低的 8.6 环,一下子使她的名次下降了三四位。幸好以后的几枪发挥正常,一直从第七位追到第三位,为中国队追到了一块铜牌(这是中国悉尼奥运会的第一块奖牌)。事后,高静在谈到这一枪时说:"那一发击发是有点晚了,如果再提前一点,我想我肯定不会是 8.6 环。当时时间还有,我处理得有点问题。我还是对自己太苛求了,太想打好了。"

高难目标可能有助于达到个人的最佳成绩,实现个人的最大潜力,但如果未达到所设置的目标,也可能造成失败感,使自信心和兴趣受到损害。比如,一个运动员设置了一个做 5 次引体向上的训练目标,并且实际完成了 5 次;接着,他设置了一个做 7 次引体向上的训练目标,结果实际完成 7 次。这样,高难目标使他提高了成绩,也使他体验到了成功感。这时,他又设置了一个做 9 次引体向上的训练目标,并尽了最大努力,但只完成了 8 次。在这种情况下,他的成绩虽然提高了,充分发挥了自己的最大潜力,但他却没有实现自己的目标。他体验到的可能不是成功感而是失败感。如果他未经前两次尝试,而是一次定位在 9 次的目标上,结果可能使他充分发挥了自己的潜能,完成了 8 次,但也可能会损伤他的自信心和对体育活动的兴趣,从长远的观点来看,是失大于得。

(四)任务定向目标和自我定向目标

在第二章"运动活动的动机"中,我们还曾提到,任务定向是强调纵向的自己与自己相比,注重个人努力,以掌握技能、完成任务为目标的心理定向。它有助于内部动机的维持和提高。因此,只要自己全力以赴并刷新了自己的个人纪录,就会产生成功感。自我定向则是强调横向的自己与他人相比、注重社会参照、以超过他人为目标的心理定向。自我定向对内部动机有损害作用。因此,即使自己的成绩与他人相同,但只要自己付出的努力少一些,也会产生成功感。目标定向理论提出(Duda,1993),任务定向的目标是更好的目标,具体理由见表 13-1。在实际体育教学中,教师应尽量营造一种高任务定向的气氛,以更有利于运动员良好个性的培养和发展。具体来说,应努力做到以下几点。

表 13-1 目标设置中任务定向与自我定向的效果差异

因　素	高任务定向	高能力高自我定向	低能力高自我定向
努力的程度	较高	较高	较低
选择任务的倾向	富于挑战性的	?	不具竞争优势时选择过易或过难的任务
自信心	容易提高	容易波动	容易受损

因　　素	高任务定向	高能力高自我定向	低能力高自我定向
对待挫折和困难的态度	坚持不懈	——————→ ? ←——————	
参与体育活动的乐趣感、满意感和内在兴趣	更为强烈	——————→ 更低 ←——————	
对成功原因的看法	更相信努力	——————→ 更相信能力 ←——————	
对采用欺骗和不正当战术获取比赛胜利的看法	更不赞成	——————→ 更倾向于认可 ←——————	
对运动目的的看法	努力、合作、好公民	——————→ 高声望、自我重要性、竞争意识 ←——————	
学习方法	做更多不同的尝试	——————→ 不愿做不同的尝试 ←——————	
对运动成绩的关注	更少、焦虑程度更低	——————→ 更多、焦虑程度更高 ←——————	

第一,鼓励运动员设置任务定向的目标。

第二,尽量多地以运动员本人体育成绩的提高程度作为评价运动员进步的基础,即多进行个人比较的评价,少进行社会比较的评价。

第三,强调个人努力的重要性,淡化个人能力的重要性。

二、目标设置中需要注意的问题

(一) 对目标的接受和认同

即便根据以上各项原则制定了极好的目标,也不等于这种目标设置过程就一定可以起到充分的作用。要使所设置的目标起到充分的作用,还必须完全接受和认同目标,即全身心地投入到实现目标的过程中去。投入的程度越高,实现目标的可能性也就越大,从目标设置中的获益也就越大。如果运动员认为所定目标是现实的,有价值的,那么目标难度和操作表现的关系可能是线性的:目标越难,操作成绩越好。如果运动员认为所定目标不够现实,不能接受,那么目标难度和操作表现的关系也可能是线性的:目标越难,操作成绩越差。因此,总的来说,目标难度和操作表现的关系可能为倒 U 形的(图 13 - 1)。但也有研究表明,根本不可能达到的高难目标也并未使被试的动机和操作成绩下降(Weinberg, Bruya, Jackson & Garland, 1987; Wein-berg, Fowler, Jackson, Bagnall & Bruya, 1991),这可能是由于被试仍旧对所定目标有一定的认同和投入造成的。

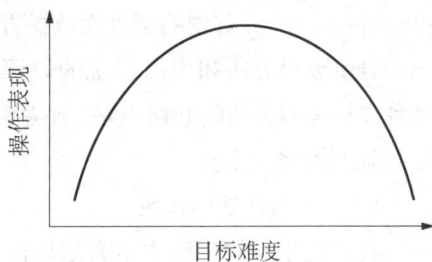

图 13 - 1　目标难度与操作表现的关系

(二) 及时反馈,了解结果

经常将现有成绩与既定的目标相比较,有利于目标的调整和动机的激发。这种比较告诉运动员两个方面的信息:一方面,目标设置得是否合适,是否有必要进行修改;另一方面,对个人努力的程度进行评价,看是否达到了实现目标的要求。

（三）目标的公开化

一个人人皆知的目标,有利于社会监督,造成社会推动力,促使目标制定者努力,这是从外部对动机的激发。例如,我国著名乒乓球运动员容国团曾公开了自己要在第二十五届世界乒乓球锦标赛上获得男子单打冠军的目标,这个目标激励他为维护祖国的荣誉和个人的自尊心而奋勇拼搏。一般说来,凡是公开的目标,在可比环境中都不会是低目标,因为低目标会让人耻笑,伤害自己的自尊心。在竞争环境中,大多数人都有维护自己声誉的强烈需要,这种需要,构成了一种极强的外部动机,促使人加倍努力。

（四）目标的多级化

在一些形势复杂、竞争十分激烈的领域中,为减轻心理压力,人们常常设立多级目标。所谓"多级",一般也不超过如下三级:

（1）最理想的目标:超水平发挥时应达到的目标。

（2）最现实的目标:正常发挥时应达到的目标。

（3）最低目标:无论出现什么意外情况,也应奋力达到的目标。

这样做避免了那种"不成功便成仁"式的单一目标所造成的心理负荷,更有利于现实目标的实现。但是,如果目标级数太多,目标本身也就失去了动机作用。

在体育测验或体育比赛时,对于那些已经处于高度激活状态的运动员,测验前和比赛前尤其应制订多级目标,以使其成就动机保持在适宜水平。

第三节　放松训练

一、放松训练概述

（一）放松训练的概念

放松训练（relaxation training）,是以暗示语集中注意,调节呼吸,使肌肉得到充分放松,从而调节中枢神经系统兴奋性的过程。目前普遍采用的是美国芝加哥生理学家雅克布森（Jacobson,1938）首创的渐进性放松方法、德国精神病学家舒尔兹（Schultz & Luthe,1959）提出的自生放松方法和中国传统的以深呼吸和意守丹田为特点的松静气功等三种放松方法。各种放松练习方法的共同点是:注意高度集中于自我暗示语或他人暗示语,深沉的腹式呼吸,全身肌肉的完全放松。

（二）放松训练的作用

我们在平常的生活中常有这样的体验,心理紧张时,骨骼肌也不由自主地紧张,如肌肉发抖僵硬,说话哆嗦,全身有发冷的感觉等;当心理放松时,骨骼肌也自然放松。由此看出,大脑与骨骼肌具有双向联系,即信号不仅从大脑传至肌肉,也从肌肉传往大脑。从运动器官向大脑传递的神经冲动,不仅向大脑报告身体情况,而且也是引起大脑兴奋的刺激。因此,肌肉活动积极,从肌肉往大脑传递的冲动就多,大脑就更兴奋,准备活动就能起这种作用。反之,肌肉越放松,向大脑传递的冲动就减少,大脑的兴奋性就降低,心理上便感到不那么紧张了。

放松练习后,大脑呈现一种特殊的放松、安静状态,简称松静状态。这种状态有别于日常的清醒状态、做梦状态或无梦睡眠状态,我们可以通俗地称它为半醒的意识状态。此时,人的受暗示性极强,对言语及其相应形象特别敏感,容易产生符合言语暗示内容的行为意向。总的来说,放松练习的作用主要有:

第一,降低中枢神经系统的兴奋性。

第二,降低由情绪紧张而产生的过多能量消耗,使身心得到适当休息并加速疲劳的恢复。

第三,为进行其他心理技能训练打下基础。

全身各部位肌肉放松,中枢神经系统处于适宜的兴奋状态,注意力高度集中,是许多心理调整练习的基础。这种放松状态是放松训练主要的和直接的目的。

二、自生放松训练程序

(一)预备姿势

舒适地坐在一张椅子上,胳膊和手放在椅子的扶手或自己的腿上,双腿和脚取舒适的姿势,脚尖略向外,闭上双眼;或者仰面躺下,头舒服地靠在枕上,两臂微微弯曲,手心向下放在身体两旁,两腿放松、稍分开,脚尖略朝外,闭上双眼。

(二)自生放松练习

自生放松(autogenic relaxation)练习要在他人指导语或自我指导语的暗示下缓慢地进行,常用的指导语如下:

(1)平静而缓慢地呼吸,我的呼吸很慢、很深。

(2)我感到很安静。

(3)我感到很放松。

(4)我的双脚感到沉重和放松。

(5)我的踝关节感到了沉重和放松,我的膝关节感到了沉重和放松,我的双脚、踝关节、膝关节、臀部全部感到了沉重和放松。

(6)我的腹部、我的身体的中间部分感到了沉重和放松。

(7)我的双手感到了沉重和放松,我的手臂感到沉重和放松,我的双肩感到沉重和放松,我的双手、手臂、双肩全部感到沉重和放松。

(8)我的脖子感到沉重和放松,我的下巴感到沉重和放松,我的额部感到沉重和放松,我的脖子、下巴和额部全部感到沉重和放松。

(9)我整个身体都感到安静、沉重、舒适、放松。

(10)我的呼吸越来越深,越来越慢。

(11)我感到很放松。

(12)我的双臂和双手是沉重和温暖的。

(13)我感到十分安静。

(14)我的全身是放松的,我的双手是温暖的、放松的。

(15)轻松的暖流流进了我的双手,我的双手是温暖的、沉重的。

（16）轻松的暖流流进了我的双臂，我的双臂是温暖的、沉重的。

（17）轻松的暖流流进了我的双腿，我的双腿是温暖的、沉重的。

（18）轻松的暖流流进了我的双脚，我的双脚是温暖的、沉重的。

（19）我的呼吸越来越深，越来越慢。

（20）我的全身感到安宁、舒适和放松。

（21）我的头脑是安静的，我感觉不到周围的一切。

（22）我的思想已专注到身体的内部，我是安闲的。

（23）我的身体深处，我的头脑深处是放松、舒适和平静的。

（24）我是清醒的，但又处于舒适的、安静的、注意内部的状态。

（25）我的头脑安详、平静，我的呼吸更慢更深。

（26）我感到一种内部的平静。

（27）保持一分钟。

（28）放松和沉静现在结束。深吸一口气，慢慢地睁开双眼，我感到生命和力量流通了我的双腿、臀部、腹部、胸部、双臂、双手、颈部、头部。这种力量使我感到轻松和充满活力。我恢复了活动。

从以上描述可以看出，自生放松是一种通过暗示语使身体各部位直接放松，最后达到全身放松的方法。自生放松强调的是呼吸调节、温暖感和沉重感。

三、渐进放松训练程序

（一）准备姿势

准备姿势可参照自生放松练习程序选择。

（二）渐进放松（progressive relaxation）练习

（注意：一个"…"代表5秒钟的停顿）

（1）请注意倾听以下指示语，它们会有助于你提高放松能力。每次我停顿时，继续做你刚才正在做的事。好，轻轻地闭上双眼并深呼吸三次……

（2）左手紧握拳，握紧，注意有什么感觉。…现在放松……

（3）再一次握紧你的左手，体会一下你感觉到的紧张状况。…再来一次，然后放松并想象紧张从手指上消失……

（4）右手紧紧握拳，全力紧握，注意手指、手和前臂的紧张状况。…好，现在放松……

（5）再一次握紧右拳。…再来一次…请放松……

（6）左手紧紧握拳，左手臂弯曲使二头肌拉紧，紧紧坚持着。…好，全部放松，感觉暖流沿二头肌流经前臂，流出手指……

（7）右手握紧拳头，抬起手，使二头肌发紧，紧紧坚持着，感觉这紧张状态。…好，放松，集中注意这感觉流过你的手臂……

（8）请立即握紧双拳，双臂弯曲，使双臂全部处于紧张状态，保持姿势，想一下感觉到的紧张。……好，放松，感觉整个暖流流过肌肉。所有的紧张流出手指……

（9）请皱眉头，并使双眼尽量闭小（戴眼镜的人要摘掉眼镜）。要使劲眯眼睛，感觉到这种紧张通过额头和双眼。好，放松，注意放松的感觉流过双眼。好，继续放松……

（10）好了，上下颚紧合在一起，抬高下巴使颈部肌肉拉紧并闭紧嘴唇。…好，放松……

（11）现在，各部位一起做。皱上额头，紧闭双眼，使劲咬上下颚，抬高下巴，拉紧颈肌，紧闭双唇。保持全身姿势，并感觉到紧张贯穿前额、双眼、上下颚、颈部和嘴唇。保持姿势。好，放松，请全部放松并体会刺痛的感觉……

（12）现在，尽可能使劲地把双肩往前举，一直感到后背肌肉被拉得很紧，特别是肩胛骨之间的地方。拉紧肌肉，保持姿势。好，放松……

（13）重复上述动作，同时把腹部尽可能往里收，拉紧腹部肌肉，感到整个腹部都被拉紧，保持姿势。…好，放松……

（14）再一次把肩胛骨往前推，腹部尽可能往里吸。拉紧腹部肌肉，紧拉的感觉贯穿全身。好，放松……

（15）现在，我们要重复曾做过的所有肌肉系统的练习。首先，深呼吸三次。……准备好了吗？握紧双拳，双臂弯曲，把二头肌拉紧，紧皱眉头，紧闭双眼，咬紧上下颚，抬起下巴，紧闭双唇，双唇向前举，收腹，并用腹肌顶住。保持姿势，感觉强烈的紧张贯穿上述各部位。好，放松。深呼吸一次，感到紧张消失。想象一下所有的肌肉都松弛——手臂、头部、肩膀和腹部。放松……

（16）现在轮到腿部，把左脚跟紧紧靠向椅子，努力往下压，抬高脚趾，结果使小腿和大腿都绷得很紧。紧抬脚趾，使劲蹬紧后脚跟。好，放松……

（17）再一次，把左脚跟紧紧靠向椅子，努力往下压，抬高脚趾，结果使小腿和大腿都绷得很紧。紧抬脚趾，使劲蹬紧后脚跟。好，放松……

（18）接着，把右脚跟紧紧靠向椅子，努力往下压，抬高脚趾，结果使小腿和大腿都绷得很紧。紧抬脚趾，使劲蹬紧后脚跟。好，放松……

（19）双腿一起来，双脚后跟紧朝椅子压，压下双脚后跟，尽力使劲抬高双脚趾，保持姿势。好，放松……

（20）好，深呼吸三次。…正像你所练习的一样，把所有练习过的肌肉都拉紧，左拳和二头肌、右拳和二头肌、前额、眼睛、颚部、颈肌、嘴唇、肩膀、腹部、右腿、左腿，保持姿势。…好，放松。……深呼吸三次，然后从头到尾再做一次，接着全部放松。在你深呼吸后全部绷紧接着又放松的同时，注意全部放松后的感觉。好，拉紧，…放松。…接着，进行正常的呼吸，享受你身体和肌肉完全无紧张的惬意之感。……

（21）放松和沉静现在结束。深吸一口气，慢慢地睁开双眼，我感到生命和力量流通了我的双腿、臀部、腹部、胸部、双臂、双手、颈部、头部。这力量使我感到轻松和充满活力。我恢复了活动。

从以上描述可以看出，渐进放松是一种通过暗示语使身体各部位先紧张再放松，最后达到全身放松的方法。渐进放松强调的是肌肉不同程度的紧张和放松的准确体验。

四、使用放松技术的时机

一旦比较熟练地掌握了放松方法,就可在下列情况下使用:

(1) 表象练习之前:有助于集中注意力,使表象更为清晰、逼真、稳定。

(2) 体育课结束后或临睡前:有助于消除疲劳,使身心得到充分休息。

(3) 体育测验或体育比赛前过于紧张时:有助于降低能量消耗,使唤醒水平处于最佳状态。

第四节　表象训练

一、表象训练概述

(一) 表象训练的概念

表象训练(imagery training)是体育运动领域最为普遍的一种心理技能训练(psychological skill training)(Garfield,1984;李建周、刘慎年、许尚侠,1986;丁忠元,1986;杨宗义、丁雪琴,1987),被视为心理技能训练的核心环节(刘淑慧等,1993)。它是在暗示语的指导下,在头脑中反复想象某种运动动作或运动情境,从而提高运动技能和情绪控制能力的过程。表象训练有利于建立和巩固正确动作的动力定型,有助于加快动作的熟练和加深动作记忆;测验前或比赛前对于成功动作表象的体验将起到动员作用,使运动员充满必胜的信心,达到最佳竞技状态。如跳高时可以表象自己打破个人纪录时的过杆动作,跳远时可以想象自己助跑和腾跃的成套动作等,长跑时可在跑程中表象盖房子、做算术题或想象自己是一列火车在向前奔跑等,这有助于消除肌肉酸痛和单调乏味的感觉(马启伟,1982)。

专栏 13-2

"想"得多,赢得多

欧特(Al Oerter)连续在4届奥运会上赢了4枚铁饼金牌。其中两枚金牌是在最后一掷获得的,另外两枚金牌则是在克服受伤和恶劣的天气下取得的。在谈到如何准备奥运会以及如何克服障碍时,欧特说道:"我曾经想象奥运会比赛当天,4年的准备就为了这一天。那天下着雨,且是倾盆大雨,投掷区很滑,情况很差,我必须上场投掷。我想象自己投得很好,并幻想着自己投出的铁饼力量十足。虽然下雨,但我的技术充分展现。或者有时候我会想象在奥运会决赛时,我只剩下最后一次试掷,而在我面前的俄罗斯选手最后一次投掷打破了世界纪录,所以我必须创造一个新的世界纪录才能得到金牌。在这次奥运会上的最后一次试掷时,我想象我做到了,我看到自己创造了一个新的世界纪录。这些都是我幻想的内容,我想到一些可能发生的情况,然后想象如何应对这些挑战。"(Murphy,1994)

（二）表象训练的依据

1. 念动现象及心理神经肌肉理论

当产生一种动作表象时,总伴随着实现这种动作的神经冲动,大脑皮层的相应中枢就会兴奋,原有的暂时联系会恢复,这种兴奋会引起相应肌肉进行难以觉察的动作。运动表象时引起的这种运动反应称作念动(ideo-motion),即意念诱发运动。实验证明,请赛跑运动员做赛跑的表象和请小提琴家做拉琴的表象时,同时记录他们腿上和手臂上的肌肉电流反应,可以看出与安静时不同,有表象活动时,肌肉电流明显增强。目前,心理学上已把这种现象归纳为心理神经肌肉理论(mental-neuro-muscletheory)。这一理论认为,由于在大脑运动中枢和骨骼肌之间存在着双向神经联系,人们可以主动地去想象做某一运动动作,从而引起有关的运动中枢兴奋,兴奋经传出神经传至有关肌肉,往往会引起难以觉察的运动动作。这种神经—肌肉运动模式与实际做动作时的神经—肌肉运动模式相似,这就使得通过念动练习来改善运动技能成为可能(Cratty, 1973;Feltz & Landers, 1983;加藤久,1984;Denis, 1985)。念动产生的肌肉动作电位强度很弱,但仍比安静时有所增加且仅与念动所涉及的肌肉有关。肌肉的这种反应还与技能水平有关,即技能水平高者,肌电(EMG)反应更强(Hale, 1982;Harris & Robbinson,1986)。

除了 EMG 的证据外,心理神经肌肉理论还受到 20 世纪六七十年代生物电控制技术研究成果的支持(贾芝祖,1976)。人们发现,当手要做出某一动作时,大脑要先发出一个信号,信号通过脊髓、运动神经,最后达到肌肉引起肌肉收缩。肌肉在大脑控制下活动时产生的电位变化不仅能引起人体的活肌肉收缩,而且也能被利用来控制人造机械进行工作。残肢者可通过训练建立控制假手的意识:伸指肌收缩产生肌电信号,使假手的手指张开;曲指肌收缩产生肌电信号,使假手的手指捏拢。

但是,心理神经肌肉理论也受到一些人的质疑(Feltz & Landers, 1983),主要理由是:支持这一观点的研究是将心理练习作为自变量、EMG 作为因变量来处理的,未去检验 EMG 不同的各组运动成绩的差异,即未将运动成绩作为因变量来研究。另外,念动时的 EMG 不但表现出用力部位肌电活动增加,而且几乎所有部位的肌肉群都表现出肌电活动的增加,即没有表现出定位特征(Shaw, 1983),念动时的动作电位也不能反映实际做动作时的肌电模式。

2. 符号学习理论

解释表象训练机制的另一种理论叫做符号学习理论(symbol learning theory. Sackett, 1934;Schmidt, 1982;Feltz & Landers, 1983;加藤久,1984;Denis, 1985)。这种理论认为,表象训练之所以有助于提高运动技能,是因为人在进行运动表象时对某任务各动作序列进行了符号

插图 13-2 一个正确的表象往往胜过一吨言词(泰格·伍兹的标准击球动作)

练习。在练习中,可以排除错误动作,熟悉动作的时间、空间特征,预见到动作的结果。由于这是一种认知上的或符号的练习,因此,对于那些含有较多认知成分的任务如定点投篮、跳高等更为有效。如要通过表象练习来提高运动成分或力量成分占较大比重的技能,则需要较长时间。

陈敏(1991)认为,符号学习理论主要是从认知心理这一角度对表象练习有助于操作成绩的提高作出解释。运动操作必须依赖于大脑中储存的动作图式,而通过符号学习即表象练习,可在大脑内建立或巩固动作图式,将动作编译为符号部件,并在此基础上,通过多次练习即认知编码建立有用的图式,消退无用的图式,发展最佳的图式,从而使运动技能得到发展和提高。例如,体操运动员做平衡木的练习时,可利用表象对动作的时空符号部件进行成套动作的练习,使动作更加准确。被经常引述的一个实验是利用动作行为图式进行心理编码来提高篮球的投篮命中率,实验的结果支持了符号学习理论的正确性(Hall & Erffeneyer, 1983)。

陈敏(1991)指出,符号学习理论与神经肌肉理论都认为表象是建立运动技能动力定型的一种方式。但与神经肌肉理论不同的是,符号学习理论强调,表象之所以具有提高运动操作水平的功效,是因为运动员做表象练习时,利用了和运动有关的各种表象的反馈信息,对运动技能的认知因素进行了适当的编码和复习,建立并巩固了动作的心理图式。可惜的是,这一理论没有涉及提高已经熟练掌握的运动技能的问题。另外,将运动活动分为认知性的和运动性的两部分,似乎带有人为因素。

二、表象训练程序

(一) 一般性的表象练习

1. 卧室练习

表象少年时期(如 12 岁)卧室中的陈设:我站在门口看房间,窗子下面有一张床,上面铺着白绿相间的格子布床单,整齐的被子叠在床的一端,床头放着与床单配套的绿格子大枕头,很松软,枕头旁边有我喜欢看的杂志和言情小说。床边的桌子不很讲究,但有一盏实用的桌灯,在晚间照明,伴我读过很多书。床的一旁还有一张旧椅子,用来摆放平时换洗的衣服,大毛巾总是搭在椅背上,只要放学回来,它总是在那个位置上……这种练习是要设法引起对过去事物的鲜明而形象的回忆,要特别注意各个细节的清晰性。

2. 木块练习

想象有一块四周涂了红漆的方木块,就像小孩玩的积木,有六个面。

(1) 用刀将它横切,一分为二,想一想,这时有了几个红面?几个木面?

(2) 再用刀纵切,二分为四,这时有了几个红面?几个木面?

(3) 再在右边两块中间纵切一刀,四分为六,这时有了几个红面?几个木面?

(4) 再在左边两块中间纵切一刀,六分为八,这时有了几个红面?几个木面?

(5) 再在上部四块中间横切一刀,八分为十二,这时有了几个红面?几个木面?

(6) 再在下部四块中间横切一刀,十二分为十六,这时有了几个红面?几个木面?

记录提出问题结束至作出正确回答之间的时间(秒)作为练习成绩,标准答案如表 13-2。

序号	心理操作方法	所得红面	所得木面	总计面数	方块数	所需时间（秒）
1		10	2	12	2	
2		16	8	24	4	
3		22	14	36	6	
4		28	20	48	8	
5		38	34	72	12	
6		48	48	96	16	

这种练习的目的是提高对物体形象的操作能力和分析能力。应注意不要用数学方法推导出答案,而只凭表象操作。

3. 冰袋练习

想象在一次足球比赛中,你崴了脚,伤得挺重,脚踝处有强烈的烧灼感,疼痛难忍。回到家里,拿来一个冰袋敷在脚踝周围,顿时感到一丝凉意,烧灼感和疼痛感在减轻……减轻……慢慢地,脚在冰袋的作用下产生了麻木感,越来越凉,凉得发麻,凉得发疼,又渐渐失去了感觉,只要脚放着不动,就似乎是没有感觉了……没有感觉了……然后你将冰袋拿走,脚仍觉得没什么,和刚才一样……过了一会儿,脚又慢慢有了感觉,似乎是又开始产生了些微的疼痛,隐隐作痛……这种练习的目的是主动唤起强烈鲜明的身体感觉。

4. 比率练习

李坚是你最要好的朋友,现在想象他(她)的面孔、表情、身段、衣着、鞋袜、姿势……现在把他(她)缩小,全身按比例地缩小,和原来一半那么大……再缩小,和两岁小孩那么大,但仍是个成年人的模样……再缩小,和火柴盒那么大,但仍有鼻子有眼的,是个真人……再把它放大回去,越放越大……又和正常人一样大了……继续放大,比一般人大一倍,他(她)简直就是个巨人……再把他(她)缩小……慢慢缩小……终于又恢复到原样了……你对他(她)说:"李坚,对不起,刚才我是在按老师的要求做作业呢,你没事,成不了格列佛遇到的小人和大人。"这种练习的目的是培养表象的可控性。

5. 五角星练习

准备一个五角星,五个角的颜色分别为黑、红、蓝、黄、绿色。将黑角指向数字1,红角指向2,蓝角指向3,黄角指向4,绿角指向5,作为基本位置。

让练习者用一分钟的时间观看并记住五角星的基本位置。

然后让练习者闭上眼睛并逐一回答下列问题,记录提出问题结束至作出正确回答之间的时间作为成绩。

(1) 如果黑角指向 4,蓝角将指向几?

(2) 如果黑角指向 3,红角将指向几?

(3) 如果黑角指向 5,黄角将指向几?

(4) 如果红角指向 4,绿角将指向几?

(5) 如果黄角指向 2,蓝角将指向几?

(6) 如果蓝角指向 5,黑角将指向几?

(二) 结合运动专项的表象练习

身体任何部位的肌肉出现紧张,都会影响表象的清晰性,因此,表象练习一般从放松练习开始(刘淑慧等,1993)。如先放松三分钟,再经过"活化"动员,便可开始表象练习。由于表象不如感知觉那样直观,没有实物的支持,很难长时间将注意集中在表象上,因此,表象的时间不宜太长。下面是一个乒乓球运动员进行表象练习的自我指示语:

(1) 自然放松 5 分钟。

(2) 活化动员:我已得到了充分的休息。我的头脑清醒,注意集中,全身充满力量,准备投入新的工作。

(3) 表象练习:我正在清晰地想象训练的情境。先看优秀运动员正手攻球的动作,第一板,第二板,第三板……第三十板。现在,我准备练习正手攻球。我可以清晰地想象出场地、灯光、球台、同伴、教练以及各种声音。教练正站在对面给我发球,我应特别注意向优秀运动员学习,调整好引拍和挥拍方向、用力程度、击球部位、重心交换、步法移动、放松和紧张的配合以及还原动作。第一板,第二板,第三板……第一百五十板。

体育教师和教练员可以根据不同的运动专项、不同的练习目的和不同的运动员的不同情况设计相应的表象练习程序,如田径课时让运动员在暗示语的指导下,头脑中反复想象跑步时蹬地、摆腿、送胯等动作的情境,建立以上动作的正确的动力定型;或让运动员想象自己正在一块烧得很热的钢板上跑过,钢板被烧得通红,频率慢了,两脚将被烫坏。想象的动作情境尽量与比赛一致,如想象面对红色的跑道就像是面对被烧红的钢板,对手表现出紧张、害怕,自己却充满信心,奋力冲了过去。

三、表象训练时应注意的问题

(一) 从视觉表象为主逐步过渡到动觉表象为主

体育教师在教授新的技术动作时,首先要进行准确的示范,运用整体示范与分解示范相结合的方法,使运动员感知完整的动作形象。然后,应鼓励运动员自己想象教师的示范动作,首先建立起清晰的视觉表象。同时,要求运动员把视、听信息转化为身体运动的信息,体会和把握肌肉运动的感觉,并通过实际动作的练习,形成和完善运动动作的肌肉运动表象。对于掌握运动动作来说,视觉表象是运动表象的前提,而运动表象对运动动作起更重要的指导作用,也更难达到清晰、准确和可控的程度。因此,体育教师应把表象练习的重点放在提高运动表象的质量上。为了提高动觉表象的质量,可以让运动员像电影慢镜头那样缓慢地做动作,采用不同重量的器械练习,分别完成整体动作的各个部分,以建立分化知觉,并将其作为动觉表象的基础。

(二) 利用准确简练的语言提示

在形成和完善运动表象的过程中,语言具有集中和强化的作用。在教学过程中,体育教师要选择明晰简练的语言说明技术动作的特点,同时要求运动员用同样的语言记忆,并借助这种语言,提示和巩固相应的动作表象。例如,在教授推铅球最后用力的动作时,用蹬(右腿)、转(右髋)、挺(胸)、撑(左侧)、推(右臂)、拨(球)等 6 个字来说明用力顺序,能较准确简明地表达最后用力的特点,使运动员容易记忆并引起相应的运动表象。再如,在学习俯卧式跳高过杆技术时,可让运动员默念"旋、转、收、潜、展",并按此顺序集中回忆过杆时的运动表象。这 5 个字的意思是摆动腿与同侧臂过杆后,前伸内旋,以摆动腿的动作加快身体的转动,起跳腿屈膝上收,过杆时低头下潜和起跳腿向外展伸。体育教师应注意讲解每一提示语所包含的相应肌肉运动感觉,使运动员在理解肌肉用力的时间、空间、力量特征的基础上记忆。

第五节　注意训练

注意集中是坚持全神贯注于一个确定目标,不为其他内外刺激的干扰而产生分心的能力。它既受遗传因素的影响,也可通过后天训练在一定程度上得到提高。注意训练(attention training)指通过各种方法提高注意的稳定性、抗干扰性或提高注意集中程度的过程。本节介绍的各种方法,其理论依据是人的注意规律,如注意的机制以及有意注意和无意注意的影响因素等。有些方法的出发点是提高有意注意的能力,有些方法的出发点则是创设更有利于注意集中的环境。显然,这是有区别的。由于注意的重要性,因此将这两种不同方向上的问题合并于此进行讨论。

一、一般性的注意集中练习

(一) 纸板练习

剪一块方形黑纸板,边长 15 英寸。再剪一块方形白纸板,边长 2 英寸,将白纸板贴在黑纸板的中心,再将纸板挂在墙上,图案中心的高度与眼睛并齐。室内要求光线充足,保证人能清楚地看到图案。

用放松方法使自己处于放松状态。

闭眼两分钟,想象有一块温暖、柔软的黑色屏幕,就像电视没打开屏幕一样。

睁开眼睛,对着图案的中心集中注意看 3 分钟,看图案时不要眨眼,也不要太用力。

慢慢将眼睛移开,看着空白的墙壁。这时在墙上会出现一个黑方块虚像,直到它消失为止。当它开始消失时,要想象它仍在那里。

虚像消失后,闭上眼睛,在头脑中想象那个图像,使头脑中的图像尽量稳定。

重复上述整个过程。

这套练习做一周,每天一次,每次约 15 分钟左右。

(二) 五星练习

剪一块方形硬纸板,黑色,边长 15 英寸。再剪一个白色五角星,8 英寸宽,将白色五角星贴在黑色纸板正中间,将纸板挂在墙上。坐在距墙 3 英尺远的地方,进入放松状态。

闭上眼睛,在头脑中想象一个黑色屏幕。

睁开眼睛,注视五角星的图案,凝视两分钟。

把眼睛移开,看墙上的五角星虚像。

闭上眼睛,在头脑中重现这个虚像。

也可在室外借助自己的影子做这种练习:站或坐在阳光下,使自己身旁产生影子,盯着人影子的脖子看两分钟,然后看淡色的墙(如在室外,则看天空),注视影子的虚像,闭上眼睛,在脑海中重现图像。

(三) 记忆练习

这个练习可以训练集中注意力和提高想象力,它还可以帮助培养记忆力。在开始这个练习前,至少先练习一周前面介绍的观察图案的技术。

找一个僻静的地方,将灯光调暗,脸朝上躺着。

做一节放松或集中注意力练习。

闭上眼睛,想象有一个温暖、柔软的黑色屏幕。

想象在屏幕上出现一个白方块,边长 12 英寸,距自己一尺远,努力使这个图像稳定。

然后想象在屏幕上出现一个硬币大小的黑圆圈,集中注意力看这个白方块中的黑圆圈。

整个图像突然消失,想象这时突然闪过脑海中的各种图像。

这种练习可以帮助回忆过去曾进入大脑的信息。在进行回忆时先闭上眼睛自我暗示:"我一定要想起来(名字、事实、地点)。"然后做记忆练习。

把图像保持几秒钟,使图像消失。闭上眼睛待 10—15 秒钟,看看自己是否能回忆起自己遗忘的东西。

(四) 实物练习

运动员可以使用身边的体育用品,例如网球,来做这个练习。凝视手中的球,观察球的纹路、形状、颜色等一些细节,也可以用石头块、苹果或半导体等手边的其他东西来做这种练习。

(五) 秒表练习

注视手表秒针的转动,先看一分钟,假如一分钟内注意没有离开过秒针,再延长观察时间到 2 分、3 分,等到确定了注意力不离开秒针的最长时间后,再按此时间重复三四次,每次间隔时间 10—15 秒。如果能持续注视 5 分钟而不转移注意,就是较好成绩。每天进行几次这样的练习,经过一段时间,注意集中的能力便会提高。

以上 5 种练习可以在有干扰的情境中进行,如在音乐、电视、训练场、汽车站等背景中进行,以提高在恶劣环境下的抗干扰能力。

二、结合体育教学过程的专门练习

(一) 逆反口令法

体育课上教师可以要求运动员按照口令的相反意思去完成动作。比如原地队列操练,口令叫"立正",运动员们必须做"稍息";口令叫"向左转",动作应为"向右转"等。行进间队列操练也一样,口令是"立停",动作应为"起步走";口令是"向右转走",动作必须是"向左转走"等。运用这种方法时应注意:

第一,逆反练习必须在一般队列操练(按口令要求)掌握较好的基础上才能使用。口令必须声音洪亮,口齿清楚,短促有力,节奏一致,快慢结合。

第二,开始可以用两个"口令"让运动员完成,然后过渡到3—4个,因为过多的要求会使运动员一时适应不了,反而降低练习效果。

第三,如果发现运动员做错动作,就要立刻用表情、语言给予提醒。

(二) 轻微口令法

体育教师可采用极其微弱、勉强能让运动员听清的声音发出命令,让他们执行,促使他们高度集中注意力。此方法持续运用的时间不易太长,一般不超过3分钟。

(三) 有效口令和无效口令法

规定凡是带有"快"字的口令为无效口令,不带"快"字的口令为有效口令。如根据跑速将运动员匹配分组进行跑步训练,规定对无效口令进行反应者和成绩最差者罚做两个引体向上,然后发令:各就各位预备,"快跑"或"跑"!

(四) 启发教学法

运用启发式教学,有助于吸引运动员对新教材的兴趣和注意。例如,在教授快速跑一途中跑的技术时,不要一开始就讲解和示范途中跑的动作,而是先通过小步快跑、大步慢跑、大步快跑三种不同姿势跑的示范,让运动员自己观察、比较和总结不同点,帮助他们建立只有"步幅大、步频快"才能跑得快的概念。再如,在教授"团身前滚翻"动作时,用球和砖块作滚动比较,同时辅之以正、误动作的演示,让运动员自己总结出动作的要领。

(五) 变换条件法

通过变化练习的条件,有助于吸引运动员对已经学会但有待提高的技能的注意。例如,对前滚翻的动作,运动员开始练习比较认真,但练习几次之后,兴趣就会下降。这时,可变化练习的条件,采用抱膝前滚翻、抱肩前滚翻、握踝前滚翻等形式继续练习,运动员就不会感到枯燥单调而对新条件下的基本动作给以必要的注意。

(六) 目标导向法

明确的目的是维持有意注意的必要条件。可通过讲解练习的意义和设置明确的目标,帮助运动员集中注意。例如,有些运动员对双杠练习怕苦畏惧,不感兴趣,这时,可根据运动员对体态美的向往和羡慕之情,讲解双杠练习可使某些上肢肌肉得到锻炼,是促进体态美的重要手段,从而吸引运动员的兴趣和注意。再如,上跳远课时,先进行三次测验,计算每个人的平均成绩。每人再次练习时,都在本人平均成绩处的两边插两面颜色鲜艳的小旗作为努力超过的目标,诱导运动员集中注意,全力以赴。

（七）信息引导法

运动员不能集中注意，有时是因为不知道应注意什么线索或有什么线索值得注意造成的。体育教师和教练员可以利用动作过程中自然产生的视觉、听觉和动觉信息引导运动员的注意。例如，练习排球的传接球时，要求运动员注意听手击球的声音；练习武术的"二起脚"时，注意听击响的时间、节奏和响度等。

第六节　暗　示　训　练

一、暗示训练概述

暗示训练也叫自我暗示训练（self-suggestion training），是利用言语等刺激物对人的心理施加影响，并进而控制行为的过程。我国的气功与印度的瑜伽运用了许多自我暗示的方法。19世纪初，德国学者舒尔茨到印度，对瑜伽功的暗示法进行了调查研究，他回国后在给病人治疗时，把患者分为给药组和给药加暗示组，经过一个阶段治疗发现，自我暗示对疾病治疗有显著效果。他于1932年出版了《暗示训练》一书，从而揭开了对自我暗示进行科学研究的序幕。

体育心理学的研究表明，自我暗示能够提高动作的稳定性和成功率。有的运动员在训练日记中回忆说："我在射击瞄准时，心里反复默念准星、缺口、准星、缺口，可以提高射击的稳定性和准确度。"有的运动员说："为了消除赛前的惊慌，使大脑安静下来，我的暗示口诀是：镇静，镇静，镇静就是胜利，我相信我自己的力量，我一定会取得胜利。"兰德斯（Landers，1989，个人交流）曾谈到对一个运动员进行的暗示训练：有个游泳运动员参加一次1 000米长距离的重要比赛，游到700米时，忽然感到体力不支，只能放慢了游速，最后，比赛成绩因此而下降。这次比赛失败的经历对他产生很大的影响，以后比赛中一游到700米时，他就联想起那次失败的经历，觉得自己体力不行，只能放慢游速。兰德斯让这个运动员逼真地表象自己参加比赛，奋力游到700米时，立刻在心中默念："我浑身充满了力量，我完全能够保持游速。"兰德斯让他每天做几次这种练习，一直做到这个运动员真正相信这个自我暗示语为止，从而在比赛中矫正了这种心理障碍。

二、暗示训练的依据

通过言语，人能接受暗示和进行自我暗示，通过代表外部环境和体内环境的一切事物和现象的言语来调节认知、情感和意志过程。巴甫洛夫曾把词语称为"包罗万象"的刺激物，并以它为人类行为的最高调节器。如在生物反馈练习中，通过中枢神经系统的言语刺激并辅之以内脏活动的及时反馈就可以调节和控制在通常情况下难以调控的内脏活动。巴甫洛夫学说认为：暗示训练就是通过语词，即第二信号系统的作用来调节中枢神经系统兴

插图13-3　请对自己说"我在吃一个很酸很酸的草莓"，然后，看看发生了什么

运动心理学（第二版）

奋水平,从而调节人体内部过程,如调节人的心境、情绪、意志和信心,改变内脏活动,提高和降低体温,加速和减缓新陈代谢过程等。例如,如果自我暗示说"我在吃一个很酸很酸的酸梅",并想象自己正在嚼一个酸梅,口腔唾液分泌往往就会不由自主地增加。如果站在镜子面前自我暗示说"我在微笑",想象自己脸上在微笑,就会出现笑容。如果自我暗示说"我很冷",同时想象自己在冰天雪地中颤抖的情境,身上就会出现鸡皮疙瘩,此时体表温度在降低。由此可见,人们的词语和所想象的形象结合在一起,能使语言暗示更鲜明,使人的内脏器官或运动器官根据语言暗示产生相应的变化。

三、暗示训练的程序

暗示训练有 6 个主要步骤:

第一,使运动员理解认识及其表现方式——语言对情感和行为的决定作用。

第二,确定体育活动中经常出现的消极想法,如:这个动作我算是学不好了。

第三,确定如何认识这种消极想法。

第四,确定取代这种消极想法的积极提示语,如:世上无难事,只怕有心人。

可让运动员将第二、第三和第四个步骤的内容写在卡片上,每张卡片只涉及一个问题,有多少种主要的消极想法就填写多少张卡片。卡片正面为经常出现的消极想法,背面上方为对这种消极想法的认识,下方为对抗消极想法的积极提示语。运动员填写卡片时应注意:

(1) 测验和比赛时的提示语应多考虑过程性问题,少考虑结果性问题。过程性提示语的实例如:发别的落点;动手腕,多向前摩擦;上手快点。结果性提示语的实例如:胜利;我准能赢这场球。

(2) 第三个步骤很重要,它标志着人的整个思维方式和行为习惯的基础,应认真填写。

(3) 提示语应是有针对性的、具体化的。针对性提示语的实例如:固定拍型,掌握击球点;要耐心追,咬住;要冷静,只有冷静下来才能打球。无针对性提示语的实例如:遇到困难——解决困难;遭遇逆境——摆脱它。

(4) 提示语应为积极词汇,不应为消极词汇,如表 13-3。

表 13-3 消极提示语和积极提示语示例

消 极 提 示 语	积 极 提 示 语
这些观众真讨厌	他们是在为我加油,在期待我打得更好
别紧张,别着急	放松,稳住
(点球时)这场球千万别输在我手上	我有信心踢进去
这个球千万别发失误	对方比我还要紧张,主动权在我手里

(5) 对遇到的问题,有消极想法则改之,若无,则不要穷思竭虑,非找出一个来不可。

第五,不断重复相应的对子,如:这下完了——还有机会,拼搏到底。可以视情况具体规定重复的时间,如可规定每天早、午、晚各重复两次。

第六,通过不断重复和定时检查,举一反三,在生活中养成对待困难的积极态度和良好习惯。

第七节　模拟训练

一、模拟训练概述

模拟训练（simulation training）是针对比赛中可能出现的情况或问题进行模拟实战的反复练习的过程，目的是适应各种比赛条件，保证技术战术在变化的情境中也能得到正常发挥。

模拟训练的核心思想是适应（adapration）。所谓适应，是指个体为自身的生存和发展，在生理机能或心理结构上产生改变以便与环境保持平衡的过程。例如，不断进行裁判错判的模拟训练，以降低对错判的过激反应，就是寻求与真实比赛情境保持平衡的过程。

模拟训练的主要作用在于提高运动员对比赛应激情境的适应能力，在头脑中建立起合理的动力定型结构，以便使技术战术在千变万化的特殊情况下得到正常发挥。如果不进行模拟训练，运动员对于意外的超强度刺激没有做好相应的应答准备，比赛中就可能出现暂时联系的中断和自动化的消失，对这些超强度刺激产生不适应反应而造成比赛失常。

模拟训练可分为实景模拟和语言、图像模拟两类。实景模拟是设置竞赛的情境和条件对运动员进行训练，包括模拟对手可能采用的技术、战术，赛场上可能出现的意外情况，比赛的天气、场地、观众的行为等。

语言图像的模拟是利用语言或图像描述比赛的情境。例如，描述裁判的误判、对手的行为和自己的行动，通过电影、录像及播放录音等来显示对手的特征和比赛的气氛等，以便使运动员形成对比赛情境的先期适应。

二、模拟训练方法

模拟训练所包含的内容很广，应根据比赛的实际情况和运动员本人的特点来确定，下面介绍几种常用的模拟训练方法。

（一）对手特点的模拟

模拟国内外比赛对手的技术、战术特点以及他们的比赛风格、气质表现，是许多对抗性运动项目训练的常用方法。可以让队友扮演对手的各种活动，以更深入细致地了解对手的特征，演习各种有效的对策。

（二）不同起点比赛的模拟

不同起点的比赛包括领先、落后和关键球相持三种情况。例如羽毛球比赛在模拟训练中可以从 14∶3 开始，强手从 3 分开始，弱手从 14 分开始，以锻炼在落后情况下转败为胜的顽强意志。再如，乒乓球比赛在模拟训练中可从 7∶8 开始，以锻炼在关键时沉着冷静、处理果断的品质。

（三）裁判错判误判的模拟

裁判的错判误判是比赛场上最难应付的问题之一。这种模拟可以帮助运动员将注意集中在可以控制的事情上，即下一步的技术、战术上，而忽略那些自己难以控制的事情，如裁判行为。

插图 13-4 裁判的错判误判是运动员在比赛中最难应付的问题之一

(四)观众影响的模拟

观众的鲜明态度和立场往往通过震耳欲聋的呼喊声和激烈的表情动作表现出来,给运动员以极大的压力和干扰。在这种情况下,即便是最有经验的运动员也有可能分心或过于激动、紧张。如果在模拟比赛中组织一些观众,有意识地给运动员制造一些困难,如鼓倒掌,吹口哨,为对方加油等,有助于减少运动员实际比赛时的应激反应。

本章提要

1. 广义来讲,心理技能训练是有目的有计划地对受训者的心理过程和个性心理施加影响的过程。狭义来讲,心理技能训练是采用特殊手段使受训者学会调节和控制自己的心理状态并进而调节和控制自己行为的过程。

2. 目标设置训练是根据有效推动行为的原则设置合理目标的过程。

3. 在目标设置过程中,应将长期目标、中期目标和短期目标相结合,尤其应当重视短期目标的制定和实施。

4. 具体的、具有挑战性的,但经过艰苦努力仍然可以达到的目标最有助于调动人的积极性和发挥人的潜力,过易和过难的目标则不能达到这样的目的。

5. 任务定向指学习的目标是掌握运动技能,提高个人成绩,强调同自己的过去比较而建立成绩标准并注重个人的努力程度。自我定向指学习的目标是体现自己与众不同的能力,在同他人比较的基础上建立成绩标准。目标定向理论提出,任务定向的目标更有助于人的学习活动和个性发展。

6. 放松训练是以一定的暗示语集中注意,调节呼吸,使肌肉得到充分放松,从而调节中枢神经系统兴奋性的过程。放松练习有助于降低中枢神经系统的兴奋性,降低由情绪紧张而产生的过多能量消耗,使身心得到适当休息并加速疲劳的恢复。放松技能是其他许多心理技能训练的基础。

7. 自生放松练习的程序主要是使全身各主要肌肉群逐渐产生沉重感和温暖感,以达到自然放松的境地;渐进放松练习的程序主要是先使某肌肉群紧张,再使其充分放松,以建立肌肉紧张与放松程度的区分感觉。如果放松后将进行训练或比赛,则应在放松后、训练或比赛前加入"活化"练习,以保证以适宜的兴奋程度进入训练或比赛。

8. 表象训练是在暗示语的指导下,在头脑中反复想象某种运动动作或运动情境,从而提高运动技能和情绪控制能力的过程。表象训练有助于建立和巩固正确动作的动力定型,有助于提高动作的熟练程度和加深动作记忆;赛前进行成功动作的表象将起到动员作用,使运动员充满必胜的信心,达到最佳竞技状态。

9. 心理神经肌肉理论认为,进行动作表象时,实现这种动作的神经冲动引起大脑皮层相应中枢的兴奋,原有的暂时联系会恢复,这种兴奋会引起相应肌肉进行难以觉察的动作。这种神经—肌肉运动模式与实际做动作时的神经—肌肉运动模式相似,从而使通过念动练习来改善运动技能成为可能。

10. 符号学习理论认为,表象训练之所以有助于提高运动技能,是因为人在进行运动表象时对某任务各动作序列进行了符号练习。在练习中,可以排除错误动作,熟悉动作的时间空间特征,预见到动作的结果。

11. 表象练习一般有三个步骤:放松练习、"活化"动员和表象运动技能或运动情境。由于注意集中的有限性,表象练习的时间一般为3—10分钟,不宜过长。

12. 注意训练指通过各种方法提高注意的稳定性、抗干扰性或提高注意集中程度的过程。

13. 注意集中是坚持全神贯注于一个确定目标,不为其他内外刺激的干扰而产生分心的一种能力。各种注意练习方法的依据是人的注意规律。

14. 注意训练包括一般性方法,如纸板练习、五星练习、记忆练习、实物练习、秒表练习和专门性方法,如逆反口令法、轻微口令法、有效口令和无效口令法、启发教学法、变换条件法、目标导向法、信息引导法。

15. 暗示训练是利用语言等刺激物对运动员的心理施加影响,并进而控制行为的过程。通过言语,人能接受暗示和进行自我暗示,通过代表外部环境和体内环境的一切事物和现象的言语来调节认知、情感和意志过程。

16. 暗示训练的程序有6个主要步骤:(1)使运动员理解认识及其表现方式——语言对情感和行为的决定作用;(2)确定训练和比赛中经常出现的消极想法;(3)确定如何认识这种消极想法;(4)确定取代这种消极想法的积极提示语;(5)不断重复相应的对子;(6)定时检查,举一反三。

17. 模拟训练是针对比赛中可能出现的情况或问题进行模拟实战的反复练习的过程,目的是适应各种比赛条件,保证技术战术在变化的情境中也能得到正常发挥。模拟训练的主要作用在于提高运动员临场的适应能力,在头脑中建立起稳固的动力定型,使技战术在千变万化的特殊情况下也能正常发挥。

18. 模拟训练可分为实景模拟和语言图像模拟两类。实景模拟是设置竞赛的情境和条件对运动员进行训练,包括模拟对手可能采用的技术、战术,赛场上可能出现的意外情况,比赛的天气、场地、观众的行为等。语言图像的模拟是利用语言或图像描述比赛的情境。

关键术语

心理技能训练,目标设置,长期目标,短期目标,任务定向,自我定向,放松训练,自生放松,渐进放松,表象训练,心理神经肌肉理论,符号学习理论,注意训练,暗示训练,模拟训练,适应

复习思考题

1. 为什么说心理技能训练要遵循一般技能训练的规律?

2. 能否将心理技能训练推广到生活其他领域?

3. 运动项目、运动水平、年龄、人格等因素会对心理技能训练的实施和效果产生哪些影响?

4. 如何客观评价心理技能训练的效果?

推荐参考读物

1. 马藤斯(王惠民、任未多、李京诚、张力为编译,1992):心理技能训练指南:教练员运动员实用手册。北京:人民体育出版社。该书为美国教练员岗位培训教材,较为系统地介绍了心理技能训练的方法,通俗、实用。

2. 田麦久(主编,2000):中国体育代表团参加悉尼奥运会心理咨询手册。北京:中国体育科学学会运动心理学专业委员会,北京体育大学,国家体育总局科教司。该书专为参加2000年悉尼奥运会的中国运动员编写,内容包括竞赛心理调节方法和竞赛心理准备原理两部分,通俗、实用。

3. Feltz, D. L. & Landers, D. M. (1983). The effects of mental practice on motor skill learning and performance: A meta-analysis. Journal of sport psychol-ogy,5,25—57.该论文对20世纪80年代以前心理技能训练的研究成果进行了定量和定性的总结。

4. Weinberg, R. S. & Gould, D.(简耀辉、季力康、卓俊伶、洪聪敏、黄英哲、黄崇儒、廖主民、卢俊宏译,2002):竞技与健康运动心理学(第二版)。台北:台北运动心理学会;丽达广告事业股份有限公司。该书第五篇用了6章的篇幅讨论心理技能训练问题,图文并茂,通俗实用。

第十四章　比赛的心理准备和心理调节

插图 14-1　心理因素随着比赛的接近而变得越来越重要

　　在整个训练比赛周期中,心理因素随着比赛的接近而变得越来越重要。如图 14-1 所示,从决定运动员比赛成绩的内部因素分析,运动员的比赛成绩取决于比赛表现,而比赛表现取决于赛前的身体、技战术和心理状态。这些赛前状态是运动员通过遗传和学习获得的身体能力、技战术能力和心理能力的体现。

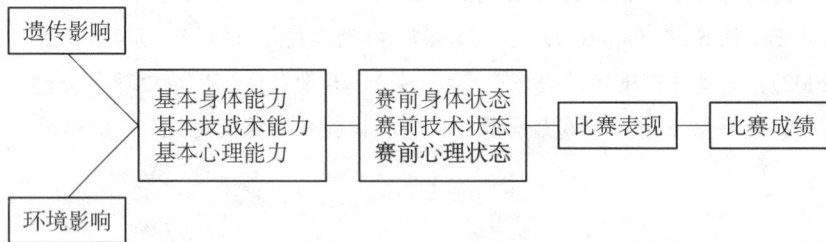

图 14-1　运动员比赛表现内部因素分析
引自张力为,2001

　　在图 14-1 表示的自左向右发展的因果链中,"赛前心理状态"的字体之所以加粗,是因为心理因素的相对重要性会随着比赛的临近而提高,最有力的研究证据之一来自李益群(1991)对克拉克现象的研究。所谓克拉克现象,系指优秀选手大赛中发挥失常。李益群(1991)的研究发现,我国优秀田径、游泳、举重选手在国际重大比赛中"克拉克现象"严重,"克拉克率"平均达 5.6%。许多运动员都有"战胜别人容易,战胜自我极难"的切身体验。这种战胜自我的过程,高度体现在比赛中的"心理斗争"中。比赛心理状态对于比赛表现和比赛成绩的重要意义,可以借"养兵千日,用兵一时"这句成语说明:比赛中心理的一时控制不当,足以使千日苦心付诸东流。本章将重点讨论运动员可以采用哪些方法,使自己在赛前和赛中产生和保持良好的心理状态。

第一节　比赛的心理定向

一、比赛的角色定位

大赛来临之际和进行之中,运动员应当如何摆正自己的位置,是每个教练员和运动员都非常关心和重视的问题,也是赛前心理准备的重要内容。张忠秋(2000)在多次运动员赛前心理辅导过程中,提炼和总结出一些赛前角色定位的重要原则,在此特别予以介绍,以供运动员参考。

运动员参赛的角色定位(role positioning)是指运动员比赛前和比赛中对自己、队友、对手之间关系的认识倾向,它直接左右着运动员判断自己的比赛表现正常与否,影响着运动员的自信心和比赛应变能力。运动员参赛角色的合理定位是比赛心理调节的重要的指导要素(张忠秋,2000)。

"摆正位置"是大赛前、大赛中和大赛后常能听到的词。但一些运动员在各类重大比赛中因参赛位置摆得不正,由"夺"的角色变成"保"的角色,自背包袱而饮恨良机的事例不胜枚举。"夺"的角色乃是低者向高者冲击,"保"的角色则是高者守位防失,这是两种产生完全不同效果的参赛角色。"夺"者与"保"者的角色常处于动态变换中。"夺"者往往是赛前战绩未在高处,或比赛过程中仍难分伯仲,此时的角色心态一般较为纯洁、集中,没有对比赛结果产生过高期望和压力,只将冲击对手为目标和己任;"保"者大多是赛前战绩占优或比赛过程中比分领先的人,其心态则变得较为复杂、矛盾,运动员的注意已从比赛过程更多地转向比赛结果,对比赛结果的期望值迅速升高(张忠秋,2000)。

运动员参赛的角色定位实质上是自己对比赛行为努力目标和比赛期待结果的认知定位,其作用可以形象地比喻为运动员竞技潜能这一大容器为相应比赛开放程度的"闸口"。若持"夺"之角色,"闸口"会尽其所能开放,表现出巨大的竞技潜能;若持"保"之角色,"闸口"则只开放到一定条件程度,竞技潜能不能充分释放,甚至会反向缩小、关闭。参赛角色定位对运动员作用的关键是使其对相应比赛的认知焦虑产生变化。认知焦虑是运动员对比赛应激刺激在认识上产生的紧张性反应。正如应激理论创始人塞里所讲的:"关键不在于发生了什么,而在于你如何看待它,我们不能归咎于环境引起的应激,外界刺激有时并不是强加于有机体的,而是我们对环境事件的认识使其产生了作用。"由于重大比赛所具有的特殊刺激,运动员产生一定的认知焦虑是正常的,且在一定程度上起到兴奋激活作用。但是,当运动员对相应比赛的认知焦虑超出一定的"度",作用则会完全相反。英国心理学家哈迪(Hardy,1990)为此提出了应激突变模型,其要意是当运动员对相应比赛的认知焦虑较低时,其比赛成绩表现与其兴奋唤醒水平呈倒 U 曲线关系,即随着兴奋唤醒水平的提高,运动员的比赛成绩表现水平逐渐提高;

当位于中等左右唤醒水平时,成绩表现达最高水平,随后则随之呈下降趋势。然而,当认知焦虑超过一定的"度"时,运动员的比赛表现会出现突然跳跃性下降,比赛场上表现为判若两人或两队的大波动状况,即我们平时所说的"晕场"现象。这就是运动员参赛角色定位的作用机制。因项目和人等因素差异,运动员因不同角色定位所产生的比赛波动程度和时间长短会有所不同(张忠秋,2000)。

插图 14-2　邓亚萍的辉煌来自于她在场上那股永远不懈的拼劲

总结国内外优秀运动员的不同比赛表现,就会发现参赛角色合理定位还直接影响着整体竞技状态。那些定位于"夺"者,往往对即将来临的比赛有强烈的参赛欲望,有随时准备参赛竞争的准备。而那些定位于"保"者,从行为到意识都对即将来临的比赛怀有"躲"的心态,他们对比赛信心不足,且从内心希望比赛赶快结束。这是完全不同的比赛心态,对运动员竞技潜能的激发程度也就自然不同(张忠秋,2000)。

那么如何使运动员的参赛角色达到合理定位呢?

第一,无论即将开始的比赛对手是谁,赛前都应对自己或全队的参赛角色进行重新定位。运动员的竞技状态始终处于动态发展中,影响运动员比赛成绩的因素又是复杂多样的。我们对每一竞争对手都应以概率观点来对待。在敌弱我强、敌强我弱及势均力敌三类情况对比中,运动员取胜的概率虽有所不同,但绝不会出现百分之百的概率。所以,赛前角色定位均应以"夺、冲、追"为最佳。被誉为网坛"常青树"的美国网坛女王拉芙娜蒂洛娃称霸网坛二十余年,她总结出的成功奥秘就是不论对手是谁,决不轻敌,总是集中精力打好每一球。她说:"我一上场,就把自己看成是第一次上场的新手,而对方是比自己强得多的强手,所以总是竭尽全力,使自己绝处逢生。"

第二,随着比赛进行中双方成绩的变化,运动员应本着必须"冲击"对手的原则及时调整比赛角色。比赛开始后,运动员会有意或无意地将比赛进程与赛前角色定位相联系,若开赛成绩大大好于赛前角色定位期望,很容易滋生侥幸心理,进而对自己的参赛角色重新调位。如一些球队或队员在比赛成绩领先情况下,不是乘胜"追"击,反而将参赛角色由"追"变"保",变主动为被动。正如一些教练员所批评的:"成绩领先反而不会比赛了。"相反,若开赛成绩差于赛前角色定位期望或出现伤病意外,一些运动员又易产生自我怀疑,对比赛失去信心,使赛前角色的"冲劲"大为减弱。

第三,明确比赛过程的关键性指标,并对这些过程指标保持必胜信心。"不去关注比赛结果,而要关注比赛过程。"这是心理学家对运动员比赛心理调节的原则性指导。在此前提下,运动员还应明确比赛过程的技、战术关键性指标,并对这些通过自己的努力可以控制的因素坚定必胜信心。

第四,无论比赛结果如何,赛后均应对自我和全队进行重新定位。经过比赛应激刺激和赛后对胜或负的精神与物质奖励体验,运动员的参赛角色又要面临调节变位时刻。此时,胜者的自我形象往往会被无意识地夸大,败者则会无意识地感到自我形象降低,运动员与参赛无关的杂念迅速增多。一些球队或运动员在连续比赛中,出现大胜后大败或一蹶不振现象皆属此类。对于实际的参赛角色定位的做法,可根据比赛胜负情况给以不同的要求。例如,胜者必须针对比赛找出几条缺点,负者则应针对比赛找出几条优点,总的目的在于纠正运动员赛后自我形象的偏差,为今后的训练和比赛奠定良好基础(张忠秋,2000)。

二、比赛方案的制定

比赛方案(competition plan)是教练员和运动员根据比赛目标而为比赛进程制定的详细计划。制订比赛方案是赛前心理准备的重要内容,也是最具有可操作性的工作之一。丁雪琴(2000)在长期为国家队运动员进行心理咨询的基础上,总结出了一些行之有效的制订比赛方案的方法,现介绍如下。

(一)明确建立比赛方案的目的

制订比赛方案,主要是为了提高运动员应对各种重要情况和突发情况的能力,做到有备无患。应针对该项目比赛前和比赛进程中可能出现的各种问题或情况,制订相应的具体对策,以做好全面而充分的心理准备(丁雪琴,2000)。

(二)认识建立比赛方案的作用

建立详细的、有针对性的比赛方案,具有以下作用:

(1)全面分析比赛形势和各方面的问题,以便使赛前准备更充分、细致。

(2)比赛方案的建立有利于增强运动员的比赛信心,使他们做到心中有底,无论出现什么情况,甚至意外事件,也能沉着冷静地按比赛方案的提示去处理。

(3)有利于教练员和运动员之间的沟通,在比赛方案的制订过程中,教练员、运动员和心理老师三方面共同思考、群策群力想办法,同时让教练员更了解运动员的想法,运动员更理解教练员的意图,这将有助于凝聚力的增强。

(4)有助于运动员在比赛时的思维净化和集中注意。因为赛前该想的都想到了,问题和对策也想好了,临赛时就能放心地去集中注意比赛的技术战术的运用(丁雪琴,2000)。

(三)比赛方案的实例

1. 比赛技术战术准备方案

比赛技术战术准备方案的格式并没有必须遵守的规定,但可以本着提出问题(如果)和制订对策(我会)的原则进行,写在比赛日记中,可以采用"如果……我会……"的形式。下面,我们提供一个实例供运动员参考。

迎接第十三届亚运会比赛方案

运动项目:风帆　　　　运动员姓名:×××

撰写比赛方案的目的:针对该项比赛前和比赛中有可能出现的各种问题或情况,制订相应的对策,以做好全面而充分的心理准备。

如果……	我会…
1. 赛前训练安排过量	1. 主动向教练员提出自己的感受； 2. 自己及时有效地做放松恢复训练； 3. 找大夫或队友做相互恢复性按摩； 4. 向有关领导提出合理化建议。
2. 比赛器材准备仓促	1. 正确对待,冷静处理； 2. 相信自己的技术实力； 3. 尽快了解器材的性能、特点； 4. 重点考虑受风中心与以往训练用帆的差距；多做转向练习,熟练掌握板体侧阻中心。
3. 在赛前训练上与教练员有分歧	1. 合理综合分析自己观点的正确与否； 2. 与教练沟通,理智地提出自己的观点与道理； 3. 注意与教练沟通的场合和方式方法； 4. 切记稳定自己的情绪。
4. 赛前对场地不熟悉	1. 仔细观察风源及地形对风力风向的影响； 2. 仔细观察掌握各风向的风区风摆的变化规律； 3. 注意岸边风向曲线的变化及风力减弱区； 4. 明确每日一潮的规律,面对大海右向左； 5. 了解最高流速的时间：距岸边 3 000 米的流速约为每分钟 10—12 米,距岸边 300 米的流速约为每分钟 4—5 米。

制订比赛方案一定要强调个人特点,运动员之间不能互相套用,只能相互参考。认真、细心、全面、负责和独立思考是制订好比赛方案的必要条件(丁雪琴,2000)。比赛方案的格式和重点完全是因人而异、因任务而异和因情况而异的,不必拘泥于以上形式。

2. 比赛新闻采访准备方案

姚家新(2000)指出,在准备接受新闻媒体采访的时候,最重要的一点就是要采取积极面对,而不是消极回避的态度。基本原则是不能干扰或影响运动员或整个运动队的训练与竞赛。同时,还要制订一个接受新闻媒体采访的方案或计划,而且让运动员或运动队的每一个人都明白并自觉执行。姚家新(2000)还介绍了高山滑雪世界冠军史蒂夫接受新闻媒体采访的个人计划。

史蒂夫曾三次参加奥运会,并为加拿大赢得第一个世界杯高山滑雪男子总成绩冠军。他接受新闻媒体采访的个人计划如下：

（1）新闻发布会。提前 5 天举行新闻发布会,宣布大家关心的一些基本问题,如选手村、饮食、场地、交通以及线路。如果有必要,在比赛结束后再举行一次新闻发布会。

（2）站立式采访。每天只允许在比赛结束的地点(或类似区域),在比赛结束之后接受站立式采访(回答如"你今天的比赛如何?"等问题)。

（3）推销性拍照。也可以事先准备一些相关的照片或图片,分发给新闻媒体,供他们使用。

史蒂夫建议，"当我们作好准备的时候，我们才能通报新闻界。他们有责任随时作好准备，而不是由他们来安排时间表"。他还指出，"应该有一个新闻处，记者也要作好准备，而不要用一些简单、愚蠢的问题浪费时间"（如"你有多高?""你今年多大?"等）。如果一个没有任何背景的记者提出类似的问题，则应建议该记者到新闻处去咨询。

需要指出，运动员在大赛前制订的比赛方案，其内容应当是全方位的，重点是技术战术准备，同时，也应包括新闻采访准备和衣食住行等其他准备，甚至还应包括意外情况的准备。

三、心理定向的原则

（一）过程定向

比赛心理定向的第一个原则是过程定向（process-orientation），即比赛时将注意的方向定位在比赛过程要素而不是比赛最终结果的认识倾向。这里，比赛过程要素主要指与比赛表现直接联系的且自己可以控制的要素，例如比赛之前的器材维护、饮食调节、休息、练习等，以及比赛之中的技术战术、体能分配，等等。比赛最终结果主要指比赛名次、比赛成绩、与他人相比的差距等。将注意指向比赛最终结果之所以不利于运动员的比赛发挥，是因为：第一，思考结果及其某种结果对自己产生的影响，会使运动员的紧张程度不由自主地升高，甚至升高到难以自控的不适宜程度；第二，比赛结果是比赛进程的最终环节，主要受先行事件的影响，例如运动员准备活动的充分程度、比赛器材的质量、技术战术的应用情况。将注意集中在比赛最终结果上，会干扰对先行事件的必要准备，进而使比赛最终结果不能达到预定目标，产生越想结果越出现坏结果的情况。

（二）当前定向

比赛心理定向的第二个原则是当前定向（present-orientation），即比赛时将注意的方向定位在当前任务而不是过去的结局和将来的结果的认识倾向。运动员参赛过程往往是一个分阶段且持续时间较长的过程，前一轮的比赛结果往往会对运动员后一轮的表现产生重要影响。因此，如何在比赛进程中不断进行心理调节，树立正确的心理定势，成为运动员保持优势或反败为胜的重要保证。当前定向的原则要求运动员在不断进行心理调整的过程中，确立和保持从零开始的心理定向，将注意集中在立刻需要加以完成的具体任务上，既不过多缠绕在

插图 14-3　所有优秀运动员都是在失败中成长起来的

已经发生的事件上(不论是积极事件还是消极事件),也不过多缠绕在将要取得的成绩上。也就是说,要做到打一场,甩一场,场场从零开始。这个原则具体化到射击比赛中,可以成为"打一枪,甩一枪,枪枪从零开始";具体化到体操比赛中,可以成为"比一项,甩一项,项项从零开始";具体化到跳水比赛中,可以成为"跳一次,甩一次,次次从零开始"。

(三)主位定向

比赛心理定向的第三个原则是主位定向(self-orientation)①。大家都知道,决定比赛结果的因素很多,例如裁判、天气、场地、观众、对手的基本技术战术体能水平、对手的比赛发挥情况以及运动员自己的比赛表现等。这些因素中,有很多是运动员难以控制或根本不可能控制的,如对手、气候和裁判。关注那些不能控制的因素,不但会使运动员因产生无助感而信心下降,而且还干扰了极其必要和重要的技术战术体能的准备工作。主位定向的原则要求运动员将注意集中在可以控制的因素上,而可以控制的因素主要是运动员自身的一些因素,例如自己正在和将要采取的技术战术手段,体力分配策略,思维和表象的内容以及与教练员的沟通,等等。同时,应采取一切必要的措施,回避和排除与自己无关和与比赛过程无关的信息。例如,在射击比赛的间歇过程中,在人较少且较安静的地方,戴上耳机,闭目听自己预先准备好的轻音乐,以放松、节省体力,回避干扰信息,准备下一轮的比赛。

第二节　比赛的情绪调节

在训练和比赛中,运动员为了使自己的心理状态保持在最佳水平,可根据具体情境和个人情况采用以下三类调节方法,即生理调节、认知调节和环境调节。

一、情绪的生理调节

(一)表情调节

表情调节(expression intervention)是指通过有意识地改变自己的面部和姿态的表情以控

插图 14-4　赛场上到处都是"情动于衷而形于外"

制情绪的方法。情绪状态与外部表情存在着密切有机的联系,俗话说:"情动于衷而形于外。"情绪的产生会伴随一系列生理过程的变化,并由此而引起面部、姿态等外部表情。如愉快时兴高采烈,笑容满面,手舞足蹈;愤怒时横眉竖眼,咬牙切齿,紧握双拳;沮丧时垂头丧气,肌肉松弛,萎靡无力等。既然情绪状态与外部表情存在着密切而有机的联系,我们就可能通过改变外部表情的方法而相应地改变情绪状态。如

---

① 主位定向也可称作自我定向,但为了与第二章介绍的目标定向理论中的自我定向(ego orientation)相区别,故采用主位定向。

感到紧张焦虑时,可以有意识地放松面部肌肉,不要咬牙,或者用手轻搓面部,使面部肌肉有一种放松感。当心情沉重、情绪低落时,可以有意识地做出笑脸,强迫自己微笑;假使做不到,可以看看别人的笑脸,或者想一想自己过去最高兴的某件事,也可以想一想自己过去最得心应手的比赛情境。

赵建中(1990)曾报道,瑞典有位医生曾对心情忧郁的患者进行治疗。患者们每周来一次医院,由一个医生和三个护士组成的医疗小组讲笑话,治疗室中陈列了喜剧读物,各种装饰充满欢快的气氛。除笑话之外,还放映喜剧电影。整个治疗时间是一个半小时。医生指导患者如何在生活中培养幽默感。就这样,患者们经常开怀大笑,病情很快就康复了。医生们对此作了这样的说明:人们由于笑,脸部乃至全身的肌肉放松了,减轻了紧张状态;与此同时,神经系统和血脉都得到活络,病情恢复的速度也就加快了。笑能使精神安定的作用是显而易见的。

(二) 呼吸调节

呼吸调节(respiration intervention)是指通过调节呼吸的频率、深度和方式以控制情绪的方法。深沉的腹式呼吸可使运动员的情绪波动稳定下来。情绪紧张时,常有呼吸短促现象。特别是过于紧张时,运动员常有气不够喘或者吸不上气来的感觉,这是呼气不完全造成的。这时可以采用缓慢的呼气和吸气练习,这将有利于情绪兴奋性的下降。情绪低沉时,可采用长吸气与有力的呼气练习,这将有助于提高情绪的兴奋水平。这种方法之所以奏效,是因为情绪状态与呼吸之间有着必然的联系。例如,情绪紧张时,呼吸快而浅,由于快呼吸,使体内进入大量氧气,呼出大量二氧化碳。问题在于二氧化碳呼出过多,会使血流中的二氧化碳失去平衡,时间一长,中枢神经便迅速作出抑制性的保护性反应,这时,可采用加深或放慢呼吸频率的方法来消除紧张,一小段时间后,就会得到安静的效果(全国体育学院教材委员会,1988)。

(三) 活动调节

活动调节(activity intervention)是指通过调节身体活动方式以控制情绪的方法。大脑与肌肉的信息是双向传导的,神经兴奋可以从大脑传至肌肉,也可以从肌肉传至大脑。肌肉活动积极,从肌肉向大脑传递的冲动就多,大脑的兴奋水平就高,情绪就会高涨。反之,肌肉愈放松,从肌肉向大脑传递的冲动就愈少,大脑的兴奋性就降低,情绪就不会高涨。

这样,采用不同速度、强度、幅度、方向和节奏的动作练习,也可以用来调节运动员临场的情绪状态。例如,情绪过分紧张时,采用一些强度小、幅度大、速度和节奏慢的动作练习,可以降低情绪的兴奋性,消除过度紧张状态。情绪低沉时,可采用一些幅度小、强度大、速度和节奏快的变向动作练习,通过反复练习,可以提高情绪的兴奋性。

二、情绪的认知调节

(一) 表象调节

表象调节(imagery intervention)是指通过表象控制情绪和行为的方法。比赛上场前,在脑中清晰地重现自己过去获得成功时的最佳表现,体验当时的身体感觉和情绪状态,有利于增强信心,提高运动成绩。研究资料表明(全国体育学院教材委员会,1988),有的马拉松运动员运用表象重现法,比赛成绩提高了三分钟。表象重现是一种积极的意念,它可以间接地使植物性神经系统活跃起来,进而促进心跳加快,呼吸加强,使新陈代谢过程的血流量加大,糖分解加速,热能供应充足,使全身增力感觉和增力情绪加强。

(二)暗示调节

暗示调节(self-suggestion intervention)是指通过言语暗示控制情绪和行为的方法,也可以用手势、表情或其他暗号来进行暗示。我们曾在第十三章"心理技能训练"中对此进行过讨论。暗示现象在日常生活中有着广泛的作用,有消极的,也有积极的。正因为暗示调节对行为的重要作用,我们在此将其作为比赛心理调节的重要方法。

在第一次世界大战中,前线流行着一种因炸弹的爆炸震惊而得的心理恐惧症,叫"弹震病",严重者竟四肢瘫痪。英国心理学家麦独孤(William McDougall,1871—1938)参加了战时治疗。他凭借以往的声望成功地进行了一次暗示:他用笔在一个下肢失去知觉的士兵膝盖以下若干寸画一圈,并肯定地告诉患者,次日便能复原。第二天果然恢复了原状。这样日复一日地画圈,士兵很快地痊愈了。这就是医学上的暗示疗法。有的人生理上一点病也没有,可是怀疑自己有病,就变得一天一天消瘦下去,一般医生往往对此束手无策。有"暗示疗法"经验的医生则对病人说:"我给你打一针特效药,保证你三天以后恢复。"针打了,病人果然神气活现地好了。其实,医生注射的是葡萄糖水,真正治好病的是语言暗示。

也是在英国,心理学家薛里夫做过这样一个实验:要求学生对两段作品作出评价。他告诉学生,第一段是文豪狄更斯的作品,第二段是一般人的作品,其实两段作品皆为英国作家史蒂文森的作品。但是对两段作品评价的结果令人惊异:第一段得到了宽厚、崇敬的赞扬,第二段遭到了苛刻、严厉的挑剔。

暗示不仅对人的心理和行为产生影响,还可影响到人的生理变化。在实验室中,反复给一个人喝大量糖水,经化验可以发现被试的血糖升高、出现尿糖,同时尿量增加。如果让被试处于催眠状态,只给语言暗示,告诉被试:你已经喝了大量糖水,但实际不给糖水,结果同样会出现血糖升高,尿糖和尿量增加的现象。这个例子说明,语言暗示可以给人脑以兴奋的刺激,虽然被试没喝糖水,但大脑还是参与了体内糖的代谢活动。

在自我暗示的作用下,一个人可以突然变得耳聋眼瞎,但这种情况下的视力和听觉丧失并不是因为视神经和听神经受损,而仅仅是因为大脑管理视觉、听觉的那个区域的机能受到扰乱,形成一个病态性的抑制中心,使神经细胞丧失了正常工作的机能。它们不再接受传来的信息,当然不能对这些信息作出反应。这样的病人可以用催眠暗示疗法治疗,并且可以一下子治好,使不明真相的人大吃一惊。

暗示可分为自我暗示和他人暗示。竞赛之前和竞赛之中,教练员与运动员应尽量用积极语言分析对手情况,制定战术,树立信心。避免使用消极词语,如用"我很镇静"代替"我不紧张",用"我充满力量"代替"我还没有疲劳",用"我站得很稳"代替"千万别摔倒"等等。教练员和运动员还应十分注意自己的手势、姿态、脸部表情和眼神,这些都是传递暗示信息的媒介,可能会对他人的心理带来重要影响。

苏联足球教练拉西莫夫曾长时间帮助中国的四川足球队进行训练。他在带每次训练课之前,总是有这样几句话,"今天大家的精神很好","我看大家今天都很愉快","今天大家的脸

运动心理学(第二版)

就像刚出来的太阳"或"大家的脸像今天的天气一样好","今天的训练很轻松"等。这是用暗示调节法激励运动员训练的热情。他带的训练课,运动员的情绪都十分高涨,训练质量和训练效果也很好。

接受暗示毕竟不是一种根据事实作出判断的品质。一般来说,小孩较成人易受暗示,女性较男性易受暗示,普通人易受权威暗示。

(三) 宣泄调节

控制和调节情绪的一个有效方法就是以适当的方式及时地和充分地宣泄自己内心的痛苦、忧愁、委屈、遗憾等情绪。宣泄调节(discharge intervention)即通过宣泄控制情绪的方法。宣泄的作用正如培根所说:如果你把快乐告诉一个朋友,你将得到两份快乐;如果你把忧愁告诉一个朋友,你将减少一半忧愁。宣泄的方式主要有倾诉、痛哭和写日记三种(高德耀,1991)。运动队的管理工作者和教练员应当尽量给运动员提供情绪宣泄的渠道,尤其是在他们遇到困难和挫折时,以满足他们情绪宣泄的需要。在有些情况下,只要善意地、耐心地倾听运动员的倾诉,让他们把心中的苦衷和烦恼如竹筒倒豆子一样倾诉出来,就可以起到明显的情绪调节作用。

(四) 情志转移

情志转移(interest shift)是指通过转移注意控制情绪的方法。情绪不快或过度紧张时,有意识地强迫自己把注意从应激刺激转移到其他事物上,如去专心解决紧迫的工作问题或进行有浓厚兴趣的娱乐活动(看演出、逛商店、游公园、打扑克、下象棋等),可暂时缓解不快情绪或紧张情绪。

专栏 14-1

大赛之前逛公园

大赛之前的准备工作对运动员比赛中的表现具有极其重要的和直接的影响,这是教练员们的共识,但采用什么方式进行准备,则可能是仁者见仁,智者见智了。但原则应当是,需要根据不同的具体情况安排不同的方式。下面是足球教练张愈菜记述的一段难忘的经历:

1991年在山东济南乙级联赛争前两名的半决赛中,我们将对阵东道主山东队,谁胜谁升甲级,一年到头的辛苦基本上就看这场球了。赛前两天,我观察到有几位平时一有空就喜欢上街逛,甚至在不许外出的休息时间也要偷偷溜出去的队员,这时也和其他队员一样,躲在屋里看电视,整个住所都没有什么声响,只有电视声,没人聊天。这种气氛给人以大家都在注意养精蓄锐的感觉。其实不然,这是心理紧张过度的表现。经研究,我们第二天就采取积极的态度有意识有组织地开车去公园玩,以求换个环境,使队员们对比赛的注意得到转移。离开宿舍时队员们不声不响,但通过走走,看看,聊聊,回来时就有说有笑了,因紧张造成的压抑心情宣泄了出来。下午的训练气氛很热烈。第二天上午的准备会开得较快,表扬为主,提醒个别,着重回忆我们三次在关键时候战胜山东队的情境,使队员们建立了一种信心：山东队怕我们，我们是山东队的克星。下午比赛，开球20分钟，我队远射进球。以后的25分钟，山东队在家乡父老乡亲的呐喊声中频频发动进攻，我们门前也屡屡告急。中场休息，我们话不多，肯定了大家的表现，提醒注意纵深防守的保护和打好反击球，场上队长及边线队员注意与教练联系。下半场对方利用主场裁判对主宽对客严的心理，踢得更凶了，有一个队员眼角被撞裂，有一个队员鼻骨被撞肿。在此期间，我在场外用双手在胸前由上而下地往下压，然后双手握拳抖几下，意在告知队员，不管出现什么情况，也要控制自己的情绪，镇静些，坚持顶住，直至比赛结束。我们终于赢得了这场球的最后胜利。

（五）激化调节

以上介绍的调节方法，多是从降低中枢神经系统兴奋程度的角度出发，旨在消除过度的焦虑、紧张和愤怒。但在竞争性很强的体育竞赛中，有时也需要激发运动员的拼搏精神，动员一切可以利用的能量，表现出无所畏惧的英雄气概。只有这样，才能战胜自己的弱点，战胜艰难困苦，才能在气势上压倒对方，争取比赛的胜利。因此，教练员需要因人因事制宜，采取"激将法"。激化调节（sharpening intervention）就是通过刺激和唤醒自尊意识控制情绪和行为的方法。

在有些情况下，运动员需要被"刺激"一下，方能明白和重视自己的问题，并采取实际步骤解决它。比如，必要时，可以很严肃地对运动员讲："你为什么就改不了这个毛病，难道要把它带到退役那天吗？""这场比赛，你必须出场，否则，你就永远不用上比赛场了！""不是我说你进步慢，你看看周围的同伴，哪个比你差！"等等。当然，一些有可能伤害运动员自尊心的话，要少用、慎用。

专栏 14 - 2

用"激将法"进行赛前动员

下面这段记述摘自天津足球队教练韩志强参加全国足球高级教练员岗位培训时写的运动心理学作业，它说明了赛前动员的形式和作用。

1980年天津足球队出访厄瓜多尔。大家都知道，南美是足球较为先进的国家，南美人对中国的足球水平了解甚少。当时我们是抱着学习球技的态度去的，可当地的足球界人士对我们的到来显得很不重视，十分傲慢。在我们同天主教大学生队（全国第二名）比赛之前，教练员召集全体队员到休息室，翻译手拿当地报纸读了一条题为"天主教大学队应战中国炒米饭队"（意为中国人只会炒米饭，不会踢足球）的报道，开始大家还不太理解，经翻译解释，在场队员都感到受到了莫大的侮辱。中国足球水平低，但中国人的气质、人格不能要。这种有声的暗示激起全体队员一定要为中国人雪耻的信心和愿望。比赛开始后，队员们在场上踢得非常积极，相互鼓励，相互弥补。比赛打得十分艰苦，由于气候环境的不适，大家的体力也明显下降，但由于精神上准备充足，我们战胜了各种困难，最终以2∶1战胜了对手。

运动员自己也可以有意识地使用自我激励方法，如一名总是怯场的足球运动员在一次关键比赛上场前，站在场边，"啪，啪"自掌两耳光，嘴里念叨着"别没出息"、"打沉对方"，使自己迅速激奋起来，结果场上发挥得很好。

三、情绪的环境调节

(一) 音乐调节(music intervention)

什么刺激对人们的情感影响最大，是使人忧伤、悲哀还是相反，使人沉醉在欢乐中？刘智勇曾报道(刘智勇，1991)，心理学家对加利福尼亚州斯坦福大学的 250 名大学生、副教授以及研究人员进行意见征询，结果表明，在对人的刺激因素中，占第一位的是音乐，占第二位的是反映在电影、电视、舞台和书籍中的动人场面，占第三位的是大自然的美景和艺术品。爱情只占据第六位。的确，音乐以它鲜明的节奏，动人的旋律，丰富的和声，美妙的音色，直接触动着人的感情中枢，震撼着人的心灵。它那往往只能意会不能言传的模糊性音乐语言，具有强大的概括性，最能表现人类错综复杂的感情(表 14-1)。

表 14-1 不同乐曲与情绪体验的关系

情绪体验	作曲家	曲　名
疲乏	维伐尔地	大提琴协奏曲：四季(春)
	德彪西	管弦乐组曲：大海
	韩德尔	组曲：水上音乐
不安	巴赫	幻曲和赋曲(G 小调)
	圣桑	交响诗：死亡舞蹈
	斯特拉夫斯基	舞剧组曲：火鸟(第一乐章)
厌世	韩德尔	清唱剧：弥塞亚
	贝多芬	第五"命运"交响曲(C 小调)
	柴可夫斯基	第六"悲怆"交响曲(D 小调)：第一乐章
忧郁	莫扎特	第四十交响曲(B 小调)
	西贝柳斯	忧郁圆舞曲
	格什温	蓝色狂想曲(第二部分)
急躁和渴望	韩德尔	组曲：焰火音乐
	罗西尼	歌剧：威廉·退尔序曲(风暴)
	鲍罗廷	鞑靼人的舞蹈
希望明朗轻快	巴赫	意大利协奏曲(F 大调)
	小约翰斯特劳斯	圆舞曲：蓝色的多瑙河
	比才	歌曲：卡门

情绪体验	作曲家	曲　名
希望畅快	巴赫	勃兰登堡协奏曲第三首(G大调)
	格里格	组曲：彼尔·特金(潮)
	门德尔松	第三交响曲苏格兰(C小调)
增强自信	贝多芬	第五钢琴协奏曲皇帝(降E大调)
	瓦格纳	歌剧：汤毫金序曲
	奥涅格	管弦乐：太平洋231
催眠	莫扎特	摇篮曲
	门德尔松	仲夏夜之梦
	德彪西	钢琴奏鸣曲：梦
增进食欲	泰勃曼	餐桌音乐
	莫索尔斯基	图画展览会(拉威尔编曲)
	莫扎特	嬉游曲

引自邱宜均，1988，256页

音乐调节是指通过音乐控制情绪的方法。音乐能够影响人的身心健康，这一概念早已为人们接受。例如，人们可以听着催眠曲进入梦乡，唱着歌曲减轻繁重体力劳动造成的疲劳等。研究表明(全国体育学院教材委员会，1988)，音乐能使人产生兴奋、镇定、平衡三种情绪状态。音乐给予人的"声波信息"，可以用来消除大脑工作所带来的紧张，也可以帮助人们内在地集中注意力，促使大脑的冥想状态井然有序。因此，人们喜爱的曲子或一种具有特殊节奏的音乐，可以使人身心放松，也可以使人身心兴奋，处于机敏状态。运动员赛前如果有异常的情绪表现(如过分紧张)，听一段轻音乐或喜爱的歌曲，往往能得到调节情绪的良好效果。

札斯皮罗夫(1987)曾做过一项研究，观察音乐对运动员赛前心理准备的作用。他在比赛前系统地向159名举重、柔道和古典式摔跤运动员播放三种具有心理调节作用的功能音乐：诱导性音乐、松弛性音乐和动员性音乐。结果发现，这些音乐能使运动员有效地摆脱赛前的紧张，间接地对他们进行心理暗示，去取得比赛的胜利(表14-2)。

表14-2　159名被试的赛前音乐对心理状态和比赛活动的影响

评价项目	带音乐提高%	带不带音乐一样%	带音乐降低%
情绪	98.74	1.26	0.00
自我感觉	98.11	1.89	0.00
运动的协调	96.85	2.52	0.23
赛前心理准备	94.33	5.04	0.63
比赛的愿望	93.07	6.30	0.63
对自己力量的信心	93.70	5.04	1.26
赛前不安	0.63	3.15	96.22

评 价 项 目	带音乐提高%	带不带音乐一样%	带音乐降低%
对敌手力量的恐惧	1.26	6.30	92.44
比赛能力	94.96	5.04	0.00
比赛成绩	93.70	5.67	0.63

改编自札斯皮罗夫,1987

(二) 颜色调节

颜色是视觉刺激物,可以同时引起其他感觉,使人感到冷暖、重量、味道等的不同,这被称为"联觉"。如国外有一家装有空调设备的工厂,车间温度一直保持在 22 度不变,工人们都说觉得冷。后来把青绿色的墙壁改成珊瑚色,就再也没有人喊冷了。国外有一家工厂装载货物的木箱是黑色的,搬运工人都说很累,工效很低。后来把木箱改漆成淡绿色,工效便有了很大提高(迟立忠,1990)。有人还做过这样的实验,把黄色的西瓜汁分成两份,一份是原来的黄色,另一份染成食用红色,让几位味觉正常的人来品尝,结果大部分人都说红色的西瓜汁好喝,其实色素并没有改变西瓜的味道(全国体育学院教材委员会,1988)。

在竞赛中也可以利用"联觉"现象调节运动员的心理状态。颜色调节(color intervention)即指通过颜色控制情绪的方法。例如,过分紧张时,看些绿、蓝、紫色彩,具有镇静作用。设法用绿毛巾擦汗,饮用带绿色的饮料,到蓝色环境中休息一下,可使过度兴奋得到缓解。如呆运动员临场精神状态不振,则应多给以红色或黄色刺激。

专栏 14-3

颜色调节与训练比赛

中国足球队教练李松海曾对颜色的镇静作用做了如下的评述:

颜色是视觉刺激物,可以同时引起其他感觉。在对抗性的比赛中红色容易激发对手的好斗情绪,所以我队以往在大型比赛中队员都爱穿白色赛服。穿着它总能赢球,也能增强自信心。我队在伊尔比德的四场比赛全是穿白色赛服。中场休息时和比赛后喝的水是矿泉水,擦汗的毛巾是白浴巾,利用"联觉"现象调节我方运动员的心理状态,使过度的兴奋得到缓解。

陕西女子足球队教练王方正则用"暖色"使运动员兴奋起来:

我队在对抗练习中为了提高对抗的激烈程度,采用了颜色刺激法来增加队员的兴奋性,要求对抗的两队穿红、黄两种背心参加练习,结果在 1/2 场 6 对 6 抢截中兴奋性很高,对抗程度激烈,达到了预定的训练效果。

(三) 气味调节

气味能影响情绪。美国的气味疗法专家采用某些香味的油剂按摩,或者让病人嗅一嗅装有香料的瓶子，来治疗精神紧张引起的疾病。例如苹果能产生一种黄昏时刻的安静效果，因为苹果的香味对肾上腺有调节作用，能使激动、焦虑和发怒等情绪得到控制。耶鲁大学心理生理学研究中心的科学家说，嗅一嗅或者只要简单地想象一下食物的香味就能引起脑电波的改变。苹果与香料的混合物有很好的镇静作用，甚至能使某些人避免产生恐惧心理。

英国的科学家发现，模拟海滨实验室里的病人在室内加入海洋特有的气味时，精神更为松弛。日本一名研制香味空气装置的工程师声称，计算机操作人员在呼吸茉莉和柠檬香味的空气后，计算错误减少了33%—54%。

气味调节（odor intervention）就是通过气味控制情绪的方法。根据气味与情绪的关系研究成果，运动员在训练和比赛中，应注意保持宿舍清洁，空气清新，还应注意保持运动服和擦汗巾的清洁。比赛前，也可在干净的擦汗巾上洒一点香水，这样，比赛间歇中用擦汗巾擦汗时，就能通过淡淡的香味在一定程度上调节自己的情绪状态。

（四）饮食调节

现已确认，食物和情绪之间有一定的联系，食物会影响人的情绪和行为方式（表14-3）（Kirsta & Schuster，1986）。饮食调节（food intervention）就是通过饮食控制情绪的方法。食用碳水化合物能起到镇静作用，因为它能刺激大脑产生一种神经递质，使我们感到平静和松弛。一般约42.3克的碳水化合物便足以产生镇静作用。酒精可使人很快放松，但如果饮入过量，就会使人的对抗应激的能力下降。摄入过多的咖啡因会引起情绪波动使人产生抑郁、烦躁的情绪（尤晨、史文伟，1990）。因此，运动员在比赛前尤其应当注意根据营养师和医生的指导进食。

表14-3　食物与情绪的关系

食　　物	身 体 效 应	不 良 反 应
咖啡因（存在于咖啡、阿司匹林及可口可乐中）	类似应激唤醒的状态，直接刺激神经系统，使警觉程度提高，刺激心脏、肾、肾上腺，扩张血管	刺激肾脏，头痛，嗜睡，易怒，肌肉疲劳，紧张，心悸
糖	短时间内大量血流补充能量，暂时缓解疲劳	肾上腺过度工作，以至使其调节血糖的功能下降。疲劳感增加，抑郁，易怒
盐	与钾一起调节体液平衡	高血压，紧张，摄入过多则易怒。刺激肾上腺，提高应激和唤醒的程度
色氨酸（鸡、鱼、奶、香蕉、大米中所含的氨基酸）	增加大脑化学血清素的分泌，使人镇静和产生睡意	白天食入富含色氨酸的食物过多，易困倦
酒精	扩张血管，提高血糖水平，使身心放松，促进食欲和消化过程	如果摄入过多，则：损害肝脏，血糖出现问题，判断力和脑功能下降，协调性下降，抑郁，饮酒成瘾

引自 Kirsta & Schuster，1986

1. 决定比赛成绩的主体因素包括技术、战术、体能、营养、恢复及心理等因素。越是接近比赛，越是接近比赛的关键时刻，心理因素越是重要。

2. 角色定位是指运动员比赛前和比赛中对自己、队友、对手之间关系的认识倾向。运动员赛前应建立合理的角色定位，其原则是无论对手是谁，每次参赛都应进行重新定位；应自始至终定位于"拼"，而不是"保"；应自始至终集中于比赛过程；赛后应及时进行重新定位。

3. 比赛方案是指教练员和运动员根据比赛目标而为比赛进程制定的详细计划。比赛方案可以帮助运动员提高自信，提高团队凝聚力，提高应付突发情况的能力，做到有备无患。比赛方案的内容应当是全方位的，重点是技术战术准备，同时，也应包括新闻采访准备和衣食住行等其他准备。

4. 比赛时的心理定向应遵循过程定向、当前定向和主位定向三个原则。过程定向指在比赛中将注意指向比赛过程，而不是比赛结果；当前定向指将注意指向当前面临的任务，而不是已经产生的结局和将会得到的结果；主位定向指将注意指向自己的思维和行动，而不是天气、裁判、比赛规则等难以控制的因素。

5. 比赛的情绪调节方法可分为生理调节方法、认知调节方法和环境调节方法。生理调节方法包括表情调节、呼吸调节和活动调节等。认知调节方法包括表象调节、暗示调节、宣泄调节、情志转移和激化调节等。环境调节方法包括音乐调节、颜色调节、气味调节和饮食调节等。

6. 情绪调节方法所依据的理论基础不同，功效、目的也不相同，应根据不同人、不同运动项目以及不同的时间、地点和情境选择合适的方法。

关键术语

角色定位，比赛方案，心理定向，过程定向，当前定向，主位定向，生理调节，表情调节，呼吸调节，活动调节，认知调节，表象调节，暗示调节，宣泄调节，情志转移，激化调节，环境调节，音乐调节，颜色调节，气味调节，饮食调节

复习思考题

1. 如何在比赛中始终把自己摆在"拼"对方的位置？

2. 请重新看一下自己以前制订过的比赛方案，可以从哪些方面改进自己的比赛方案？

3. 为什么要将比赛方案订得十分具体？

4. 列出影响比赛成绩的重要因素，然后把这些因素分为两类：一类是可控性较大的因素；一类是可控性较小的因素。指出比赛中应将注意指向哪些因素。

5. 哪种情绪调节方法是你常用的方法？如果你训练受伤了，你愿意用哪种情绪调节方法？如果你比赛失利了，你愿意用哪种情绪调节方法？如果你处于比赛的关键时刻，你愿意用哪种情绪调节方法？

6. 除了本章介绍的情绪调节方法，你自己是否还用过其他情绪调节方法？这些方法有

效吗?

推荐参考读物

1. 苏姗·阿尔德里奇(沈志红译,2002):看见红色感觉蓝色。北京:生活·读书·新知三联书店。该书为通俗科学著作,通过大量研究实例和生活实例讨论了应激、焦虑、抑郁、愤怒等情绪的生物学基础,并介绍了控制这些情绪的方法。

2. 丁雪琴、刘淑慧(1987):冠军路上指迷津。北京:科学普及出版社。这本书介绍了多种心理训练方法,简单实用。

3. 刘淑慧、王惠民、任未多、李京诚、张力为(1993):实用运动心理问答。北京:人民体育出版社。这本书以问答形式介绍了许多心理调节和心理训练的方法,通俗易懂,简单实用。

4. 田麦久(主编,2000):中国体育代表团参加悉尼奥运会心理咨询手册。北京:中国体育科学学会运动心理学专业委员会,北京体育大学,国家体育总局科教司。该书专为参加2000年悉尼奥运会的中国运动员编写,内容包括竞赛心理调节方法和竞赛心理准备原理两部分,通俗、实用。

第六编
运动活动参加者的心理健康

运动活动的目标是不断完善自我和超越自我

体育运动之所以能够吸引千百万参与者,其魅力之一在于美的塑造。运动员和锻炼者用自己的身体活动,在对人类运动能力的挑战和超越中,向全社会展示着健康和谐、勇敢顽强与纯洁高尚之美。从这个意义上讲,他们就像乐手,在用美妙的音乐打动观众的同时,也陶冶了自己的情操、净化了自己的灵魂。

然而,并非所有的乐手都能胜任自己的角色,也并非任何音符都能构成美丽乐章。运动活动的参加者在挑战极限、超越自我的过程中常常面对疲劳的考验、伤病的考验、利益的考验以及疏懒怠惰的考验。在疲劳与伤病面前,有人悲观失望、心力交瘁,最终黯然退缩;在利益面前,有人不惜使用违禁药物(兴奋剂)、见利忘义、害人害己;在面对自己的怠惰时,有人望而却步、徘徊不前……

可见,促进康复、预防损伤、避免过度训练和心理耗竭,是运动心理学工作者的重要工作;教育和引导运动活动的参与者远离兴奋剂的困扰,维护其健康和体育运动的纯洁性,是运动心理学工作者的责任;而动员说服更多的人参加、坚持或恢复身体锻炼以扩大体育人口,是运动心理学工作者应尽的义务。为此,运动损伤和过度训练、使用兴奋剂以及身体锻炼的心理学问题便成为值得关注的问题。

本编将从心理学角度探讨上述三个方面的问题。第十五章分析和讨论运动损伤与过度训练的心理学问题;第十六章对使用兴奋剂的行为进行心理分析;第十七章介绍参加身体锻炼的动机和身体锻炼的有效方式;第十八章讨论身体锻炼的"健心"原理。

第十五章　运动损伤与过度训练

运动员和锻炼者在所从事的项目中受伤,是体育运动中不期而至却难以回避的问题。而科学合理的训练负荷,也是教练员和运动员在训练中不懈追求的目标。训练负荷不足,不利于提高运动成绩,而过度训练(overtraining)又会造成疲劳(stale-ness)和心理耗竭(burnout),甚至终结运动员的运动生涯。本章将分别探讨关于运动损伤、康复的心理学问题,以及过度训练所带来的疲劳与心理耗竭问题。

第一节　运动损伤与伤后康复

随着体育运动的发展和参与人数的增多,体育运动中损伤的发生率也日益增高(季浏,1995;颜军,2000)。根据保守的估计,在美国,每年约有3—5百万的成人及儿童在竞技运动、身体锻炼以及娱乐体育活动中受伤(Kraus & Conroy,1984);在许多西方国家,用于运动损伤的治疗费用要远远超过处理交通事故的开销(Mechelen,Hlobil & Kemper,1992)。美国每年仅用于轮滑运动中运动损伤的治疗费用就达一亿美元(Kvidera & Frankel,1983)。运动损伤与康复的问题,不仅是医学、训练学所关注的问题,也成为心理学所关注的问题。

插图 15-1　心理因素可能是造成运动损伤的重要原因

一、运动损伤的心理原因

实践和研究均表明,运动损伤的直接原因固然是身体和生理的原因,但心理因素也可能是造成运动损伤的重要原因(曾芊、曾琳娜、郭惠光,1994;Weinberg & Gould,1999)。导致运动员受伤的心理因素很多,而且比较复杂,归纳起来大体上可以考虑下列4种原因。

(一) 应激反应

威廉姆斯和安德森(Andersen & Williams,1988;Williams & Andersen,1998)曾提出了一个解释运动损伤心理原因的理论模型(图 15-1)。

这个模型实质上可以理解为一个应激—损伤模型(stress and injury model)。在该模型

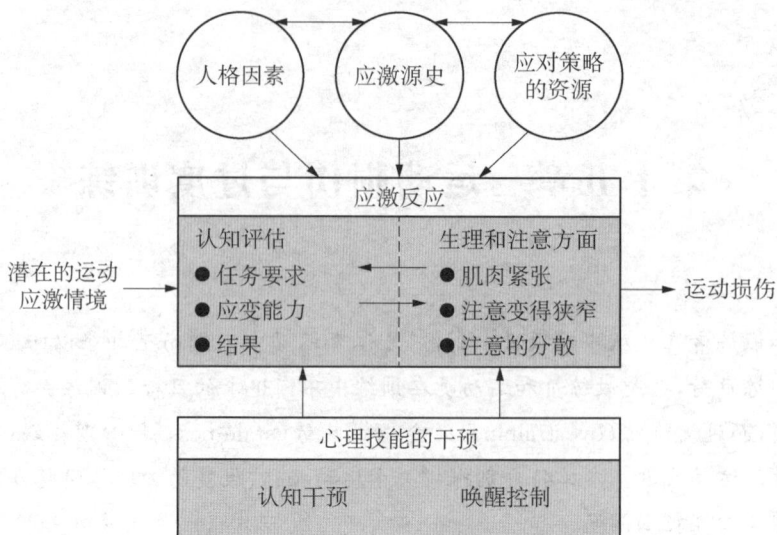

图 15-1 应激与运动损伤的关系的理论模型
引自 Cox，1998，p. 373

中，预测运动损伤的核心因素是运动员的应激反应(stress response)。如图所示，一个潜在的应激运动情境(如竞赛、重要的训练或不佳的运动表现等)，要求运动员对任务的要求、自身的应变能力(resources)和可能的后果进行充分的认知评估。如果运动员认为情境要求超过其自身的应变能力，应激反应就会很明显。相反，如果运动员认为自己的应变能力超过情境的要求，应激反应就会非常小。应激反应是在运动员感觉到自身能力资源与情境的实际要求之间不平衡时产生的，它引起运动员的生理状态和注意力的选择性变化，包括肌肉紧张加剧，视野变窄及注意力分散等。每一种变化都有可能增加运动员受伤的风险(Williams，Tonyman & Andersen，1991)。本质上说，任何导致应激反应的认知评估都会使运动员面临受伤的危险。

一项研究(Smith，Smoll & Ptacek，1990)以 452 名高中男女运动员为对象，项目为篮球、摔跤和体操。该研究考察了应激性生活事件，家庭、朋友和教练的社会与情感支持，应对技能(coping skills)等三个因素与运动员因伤不能参加训练的天数之间的关系。结果没有发现学生在学期间这些因素与训练缺勤的关系。然而，社会支持和应对技能皆低的特殊组运动员，其生活应激水平与运动损伤有关。这些结果表明，当一个运动员几乎不具有应对技能和社会支持，当经历重大生活变迁时就处在更大的受伤的危险之中。教练员应时刻注意这些"危险人物"。这一发现支持了威廉姆斯和安德森的模型。

从上述理论模型可以看出，应激反应造成的两种结果可直接导致运动员受伤。这两种结果是：

第一，注意力瓦解(attentional disruption)。一个有前途的观点是：应激通过缩小注意的范围(peripheral attention)来扰乱运动员的注意(Williams，Tonyman & Andersen，1991)。例如，一个美式足球的四分卫处于高度应激状态时，可能倾向于受伤，因为他看不到从他侧面高速冲上来的防守者。当他的应激水平较低时，四分卫可能会有一个广阔的边缘视野(peripheral vision)，并且能及时看到防守者来避开一个抢劫与后面的受伤。

还有人(Weinberg & Gould,1999)提出:状态焦虑升高会使人注意分散或产生一些无关的想法,从而扰乱其注意。例如,一位业务主管在午饭时和一位同事发生争吵后出去慢跑,可能不去注意跑步路线而踏入一个坑洞,崴伤脚踝。

第二,肌肉紧张度增加(increased muscle tension)。高应激可能伴随着相当程度的肌肉紧张,这种紧张妨碍正常的协调性,从而增加了受伤的可能性(Nideffer,1983)。例如,一个高应激的体操运动员可能因肌肉过度紧张而掉下平衡木并受伤。

根据上述模型,影响应激反应、进而致伤的因素还包括运动员的人格、应激源史(history of stressors)、应对策略的资源(coping resources)和潜在的干预(potential in-terventions)等等。

(二)人格因素

如图 15-1 所示,人格因素虽不是致伤的直接因素,但它与应激源史、应对策略的资源等相互作用,可能影响运动员对压力作出的反应。这些因素包括:意志的坚强性(tough-mindedness)、内外控制点(locus of control)、合群感(sense of coherence)、竞赛特质焦虑、内部动机(Cox,1998)、自我观念(self-concept)以及内外向等等(Wein-berg & Gould,1999)。不幸的是,多数人格与损伤关系的研究结果并不一致,而且这些研究也在总体上给运动人格研究造成了困扰(Feltz,1984)。当然,这并不代表人格因素与损伤发生率无关,而是表明目前我们尚未成功地找到并测量出与运动损伤相关的人格特征(Weinberg & Gould,1999)。

专栏 15-1

运动损伤与人格有关吗

对人格与运动损伤之间关系的研究起源于 20 世纪 60 年代。早年这方面的研究工作大多是描述性的,实验性的研究很少。比较客观的研究是学者们采用纸笔测验工具(如《卡特尔 16 种人格问卷》《艾森克人格问卷》等)来调查个性与运动损伤的关系。杰克逊等人(Jackson et al.,1978)对 110 名中学足球运动员的研究发现,受损伤运动员的空想个性特征较突出。意志脆弱、敏感的运动员比信赖自己的运动员易受损伤。他们同时还指出,16PF 中的因素 A(性格孤僻、固执、冷淡区别于开朗、热心和合群的因素)对严重运动损伤有预测作用。性格孤僻和固执的运动员易受损伤。陆建峰等人(1995)采用艾森克问卷调查发现,少儿体操、技巧运动员个性类型与急性运动损伤有着密切的关系。外向型和不稳定型运动员的动作判断准确性差,易出现动作失误,因而有着较高的急性运动损伤发生率,且不受训练年限的影响,不同个性类型运动员的其他损伤规律符合一般运动损伤的规律。但也有人提出异议(Brown,1971),认为在受伤和未受伤运动员之间无显著性的个性差异。还有人认为(Kolt et al.,1991),采取这样的研究设计不能确定因果关系,即:是由于独特的个性造成运动损伤呢,还是由于运动员受伤了而表现出某种个性特征?

颜军,2000,345—346 页

（三）应激源史

应激源史包括应激生活事件（life events）、日常生活摩擦（daily hassles）和运动员以前受伤等的历史。这些因素交互作用在应激反应上，从而经常会导致运动员受伤。

1. 生活应激与日常生活摩擦

生活应激和日常生活摩擦可能削弱运动员有效处理应激反应的能力，从而影响生理状态和注意力，使运动员极易受伤（Hanson，McCullagh & Tonyman，1992）。积极的生活应激包括准备考试、发展社会关系和养家糊口等；消极的生活应激包括离婚、丧失亲人和失业等。运动员的生活应激水平越高，其在运动中受伤的概率和程度就越大、越严重（Cox，1998）。

一项有趣的研究（Hanson，McCullagh & Tonyman，1992）表明：积极的生活应激与运动损伤发生频率相关，消极的生活应激则与运动损伤严重程度有关。

2. 过去受伤的经历

运动员怎样调整自己对过去受伤的反应，将决定其在以后的应激运动情境中作出什么样的反应。担心再次受伤，或担心自己是否已从上一次的受伤中彻底恢复的运动员，更容易再次受伤。这是因为他们在比赛中更容易分心并失去正确的注意指向。图 15-1 表明，如果运动员伤愈后重返赛场时没有做好充分的心理准备，就可能对潜在的应激情境作出消极的认知评估，这是几乎可以肯定的。相反，如果运动员吸取了过去受伤的教训，并在训练中借鉴这些教训，就会降低未来受伤的概率（Rose & Jevne，1993）。有报道说（Macchi & Crossman，1996），由于芭蕾舞演员经常受伤，许多人便学习运用正确的技术，做更多的伸展运动并改正可能导致受伤的训练方式。

（四）应对策略的资源

运动员拥有的应对策略包括应对行为（coping behavior）、社会支持、应激管理技术（stress management techniques）、集中注意力的心理技能甚至药物。这些因素相互作用，影响着运动员的应激反应。

1. 应对行为

任何一种有助于运动员对付应激情境的行为都可称作应对行为。完善的应对行为有助于减少运动损伤次数和严重程度，因为它减少了运动员的应激反应。应对行为的本质是高度个体化，人人有所不同。例如，在电影《随风而去》（Gone With the Wind）中，斯克里特·欧·哈罗（Scarlett O'Hara）应对许多应激事件时的策略是对自己说"明天再考虑这件事"。

2. 社会支持

社会支持是一种重要的应对资源，它有助于减弱压力反应带来的不利影响（Petrie，1993）。社会支持主要来自父母、朋友、教练、队友、兄弟或妇女联合会、俱乐部等。有研究报道：当没有或缺少社会支持时，生活应激和运动员受伤二者之间的联系就异常紧密（使运动损伤发生的可能性增加 22%）；与之相反，当存在社会支持时，这二者之间的联系就不那么紧密了（Patterson，Smith，Everett & Ptacek，1998；Smith，Smoll & Ptacek，1990）。

3. 应激管理

许多运动员把应激管理和认知干预技术作为应对和控制应激反应的策略。当应激反应较为严重时，运动员又运用这些相同的技术作为干预认知和控制唤醒的策略来缓和应激反应的影响。研究表明，有效地削弱应激反应与减少运动员受伤次数和受伤程度有关（Davis，1991；Kerr & Goss，1996）。

4. 集中注意力技能

根据应激—损伤模型，运动员集中注意力的心理技能，当然是防止注意紊乱和分散的有效方法，同时也是他们重要的应对策略的资源。

5. 药物的作用

有些运动员出于对利益的追逐，常常非法地使用药物，这些药物被国际体育组织定义为"兴奋剂"。兴奋剂家族中的刺激剂、麻醉剂、镇静剂及合成类固醇等在提高比赛成绩、愉悦情绪、减轻疼痛的同时，还直接或间接地造成运动员受伤。以服用促蛋白合成类固醇为例，它的副作用包括攻击性、抑郁、焦虑和社会退缩等，这些心理效应都有可能减弱运动员的应对策略资源（Gregg & Rejeski，1990）。从生理学角度的解释是，这类药物对于大小肌肉群的力量以及对肌肉和韧带的力量的发展不平衡，可能会造成运动员做动作时肌肉用力的不协调，或者药物本身可使肌肉和韧带变脆，导致运动员受伤（曾凡星，1998）。

（五）其他心理因素

1. 动机

有研究（Meclay，1988）发现，遭受严重运动损伤的运动员动机水平很高，女运动员尤为如此；麦切伦等（Mechelen，Hlobil & Kemper，1992）指出，高动机水平的运动员更可能受伤。因为高动机水平与个人对自己的严要求、高标准有关，与个人的高抱负水平有关。许多运动员为了满足自己的成功欲望，或实现亲友、领导、教练、球迷等他人的期望，获得别人的尊敬与崇拜，往往学会了在训练和比赛中忍受各种类型和程度的痛苦。这不仅导致运动损伤的产生，有的因此而过早地结束了自己的运动生涯。

应当注意的是，运动员的高动机、高抱负水平有时是与教练员、领导等重要人物的态度和期望密切相关的（Weinberg & Gould，1999）。有研究（Rotella & Hey-man，1986）发现，许多教练员常用的激发动机的手段是在运动队中提出这样的口号："不努力就回家"，"没有痛苦就没有收获"，"接受最严格的考验"等，这是强调运动员玩命训练或者尽 100% 的努力。如果片面强调这种观念，就有可能使运动员忽略自我保护而用健康去冒险。另外，运动员有可能在教练员的日常行为中"悟"出这样一个观念：如果你受伤，你就是个没用的人。这样，有些运动员为了更多的上场机会，可能隐瞒自己已有的伤势，带伤坚持训练或比赛，从而使伤势加重。因此，教练员或领导应该注意，在强调刻苦训练的同时，要注意保护运动员的健康。

专栏 15-2

伤痛与训练中的不适感

女教练莎朗·泰勒（Sharon Taylor）所带的游泳队队员们多年来一直受到疲劳性损伤的折磨。但她们仍崇尚刻苦训练并为之自豪。莎朗根据游泳运动心理学家克斯·贝尔（Keith

Bell)的指导,一直在教导队员们明确区分训练中正常的不适感(疼痛)与一些极度的或无法忍受的痛苦。前者是运动员正常的成长和进步的标志,而后者则是应该坚决反对的,因为它可能致伤。

由于队员的观念与克斯的观点不太一样,于是莎朗就为她的队员设置了一个目标:让队员们区分出什么是正常的训练中的不适感,什么是伤病中的疼痛。在训练季节开始之前,她把自己的担忧告诉队员,并在介绍承受运动负荷(战胜不适感)与忽略受伤(如,在肩部疼痛时不停止训练或者不告诉教练)之间的区别之前,向那些有疲劳性损伤的队员提出这个问题。她将"没有痛苦就没有收获"的口号改为"苦练加巧练";修改了训练周期计划,增加了更多的休息日并制定了一个队规:任何人不得在休息日游泳或举重。莎朗还在训练期间定期与队员讨论伤病与不适感的关系问题,并通过表扬和偶尔奖励的方法来强化正确的行为。此外,莎朗要求队员的父母,请他们密切注意自己孩子的习惯性疼痛。

随着训练的进展,队员们逐渐理解了伤痛和刻苦训练时正常的不适感之间的区别。到训练季节结束时,她的多数队员都能保持健康并活跃于州级的比赛中。

Weinberg & Gould, 1999, p. 404

2. 心理准备

竞技运动是在大强度、快速度、强对抗中进行的,不仅要有充分的身体活动准备,而且要有充足的心理准备。如果能主动地使自己的心理和生理状态处于适宜的兴奋水平,就有利于发挥自己的最佳运动效能,也会最大可能地减少运动损伤。一旦缺乏必要的心理准备,在训练和比赛中就会犹豫不决、过度紧张、担心、怀疑、焦虑,使体内的身心能量不能充分地得到动员,但又受完成任务和自尊心所驱使,不顾实际情况地去强行训练和比赛。有调查显示(连小光,1990;颜军,2000),对于缺乏心理准备的运动员而言,受伤率要高出心理准备充分的运动员若干倍。

综上所述,应激和运动损伤的关系十分复杂。在上述分析的基础上,我们还是强调:运动损伤是多重心理因素交互作用的结果。此外,应激—损伤模型还提示我们,一些干预措施包括认知干预和唤醒控制的方法如:认知重组(cognitive restructu-ring)、思维阻断(thought stopping)、信心训练(confidence training)、团体凝聚力的培养、放松技能、冥想、催眠、运动表象、注意力控制等,辅以适当的医疗手段可能有助于减少运动损伤的发生。

二、运动损伤的心理反应

运动员受伤后,会产生不同的心理和行为反应。根据应激损伤理论,受伤的运动员在遭受生理创伤的同时,也会造成消极的应激反应。这些反应常同他们受伤时的心理状态密切相关。当然,在比赛中陷入困境的运动员也许会将受伤看做一种乐于接受的,用以摆脱压力的方法;也有运动员可能会将受伤看做引起别人注意和同情的方法,试图经过显示自己如何对付痛苦和逆境来提高其自我形象。但是,更多的优秀运动员或许因受伤而产生一种失落感,表现出悲伤、消沉，并伴有紧张、恐惧、惊慌、愤怒、沮丧和焦虑等反应(颜军，2000)。不难看出，这些心理反应都是在认知评估的基础上产生的。

专栏 15-3

一切都完了

案例 1

美式足球运动员凯斯·米尔拉德(Keith Millard)是明尼苏达海盗队的著名组织后卫。在一场对弗罗里达坦帕海湾队的比赛中，追逐对方球员布坎尼亚斯(Buccanneers)时，米尔拉德突然摔倒在地使膝盖严重受伤。体育记者吉尔·李博(Jill Lieber，1991)对他受伤之后的反应做了如下报道：

"我的膝盖受伤了。我的膝盖受伤了。我的整个生涯都完蛋了，一切都完了。"米尔拉德抱头痛哭。他那 1.96 米、120 千克的高大身躯不停地颤抖，表现出对自己不幸遭遇的极度痛苦……他由于受伤而不能活动。他怒斥护士、拒绝饮食、拒绝使用拐杖并把它们狠狠地摔在地上……由于羞于让别人看到自己躺在床上的脆弱的样子，教练和队友前来探望时他感到十分不舒服，并最终给队中公关部的丹·安迪(Dan Endy)打电话要求他写条子拒绝探视……当米尔拉德 10 月中旬开始在海盗队健身房中进行膝部康复时，他闭门苦练并从不让队友听到自己痛苦的呻吟。

米尔拉德虽然后来重返赛场，但从他当时的表现来看，显然他在身体和心理上都受到了伤害。

Lieber，J.，1991，pp. 37—38

案例 2

一位优秀滑雪选手曾经这样说："(受伤后)我感到自己被囚禁，被滑雪队隔离了。那是我的一块心病。我基本上没有感到自己被别人关爱。我一旦(因伤)回家，就好像他们(滑雪队)把我丢弃在家里，好像他们把我的所有行李都扔在房子里，好像在说：'等你好了之后再见吧。'那真是我最难熬的时刻。"

"真是太难熬、太难熬了……因为那是奥林匹克竞赛年，运动员夏天花许多时间为自己积累状态。当你秋天康复归队时，会看到每个人都滑得很好，因为他们都在为奥林匹克年而兴奋异常，而你自己却只是刚刚重返雪道。"

这个案例说明，运动员受伤后产生应激反应的原因，有时不是伤痛本身，而是心理和社会方面的原因。

Weinberg & Gould，1999，p. 400

(一) 情绪反应

起初，运动心理学家推测运动员对损伤的反应与即将面临死亡的病人体验到的悲伤反应相类似。那就是，锻炼者或运动员在受伤后常有 5 个阶段的悲伤反应过程（grief response process），多由否认（denial）开始，经过愤怒（anger）、讨价还价（bar-gaining）、抑郁（depression），最终达到接受与改造（acceptance and reorganization）（季浏，1995；颜军，2000；Hardy & Crace，1990）。

第一阶段是否认。这是最为人们所熟知的防卫手段，在面临困难和忧虑的时候，可能产生一种部分性的或完全性的对现实的曲解。运动员受伤后，最初常以否认为保护手段，拒绝承认身体出了毛病。这似乎在某种程度上是一种不自觉的行为。但长久的否认有悖于现实，以至影响康复。

第二阶段是愤怒。由于受伤已成为事实，运动员由"不是我"的否认态度，转到质问"为何是我"的态度，经常表现为愤怒情绪状态。这是运动员对不能继续参加比赛的一种反应。愤怒的同时，常伴有恐慌。这也是受伤运动员特别需要关心和支持的时候。

第三阶段是讨价还价。这一阶段的特点是自我"讨价还价"，希望如果情境一旦变化，自己的生活和行为就会改变等，或者允诺一些无法实现的愿望，以此来改变已经成为不可避免的运动损伤这一事实，如指望伤痛将会消失，等等。但如果到一定时间后仍未能康复，受伤者必将退回到愤怒阶段，或者进入到较明显的抑郁阶段。

第四阶段是抑郁。当运动员最终认识到无法立即解决伤痛或肌肉、骨骼、关节损伤问题，就会变得孤僻、自我怜悯，常常回避同教练员和队友的接触，产生消沉等减力情绪。如果新近受伤的运动员没有抑郁的征候，有可能暗示着他在心理上有某种缺陷（Gregg & Rejeski，1990）。

第五阶段是接受与改造。当运动员承认并接受自己已经受伤的事实并开始计划怎样成功地重返运动场时，实际上的心理恢复过程也就开始了。但是，康复过程并不意味着轻松愉快，有时还会产生某些心理冲突。

近期的研究表明，运动员对损伤的反应并不一定都要刻板地经过这些固定的反应阶段，其实每个运动员都有其独特的对待伤痛的方式（Brewer，1994；Evans & Hardy，1995；Udry，Gould，Bridges & Beck，1997）。有学者（Udry，Gould，Bridges & Beck，1997）主张不要机械地看待运动员受伤后的情绪反应过程，应该更为灵活、概括地分析受伤后的情绪反应。这些情绪反应大体上可以概括为三个方面：

1. 与伤病有关的信息加工

受伤的运动员将注意力集中在伤痛上，了解受伤的程度、受伤原因，以及对伤病造成的后果或不便的个人认识。

2. 情绪的剧变及相应的行为反应

一旦运动员确信自己受伤，可能会在情绪上变得不安、犹豫不决，感到空虚、孤立和与世隔绝，或者感到震惊、怀疑、否定或自我怜悯。

3. 积极的看法与积极的应对

运动员接受并处理受伤的事实，开始努力积极应对，表现出良好的态度和乐观的情绪，而且放下了思想包袱。

多数受伤运动员的情绪反应会经历这些方面,但情绪转变的快慢难易却存在极大的个体差异。一个运动员可能只需一两天就可以走完这一完整的过程,而另一个人则可能需要几个星期甚至几个月。

(二)其他反应

有研究(Petitpas & Danish,1995)还报道了受伤运动员的一些其他心理反应。这些反应是:

1. 丧失认同感

一些运动员受伤后不再重返赛场是因为丧失了自我认同感(loss of personal identity)。它是对运动员来说十分重要的部分,会严重地影响自我观念。

2. 恐惧和焦虑

受伤后,许多运动员高度地恐惧和焦虑。他们担心自己是否能完全康复,担心如果再度受伤,是否有人会永远取而代之。由于运动员受伤时不能训练和比赛,所以他们有大量的时间为此担忧。

3. 缺乏自信

由于不能参加训练和比赛,而且自己的体能状况退化,运动员受伤后可能会丧失信心。如果这种反应过度严重(overcompensate),自信心的降低可导致动机下降、运动表现低劣甚至进一步受伤。

4. 运动表现下降

由于自信心降低并失去练习时间,运动员可能会出现伤后表现下降的现象。许多运动员伤后难以降低他们的期望,他们可能期待自己重新恢复到受伤前的水平。

对于那些完全通过竞技运动来定义自己的运动员来说,受伤所造成的自我认同感的丧失特别明显。因此,因严重受伤而中止运动生涯的运动员可能需要特殊的、长期的心理关爱。

三、运动心理学对康复过程的积极作用

近年来,运动损伤的康复手段不断进步,如积极恢复法、最少外科手术技术以及负重训练等都已得到越来越多的应用。一些新型的心理学技术对运动损伤的康复过程也起着积极的促进作用,专业人员更多地使用整体治疗手段从身心两个方面来加速运动员的恢复过程。

(一)康复的心理学研究

在一项关于心理学怎样促进损伤康复的研究中,研究者(Ievleva & Orlick,1991)想探讨膝、踝关节损伤康复较快(5周之内)的运动员使用心理策略与心理技能是否比康复较慢(16周以上)的运动员多。该研究使用访谈法,评估了被试的观点与态度、应激与应激控制、社会支持、正面自我谈话、康复表象、目标设置以及信念等。研究发现:康复较快的运动员比康复较慢的运动员更多地使用了目标设置、正面的自我谈话,以及稍多地使用了康复表象。结果提示心理因素在损伤的康复中扮演着重要的角色。本质上,对运动损伤的治疗应该包括心理技术,以加快治疗和恢复的过程。

对队医的调查研究结果也支持了这一结论(Gordon, Milios & Grove, 1991; Larson,

Starkey & Zaichkowsky,1996；Wiese,Weiss & Yukelson,1991)。例如,Larson 及其同事对 482 名队医进行了调查,要求队医指出对付伤病最成功和最不成功的运动员的本质特点有何不同。队医们指出：对付伤病最成功的运动员与不成功者的不同在于,他们更加遵从体疗康复的程序,显示出对伤病和生活的更积极的态度;他们的动机更强,更有奉献精神和决心;同时,他们就自己的伤病问了更多的问题而积累了更多的知识。此外,90％左右的队医报告说,处理好伤病的心理学方面的问题是十分重要的。

(二) 促进损伤康复的心理学方法

前人的描述性研究清楚地显示：运动损伤的康复应使用整体的康复方法,用心理学策略作为生理疗法的补充是很有帮助的。心理学策略虽来源于运动员对损伤的反应的理解,但仅仅理解运动员损伤后的反应过程是不够的。心理学的过程和技术对康复过程具有促进作用,它们包括：与受伤的运动员建立密切的联系,向他们传授损伤和康复过程的知识,教会他们应对伤病的特殊心理技能,使他们做好应对伤病复发的心理准备,建立社会支持以及向其他受伤的运动员学习。

运动心理学工作者和队医有责任学习和使用这些适当的步骤。

1. 与受伤的运动员建立亲密的关系

运动员或锻炼者受伤之后,他们常常产生怀疑、挫折、愤怒、困惑的体验,并且十分脆弱。这些情绪可能使想帮助他们的人难以与之建立亲密的关系。因此,显示移情心是有益的。这种移情心是指：努力去理解受伤者的情绪感受。让受伤的人感到有人在情感上支持他们并和他们在一起,对他们是很有帮助的。在运动员受伤的新鲜感逐渐减弱,他们感到自己正在被人淡忘的时候,用探视、电话慰问的方法显示对他们的关心是特别重要的。在建立亲密关系时,应注意不要表现出对运动员的迅速康复过于乐观,而要持积极肯定的态度并强调团队的帮助。例如,"玛丽,这是一个难过的时期,你需要努力地克服它,但我会在这里陪伴你,我们一起使你恢复"。

2. 传授损伤与康复过程的知识

当某人初次受伤时,告诉他在康复过程中应该期待什么是很重要的。运动心理学工作者或队医应该帮助运动员以通俗的方式来理解伤势。例如,假如一个高中的摔跤运动员锁骨骨折,你可能会带一根绿色棍棒,并向他演示他身体上的"绿棒"折断是什么样子。你可以说明他将因此停赛三个月。同样,你还应该告诉他,一个月之内他的肩部会感觉好转,而如果他想冒险在很短的时间内尝试着恢复一些常规的活动,就有可能造成伤病的反复。

同时,对康复过程进行概述也很重要。例如,队医可以告诉这位摔跤手,他可以在两周到三周之内骑健身自行车,两个月之内可以做一些"健身系列运动",而后可以进行一定的负重练习,直到他的受伤部位恢复到受伤前的机能水平。只有到那时,他才可以重返训练场,在练习环境下缓慢地开始恢复,直至能够参加比赛。

3. 教会特殊的心理应对技能

康复过程所需学习的重要心理技能是：目标设置(goal setting)、积极的自我谈话(positive self-talk)、运动视觉表象(imagery visualization)技能以及放松训练(relaxation training)等

(Hardy & Crace，1990；Petitpas & Danish，1995；Wiese & Weiss，1987)。

目标设置对处于康复过程中的运动员是特别重要的。一项研究(Theodorakis，Malliou，Papaioannou，Beneca & Filactakidou，1996)发现，膝关节受伤后的运动员设置个人运动表现的目标，对于运动表现的促进作用与没有受伤的运动员相同。该研究的结论是，受伤的运动员设置个人运动表现的目标并结合增强自我效能感的策略相结合，对于缩短运动员的康复时间特别有帮助。

受伤的运动员和锻炼者用于目标设置的策略包括设置重返比赛的日期，每周参加治疗性练习的次数以及每次康复性练习中所做的动作，力量和耐力练习的组数等。但是，由于高动机水平的运动员倾向于在康复中做更多的练习，这可能会导致由于负荷过大而再度受伤，因此，队医应当强调，最重要的是坚持严格遵守目标设置的计划，不要因为某一天自己感觉好就超过规定的负荷。

自我谈话策略对于对抗受伤后自信心的下降是很重要的。运动员应该学会停止消极负面的思维(如，"我永远不会好转")，并将它们替换成为可信的、积极正面的思维(如，"我今天虽然情绪处于低潮，但好在还没有脱离康复计划的目标，我只是需要耐心，我会找回良好感觉的")。

运动视觉表象在康复过程中能起到以下几个方面的作用：第一，受伤的运动员可以"看到"自己在比赛中的表现，这有助于运动技能的保持并促进他重返赛场；第二，有人可能使用表象来加速损伤的恢复：想象自己受伤的组织的排除以及健康的组织和肌肉的新生。这一点似乎有些牵强，但使用治疗用的表象，常常是康复较快的病人的特征(Ievleva & Orlick，1991)。

对于严重的受伤和损伤的康复过程，放松训练可能有助于减轻疼痛和应激。运动员们也可以使用放松技术来促进睡眠并减轻一般性的紧张。

4．教会怎样应对伤病的复发

人们恢复的速度各有不同，伤病的复发也并非罕见。所以，使运动员做好准备来应对伤病复发是特别重要的。为此，运动心理学工作者或队医应该在建立亲密关系的阶段就提醒受伤的运动员：伤病可能随时复发。同时，应鼓励运动员对康复过程保持积极的态度：复发是正常的，因此不必惊慌，也不必气馁。

同样，康复的目标也需要定期评估和修改。此外，还应帮助运动员学会应对复发技巧并鼓励他们在伤病复发时告诉重要的人。通过与重要的人讨论自己的感受，运动员可以获得必要的社会支持。

5．建立社会支持系统

对受伤运动员的社会支持形式可以有很多种，包括朋友和情侣的感情支持、教练员的信息支持(如，"你的做法是对的")，甚至有形的支持(如，父母的经济援助)等(Hardy & Crace，1991)。受伤的运动员需要社会支持：他们需要知道教练和队友的关心，需要有人倾听他们所关心的事情而不是批评他们，需要了解别人是怎样从类似的伤病中恢复的，等等。

如果以为充分的社会支持会自动产生，那是错误的。如前所述，运动员刚刚受伤时，会得到较多的社会支持，而在日后的康复过程中，社会支持会变得越来越少。因此应特别注意：运动员在整个康复过程中如得到足够的社会支持,将有利于他们的康复。

6. 向其他受伤的运动员学习

另一个帮助受伤运动员或锻炼者康复的好办法是让他们注意其他受伤队员的建议。这是来自运动员亲身体验的建议,对受伤者是宝贵的财富。

第二节　过度训练与心理耗竭

插图 15-2　心理耗竭是运动员必须面对和克服的障碍

众所周知,过多的运动训练或锻炼无助于提高成绩或增强体质。相反,它不仅损害免疫系统,而且会增加消极情绪或心境,造成身心的损害。从实用的角度看,我们可以把运动量看做一个连续体,从运动量不足到运动过度连续变化。过少或者过多的运动,都与负面的心理学和生物学效果相联系(Cox,1998)。

其实,练多少为过度训练是一个复杂的问题。对于运动员和锻炼者来说,过度训练(overtraining)会使人产生疲惫(staleness)甚至心理耗竭(burnout)。心理耗竭是运动员对过度训练缺乏应对策略的最终产物,它往往意味着运动员由于训练应激(training stress)的积累而退出他所积极参与的运动项目。本节将探讨过度训练、疲惫和心理耗竭的有关问题。

一、训练应激、过度训练、疲惫和心理耗竭

休闲性的体育活动与竞赛活动的重要区别就是后者出于对运动成绩的追求而强制性训练。强制性训练的目的是在竞赛时取得生理和心理上的优势。这种身心优势通常是通过增加训练负荷获得的。对于长跑运动员来说,它意味着每天要跑更长的练习距离;对于游泳运动员来说,它意味着每天要游更多的圈数,等等。

训练应激是与竞技运动训练和竞赛相伴而生的必然产物。训练应激可能产生积极结果,也可能产生消极的结果,它取决于运动员有没有能力适应训练应激。对训练应激的积极适应可使运动员从运动训练中获益,相反,消极的适应无法产生训练效益(Silva,1990)。

训练效益越少,运动员常常越想通过增加训练刺激的方法予以解决(如,跑更多的里程数)。如果运动员没有能力对增加了的训练刺激作出积极的适应,他就有可能是过度训练或疲惫(Cox,1998)。

对于过度训练和疲惫的关系,不同的学者有不同的理解。一种观点是把过度训练看做一个刺激过程,而疲惫是这个过程的结果(图15-2)。持这种观点的学者(如,O'Connor,1997;Weinberg & Gould,1999;Kellmann & Guunther,2000)认为:过度训练是指运动员在一个短训练周期内(通常从几天到几周),运动负荷接近或等于其个人所能承受的最大身体负荷的训

练方式。在这种情形下,运动员承受过重的身体负担而得不到休息。过度训练有以下三个特征:第一,在一个训练过程中包含一系列剧烈的训练课程;第二,与最近的训练课比较,训练刺激显著增加;第三,训练的频率很高(通常超过每天一次)并达到或接近最大的承受能力(O'Connor, 1997)。实质上,过度训练是不正常的训练过程,终将导致运动员产生疲惫状态(Morgan, O'Connor, Sparling & Pate, 1987)。

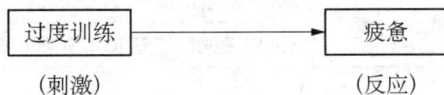

图 15-2　过度训练与疲惫的关系
引自 Weinberg & Gould, 1999, p.436

　　疲惫是"一种由于过度训练引起的生理状态,表现为竞技准备状态的恶化"(American Medical Association, 1966, p.126)。因此,疲惫应该是过度训练的结果,使运动员难以完成平时标准的训练计划,并且不能保持以前的运动表现。真正疲惫的运动员在过度训练中或过度训练后的一段时间内(如2周或以上)成绩显著下降(5%或更多),而且无法通过短期内减少训练量加以改善(O'Connor, 1997)。此外,疲惫还伴有困倦(drowsiness)、淡漠(apathy)、烦躁(irritability)、疲劳(fatigue)、焦虑(anxiety)、困惑(confusion)、睡眠障碍(disturbances in sleep)以及抑郁(depression)等症状。

　　另一种观点是将过度训练和疲惫都视为一种状态,两者都是消极训练应激的结果,而且疲惫发生于过度训练之前。持这种观点的学者(如 Cox, 1998; Silva, 1990)认为,过度训练是由于持续大量或大强度的训练,使身体得不到休息从而无法适应训练负荷时产生的一种心理生理状态。训练过度的人常常表现出:①总是感到疲倦但却睡不好觉;②不仅没有训练效果,而且成绩和表现还可能下降;③总是感到肌肉和关节的疼痛;④没有胃口;⑤没有或者缺乏训练动机;⑥总感到训练负担重等。过度训练实质上是一种心理生理机能的障碍,表现为运动员无法适应训练应激。

　　疲惫是指身体首次不能适应训练应激而产生的反应。如果运动员无法"度过"(fail to "train through")疲惫并对训练应激产生积极的适应,他就会体验到"过度训练"(Silva, 1990)。这些学者似乎认为疲惫和过度训练在概念上是类似的,只不过程度上有所不同罢了(在后面的图 15-4 中清楚地体现了这一观点)。

　　如果运动员持续对训练应激产生消极体验,缺乏训练效益,疲惫以及过度训练,就有可能遭受心理耗竭的折磨。心理耗竭也称身心耗竭或者崩溃,它是由于经常不能(或者完全不能,或者基本上不能)有效适应训练或比赛应激的要求而产生的一种耗竭性的心理生理反应(Silva, 1990; Smith, 1986)。

　　如表 15-1 所示,心理耗竭的主要症状包括了生理和心理两个方面。也有学者(Smith, 1986)认为,心理耗竭在心理和行为上表现为以下三个方面的特征:

　　第一,身体和情绪上的精疲力竭。表现为凡事漠不关心、没有活动、没有兴趣,也不信任别人。

生 理 症 状	心 理 症 状
1. 安静与锻炼时心率增高	1. 心境状态紊乱
2. 安静时收缩压增高	2. 生理、精神和情绪的疲劳感增加
3. 肌肉疼痛增加和长期肌肉疲劳	3. 自尊心下降
4. 血液中的应激生化指标增高	4. 人际关系质量的消极变化(玩世不恭、冷酷无情、丧失人格)
5. 失眠	5. 对日常应激的反应延长并消极堆积
6. 感冒和呼吸道疾病增加	
7. 体重减轻	
8. 最大有氧功率下降	
9. 肌糖原下降	
10. 性欲与消化功能下降	

引自 Cox, 1994，p. 378

第二，人格解体(depersonalization)。运动员变得没有人性(being impersonal)、没有感情(unfeeling)。这种对他人的消极反应，大部分是由于心理和生理上的耗竭造成的。

第三，成就感和自尊心降低，失败感和抑郁感升高。这种现象可从低工效或工作表现下降中表现出来。

运动员一旦体验到心理耗竭，那么退缩(withdrawal)基本上是不可避免的(Cox，1998；Weinberg & Gould，1999)。

二、心理耗竭的理论模型

探讨心理耗竭的理论模型，对于理解心理耗竭的原因及其与退缩的关系具有重要的意义。心理耗竭的理论模型大体上可以归纳为以下 4 种。

(一) 认知—情感应激模型

史密斯(Smith，1986)提出了一个 4 阶段、以应激为基础的心理耗竭模型，叫做认知—情感应激模型(cognitive-affective stress model)(图 15－3)。在该模型中，心理耗竭被理解为对长期的应激所作出的反应，表现为运动员在心理上、情感上乃至身体上不愿再从事先前从事和喜爱的运动。心理耗竭的产生过程可分为 4 个阶段。

第一阶段叫做情境要求(situational demands)。当运动情境对运动员提出很高的要求，而且这种要求大于运动员潜在的应对资源时(如，做超量的身体练习或者过于强调必须取胜)，运动员就会出现应激，进而导致心理耗竭。

第二阶段称为认知评估(cognitive appraisal)。它是个人对情境的解释和评估。假如评估者将应激情境看做威胁(如，一位足球教练员连输三场球后可能会变得紧张，担心自己"下课")，那么他就会因为应激反应而精疲力竭。

第三阶段是生理反应(physiological response)。如果评估者持续将情境看做是威胁，应激就会使他的身体产生变化，如紧张、易怒、疲劳(fatigue)。一般来说，心理耗竭的运动员觉得情

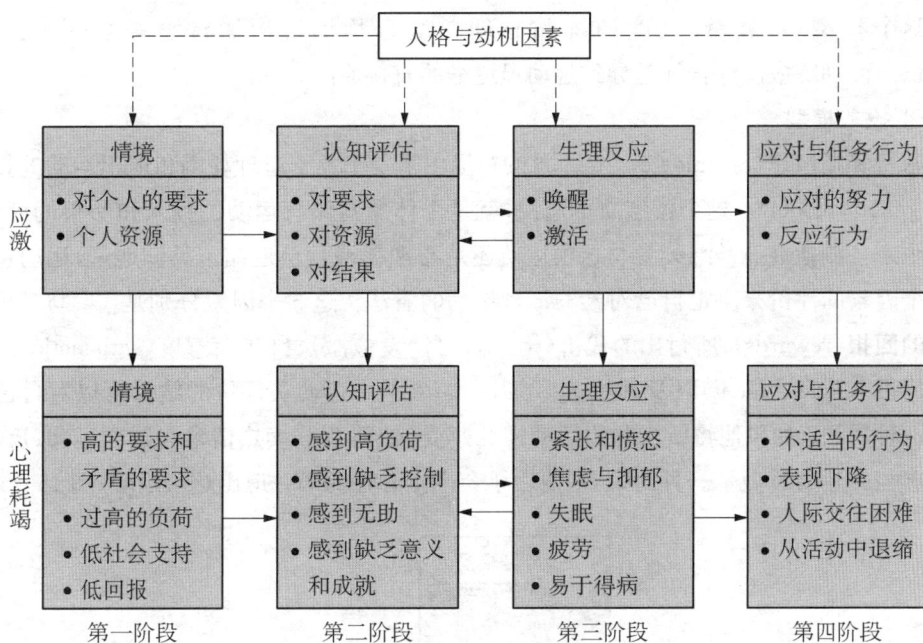

图 15-3　心理耗竭的认知—情感应激模式

引自 Cox，1998，p.369

绪已耗尽，很少有积极肯定的情绪，并且变得容易生病或昏昏欲睡等。

第四阶段是行为反应(behavioral response)。生理的反应导致一些应对与任务行为，如成绩下降，人际交往困难，乃至从所从事的运动项目中退出。这是心理耗竭的行为表现。

Smith 还认为，个人的人格和动机因素对运动情境的应激反应具有调节作用，也就是说，一个人独特的人格和内部动机常常决定他是否会产生心理耗竭。

（二）消极训练应激反应模型

席尔瓦(Silva，1990)提出的消极训练应激反应模型(negative-training stress re-sponse model)认为，对训练应激的消极反应，是产生心理耗竭的原因。如图 15-4 所示，为提高运动成绩或者增强运动表现而进行的训练或锻炼，势必产生训练应激。运动员或锻炼者对训练应激的积极适应，会产生训练效益；反之，对训练应激的消极适应则导致训练效益的滞后。由于缺乏训练效益，就会出现疲惫、过度训练和心理耗竭，进而导致运动员从所从事或者所喜爱的项目中退缩。

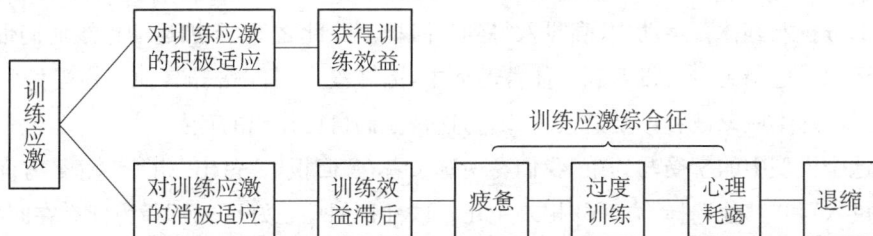

图 15-4　消极训练应激反应模型

改编自 Cox，1998，p.364

在这个模型中,疲惫、过度训练和心理耗竭合称训练应激综合征(training stress syndrome),而训练应激综合征是导致运动员退缩的直接原因。

（三）投入模型

施密特和斯坦恩(Schmidt & Stein,1991)提出了一个关于心理耗竭和退出运动的投入模型(investment model)。这个模型简单地说,就是个体参与体育运动的投入和所得的评价,可以分别用来预测他究竟是继续参与这项运动还是心理耗竭乃至退缩。具体地说,运动员是根据对5个因素的评价来决定自己对参与体育运动的看法。这5个因素分别是:参与某项运动所获得的回报(rewards)、所付出的代价(costs)(可诱发应激)、自我满意度(satisfaction)、时间和精力的投入(investment)以及其他选择(alternatives)。运动员评价的结果可以对自己的行为产生两种看法:如果他将所参与的运动视为享受,他就会继续热情参与这项运动;反之,如果将所参与的运动看做是一种约束,则他迟早会产生心理耗竭并退出这项运动(图15-5)。

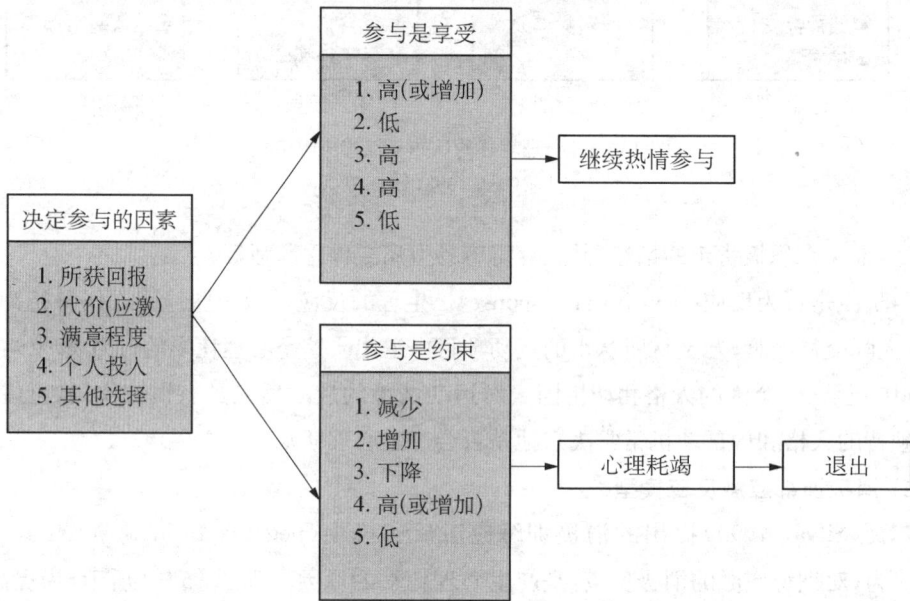

图 15-5　心理耗竭和退出的投入模型
改编自 Cox, 1998, p. 368

根据投入模型,运动员之所以喜欢运动,因为参与运动的回报高而其付出却相对低;运动员觉得参与运动付出的精力和时间值得,因为他们获得了参与运动的体验;他们将其生命中重要的一部分投入到体育运动中,高投入得到高回报。除此之外,参加运动也给他们带来满足感。虽然运动员把精力主要投入到了体育运动中,因此没有时间培养其他兴趣爱好和从事其他事业,但是,这不应该被看做是消极的,因为这是他们自己作出的选择。

比较这个模型中的享受与约束,我们发现这二者在"回报"、"付出"和"满意感"方面截然相反,但在"投入"和"其他选择"方面却相差无几。这种相似性正好可以解释为什么在回报、付出和满意感方面如此不同的情况下,运动员仍然继续参加体育运动。尽管在这种状况下训练的运动员没有从运动中获得享受,在他们眼里,训练枯燥无味,竞赛乏味无意义,运动和比赛是一种劳役和苦工,但他们仍然坚持了下来。这是因为他们的投入巨大,然而其选择其他活动的余地却很小,他们必须坚持下来。多年来他们为此投入了几乎全部的精力和时间,要放弃它不是一件轻而易举的事。也正是因为这个原因,这个模式才叫做"投入"模式。另一个原因是他们除了体育运动外,几乎别无其他选择。多年来他们全身心地投入体育运动,几乎没有时间和精力培养其他兴趣,因此很难发展体育运动以外的事业。

这种由于约束而参与体育运动的不健康状态不可能长期维持,因为运动员已开始感到心理耗竭。如果运动员不能妥善处理心理耗竭及其症状,他们会不顾一切地离开运动场。随着时间的流逝,这些人可能会逐渐培养其他兴趣爱好,减少对体育运动的投入,从而给自己的退出找到后路。

(四)单一认同的发展和外部控制模型

前面的模型大多强调心理耗竭原因是训练应激的产物,而且多是从个体角度出发进行探讨,但柯克利(Coakley,1992)认为,应激和个人原因固然重要,但是不能忽略社会因素对运动员特别是青少年运动员的影响。柯克利认为竞技运动的社会组织体系对青少年运动员造成的单一认同以及过多的外部控制,是运动员产生心理耗竭的社会原因。从这个意义上说,竞技运动的组织机构对此负有责任。

柯克利将心理耗竭做了如下定义:"一种以社会关系为基础的社会现象。青少年运动员通过这种关系认识到参加体育运动已成为他们个人发展的死胡同,他们再也不可能控制自己生活中的重要部分,他们因此而变得无所适从。"(272—273页)

在单一认同的发展和外部控制模型(unidimensional identity development and external control model)中,心理耗竭的产生有两个社会原因:一是运动员发展体育运动以外的才能的愿望无法实现;二是运动员感到自己在生活中的选择权几乎都被训练和竞赛所控制。这两个原因很可能导致他们心理耗竭,最终退出运动场。

柯克利指出,高度竞争的体育运动不允许青少年运动员发展正常的自我认同。他们没有足够的时间与不是运动员的同伴相处,因此他们对自己的认同几乎全部集中在运动中的成功上,而当他们受伤或失败时,随之而来的应激会使他们产生心理耗竭。此外,竞技运动的社会组织机构抑制了青少年运动员对生活的控制权与决定权:教练员和父母决定和控制了他们生活中的大部分事务,他们自己几乎无法自主选择发展方向,这些因素也导致运动员产生应激和潜在的心理耗竭。

当然,并非每个运动员在这种社会环境下都会产生心理耗竭。有些运动员并不感到疲惫可能是由于三个方面的原因:第一,运动员生活中的机会很少,他们不可能想象其他比体育运动更诱人的职业;第二,运动员由于参加体育比赛而获得了许多其他人无法得到的机会;第三,取得成功的运动员会得到很高的奖励,因而也受到各方面的限制,他们并未意识到其他更诱人的选择。

上述4个理论模型从不同的角度解释了运动员(包括锻炼者)心理耗竭的原因。这些模型的共同点可能是:都认为应激与心理耗竭之间有着十分密切的关系,是否产生心理耗竭取决于个人的认知评估;其不同点或许在于:认知评估的内容和角度有所不同,有人主张从训练学角度,有人主张从经济学角度,也有人主张从社会学角度进行评估。此外,需要指出的是,体育运动中的心理耗竭,并非运动员和锻炼者所独有,教练员、官员、科研人员、队医等所有体育运动参与者都有可能产生疲惫和心理耗竭(Weinberg & Gould, 1999)。

三、过度训练和心理耗竭的识别、干预与预防

(一) 过度训练与心理耗竭的识别

过度训练和心理耗竭的症状可以从运动员的身体和心理状态表现出来,因此,通过观察运动员的外部表现,可以对它们进行初步的判断。其主要临床症状如表 15 - 2 所示。

表 15 - 2　过度训练和心理耗竭的征兆和特征

过度训练	心理耗竭	过度训练	心理耗竭
情绪淡漠	低动机或活力	安静时血压升高	情感消极
昏睡	注意力不集中	胃肠功能紊乱	心境变化
失眠	失去比赛的欲望	疲劳消除的延迟	滥用药物
体重下降	凡事缺乏关心		价值观和信念的变化
安静时心率升高	失眠	没有食欲	情绪孤独
肌肉疼痛或酸痛	身心疲惫		焦虑升高
心境改变	低自尊		

引自 Weinberg & Gould, 1999, p. 443

因过度训练而产生的疲惫、心理耗竭是可以定量测量的。通过测量,能更准确地识别运动员是否过度训练,进而可以为相应的干预和预防措施提供参考依据。

1. 过度训练和心境状态

过度训练可能会影响运动表现和心境状态(mood state)。因此通过对心境状态的测量,可以间接地判断运动员是否因过度训练而疲惫。测量心境状态的知名工具是《心境状态量表》(the Profile of Mood States, POMS; McNair, Lorr & Dropple-man, 1971)。许多学者都曾使用该量表作为运动员训练和竞赛状态的监测工具(如,Morgan, Brown, Raglin, O'Connor & Ellickson, 1987; Raglin, Eksten & Garl, 1995; Raglin, Stager, Koceja & Harm, 1996)。其研究成果大体上有两个方面:第一,运动员在大运动量训练特别是训练时间过长时,心境状态的紊乱就会增加;运动负荷越大,心境状态的紊乱就会越大。第二,成功的运动员表现出理想的心境状态:高水平的精力感(vigor)和低水平的消极心境状态;过度训练的运动员表现出倒置的冰山剖面——消极的心境状态。

此外,德国学者凯尔曼及其同事(Kellmann & Guunther, 2000)用《运动员恢复—应激问卷》(Recovery-Stress Questionnaire for Athletes, RESTQ-sport)对参加 1996 年亚特兰大奥运会的德国划船运动员进行了应激和疲劳恢复状态的监测。结果表明,RESTQ-sport 是和POMS同样有效的过度训练检测工具。

2. 心理耗竭的测量

目前应用比较广泛的测量心理耗竭的纸笔测验是《马斯拉克心理耗竭量表》(Maslach

Burnout Inventroy，MBI；Maslach & Jackson，1981）。虽然它不是专为运动员编制的，但一般认为用它来测量心理耗竭还是可靠的。一些学者结合运动情境对 MBI 进行了修订，取得了一定的效果（Weinberg & Gould，1999）。此外，《伊德斯运动员心理耗竭量表》（the Eades Athlete Burnout Inventory，EABI；Eades，1991）是专为运动员编制的心理耗竭量表，这类专用量表的信度、效度还有待进一步的研究。

（二）心理耗竭的干预和预防

研究过度训练、疲惫和心理耗竭的目的是为了使运动员或锻炼者有效预防或摆脱这些问题。美国学者温伯格及其同事为此提出了以下 7 个方面的建议（Weinberg & Gould，1999）。

1. 设定比赛和练习的短期目标

设置具有诱因性质的短期目标让运动员来完成，不仅可以给运动员提供反馈使他们知道正确的方法，而且有助于提高长期的动机。短期目标的实现是一种成功，这种成功可以加强自我观念（self-concept）。而且特别重要的是，运动员在整个赛季中，从头到尾都应该有趣味性的目标。一个运动员的时间大部分是用在训练而不是比赛上，因此应该把有趣的目标整合在里面。例如，如果全队的训练已经很刻苦了，教练员可以说练习的目标就是为了好玩。他可以让一支足球队打篮球，或者让队员进行没有规则的比赛。这些活动使运动员获得了短暂的休息，而且避免了练习的单调性。同样，身体锻炼者要保持锻炼的规律性，就必须用短期目标使他们保持动机，并向他们提供关于自己进步的反馈信息，这样才能使他们不偏离长期目标。

2. 沟通

如果体育运动专业工作者能够建设性地分析自己的心理感受并与别人沟通，心理耗竭可能就会较少发生，而且即使发生了心理耗竭，其严重程度也会小一些。应鼓励教练员、运动员、官员、队医等把他们自己受挫折、焦虑及失望的感受表达出来，并向同事和朋友寻求社会支持。其实，应该建立和发展社会支持的网络，以便疲惫者可以在必要时有管道进行疏通。自我觉察、及早准备可能有助于防止心理耗竭的发生。

3. 放松与休息（暂停）

有时候，找点时间让自己从工作和压力中解脱出来，对精神和身体的健康都有好处。教练员可以减少运动员训练的强度和量，使他们的身心疲劳得以充分恢复，这对预防和治疗心理耗竭具有重要的作用。

4. 学习自我调整的技巧

可以让运动员学习一些心理自我调整技能，如放松、表象、目标设置以及积极的自我谈话等，可以减缓训练应激，防止心理耗竭。例如，许多心理耗竭的运动员常常牺牲家庭和个人生活，心理学工作者可以帮助他们设置时间管理目标，规定他们每天或者每周必须和家人在一起的时间，或者安排处理训练外个人事务的时间，这样有可能会避免心理耗竭。

5. 保持正面看法

有时候，运动员由于不能承受来自外部环境和舆论的压力可能会导致心理耗竭。例如，某知名射击运动员在奥运会前被大众和媒体寄予厚望，这种殷切的希望达到了"必须赢得金牌"的地步。摆脱这种压力的办法只有一个，那就是运动员保持积极的看法，将注意力集中在自己做得最好的地方,"我已经尽力了","我已经做得很好了"。保持积极看法的意义在于使运动员专注于自己可以控制的事物,而不为自己所无法控制的东西所牵制。为了达到这一目的,有时候可以考虑向能给自己提供社会支持的人(如同事、朋友等)寻求帮助,以保持正面看法。

6. 处理赛后情绪

比赛结束后,运动员可能会因为失利或者发挥不好而产生消极情绪(如,痛苦、沮丧、情绪消沉、恐惧和退缩等)。这些消极情绪也是导致心理耗竭的原因。为此,汉斯金(Henschen,1988)给教练员提出了一些建议,希望他们帮助运动员减缓赛后的压力。这些建议是:

(1) 比赛后立即提供支持性气氛;

(2) 注意队员的情绪,而不是你自己的情绪;

(3) 尽量在赛后与队员们在一起,而不是和收音机、电视机在一起;

(4) 对每个队员的表现进行非情绪化的、现实的评价;

(5) 和每个队员谈话,包括那些没有上场比赛的队员;

(6) 队员们更衣后,就和他们做集体活动(如,赛后放松餐、游泳、打保龄球、看电影等);

(7) 让队员们远离那些出于好意,但问个不停的同伴或家长;

(8) 不要让队员为胜利而沾沾自喜,或为失败而沮丧难过;

(9) 开始为下一个对手做好下一个练习。

7. 保持良好的身体状况

身体和心理是相辅相成的,身体状况会影响心理状态,反之亦然。长期的应激会反映在身体上,因此,通过控制饮食和锻炼来照顾好自己的身体是非常重要的。饮食不当,体重增加或体重下降太多,不仅降低自尊心和自我价值感,也会增加心理耗竭的症状。当运动员感到自己处于高应激状态时,应特别注意保持良好的身体状况,以使自己的心理状态保持最佳。

本章提要

1. 运动损伤的直接原因固然是身体和生理的原因,但心理因素也可能是造成运动损伤的重要原因。导致运动员受伤的心理因素很多,而且比较复杂。根据威廉姆斯和安德森(Williams & Andersen,1998)提出的应激与运动损伤关系的理论模型,运动损伤的主要心理原因包括应激反应、人格因素、应激源史、应对策略的资源等4大因素。此外,动机和心理准备也是引起运动损伤的心理原因。

2. 在威廉姆斯和安德森的理论模型中,应激反应是造成运动损伤的最直接原因,其余因素均属调节变量。应激反应之所以成为运动损伤的最直接原因,是因为①它瓦解运动员的注意力,造成注意狭窄或注意分散;②它使运动员的肌肉紧张度不适当地增加,从而妨碍正常的动作协调性。

3. 多数受伤的运动员会在消极的认知评估的基础上产生应激反应和失落感,表现出悲伤、消沉,并伴有紧张、恐惧、惊慌、愤怒、沮丧和焦虑等反应。这些情绪反应与即将面临死亡的病人体验到的悲伤反应相类似,悲伤反应过程大多经过否认—愤怒—讨价还价—抑郁—接受与改造等5个阶段。

4. 近期的研究表明,运动员对损伤的反应未必都要刻板地经过5个固定的悲伤反应阶段,每个运动员都有其独特的对待伤痛的方式;Udry等学者(1997)主张更灵活、概括地分析负伤后的情绪反应,这些情绪反应大体上可以概括为:①与伤病有关的信息加工;②情绪的剧变及相应的行为反应;③积极的看法与积极的应对等三个方面。

5. 受伤后的运动员还可能表现为:①丧失认同感;②恐惧和焦虑;③缺乏自信;④运动表现下降等。

6. 为促进运动损伤的康复,专业人员应更多地使用整体治疗手段从身心两方面加速康复过程。其中康复中所使用的心理手段包括:①与受伤的运动员建立亲密的关系;②传授损伤与康复过程的知识;③教会特殊的心理应对技能;④教会怎样应对伤病的复发;⑤建立社会支持;⑥向其他受伤的运动员学习等。

7. 如果将过度训练定义为"运动员在一个短训练周期内,运动负荷接近或等于其个人所能承受的最大身体负荷的训练方式",将疲惫定义为"一种由于过度训练引起的生理状态,表现为竞技准备状态的恶化",则过度训练是一个过程,疲惫是这个过程的结果,即过度训练导致疲惫。

8. 如果将过度训练定义为"由于持续大量或大强度的训练,使身体不得休息从而无法适应训练负荷时产生的一种心理生理状态",将疲惫定义为"疲惫是指身体首次不能适应训练应激而产生的反应",则过度训练和疲惫都是一种无法适应训练应激的状态。持这种观点的学者认为疲惫发生于过度训练之前,两者只是程度的不同。

9. 心理耗竭也称身心耗竭,或者崩溃,它是由于经常不能(或者完全不能,或者基本上不能)有效适应训练或比赛应激的要求而产生的一种耗竭性的心理生理反应。心理耗竭包含有明显的生理和心理症状,其中心理症状主要有:①心境状态紊乱;②生理、精神和情绪的疲劳感增加;③自尊心下降;④人际关系质量的消极变化(玩世不恭、冷酷无情、丧失人格);⑤对日常应激的反应延长并消极堆积等。运动员一旦体验到心理耗竭,就很容易从所从事的运动项目中退缩。

10. 探讨心理耗竭的理论模型,对于理解心理耗竭的原因及其与退缩的关系具有重要的意义。心理耗竭的理论模型大体上可以归纳为以下4种,即:①认知—情感应激模型;②消极训练应激反应模型;③投入模型;④单一认同的发展和外部控制模型。

11. 过度训练和心理耗竭的症状可以从运动员的身体和心理状态表现出来,因此,通过观察运动员的外部表现,可以对它们进行初步的判断。温伯格和古尔德(Weinberg & Gould,1999)认为,过度训练的临床症状包括:①情绪淡漠;②昏睡;③失眠;④体重下降;⑤安静时心率升高;⑥肌肉疼痛或酸痛;⑦心境改变;⑧安静时血压升高;⑨胃肠功能紊乱;⑩疲劳恢复的延迟;⑪没有食欲等。心理耗竭的临床症状包括:①低动机或活力;②注意力不集中;③失去比赛的欲望;④凡事缺乏关心;⑤失眠;⑥身心疲惫;⑦低自尊;⑧情感消极;⑨心境变化;⑩滥用药物;⑪价值观和信念的变化;⑫情绪孤独;⑬焦虑升高等。

12. 对过度训练的定量测量是通过使用心境状态的监测量表来实现的,已知的监测工具有《心境状态量表》(POMS)和《运动员恢复—应激问卷》(RESTQ-Sport)等;对心理耗竭也可以通过量表加以测量,已知的量表有《马斯拉克心理耗竭量表》(MBI)和《伊德斯运动员心理耗竭量表》(EABI)等。其有效性还有待继续研究。

13. 为了干预和预防心理耗竭,美国学者温伯格等提出了 7 点具体建议,它们是:①设定比赛和练习的短期目标;②沟通;③放松与休息(暂停);④学习自我调整的技巧;⑤保持正面看法;⑥处理赛后情绪;⑦保持良好的身体状况。

关键术语

应激—损伤模型,悲伤反应过程,训练应激,过度训练,疲惫,心理耗竭(身心耗竭/崩溃),认知—情感应激模型,消极训练应激反应模型,投入模型,单一认同的发展和外部控制模型

复习思考题

1. 什么是威廉姆斯和安德森的应激—损伤模型? 怎样评价这一模型?

2. 应激反应是怎样导致运动员或锻炼者受伤的?

3. 试分析运动员受伤后的一般情绪反应。

4. 假如你的队友(或队员)严重受伤,你应考虑做哪些事情促进他的康复?

5. 什么是训练应激、过度训练、疲惫和心理耗竭? 它们之间的关系如何? 心理耗竭的运动员一定会产生退缩行为吗?

6. 心理耗竭的理论模型有哪 4 个? 请比较它们之间的异同。

7. 过度训练和心理耗竭有哪些临床症状?

8. 怎样监控训练状况,防止过度训练?

9. 怎样定量测量心理耗竭?

10. 怎样预防心理耗竭?

推荐参考读物

1. 季浏(1995):心理社会因素与运动损伤。见季浏、符明秋(著)(1995):当代运动心理学。重庆:西南师范大学出版社。该章简明扼要地讨论了运动损伤发生的心理社会因素以及帮助运动员康复的心理学手段,并介绍了该领域的一些实证研究,对于有志于运动损伤心理康复领域研究的学者具有较好的启发作用。

2. 考克斯(张力为、张禹、牛曼漪、江晓梅译,2003):运动心理学——原理与应用。第二十五章:运动员的心理耗竭。北京:清华大学出版社。该章详细地介绍和讨论了运动员的训练应激、疲惫、过度训练以及心理耗竭问题,对心理耗竭的理论模型介绍得十分具体,有助于读者深刻理解心理耗竭的本质和运动员退出专项运动的心理原因。

3. Weinberg, R. S. & Gould, D. (1999). Foundations of Sport and Exercise Psychology

(2nd ed.). Chapter 19：Athletic injuries and psychology. Chapter 21：Burnout and overtraining. Champaign，IL：Human Kinetics. 这两章分别对运动损伤与过度训练的心理学问题进行了比较详尽的介绍和探讨，写作风格上比较注重通俗性，在简要介绍理论和概念的同时，提供了一些案例，而且其根据原理所推荐的应用措施较为具体，可操作性强。

第十六章　兴奋剂使用的心理分析

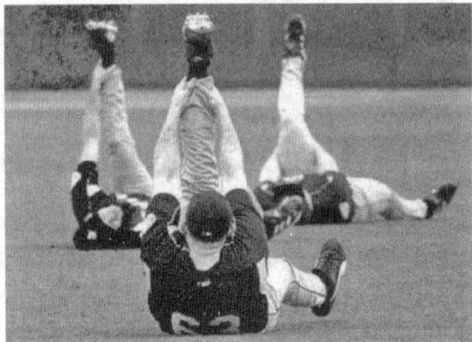

插图 16-1　不使用兴奋剂也能创造优异成绩

在竞技运动中使用兴奋剂的行为，不仅在道德、法律和医学伦理上存在严重的问题，而且由于运动员的榜样作用，这种行为正在全社会特别是青少年中蔓延，在世界各国已经或正在形成严重的社会问题。虽然国际体育组织以及各国政府对兴奋剂的打击措施日趋严厉，但却收效不一。本章将在分析兴奋剂对神经系统、心理及行为的不良影响的同时，探讨运动员和青少年使用兴奋剂和娱乐性药物的原因，以及帮助运动员远离兴奋剂的心理策略。

第一节　兴奋剂的种类及作用

一、兴奋剂和使用兴奋剂

兴奋剂（dope），全称"运动兴奋剂"，它是国际体育组织规定的禁用药物和方法的总称。其主要特征是可以通过训练外手段提高运动成绩，并对运动员的身体健康造成危害。

国际奥委会医学委员会对使用兴奋剂（doping）所下的最新定义为：为提高运动成绩而使用某种对运动员健康具有潜在危害的临时性物质或方法；或者：运动员体内出现了某种禁用物质，或有证据表明其使用了某种禁用物质或方法的均被视为使用兴奋剂（IOC Medical Commission，2000）。从上述定义可以看出，使用兴奋剂包括①使用属于禁用药物类的有关物质；②使用各种不同的禁用方法（曾凡星，1998）。

二、兴奋剂的主要类别

虽然从医学的角度，可将兴奋剂分为刺激剂、麻醉剂、镇静剂、合成类固醇、利尿剂、掩盖剂、肽类激素等,但从兴奋剂使用者的目的来看,兴奋剂主要可以分为两类,即表现增强性药物*(performance enhancing drugs)和娱乐性药物(recreational drugs)(Weinberg & Gould,1999;如刚彦、邢建辉,2000)。前者用来提高运动成绩,后者则用来产生快感或幻觉,满足好奇心或逃避生活现实等。

表现增强性药物的主要类别和作用如表16-1所示。

表16-1 运动中表现增强性药物的主要类别及作用

药物类别	定义或用途	增强运动表现的作用	副作用
刺激剂	提高警觉性、降低疲劳并可能增加竞争力和敌对性的各种药物	降低疲劳,提高警觉性、耐力以及攻击性	焦虑,失眠,心跳加速,血压升高,脱水,中风,心律不齐,心理问题,死亡
镇痛麻醉剂	通过心理刺激镇痛的各种药物	降低疼痛	瞳孔收缩,口干舌燥,四肢沉重,皮肤瘙痒,抑制饥饿,便秘,注意力涣散,困倦,产生恐惧与焦虑,对药物产生生理和心理的依赖性
类固醇	男性荷尔蒙睾酮的衍生物	增加力量和耐力,提高训练和竞赛的心理态度,加速训练和恢复	肝病和早期心脏病的危险性增加,攻击性增强,协调性丧失,产生各种性别问题如男性不育、女性男性化等
β-阻断剂	用于降血压、降心率并阻断对刺激物的反应能力的各种药物	在如射击类的项目中镇定神经	心动过缓,心力衰竭,低血压,头晕,抑郁,失眠,身体虚弱,恶心,呕吐,抽筋,腹泻,支气管痉挛,麻刺感,麻木和淡漠
利尿剂	用来帮助从组织中排除液体(增加排尿)	临时性体重下降	胆固醇水平升高,胃部不适,头昏眼花,血液紊乱,肌肉痉挛,身体虚弱,心脏功能下降,有氧耐力降低
肽类激素及其类似物(如,人类生长激素)	人工设计的化学成分或效果类似于身体内源性药物的化学药物	增强力量、耐力,促进肌肉生长	促进器官发育,诱发肢端肥大症、心脏病、甲状腺疾病和月经失调,降低性欲,缩短寿命

引自 Weinberg & Gould,1999,p. 425

娱乐性药物也称社会性药物(social drugs)或街头药物(street drugs),是人们寻找并用来产生精神愉悦的物质(Weinberg & Gould,1999)。使用者可能是用它来逃避精神压力,与用药的朋友们相融或者寻求一种远离现实、置身虚幻的激动和兴奋。常见的药物包括酒精、可卡因(cocaine)、大麻(marijuana)、无烟性烟草(smokeless tobacco,ST)以及摇头丸等。常见的娱乐性药物及其副作用如表16-2所示。

---

* 本章为表述方便,所用"药物"一词既包括服用的药物,也包含使用的方法。

表 16 - 2　常见的娱乐性药物及其副作用

药物	副 作 用	
酒精	情绪急剧变化	感情爆发
	欣快感	失去抑制能力
	虚假信心	肌力减弱
	反应时放慢	反应时下降
	深度知觉歪曲	头晕
	难以保持警觉	肝脏损坏
	行动速度下降	耐力下降
大麻	困倦	警觉下降
	手眼协调能力下降	心率加快
	血压升高	记忆力丧失
	视觉歪曲	反应时放慢
	躯体表现能力下降	脑力下降
可卡因	生理与心理的依赖性	可能死于血液循环问题
	力量增加	暴力情绪波动
	头晕	反应时下降
	血压快速波动	呕吐
	焦虑	深度知觉歪曲
		产生幻觉

引自 Weinberg & Gould, 1999, p. 426

从病理学和心理学的角度看,兴奋剂的副作用不仅是危害身体健康的问题,而且造成心理和精神失调。还可以看到,娱乐性药物与毒品关系密切,在西方,除了运动员使用兴奋剂之外,社会上兴奋剂和娱乐性药物的使用也十分普遍。例如,一项研究(Stronski, Ireland, Michaud, Narring & Resnick,2000)对瑞士 9 268 名 15—20 岁的中学生进行了问卷调查,发现其中 23%的人有使用大麻的经验,1.1%的人除使用大麻外还使用其他违法药物。另一研究(Zoccolillo, Vitaro & Tremblay, 1999)对加拿大魁北克省的 1 808 名青少年(14.2—17.8 岁)进行了调查,结果发现近三分之一的人曾使用非法药物 5 次以上!几乎所有的被试都认为使用最多的是大麻,其次是迷幻剂。由此可以看出娱乐性药物在社会上特别是在青少年中的泛滥趋势。

从社会学的角度看,运动员使用兴奋剂不仅是在冒健康和生命的危险,也是对医学道德、社会道德、法律以及公平竞争的体育精神的挑战。将不适当的物质、用不正常的计量或不正常的方式输入本来健康的人体,这种行为本身违反了医学道德;用欺骗的方法来获取不正当的利益,这种行为本身违背了社会道德或法律;用非训练手段谋取竞争优势,这种行为改变了体育运动的本质,破坏了奥林匹克运动在人们心目中的神圣地位,破坏了公平竞争的体育精神。这种行为的结果,势必造成运动员之间的相互猜忌和不信任;毒化社会风气特别是毒害青少年;违禁药物所产生的副作用还可能使人产生反社会行为,从而危害社会。

三、兴奋剂对神经系统的影响

兴奋剂的药理作用及其对人体其他器官、系统的影响并非心理学领域的问题，而且在其他学术专著中都有论述，这里仅讨论兴奋剂对神经系统以及心理、行为的影响。

促蛋白合成类固醇（AAS）对人的神经系统的生长和功能都有影响。雄性激素直接作用于人的大脑，在早期发育阶段，雄性激素参与并帮助组织与行为有关的神经通路；对成年人，则能通过不同的神经通路来激活早先已形成的行为。有研究（Stumpf & Sar, 1976）表明，雄性激素会选择地刺激与攻击性有关的运动系统通路的神经元，导致人产生攻击行为。

AAS对中枢神经系统具有兴奋作用。研究者已经定量化地确认了AAS与一些行为效应如提高心理激活度、改善心境、增强记忆与注意集中能力、减轻疲劳感觉等在生理学上的相关（Itil, Cora, Akpinar, Herrmann & Patterson, 1974）。长期的或过量的兴奋性刺激势必损害中枢神经系统自身的调节机能，甚至危害生命。

肌肉力量增长也至少可部分地归因于神经因素，包括神经传导水平的变化等。已发现的雄性激素通过一定方式调节神经与神经肌肉的功能这一现象，就支持了增力效应机制上药物所起重要作用的观点（Wilson & Griffin, 1980）。然而，ASS之类的激素对人体大肌肉及小肌肉力量的发展作用并不平衡，大肌肉发展快，小肌肉发展慢，这样会导致人的协调性下降，肌肉运动感觉下降，往往会导致肌肉或韧带的严重受伤。临床上常常发现有些运动员的非专项肌肉严重受伤，其原因可能与滥用ASS类药物有关。

一些药物虽然能提高运动员的某些机能状态，但许多科学家与研究者相信，通过大量服用兴奋剂来挖掘身体潜能的办法超过了自己的生理和心理极限，长期使用会使一个人的生物资源耗尽，带来危及生命的后果。

长期使用药物会破坏人体正常的神经—内分泌功能和心理状态，导致一些与神经—内分泌有关的疾病。有研究表明（ISSP, 1993），使用合成类固醇药物会引起诸如背部疼痛、睾丸萎缩、脱发、视力模糊、心脏杂音等一系列身体方面的问题。

四、兴奋剂对心理及行为的影响

有关药物对心理及行为的影响，心理学工作者已做过一些初步研究。一项研究对41名自愿接受访谈性诊断的AAS使用者用DSM—III—R标准进行的研究发现，5名被试（12％）有明显的精神病征兆，4名（10％）有不太明显的精神病征兆，5名（12％）遇事心情狂躁，9名（22％）被试在服药期间情绪症状很明显。由于被试获得的困难性（该研究中41名被试都是看到广告自愿来参加实验的大学预科生），这一研究结果的代表性或推广性尚有一定的问题（姒刚彦、邢建辉，2000）。

另一研究（Perry, Andersen & Yates, 1990）使用《人格紊乱问卷》（PDQ）、《心理健康临床症状自评量表—90》（SCL—90）以及《诊断性访谈调查表》（DIS）对20名使用合成类固醇药物的职业与非职业举重运动员进行了检查。SCL—90的调查结果：95％的被试在敌意与攻击性方面，70％的被试在抑郁与妄想症方面，65％的被试在精神病特征方面，承认自己在药物使用期间是增加了；PDQ的调查结果：与20名未服用药物的举重运动员的控制组比较，用药者表现出更多的人格失常现象,虽然在个体比较上,用药者与未用药者之间未出现显著性差异,但两组之间比较,药物使用组表现出更多的负性症状;DIS的检查未能在精神病症状方面区分出两组运动员的差异。

还有一项研究(Lafavi, Reeve & Mewland, 1990),使用《多维愤怒量表》(MDAH)和《类固醇症状量表》(SSS),对男子健美运动员进行了调查。被试中有13名类固醇使用者,14名未使用者和18名以前使用者。结果发现,类固醇药物的使用与愤怒情绪有关,这种愤怒强度大,持续时间长,而且使用者对他人表现出更多的敌意态度。

在多数情况下,合成类固醇药物使用者相信使用药物要比单独训练效果好,他们也会进一步相信大剂量持续用药会获得更大的效果(Alen & Hakkinen, 1985;Alen, Rahkila, Reinila & Reijo, 1987)。使用者一旦停止用药,肌肉的体积与力量就会戏剧性地消退,这种结果的出现加上药物使用者的心理状态,会迫使他们去重新服用药物,这就造成了所谓的消极迷瘾(negative addiction)行为。

总之,长期使用兴奋剂会导致心理上的一系列问题,这些问题可以在认知、情感以及行为三个方面表现出来(姒刚彦、邢建辉,2000)。

专栏 15-1

使用兴奋剂的代价

莱尔·阿尔扎多(Lyle Alzado)是20世纪70—80年代美国国家橄榄球联盟(National Football League, NFL)的球星。1991年,42岁的阿尔扎多被诊断出患有大脑淋巴瘤(癌),这使他这位昔日在球场上叱咤风云的人物感到异常的渺茫和恐惧。他在去世前给《体育画报》(Sports Illustrated)记者的口述中,承认自己为了在比赛中取胜而长期滥用类固醇和人类生长激素。

他说:"我撒谎了!我对你们撒了谎,我对自己的家庭撒了谎,我多年来对许多人说我没有使用过类固醇,而事实上我自1969年开始使用类固醇,到1985年退役就从来没有停止过。我根本停不下来,后来更糟糕的是我还同时使用人类生长激素。我固执己见,一意孤行,对这么多人的劝阻我都置若罔闻。现在,我病了。我得了癌症——大脑淋巴瘤——我正在为生存而战斗。""每个人都知道我是一个多么健壮的汉子。我从未惧怕过任何人、任何事情。然而,当3月份的一天我在医院里醒来时,他们告诉我说,'你得了癌症'。癌症!癌症是什么?我所知道的一切就是自己的身体竟如此虚弱。我也曾经历过球场上所有的战争:我曾经体壮如牛,我曾经是一个巨人。而现在,我病了,我害怕。"(p. 21)

阿尔扎多在他的叙述中,讲述了兴奋剂使他产生的难以置信的情绪骤变:他在赛场内外都变得无情、好斗和凶暴。他在临终遗言中坦言:"(兴奋剂)这东西令人上瘾,使人精神上上瘾!我简直到了不用它就觉得自己不强壮的地步。"(p. 24)

编译自 Cox, 1998, p. 379; Alzado, 1991, pp. 21—24

第二节　使用运动兴奋剂的原因

　　尽管国际奥委会的反兴奋剂态度十分明确,但国际体育界长期以来就存在着相反的声音:即认为可以干脆放开使用兴奋剂,对所有运动员而言,这也不失为一种公平。1989年春,本·约翰逊的医生乔·阿斯坦芬在接受加拿大新闻通讯社的采访时,就曾公开向全世界呼吁,让运动员自由使用兴奋剂。这又一次在国际体坛掀起了一场对兴奋剂是禁止还是开禁的争论。争论双方提出了下述主要观点(如刚彦、邢建辉,2000)。

　　反对兴奋剂开禁的观点是:①兴奋剂的使用是不健康的,在道德上是不正当的;②兴奋剂的使用打破了"公平竞争"原则,因此它是不公正的;③如果知道别人不使用兴奋剂的话,每一个运动员都是乐意放弃使用的;④药物控制能够阻止兴奋剂的使用并能保护运动员;⑤平时训练中的药物控制能够保护运动员,防止在比赛时出现恶性意外;⑥如果实行药物开禁的话,将少年儿童引入使用兴奋剂的危险会大大增加;⑦药物开禁也将会使兴奋剂使用领域扩展到大众体育与闲暇体育,并为用于特定目的的人类基因技术操纵的可能性创造条件。

　　赞成兴奋剂开禁的观点是:①迄今为止并没有明确的证据表明恰当的药物使用所带给健康的风险要超过它所带来的好处;②药学物质的使用属私人事务,只由个人自己负责;③如果一个社会中烟、酒等消费物质不是禁物的话,兴奋剂也不能被禁用;④如果人们对在药物影响下获得的艺术成就持赞赏态度的话,也就不应谴责在兴奋剂帮助下取得的运动成就;⑤已有的药物控制并不能阻止兴奋剂的滥用,相反,它只会激起更难以控制的使用;⑥总有一些运动员能找到途径与方法来躲开药物控制,这反而加剧了机遇的不平等;⑦用于实施药物控制而投入的费用,可以更好地用来进行使兴奋剂成为无用物质的研究;⑧如果每个人都由自己决定是否使用兴奋剂,对所有人来说也是公平的。

　　尽管存在着上述争论,但现今国际体育界的主流是坚决禁用兴奋剂。国际运动心理学会(ISSP)也在1993年公开表明了其反对兴奋剂使用的明确态度。

　　在竞技运动中使用兴奋剂的原因,应该从社会环境、身体需要以及心理和行为原因三个方面去考虑。

插图 16-2　国际奥委会反兴奋剂运动的代表梅罗德亲王(左图)和庞德先生(右图)

一、社会环境原因

（一）社会历史原因

从社会历史的角度来看，运动兴奋剂的迅速发展与当代社会政治、经济、文化、科技的大背景有密切联系。它始于以美国和苏联为首的东西方两大政治、军事集团的对抗；随着社会经济文化的发展、科技的进步以及现代竞技运动竞争的日趋激烈化而发展。它是现代竞技运动发展到一定阶段的特定产物。

从政治、军事的角度看，二战结束后，以美国和苏联为首的东、西方两大集团的政治军事对抗，使体育成了政治斗争的一种工具。双方都欲通过体育来显示自己的更强盛、更完美。

从科技发展的角度看，20世纪60年代发生了一场"药物学革命"，人们对于更有效、更有选择性且较少副作用的药物的寻求，促进了改变人体生化、生理、心理机能的药物大量出现。

从奥林匹克运动自身的发展看，当代奥林匹克运动正受着商业化与政治化的冲击，使运动员面临巨大的竞争压力。运动员提高运动成绩以获得更大经济和社会利益的迫切需求，以及现代科技改变身体机能的有效作用，这种供需关系促进了一个独特的药物市场的形成（姒刚彦、邢建辉，2000）。

而上述三个方面所有现象的实质，是各方对政治、经济利益和个人名利的追逐。因此，利益是卷入运动兴奋剂浪潮的所有人类行为的原始动力！

所以，使用运动兴奋剂的行为不是偶然的，它是体育被不良政治扭曲后的畸形儿，是竞技体育职业化和商业化的污染物，是现代科学技术在体育领域中的一具怪胎，是奥林匹克竞技本质异化的必然结果（卢元镇、毛志雄、崔富国、倪依克、郭泰伟、刘华平等，1999；易剑东，1997）。

（二）微观社会环境

我国学者姒刚彦、邢建辉（2000）指出，微观社会环境的消极影响对运动员使用兴奋剂的行为起着推波助澜的作用。这种作用主要表现在两个方面：

1. 榜样作用（example's effect）

榜样对人的行为的改变起着暗示或导向作用，观察者往往依据榜样的活动方式来调节或改变自己的活动方式。一个运动员因服用某种药物（兴奋剂）而取得了某种好成绩的事情一旦被传出，其他运动员势必会得到启迪并加以效仿，这在一些热望达到更高水平的运动员或技能水平较低的运动员中表现得比较明显。他们在"既然药物对人的危害并不是多得不得了，它不会伤害到我的"这种侥幸心理支配下，为达到自己的目的，开始服用兴奋剂。这样，由于兴奋剂的使用，体育运动的"公平竞争"原则便在一定程度上遭到了破坏，基于自身对运动的认知，一些因别人服用兴奋剂而失去心理平衡的运动员也开始被动使用兴奋剂。

2. 社会压力（social pressure）

一些运动员通过服用兴奋剂取得了好成绩，给自己和教练员、队友带来了荣誉，满足了成就感和某些需要，兴奋剂便成为为团体争光的一种工具。所以，一些同伴、教练和体育领导部门也就默许了兴奋剂的使用。此外，兴奋剂的积极作用如提高自信，降低疲劳、紧张，调节生理、心理状态等被使用者和支持者所接受或强调，并可能给运动员或其周围人带来益处，也使得一些人忽略了兴奋剂对人体可能产生的危害。这样，兴奋剂使用就在社会上得到了一定程度的支持，这也为兴奋剂的使用和发展创造了一定的条件。

此外，教练、父母、新闻媒介和同伴们都有意无意地"以成败论英雄"，也会给运动员造成社会压力，促使他们不惜一切代价地去创造优异成绩。其中一些运动员就会选择使用兴奋剂这种非法手段来获得不正当的利益。

二、身体的需要

（一）减轻疼痛

激烈的竞争和日益加大的训练负荷，使运动员不可避免地出现各种伤痛。运动员需要减轻疼痛，以便承受更大的训练负荷，或在比赛中少受伤痛的干扰，表现得更加勇猛顽强，发挥更加出色。而一些药物，如吗啡（morphine）等麻醉剂，恰恰可以满足这方面的需要。这类药物的作用机理是提高痛觉阈限，增加耐受性，以使使用者能承受更高强度或难度的大运动量训练。它们虽有镇痛及产生欣快情绪的作用，但久用会成瘾，并会对身体产生损伤。有些运动员为了提高运动成绩或实现某种目标，不惜滥用这类药物来降低自己的疼痛感受，或者从心理上应付伤痛造成的身体不适（姒刚彦、邢建辉，2000；Weinberg & Gould，1999）。

（二）加速损伤和疲劳恢复

一些药物能促使运动损伤加速恢复，或者促进运动后身体机能的迅速恢复。部分运动员为使自己在运动后身体机能恢复得更快，或者能在受伤后尽快重返赛场，或者由于害怕失去主力位置而服用这些药物。但这些药物的过量服用会对人体产生副作用，故属违禁药物（姒刚彦、邢建辉，2000；Weinberg & Gould，1999）。

（三）调节能量与激活水平

一些药物，如促蛋白合成类固醇药物和苯丙胺（安非他明，amphetamine）等，能帮助提高人体能量，同时使运动员保持较兴奋的情绪状态，故被一些需较高激活水平和能量动员水平的运动员所采用。另一些药物如 β 受体阻断剂（(β-blockers)等则能降低人的激活水平，使人情绪稳定、轻松，对高尔夫球、射击等项目的运动员比较适宜。所以，本来用于防止高血压等病的药物被某些运动员所服用，以提高运动成绩（姒刚彦、邢建辉，2000；Weinberg & Gould，1999）。

（四）控制体重

一些以体重分级的运动项目的运动员在比赛前采用一定的方法来减轻体重，以维持或改变参赛级别。在控制体重过程中，如用蒸汽浴等合法的手段尚属自然，但服用利尿剂，通过大量排尿来降低体重的方法则属服用兴奋剂。

三、心理的需要

现代竞技运动的激烈竞争，要求运动员随时保持或者尽快进入良好的竞技状态。然而，这对每个运动员来说都是难以做到的。竞技状态除了身体状态之外，还有心理状态，而兴奋剂可以直接或间接地影响人的心理状态。这也是运动员选择使用兴奋剂的心理需要。使用兴奋剂的主要情绪原因有以下几点（姒刚彦、邢建辉，2000；Anshel，1993）。

（一）惧怕失败

在不惜一切代价一定要赢的心理定势下，以及出于对对手竞技能力的焦虑，对观众的恐惧，对损伤的恐惧，对教练、父母和朋友的期望能否实现的担忧等等，使得一些运动员非常惧怕失败。这种情况在强烈需要成功的运动员身上表现得十分明显。为防止失败，他们开始服用兴奋剂。

（二）提高自信心

有些运动员常对自身的竞技能力持怀疑态度，为提高自信心，他们开始服用兴奋剂。有调查（Feltz，1988）发现，对自身竞技能力缺乏自信的运动员更趋向于服用兴奋剂。此外，由于睾丸酮等药物能使人体显得更健壮，一些青少年运动员为提高自信心开始服用药物，使自身躯体更接近成人水平，进而提高自信。

（三）超人情结

超人情结（superman complex）是指为了保持体格健壮、运动能力超群的自我形象而不惜代价，甚至产生强迫观念或强迫行为的心理倾向。一些已取得成绩的运动员没有认识到兴奋剂对人体产生的潜在危害，只看到了兴奋剂对人体产生的积极影响。为了保持自己的健壮体格、运动能力和现有地位，使自己成为"超人"，一意孤行，继续服用兴奋剂。特别是一些青少年运动员，由于他们特殊的心理年龄阶段，考虑问题一切以自我为中心，为保证自己成为"超人"，便开始冒险服用兴奋剂以满足自己的能力感和神圣感。

（四）追求完美

一些持完美主义观念的运动员对自己现有的成绩永远不会满足，为保证别人对他们的赞扬，他们把自己设计得尽善尽美，以至于连他们自己都区别不清什么是理想，什么是现实，沉醉于服用兴奋剂给他们带来的"成就"上，以争取一个完美自我的存在。

（五）安慰剂效应

安慰剂效应（placebo effect）是指由于错误认识而产生的对兴奋剂的心理依赖。部分运动员服用兴奋剂在一定程度上是基于他们对兴奋剂的错误认知，认为只有服用兴奋剂才能提高运动成绩。有研究者（Pomeranz & Krasner，1969）用握力计对 36 名男女被试做过一次试验，结果发现，预先告知已服用有效药物的运动员在力量耐力方面明显优于对照组运动员。兴奋剂对运动员的安慰剂效应还具体表现在降低焦虑、提高兴奋性、调节运动员的心情及适应情境、影响对结果的归因解释等方面（Ross & Olson，1981）。由此可见，兴奋剂的使用虽然显著性地影响了运动员的生理过程，但它在影响运动成绩的效应上，更依赖于心理。这一点要比人们想象的更为严重。

（六）个人成就动机（individual achievement motivation）

竞技运动最能体现人追求成就的强烈欲望。而对于运动员来说，竞技运动综合了他们的身体、心理、技能等方面的素质和潜力。而且社会舆论所构筑的价值体系促使运动员直接将比赛结果与自我价值相联系。优异的成绩可以增强信心，使运动员对自己产生积极的认识，认为自己是有能力、令人羡慕与尊敬的；反之则认为自己无能、没有价值，生活也丧失了意义。这种认知又强化了运动员取胜的动机。成功所带来的名利双收，又进一步刺激了运动员的成功愿望。在这样强烈的动力驱使下,他们可能会使用兴奋剂(如刚彦、邢建辉,2000)。

当然,使用兴奋剂还会给运动员造成沉重的精神负担:由于使用兴奋剂的行为具有欺骗的性质,因此一旦被发现,运动员就会受到公众和业界的蔑视;即使未被发现,他们中的许多人会产生内疚感,觉得胜利并不属于自己(Weinberg & Gould,1999)。

在西方,也有一些锻炼者使用兴奋剂。有些人使用兴奋剂(特别是 AAS)只是为了使自己形态更美,对异性更具吸引力;另一些人使用利尿剂是为了控制体重,他们认为药物比遵守严格的食谱更容易使自己保持清瘦(Weinberg & Gould,1999)。

专栏 15-2

使用兴奋剂的心路历程

美国著名体育期刊《体育画报》(Sports Illustrated)1988 年第 18 期刊登了前南卡罗来纳大学橄榄球队后卫托米·查伊肯(Tommy Chaikin)的回忆录,题为:《类固醇的噩梦》。这位运动员讲述自己从 1983 年进入南卡罗来纳大学橄榄球队之后的 4 年半时间内,怎样从一个立志刻苦训练的青年,沦落为一个"药王"的心理发展过程。

刚入大学时,他期望通过刻苦的训练提高自己的速度,使自己成为球场上跑得最快的人。然而,刻苦的努力并未收到良好的效果:速度虽然提高了,但自己却变得更加清瘦,有一天竟然昏倒在场地上,结果他的表现仍然得不到教练员的赏识,还受到队友的嘲笑。

为了追求良好的竞技表现,他认为自己不仅要速度快,而且应该更加"强壮"。同时,他还看到那些服用类固醇的队友并非像自己那样刻苦训练,却得到教练的赏识。于是,在竞技压力的逼迫和成就动机的驱使下,在完全了解类固醇和人类生长激素的副作用的情况下,他决定冒险使用这种药物。

大剂量的肌肉注射在短期内迅速产生了"奇效":这个身高 1.85 米、体重 95 千克的小伙子在 8 周之内体重奇迹般地增加了 11 千克,卧推力量也由原来的 136 千克增至 191 千克,负重蹲起从 181 千克增至 236 千克。它使查伊肯可以承受更大的训练负荷,而且肌肉不再感到疼痛。他的所作所为和表现不仅得到了一些同伴的赞赏,而且还得到了教练员的默许甚至鼓励,他的教练虽然公开表示反对使用类固醇,但私下里却对他说:"你要做自己必须做的事,吃自己必须吃的东西。"

在兴奋剂的作用下,在教练员的唆使下,查伊肯及其用药的队友在场上场下的表现十分狂暴和野蛮。训练中,经常有人被撕下头盔,拳打脚踢,击落牙齿,满头流血,或者因为与教练员的一点口角就冲进更衣室,用棍棒将储物柜砸得稀烂;训练外,这些人也异常狂暴,满脑子都是暴力景象,经常为了一点小事就大打出手,或者用头去撞碎汽车玻璃,在野外用枪胡乱射击。更有甚者,这些用药者有时还产生杀人的冲动:一次,查伊肯用一枝上了膛的枪顶住一位来送比萨饼的服务生,感到十分的有趣。他后来承认,这些都是因为类固醇主宰了他的生活。

伴随着竞赛的成功，兴奋剂的副作用在查伊肯身上也体现得淋漓尽致：背部起了很多难看的粉刺，毛发脱落，血压升高，心脏杂音，睾丸萎缩，失眠，视力下降，慢性攻击行为，焦虑，抑郁等等应有尽有。然而他不在乎，为了在比赛中"战无不胜"，查伊肯不顾医嘱，继续服用诸如 10-苯丙酸诺龙(Deca-Durabolin)等类固醇药物。由于过量用药，他常常睡不着觉，晚上没事可做他就酗酒，几小时之内他就可以轻松地喝掉 12 瓶啤酒或者 7—8 瓶伏特加或者波旁威士忌。从 1986 年开始，美国大学生体育联合会(NCAA)开始实行药检，但这并未影响他们继续使用兴奋剂：他们合伙欺骗药检人员，悄悄地用别人的尿样置换自己的尿样，有人还往尿样中加盐加醋逃避检查。为了降低疼痛，查伊肯等人还注射过利多卡因、使用过麦角酸二乙胺(LSD)，吸食过可卡因等麻醉剂。

伴随着药物的使用，查伊肯的焦虑也在急剧增加：他不仅害怕失败，而且担心自己赛场内外行为失控；他的注意力常常不能集中，这些都给他带来了极大的痛苦，并使他深陷其中，难以自拔。在一次飞往林肯市的途中，他突然焦虑症发作，不得不把自己锁在洗手间内，努力使自己平静下来。后来，他的胸部长出一个肿瘤，他认为这与用药有关，但队医说："没关系，这东西会自然消失的。"但他不相信，去了另一家医院，医生说他需要做手术，而学校以非运动创伤为由，拒不支付手术费用。待他愈后出院回到队中，发现自己的位置已被顶替，教练员再也不像过去那样关爱他时，一种莫大的伤害感油然而生，他感到自己为之付出了沉重健康代价的橄榄球事业，原来是那样的冷酷，教练员是自私的，他们关心的只是不择手段取胜，至于运动员身上发生了什么，他们根本不管。

在一次校际比赛前夜，查伊肯因不堪忍受焦虑、抑郁的困扰，躲在宿舍里用一枝 .357 口径的马格南左轮手枪顶住自己的下颌企图自杀，幸亏被亲友及时发现并救下，得以保住性命……

编译自 Chaikin & Telander, 1988，pp. 82—102

第三节　使用娱乐性药物的原因

娱乐性药物的使用问题，是与使用表现增强性兴奋剂相伴而生的体育及社会问题。自 20 世纪 80 年代以来，这个问题不仅在运动员中存在，而且还有在全社会泛滥的趋势。除了运动员之外，还出现了一些使用娱乐性药物的青少年团伙。因此这是一个值得社会学和心理学工作者重视的问题。

所谓"娱乐性"药物，主要是指能产生欣快感或引起幻觉的药物。这种药物传统上是用来达到改变意识状态的目的，使用者服用这类药物可在情绪上产生快感。在竞技运动中，娱乐性药物与提高竞技成绩的关系其实并不密切，但它却使人上瘾。这种成瘾性既有生理上的，也有心理上的，而心理上的成瘾性明显大于生理上的成瘾性(Julien, 1981；Smith, 1983)。安歇尔(Anshel, 1993)也指出，运动员娱乐性药物使用中极为重要的一点是，使用娱乐性药物的主要原因是心理与情绪的原因，而不是为了追求药理效应。所以，这种成瘾行为要比以前认为的更可预防与控制。对于体育中娱乐性药物使用的原因与动机，也可以从社会、生理心理以及情绪三方面加以分析（姒刚彦、邢建辉，2000）。

一、社会原因

（一）同伴压力与群体的接受

有研究者（Nicholson，1989；Wragg，1990；Martin & Anshel，1991）提出，同伴压力（peer pressure）与获得群体的接受（group acceptance），尤其是前者，可能是导致青少年运动参与者使用娱乐性药物的重要原因之一。这些研究报道的同伴压力，伴随着要别人对自己特殊地位的承认与接受（如成为一个最具男子气的超级明星的诱惑等），会促使一些青少年使用娱乐性药物。同辈人群中态度（attitude）与行为的相互影响以及造成的社会压力是众所周知的。库德斯达等人（Goodstadt & Sheppard，1982）提出的社会压力模型就指出，潜在的药物使用者需要：①发展自己的认识来抗拒周围鼓励药物使用的环境的影响（即社会压力）；②学会辨认这些压力的技巧；③理解药物使用的即时与长期社会后果，才能抵制药物使用。

尽管同辈群体压力和同辈的相互影响是影响药物使用的因素，但是年轻的药物服用者们，包括运动员，却似乎不太愿意承认这一点。这种现象恰好也支持了这样一种观点，即屈服于同伴压力是一个表面上不被承认，但却是药物使用的潜意识动机。从发展心理学的观点来看，由于对社会接受的需求与顺应环境的压力，使青少年对同伴压力特别敏感。这是青少年运动员使用药物的风险增加的原因（姒刚彦、邢建辉，2000）。

（二）实验性尝试（experimental trial）与寻求乐趣

安歇尔（Anshel，1991b）研究发现，运动员使用娱乐性药物的另一个原因只是为了做一次实验或寻求乐趣。这些运动员既不把服用药物当作即刻的危害，也不认为它会产生长期的有害结果。他们尝试仅用一次并拒绝承认对药物有任何可能的成瘾（即体验一下在药物使用行为上的自我控制感觉），是出于一种自我实验的目的。也有研究（Collins, Pippenger & Janesz, 1984）指出：运动员对酒精及其他药物的实验性或娱乐性使用是很普遍的。在面临与药物使用有关的社会压力与个人需要上，运动员与非运动员是很相似的，而且他们的一些特有的生活经历增加了其使用药物的可能性。但另一方面，运动员并不完全是药物使用的无助的牺牲者，对大多数运动员而言，是否服用药物的决定都可由他们自己依据理性作出。尤其是娱乐性药物的使用，可被看做是一种出于情境与个人需要的行为。[①]

二、生理心理原因

（一）改善运动能力

运动员使用致幻药物来改善运动能力，反映了运动员想要增加攻击性或避开潜在危险和

---

① 这两句话可以理解为：在娱乐性药物的使用方面，运动员并非没有机会做出理性的选择，但使用者常常可能放弃选择或者作出了错误的选择。——编者注。

不确定的情况。有人（Chappel，1987）报道，兴奋剂可减少神经元活动的恢复时间，即可提高激活水平，缩短反应时间，更好地集中注意力。间接方面的作用还包括减少疲劳程度及增加攻击行为的倾向等。在复杂的运动任务中，幻觉药物也能减弱注意的集中程度来帮助运动者不致过分紧张。

（二）克服疼痛与受伤

运动员使用药物，有助于他们从心理上克服身体上的不舒适。在一些情况下，运动员感到通常的医学处理尚不足以消除疼痛，因此，就会求助一些非常规的方法。不同的娱乐性药物可以被用来达到完全相反的目的。一方面，它们能加快身体反应（兴奋剂）及改变内、外感知过程（致幻剂）；另一方面，它们也能导致粗野的比赛并增加受伤的风险。正是这些药物能引起运动员知觉及内部感觉的变化，并提供了减轻疼痛的功能。

三、情绪原因

迄今为止，已发现的运动员使用娱乐性药物的原因中，最主要的是出自情绪的需要。许多运动员把服用药物当作克服消极情绪的方法（如刚彦、邢建辉，2000）。

（一）克服不愉快的情绪

一些不愉快的情绪状态，如应激、紧张、焦虑、抑郁等可能导致运动员求助于致幻药物。使用娱乐性药物反映了尝试克服应激及其他不愉快情绪状态的一种短期行为。服用这类药物可以减轻应激和紧张状态，帮助运动员在整个赛季减轻压力。能改变意识的药物可以为服用者提供最舒适的心理逃避。已有研究（Anshel，1991a，1991b）发现，在娱乐性药物种类中，被运动员使用得最多的，就是能减轻不愉快情绪状态的那类药物。

（二）克服厌倦状态

对于许多个体而言，使用娱乐性药物常常发生在群体或社会情境中，目的是帮助克服厌倦状态。有时，使用娱乐性药物是因为运动员缺乏有刺激的环境以及缺乏有挑战性的任务。运动员是需要不断激励与更新方向的，高水平的运动员更是如此。有人（Collins，Pippenger & Janesz，1984）研究了美国职业橄榄球队员的情况，由于橄榄球运动员一年中只有半年的赛事，就使得一些运动员由于闲散无聊而服用娱乐性药物。此外，一些运动员对他们的运动生涯或生活缺乏明确的认识与价值观，这也是导致运动员服用娱乐性药物的原因之一。

（三）克服个人问题

运动员使用药物也可能是出于解决与运动无关的一些个人问题。在这方面，已有的研究（Anshel，1991a，1991b）发现，女运动员要比男运动员报告的问题更多一些。这或许反映了女运动员在人际交往方式上更为开放一些。运动员的私生活可能是运动员高度应激状态的来源。诸如家庭、社交、生活事件等运动环境以外的问题会对运动员的心理准备与竞技状态产生巨大影响。奥立克及其同事对加拿大奥运会选手的调查（Orlick & Partington，1986）显示，这些运动员需要并经常得到来自家庭的接受、爱护与支持。如果缺乏这种支持系统的话，例如父母离婚或糟糕的家庭关系，运动员承受运动应激的能力就会降低，这时，使用娱乐性药物的可能性就会增大。

第四节 反兴奋剂的策略

总体上看，国际和国内的反兴奋剂斗争都是从法治、行政和教育三个方面展开的。从手段上看，不外乎两类：一是打击，二是教育。通过赛内、赛外的兴奋剂检查，对使用兴奋剂的运动员，怂恿使用兴奋剂的教练、队医及官员依照相关法规进行处罚，是打击兴奋剂的有效手段。然而，兴奋剂的最终禁绝要靠教育（卢元镇、毛志雄、崔富国、倪依克、郭泰伟、刘华平等，1999）。教育效果如何，首先取决于教育者对运动员心理状态和相关信息的准确把握，然后取决于对教育方法的有效选择。

一、信息的把握

除了通过实地药检获得运动员使用兴奋剂的直接证据之外，由于众所周知的原因，通过其他途径有效掌握运动员使用兴奋剂的状况和心态，确实十分困难。然而，有困难并非等于不可知，通过调查和心理测验等实证研究方法，学者们还是获得了一些有价值的信息并为教育策略提供了积极的启示。

（一）安歇尔的研究

安歇尔及其同事 1997 年的研究（Anshel & Russell，1997）是一项代表近年国际同类水平的研究。他们对 404 名澳大利亚新南威尔士州的现役田径运动员进行了问卷调查，回收有效问卷 291 份（男 186，女 105，回收率 72%）。研究的目的是了解其对使用合成类固醇（anabolic steroids）的态度，以及该兴奋剂可能产生的效用。问卷包括两部分：第一部分是一个态度问卷，共 34 个题目，每个题目的答案均为 7 级 Likert 量表；第二部分是知识问卷，了解运动员对类固醇药效的知识，共 41 个题目，答案有正误之分。

研究结果表明：

（1）运动员对类固醇的态度与其所具备的类固醇知识没有线性关系，这可能是因为反兴奋剂的教育太过简单，未注重运动员的态度和行为的改变。

（2）运动员类固醇的知识水平与其运动水平呈正相关，说明运动等级越高，可能越倾向于主动获取兴奋剂的信息。

（3）田赛与径赛项目，短距离与长距离项目的运动员之间，对类固醇的态度未见显著差异，暗示耐力性项目运动员服用类固醇的可能性与力量性项目相同。

（4）男运动员总体上比女运动员更了解类固醇，暗示男子比女子更具服用这类药物的倾向。

（5）运动员倾向于认为药检是反兴奋剂的威慑力量，但在现有的检测标准下，使用类固醇也并不困难，而且持这种观点的运动员反对实施赛前随机药检。

（6）研究结果并未支持健康信念理论或合理行动理论，这可能与两个理论的固有弱点有关。例如，合理行动理论未必适合解释个体的冒险行为。

这一研究虽然得出了一些有益的结论，但从研究方法上看，问卷设计似乎缺乏一个明确的理论导向,而且从结果到结论的推理过程具有较大的间接性。该研究虽然提到了合理行动理论,但其问卷设计并不是围绕该理论进行的,因此很难对合理行动理论进行直接验证。当然,这类研究的难度很大,得出上述结论已属不易。

(二) 卢元镇的研究

以卢元镇为首的工作小组(卢元镇、毛志雄、崔富国、倪依克、郭泰伟、刘华平等,1999)于1998 年率先对我国运动员使用兴奋剂的心理学问题进行了研究。该研究使用问卷调查的方法对我国部分省市的 622 名运动员进行了调查,共设计了 33 个封闭式题目,内容包括:①对兴奋剂概念的认识;②对兴奋剂的作用和危害的认识;③对自己或他人使用兴奋剂行为的认识和态度;④对国际和国内查禁兴奋剂的认识和态度;⑤对兴奋剂的情感、伦理和法律的界限。该研究回收问卷 511 份(回收率 82.2%),研究结果表明:

(1) 我国运动员对竞技体育中禁用药物与方法的一般知识认知处于较低水平,存在大量错误和模糊的认识。

(2) 对待使用兴奋剂的态度总体处在更低的水平上,并且部分运动员的态度与认知出现背离,即存在着使用兴奋剂的故意。

(3) 有较大比例的运动员对使用兴奋剂怀有侥幸心理和攀比心理。

(4) 运动员对兴奋剂问题的认知主要来自传播媒介和运动员之间的私下议论,运动队对这方面的教育相当薄弱。

(5) 多数运动员渴望公平的、纯洁的竞争环境,厌恶并反对兴奋剂泛滥。

该研究是一项填补空白性的工作,它不仅为有关部门了解我国兴奋剂教育的现状提供了宝贵的第一手材料,而且所积累的丰富经验对后人的研究具有重要的启发和借鉴作用。

(三) 毛志雄的研究

在上述两项研究的基础上,毛志雄(2001)就中国运动员对使用兴奋剂问题的态度进行了较为系统的研究。该研究以社会心理学中的合理行动理论(the theory of reasoned action,TRA)和计划行为理论(the theory of planned behavior,TPB)为导向,使用心理测验的方法,通过编制《运动员兴奋剂态度量表》(the Attitude Scale Toward Doping in Sport,ASTD-Sport),对部分运动员进行了两次心理测验。

该研究是我国该领域的第一个有清晰理论框架的心理学研究,他编制了我国第一个兴奋剂态度量表,并建立了我国运动员对兴奋剂态度的一个理论模型,然后依据量表测量的结果分析,描述了我国运动员的兴奋剂态度现状,在一定程度上回答了体育行政管理部门对运动员的兴奋剂态度和行为意向知之甚少的问题。

研究的主要结论如下:

(1) TRA 和 TPB 均可有效地解释中国运动员的兴奋剂态度和行为倾向间的关系,其中TPB8 因素模型拟合度最好,可以作为中国运动员兴奋剂态度结构的理论模型(图 16-1)。

(2) 反兴奋剂教育工作不能仅满足于提供兴奋剂副作用的知识信息,还应从"净化"社会环境,改变错误价值观并加强体育道德意识等多角度入手,从小做起。

(3)《运动员兴奋剂态度量表》具有一定的信、效度,可以成为反兴奋剂教育工作的摸底

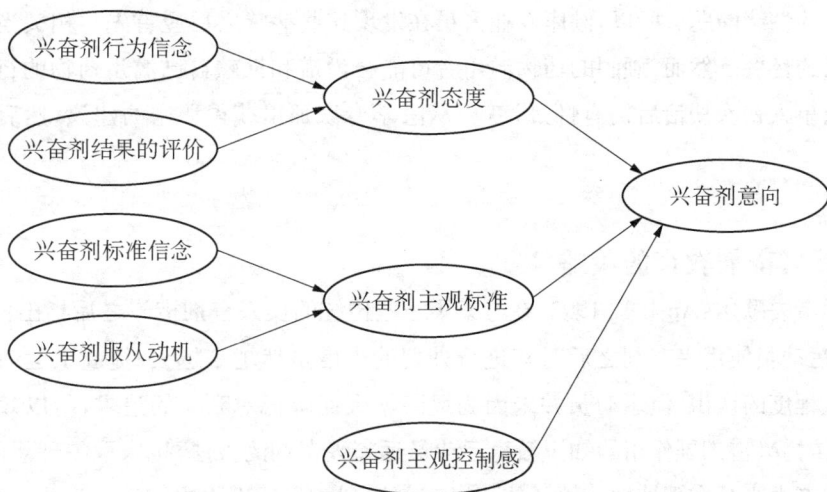

图 16-1　预测中国运动员兴奋剂态度的理论模型（TPB8 因素模型）

工具。

（4）总体上，我国运动员对兴奋剂问题的态度暧昧，反兴奋剂立场不够坚决，在一些是非问题上还存在模糊甚至错误的认识。

（5）我国的反兴奋剂工作，在高水平女运动员身上取得了明显的成效，但还应加强对基层女运动员的教育工作。

（6）反兴奋剂工作的社会舆论环境亟须进一步改善，还应加强对普通大学生社会责任感、职业道德意识的教育和培养。

该研究虽然存在一定的问题，比如无法对量表的实证效度进行检验，量表的表面效度较高，等等，但它是 2002 年之前我国该领域最详细、最系统的研究。

（四）直观判断线索

美国学者温伯格及其同事（Weinberg & Gould, 1999）提出了直观判断运动员使用兴奋剂的 10 条线索。通过观察，如果运动员出现下述行为表现，即可怀疑其使用了兴奋剂。

（1）行为的明显变化（缺乏动机，行动迟缓，旷工等）。

（2）出现不同于同伴群体的反常行为。

（3）人格发生重大变化。

（4）运动表现发生重大变化。

（5）出现冷漠或者倦怠的行为。

（6）判断力减弱。

（7）动作协调性骤降。

（8）不讲卫生，不修边幅。

（9）大量出汗。

（10）肌肉抽搐或震颤。

假如观察到运动员或者锻炼者有上述症状，也并不意味着他们一定用药了；这些症状也可以反映其他情绪问题。所以,健康专业人员在发现这些症状之后应首先与相关当事人联系来确认自己的怀疑。然而,顽固的药物滥用者可能会说谎和抵赖自己滥用药物的行为,所以,如果在与当事人初次谈话后仍有怀疑,就应从医学专家那里获得秘密的建议,然后再决定该怎么办。

二、反兴奋剂教育的策略

美国学者安歇尔(Anshel,1993)在考察了一些传统的反兴奋剂措施之后指出:通过实地检测,发现运动员使用兴奋剂之后对其进行处罚的力度虽然越来越大,提高了运动员对使用兴奋剂风险程度的认识,但运动员并未因为风险增大而降低对利益的追求,所以效果并不理想;而通过传播兴奋剂副作用的知识教育运动员远离兴奋剂的方法,也未取得理想的效果,因为药物滥用者很少是在理性地分析了使用兴奋剂的利弊之后再作决定的。为此,他提出了有别于传统反兴奋剂措施的"新策略"。这些"新策略"可被分成认知策略与行为策略两类,而且得到了一些学者的认可(如,Cox,1998;Weinberg & Gould,1999;姒刚彦、邢建辉,2000)。

(一) 认知策略

1. 依靠群体的支持

认知策略(cognition strategy)就是要通过运动员同伴群体(即队友)的参与、交流、施加压力以及控制来实现远离兴奋剂目的,而不是上层权威人士的介入。有研究(Collins,Pippenger & Janesz,1984)报道,在美国职业橄榄球队中尝试使用此策略获得了一定的成功,使队中药物使用的复发率大为降低。也有人(Palmer,1989)发现,在高中运动员与非运动员中,高年级的学生在防止药物使用上是很好的同伴教育者。

2. 关心运动员

教练员必须与他的运动员们经常交流感情与看法,讨论与关心有关药物使用的伦理观念及潜在的危险。教练员应让运动员明确知道他对药物使用的看法与态度,让运动员了解放弃使用药物的重要性。在调节运动员的行为与态度方面,教练员的影响要远远大于其他任何人,这一点早已得到广泛承认。

在此需要指出的是,有些运动员使用药物是与教练员的态度有关的,有些教练员在有意无意地赞许药物的使用。

3. 明确界定不可接受的行为

运动员需要特别明确了解可接受与不可接受行为的界限。在竞技运动中这种情况特别明显,诸如竞争性,求胜心,教练、父母、同伴甚至赞助商的压力等因素很容易造就忽视规则,不顾伦理标准的行为倾向。因此,必须使运动员清楚地认识到对自己行为的责任。通过这种方式,明确界定不可接受行为的界限,可以保护运动员,抵抗外来压力。

4. 制订队规

一个运动队是一个群体,应该有自己的文字规定,用来禁止药物滥用并写明违反规定会带来的后果。对于运动员来说,若没有这样的明确规定可能就意味着默认其使用药物。

5. 传授心理调节技术

应付应激和保持自我控制的能力对一个成功的运动员来说是极为重要的素质。而应激会有许多不同的来源,可能与运动有关或可能无关。一个运动员在其运动生涯中能成功地克服各种应激源的能力对避免受药物影响有极大作用。运动心理学的研究早已表明,在树立自信心、控制应激及获得最佳激活水平方面,一些认知策略与心理调节技术会起到很大作用。所以,让运动员掌握多种心理自控技术也是防止药物使用的必要途径。

6. 注意运动员的心理状态

与任何正常人一样,运动员在运动场之外的生活中也会有各种各样的烦恼与问题。如学业上的困难,不称心的家庭或社会关系,或者与教练的关系不协调,等等。这些心理状态都有可能促成药物的使用。

7. 让运动员参与队内事务

这一策略是让运动员提高自己参与队内事务的积极性。对于各种涉及运动员本身的事让他们有机会参与决策,或至少在一些事被决定之前让他们与教练交换意见,将有助于运动员提高自己的行为责任心。

(二) 行为策略

与认知策略相比较,行为策略(behavior strategy)有两个特点:一是建立起能培养运动员进行正确反应的情境;二是使用语言或非语言技术来强化运动员的正确行为或表现。

1. 同伴的作用

使用或反对使用药物的主要压力来自同伴群体。在青少年中发展同伴支持策略是最有效的防止药物滥用的手段。

2. 药物检测

在对青少年运动员的教育计划中也应该强调药物检测与制裁措施。在现代竞技体育中,突出药检与制裁对有效地防止药物使用教育来说是有作用的。药检的另一好处是向运动员提供了一个抗拒药物使用压力的理由。

3. 强调技术水平和训练的作用

教练员应通过语言和非语言的与运动员的交流,强调技术水平和训练在竞技体育中的作用,贬低药物的作用,使之成为运动员的信念;运用目标设置技术,提供积极的信息反馈,使运动员感到通过训练能获得技术水平的不断提高,使用药物也就成为没有必要。

4. 合理安排闲暇时间

一些调查(如 Collins, Pippenger & Janesz, 1984)表明,药物使用与过多的、无规划的闲暇时间有关。另外,同伴群体是最重要的决定娱乐方式(包括尝试药物)的源地。因此,给运动员安排合理且有吸引力的闲暇活动,使运动员感到业余生活充实,对防止药物使用显得十分重要。

本章提要

1. 运动兴奋剂简称兴奋剂,是国际体育组织规定的禁用药物和方法的总称。其主要特征是可以通过训练外手段提高运动成绩,并对运动员的身体健康造成危害。

2. 使用兴奋剂是指为提高运动成绩而使用某种对运动员健康具有潜在危害的临时性物质或方法;或者是在运动员体内出现了某种禁用物质,或有证据表明其使用了某种禁用物质或方法。

3. 根据使用目的,兴奋剂主要可以分为两类,即表现增强性药物和娱乐性药物。前者用来提高运动成绩,后者则用来产生快感或幻觉,满足好奇心或逃避生活现实等。两类药物的毒副作用不仅损害运动员的健康,而且造成明显的心理和社会问题。

4. 国际体育界长期存在是否开禁兴奋剂的争论,反对兴奋剂开禁的观点有7条,赞同兴奋剂开禁的观点有8条,坚决禁用兴奋剂是当今国际体育界的主流。

5. 从社会历史的角度来看,使用运动兴奋剂的行为不是偶然的,它是体育被不良政治扭曲后的畸形儿,是竞技体育职业化和商业化的污染物,是现代科学技术在体育领域中的一具怪胎,是奥林匹克竞技本质异化的必然结果;微观社会环境的消极影响对运动员使用兴奋剂的行为起着推波助澜的作用。这种作用主要表现在榜样的作用和社会的压力两个方面。

6. 运动员为减轻疼痛、加速损伤和疲劳恢复、调节能量与激活水平以及控制体重等身体需要是其使用兴奋剂的身体原因;而惧怕失败、提高自信心、超人情结、追求完美、安慰剂效应以及个人成就动机是运动员使用兴奋剂的心理原因。

7. 娱乐性药物主要是指能产生欣快感或引起幻觉的药物,服用这类药物可在情绪上产生快感;在竞技运动中,娱乐性药物不仅与提高竞技成绩的关系并不密切,而且具有生理和心理上的成瘾性;由于心理上的成瘾性明显大于生理上的成瘾性,所以这种成瘾行为要比以前认为的更可预防与控制。

8. 运动员使用娱乐性药物的原因与动机,可从社会、生理心理以及情绪三方面加以分析。社会原因包括:①同伴压力与群体的接受;②实验性尝试与寻求乐趣。生理心理原因包括:①改善运动能力;②克服疼痛与受伤。情绪原因包括:①克服不愉快的情绪;②克服厌倦状态;③克服个人问题等。其中主要原因是心理与情绪的原因,而不是为了追求药理效应。

9. 反兴奋剂教育的效果首先取决于教育者对运动员心理状态和相关信息的准确把握,为此,实证研究就显得特别重要。美国学者安歇尔1997年的研究,是代表国际同期发展水平的研究;卢元镇等人1999年的研究,是我国体育社会学和运动心理学领域对此问题的第一个实证研究,它不仅提供了我国运动员兴奋剂态度的重要信息,也为后人积累了宝贵的研究经验;毛志雄2001年的研究,是我国该领域第一个具有明确理论导向的实证研究,它不仅提供了中国运动员兴奋剂态度结构的第一个理论模型,发展了第一个兴奋剂态度量表,而且为反兴奋剂教育提供了积极的建议。

10. 美国学者温伯格及其同事提出了直观判断运动员使用兴奋剂的10条线索。

11. 美国学者安歇尔提出了有别于传统反兴奋剂措施的"新策略"。这些"新策略"可被分成认知策略与行为策略两类。

关键术语

运动兴奋剂,使用兴奋剂,表现增强性药物,娱乐性药物,榜样的作用,社会的压力,超人情结,安慰剂效应,个人成就动机,同伴压力,群体的接受,实验性尝试,态度,运动员兴奋剂态度量表,合理行动理论,计划行为理论,认知策略,行为策略

复习思考题

1. 运动兴奋剂有哪些特征?

2. 使用运动兴奋剂真的不道德吗?

3. "只要科学地使用兴奋剂,就不会对健康造成危害",这种说法对吗?

4. 国际上赞同与反对运动兴奋剂开禁的争论,你支持哪一方的观点? 为什么?

5. 运动员为什么会使用兴奋剂?

6. 使用娱乐性药物的原因有哪些?

7. 为使运动员远离兴奋剂,你认为应采取哪些措施?

8. 使用兴奋剂的运动员有哪些行为表现?

9. 你认为对运动员使用兴奋剂的心理学问题进行定量研究,应采用什么方法来提高客观性?

推荐参考读物

1. 姒刚彦、邢建辉(2000):使用兴奋剂的心理学问题。见张力为、任未多(主编):体育运动心理学教学与研究手册。北京:高等教育出版社。该章从兴奋剂产生的历史背景出发,对运动员使用兴奋剂的社会历史原因、社会环境原因以及生理心理、情绪和行为原因做了较为详尽的分析;提出了当前运动心理学研究所亟须解决的问题;介绍了反兴奋剂的可能策略。

2. 毛志雄(2001):中国部分项目运动员对兴奋剂的态度和意向:TRA 与 TPB 两个理论模型的检验。北京体育大学博士研究生学位(毕业)论文。北京:北京体育大学。该文对中国运动员对使用兴奋剂问题的态度进行了较为系统的研究,以合理行动理论和计划行为理论为导向,编制了《运动员兴奋剂态度量表》并对 678 名运动员进行了测验。论文详述了量表的编制过程,建立了我国运动员对兴奋剂态度的 TPB8 因素模型,然后依据量表测量的结果分析,描述了我国运动员的兴奋剂态度现状,在一定程度上回答了体育行政管理部门对运动员的兴奋剂态度和行为意向知之甚少的问题。

3. Chaikin, T. & Telander, R. (1988). The nightmare of steroids. Sports Illustrated, 69 (18),82—102. 这是一个大学橄榄球运动员服用兴奋剂的心路历程,阅读后有助于进一步理解运动员使用兴奋剂的原因和后果。

4. 卢昌亚(1999):运动兴奋剂概论。上海:上海科学技术文献出版社。这是一部全面阐述运动兴奋剂发展历史、现状以及危害的学术专著。阅读前三章,可有助于全面理解运动兴奋剂的起源与发展,以及国际反兴奋剂斗争的现状。

第十七章　锻炼动机和锻炼方式

插图 17-1　人们参加锻炼的原因是多种多样的,可能为了健康,为了社交,为了体验,或者其他原因

　　众所周知,只有科学合理的锻炼计划,才有助于"身心双健",而且,锻炼贵在坚持。本章将重点探讨的是:人们为何会参加锻炼、不参加锻炼或者中途退出锻炼;怎样说服和鼓励更多的人参加和坚持锻炼;如何理解和解释人的锻炼行为;怎样选择锻炼项目和锻炼方式才能产生最大的心理效益。

第一节　影响参加身体锻炼的因素

　　影响参加身体锻炼的因素很多,从心理学的角度分析,首先要有强烈的锻炼动机,然后选择最有心理健康效益的锻炼项目和锻炼方式,并且长期坚持。

一、身体活动和身体锻炼

　　身体活动(physical activity)是指能量消耗高于休息时的新陈代谢水平的人类身体运动(Anshel, Freedson, Haywood, Horvat & Plowman, 1991)。身体活动的概念至少包含三个要素(Caspersen, Powell & Christenson, 1985),即:由骨骼肌产生的身体位移;引起能量由低向高变化的消耗;对体质有积极影响。

　　身体锻炼(physical exercise/exercisc),也称"体育锻炼",是以发展身体、增进健康、增强体质、调节精神和丰富文化生活为目的的身体活动(王则珊,1982)。身体锻炼的概念也包括身体活动的前两个要素,但它是"以保持和提高体质为目的的有计划、有内容安排和重复从事的身体运动"(Caspersen et al.,1985)。也有人将其定义为:闲暇时间的身体活动(Bouchard,Shephard,Stephens,Sutton & McPherson,1990)。

看来,身体锻炼是身体活动的下位概念,它是更有目的、有计划、有规律的身体活动。

二、参加身体锻炼的动机

在第二章"运动活动参与者的动机"中,我们曾经提到,动机是推动一个人进行活动的心理动因或内部动力。它的基本含义是:能够引起并维持人的活动,并使活动导向一定的目标,以满足个体需要的念头、愿望或理想等。可见动机是一个内在过程,行为(如身体锻炼等)是这个内在过程的结果。

插图 17-2 身体锻炼对于某些人来说是一种习惯,一种需要,一种生活方式

虽然,体育锻炼对身心健康的积极促进作用已广为人知,但令人担忧的是需要锻炼却"坐"而待"动"者大有人在。以美国为例,1985—1990 年间:①有 58% 的成年人不参加锻炼;②10%—25% 的人有轻度或中度的抑郁和焦虑;③50% 的人在锻炼开始后的半年之内即退出锻炼(Cox,1994)。到 1996 年,这一状况并未明显改善:①60% 的成年人根本不参加或不规律地参加身体活动;②12—21 岁的年轻人中有 50% 不参加有规律的身体活动;③25% 的儿童和成年人不参加任何身体活动;④成年人中只有 15% 的人每周活动 3 次,每次至少 20 分钟;⑤在不活动的成年人中,只有 10% 的人愿意在一年之内参加某项锻炼;⑥青少年中,锻炼随年龄的增长变得越来越少;⑦女子不活动的人数多于男子;⑧从 1990—1995 年间,上体育课的人从 42% 降至 25%;⑨50% 的人在锻炼开始后的半年内退出(Weinberg & Gould,1999)。因此,要鼓励更多的人参加并坚持身体锻炼,就必须了解参加、退出身体锻炼的原因。

考克斯(Cox,1994)认为,参加身体活动的原因至少包括 6 个方面:①增加社会交往;②增强体质,促进健康;③消遣和寻求刺激;④丰富审美情趣;⑤排遣消极情绪(如紧张、焦虑和抑郁等);⑥磨炼意志。温伯格和古尔德(Weinberg & Gould,1999)认为,锻炼组织者可以通过宣传和强调下述功能来诱导人们参加锻炼,即:①控制体重;②减少发生心血管疾病的危险性；③降低紧张和抑郁；④获得精神享受；⑤建立自尊心；⑥增加社会交往。

　　我们认为，人们参加锻炼活动，还有一种可能不被经常意识到的原因，即消除心理疲劳。锻炼活动一般会增加身体疲劳程度，但显著的收益是减轻心理疲劳程度。心理疲劳可由刺激单调引起，也可由情绪困扰引起。通过身体锻炼，人们可以暂时转移对工作或学习的注意，这对缓解或减轻心理疲劳极有帮助。

专栏 17-1

谢切诺夫现象与积极休息

　　1901 年，俄国生理学家谢切诺夫（H. M. Cyechinov, 1829—1905）做了一个实验。他让被试用手指提重物，同时用肌肉疲劳记录器记录手指工作能力的变化情况。"我比较了在两度疲劳的右手上两种影响的结果：一次是单纯的休息（消极休息），另一次是休息同样的时间，但结合用左手劳动。我特别吃惊地发现，在结合左手劳动后，疲劳的右手比前一阶段单纯休息后能发挥更大的能量。"这一现象被称为谢切诺夫现象（图 17-1），并成为进行积极休息的理论基础。

图 17-1　谢切诺夫疲劳恢复实验结果

①右手工作 25 分钟后出现了明显的疲劳；②经过 10 分钟消极休息（不进行任何活动）；③右手的工作能力没有或少有提高；④但用左手工作 2.5 分钟后；⑤右手的工作能力得到明显的恢复。

引自普拉图诺夫，1984,342 页

　　疲劳可能是身体上的，也可能是心理上的。不同形式的疲劳需要不同形式的休息。睡眠固然是休息的最重要形式之一，但谢切诺夫现象提示我们，包括运动在内的积极性休息，有时可能会较不动的消极性休息产生更好的恢复效果。

体力的　　　　　智力的　　　　　情绪的

不同形式的疲劳

不同形式的休息

插图 17-3　不同形式的疲劳需要不同形式的休息

引自普拉图诺夫，1984，342 页

三、不参加身体锻炼的理由

除了健康状况不允许之外,任何人都没有充足的理由不参加身体活动。而有些人常常会找出各种各样的理由拒绝参加身体活动。加拿大健康与生活方式研究所的一份报告指出:不活动的人使用得最多的理由是:"没时间"、"没精力"、"没动机"(Canadian Fitness and Lifestyle Research Institute，1996)。表 17-1 所示为该所于 1992 年的调查资料。

表 17-1　身体锻炼的障碍分析

障碍	人数百分比(%)	障碍类型	障碍	人数百分比(%)	障碍类型
主要障碍			没有技术	29	个人
没时间	69	个人	害怕受伤	26	个人
没精力	59	个人	次要障碍		
没动机	52	个人	没有安全的地点	24	环境
中度障碍			孩子缺乏照顾	23	环境
花钱太多	37	个人	缺少一个同伴	21	环境
疾病或受伤	36	个人	锻炼项目不多	19	环境
附近没有活动设施	30	环境	缺乏支持	18	环境
感到不舒服	29	个人	缺乏交通工具	17	环境

引自 Weinberg & Gould, 1999，p. 375

仔细研究上述锻炼障碍,可以考虑:①这些障碍大多是不锻炼者的主观感觉,未必正确;②这些障碍还在一定程度上反映了不锻炼者的价值取向。因此,锻炼的组织者应该仔细分析阻碍锻炼活动的具体原因,宣传身体锻炼对身心健康的重要意义,帮助人们纠正主观感觉的偏差,改变对锻炼的价值取向,从而鼓励更多的人参加身体活动或锻炼。

四、退出锻炼的原因

如果将"曾经参加过一段时间的锻炼,后由于各种原因停止锻炼"定义为"退出锻炼",那么退出锻炼的原因是什么呢？

一项调查结果表明,许多人认为自己参加锻炼时间过长影响了工作和家务;家庭成员生病;缺乏锻炼乐趣;去健身中心在时间和金钱上花费过多。这些也是他们退出锻炼的原因(Cox,1994)。

值得重视的是,大多数退出身体锻炼的人当初开始锻炼时都有2—4个基本目标,他们希望通过锻炼达到某种预期的结果。显然,未实现预期目标的人比达到了锻炼目的的人更容易退出锻炼。研究表明,6个月之内92％的未达目标者退出了锻炼,而60％实现了既定目标的人继续锻炼。这一结果说明为每个人正确设置锻炼目标并帮助他们实现这些目标对于减少锻炼退出率具有十分重要的意义(Cox,1994)。

五、促进坚持锻炼的指导原则

坚持锻炼(exercise adherence)的影响因素很多,但广义地说,可以归纳为两类:一类是个人因素(personal factors);另一类是环境因素(environmental factors. Weinberg & Gould, 1999)。各影响因素对坚持锻炼的影响如表 17 - 2 所示(Dishman & Buckworth, 1997; Dishman & Sallis, 1994)。这些因素对坚持锻炼的积极和消极影响分别表现为坚持锻炼和退出锻炼的人数比率的变化。

表 17 - 2　与参加有监督的锻炼计划相关的因素

决 定 因 素	积极影响	消极影响	无影响
个人因素			
人口统计学变量			
年龄		√	
蓝领工作		√	
文化程度	√		
性别(男)	√		
心脏病高危险		√	
收入或社会经济地位	√		
超重或肥胖			√
认知或人格变量			
态度			√
锻炼的障碍		√	
对锻炼的享乐	√		
对健康和其他效益的期待	√		
锻炼的行为倾向			
健康和锻炼的知识			√
没时间		√	

决 定 因 素	积极影响	消极影响	无影响
心境障碍		√	
对健康和体质的知觉	√		
锻炼的自我效能感	√		
内部动机	√		
行为			
饮食			√
幼儿期无结构的身体活动			√
成年期无结构的身体活动	√		
曾经参加过的锻炼计划	√		
学校体育			√
吸烟		√	
A 型行为模式		√	
环境因素			
社会环境			
班级大小			√
团体凝聚力	√		
生理学专家的影响			√
以往家庭的影响	√		
朋友或同事的社会支持	√		
配偶或家庭的社会支持	√		
官员或锻炼指导员的社会支持	√		
物理环境			
气候或季节		√	
费用			√
日常工作的中断		√	
有权使用健身设施	√		
感到有权使用健身设施	√		
家庭健身设施			√
身体活动的特征			
强度		√	
感到吃力		√	
团体锻炼计划	√		
锻炼组织者的品质	√		

引自 Weinberg & Gould, 1999, p. 380

在研究考察上述所有影响坚持锻炼的因素的基础上，美国学者温伯格及其同事（Weinberg & Gould，1999）提出了一个促进人们坚持锻炼的指导原则，对于锻炼组织者具有重要的参考价值。这些指导原则是：

（1）鼓励措施应与锻炼对象所处的阶段相匹配。

（2）为锻炼对象提供锻炼提示符（如，标识、口号、海报、卡通画等）。

（3）设法使身体锻炼充满乐趣。

（4）为参与者量身定制负荷强度、持续时间和每周频率。

（5）提倡参与者以小组形式锻炼或者与朋友一起锻炼。

（6）尽量让参与者签署一项坚持完成某个锻炼计划的协议或声明。

（7）让参与者有自己选择项目的机会。

（8）奖励出勤和积极参与。

（9）提供个体化反馈（而不是集体反馈）。

（10）寻找方便的锻炼地点。

（11）让达到某个目标的参与者自我奖励。

（12）鼓励参与者自行设计目标，设置灵活的目标并以时间（而不是以距离）为基础设置目标。

（13）锻炼时提醒参与者将注意力集中于外部环境（而不是自己的身体状态）。

（14）使用小组讨论。

（15）锻炼计划开始前，让参与者完整填写决策平衡表（即锻炼得失评估表）。

（16）让参与者尽可能多地获得配偶、家庭成员和朋友的社会支持。

（17）建议参与者写锻炼日记。

第二节 锻炼行为的理论

人为什么要参加身体活动或锻炼？锻炼行为理论有助于深入理解锻炼行为。目前这一领域的主要理论模型是：①健康信念模型（health belief model，HBM）；②计划行为理论（theory of planned behavior，TPB）；③转换理论模型（transtheoretical model，TTM）；④社会认知理论（social cognitive theory，SCT）。

一、健康信念模型

HBM 假设，人是否产生预防性的健康行为（如参加身体锻炼），取决于其对自身潜在疾病的严重性的知觉，及其对采取行动的代价与所获利益的评估（Becker & Maiman，1975）。如果一个人觉得自己的潜在疾病十分严重，处在危险之中，且经自我评估赞成意见胜过反对意见时，他就可能采取健身行为。

这一理论的问题在于与实际情况有一定的出入，因为有许多人参加活动或锻炼的行为并非由降低病患危险的动机激发的，但它还是有效地解释了不活动或不锻炼的原因。

二、计划行为理论

TPB(Ajzen，1985)假设，人的行为(behavior)取决于行为意向(behavioral intention)；行为意向是由个人对行为的态度(attitude toward the behavior)、主观规范(subjective norm)和所体验到的主观控制感(perceived control)共同决定的；主观控制感不仅决定行为意向，而且对行为的产生也有一定的预测作用(图17-2)。

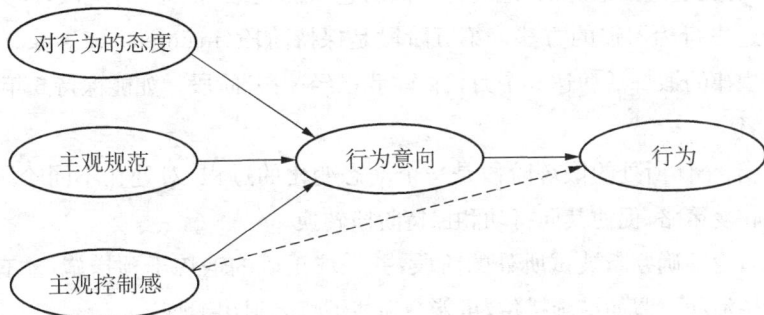

图 17-2　计划行为理论框图

在 TPB 中，行为意向是指在某种条件下，个人是否有开始或维持某种行为(如参加或坚持身体锻炼)的打算，愿意在多大程度上去尝试，计划为此付出多少努力；对行为的态度是指个人对别人或自己从事该行为的评价意见；主观规范是指个人对从事该行为所感知到的社会压力，即对自己有显著影响的人对此行为的评价意见；主观控制感是指个人对实施该行为的难易程度的知觉，自己感到是否有足够的选择权。

该理论考虑到了身体锻炼是自愿行为，重视态度的动机作用，并将客观环境的作用(如来自配偶、亲友、榜样的社会支持以及锻炼的物质条件)体现在主观规范及主观控制感两个因素之中，考虑到了外因通过内因起作用。它提示我们：要激发身体锻炼的动机，必须使锻炼者产生正确的锻炼态度，同时还要建立必要的社会支持系统。

三、转换理论模型

前面的两个理论回答了人为何锻炼、为何不锻炼的问题，而转换理论模型(transtheoretical model，TTM)所关注的是人从"静止"到活动再到保持活动的动态变化过程。TTM 将人的整个锻炼历程分为循环变化的 5 个阶段(Prochaska, DiClemente & Norcross, 1992，图17-3)。

第一阶段是前意向阶段(precontemplation stage)。该阶段，个体不打算在 6 个月之内开始锻炼，称作"我将不会……"或"我不可能……"阶段。第二阶段是意向阶段(contemplation

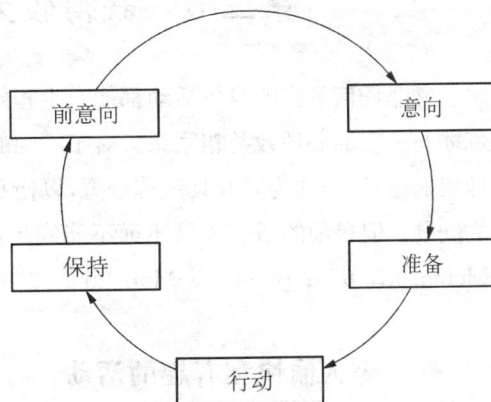

图 17-3　转换理论模型框图
引自 Weinberg & Gould, 1999, p. 377

stage)。该阶段，个体打算在 6 个月内开始锻炼，称作"我可能……"阶段。第三阶段是准备阶段（preparation stage）。该阶段，个体产生了直接参加有规律锻炼的意向（在随后的 30 天内）和承诺变化行为（有时伴随着小的行为变化，如：在健身中心报名，买一双跑鞋，甚至无规律地参加体育活动），称作"我将……"阶段。第四阶段是行动阶段（action stage）。该阶段，个体参加有规律的身体锻炼（每周 3 次以上，每次至少 20 分钟），但尚未坚持 6 个月。这一阶段是最不稳定的阶段，存在着退出锻炼的"危险性"；同时也可能是最"忙碌"的阶段，因为他可能正在试用各种改变过去行为习惯的方法。第五阶段是保持阶段（maintenance stage）。该阶段，个体已经坚持有规律的锻炼活动达 6 个月，称作"我已经……"阶段。如能保持 5 年，则很有可能成为终身锻炼者。

该理论指出，个体所处的锻炼阶段是一个动态变化的过程，对处在不同阶段的个体应采取不同的行为转变策略，促使其向行动和保持阶段转换。

锻炼组织者应准确判断被试所处的阶段，并采取正确的锻炼干预措施，才有可能激发更多的人从事锻炼活动。假如措施错位，可能会造成锻炼者退出锻炼。

四、社会认知理论

SCT 可能是迄今为止最为复杂的锻炼行为理论，是班杜拉于 1986 年（Bandura，1986）提出的。该理论的核心内容如下：

第一，行为（如锻炼）是由个人因素（personal factors）、行为因素（behavioral factors）以及环境因素（environmental factors）三者交互作用共同决定的，三者相互影响，互为决定因素。

第二，个人因素中包含有认知、情绪和生理三种成分。

第三，在个人因素的认知成分中，自我效能感（self-efficacy）对决定人的行为及实现目标具有极其重要的作用。就身体锻炼而言，高自我效能感的人（如：不满意自己当前锻炼行为，设置锻炼目标并坚信自己能够达到此目标的人），总体上容易实现自己的目标（DuCharme & Brawley，1995；Poag & McAuley，1992；Rudolph & McAuley，1995）。

第三节　获得较大心理效益的锻炼方式

并非任何形式的身体活动都能产生相同的情绪效益，只有科学的身体活动和（或）身体锻炼才与一定的心理效益相联系。对于不同的个体，怎样为其制订适当的锻炼计划，或者对于心理疾病患者，怎样为其开具锻炼处方，以使身体活动产生最大的情绪效益，这是一个十分重要的问题。但目前的研究成果还远不能满足锻炼者的需要，美国学者伯格及其同事（Berger & Mclnman，1993；Berger & Motl，2001）提出了选择最佳锻炼方式的基本原则。

一、令人愉快和有趣的活动

使身体活动和（或）身体锻炼取得最大限度的情绪效益的前提，是参与者从项目中获得乐趣和享受。假如一个锻炼者为了寻求心境的改善而锻炼，但没有由此获得快感，却奇迹般地增加了积极情绪,这是很难想象的。此外,由于乐趣很可能与锻炼的坚持性相联系,因此它是获得长期健康幸福感的前提(Wankel & Berger,1990)。产生最佳情绪效益的身体活动首先必须是令参与者愉快和感兴趣的活动,这一点是毫无疑问的。

然而,对愉快和乐趣的追求存在巨大的个体差异。同是一种活动与锻炼方法,对有些人的情绪可能起积极作用,对另一些人可能不起作用,还可能对一些人起消极作用。例如,有人在恶劣气候条件下锻炼时体验到了巨大的乐趣,而另一些人则可能因为不良气候而抵消了锻炼的乐趣。

二、有氧练习或者有节奏的腹式呼吸的活动

许多研究(Boutcher & Landers,1988;Long & Haney,1988a,1988b)表明:有氧练习与心境改变和(或)应激减少有关。慢跑与健康幸福感的许多方面相联系:焦虑和抑郁的降低,自我观念的增强,对精神压力的耐受力增高以及出现跑步者高潮(the runner's high)等等(Morgan,Brown,Raglin,O'Connor & Ellickson,1987a;Sachs & Buffone,1984;Sacks & Sacks,1981)。

插图 17-4 太极拳、气功、导引等项目十分强调使用腹式呼吸

消遣性游泳(recreational swimming)在许多方面与慢跑类似。不仅两种练习在形式上都是有氧的,而且它们都是个体的、周期性的、动作有节律的身体活动。

然而问题并非这样简单。除了"有氧"这一因素外,腹式呼吸也可能是身体活动和(或)锻炼产生情绪效益的原因。对瑜伽功、步行、低运动负荷功率自行车的心理效益研究显示,这些项目的腹式呼吸特征与心理效益的关系更为密切,提示腹式呼吸比"有氧"更能促进心理效益的产生(Berger & McInman,1993)。我国传统的东方健身术一直很重视有节奏的腹式呼吸对健康的积极作用,太极拳、气功、导引等项目十分强调使用腹式呼吸,这也是腹式呼吸有利于产生积极情绪的一个实例。

三、回避人际竞争的身体活动

一项研究（Riddick，1984）对参加持续高强度、长耐力训练的高等院校代表队的女游泳运动员与只参加消遣性锻炼的游泳者进行了比较研究，发现消遣性游泳者的抑郁、愤怒和慌乱感等消极情绪显著低于代表队运动员和不运动组。这一研究提示：选择回避人际竞争的锻炼方式，更有利于积极健康的情绪。

回避人际竞争的锻炼方式之所以能加强身体活动的心理效益，理由有许多。其中之一是，非比赛性的身体活动不会使参与者因失败而产生消极情绪。当一个人与别人直接比赛的时候，失败的概率大约为50％。对于许多个体来说，失败减损了许多有益的情绪，如兴奋、自我效能、自豪感、成就感、胜任感以及控制感等。另一可能原因是：运动员有过度训练倾向。过度训练和随后的耗竭与健康幸福感的下降相关。第三种解释是，竞技运动可能会增加运动员的应激。

当然，这种说法仍需进一步的检验，而且它也未必适合每个人的具体情况，许多人的情绪可能正是在挑战与竞争中得到发展与完善的。

四、自控性的身体活动

这类活动泛指那些闭锁性技能的、结果可预测的、时间和空间上可确定的以及动作具有节奏和重复性的身体活动。比如，慢跑和游泳等活动项目均符合这一特征。自控性身体活动容易使锻炼者进入自由联想状态，并为独处（solitude）、沉思（contemplation）、反思（reflection）和退缩（withdrawal）提供了机会。这种"退缩"能使人将注意集中于孤芳自赏和脑力的恢复上，而这种注意的集中或转移对于心境状态的调节具有积极的意义。

应当注意的是，锻炼者在项目的选择上存在巨大的个体差异。也有许多人不喜欢闭锁性技能的身体活动，他们喜欢开放性技能的不可预测性，如选择网球和篮球。

五、负荷强度：中等最佳吗

多数研究的结果表明：中等强度比高强度的锻炼对增强心境更有效（Berger，Friedmann & Eaton，1988；Murphy，Fleck，Dudley & Callister，1990；Steptoe & Bolton，1988）。但也有研究（Steptoe & Bolton，1988）报道：低强度身体活动（25 W功率自行车）会使人感受到精力和活力方面的积极变化。这一研究似乎提示，低强度的锻炼对心境更具积极作用。在有进一步的证据证明低强度锻炼对大众心理健康有促进作用之前，我们只能说最佳锻炼强度或许应是"中等强度"。

六、每次锻炼的持续时间：至少20—30分钟

每次锻炼持续时间如果少于20分钟，在多数情况下是不会出现心理效益的，因为可能相应的效益还未来得及出现，身体活动就已经结束了。有人（Glasser，1976）认为通过身体锻炼进入积极陶醉状态并使大脑得以自由运转所需要的时间是40—50分钟。

但在某一强度下如果活动时间过长，就有可能造成疲劳、厌倦，不仅不利于增加情绪效益，

而且可能对情绪造成损害。目前,每次锻炼的持续时间(或距离)与心理效益的关系说法尚不统一,但有一点几乎是可以肯定的,那就是:至少 20—30 分钟。

七、长期坚持,养成习惯

一项研究(Boutcher & Landers, 1988)使用脚踏车让被试单独进行高强度(80%—85%最大心率)的身体锻炼,并对锻炼者进行了生理、心理测试。结果发现状态焦虑短时下降并且脑电图能量上升的人,是那些曾在过去的两年之内每周习惯性地跑 30 英里以上的人;没有长期锻炼习惯的人在高强度锻炼后,未见其焦虑有任何程度的下降。因此,要维持身体锻炼的心理学效益并使之长期发挥效益,就必须使锻炼形成一种生活规律,并且长期坚持,养成习惯。

本章提要

1. 身体活动指能量消耗高于休息时的新陈代谢水平的人类身体运动。身体锻炼是以发展身体,增进健康,增强体质,调节精神和丰富文化生活为目的的身体活动。

2. 参加身体活动的原因包括增加社会交往,增强体质,促进健康,消遣和寻求刺激,丰富审美情趣,排遣消极情绪,磨炼意志,消除心理疲劳。

3. 美国学者温伯格及其同事提出了促进人坚持锻炼的 17 条指导原则,对于锻炼组织者具有重要的参考价值。

4. 锻炼行为理论有助于深入理解锻炼行为。目前这一领域的主要理论模型有:健康信念模型(HBM)、计划行为理论(TPB)、转换理论模型(TTM)和社会认知理论(SCT)。

5. 贝克(R. K. Becker)和麦曼(B. A. Maiman)1975 年提出的健康信念模型认为,人是否产生预防性的健康行为(如参加身体锻炼),取决于其对自身潜在疾病的严重性的知觉,及其对采取行动的代价与所获利益的评估。如果一个人觉得自己的潜在疾病十分严重,自己处在危险之中时,他就可能产生健身行为。

6. 美国学者艾赞(I. Ajzen)1985 年提出的计划行为理论认为,人的行为取决于行为意向;行为意向是由个人对行为的态度、主观规范和个人所体验到的主观控制感共同决定的;主观控制感不仅决定行为意向,而且对行为的产生也有一定的预测作用。

7. 普罗切斯卡(J. O. Prochaska)等人 1992 年提出的转换理论模型认为,个体所处的锻炼阶段是一个动态循环变化的过程,这种循环变化分为前意向、意向、准备、行动和保持等 5 个阶段。对处在不同阶段的个体应采取不同的行为转变策略,促使其向行动和保持阶段转换。如果锻炼干预措施得当,才有可能激发更多的人从事锻炼活动;假如措施错位,可能会造成锻炼者退出锻炼。

8. 美国学者班杜拉(A. Bandura)1986 年提出的社会认知理论认为:第一,行为(如锻炼)是由个人因素、行为因素和环境因素三者交互作用共同决定的;第二,个人因素中包含认知、情绪和生理三种成分;第三,在个人因素的认知成分中,自我效能感对决定人的行为及实现目标具有极其重要的作用。高自我效能感的人总体上容易实现自己的目标。

9. 为最大限度地发挥身体锻炼的情绪效益,应选择令人愉快和有趣的活动,有氧运动或者有节奏的腹式呼吸的运动，回避人际竞争的活动，自控性活动，并且注意负荷强度中等，每次至少活动 20—30 分钟，并且做到长期坚持、养成习惯。

关键术语

身体活动，身体锻炼，健康信念模型（HBM），计划行为理论（TPB），转换理论模型（TTM），社会认知理论（SCT）

复习思考题

1. 哪些因素会影响人们坚持体育活动？

2. 人为什么会退出锻炼？假如你是锻炼组织者，有何对策？

3. 只要参加身体活动或身体锻炼就一定能获得心理效益吗？

4. 为什么该领域内的现有研究中，大多选择闭锁性运动项目作为研究对象？你认为开放式运动项目是否也具有同样的健心作用？能设计一个研究方案吗？

5. 怎样锻炼才能获得较大的心理效益？

推荐参考读物

1. 考克斯（2003，江晓梅译）：第二十四章体育锻炼心理学。见考克斯（张力为、张禹、牛曼漪、江晓梅译）：运动心理学——概念与应用（467—495 页）。北京：清华大学出版社。该章不仅详细地讨论了身体活动与锻炼带来的心理健康效益，总结了产生心理效益的原因，而且对坚持锻炼的决定因素、锻炼行为的理论也进行了阐述和分析。同时，作者还介绍了锻炼与缓解生活压力、社会体格焦虑以及饮食紊乱等几个专门领域的研究。其特点是所涉猎的研究内容较为全面。

2. Weinberg, R. S. & Gould, D. (1999). Chapter 18. Exercise behavior and adherence. In R. S. Weinberg & D. Gould (Eds.), Foundations of Sport and Exercise Psychology (2nd ed., pp. 371—393). Champaign, IL: Human Kinetics. 该章详细阐述了身体锻炼的动机问题，分析讨论了参加锻炼、不锻炼以及中途退出锻炼的原因，介绍了影响锻炼坚持性的因素和锻炼行为的理论模型。在此基础上，作者还十分注重理论联系实际，提出了说服、促进人们坚持身体锻炼的策略和原则。其特点是通俗并注重实用性。

第十八章　身体锻炼的心理效应

插图 18－1　身体锻炼有助心理健康

　　竞技体育和学校体育的功能之一,是通过榜样的作用和教育的作用,激励千百万大众从事锻炼活动,从而提高全民族的健康水平。20 世纪六七十年代以来,这一领域已经引起各国政府的高度重视。其中运动心理学的研究不仅因此形成了新的领域"锻炼心理学"(exercise psychology),产生了研究热潮,而且取得了积极的研究成果。本章将重点探讨与身体活动和身体锻炼有关的情绪、认知和人格效益,以及产生这些效益的原因。

第一节　与身体活动有关的心理健康效益

一、心理健康及其标准

　　早在 1949 年,联合国世界卫生组织(WHO)成立之时公布的章程就已经指出:"健康不只是没有身体上的疾病和虚弱状态,而是躯体、心理和社会适应都应处于完满状态。"1989 年,WHO 又进一步深化了健康概念,提出健康应包括躯体健康、心理健康、社会适应良好和道德健康 4 个方面(郁景祖,1995)。考虑到其中"心理健康"对"社会适应良好"和"道德健康"的前提作用,我们仍可认为 WHO 的健康概念仍是以躯体健康和心理健康为核心的。

　　人们对"健康"概念的认识,促使人们对体育运动功能有了新的认识,开始意识到体育运动的意义与功能不仅仅只是健身,而且还可以达到理想的健心效果。

　　心理健康(mental health)是一种生活适应良好的状态(张春兴,1991)。心理健康的含义至少应包含 4 个维度:认知维度、情绪维度、人格维度和社会适应维度(毛志雄、王则珊,

1996)。如果将人格中的许多生活习惯归因于认知,则人格维度可与认知维度合并成为三个维度,即:认知、情绪和社会适应。

正如人们对身体健康的标准众说纷纭一样,对于心理健康的标准,各路学者也可谓仁者见仁,智者见智。马斯洛等人提出了10条心理健康的标准:①有足够的自我安全感;②能充分地了解自己,并能对自己的能力作出适度的评价;③生活理想切合实际;④不脱离周围现实环境;⑤能保持人格的完整与和谐;⑥善于从经验中学习;⑦能保持良好的人际关系;⑧能适当地发泄情绪和控制情绪;⑨在符合集体要求的前提下,能有限度地发挥个性;⑩在不违背社会规范的前提下,能恰当地满足个人的基本要求。

张春兴(1991)指出:心理健康是一种生活适应良好的状态。一个心理健康的人,大多能符合下列条件:①情绪较稳定,无长期焦虑,少心理冲突;②乐于工作,能在工作中表现自己的能力;③能与他人建立和谐的关系,而且乐于和他人交往;④对于自己有适当的了解,并且有自我悦纳的态度;⑤对于生活的环境有适切的认识,能切实有效地面对问题,解决问题,而不逃避。

刘协和(1993)指出的5条心理健康标准是:①没有心理异常;②正常发育的智力;③健全的人格;④充沛的精力;⑤丰富的情感生活等。

季浏(1995)认为心理健康的主要标准是:①智力正常;②适当的情绪控制能力;③对自己能作出恰当的评价;④能保持良好的人际关系。

身体锻炼有益于心理健康,似乎是百姓共识。但是,身体锻炼究竟有什么心理效益?为什么会产生这些心理效益?会有副作用么?这些问题需要有理有据的回答。根据已有的研究报道,身体活动和身体锻炼对参加者的心理效益可简要归纳于表18-1。我们将就其中几个研究较多的领域进行更加细致的分析和讨论。

表18-1 身体活动和身体锻炼对参加者的心理效益

增加或提高	减少或降低	增加或提高	减少或降低
学业成绩	工作缺勤	良好心境*	神经质表现
做事和决定果断	过度饮酒	知觉能力	应激反应
信心*	怒气*	人际关系	紧张*
情绪稳定性*	焦虑*	积极身体自我评价*	A型行为
独立性	抑郁*	性生活满意感*	工作错误
智力水平	痛经	健康幸福感*	慌乱*
心理控制源内控倾向	敌意态度*	工作效率	艾滋病毒在体内的发展
记忆力	恐惧感*		

改编自任未多,1997,p.75。*表示研究较多的问题

二、身体活动与情绪改善

锻炼心理学对于身体活动与心理健康的关系研究,主要以心理健康的情绪维度为核心。这不仅是因为情绪在心理健康中所占据的核心地位,而且更主要的是因为它是身体活动或身

体锻炼所能体现的最直观的心理效益。多数研究表明,长期身体锻炼(chronic exercise)与短期身体活动(acute exercise)都可产生良好的情绪效益。

长期身体锻炼是指每天都进行或者定期进行的锻炼活动,这种锻炼活动持续很长的时间。用于研究的长期身体锻炼安排一般都持续 10—12 个月。短期身体活动是指短期的,每次大约 30 分钟的身体活动(Cox,1998)。

(一)身体活动后的即刻效益

短期身体活动的心理效益一般是在运动后即刻进行测量的。测量的主要内容包括活动后的良好心理感受以及身体紧张、焦虑以及抑郁状况等。测量工具常采用生理仪器或者问卷及量表。常用的量表主要包括如:《心境状态量表》(Profile of Mood States,POMS. McNair Lorr & Droppleman,1971)、《状态—特质焦虑量表》(State-Trait Anxiety Inventory,STAI)、《锻炼诱发感受量表》(Exercise-Induced Feeling Inventory,EFI. Gauvin & Rejeski,1993)以及《主观锻炼体验量表》(Subjective Exercise Experiences Scale,SEES. McAuley & Courneya,1994)等等。

1. 与心境状态的改善有关

心境(mood)是指具有感染力的微弱而较持久的情绪状态。保持良好的主导心境是心理健康的重要标志之一。有研究报道,30 分钟的跑步使紧张、困惑、疲劳、焦虑、抑郁和愤怒等不良情绪(emotion)状态显著改善,同时使精力感保持在高水平(Weinberg,Jackson & Kolodny,1988);仅一次功率自行车练习就使健康和不太健康的大学生焦虑程度下降(Roth,1989);甚至还有人认为,5 分钟的步行也有助于提高心境状态(Thayer,1987)。

2. 与焦虑水平的下降有关

焦虑是一种对当前或预计的威胁所反映出的恐惧和不安的情绪状态。一项研究(Bahrke & Morgan,1978)对三组被试的处理分别是:①以 70% 最大心率在跑台上行走;②冥想;③在舒适的沙发上休息。比较 20 分钟后的状态焦虑(state anxiety)水平,其结果是三组被试的状态焦虑水平均下降。

3. 与应激和紧张的减少有关

应激有三个方面的含义(Anshel,Freedson,Haywood,Horvat & Plowman,1991):第一,可能提高焦虑和唤醒水平的任何情境;第二,因觉察到情境的威胁而造成的与植物性神经系统唤醒有关的不愉快的情绪反应,通常是在个体感知的环境要求和个体自身反应能力间不平衡时发生;第三,身体的某一器官对环境刺激的任何行为反应。紧张则是应激的一种表现形式。

一项对老年人肌紧张(muscular tension)和焦虑的研究(deVries & Adams,1972),考察了身体活动对 10 名焦虑的老年人的镇静效应。实验前,经《泰勒显相焦虑量表》(Taylor Manifest Anxiety Scale. Taylor,1953)测试,其焦虑分数在 87 百分位。实验采用被试内设计并进行双盲实验。所有被试在下述每种实验处理中随机接受三次测试:

——在心率 100bpm 下步行 15 分钟;

——在心率 120bpm 下步行 15 分钟;

——口服 40 毫克氨基甲酸酯镇静药粉(一种普通镇静剂);

　　——服用安慰剂;

　　——阅读某种资料(控制情境)。

　　结果表明,只有在 100bpm 下步行 15 分钟的情况下,被试的二头肌 EMG 下降,应激减少;其余各种处理均未见任何变化。40 毫克氨基甲酸酯镇静剂看来是因为剂量太小而未起任何放松作用。这一研究同时提示我们:身体活动的情绪效益并非自动产生,身体活动负荷必须适量,否则便没有心理效益。

　　尽管大量研究报告显示短期身体活动具有降低消极情绪并提高积极情绪的作用(Berger, Owen & Frantisek, 1993;Tuson, Sinyor & Pelletier, 1995),但这些作用并不明显和稳定。例如,参与者能否产生或提高积极情绪会受到锻炼活动中个人表现和结果的影响:一次跑步的优胜者赛后可能会感觉到消极情绪的减少,而其他人赛后未必会有类似的感觉(Clingman & Hilliard, 1994)。又比如,有时候一组练习后的抗焦虑效果并不明显,而追加另一组短时练习后方见效果。而且,短期身体活动并不能使消极心境长期改变。所以,还是需要长期身体锻炼才能保持所产生的心理效益。

专栏 18 - 1

身体活动或身体锻炼所产生的情绪效益能维持多久

　　锻炼与心理健康的关系领域中,一个值得关注的问题是:短期身体活动或长期身体锻炼后所产生的心理效益能持续多长时间。

　　拉格林和摩根(Raglin & Morgan, 1987)的实验研究了 40 分钟静息和进行一组有氧练习后血压和状态焦虑的变化情况。被试分别为 15 名血压正常人和 15 名用药物控制血压的人。研究结果发现:①静息和锻炼均使正常人状态焦虑下降,使药物控制血压的人状态焦虑显著下降($p<0.05$);②正常人静息后和锻炼后血压下降,药物控制血压的人高压显著下降($p<0.05$);③锻炼造成的血压下降可以持续 2—3 小时,而静息后血压在 20 分钟内恢复到原有水平;④锻炼造成的状态焦虑下降可维持 2 小时,静息造成的状态焦虑下降只持续 30 分钟。

　　在另一项研究中,西曼(Seeman, 1978)考察了男女被试在 45 分钟有氧练习前后状态焦虑的变化情况。两者在锻炼后即刻均体验到了状态焦虑水平的显著下降,但在锻炼后 4—6 小时内,被试的状态焦虑水平向锻炼前水平恢复,24 小时后与锻炼前水平持平。

　　看来,短期身体活动抗焦虑作用的持续时间最多也就是 24 小时,假如你坚持每天锻炼,就有可能降低焦虑并防止慢性焦虑的发生(Weinberg & Gould, 1999)。

　　另两项研究(Long, 1984;Long & Haney, 1988a)比较了长期慢跑锻炼和抗焦虑训练[应激免疫(stress inoculation)和渐进放松]降低状态焦虑作用的持续时间。在两项研究中,被试分别经历了 2—4 个月,每周 2—4 次的训练课程。结果表明,与静息对照组相比,慢跑组和抗焦虑训练组的状态焦虑和特质焦虑均显著下降,而且这种下降保持了 15 个星期!
(图 18-1)

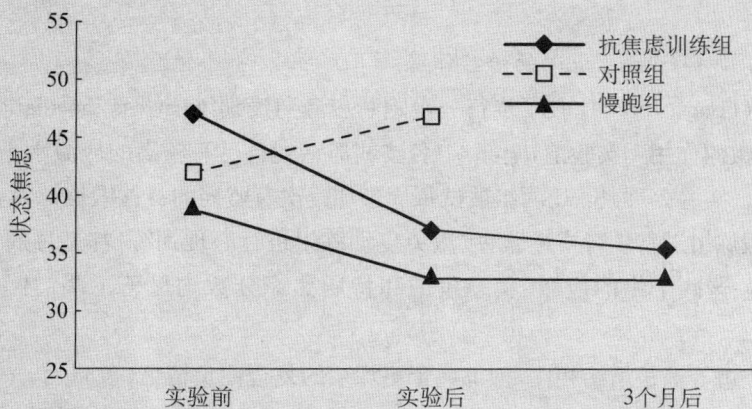

图 18-1　实验前后及三个月追踪测量的状态焦虑平均分数变化
引自 Weinberg & Gould, 1999, p. 356

(二) 长期身体锻炼的情绪效益

短期身体活动和(或)身体锻炼对于正常人的应激症状(如,焦虑、抑郁和愤怒)只起短时间的降低作用;而长期锻炼计划则对心理疾病患者的焦虑、抑郁具有长期稳定的缓解作用(Berger & Owen, 1988; Steptoe & Cox, 1988; Bosscher, 1991; Martinsen, Hoffart & Solberg, 1989; Morgan & Goldston, 1987)。

1. 与健康幸福感有关

健康幸福感(psychological well-being)也称心理自我良好感或感觉良好现象(feel-better phenomenon),是心理健康的重要标志之一。它是指与积极参加身体锻炼有关的某种兴奋、自信和自尊的情绪和态度体验,并且没有消极情绪(Anshel et al.,1991)。

研究表明(Snyder & Spreitzer, 1974),健康幸福感与长期身体锻炼有正相关关系,积极参与身体活动者比不运动者的自我感受和评价更积极,其中女子较男子相关程度更高。这一正相关的原因可能是由于身体锻炼产生内心愉快和乐趣的结果,也可能是由于女子较男子在活动中更富于感情色彩和更具有自我投入的倾向。身体锻炼对健康幸福感产生积极影响的原因可能有生理的、心理的和社会的,或者是三者

插图 18-2　主观幸福感是心理健康的重要指标

综合作用的结果(任未多，1997)。

应当注意的是：健康幸福感的增加，实质上与消极情绪的减少密切联系。紧张、焦虑、抑郁、困惑、疲劳、气愤等消极情绪的减少或者精力感(vigor)的增加，本身也意味着健康幸福感的增强。

2. 对焦虑、抑郁(depression)的治疗作用

一项研究(Long，1983)比较了步行—慢跑和应激免疫训练(stress inoculation training)两种方法降低应激的作用。实验前，全部61名被试都感到自己有较高的应激水平，并有降低应激水平的愿望。实验处理是：让两组被试每周参加一次有监控的身体锻炼课程，时间为90分钟，其余时间锻炼组进行步行或慢跑，应激免疫训练组进行心理训练，都是每周两次，持续10周。结果发现：这两个组的应激、状态焦虑和特质焦虑分数均显著下降，且效果可保持三个月。

与紧张、焦虑等消极情绪相比，抑郁属于更深层的复合性负情绪(孟昭兰，1989)。它可能是伴随人生价值的失落感而产生的悲伤、恐惧、焦虑、羞愧甚至负罪感，其持续时间更长，给人带来的痛苦更大。抑郁症的临床特点为悲观、悲伤、失助感、低自尊和绝望(Dishman，1986)；轻微疲劳、易怒、优柔寡断、回避社交甚至厌世(Sime，1984)。有研究报道(Hannaford，Harrell & Cox，1988)，在8周的身体锻炼之后，精神病患者的抑郁状况得到了明显的改善。几项对老年人的研究指出，身体锻炼与抑郁的减少有关(Bennett，Carmack & Gardner，1982；Martinsen，Medhus & Sandvik，1985；Valliant & Asu，1985)。这些发现特别重要，因为就老年人而言，抑郁或许是最主要的精神健康问题。然而，并非所有的研究都支持身体锻炼减缓抑郁的假设。一项对中老年人身体锻炼与抑郁关系的研究(毛志雄、王则珊，1996)表明：身体锻炼既未能缓解抑郁—沮丧情绪，也无助于提高精力感。其原因可能是由于：①中老年人的情绪比年轻人稳定，不易随环境的改变(如锻炼)而波动；②抑郁、沮丧等深层负性情绪即使可能通过锻炼手段得到暂时缓解，但从长远意义上看，远非身体锻炼所能彻底解决的问题；③对于情绪健康的基础水平较高的人来说，通过身体锻炼很难继续使心境状态得到大幅度的改善。

尽管长期身体锻炼与抑郁的关系问题目前尚有争议，但多数研究仍表明：身体活动和(或)身体锻炼对焦虑、抑郁症状的改善具有积极作用。

专栏 18 - 2

20 世纪 90 年代的三大元分析研究

国外学者诺斯等人(North，McCullagh & Tran，1990)、佩特鲁泽罗等人(Petruzzello，Landers，Hatfield，Kubitz & Salazar，1991)、拉方丹等人(LaFontaine，Dilorenzo，Frensch，Stucky-Ropp，Bargman & McDonald，1992)于20世纪90年代初期分别对身体锻炼与焦虑、抑郁的关系问题进行了元分析研究。所得结论引起了各国学者的重视。

诺斯及其同事(North et al.，1990)对1969年至1989年间的80项关于身体锻炼与抑郁的关系的研究进行了元分析，得出如下8条结论：

运动心理学(第二版)

①短期身体活动和长期身体锻炼都能有效地降低抑郁；②锻炼的降抑郁效果在那些要求心理帮助的人身上最为明显；③身体锻炼与特质性抑郁和状态性抑郁的降低都有联系；④身体锻炼既可以降低心理健康人的抑郁，也可以降低心理疾病患者的抑郁；⑤无氧练习和有氧练习均能降低抑郁；⑥锻炼周数和每周次数与抑郁的降低量相联系；⑦身体锻炼降低抑郁比放松和愉快的活动更有效；⑧身体锻炼与心理治疗相结合比单纯进行身体锻炼的降抑郁效果更好。

佩特鲁泽罗等人（Petruzzello et al.，1991）对1960年至1989年间的104项关于身体锻炼与焦虑的关系的研究进行了元分析，得出如下6条主要结论：

①锻炼的活动时间必须长于20分钟，才能有效地降低焦虑；②渐进性放松练习同身体锻炼一样可以有效降低状态焦虑；③身体锻炼比渐进性放松练习能更有效地降低特质焦虑；④无氧练习不能降低焦虑；⑤长期的和短期的有氧练习均可有效降低状态焦虑；⑥身体锻炼必须坚持10周以上，才可能有效降低特质焦虑。

拉方丹等学者（LaFontaine et al.，1992）对1985年至1990年间涉及有氧练习和焦虑、抑郁之间的关系且实验控制十分严格的研究进行了总结分析，结论如下：

①有氧练习可降低焦虑、抑郁；②有氧练习对长期性的轻微到中度的焦虑症和抑郁症有治疗作用；③锻炼者参加锻炼前的焦虑、抑郁程度越高，受益于身体锻炼的程度也越大；④身体锻炼后，即便心血管功能没有提高，焦虑、抑郁程度也可能下降；⑤根据目前掌握的资料，尚不足以证明或反驳身体锻炼导致或引起焦虑和抑郁下降的假设。

上述元分析研究有助于我们对身体锻炼与焦虑、抑郁的联系产生比较全面的认识。另外，三项研究也使我们获得两点启示：第一，身体锻炼控制焦虑和缓解抑郁的作用是同时产生的，但可能存在一点不同，这就是无氧练习可有效地降低抑郁，却不能有效地降低焦虑。这一点提示我们：如果希望改善整体的情绪状况，最好采用有氧练习（张力为、毛志雄，1995）。第二，元分析研究的结果表明，长期身体锻炼对心理疾病患者的情绪效益比对正常人要好。这一点不难理解：要期待一个心理健康的人通过长期身体锻炼大幅度地改变其心理健康水平，显然是不现实的。心理健康的人在身体锻炼之前其抑郁、焦虑程度就较低，这样，身体锻炼进一步降低其抑郁、焦虑的可能性自然就较小（张力为、毛志雄，1995）。

（三）身体活动产生的良好的情绪体验

身体活动和（或）身体锻炼除了上述情绪功能外，它还为参与者提供了一个体验"尖峰时刻"（peak moment）的机会，这种体验可以提高人们的生活质量（Berger，1996；Csikszentmihalyi，1991，1997）。尖峰时刻包括了最佳表现（peak performance），流畅体验（flow），跑步者或锻炼高潮以及高峰体验（peak experience）等良好的情绪体验，它们是奖励性的、难忘的和强有力的个人体验（Berger & Motl，2001）。

尖峰时刻经常出现在身体锻炼和运动中，而且是对身体活动的一种特殊而有价值的自我奖赏（Jackson & Csikszentmihalyi，1999）。

1. 最佳表现

最佳表现是指一个人在某项活动中的行为超越了其自身正常水平的现象。虽然这种表现未必是创世界纪录的水平,但它一定是在某种特定情境下超越自己平常能力的表现(Privette & Landsman,1983)。它可以通过许多活动表现出来,比如身体力量,运动才能,创造性的表达,智力学习,甚至日常工作。

最佳表现具有如下特征:①清晰的注意指向;②高水平的行为表现;③对活动任务本身的迷恋;④自发产生,不期而至;⑤强烈的自我意识;⑥对个人实力的意识;⑦极大的满足感;⑧发生的短暂性;⑨对这种卓越状态的不可描述性(Berger & Motl,2001)。

2. 流畅体验

流畅体验是一种理想的内部体验状态。在这种状态中,人忘我地全身心投入所从事的活动之中,从活动过程本身体验到乐趣和享受,并产生对动作过程的控制感。人似乎表现出不惜代价去从事该项活动,所从事的活动过程本身就是目的(Csikszentmihalyi,1991;Privette & Landsman,1983)。流畅体验的核心元素是享受(enjoyment),它是人们所发掘出的一种内在的乐趣(fun)和享受(Berger & Motl,2001)。

并非所有的活动都能产生流畅体验,对 123 名大学生进行的调查发现(Privette & Bundrick,1987,1989),体育运动是流畅体验的主要来源。调查问卷列举了体育运动、学习工作、人际交往、宗教等活动,询问被试以往在何种情况下感受到流畅体验,大多数人回答只是在体育运动中有过这样的感受,没有一人提到在其他活动中有过流畅体验。虽然该结果只是一个特例,但许多研究(如,Jackson,1992,1995,1996;Jackson & Csikszentmihalyi,1999;Marsh & Jackson,1999)都强调:竞技运动和身体锻炼领域最容易产生流畅体验。

3. 高峰体验

高峰体验是人在某项活动中所产生的强烈的情感状态,如喜悦(bliss)、兴高采烈(ecstasy)、极大的乐趣(great joy)以及精神启迪(illumination)。这一经历可产生一种强烈的自我意识和冲破外部阻力的自由感,而且可以理解为"极度欢乐的时刻"(Privette & Bundrick,1987)。马斯洛(Maslow,1968,1970)认为,高峰体验是个体在生活中最兴奋、最满意和最有意义的时刻,并认为高峰体验对生活质量有极大的影响。

显然,身体活动中所产生的高峰体验应该对提高生活质量有益。但目前我们对身体锻炼和竞技运动中的高峰体验所知甚少,而且高峰体验常常不期而至,在总体上以及在身体锻炼中有百分之多少的人产生过高峰体验目前还不得而知(Berger & Motl,2001)。

4. 跑步者高潮

跑步者高潮可能是运动或锻炼中尖峰时刻特别是高峰体验的一个特例。在跑步中出现一过性高潮是从事这项运动的人通常描述的一种共同体验,也称"身体锻炼快感",因为在跑步以外的身体锻炼活动中也会出现。这种状态是在跑步中瞬间体验到的一种欣快感,通常是不可预料地突然出现。高潮出现时,跑步者的健康幸福感高涨,对大自然的欣赏大增,而且有强烈的时空障碍超越感(Sachs,1984,p.274)。

描述跑步者高潮的词汇常常有:欣快、非同寻常的体能、动作的优美感、精神焕发

（spirituality）、个人潜力的突然实现、瞬间的完美、活动毫不费力以及时空的停滞感等（Berger & Motl，2001）。美国学者伯格（Berger，1996，p. 346）将跑步者高潮定义为高峰体验的一种特殊形式，其特点是欣快、健康幸福感的增高，感到身心充满能量，感到瞬间的完美甚至产生对活动的精神崇拜。

类似的"高潮"还在游泳、骑自行车以及其他锻炼项目中得到了观察和验证。

尽管上述良好的情绪体验还难以确切地定义，锻炼者对它们的描述尚不统一，研究者的数据间也有很大差异，但它们的客观存在却是公认的。

最佳表现代表着个体卓越的机能和出色的行为，它可能促进人们产生对特定任务的胜任感、个人能力的卓越感、对技能控制感以及自我效能感。这些感受几乎渗透在个人生活的每个方面，它们可能会促使人们产生强烈的生活满意感和健康幸福感，对于心理健康十分重要。

高峰体验包含着强大的乐趣和从事活动时兴高采烈的情绪。这种乐趣和兴高采烈的主观感觉可能会影响人总体的生活满意感，它当然是心理健康的重要标志。

而流畅体验是在个人能力与任务难度相匹配时产生的内在享受，它是乐趣和享受，并产生控制感。流畅体验可能增加人们的快乐并提高人的健康幸福感。而这也是心理健康的重要标志。

为了从身体活动表现（performance）和个人感受（feelings）两个维度来理解尖峰时刻，普里维提和班德里克（Privette & Bundrick，1987，1991，1997）提出了一个"感受与表现模型"（图18-2）。该模型将感受和表现看做正交的直角坐标系：其中感受维度是在痛苦（misery）……担忧（worry）……厌烦（boredom）……中等（neutrality）……享乐（enjoyment）……欢欣（joy）……兴高采烈（ecstasy）的两极间变化；表现维度则是在彻底失败（total failure）……不适当（inadequacy）……无效（inefficiency）……中等（neutrality）……有效（effectiveness）……高水平（high performance）……个人最佳表现（personal best）两极间变化。其中，个人最佳表

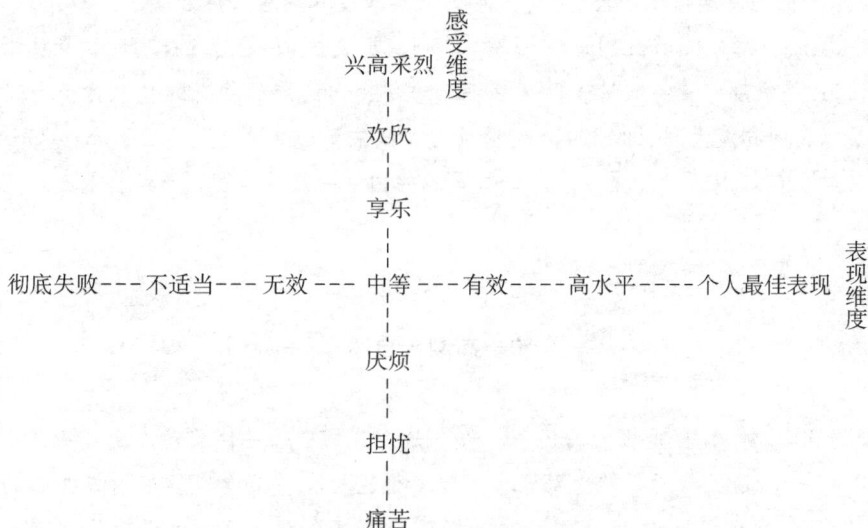

感受维度
兴高采烈

欢欣

享乐

彻底失败---不适当---无效---中等---有效----高水平----个人最佳表现　表现维度

厌烦

担忧

痛苦

图18-2 尖峰时刻的"感受与表现模型"
引自 Berger & Motl，2001，p. 652

现位于表现维度的最右端;流畅体验应在坐标系的第一象限,在良好表现与良好感受完全相对应时产生,当然流畅体验有程度的不同;而高峰体验则位于感受维度的最顶端,但未必一定伴随着最佳表现。

目前,对上述尖峰时刻的测量已经有了初步的方法。例如,测量方法上常用"体验抽样法"(Experience Sampling Method,ESM. Csikszentmihalyi & Larson,1987);常用测量工具有《体验问卷》(Experience Questionnaire,EQ. Privette & Bundrick,1987)和《流畅状态量表》(Flow-State Scale,FSS. Jackson & Marsh,1996)。但由于对各种尖峰时刻的定义不够清晰且尚存差异,因此其客观测量的方法还有待进一步发展。

专栏 18 - 3

身体活动中的尖峰时刻可以测量吗

国外学者契克森米哈伊(Mihaly Csikszentmihalyi)是最先研究流畅体验结构的学者。他与同事曾经使用"体验抽样法"(ESM)来调查人们日常生活体验的质量。ESM 是通过使用 BP 机打断被试的日常活动,并要求其填写"体验抽样表"(experience sampling form,ESF)来获得被试的自我报告。ESF 包含了"面临的挑战"以及"个人技能水平"的题目来辨别被试是否进入了流畅状态。

研究尖峰时刻的常用测量工具有《体验问卷》(Experience Questionnaire,EQ)和《流畅状态量表》(Flow-State Scale,FSS)。

EQ 是由普里维提(G. Privette)及其同事研究开发的。它是先让被试对自己的最佳表现、高峰体验、流畅、平常事件、痛苦或者失败等事件做叙述性的描述,然后通过 42 个题目,使用 5 级 Likert 量表对上述个人体验进行评定。据报道(Privette & Bundrick,1987),该量表在题目水平上的复测信度合理,也有一定的结构效度和内容效度。

FSS 是由杰克森(Susan A. Jackson)等学者研究开发的,它是对竞技运动和身体活动环境下流畅状态的多维度测量。该量表以契克森米哈伊提出的流畅状态的 9 个特征为基础编制题目,然后以美国和澳大利亚的 394 名运动员为被试施测。经过验证性因子分析(CFA),确定了流畅状态的 36 题、9 因素测量模型。这个量表的内部一致性信度以及结构效度均已建立。

专栏 18 - 4

跑步高潮者自述

自述 1

最初的 30 分钟,纯粹是极大的痛苦——那是周身的剧痛并伴随着人生观的危机。

30 分钟一过,情况有所好转。双臂和双腿变得轻松和有节奏。疲劳消失并感到又恢复了力量。"我想,我今天要跑 25 英里。我要把研究预算金额加倍。我要就此找院长谈话而且再也不能容忍他含糊其辞……"于是,开关一转,我由四挡转入了超速飞驰……

有时候跑到第二个小时，灵光闪现的时刻到来了：周围的色彩明亮而美丽，水波粼粼，云飞如絮，而我那正在游泳的身体，仿佛飘离了地球。我的心灵深处被一种可爱的满足感所占据，思想毫无保留地向上冒出。我找到了自己将来的生活归宿。跑步的文献中说如果你每天跑 6 英里并坚持 2 个月，你将永远为之着迷。这句话我理解了。跑到 6—10 英里之间就可以体验到一种博大的视野和宇宙的宁静。

编引自 Weinberg & Gould，1999，p. 363 及 Berger & McInman，1993

自述 2

……我跑第一步时就感到比以前任何时候都轻快松弛。我的衬衫紧附着我的身体，我感到自己就像一副骨架在风洞中飞驰而下。我仿佛感到自己每英里都跑得飞快，就像说谎一样令人难以相信，就像换了一个别人从未听说过的躯体。我的头脑一如水晶般的清晰，以至于可以主持一项会谈。此时唯一的感觉就是节奏和心跳，一切的一切都是那样的完善和自然……距离、时间、动作浑然一体。那里只有我自己——这种胶合剂，只有对双腿的模糊感觉，以及即将到来的黄昏。我不由得继续飞奔。我本可以不停地向前跑。可能，我已经经历了一个人生观的转变，但无论如何，它是神奇而不可思议的。我来到路边，悲喜交加，失声而泣：喜的是自己生龙活虎；悲的是那种暂时性的模糊感觉，而且自己不可能将这种神奇的体验传授给任何人。

引自 Weinberg & Gould，1999，p. 363

鉴于身体活动和（或）身体锻炼所产生的巨大情绪效益，《美国总统身体健康与体育委员会通讯》(President's Council on Physical Fitness & Sports Newsletter)在其 1992 年刊登的一份声明中曾用这样的话来高度赞誉身体锻炼的价值：

假如锻炼可以包装成一枚药片，那它应该是全国上下唯一一剂应用最广的良药。(Staff，1992)

三、身体锻炼与认知衰老

中老年人身体锻炼与认知功能的保持问题，实质上是锻炼与抗衰老的关系问题。中年期，一般指从 35 岁至 59 岁的年龄阶段；老年期，指从 60 岁以上至死亡这一时期。人到中年后，身心机能大多处于维持和下降期，表现为随着年龄的增长，生理、心理机能出现不同程度的衰退。

中老年期，随着年龄不断增长以及衰老的出现，保持信息加工的速度是很重要的，这不仅是因为信息加工的速度在诸如开车、过马路、躲避危险刺激等日常生活事件中有重要作用，而且，它与心理功能的其他方面（如对刺激的辨认、编码、组织、提取以及短时记忆等）也有着密切的联系（马启伟、张力为，1996）。

（一）身体锻炼与中老年人的认知功能

一项对老年心理障碍患者的研究发现：身体锻炼导致其认知功能出现明显的进步（Powell，1974）。30 名年龄从 59 岁到 89 岁的老年人被随机分配到锻炼疗法组、社会疗法组和一个控制组中。锻炼疗法持续 12 周，包括快速行走、健美操和韵律性活动；社会疗法包括艺术和手工艺活动、社会交往和音乐。研究结果发现，身体锻炼组《渐进式矩阵测验》（Progressive Matrices Test）和《韦克斯勒记忆量表》（Wechsler Memory Scale）的测验成绩出现了显著的进步，而其余两组却没有。

另一项研究（毛志雄，1996）使用《数字广度测验》（韦克斯勒成人智力量表中的一项分测验）对中老年人的瞬时记忆能力进行了调查，发现积极参加身体锻炼的中老年人测验成绩优于不积极锻炼的对照组，其差异具有十分显著的意义（$p < 0.01$），但效果量却不大（$g = 0.051$）。

还有许多类似的研究也注意到了身体锻炼与中老年人许多认知功能的改善有密切关系（如，Diesfeldt & Diesfledt-Groenendijk，1977；Stamford，Hambacher & Fallica，1974）。还有人（Spirduso，1986）推测有规律的锻炼可通过提高知觉和运动系统的总体速度来提高精神运动速度。

然而问题并非这样简单。也有一些研究没有发现（如，Barry，Steinmetz，Page & Rodahl，1966；Powell & Pohndorf，1971；Perri & Templer，1985）身体锻炼能够提高中老年人认知功能的证据。看来，身体锻炼提高中老年人认知功能的证据目前尚不充分，在获得更有力的证据之前，我们应该谨慎地说，身体锻炼对中老年人的认知功能方面的效益或许不在于提高，而在于保持。

（二）身体锻炼与中老年人的反应速度

反应时是人精神运动速度的重要指标。人到中年后，反应时只能随年龄的增大而衰减。由此，我们不妨这样假设：如果身体锻炼能够有助于反应速度的保持，则在同等条件下，积极参加身体锻炼的中老年人其反应速度应高于不积极锻炼者。这一假设得到了一些研究的支持。例如，有证据表明（毛志雄，1996；Lupinacci，Rilli，Jones & Ross，1993），进行积极身体活动的中老年人，其简单反应时、选择反应时比同龄的不进行积极身体锻炼的人快。马启伟、张力为（1996）总结了身体锻炼与中老年人反应时关系的以下规律：

插图 18-3 体育锻炼有助于减缓衰老

第一，进行积极身体活动的老年人，其反应时和其他认知功能的下降幅度比不进行积极身体活动的老年人小。

第二，测验的任务难度越大，身体锻炼对反应时和其他认知功能的这种影响就越明显，比如，身体锻炼效应在选择反应时上表现得比在简单反应时上更明显；但也有个别研究发现，身体锻炼的效应随任务难度加大而呈现缩小趋势。

第三，即使是年龄很大时才开始进行身

体锻炼,同样可以提高信息加工速度。

关于身体锻炼影响反应时的机制,目前尚不清楚,有人(MacRae,1989;Toole & Abourezk,1989)推测:身体锻炼可能对大脑的氧供应、氧利用、神经递质的产生和功能甚至是大脑本身的结构有积极的影响,这些积极的影响使信息加工速度得以保持或提高。这一学说还有待于进一步的检验。

四、锻炼的其他心理效益

还有一些研究报道,身体活动和(或)身体锻炼与人格的完善、认知功能的提高甚至与减缓艾滋病毒(HIV)在体内的发展有关系。

(一)身体锻炼与人格的完善

有研究(Ismail & Young,1973)报道:长期身体锻炼不仅增强了中年男子的体质,而且使他们具有更高水平的自信心(self-confidence),更多的控制感(feelings of control),增强的想象力(imagination)和更大的自我满足感(self-sufficiency)。

另一研究(McDonald & Hodgdon,1991)指出:有氧适应性训练提高了自我满足感和智力的分数,降低了不安全感(insecurity)的分数。

福克斯(Fox,1997)指出,身体锻炼和身体活动可能和参与者的自我观念(self-concept)、自尊心(self-esteem)以及自我效能感(self-efficacy)的提高相联系。但由于自我观念、自我效能感等概念的复杂性,这类研究中的被试在健康状况、文化水平以及年龄、性别等方面都有差异,因此研究的结果尚不统一。

(二)身体锻炼与认知功能的关系

人的认知功能(cognitive function)是指其认识世界的能力,其实质是中枢神经系统对身体内外环境信息的加工能力,主要包括感知觉、记忆、思维与想象、注意等。长期以来,心理学者们假设:①动作技能的发展对于儿童智力的发展具有重要作用(Piaget,1936);②个人的学习潜力与其自身的体质状况有关。20世纪70年代以来,学者们一直在寻找检验这两项假设的证据。虽然目前的研究结果尚不一致,但对100多项研究的统计分析(Etnier,Salazar,Landers,Petruzzello,Han & Nowell,1997;Thomas,Landers,Salazar & Etnier,1994)还是得出了下述基本结论:身体锻炼与认知功能的提高有一定程度的正相关关系;与短期身体活动相比,长期锻炼与认知功能的提高有更密切的关系。

(三)身体锻炼与艾滋病毒的延缓

人体免疫缺陷病毒(human immunodeficiency virus,HIV)也称艾滋病病毒,目前医药界普遍认为它的出现将最终导致艾滋病(acquired immune deficiency syndromes,AIDS)的发生。有证据表明(Ironson,Laperriere,Antoni,Klimas,Fletcher & Schneiderman,1990),无症状的男同性恋者当得知自己艾滋病毒呈阳性时,其焦虑和其他痛苦分数显著升高,而且越来越多的证据表明,抑郁和焦虑之类的情感因素与艾滋病毒感染的加速有关。还有人(Goodkin,1988)提出可以将焦虑和抑郁的升高视为促使艾滋病发展的危险因素。

长期身体锻炼由于可以在不损害免疫系统的前提下,增强艾滋病毒携带者的体质,促进其心境状态的改善并降低焦虑、抑郁等消极情绪,因此有利于延缓艾滋病毒在体内的感染速度,从而延缓艾滋病的发病进程。目前已有一些研究(LaPerriere,Antonio,Schneiderman,Ironson,Klimas,Caralis & Fletcher,1990;Rigsby,Dishman,Jackson,MaClean & Raven,1992;Lox,McAuley & Tucker,1995)支持了这一观点。

第二节　身体活动产生积极心理效益的原因

美国学者考克斯(Cox,1994,1998)在前人研究的基础上归纳总结,提出了身体活动促进心理健康的原因的 6 项基本假说,试图从理论上解释身体活动和(或)身体锻炼产生心理效益的机制。以下是这 6 项基本假说。

一、认知行为假说

认知行为假说(cognitive behavioral hypothesis)的基本前提是,身体活动和(或)身体锻炼可诱发积极的思维和情感,这些积极的思维和情感对抑郁、焦虑和困惑等消极心境具有抵抗作用。

这一理论解释同班图拉的自我效能感理论(Bandura,1977)是一致的。班图拉认为,人们完成了一项自己认为较为困难的任务后,会体验到自我效能的提高。对于没有锻炼习惯的人来说,身体锻炼是一件困难的事。如果能够使自己养成锻炼习惯,人们就会体验到一种成功感并提高自我效能感。自我效能感的提高,有助于打破与抑郁、焦虑和其他消极心境状态相关联的恶性循环。

二、社会交往假说

社会交往假说(social interaction hypothesis)的基本前提是,身体活动和(或)身体锻炼中与朋友、同事等进行的社会交往是令人愉快的,它具有促进心理健康的作用。

这一假说的问题在于它仅仅提供了身体活动和(或)身体锻炼促进心理健康的原因的部分解释,但并不全面。经验和证据表明,活动或锻炼不论是集体进行还是单独进行,都具有健

插图 18-4　体育锻炼时的人际交往具有维持和促进心理健康的作用

心作用。虽然单独进行身体活动或在家里进行身体活动可能比集体健身活动更具降低抑郁的作用,但我们不能因此就忽视集体活动或锻炼的作用,尤其是老年人。

三、转移注意力假说

转移注意力假说(distraction hypothesis)的基本前提是,身体活动和(或)身体锻炼给人们提供了一个机会,使他们能够转移对自己的忧虑和挫折的注意,从而使焦虑、抑郁等消极情绪出现短时间的下降。

例如,慢跑、游泳等身体活动能使参与者练习时进入自由联想状态。在单调重复性的技术动作中,通过冥想、思考等思维活动,可能会促进思维的反省和脑力的恢复。这种注意的有效集中和(或)转移,可以达到调节情绪的目的,从而有利于锻炼者的心理健康。

四、心血管健康假说

心血管健康假说(cardiovasular fitness hypothesis)的基本前提是,心境状态的改善同心血管健康状况的改善相关。身体锻炼能增强心血管系统的功能,增加心血管的收缩性和渗透性。健康的血液循环可使体温恒定,有助于保持神经纤维的正常传导性,从而有利于心理健康。

五、胺假说

胺假说(amine hypothesis)的基本前提是,神经递质类化学物质分泌量的增加同心理健康状况的改善有关。

神经递质在神经之间以及神经与肌肉之间起着传递信号的作用。研究表明,抑郁的人经常出现胺分泌量减少的情况(如去甲肾上腺素、血清基和多巴胺等的减少),而进行身体练习的大鼠则出现去甲肾上腺素水平升高的现象。从理论上分析,身体锻炼刺激了神经递质的分泌,进而对心理健康起到促进作用。

六、内啡肽假说

内啡肽假说(endorphin hypothesis)认为,身体锻炼能促进大脑分泌一种具有类吗啡作用(消痛并出现欣快感)的化学物质。内啡肽引起的这种欣快感可降低抑郁、焦虑、困惑以及其他消极情绪的程度。

尽管这是一个很有吸引力的假说,但研究证据还不够。人体实验尚未支持这一假说。

综上所述,前三种假说主要是从心理角度,后三种假说主要是从生物化学角度来说明身体活动和(或)身体锻炼与心理健康之间的关系的。但还没有一种假说可以为这种关系提供令人满意的全面解释。或许对这样一个复杂问题,从多方面进行解释比从单方面进行解释更为妥当。

第三节 身体锻炼对心理健康产生的副作用

应该强调的是:只有科学的身体活动和(或)身体锻炼才可能促进心理健康,如果活动或锻炼不科学,则不仅损害身体,而且可能会给心理健康带来负效应。这些负效应主要表现在心理耗竭和消极迷瘾问题上。

一、心理耗竭

心理耗竭是指锻炼者在运动中因长期无法克服的运动应激而产生的一种耗竭性心理生理反应(Silva,1990),它是一种训练应激症状。心理耗竭的症状已经在第十五章进行了讨论(参见表15-1)。心理耗竭不仅损害心理健康,而且还直接导致退出锻炼。

二、锻炼迷瘾

锻炼迷瘾(exercise addiction)是对有规律的锻炼生活方式的一种心理生理依赖(Crossman,Jamieson & Henderson,1987)。广义地说,锻炼迷瘾可以分为积极的和消极的两种。通常所说的锻炼迷瘾都特指消极迷瘾。从归因的角度理解,有积极锻炼迷瘾的人能够控制锻炼行为,而有消极锻炼迷瘾的人则反受锻炼行为的控制(Anshel,1991;Sachs & Sachs,1981)。总体上说,如果24—36小时不参加自己业已形成规律的锻炼活动就产生"戒断症状"(withdrawal symptoms.如焦虑、烦躁、内疚、肌肉颤抖、肿胀感以及神经质等)的人,可以定义为锻炼迷瘾(Sachs & Sachs,1981)。或者,即使在身体疼痛或受伤时也坚持锻炼的人也可以被定义为锻炼迷瘾。

一项研究(Anshel,1991)比较了有锻炼迷瘾的人与非锻炼迷瘾的人的差异。这些差异表现在以下4个方面:①锻炼迷瘾者练习后更难以休息并产生更多的应激;②参加身体活动后体验到高度积极的情感;③当错过一次活动机会后产生高度的抑郁、焦虑和愤怒的情绪体验;④为完成某种锻炼计划倾向于忽视身体的不适、疼痛或伤病(特别是男子)。另一项研究(Pierce & McGowan,1992)观察到长跑的距离与锻炼迷瘾的显著的相关关系,发现超长马拉松和马拉松运动员在锻炼迷瘾调查中的得分高于参加5公里跑的一般锻炼者和运动员。

积极锻炼迷瘾的标准(Glasser,1976)是:

——活动是非竞争性的和个人自己选择的,每天从事1个小时;

——活动只需很少的技能和精神努力;

——活动不依赖于他人,可最大限度地独立进行;

——参加者相信活动具有价值;

——参加者相信坚持活动会导致某种提高;

——活动后不会带来妄自菲薄(self-criticism)。

摩根(见任未多,1997)描述了跑步者消极迷瘾的症状:跑步者需要每天参加身体活动并相信离开了跑步每天就不能正常生活,一旦休息就会体验到一些戒断症状,而且即使身体活动产生了职业、社会甚至医疗问题也不会停止活动。此外,消极迷瘾还体现在个体因迷恋锻炼活动而拒遵医嘱,或是淡漠了对家庭、社会和工作的责任(任未多,1997)。

消极迷瘾发展的高峰是锻炼依赖性(exercise dependence),指锻炼者对身体活动产生了类似于对酒精、药物和赌博的精神依赖并难以摆脱。诊断锻炼依赖的标准是(DeCoverly Veale,

1987)：

——活动单一导致每日身体活动的刻板模式和固定的时间表；

——个体为保证锻炼活动,日益把其放在优先于其他活动的突出地位；

——日益表现出对大运动量承受能力的增加；

——有规律的锻炼活动一旦停止,就表现出心境状态的紊乱；

——一旦恢复运动,紊乱现象便减轻或消失；

——主观意识到自己非要运动不可；

——不顾医务人员、家人、朋友、同事告诫,运动会引起、加重或拖延身体的不良状况而继续从事锻炼活动；

——为提高运动成绩而减体重,并不惜节食。

本章提要

1. 心理健康是一种生活适应良好的状态,其含义至少应包含认知、情绪和社会适应三个维度。心理健康的具体标准目前尚不统一,但都是围绕着这三个维度定义的。

2. 身体活动和(或)身体锻炼对心理健康的效益,主要体现在活动或锻炼的情绪效益。研究表明,短期身体活动与长期身体锻炼均可产生情绪效益。短期身体活动的情绪效益包括心境状态的改善、焦虑水平的下降以及应激和紧张的减少。长期身体锻炼除具有短期身体活动的效益之外,还有以下特点:与人的健康幸福感有关;对焦虑、抑郁具有治疗作用;所产生的情绪效益较短期身体活动维持时间更长。

3. 20世纪90年代初期的三大元分析研究除肯定了身体锻炼的情绪效益之外,还提示我们:第一,无氧练习可有效地降低抑郁,却不能有效地降低焦虑,如果希望改善整体的情绪状况,最好采用有氧练习;第二,长期身体锻炼对心理疾病患者的情绪效益比对正常人更好。

4. 身体活动(尤其是长期身体锻炼)还能使人产生诸如"最佳表现"、"流畅"、"跑步者(或锻炼)高潮"和"高峰体验"等良好的情绪体验。

5. 身体锻炼对于中老年人保持认知功能具有重要的意义;它与人格的完善、认知功能的提高甚至减缓艾滋病病毒在体内的发展有一定的关系。

6. 身体活动产生心理效益的可能原因,可以从认知行为假说、社会交往假说、转移注意力假说、心血管健康假说、胺假说以及内啡肽假说6个方面加以理解。

7. 身体活动或锻炼假如不科学,还可能对心理健康造成损害,这种损害主要表现在心理耗竭和消极锻炼迷瘾两个方面。

关键术语

心理健康,短期身体活动,长期身体锻炼,健康幸福感,抑郁,最佳表现,流畅体验,跑步者(或锻炼)高潮,高峰体验,心理耗竭,消极锻炼迷瘾

复习思考题

1. 心理健康有哪些标准?

2. 身体锻炼(或活动)能产生哪些心理学效益?

3. 身体活动或身体锻炼促进心理健康的原因是什么?

4. "身体锻炼的健心作用就是指对消极情绪的调节作用"这种说法对吗?

5. 试阅读一篇锻炼与心理健康关系领域的实证研究论文,并对论文的意义和不足进行分析评价。

推荐参考读物

1. 考克斯(2003,江晓梅译):第二十四章体育锻炼心理学。见考克斯(张力为、张禹、牛曼漪、江晓梅译):运动心理学——概念与应用(467-495页)。北京:清华大学出版社。该章不仅详细讨论了身体活动与锻炼带来的心理健康效益,总结了产生心理效益的原因,而且对坚持锻炼的决定因素、锻炼行为的理论也进行了阐述和分析。同时,作者还介绍了锻炼与缓解生活压力、社会体格焦虑以及饮食紊乱等几个专门领域的研究。其特点是所涉猎的研究内容较为全面。

2. 毛志雄、韩旭(1998):身体锻炼方式与中老年人信息加工能力的关系。体育科学,19卷5期,87—90页。作者选取北京市182名中老年受试者,根据其锻炼情况分为太极拳/剑锻炼组、导引养生功锻炼组和慢跑锻炼组,还有一个不参加任何身体活动的对照组,分别对其进行了反应时以及数字广度测验,并通过控制年龄、锻炼期望值和重大生活事件(三个协变量)对各实验组进行了多元线性方差分析,然后对有显著影响的协变量进行了回归分析。结果表明:①积极锻炼者的心理健康指标明显优于不积极锻炼者;②各积极锻炼组之间心理健康指标的差异不大;③太极拳/剑锻炼对于中老年人数字广度的保持具有更积极的意义,表现为它见效快,所用负荷小,但如果锻炼坚持时间在6年以上,则慢跑锻炼比太极拳和导引对数字广度的保持更为有效;④身体锻炼对延缓心理衰老的积极作用,可能在于其对参与者注意和意识状态的有效调整。

3. 毛志雄、翟群(2000):身体活动与心理健康的关系。见张力为、任未多(主编):体育运动心理学研究进展(538—594页)。北京:高等教育出版社。该章较为详尽地讨论了身体锻炼与情绪改善的关系,身体锻炼对自我观念的影响,身体锻炼与认知功能的保持,身体锻炼产生心理效益的可能机制,以及学校体育工作对增进学生心理健康的意义,并就目前该领域研究中存在的问题和未来发展方向进行了探讨。

4. Berger, B. G. & McInman, A. (1993). Exercise and the quality of life. In R. N. Singer, M. Murphey & L. K. Tennant (Eds.), Handbook of Research on Sport Psychology (pp. 729—760). New York: Macmillan Publishing Company. 这是一篇身体锻炼与心理健康关系的较全面的综述,通过该章的阅读,不仅使读者较为全面地了解锻炼心理学领域的主要研究成果,而且有助于了解该领域研究中的困难和矛盾,明确今后研究的努力方向。

5. Landers, D. M. & Arent, S. M. (2001). Physical activity and mental health. In R. N. Singer, H. A. Hausenblas and C. M. Janelle (Eds.): Handbook of Sport Psychology (2nd ed., pp. 740—765). New York: John & Wiley & Sons, Inc. 该文讨论了锻炼心理学在锻炼与焦虑、抑郁、应激、积极情绪、自尊心、认知功能等心理健康指标之间关系的各种研究,通过对前此研究的分析,回顾和总结了这类研究的总体效果量、调节变量等统计学指标,从统计分析的角度确证了身体锻炼与心理健康的密切相关而非因果关系。它对于该领域的研究者的实验设计以及测量指标的选择具有重要的参考价值。

第七编

运动活动参加者的社会互动

教练和队友对运动员的影响有时甚至大于父母的影响

世界上最孤单的人可能莫过于鲁滨逊了，他因所乘船只失事而"单独"在一个荒岛上生活了28年。但是，笛福不忍心让他过于孤独，找来了"星期五"与他为伴。这是人的天性。人离不开其他人，人要依赖他人，学习他人，帮助他人，支配他人，伤害他人，一句话，人要与他人在一起。这么一个简单的事实成了社会心理学研究的基础和动力。脱离了与同类的相互作用，人至多只能作为"自然人"而不能作为"社会人"生存，并终不能逃脱十分悲惨的命运，"狼孩"即是明证。

人与人之间的相互作用是多层次、多方面的。体育运动活动是人与人之间相互作用的一种十分重要的形式。每天我们用完晚餐，打开电视机，欣赏体育画面的时候，已经习惯了那种运动员之间的激烈争斗以及观众的群情激昂；我们自己去打球，必得找个伴；即便是那些完全可以自己单独完成的锻炼，我们也喜欢到能同他人一起做的地方，到健身房、老年活动站或公园里、立交桥下。有的人参加体育运动的目的干脆就是为了社交。他们认识到，这种社交，是其他的社交都不能取代的。

心理学研究人与人之间的相互作用问题，所涉及的范围十分广泛，包括人的社会化，态度的形成与改变，自我意识，社会动机，社会知觉，社会舆论，团体凝聚力，领导行为，从众和众从，攻击性，挫折感，利他行为，生活环境影响，等等，我们只能有选择地讨论其中几个与体育运动关系十分密切的问题作为本编各章讨论的主题。第十九章讨论团体凝聚力的含义和影响因素，介绍团体凝聚力与运动成绩的关系。第二十章介绍领导方式与领导功能的基本概念，讨论影响教练员领导行为的因素以及教练员的权威体系。第二十一章讨论观众效应和主场效应及其原因。最后，第二十二章分析攻击性的含义、种类及其影响因素，介绍在体育活动中预防和控制攻击行为的方法。

第十九章 运动团体的凝聚力

插图 19-1 集体项目的比赛把团体凝聚力体现得淋漓尽致

一根筷子容易折断，一把筷子很难折断，这是大家特别容易理解的道理。20世纪80年代以后，中国竞技体育之所以能够雄踞世界体坛，为中国人民带来一个又一个惊喜，一个接一个的骄傲，究其原因，或许与中国队集体主义的传统有重要联系。在许多国家队中，常见男帮女、大帮小、做世界冠军的铺路石子的感人事迹，但有时也能听到人际关系紧张、队伍士气不高的情况。这些，都与运动团体的凝聚力有关。下面两段引言，更是生动地表现了凝聚力的作用：

> 自然，特别是当单个队员希望有突出表现时，全队的表现会起伏跌宕。但是一旦我们处境危险时，我们清楚自己能做什么。我们会相互紧密团结成一个凝聚的整体。这就是为什么我们很快团结起来并能够险胜很多场比赛的原因。这就是为什么我们能够击败比我们更有天分的球队的原因。（迈克尔·乔丹，芝加哥公牛队。Jordan, 1994, p. 23）

> 我们的球队是个有趣的化学体，是由一群小伙子组成的奇怪的混合物。他们都是好小伙子，我与他们相处得很好。他们很有天分，性情好，但是总感觉到少了某种东西。我也说不清楚少了什么，只能说是一种奇怪的化学体。（罗伯·墨非，辛辛那提红人队。Kay, 1988, p. 15）

第一段引自迈克尔·乔丹，NBA篮球史上最出色的职业球员。他描述芝加哥公牛队如何团结一致击败了更有天分的球队。第二段引自罗伯·墨非，替补投手，他参加了1988年辛辛那提红人队棒球大联赛。红人队在被选中争夺1988年美国西部联赛冠军后,惨遭暗淡无光的季节。墨菲试图解释天才云集的红人队表现低劣的原因。他将这一切归因于队中"奇怪的化学物",其实就是队员之间缺少凝聚力。

第一节　团体凝聚力的性质

在社会心理学中,团体(group)和团队(team)多指相对较小的群体,如公司、学校、合唱队、运动队、读书组等所辖的小规模人群,而不是国家(如中国、德国)、地区(如南方、北方、省市)等所辖的大规模人群。

团体凝聚力(group cohesiveness)有时也称为团队凝聚力(team cohesiveness)。社会心理学家常用团体凝聚力一词,但当我们讨论运动团体的凝聚力问题时,请读者注意运动队这种团体的小规模性质。

一、团体凝聚力的概念

团体凝聚力和团队凝聚力均可简称为凝聚力,是指团体成员之间心理结合力的总体,表现在两个方面:一方面是团体成员对团体所感受到的吸引力,从而自愿参与团体的活动;另一方面是团体对其成员所具有的吸引力,从而把团体成员积极地组织到团体活动中去。也就是说,团体凝聚力既是表现团体团结力量的概念,又是表现个人心理感受的概念。这种个人的心理感受又进一步表现在以下三个方面。第一,认同感(perception of identification):它是指团体成员对重大事件与原则问题保持共同的认识与评价的心理感受。认同感往往会互相影响,这种影响是潜移默化的,尤其是当个人对外界情况不明时,个人的情绪焦虑不安时,团体成员之间的相互影响更大。第二,归属感(perception of affiliation):它是指团体成员在情绪上融入团体,作为团体一员,所具有的"我们"和"我们的"这种心理感受。当团体取得成功或遭受失败时,团体成员有共同感受,一部分成员会为其他成员的成功感到高兴和自豪,从感情上爱护自己所属的团体。第三,力量感(perception of strength):它是指团体成员依靠团体、得到支持、完成任务的信心方面的心理感受。在团体凝聚力强的情况下,当一个人表现出符合团体规范,符合团体期待的行为时,团体就会给予他赞许和鼓励,以支持其行动,从而使他的行为得到进一步的强化,使个人信心更足,决心更大。

总而言之,团体凝聚力表现在知、情、意三个方面。认同感对团体成员的认知给以知识和信息,归属感是团体成员情感上的依据,力量感则给团体成员以力量,使团体成员的活动坚持不懈(时蓉华,1989)。

二、任务凝聚力与社会凝聚力

任务凝聚力(task cohesion)和社会凝聚力(social cohesion,也可译为交往凝聚力)是团体凝聚力的两个独立组成部分。任务凝聚力是指队员团结一致为实现某一特殊的和可识别的目标作出努力的程度(Cox,2002)。篮球队组织进攻或展开全场紧逼防守时;排球队组织背飞进攻或防守背飞反击时;足球比赛最后两秒时客队一记漂亮的进球,使所有主队球迷目瞪口呆,而客队队员则因险胜而紧紧拥抱在一起喜极而泣时,这些,都可视为任务凝聚力的表现。

社会凝聚力指团体成员相互欣赏,并愿意成为队中一员的程度(Cox,2002)。1978年世界冠军纽约新英格兰棒球队很好地说明了任务凝聚力和社会凝聚力的独立性。这支球队比任何一支棒球队都出色,他们能够组织一流的双杀,击中拦截手,成功完成跑垒。然而,队中队员相互并不欣赏,队员之间常发生斗殴,党朋结营,公开在媒体上或私底下相互辱骂。

研究人员对1978年的新英格兰棒球队进行研究时,如果仅考察任务凝聚力和团体表现的关系,就会观察到两者的正相关。但是,如果考察社会凝聚力和团体表现的关系,就会发现两者的负相关。忽视此例中两种不同团体凝聚力的区别,会使人对研究结果感到困惑。许多研究团体凝聚力和运动员行为的早期研究都遭遇此种结局。这说明,凝聚力的性质是凝聚力与团体表现之间关系的调节变量,必须予以重视。

三、团体凝聚力的测量

目前,团体凝聚力的测量方法较多依靠纸笔测验。运动心理学家研制出了一些专用于运动团体凝聚力的测验,包括《体育运动凝聚力问卷》(The Sports Cohesiveness Questionnaire, SCQ. Martens & Peterson, 1971),《团队凝聚力问卷》(The Team Cohesion Questionnaire, TCQ. Gruber & Gray, 1981),《体育运动凝聚力测试工具》(The Sport Cohesion Instrument, SCI. Yukelson, Weinberg & Jackson, 1984),《团体环境问卷》(The Group Environment Questionnaire, GEQ. Widmeyer, Brawley & Carron, 1985),《团队心理问卷》(The Team Psychology Questionnaire, TPQ. Partington & Shangi, 1992)。在这5个问卷中,《团体环境问卷》(GEQ)多年来一直是运动心理学家的首要选择(Cox,2002)。

第二节 团体凝聚力的影响因素

影响团体凝聚力的因素很多,本节重点讨论其中9个因素,包括领导方式、目标整合、志趣一致、心理相容、成员互补、外界压力、内部竞争、团体规模和团体稳定性。

一、领导方式

所谓领导方式(leadership style),是指领导者在领导行为动态变化过程中表现出来的影响被领导者的风格。领导方式对团体凝聚力具有直接的和重要的影响。勒温曾将领导方式分为民主型、专制型和放任型三种;日本心理学家三隅二不二曾将领导方式分为工作取向高的和人情取向高的两种。不同的领导方式对团体凝聚力和工作效率具有不同影响。民主型领导方式以及人情取向高的领导方式容易造成较高的团体凝聚力。

二、目标整合

目标整合(goal integration)是指团体目标与个体目标之间的一致。团体是由不同个体组成的一个整体,整体有整体的目标,个体有个体的目标,两者的目标如果能够统一起来,保持一致,就可称为目标整合。目标整合包括两个方面:对团体来说,总目标应该满足个体的需要和愿望,使个体目标在团体内得以实现;对团体成员来说,各个个体目标必须与整体目标一致,或趋于一致,当整体目标和个体目标发生冲突时,应以整体利益为重,修正个人目标,甚至牺牲个人目标以顾全大局。

插图 19-2　集体主义精神是中国乒乓球队雄踞世界乒坛 40 年的法宝

　　团体目标反映着团体凝聚力的量与质,对团体凝聚力的强度和方向都有重要影响。对团体凝聚力的量来说,凡整体目标被其成员广泛自愿地接受,这样的团体凝聚力就高。自愿目标比外在目标、非自愿目标更可能产生团体凝聚力。团体凝聚力反映着团体成员的相互吸引以及成员分担团体任务和目标的程度。成员分担团体整体目标的程度越高,团体凝聚力也越高。马瑟森(Matheson,1995)通过对 11 名教练员 5 年的调查,发现在运动训练过程中通过目标设置建立队员的责任感和交往需要,增强了运动队的团体凝聚力。

三、志趣一致

　　志趣一致(shared interests)是指团体成员在动机、理想、志向、信念、兴趣、爱好等方面基本一致。而上述心理品质是个性心理结构中的重要组成部分和最活跃的因素,是个人行为的内在动力和个人积极性的源泉。志趣一致有以下两方面的作用:一是可以保证团体成员间有相似的态度;二是可以保证团体成员获得最大的心理满足,因为志趣相投有利于团体成员间的信息沟通,产生较多的共同语言,使各成员的观点、意图和活动方式易被理解。

四、心理相容

　　心理相容(interpersonal harmony)是指团体成员与成员、成员和团体、领导者和下属、领导者和领导者之间的相互吸引,和睦相处,相互尊重,相互信任,相互支持。如果是不相容,则表现为相互排斥,相互猜疑,相互攻击,相互歧视。心理的相容性有两方面的作用:一是它可以作为团体团结的心理基础和实现团体目标的保证;二是它可以为创造性活动提供一个积极乐

运动心理学(第二版)

观的心理气氛,使团体成员保持良好的心境,有利于发挥人们的主观能动作用。否则,团体成员之间将会互相设防,关系紧张,矛盾重重,貌合神离,把时间和精力消耗在纠纷之中。

五、成员互补

　　成员互补(mutual complement of group members)是指团体成员在完成任务过程中的互相取长补短。一个团体内,每个成员所扮演的角色不同,完成的工作任务不同,因而,需要在不同方面互补,取长补短,才可能增强团体凝聚力。互补表现在以下三个方面。第一,智力的互补,既需要具有不同智力水平的人们,也需要具有不同智力结构的人们共同协作;第二,性格、气质的互补,有时会看到这样的现象,具有相同性格与气质的人在一起反而合作得不好,而不同性格、气质的人在一起,因需要得到互补,而使心理气氛和谐;第三,年龄的互补,领导班子应老、中、青三者结合,相互取长补短。

六、外界压力

　　外界压力(outside pressure)是指团体遇到的外来威胁。团体处于外界压力时,凝聚力会提高。迈厄斯的研究证实了这一点(转引自时蓉华，1989)。迈厄斯曾组织了几个三人一组的步枪射击组，设置了不同的情境，即让有些组彼此竞争，有些组不搞竞争。结果表明，开展组间竞争的组比不竞争的组团结得更紧密，成员间彼此相互吸引，相互合作，亲密宽容。

七、内部竞争

内部竞争(inside competition)指团体成员间的互相争胜。这种内部竞争也会影响团体凝聚力。米尔斯(转引自季浏、符明秋，1994)研究了步枪队员之间竞争与凝聚力的关系。他将180名运动员中的90名分配到竞争组，另外90名分配到非竞争组。在实验中，对以下三种情况进行测量：①个体对他人的尊重；②个人感到被其他成员接受的程度；③个体在失败时相互指责的情况。研究结果表明，竞争性组比非竞争性组成员间显示出相互尊敬的现象。米尔斯由此认为，竞争性情境可促使队员间的相互理解和适应。但是，过分激烈的竞争肯定不利于群体凝聚力。卡伦(Carron，1980)指出，过分激烈的竞争会对整个队的人际关系或活动产生损害作用。

八、团体规模

团体规模(group size)指团体成员的数量。当团体规模增大且用力集中在相当专门的作业时，很可能由于两种原因而降低工作效率：第一，个人动机的强度减弱，人们感到他们在整体的努力中显得不重要；第二，有时，由于某种机械的原因而使效率丧失。

这种情况可以在拔河测验中看到，增加的人越多，则越不容易协调地进行努力；而参加拔河的人越少，则越容易协调他们的努力。比如，在里因戈曼的一项研究中(克瑞蒂，1985)，团体的人数由两名增加到8名时，其效率下降。研究者将假设的团体努力的平均数(如果总和是个人成绩相加而得的)与团体的实际拉力进行了比较，发现63千克是个人努力的平均数。因此，2名、3名、8名被试的团体努力应当分别是126千克、189千克、504千克。但是，实际的团体努力分别是118千克、160千克、248千克。斯特纳认为(克瑞蒂，1985)，这一组数据揭示出下降程度是随团体成员的增加而逐渐变化的。2名成员构成的团体只有一种成员间的联系，而3名成员构成的团体则有三种联系，即A与B、B与C、A与C之间的联系。由8名成员构成的团体会有28种联系。根据斯特纳的计算，上述实验中工作效率下降的幅度应当分别是1、3、28。而2名、3名和8名成员组成的团体，其工作效率实际下降幅度为0.87、3.17和28。斯特纳认为，这种差异是由抽样误差引起的，因为在里因戈曼的研究中采用的团体数量相当少。

克瑞蒂(Cratty，1983)提出，运动队越大，就越需要努力加强团体凝聚力。如果运动队突然变小，如一名受到处罚的运动员下场了，全队的效率未必会减小，因为其他队员会发现他们在整体中的努力变得更重要，从而会激发起更加努力的动机。但有时应当试图减少运动队的人数，为的是让替补队员有机会参加比赛，不要让他们一直坐在候补席上。队中不参加比赛的人太多，会增加队内的敌对情绪。因此，运动队的人数会影响队员间的情感距离，进而影响运动队的凝聚力。

团体规模和工作效率的关系还可以从责任扩散（diffusion of responsibility）现象中得到进一步的解释。社会心理学家达利和拉坦内在研究影响利他行为的因素时发现（Darley & Latane，1968），在紧急情况下，只要有他人在场，个体的利他行为就会明显减少，旁观者的人数越多，利他行为减少的程度就越大。这种"旁观者效应"（bystander effect）的一个主要原因就是，有其他人在场时，个人因袖手旁观而产生的内疚感、羞耻感将会减少，因为见危不救的责任并非由一个人而是由在场的所有人来承担，即所谓的责任扩散。同理，在需要多人努力才能完成的任务中，团体成员亦会认为所有团体成员均对完成任务负责，从而产生依赖他人努力的倾向，降低了自己的责任感和进取心，导致工作效率的下降。这提示教练员，在完成必须由各团体成员合作的任务中，要仔细、具体地分派各成员的任务，明确各自的职责，并严格按照个人的成绩进行奖惩。团体成员越多，就越要注意防止这种因"旁观者效应"而产生的责任扩散。

九、团体稳定性

团体稳定性（group stability）是指团体成员的变动程度。团体凝聚力的培养需要时间，团体稳定性会影响团体凝聚力的形成、巩固和发展。多纳利（Donnelly，1975）收集了1901—1969年间6个大型棒球队的比赛资料，发现有的队在一年里花去一半时间在调换和训练新队员，而且新队员只有一半人能够取得成功。根据多纳利在1965年跟踪研究的6个队所得资料发现，新队员至少要参加11场球的比赛，才能发展队的任务凝聚力。各个项目也基本上相同。多纳利的研究发现，团体成员不太稳定的运动队不仅凝聚力低，而且获得成功的次数较少。成员之间长期的友好联系有助于提高队的凝聚力，一个队越有凝聚力，其成员就越不愿意离开运动队。

第三节　团体凝聚力与运动成绩的关系

从直觉上，人们会认为团体凝聚力与团体运动成绩呈正相关，即团体凝聚力较好的运动队，运动成绩也较好；团体凝聚力较差的运动队，运动成绩也较差。但运动心理学的实证研究表明，实际情况要较人们想象的复杂。

一、支持团体凝聚力与运动成绩呈正相关趋势的研究

20世纪70年代，马腾斯等人（Martens，Landers & Loy，1972）进行的有关运动凝聚力的研究极具影响力和代表性。该研究以一个城市的144支篮球队的1 200余名运动员为被试。研究结果表明，运动队的团体凝聚力与运动成绩的关系非常密切。在另一项研究中，马腾斯和彼德森（Martens & Peterson，1971）探讨了赛季前的凝聚力对运动队成绩的影响。结果表明：高凝聚力的运动队比低凝聚力的运动队会赢得更多的比赛。80年代，卡伦（Cannon，1981）等人对曲棍球，尚格（Shangi，1981）等人对篮球等项目的研究结果显示，团体凝聚力与运动成绩成正相关。90年代，张立（1992）对我国优秀女子排球队，张忠秋（1996）对我国男子排球队的凝聚力问题进行的研究，也得出团体凝聚力与运动成绩呈正相关关系的结果。

二、质疑团体凝聚力与运动成绩呈正相关趋势的研究

但是，弗瑞德（Fredler，1952）却认为，运动团体凝聚力与运动成绩应呈负相关，这与人们的直觉以及上述实证研究结果正相反。麦克瑞斯（Mcgrath，1962）的研究支持了弗瑞德的观点。在他的实验中，三名人际关系不好的射击运动员组的成绩要好于三名人际关系好的射击运动员组。后来，兰克（Lenk，1969）通过对奥运会划船运动员的研究也支持了弗瑞德的观点，其研究对象是德国获得奥运会和世界冠军的划船队（8 名运动员），这些运动员在 1960 年到 1964 年都取得了世界最好成绩，但实际上该队成员间的内部冲突很严重。该队教练在揭示该队伍成为世界冠军的奥秘时，认为把握有矛盾运动员的技术和任务动机的调节，在队伍人际关系较差情况下更易成功。兰德斯等人（Landers & Lueschen，1974）对保龄球项目的研究再次表明，团体凝聚力与运动成绩呈负相关。此外，有学者（Melnick & Chemers，1974）运用了和马腾斯等人的问卷和程序相似的方法进行了研究，却未发现赛季前的凝聚力与运动队的成绩有关。

克瑞蒂（Cratty，1983）指出，教练员不应该过分担心队员中的对立关系，个体之间有最佳的关系紧张程度，引导得好，就会出现较好的成绩。也就是说，在一定程度上存在这种紧张关系还是有益的。它表明队员真正关心他们个人和集体的成绩。然而，这种紧张超过了限度，个体间的关系紧张和敌意就可能会涣散全队的努力。教练员应当努力完成队内个体的最佳结合，努力在训练和比赛过程中将运动员搭配起来。

三、研究结果不一致的可能原因

在心理学发展史上，研究结果的不一致往往可以激发起心理学家探索的热情。这种情况下，寻找影响两个变量之间关系的第三因素或第三变量，往往成为心理学家的努力方向。这个第三变量，即指调节变量或中介变量（张力为，2002）。那么，影响团体凝聚力和运动成绩相互关系的调节变量或中介变量是什么呢？

（一）团体对生产力的规范

斯托迪尔（Stogdill，1992）分析了以各种不同团体所做的研究，发现凝聚力与成绩成正相关的有 12 个团体，负相关的有 11 个，无相关的有 11 个，三类不同结果平分秋色。斯托迪尔认为，影响凝聚力和成绩之间关系的关键因素是团体对生产力的规范。如果团体凝聚力和生产力的规范都是高的，那么作业成绩会受正的影响。反之，如果凝聚力为高的，生产力规范为低的，对成绩是负的影响。当凝聚力是低的时候，具有高生产力规范的团体或低生产力规范的团体一样，都不会有好成绩。

（二）运动任务的性质

卡伦（Carron，1982）等人提出：运动任务的性质也是一个重要的因素。在一些运动中（如游泳、田径、高尔夫球等项目），运动员是单独作战，而全队总分是以队员个人得分通过某种形式相加计算的，在这种情况下，凝聚力对成绩的重要性比另一些需相互配合的运动项目（如篮球、曲棍球等项目）要小。

克瑞蒂等人（Cratty，1983；Steiner，1972）提出了一个预测运动成绩与凝聚力之间关系的

分类系统(表19-1)。该表显示出：运动任务要求队员之间有多大程度的相互依赖性是决定凝聚力与运动成绩的关键性因素。

表19-1　运动项目的性质与要求任务凝聚力之间的关系

共同活动的队 (相互依赖的任务少)	共同活动—相互作用混合的队 (相互依赖的任务中等)	相互作用的队 (相互依赖的任务多)
射箭	美式橄榄球	篮球
保龄球	棒球、垒球	曲棍球
田赛	花样滑冰	冰球
高尔夫球	划船	英式橄榄球
射击	径赛	足球
滑雪	拔河	手球
高台滑雪	游泳	排球
摔跤		

低————要求任务凝聚力的程度————高

引自 Cratty，1983，p. 285

马腾斯和彼得森(Martens & Peterson，1971)的研究也认为，运动团体凝聚力与运动成绩间关系的调节变量是运动项目类型。在团体项目中，队员的运动成绩与队的凝聚力之间都呈正相关；而共同活动要求少的运动项目，队员的运动成绩与队的凝聚力之间呈负相关。

(三) 团体内交往和运动成就动机

从理论上讲，凝聚力是团体的一个重要属性，它对需要积极配合的运动项目来说，要求团体成员间有更密切的交往和具有更高的运动成就动机。因此，有更多团体内交往和更高运动成就动机的队也就会有好成绩。威廉姆斯和韦默伊尔(Williams & Widmeyor，1991)通过对83名高尔夫球运动员的研究发现，高凝聚力的队有更多的团体内交往和更高的运动成就动机，具有这些特点的运动员也有更多的好成绩。凝聚力能可靠地预测操作成绩，其中任务凝聚力是最佳预测指标。此外，凝聚力还可预测团体交往和动机。这一研究结果提示，团体内交往和运动成就动机可能是影响团体凝聚力与运动成绩关系的中介变量。

(四) 测量方法

吉尔(Gill，1986)在分析一些多重结论的研究后发现：采用直接测量方法(直接对团体成员关系的紧密程度或吸引程度评定)时，往往得出凝聚力与运动成绩呈正相关的结果；而采用评定友谊的间接方法时，会得出凝聚力与运动成绩呈负相关的结果。

从上述研究成果来看，团体凝聚力与运动成绩的关系的确受到第三因素的影响，如团体对生产力的规范、运动任务的性质、团体内交往、运动成就动机以及测量方法等。引入和探索更多的第三因素，很可能帮助我们进一步理解两者的复杂关系。

四、团体凝聚力与运动成绩的双向影响

前面分析的团体凝聚力与运动成绩的关系，主要指的是团体凝聚力对运动成绩的影响。

一些学者认为，两者的因果关系可能不是单向的，而是双向的。运动成绩亦可能影响团体凝聚力的高低。20世纪70年代，马腾斯等人（Martens & Peterson, 1971）的研究就探讨过运动队的成功对赛季后凝聚力的影响，结果表明：获胜较多队的凝聚力水平高于获胜较少队的凝聚力水平。马腾斯和彼得森等人（Martens & Peterson, 1971; Carron & Ball, 1977）的研究认为，是运动成绩使运动队的凝聚力加强，其因果关系倾向也是运动成绩导致凝聚力的加强，而不是凝聚力导致运动成绩的提高，即运动队的成功导致凝聚力的加强，失败的队凝聚力会降低。80年代，兰德斯等人（Landers, Wilkinson, Hatfield & Barber, 1982）运用交叉滞后同组相关分析（cross-lagged panel analyses）的研究表明，凝聚力对成绩和成绩对凝聚力都有影响。但是，通过路径分析，大多数的相互关系消失。威廉姆斯和哈克（Williams & Hacker, 1982）的研究报告指出，运用交叉滞后同组相关分析技术，可使凝聚力与成绩间的双向因果关系都存在，但是路径分析的结果表明，成绩对凝聚力的因果流向更强一些。鲁德和吉尔（Ruder & Gill, 1982）探讨了一次比赛的胜负对凝聚力感知的即刻影响。结果表明，获胜队的凝聚力得到增加，而未获胜队的凝聚力降低。显然，经历一段时间胜与负的积累，可能会逐渐地调整运动队的凝聚力状况。许多其他因素和事件，也可以影响凝聚力的即刻感知和长期的发展。

综上所述，我们或许可以对团体凝聚力和运动成绩的关系总结如下：第一，两者具有相关关系；第二，两者的相关关系受到许多第三变量的影响；第三，这种相关关系是否具有双向因果关系的性质，仅靠调查研究和高级统计（如交叉滞后同组相关分析）是难以准确判定的。采用实验法，可能会有助于我们更清晰地确定两者的因果关系（causality）。

本章提要

1. 团体凝聚力指团体成员之间心理结合力的总体，表现在两个方面：一方面是团体成员对团体所感受到的吸引力，从而自愿参与团体的活动；另一方面是团体对其成员所具有的吸引力，从而把团体成员积极地组织到团体活动中去。

2. 对团体的心理感受有认同感、归属感和力量感。如果团体成员对一些重大事件与原则问题保持着共同的认识与评价，就会产生认同感。如果团体成员在情绪上加入团体，作为团体的一员，将团体看做"我们的"，就会产生归属感。如果团体成员做出符合团体期待的行为并得到团体的赞许和鼓励时，就会产生力量感。

3. 团体凝聚力可分为任务凝聚力和社会凝聚力。任务凝聚力指队员团结一致为实现某一特殊的和可识别的目标作出努力的程度。社会凝聚力指团体成员相互欣赏并愿意成为队中一员的程度。两种凝聚力与运动成绩的相关可能有很大不同。

4. 团体环境问卷（GEQ）等纸笔测验是测量运动队凝聚力的重要方法。

5. 影响团体凝聚力的主要因素包括领导方式、目标整合性、志趣一致性、心理相容性、成员互补性、外界压力、内部竞争、团体规模大小、团体稳定性等。

6. 尽管从直觉上容易接受团体凝聚力与运动成绩呈正相关的看法，但运动心理学的研究结果却并不一致，有些研究结果支持这种关系，也有些研究结果不支持这种关系。

7. 团体凝聚力与运动成绩的关系受到第三因素的影响，如团体对生产力的规范、运动任务的性质、团体内交往质量、运动成就动机以及测量方法等。

8. 团体凝聚力可能影响运动成绩,同时,运动成绩也可能影响团体凝聚力,两者之间是否存在双向的因果关系,需要采用实验方法加以检验。

关键术语

团体凝聚力,任务凝聚力,社会凝聚力,认同感,归属感,力量感,团体环境问卷(GEQ),领导方式,目标整合,志趣一致,心理相容,成员互补,外界压力,内部竞争,团体规模,团体稳定性,因果关系

复习思考题

1. 如何检验任务凝聚力和社会凝聚力中,哪个与运动成绩关系更为密切?

2. 除了纸笔测验以外,是否还能采用其他方式测量团体凝聚力?

3. 观看一场集体项目的比赛(如足球比赛、篮球比赛、排球比赛),看看能否从运动员场上的行为表现来为各队的凝聚力评分?

4. 一个运动队中,团体凝聚力是否越强越好?

5. 你可能同时属于几个不同的集体,例如班集体、运动队等,找出一个对你最重要的那个集体,考虑一下哪些因素会影响这个集体的凝聚力?

6. 可以采取哪些措施提高这个集体的凝聚力?

7. 你觉得团体凝聚力和运动成绩哪个是因,哪个是果,为什么?

8. 请设计一个实验,以检验团体凝聚力与运动成绩是否存在双向因果关系。

推荐参考读物

1. Cox, R. H. (2002). Sport psychology: Concepts and applications. Boston: McGraw Hill. 该书第二十二章讨论了运动团体的凝聚力问题,包括团体凝聚力的作用和影响因素,提高团体凝聚力的方法。

2. Weinberg, R. S. & Gould, D. (简耀辉、季力康、卓俊伶、洪聪敏、黄英哲、黄崇儒、廖主民、卢俊宏译,2002):竞技与健康运动心理学(第二版)。台北:台北运动心理学会;丽达广告事业股份有限公司。该书第八章讨论了团体凝聚力问题,图文并茂,通俗实用。

第二十章　教练员的领导与管理

插图 20-1　教练员是挑战性最强的职业之一

当人们谈到优秀运动队和优秀运动员时,都会想到教练员,想到教练员对专项运动的深刻理解,训练中的严格要求以及比赛中的运筹帷幄。但是,一般人较少想到教练员的辛苦:许多教练员有着10年甚至更多的时间没有在家过春节的经历;较少想到教练员的压力:有的教练员看比赛时过于紧张,心脏病突发而猝死在比赛场上;较少想到教练员的奉献:一个世界冠军的背后其实不止一个教练员,在成长的历程中,从小到大,会有许多教练员为他/她日后的辉煌付出了自己的心血,父母有时就是这些运动员的第一个教练员。可以说,教练职业是竞争最强、难度最大的职业之一。

我们耳闻目睹了许许多多教练员的经历之后,一个很自然的问题是:为什么有些教练员成功了,有些教练员没有成功?

本章仅从管理和领导的角度,探讨教练员成功的因素,因为管理运动员和领导运动员是教练员的基本职责。

第一节　领导方式与领导功能

一、领导概述

领导(leadership)是指引、影响或控制个人或组织,以实现某种目标的行动过程。这个动态过程由领导者、被领导者及其所处环境三种因素组成。汉语中,领导除上述含义外,亦指领导者,不同于管理心理学中的特殊界定。英语中,两词明显不同,领导是 Leadership,领导者则是 Leader。

凡有人群聚集的地方,就有领导者的存在。任何组织或团体,无论其规模大小,总会有它的领导者。正是由于有领导者的存在,就可以对内主持和领导整个团体,对外代表整个团体同外界进行协调活动。这种领导者有的是自然产生的,有的是由团体成员推举出来的,还有的是由上级组织委派的。教练员多为上级委派,少数是由团体成员推荐的。领导者大致有以下特点:

第一,他们是相对于一批被领导的群众而言的,没有群众,也就无所谓领导。因此,他们必定存在于组织或群众中。

第二，他们由于特殊原因，必然对一批群众具有一定的影响力，体现在两个方面：一是自然地领导一群人；二是勉强使一些人服从于自己的领导。

第三，他们的领导作用常常体现在人类行为或团体活动的某些方面，而不是一切方面，所以常常在某一团体中能发挥领导作用的人，未必也能在其他团体中照常发挥领导作用。

总之，领导者之所以成为领导者，关键在于他能够影响和推动一批人，通过这些人去完成团体或组织的任务及目标。

二、领导方式

我们在第十九章"运动团体的凝聚力"中曾经提到，领导方式是领导者在领导行为(leadership behaviour)动态变化过程中表现出来的影响被领导者的风格。从 20 世纪 50 年代开始，一些心理学家和社会学家开始重视从领导者的行为、作风的角度，即领导者是怎样做的，怎样领导他的团体的角度研究领导的有效性，并产生了许多研究成果，对领导者的实践活动具有一定的指导意义。以下介绍的是较有代表性的关于领导方式的研究。

(一) 勒温的分类

团体动力学创始人德国心理学家勒温(Kurt Lewin，1890—1947)在实验研究的基础上，根据行使权力和发挥影响力的方式不同，将领导分为三类：

第一类，专制式领导(autocratic leadership)。这是将权力掌握在领导者手中，具有唯我独尊、独断专行特点的领导作风。这种领导主要依靠领导者个人的能力、经验、知识和胆略来指导团体或组织的活动。他们大多独断专行而且缺乏对下属的尊重。例如，团体或组织的活动方针都由领导者决定，团体成员的分工由领导者决定，领导者不参与团体作业，只根据个人的看法表扬或批评运动员。在这种情况下，团体成员往往唯命是从，但士气低落，缺乏工作热情，因而工作效率不是很高。

第二类，民主式领导(democratic leadership)。这是将权力定位于团体，具有相互尊重、博采众长特点的领导作风。这种领导以平等主义思想为指导，尊重下属成员的不同能力与资历，领导者以人格感召为主，使下属由衷地愿意追随和接受其领导。例如，团体或组织的活动方针由全体成员共同讨论决定，领导者从旁予以协助与激励，成员的工作分工由团体决定，工作同伴的选择由成员自己决定，领导者与下属成员一起工作，并根据客观情况表扬或批评成员。在这种情况下，团体的士气最高，工作效率也最高。

第三类，放任式领导(laissez-faire leadership)。这是将权力定位在团体成员，具有无为而治、放任自流特点的领导作风。这种领导采取无为而治的态度，一切活动都由下属成员自我摸索，团体或组织的方针和决策也由下属自行决定，领导者并不参与。除了成员要求外，一般情况下领导者对工作不提意见，对工作成果也不加评论。在这种情况下，成员的士气不高，工作效率也低。

勒温认为，在实际工作情境中，三种极端的领导方式并不常见，大多数领导者采取的领导方式往往是处于两种极端类型之间的混合型。

（二）李克特的分类

美国心理学家李克特把领导方式分为4类：

第一类，剥削式的集权领导。这种领导将权力集中在领导者身上，由领导者单独做出决定，然后下达给下属，并在必要时以强制的方法让下属执行，下属无任何发言权。领导者与所属成员之间存在着一种互不信任的气氛，从而使团体或组织的目标难以实现。

第二类，慈善式的集权领导。这种领导将权力控制在领导者身上，但授予下属部分权力。领导者对下属有一种比较和气的态度。做出决定时，领导者考虑下属的反映，执行决定的过程中奖惩并用。领导者与下属之间存在一些沟通和交流，但仍然是表面的、肤浅的。领导者对下属并无信任，下属对领导者心存畏惧，所以工作的主动性受到限制。

第三类，协商式的民主领导。这种领导将权力控制在领导者身上，授予下属部分权力。决策权虽然主要在领导者，但需要在充分听取下属意见并在取得下属同意之后才做决定。有时在一些次要问题上，下属也有决定权。领导者与下属沟通程度比较深，彼此都有一定的信任感，执行决定时，能获得一定的相互支持。

第四类，参与式的民主领导。这种领导让下属参与管理和领导，上下级处于平等地位，双方有比较充分的信任，并且建立起一定的友谊。有问题时，双方民主协商讨论，由最高领导者做最后决策。按分工授权的原则，在规定的范围内，下属有自行决策权。领导者可以根据团体目标的要求，向下级提出具体目标，不过多地干涉下属如何实现目标的方法，而是给予实现目标的支持。

采用参与式的民主领导，效果最好，是大部分具有高度成就的部门领导者采用的方式；采用剥削式的集权领导，效果最差，是大部分成就低的部门领导者采用的方式。

（三）三隅二不二的分类

日本心理学家三隅二不二对领导者的两种行为取向即人情取向和工作取向进行了大量研究。人情取向（socioemotion orientation）是指以职工的利益和情感为重的领导作风；工作取向（task orientation）是指以完成工作任务和达到工作目标为重的领导作风。三隅二不二把工作取向和人情取向各分为高低两种水平，进而构成了一个2×2维度的4种领导方式：

$$PM = 工作取向与人情取向均高$$
$$Pm = 工作取向高而人情取向低$$
$$pM = 工作取向低而人情取向高$$
$$pm = 工作取向与人情取向均低$$

这4种领导方式对生产效率和团体凝聚力有重要影响（表20-1）。通过对日本的一些厂矿企业进行的多次现场调查，三隅二不二发现领导行为处于PM型时，下属成员的生产效率和劳动积极性最高，处于pm时，下属成员的生产效率和劳动积极性最低。

表 20-1　领导方式与团体效果

领导方式	生产效率	对团体的信任程度	团体凝聚力
PM	最高	最高	最高
P	中间	第二位	第三位
M	中间	第三位	第二位
Pm	最低	最低	最低

引自汤淑贞，1977，201 页

（四）费德勒的分类

费德勒经过长达 15 年的调查研究，提出了一种进行有效领导的权变模式（contingency model）。权变模式也叫情境模式，是根据具体情况确定领导方式的领导风格。费德勒把人格测量同情境分类联系起来研究领导方式和领导效率。他认为，任何形态的领导方式都可能有效，关键要看情境如何。有效的领导方式依赖于领导者与下属相互影响的方式、情境给予领导者的控制和影响程度的一致性。具体地说，有以下三个决定性条件会影响领导效果。

第一，领导者与下属的关系：这是领导者被下属接受和欢迎的程度。

第二，任务的结构：这是领导者所安排的工作任务，其结构完善、规范和明确的程度。

第三，职位的权力：这是指领导者所处地位的固有权力以及取得各方面支持的程度。

专栏 20-1

教练风格有好坏之分吗

教练风格千差万别，什么样的教练风格好呢？看完柯林斯（Doug Collins）的经历，或许你会有所感悟。

柯林斯是一个有激情的、情绪化、专制的领导者。他受聘担任芝加哥公牛队的教练时，对于这一支年轻的队伍而言，他的风格正好是正确的。他那爆炸性的人格带动了这个有些不成熟和不稳定的队伍。但在公牛队成熟后，这种爆炸性的人格特征和专制方法，就成为一个负担，他们开始想把他赶走（McCallum，1991）。几年之后，柯林斯成为另一个需要指引和强力领导的队伍即底特律活塞队的教练，柯林斯带着他那爆炸性的情绪为他们提供了方向感和目标感。这又成为正确的方法，帮助活塞队成功转型。经过几个赛季的失败之后，活塞队开始转败为胜，并夺取了分区冠军。但在几个成功的赛季过后，柯林斯情绪化的领导方式对一个成熟的球队而言不再适合，他又被开除了。

费德勒认为，根据这三种因素的情况，领导者所处的环境从最有利到最不利，共可分为 8 个类型。其中，三种因素齐备是领导的最有利环境，三种因素均缺是最不利的环境。领导者所采取的领导方式，应该与环境相适应，才能卓有成效。他为了了解领导者人格特征与情境之间的关系，曾对 1 200 个团体进行了调查，证明在最不利和最有利这两种情况下，采用"以任务为中心"的指令型领导方式,效果较好;而处于中间状态的情境条件时,则采用"以人为中心"的宽容型领导方式,效果较好。例如,在工作任务明确,规定严格,但领导又不为人们欢迎,而必须采取机敏手段的情况下,"以人为中心"的领导方式便可能获得较好效果;在领导为下属欢迎而任务却没有明确规定的情况下,这种领导方式也能奏效(表 20 - 2)。

表 20 - 2　费德勒关于领导形态与工作成绩调查的情况比较

领导所处情境 情况类型	有利			中间状态			不利	
	1	2	3	4	5	6	7	8
领导与职工的关系	好	好	好	好	较差	较差	较差	较差
任务结构	明确	明确	不明	不明	明确	明确	不明	不明
职位权力	强	弱	强	弱	强	弱	强	弱
应采取的能够促进 生产率的领导方式	指令	指令	指令	宽容	宽容	无资料	无关系	指令

改编自任宝崇,1987,288 页

三、教练员的领导功能

教练员的领导功能主要指组织功能和激励功能。教练员实现组织和激励功能的过程叫领导过程。管理心理学认为,激励功能是领导的主要功能(任宝崇,1987)。一个领导是否具有这种激励下属的能力,直接关系到领导行为的效能。

(一)沟通功能

作为运动队统帅的主教练,要领导好其他教练员和全体运动员,内部团结是基础条件。全队上下能否求同存异,相互悦纳,相互理解,相互支持,是决定团体有无凝聚力和战斗力的关键因素。运动员与教练员之间高质量的交流沟通和互相尊重,有助于增强运动员的满意感和提高比赛成绩。

教练员和运动员对教练员行为和环境的看法有时会出现很大差异。史密斯和斯莫(Smith & Smoll, 1997)的一项调查表明,教练员倾向于认为环境很理想,而运动员则认为他们的现实情况距离理想环境仍有很大差距。显然,身处中心地位的教练员,在队中进行人际协调,与其他成员进行各个方面和各种方式的交流与沟通是其主要职责之一,也是使其及时了解情况,协调各种关系,提高工作效率的可靠保证。

(二)组织功能

为了实现团体的目标,教练员要在作出决策的基础上,进行一系列的组织策划和管理工作,要尽可能科学有效地安排计划,使用人才,调动一切积极因素。在实施训练计划和完成比赛任务的过程中,使全队上下团结一致,协同作战,逐渐接近并最终达到预定的目标。

(三)决策功能

这是教练员领导行为的基本功能,由于教练员在运动团体中占据显赫重要的位置,他要审时度势,知人善任,确定目标,制定政策,采取措施,作出最终的决断。

（四）激励功能

激励（motivate）是通过领导者的影响力和所制定的各种制度和奖惩条例，为提高被领导者的动机水平、充分发挥其积极性与创造性所进行的活动。在运动团体中建立起激励机制，就可以强化运动员的成就动机。因为，当把运动员的表现与对其奖惩与评价紧密联系在一起时，势必会促使其作出一定程度的努力，并会获得一定的成绩，奖赏自然也会同时而至。这样，运动员就会产生成功感和满足感，动机得到强化，进一步激励他向新的目标努力，形成良性循环。

教练员激励功能的内涵主要有如下三个方面（王润平，2000）。

插图 20 - 2　激励是教练员最主要的职责之一

1. 培养运动员接受目标和执行计划的自觉性

通常情况下，运动员的行为目标与运动队的目标并不完全一致。运动员积极性、创造性的发挥程度同个人目标、团体目标之间的一致性成正比。因此，作为领导者，教练员就要千方百计把实现团体目标与满足运动员的需要统一起来，努力创造一种环境，加强运动员对团体目标的认同，从而提高运动员执行团体目标的自觉性。

2. 激发运动员实现团体目标的热情

运动员积极性、创造性的发挥，一方面取决于运动员个人目标与运动集体目标的一致性，另一方面又依赖于运动员训练热情的激发和保持。因此，运动员训练热情的激发是领导激励功能的重要内容之一。在团体内部，教练员和运动员的关系不仅存在组织关系，而且存在感情关系，一种相互影响的关系。在这种相互影响中，教练员的作用是主要的，因此，注意满足运动员的心理需要，是激发运动员实现团体目标的热情的关键措施。

3. 提高运动员的行为效率

运动员的行为效率，是指为实现团体目标所作贡献的大小或能力才干的发挥程度。它也是鉴定领导行为水平的直接依据之一。一个优秀的教练员，应当通过自己的领导行为给运动员充分发挥其聪明才干创造良好的环境条件，使"英雄大有用武之地"，为团体目标的实现作出尽可能大的贡献。

第二节 影响教练员领导行为的因素

教练员的领导行为是否有效，是否有助于团体目标的实现，受多种因素影响，下面就一些主要的影响因素加以讨论。

一、教练员的基本素质

一个优秀的领导者应该具备哪些基本素质，或者哪些基本素质有助于一个领导者的成功，是人们都会关心的一个问题。

美国心理学家吉色利认为(转引自时蓉华，1989)，职业成就需要、自我实现需要、自我保证、决策、智力和管理能力是优秀的领导者应当具备的个性品质，其中管理能力是预测领导有效性的最重要因素。美国学者戴金认为(转引自时蓉华，1989)，对一般专业领导者来说，最重要的素质是技术能力、处理人际关系的能力以及管理能力(即预测、计划、组织和监督方面的能力)。加拿大学者霍化德认为(转引自时蓉华，1989)，领导规模较大的劳动集体的领导者应具备的素质包括责任心强，灵活机动，力求对传统进行改革，善于在家庭和工作集体中寻求经常的支持。而最重要的素质是热爱本职工作，善于在高压力的环境中保持镇静自若。同时他还认为，敢于经常胸有成竹地冒各种风险是天才领导者所必须具备的素质。美国学者包莫尔认为(转引自邱宜均，1986)，企业家应当具备10项条件，即合作精神、决策才能、组织能力、精于授权、善于应变、勇于负责、敢于求新、敢担风险、尊重他人、品德超人。

日本企业要求管理人员具备信赖感、使命感、诚实、忍耐、对工作热情负责、对同事和下属关怀体贴、责任感、积极性、进取心、公平和勇气等10项品德以及思维决策能力、规划能力、判断能力、创造能力、洞察能力、劝说能力、对人的理解能力、解决问题的能力、培养下级的能力和调动积极性的能力等10项能力。

中国学者俞文钊对中国企业中层领导进行的研究表明(转引自时蓉华，1989)，领导者的心理品质可分为能力维度、知识维度、智力维度和修养维度，其中以修养维度最为重要，其次为能力、知识和智力。通过实测得出4个维度20个要素的先后排列顺序是：组织纪律性、民主性、用人授权能力、决策能力、事业心、社会活动能力、专业知识、计划实施能力、政策水平、组织能力、交涉能力、口头表达能力、学历、群众威信、文字表达能力、基本理论知识、记忆、创造性、思维、观察和注意。中国学者史美毅的研究表明(转引自时蓉华，1989)，中国企业领导者的主要性格类型属D型性格，有情绪稳定、主导性、社会外向性、社会适应性好、无神经质等特点。

从以上论述中可以发现对领导者基本素质

插图 20-3 优秀的教练员应当有高尚的人格、高超的管理能力和高超的技术指导能力(郎平)

运动心理学(第二版)

的研究有以下特点：

第一，研究者对优秀领导者应当具备的素质有某些共同看法，也有不同意见。

第二，讨论问题的出发点有两个不同的方向，一是评价领导者应当具备的素质，二是总结领导者实际所具有的素质。

第三，不同行业、不同工作中的领导者需要具备的素质可能不尽相同。

那么，从体育运动领域的特殊性出发，教练员需要具备哪些素质才能进行有效的领导呢？这里不想做穷尽式的论述，只择其主要方面加以评价。

第一，高尚的人格。对运动员来说，教练员常常成为学习、模仿的对象。在运动员社会化过程中，教练员起着重要的引导作用，在有些情况下，这种引导作用甚至超过了家庭中的父母和学校中的老师。教练员要具备强烈的事业心、进取心、责任心、移情心，要尊重他人，严于律己，在人格上取得运动员的充分信任，才可能有效地实施技术指导和行政管理。

第二，高超的管理能力。尽管教练员所组织管理的团体一般来说都规模不大，少则几个人，多也不过上百人，但是，由于运动训练和比赛的强烈竞争性，使得人们对自身潜能的挖掘达到登峰造极的程度，在这种情况下，教练员必须从任何可能的方面去开发运动员和运动队的潜能。运动队的管理不但制约运动员和运动队水平的提高，甚至关系到运动队的生存，这已是体育行政管理人员、教练员和运动员的共识。有些教练员甚至将运动队的主要问题归结为管理问题，可见这一问题的重要性。

第三，高超的技术指导能力。教练员不同于企业的管理人员，后者并不一定需要具备高超的对某项具体生产环节和生产技术的指导能力，只要具备有关的生产知识即可，但教练员必须全面地、具体地负责运动员所有的技术、战术、身体方面的训练和比赛，因此，教练员必须是某项运动的专家。

二、教练员的领导方式

前面曾介绍了勒温关于领导方式的分类，这种分类特点鲜明，在教练员的领导行为中得到了一些印证。尽管将教练员分为专制型和民主型比较简洁、明快、方便（表 20-3），但是这种区分显然是过于简单化了。人类的大多数特点都处于一种连续体中，明显二分的情况是鲜见的，领导方式也不例外。另外，即便一个教练员是专制型的，也不一定是工作取向型的。这些方式只是十分广泛的、一般的定向。

表 20-3　专制型教练员和民主型教练员领导方式的比较

领导方式	专制型	民主型
领导行为特征	以取胜为中心的	以运动员为中心的
	命令主义的	合作态度的
	定向于任务的	定向于运动员的

引自 Martens，1987

优秀的教练员应能够充分利用这两种领导方式的长处。图 20-1 的领导方格（leadership

grid)解释了教练员应如何将这两种截然不同的领导方式整合在一起。领导方格就是将人情取向作为纵坐标、工作取向作为横坐标所形成的教练员领导方式系统。对图 20-1 进行分析，可以看出，不同的领导方式具有如下特征：

1·9 型：特别重视运动员的需要，保持一种友善的气氛，追寻乐趣；

9·9 型：激发内部动机，在积极的环境同每个运动员有高交互作用，特别重视取得优异成绩并在追寻乐趣中达到这一目标；

5·5 型：对运动员的需要和取得的优异成绩给予同等关注，在这两个方向上取得平衡；

1·1 型：很少尽领导之责，很少教授技能，忽视运动员的需要；

9·1 型：强调计划性、组织性和顺利完成任务，但很少注意运动员的需要，运动成为一种工作，很少有乐趣。

显然，9·9 型的教练员是最理想的教练员，这种教练员对于自己的领导方式采取一种灵活的和适应性的态度。他既不是专制型的，也不是民主型的，而是两种类型的结合，根据不同的情境采取不同的方式。这种方式要求指导并授权助手，让集体成员为达到集体目标承担责任。

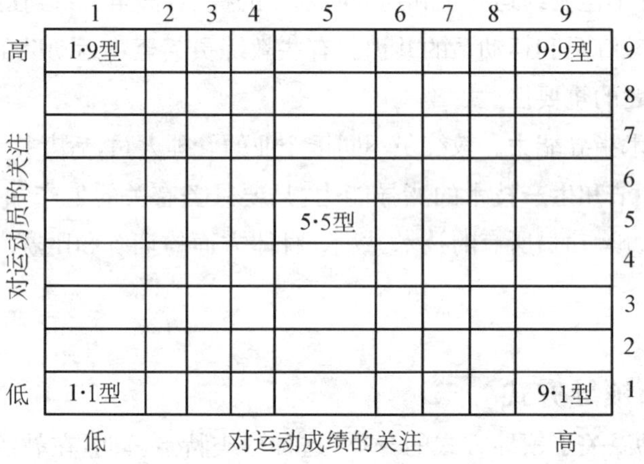

图 20-1　教练员领导方式系统

引自 Martens，1987

三、情境的特点

以情境为线索探讨领导问题的基本前提是：情境不同，所要求的领导功能也不相同。情境因素体现在以下 5 个方面：

第一，当前任务。最重要的情境变量是当前任务。运动场上的现场领导要求迅速采取行动，在这种情况下采取民主型的领导方式，效率就不高。这时，教练员应负起迅速决策并坚决贯彻既定方针的责任，不能有任何的犹疑和拖拉。

第二，团体传统。一个集体如果长期经历一种领导方式，就不大可能对这种领导方式的改变产生迅速而积极的响应，不管改变这种方式的领导者是谁。

第三，时间。如前所述，当完成任务的时间十分有限或情况十分紧迫时，专制型的方式比民主型的方式更有效。

第四,助手。领导者的助手越多,联合他们向领导者指引的方向共同努力的问题就越重要。

第五,紧张。研究表明,在紧张的条件下,在专制型领导下的被试,任务完成得更好。而在不紧张的条件下,在民主型领导下的被试,任务完成得更好(祝蓓里,1992)。因此,比赛期间高度的紧张可能会使运动员寻求一种更加专制的领导方式。

四、运动员的特点

运动员自身的某些特点也与领导行为有密切关系。这表现在:

第一,不同项目的运动员喜欢不同的领导方式。集体项目的运动员比个人项目的运动员更喜欢工作取向型的领导(Martens,1987)。比如,在像篮球这种变化较多、活动性较强的运动项目中的运动员,比在游泳这类变化较少、封闭性更强的运动项目中的运动员更喜欢工作取向型的领导,因为工作取向型的领导传授技术、战术的效率更高。

第二,不同水平的运动员喜欢不同的领导方式。技能水平高的运动员更喜欢运动员定向的教练员,因为他们能提供情感方面的支持(Martens,1987)。

第三,不同年龄的运动员喜欢不同的领导方式。对冰球运动员的研究表明,小学生年龄的运动员喜欢关系行为高、任务行为低的领导环境,大学生年龄的运动员喜欢关系行为低、任务行为高的领导环境(Danielson,1977);对女大学生篮球运动员的研究表明,较成熟的运动员比不成熟的运动员更希望任务行为和关系行为都很好的领导(祝蓓里,1992)。这些研究成果都说明,应当根据运动员的成熟程度采取不同的领导方式。

第四,不同性别的运动员喜欢不同的领导方式。男运动员比女运动员更倾向于专制的和社会支持性的领导行为(Chelladurai & Carron,1978)。

第五,不同运动动机的运动员喜欢不同的领导方式。任务动机越高,越喜欢训练和指导性的领导行为;亲和动机和外部动机越高,越喜欢社会支持性的领导行为(祝蓓里,1992)。

以上研究成果并未直接涉及教练员的领导行为与运动员运动成绩的关系,但都涉及运动员在训练和比赛中体验到的满足感,这是运动动机的重要来源,直接影响到运动员对体育运动的投入,因此,有理由认为,它可能对运动成绩有间接影响。

第三节　教练员的权威体系

一、教练员的影响力

任何一个团体的领导者要实现有效的领导,都必须具有影响力。所谓影响力(influence),是一个人在与他人的接触、交往与工作过程中,影响和改变他人心理和行为的能力。可以说,每个人都有一定的影响力,只是影响的范围与强度不同罢了。教练员的影响力是指教练员为实现团体目标,在同运动员的接触与指导过程中,对运动员的心理、行为、运动技能以及成绩水平产生影响的程度(王润平,2000)。

二、教练员影响力的种类

教练员的权威从教练员的影响力体现出来。教练员的影响力可分为两种，即强制影响力和自然影响力。

（一）强制影响力

强制影响力也被称为权力影响力（power influence），是通过行政组织任命教练员这一职务并使他/她因此获得团体中的地位和权力而形成的影响力。它是由教练员对运动员实行的一种强迫性影响。在运动团体的日常活动中，强制影响力表现为两点：一是教练员需要提出训练计划、比赛安排和各种要求等，以指令任务的方式下达给运动员；二是运动员需要按教练员的指令与要求去执行，被动地去服从和顺从教练员的领导。在这个过程中，强制影响力的基本保证就是奖励与惩罚的权力（王润平，2000）。

（二）自然影响力

自然影响力（natural influence）亦被称为非权力影响力，是通过人自身具备的能力特点、人格魅力、业务水平和道德修养等形成的影响力。教练员与运动员都有这种影响力，只是因为各有本身的特征和条件的差异，而在力度与范围上有所不同。教练员作为运动团体的领导者，除了社会组织赋予他的强制影响力外，更需要的是这种由自身的内在特点形成的吸引力和感召力。自然影响力与强制影响力差异甚大，它经常性地、潜移默化地表现出来，对运动员心理上的影响是深刻的，运动员的服从也是由衷的。自然影响力的作用要比强制影响力更强大，更深刻，更持久（王润平，2000）。因此，教练员在训练和培养运动员的过程中，要特别注重在人格、业务、道德等方面的自我完善和以身作则。

三、教练员影响力的心理效果

教练员要对运动员施以强有力的影响，应努力通过强制影响力和自然影响力达到以下五种效果：

第一，服从感，即运动员自觉地接受指导与要求，服从管理，听从指挥。

第二，敬畏感，即在运动员眼中，教练员就是一名指挥员，是权威人物，有魅力，有威严，有感召力，其指令要坚决地、不折不扣地贯彻执行。

第三，敬重感，即运动员对教练员十分尊重，这不但是因为教练员所处的职位，更主要的是由于教练员本身的人格、道德、品质、境界、业务能力等个人魅力。在某种意义上，教练员就是运动员内心的偶像，行为的楷模。

第四，敬爱感，即教练员应是运动员的良师益友，尽管十分严厉，但在场下和在日常生活中是和蔼可亲的，由衷地受到运动员的爱戴。

第五，信赖感，即运动员充分相信教练员，并依靠教练员不断实现自己的潜能，完善自己的人格。教练员与运动员的合作关系往往要保持很长时间。教练员在运动员的成长过程中往往担当多种角色，包括父母、师长、朋友、同伴等。因此，除了威严之外，教练员应给予运动员特别是青少年运动员以更多的关心与教育，彼此建立起和谐友好、融洽信任的关系。

四、教练员影响力及权威体系

(一) 教练员的影响力体系

在运动团体中,教练员是从人的角度和情境的角度对运动员产生影响力的。在具体的领导过程中,教练员对运动员的影响力是相互交叉进行的,教练员、运动员和情境三者之间彼此是相互影响的。当然,在某一时期,教练员的有效领导主要取决于自身的人格特征和特定的情境作用。我们可用卡伦等人(Carron & Chelladurai, 1978)的领导影响力体系图来说明三者的关系(图 20 - 2)。

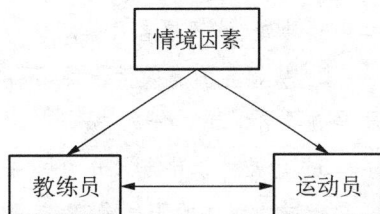

图 20 - 2　教练员的影响力体系
引自 Carron & Chelladurai, 1978

(二) 教练员的权威体系

教练员的影响力,在某种意义上可以理解为教练员在运动团体中所具有的权威力量。所谓权威(authority),是指一种让人接受对方影响的心理倾向。教练员的权威就是让运动员心悦诚服地去接受教练员的领导,认真执行提出的要求与指令。权威是团体实现目标的重要保证,可概要地表述为:

$$权威 = 权力 + 威信$$

其中权力是上级机关赋予且必须服从的,而威信是让人信任而甘愿接受的。根据佛兰奇和瓦沃(French & Vaver, 1959)的研究,我们可用图 20 - 3 来说明教练员的权威体系。其中,报酬性权威和强迫性权威是指教练员所掌握的奖惩权力;合法性权威是指教练员所处的地位与权力;专家性权威是指教练员的业务水平和专业知识;模范性权威是指教练员本身的吸引力和运动员对教练员的喜爱与敬佩。尽管教练员与运动员之间的影响作用是互相的,但教练员处在支配地位,其影响力要比运动员大得多(王润平,2000)。

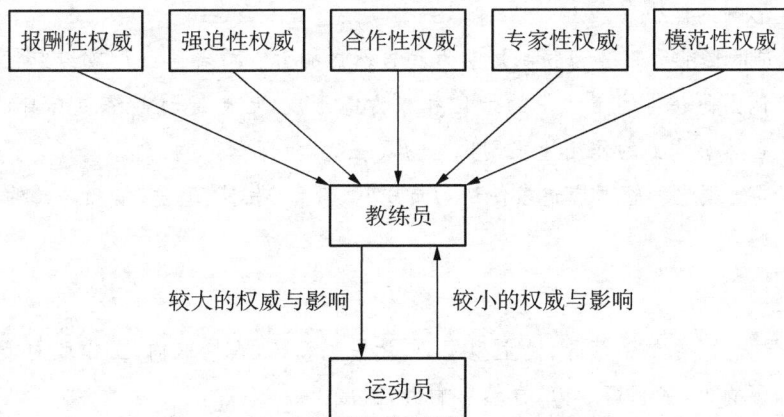

图 20 - 3　教练员的权威体系
引自黄金柱,1985,p. 464

1. 领导是指引和影响个人或组织,在一定条件下实现某种目标的行动过程。这个动态过程由领导者、被领导者及其所处环境三种因素组成。

2. 从领导的有效性出发,不同的研究者对领导方式提出了不同分类,但其共同关注的问题是领导者对工作任务、被领导者和权力的态度。

3. 勒温将领导方式分为民主型领导、专制型领导和放任型领导三种类型,并认为民主型领导造成的团体的士气最高,工作效率也最高。

4. 李克特将领导方式分为剥削式的集权领导、慈善式的集权领导、协商式的民主领导和参与式的民主领导4类,他认为参与式的民主领导其效果最好。

5. 三隅二不二将领导方式分为工作取向与人情取向均高、工作取向高而人情取向低、工作取向低而人情取向高和工作取向与人情取向均低4种,并认为第一种领导方式,其下属成员的生产效率和劳动积极性最高。

6. 费德勒的权变模式把人格特征同情境分类联系起来,认为有效的领导方式依赖于领导者与下属的关系、任务的结构和职位的权力,领导者所采取的领导方式应该与环境相适应,才能卓有成效。

7. 教练员的基本功能是组织功能和激励功能。激励功能表现在提高运动员接受和执行目标的自觉程度、激发运动员实现组织目标的热情和提高运动员的行为效率三个方面。

8. 教练员要想成为优秀的领导者,就必须具备高尚的人格、高超的管理能力和高超的技术指导能力。

9. 领导方格是将人情取向作为纵坐标、工作取向作为横坐标所形成的教练员领导方式系统。根据领导方格,既高度关注运动成绩,又高度关注运动员,可能是最有效的领导方式。教练员应根据具体情境和运动员特点采取专制或民主的领导方式。

10. 教练员的影响力是指教练员为实现团体目标而对运动员的心理、行为、运动技能以及成绩水平产生影响的能力。

11. 教练员的影响力可分为强制影响力和自然影响力。前者通过行政组织任命教练员这一职务以及使他因此获得的团体中的地位和权力等形成,后者通过教练员自身的能力、人格和修养形成。自然影响力的作用比强制影响力更强大,更深刻,更持久。

12. 教练员的领导和管理应追求使运动员服从、敬重、敬畏、敬爱、信赖自己的5种效果。

关键术语

领导,领导方式,专制型领导,民主型领导,放任型领导,人情取向,工作取向,权变模式,激励,领导方格,影响力,强制影响力,自然影响力,权威

复习思考题

1. 在报纸、杂志、书籍中寻找一篇优秀教练员的报道,分析他/她的领导方式,探讨这种领

导方式成功的原因。

2. 如果你是运动员,你希望你的教练员采取哪种领导方式,为什么?

3. 如果你是教练员,你希望你的上司采取哪种领导方式,为什么?

4. 如何根据运动员的性别、年龄、运动水平等特征,采取最有效的领导方式?

5. 如何根据训练和比赛的不同特点,采取最有效的领导方式?

6. 哪些领导方式对维持运动队的纪律最有效?

7. 哪些领导方式对提高和发挥运动员的创造性最有效?

推荐参考读物

1. 王润平(2000):教练员的领导行为。见张力为、任未多(主编):体育运动心理学研究进展(500—519页)。北京:高等教育出版社。该文全面论述了教练员的领导行为问题。

2. Carron, A. C. (1988). Group dynamics in sport. London, Ontario, Spodym Publishers, pp. 133—150. 该书第十三章讨论了领导的性质、领导的种类、体育活动中的领导特质和领导行为、情境—特质的取向、情境—行为的取向,还介绍了如何在运动团体中进行有效领导的方法。

3. Cox, R. H. (2002). Sport psychology-concepts and applications. Makison: Brown & Benchmark Publishers, pp. 344—364. 该书第二十三章介绍了主要的领导理论,分析了教练员和运动员的相容关系,讨论了运动员的地位、运动员当领导的机会以及和运动员有关的种族歧视问题。

第二十一章　观众效应与主场效应

插图 21-1　观众是体育比赛不可分割的一部分

正是由于观众的参与,才使现代奥林匹克运动具有如此丰富的社会意义。在和平时期,世界上很少有一项政治、经济和社会活动能够像奥运会、世界杯那样,在同一时间、同一地点吸引几亿人甚至十几亿人的同时参与。但这种大规模的群众参与,主要是通过电视媒介进行,对竞赛过程本身没有直接影响。本章将要讨论现场的观众参与对运动技能的学习过程特别是竞赛过程的直接影响以及与社会影响相关的主场效应。

第一节　观　众　效　应

所谓观众效应(audience effect),是指有他人在场时,操作成绩产生的变化。社会心理学对观众效应的研究兴趣由来已久,主要是以社会促进(social facilitation)为主题进行研究。本节将介绍社会促进的含义和影响因素。

一、社会促进效应

在今天看来一个极浅显的现象,在 100 多年前,却是科学研究的兴趣所在。1897 年特里普利特(Triplett)进行的一项研究表明,有他人在场时,人的活动效率明显提高。这项最早的运动心理学研究和社会心理学研究开创了社会促进效应研究的先河。所谓社会促进,最初是指在有他人在场的情况下,人们完成一些较为简单的、十分熟悉的工作任务时,工作效率提高的现象;现在则是指在有他人在场的情况下,优势反应(dominant response)得到加强的现象

（Myers，1996）。关于观众效应的社会心理学研究多以社会促进效应为题。

专栏 21-1

最早的运动心理学实验

　　特里普利特在 1897 年（Triplett）进行的一项观众效应研究被认为是最早的运动心理学实验研究，同时，这项研究也是最早的社会心理学实验研究之一。特里普利特发现，有他人在场，或群体性活动，会明显促进人们的行为效率。他让被试在三种情境中完成骑车 40 公里的任务：第一种情境是单独骑行计时；第二种情境是骑行时让一个人跑步伴同；第三种情境是与其他人骑车竞赛。结果显示：在单独计时的情况下，平均速度为每小时 38.6 公里；有人跑步伴同时，时速达到 50 公里；而竞争情境与第二种情境相比，成绩则无明显提高，平均时速为 52公里。特里普利特还在实验室条件下，让被试完成计数和跳跃等任务，也发现了同样的社会促进作用。对此，特里普利特考虑了许多可能的解释，包括生理、身体、心理等方面的因素。他最后提出，被试有两个动力来源：第一，另一个骑车人的存在，对他是一种刺激，能唤起竞争的本能；第二，观察另一个骑车人的动作，可形成较高的速率，会成为对努力的激励。

　　继特里普利特在 19 世纪末的开创性研究之后，在 20 世纪前几十年，陆续出现了一些社会促进效应的研究。有些实验发现，他人在场可以提高人们做简单乘法和划掉某一数字这类简单工作任务的速度。还有些实验发现，他人在场还可以提高完成简单运动任务如转盘追踪（图21-1）的效率（F. H. Allport, 1920; Dashiell, 1930; Travis, 1925）。比如，特里维斯（Travis, 1925）的一个早期实验要求被试每天练习追踪转盘（pursuit rotor）20 次，直至连续两天操作能力表现无显著改善为止。在下一个 10 次同样的练习活动中，特里维斯增加了 4—8 名观众，然后比较了单独练习和有观众练习的操作表现。结果发现，在接受测试的 22 名被试中，有 18 人

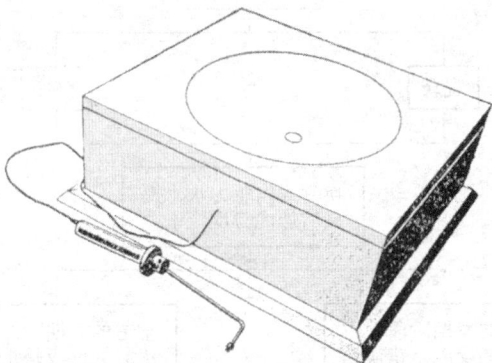

图 21-1　广泛用于运动心理学研究的转盘追踪器
实验中，电机可以引导转盘以不同速度转动，被试手持追踪杆，使尖头部分尽量对准（但不直接接触）转盘中的小圆圈。光学仪器自动记录追踪杆尖头对准小圆圈的时间。

的成绩在有观众练习的情况下又有所改进,平均成绩提高约 3%。

但令人困惑的是,另外一些研究发现了正好相反的结果:他人在场阻碍任务的完成。例如,他人在场会阻碍无意义音节的学习,阻碍迷津任务的完成,还阻碍复杂乘法题的计算(Dashiell,1930;Pessin,1933;Pessin & Husband,1933)。

如果天气预报说明天可能下雨,也可能不下雨,这样的天气预报就没有任何价值。同理,说他人在场可能促进任务的完成,也可能阻碍任务的完成,同样没有任何心理学价值。由于未能发现一致的结果,社会促进效应的研究在 1940 年左右开始处于几乎停顿的状态。沉寂了25 年之后,此类研究才由于采恩斯(Zajonc,1965)的努力而恢复活力。

采恩斯猜想,或许有什么方法可以调和两种互相矛盾的结果。像许多科学发现历程一样,采恩斯的办法是将一个领域的研究成果移植到另一个领域之中,结果成功地解决了许多心理学家面临的这个难题。在实验心理学中,赫尔(Hull,1943)和斯宾斯(Spence,1966)曾提出一个经过多次验证的定律:唤醒(或内驱力)会加强任何一种优势反应。这就是我们在第四章讨论过的内驱力理论。唤醒水平的提高可以促进简单任务的完成,因为简单任务中的优势反应是一种正确的反应。例如,人们在焦虑状态下完成简单的字谜任务,速度最快。但对于复杂的任务,由于优势反应是不正确的反应,因此,唤醒水平提高的结果是加强不正确的反应。

这一原理是否可用来解释社会促进效应研究中的矛盾结果呢?采恩斯假定,他人在场会提高人的唤醒水平或兴奋程度。如果唤醒加强优势反应,那么,一个合乎情理的推论就是,这种唤醒应当提高简单任务的效率,而阻碍复杂任务的完成。简单乘法任务不正属于这种优势反应是正确反应的简单任务吗?因此,他人在场就促使操作成绩提高。而学习一项新的材料,走迷津,解复杂的数学题,优势反应不大可能是正确反应,因此,他人在场就促使操作成绩下降(图 21-2)。这里,同样的"唤醒促进优势反应"原理在两种情况下均能成立,而过去的矛盾结果突然之间也不再令人困惑。

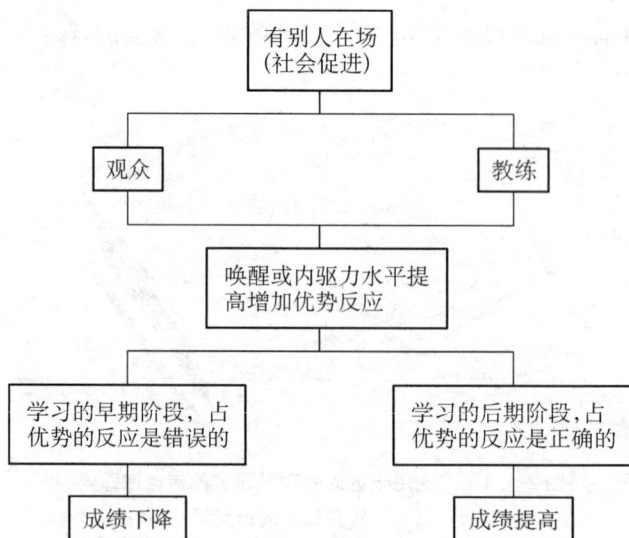

图 21-2 采恩斯的社会促进模型

引自黄金柱,1983,246 页

但是,这种解释能否经得起实验的检验呢?

经过有 25 000 多名被试参加的近 300 项的研究,这一解释经受住了实验的检验(Bond & Titus,1983;Guerin,1993)。例如,在一项研究中,采恩斯和塞尔斯(Zajonc & Sales,1966)要求被试念一些无意义词,一遍到 16 遍不等。然后告诉被试,同样的词会每次一个地呈现在屏幕上。每次呈现结束后,被试都要猜测刚才是哪一个词出现在了屏幕上。实际上,主试在屏幕上呈现的是一些随机的黑线条,时间是百分之一秒,被试根本无法辨认清楚。有趣的是,在这种情况下,被试报告"看到"的词,恰是他们念的次数最多的那些词。这些词成了被试的优势反应。更重要的是,实验还发现,有两个其他人在场时,被试猜测优势词汇的可能性提高,说明观众在场可促进优势反应。迈克尔斯等人(Michaels,Blommel,Brocato,Linkous & Rowe,1982)对大学生台球运动员的一项研究发现,水平高的选手(无人在一旁观看时命中率为 71%)在有人观看时,发挥得更好(命中率为 80%),水平低的选手(过去的平均命中率为 36%)在有人观看时,发挥得更差(命中率为 25%)。这一结果更加有力地支持了采恩斯的社会促进模型。

读者不难看出,上述关于社会促进的理论探讨和实验研究与运动情境特别是运动竞赛情境差别较大(表 21-1),因此,其结论的生态学效度,即这些结论能否推广到实际的运动竞赛中,仍有待检验。这也正是科学研究的一个特点:由简单问题到复杂问题,由控制严密的实验室实验到众多因素交互影响的生活情境,逐渐过渡。下面,我们将更多地探讨社会促进研究与运动技能表现的关系。

表 21-1　经典社会促进实验与运动竞赛情境的不同

	经典社会促进实验的特点	运动竞赛情境的特点
观众数量	几个到十几个	几千,几万,甚至几亿(电视观众)
观众支持	对操作者无倾向性	对竞赛双方完全不同
社会交互作用	仅局限于操作者和观众	包括运动员、队友、对手、教练、领队、记者、观众
技能操作	简单任务和复杂任务都相对容易	千锤百炼的极其复杂的运动技能

专栏 21-2

观众的欢呼令失利者心碎

1982 年 5 月 20 日,英国伦敦,第十二届国际羽毛球(汤姆斯杯)赛男子团体决赛,中国对印尼 1∶3 落后,第二天将继续比赛,九场五胜制:

比赛结果令人瞠目结舌。全场哗然,观众一片喊叫。印尼庞大的拉拉队跺地板、打口哨,举着标语彩带,挥舞着国旗,向空中抛着衣物、帽子,凡是能扔得起来的东西都用上了,高兴得近似发狂。这是可以理解的。他们为什么不应该高兴呢?是 3∶1 啊!在剩下的五场比赛中再赢两场就大功告成了,胜利在望,不,胜利在握!就在这一天的比赛之后,他们马上通知国内,熨烫好国旗、彩带,作好盛大游行的准备。他们定下了伦敦和雅加达最高级的餐馆,板上钉钉地要狂欢痛饮一番!

我们在歌剧院门口等车,空气似乎凝固了,一切都静止了,静得让人心里发慌,翻译吕大姐说:"已经定好了晚饭,是中餐。"

没人吱声。

韩健,1985,118页

二、社会促进效应的影响因素

前面讨论的社会促进效应的经典理论和实证研究,有两个重要局限:第一,没有注意活动者本身的特点对社会促进效应产生的影响;第二,没有注意观众本身的特点对社会促进效应产生的影响。而这两个因素,对运动竞赛中的社会促进效应具有重要意义。因此,我们将对这两个因素进行讨论。

(一)活动者本身的特点

根据殷小川(2000)的总结,运动员的人格特质、运动水平、年龄性别均是影响社会促进效应的重要因素,下面将分别予以讨论。

一些研究表明(Ganzer,1968;Cox,1966),运动员的人格特质,主要是特质焦虑和自信,可能是观众与运动成绩关系的中介变量。特质焦虑高的运动员,在有陌生观众时,表现得烦躁不安,运动成绩下降;相比之下,特质焦虑低的运动员,在有陌生观众时,表现得自信沉着,运动成绩不变甚至提高。甚至有这样的运动员,如20世纪70年代中国乒乓球男队的主将梁戈亮,比赛时就怕没有观众,观众越多,观众的情绪越高昂,他表现得就越好,所谓"人来疯"。

观众对运动成绩的影响与运动员运动水平的高低有关(殷小川,2000)。对于高水平运动员,观众的影响较小;而对于新手,观众的影响就可能完全不同,观众的一举一动都可能成为干扰他们正常发挥技术水平的刺激。经常参加比赛的运动员和较少参加比赛的运动员相比,更能适应比赛环境,长期的比赛锻炼了他们的抗干扰能力,使他们在各种外界干扰下都能较好地保持情绪的稳定。

儿童和青少年在观众面前的行为表现可能与成人有别。琼斯和卡伯斯(Jones & Corbes,1968)曾就"焦虑和同伴在场对儿童操作能力表现的影响"进行了研究。他们发现:观众对儿童完成迷津作业的影响要大于焦虑产生的影响。卡伯(Crabbe,1974)发现,学龄前儿童在单独学习时的效率,要高于在观众面前学习时的效率;但二年级(7岁)被试在观众面前的学习效率则高于单独学习。史蒂文森等人(Stevenson,1963)的研究发现:少年运动员在陌生人或者他们所"不喜欢"的人面前做动作,比在父母或朋友面前做动作时做得更好;除非有对他们怀敌对情绪的观众到场,使他们的行为带有敌意,才会降低他们的成绩。进入青年期的运动员,则比较重视活动任务本身,不太注意观众的到场。

性别也是影响社会促进效应的因素。研究表明(Chapman,1973),女生比男生受到的社会促进作用更大。史蒂文森(Stevenson,1960)的研究表明:当女性被试受到支持性评价时,操作成绩提高的程度远大于男性被试。史蒂文森将这种结果解释为"母亲形象"(mother figure)对儿童教育扮演的重要角色。对成年人进行的研究也得到相同的结果。还有研究发现,青春期之前的男孩在成年男性观众面前的表现比在成年女性观众面前的表现更好(Foults,1968；Crable & Johnson,1980)。金盛华和张杰(1995)根据对多种日常生活情境的观察,提出了性别促进假设。这一假设认为：对于性意识发展达到成熟水平的个人,异性的存在会导致行为效率的提高。而性意识尚未得到充分发展的青春期之前的儿童则不存在这种性别促进现象。王青(1990)的实验研究支持了性别促进效应的假设,但实验结果较为复杂,研究者对此做了各种解释。

(二) 观众本身的特点

根据殷小川(2000)的总结,观众的数量、评价和位置等因素,可能会影响社会促进效应。

研究表明(McCullagh & Landers,1976；Wankel,1977),大多数运动比赛的成绩不受观众绝对数量的影响。增加观众的绝对数量,只会自然地提高运动员的唤醒水平,但达到一定限度后,运动员的唤醒水平就不再提高了。博登(Borden,1980)指出,观众人数的多少对运动员成绩的影响依赖于运动员对情境的解释。在运动情境中,观众的绝对数量并不重要,重要的是他们的出现传递给运动员的信息。比如,在有100个座位的大厅中坐满100个观众,与在200个座位的大厅中坐上100个观众相比,给人的感觉完全不同。那些空位传递给运动员的信息可能是"没有多少人在意你的成绩",它常常对运动员的成绩产生一种消极影响。由此看来,或许比赛场地单位面积中观众的相对数量是一个更为重要的因素。

比观众的人数更为重要的观众因素是观众的评价,莱特尼和阿罗伍德(Latni & Arnowd,1963)曾进行了一项实验,发现观众消极的言语能使运动员产生烦恼,而且,观众的消极评价使复杂任务的成绩下降,使简单任务的成绩提高。另外,内行观众与外行观众的评价对运动员的影响也不同,亨利和格拉斯(Henchy & Glass,1968)认为,一个内行观众对运动员的影响作用比一个外行观众要大得多。研究表明(Gore & Taylor,1973；Henchy & Glass,1968),运动员意识到观众有较高的专项知识水平时,内心就会有观众的存在。内行观众有助于激起运动员的比赛动机,从而加强他们的优势反应。

观众的位置也可能对社会促进效应产生影响。观众的位置不仅有远近之分,而且还包括正面、反面、侧面。黄金柱(1983)认为,观众离运动员的距离越近,对运动员的影响越大;反之,影响就越小。处于正面位置的观众比处于侧面的观众对运动员的影响要大。

第二节 主 场 效 应

社会促进领域的研究不仅激发了运动心理学家对观众效应的研究兴趣,同时,还激发了他们去探讨另外一个与此相关但更加有趣的现象,即主场效应。主场效应涉及的问题似乎更为复杂,因此,研究结果更加纷乱,至今没有一个强有力的理论能够概括这一领域的众多相互矛盾的研究结果,运动心理学家似乎仍在黑暗中探索,等待着奇迹的出现。

一、主场优势现象

所谓主场优势(home advantage),也称主场效应(home effect),指与比赛地点和比赛胜负有关的一种统计现象,即主场取胜的比例大于客场取胜的比例。关于主场效应的第一项重要研究是施瓦兹和巴斯基(Schwartz & Barsky,1977)在1977年进行的。他们的数据来源于统计资料,包括:1971年进行的1 880场重要的棒球联赛和182场职业橄榄球比赛,1971—1972年进行的542场美国曲棍球联赛,以及1952年至1966年举行的1 485场大学篮球比赛。表21-2列出了这些比赛表现出的主场效应。在棒球、橄榄球、曲棍球和篮球4个项目中,篮球的主场效应最为明显,主场获胜比例达到82%。其次是曲棍球,如果不计平局,曲棍球的主场效应可达64%。

表 21 - 2　四种运动项目主队的胜率

主队比赛结果	棒球 (1971)	职业橄榄球 (1971)	大学橄榄球 (1971)	曲棍球 (1971—1972)	篮球 (1952—1966)
胜	53%(989)	55%(100)	59%(352)	53%(286)	82%(290)
负	47%(891)	41%(74)	40%(367)	30%(163)	18%(64)
平	—	4%(8)	1%(11)	17%(93)	—
总计	100%(1880)	100%(182)	100%(910)	100%(542)	100%(354)

引自 Schwartz & Barsky,1977

从最近10年的一些重要研究来看(表21-3),尽管大多数研究发现了主场优势现象,但也有一些研究发现的是主场劣势。布雷(Bray,1999)曾猜想,主场效应会依运动队的运动水平不同而产生变化:在低水平的运动队中,主场效应会表现得更为明显;中等水平和高水平的运动队中,主场效应则较弱。但是,布雷(Bray,1999)对1974—1994年加拿大冰球联赛的统计表明,上述三类水平不同的球队中,主场效应没有差异。尽管布雷的研究结果没有支持自己的假设,但他的研究思路仍值得借鉴,即应当考虑可能影响主场效应的那些潜在的调节变量,如运动项目、运动水平、赛季的前期后期、男队女队,等等。

表 21 - 3　90 年代主场效应的部分研究

研　究　者	研　究　对　象	主　要　结　果
Courneya and Carron(1991)	26 支双 A 职业棒球队	55.1%的主场效应;主场逗留时间及旅行距离与主场效应无关
Gayton and Langevin(1992)	792 场摔跤比赛	61%的主场效应
Glamser(1990)	49 场英国足球比赛	主场效应;客场作战时犯规次数增加;黑人运动员客场作战时犯规更多
Leonard(1989)	1896—1988 年夏季奥运会及1924—1988 年冬季奥运会	与奥运会之前和奥运会之后的比赛相比,主场在奥运会上赢得更多的金牌
McAndrew(1992)	4 172 名高中学生摔跤运动员	主场运动员胜 1 422 场比赛,客场运动员胜 964 场比赛
Nelson and Carron(1991)	5 个项目中男女各 4 支甲级队	5 年中,主场作战胜 68.6%,客场作战只胜 48%

研 究 者	研究对象	主要结果
Wright, Jackson, Christie, McGuire and Wright (1991)	英国高尔夫球公开赛	英国运动员在四轮比赛中一直比外国运动员得分低
Wright, Voyer, Wright and Roney (1995)	国家曲棍球 Stanley 杯联赛	在决定性比赛中明显的主场劣势
谢红光、殷小川、李志强(1998)	1995—1996 年中国甲 A 足球联赛	主场胜率 47.35%,客场胜率 20.45%

二、主场优势的原因

假定(纯无根据,只为举例)有研究发现,睡眠时间男女有别,有(科学)好奇心的人一定会问:为什么男人睡眠时间多(少),女人睡眠少(多)? 我们会猜想,一定有什么背后的原因,使得在睡眠时间上男女有别。换句话说,我们不会满足于发现性别与睡眠时间的相关关系,而一定会继续设法解剖性别这样一个可能包含众多生物、心理、社会因素的包裹变量(packed variable),看看实际上是哪一个(些)被性别掩藏的变量在背后起作用。

所谓包裹变量,这里是指那些可分解为更小的心理学概念的特征。年龄、性别、种族、文化等,均是包裹变量。比赛地点(主场、客场)也是一个包裹变量。对这一类包裹变量的分解,是深入理解人的行为的必要一步(张力为,2002;Bond,1996;Cooper,1994;Whiting,1976)。比赛地点可能潜藏着许多重要的心理学意义。在许多研究发现了主场优势现象之后,心理学家现在更关注的是产生主场效应的原因。下面我们将讨论不同的研究得出的结果。

(一)观众

施瓦兹和巴斯基(Schwartz & Barsky,1977)在 1977 年的一项研究中发现,在职业棒球联赛中,主场优势随观众密度的增加而增加。观众密度小(观众少于体育馆容量的 20%)、观众密度中等(观众占体育馆容量的 20%—39.9%)和观众密度大(观众超过体育馆容量的 40%)的主场获胜比率分别为 48%、55%和 57%。在球队水平相近的条件下,也得到相似的结果。据此,施瓦兹和巴斯基(Schwartz & Barsky,1977)认为,主场效应是由友好热情的观众提供的社会支持引起的。塞尔和约克维克(Zeller & Jurkvac,1998)在 1988 年的研究为施瓦兹和巴斯基的结论提供了进一步的支持。他们分析了 1969—1986 年间的 35 000 多场棒球比赛,发现主场在体育馆内的比赛,比在空地的比赛获胜率高 10.5%,比在露天体育场比赛的获胜率高 7.2%。塞尔和约克维克将这一结果的不同归因于体育馆内有更多观众的支持。他们认为,当体育馆内充满欢呼声时,球队得到更多热情观众的支持,他们表现得更好,因而也赢得更多的比赛。

但是,并非所有此类研究都得到了同样的结果。多卫(Dowie,1982)在比较了英国足球联赛四个赛区的主场优势现象后,提供了关于观众绝对数量多少与主场效应的关系。尽管观众的人数从第四赛区的 2 500 人到第一赛区的 25 000 人不等,但主场优势现象并没有不同。普拉德(Pollard,1986)则用与多卫相似的方式研究观众密度的作用。他比较了英国足球联赛四个赛区的主场优势现象并发现,即使观众平均密度从第四赛区的 20%到第一赛区的 70%不等,但出现的主场优势并没有差别。

以上相互矛盾的结果或许与比较的变量不同有关。实际上，观众也是一个包裹变量，可以在绝对人数、相对密度、欢呼声响、欢呼频率等方面进行分解，今后的研究，或许需要考虑控制这些可以进行分解的因素。

（二）攻击

攻击（aggression）是指以敌意的行动伤害别人或破坏物体的一切行为。攻击分为两类，一类是敌意性攻击（hostile aggression），这类攻击有固定对象，攻击的目的在于使对方遭受肉体或精神上的痛苦。例如，足球赛中被踢倒后，对对手拳脚相加的行为，可视为敌意性攻击。另一类是工具性攻击（instrument aggression），这类攻击目的不在于侵害受攻击者，而是借攻击而获得预谋的利益。例如，足球赛中从背后铲倒对手以求解围的行为，可视为工具性攻击。

有些研究认为（Glamser，1990；Lefebver & Passer，1974），客队更具攻击性；有些研究认为（Schwartz & Barsky，1977），主队更具攻击性；还有些研究则认为（Mcguire，Courneya，Windmeyer，Carron & Russell，1983），主队和客队在攻击性上没有差异。

瓦卡（Varca，1980）则在一项对男子篮球运动员的研究中假设，比赛中主客队运动员攻击行为的形式不同可以用来说明为什么会产生主场效应。瓦卡将攻击性行为分解为促进性攻击（functionally aggressive play）和阻碍性攻击（disfunctionally aggressive play），前者包括抢篮板球、抢截球、盖帽等，后者包括犯规和一般的破坏性行为。正如所预测的那样（表21-4），主队在三类促进性攻击行为上占优，而客队则有更多的犯规行为。瓦卡（Varca，1980）认为，观众会提高运动员的唤醒水平，但这种唤醒水平的提高给主场运动员带来的是积极影响，给客场运动员带来的是消极影响。

表21-4　主客场促进性和阻碍性攻击行为的平均数

攻击行为	主场	客场	攻击行为	主场	客场
促进性攻击行为			篮板球	37.5	34.4
断球	6.6	5.3	阻碍性攻击行为		
盖帽	2.8	2.3	犯规	20.6	21.9

注：平均数反映的是每场比赛的均数。所有平均数比较均有显著性的差异。引自Wann，1997，p.316

（三）自我意识

所谓自我意识（self consciousness），是主体对自身的意识，分为三个层次：对自己机体及其状态的意识；对自己的肢体活动的意识；对自己的思维、情感等心理活动的意识。自我意识包括自我观念、自我知觉、自我评价、自我体验、自尊、自我监督、自我调节、自我控制等。运动员在接受媒体采访时，在裁判点名入场时，在进球后绕场狂奔时，往往会有强烈的自我意识体验。

将自我意识与主场效应联系起来，是一个非常具有启发性的思路。鲍梅斯特和斯坦赫伯（Baumeister & Steinhilber，1984）曾对1924—1982年的棒球世界系列大赛和1967—1982年的美国篮球协会锦标赛的比赛结果进行了统计，结果发现，在淘汰赛的初期的确存在主场优势，但在决定比赛名次的最后关头，则不存在主场优势。鲍梅斯特和斯坦赫伯更关心的是：为什么会是这样？是主队发挥失常？还是客队发挥奇好？

对于棒球,他们选择了"场上失误"进行分析,因为这一指标相对来说比较独立,不受对方影响,是测量失常的一个好指标。他们发现,在系列大赛的头两局比赛中,客队的场上失误更多;但在第七局比赛中,情况正好颠倒,主队的场上失误更多(表21-5)。

表 21 - 5　1924—1982 年棒球世界系列大赛场上失误情况

比赛顺序	每场比赛失误		每场比赛无失误	
	主队	客队	主队	客队
第一和第二局	0.65	1.04	33	18
第七局	1.31	0.81*	6	12**

* = $p<0.01$;** = $p<0.02$。引自 Baumeister & Steinhilber, 1984

对于篮球,他们选择了罚篮进行分析,结果与棒球的情形相似。在七局制的淘汰赛中,第一到第四局比赛中,主队与客队的罚篮命中率差不多,但在第七局比赛中,客队的命中率较主队高(表21-6)。

表 21 - 6　1967—1982 年 NBA 淘汰赛罚篮成绩

比赛场次	主队	客队	比赛场次	主队	客队
第一到第四局			第七局		
命中	3 368	3 412	命中	873	937
失误	1 303	1 266	失误	391	328
命中率	0.72	0.73	命中率	0.69	0.74*

* = $p<0.01$。引自 Baumeister & Steinhilber, 1984

鲍梅斯特和斯坦赫伯进行的另一项分析是1967—1982 年 NBA 的半决赛和冠军赛。他们发现,在第一到第四局比赛中,主队在70.1%的比赛中获胜;而在决定性的第七局比赛中,主队则仅在38.5%的比赛中获胜。从这一研究结果中可以明显看出,在关键场次,主场优势变成了主场劣势。他们认为,主场劣势主要是由于主队发挥失常引起的,而不是客队发挥奇好引起的。鲍梅斯特等人(Baumeister, Hamilton & Tice, 1985)稍后对大学生进行的实验室实验再次支持了这一结果。

对这一结果的解释是,越是到关键比赛,在给以巨大社会支持的观众面前进行自我表现的愿望就越强,运动员这种自我意识水平的提高,使他们将过多的注意集中在自我表现或印象管理上,而这并不利于运动操作。

三年之后,盖通等人(Gayton, Matthews & Nickless, 1987)对鲍梅斯特等人的研究结果再次进行了检验。他们对1960—1985 年进行的美国曲棍球 Stanley 杯联赛做了分析,得到的结果却完全不同。他们发现,在该联赛的任何阶段,

插图 21 - 2　对 60—80 年代美国 NBA 比赛罚篮命中率的统计表明,赛季前半段和后半段的命中率有所不同

均不存在主场劣势的情况。他们还发现,在第七局比赛的关键时刻,也不存在主队运动员比赛失常率高于客队运动员的现象。在 12 场打到第七局的淘汰赛中,主队取得了七场比赛的胜利。

因此,尽管鲍梅斯特等人的研究产生了重要影响,但这一问题似乎较当初想象得要更为复杂,寻找研究结果不一致的原因仍然是一项十分艰巨的工作。

专栏 21-3

比赛失常原因何在

主场效应与一个更为常见的现象有关,即运动员的比赛失常。关于比赛失常以及主场效应的原因,近来引发了一场颇具火药味的争论,说明了这一问题的复杂性。

鲍梅斯特在 1984 年的一篇论文中分别报告了 6 项研究结果,中心思想是强调:自我意识所起的作用是比赛失常的原因。鲍梅斯特认为,伴随着自我意识的提高,行为的有序性和可预测性随之下降。与一般人的想法相反,鲍梅斯特提出,在唤醒或提高人的自我意识的情境中(如运动竞赛),自我意识强的人能够更好地应付压力,因为他们平时就习惯于这种高自我意识状态;相反,在压力情境中,自我意识弱的人则可能由于自我意识的提高,导致操作表现的失常。自我意识越弱,操作表现受到的不利影响就越大。这是因为,自我意识的提高将人的注意导向内部过程,而比赛(或考试)却要求将注意指向外部过程,即任务要求,满足这些任务要求才可能创造好的成绩。如前所述,鲍梅斯特(Baumeister, 1984)关于主场效应的研究结果支持了这一预测;赫通和希高尔(Heaton & Sigall, 1991)后来对大学生进行的另一项研究也发现了低自我意识性与比赛失常的相关。

但是,1995 年,施伦克等人(Schlenker, Phillips, Boniecki & Schlenker, 1995a, 1995b)对鲍梅斯特和斯坦赫伯(Baumeister & Steinhilber, 1984)的研究提出了质疑,接着,鲍梅斯特(Baumeister, 1995)又对这一质疑进行了反驳。三篇唇枪舌剑的论文在同一期的 Journal of Personality and Social Psychology (Volume 68, number 4)(人格与社会心理学杂志,68 卷 4 期)上发表。下面将简要介绍这场争论的主要内容。

施伦克等人(Schlenker, Phillips, Boniecki & Schlenker, 1995a, 1995b)指出,对于比赛失常现象的机制,鲍梅斯特和斯坦赫伯提出的是一种积极性解释,即发挥失常是由于运动员在支持的观众面前期待成功所致;而 Schlenker 等人则提出一种消极性解释,即发挥失常是由于自我怀疑以及不必要的消极自我关注造成。施伦克等人(Schlenker, Phillips, Boniecki & Schlenker, 1995a, 1995b)还指出,鲍梅斯特和斯坦赫伯的数据收集过程有问题,他们未能恰当地对资料进行取样,以分析主场发挥失常的现象。同鲍梅斯特和斯坦赫伯一样,施伦克等人在研究中也利用了自 1924 年实行 7 局赛制以来的世界棒球系列赛的资料进行统计,但删去了 4 场一边倒的比赛。与鲍梅斯特和斯坦赫伯不同的是,考虑到第二次世界大战对棒球比赛带来的巨大影响,施伦克等人删去了 1943—1945 年的比赛;分析了"场上失误"发

运动心理学(第二版)

生的时间特征;还分析了比赛失常现象的年代特征(1924—1949;1950—1968;1969—1993)。通过精巧的方法学控制和统计学分析,施伦克等人颇具说服力地提出了自己的结论:在决定性的第七局比赛中,并不存在主场劣势现象。有必要指出,实际上,在 1950—1968 年间,的确存在主场劣势,在 11 场打到第七局的赛事中,客队赢了 9 场;但在其他两个时期中(1924—1949;1969—1993),则并不存在主场劣势。施伦克等人指出,凡是利用 1950—1968 年度的比赛情况作为主要分析资料的主场效应研究,都会得到主场劣势的有偏结果;除此之外,没有证据表明存在主场劣势。读者可能还记得,鲍梅斯特和斯坦赫伯(Baumeister & Steinhilber, 1984)曾将场上失误用作主场劣势的证据(表 21 - 5),但施伦克等人发现,只有当主队在第七局比赛中落后时,那些场上失误的差异才会表现出来。这或许是由于在落后的情况下,焦虑、自我意识、过强的动机开始作怪,使得运动员发挥失常。以前述的分析以及其他证据为基础,施伦克等人尖锐地指出,鲍梅斯特和斯坦赫伯在理论上、方法上和解释上均不正确。

面对这一严重的批评,鲍梅斯特(Baumeister, 1995)提出了自己的反驳,指出了施伦克等人研究中的许多问题,他还分析了社会心理学研究中利用档案数据的问题。鲍梅斯特(Baumeister, 1995)认为,只有实验条件下有控制的研究才能最为有效地推动科学的进步,但采用真实世界中存在的档案数据则难以做到这种控制。尽管鲍梅斯特(Baumeister, 1995)做出了自己的反驳,他同时也承认,施伦克等人关于场上失误发生时间的研究结果对于理解比赛失常现象是一个突破性进展。

亲爱的读者,看了上述研究介绍之后,希望你能对科学研究中的理论假说、实证检验、可反驳性、可重复性、可检验性、尝试性的含义有了一个更加实际的了解。

以上三个方面中,观众因素是客观因素,攻击和自我意识则是主观因素,但我们已经看到,这两大类因素的研究结果均不一致。还有一些研究,探讨了对场地的熟悉程度、旅途疲劳(traveling fatigue)影响以及裁判的公正与否等因素对主场效应的影响,但结果仍然令人迷惘:似乎对任何一种因素的研究都会出现两种不同的结果,看不到研究结果的一致性。这一研究现状反映出三个问题:第一,以往的大部分研究缺乏理论的指导。利用现成资料,统计比赛胜率,并不是一件十分困难的工作。但如果没有理论指导,不去检验理论假说,今后的研究仍将面临困惑的局面。第二,以往研究多以比赛统计资料为据,得到的是相关类型的结果,要得出因果关系比较困难。如果能更多地采用实验设计探讨主场效应,将有助于发现那些真正影响主场效应的因素。第三,以往研究采用的统计方法往往比较简单,考虑到主场效应可能是多因素影响的结果,因此,如果根据数据类型的情况,采用多元统计分析方法,可能有助于我们去伪存真,更好地预测和理解主场效应。

尽管关于主场效应的研究结果参差不齐,但仍可提炼出少数相对稳定的趋势,这些趋势主要是对主场效应的情况描述,而不是对主场效应的原因解释。这些趋势包括(殷小川,2000):

第一,专业运动队存在主场优势。

第二,业余水平与专业水平的运动队,其主场效应没有差异。

第三,某一运动项目中的主场效应其大小是一致的,而且长期保持稳定。

第四,不同运动项目的主场效应大小有所不同。

本章提要

1. 观众效应指有他人在场时,操作成绩产生的变化。关于观众效应的社会心理学研究多以社会促进效应为题。

2. 社会促进指在有他人在场的情况下,优势反应得到加强的现象。特里普利特在 1897 年进行的关于社会促进的研究,是社会心理学和运动心理学发展的重要里程碑。

3. 采恩斯的社会促进理论认为,观众在场可以提高操作者的唤醒水平,唤醒水平的提高会加强操作者的优势反应。如果优势反应是正确反应,则使操作成绩提高;如果优势反应是错误反应,则使操作成绩降低。

4. 活动者本身的特点如人格特质、运动水平、年龄、性别等是影响社会促进效应的重要因素。

5. 观众本身的特点如数量、评价和位置等因素,也可能会影响社会促进效应。

6. 主场效应是比赛地点和比赛胜负相关的一种统计现象,指主场取胜的比例大于客场取胜的比例。

7. 比赛场地是一包裹变量,隐含着许多心理学意义,必须用心理学的手段加以分解,才能了解产生主场效应的心理学原因。

8. 观众和裁判等客观因素以及运动员的攻击行为、运动员的自我意识、对场地的熟悉程度、旅途疲劳影响等主观因素都可能与主场效应有关,但研究结果并不一致。

9. 研究表明,不论是在业余队的比赛中还是在专业队的比赛中,均存在主场效应;某一运动项目中的主场效应其大小接近一致,而且长期保持稳定;但不同运动项目的主场效应大小有所不同。

关键术语

主场优势,主场效应,观众效应,社会促进,唤醒水平,优势反应,操作成绩,人格特质,包裹变量,攻击,自我意识,旅途疲劳

复习思考题

1. 不同的运动项目,观众效应会有不同吗?

2. 在你从事的运动项目中,如何确定哪些反应是优势反应,哪些反应是非优势反应?

3. 设计一项研究,探讨你所从事的运动项目可能具有的观众效应。

4. 球迷对运动员的比赛产生的影响表现在哪些方面?是如何产生影响的?

运动心理学(第二版)

5. 不同运动项目的主场效应为什么会不同?

6. 什么叫包裹变量,为什么要分解包裹变量?

7. 你认为有哪些因素会影响主场效应?

8. 作为客队,如果要避免主队的主场优势,应当采取哪些措施?

推荐参考读物

1. 殷小川(2000):观众效应和主场效应。见张力为、任未多(主编):体育运动心理学研究进展(455—477页)。北京:高等教育出版社。这篇论文详尽讨论了观众效应和主场效应的概念、理论、影响因素和形成原因。

2. Courneya, K. S. & Carron, A. V. (1992). The home advantage in sport competitions: A literature review. Journal of Sport and Exercise Psychology, 14, 13—27. 作者回顾了自1977年 Schwartz 和 Barsky 做的第一项主场效应研究以来,体育运动领域中主场效应研究的进展。作者指出,对于主场效应的解释可分为生物学的(地域性的和周期性的影响)、心理学的(社会促进和自我表现)直到社会学的(惯例组合)三大类。作者还提出了一个解释主场效应的模型,包括比赛场地、比赛场地因素、关键性的心理状态、关键性的行为状态以及比赛结果。同时,他们还将各类研究分别归入回答是什么(what)的研究,回答什么时间(when)的研究和回答为什么(why)的研究三大类。

3. Zillmann, D., Paulus, P. B. (1993). Spectators: Reactions to sportsevents and effects on athletic performance. In R. N. Singer, M. Murphey & L. K. Tennant (Eds.), Handbook of research on sport psychology (pp. 600—619). New York: Macmillan Publishing Company. 这篇论文分为两个部分。第一部分主要讨论了观众对运动竞赛产生的反应,回答了运动竞赛为什么会对观众具有吸引力的问题。第二部分主要讨论了观众因素包括观众的数量、观众的支持、观众的敌意等对运动员运动表现产生的影响,以及不同的运动员对观众影响产生的不同反应。

第二十二章　运动中的攻击与暴力

插图 22-1　如何预测、解释和控制攻击行为是社会心理学的重要内容

运动场上的攻击与暴力行为为世人所不齿,道德所不容。尽管世界各地的体育组织不断加大惩戒的力度,但这种丑陋的现象至今仍时有发生,从而构成了不容忽视的体育社会问题。在分析这种不道德的行为时,人们不禁要问:运动员、教练员乃至观众为何会产生或卷入这种行为?攻击和暴力是一种宣泄情感的方式吗?攻击是人的本能还是后天习得的?本章将探讨运动中的攻击与暴力行为的概念,攻击的有关理论,攻击的测量方法以及减少体育运动中攻击行为的策略。

第一节　攻击的基本含义

攻击是指"以损害或者伤害另一个生物体为直接目的的任何形式的行为,该生物体想要回避这种行为"(Baron & Richardson,1994,p.7)。体育运动中的攻击行为可以理解为:有意识地使他人身体和心理受到伤害的行为(王润平,2000)。

一、攻击行为的判别标准

参考吉尔(Gill,1986)的标准,可以判断一个行为是否属于攻击行为(aggression behavior):

第一,攻击是一种外显行为。这种行为包括语言的(如,出言不逊、威胁恐吓、侮辱谩骂等),也包括身体的(如,殴打、袭击、踩踏等)(王润平,2000)。

第二,攻击是一种伤害性的行为。这种行为对攻击对象的身体或心理造成或者可能造成伤害。如,某篮球运动员当对方在其身体上方跳起投篮时,故意起身将对方扛起,虽然未导致对手受伤,但仍是攻击行为,应判技术犯规。

第三,攻击行为必须指向一个有生命的个体。如,某足球守门员指尖虽碰到了皮球,但还是未能阻挡破门,懊恼之中将足球狠狠地踢向球网,这种行为虽没有风度,但不能视为攻击行为。

第四,攻击是一种故意的行为。这种行为含有明显的伤害意图。如,某球迷企图冲上去袭击对方球迷,但因人群间有栏杆隔断,虽未造成对方受伤,但仍属于攻击行为;又如,某体操运动员在平衡木上空翻时,恰有一名教练从身边快速闪过,运动员因受到干扰而摔下平衡木并严重受伤,只要教练员不是出于故意,他的行为就不算攻击。

极端的、严重的攻击行为就是暴力(violence)。

专栏 22-1

你能判别哪些是攻击行为吗

请就下列 8 种情境做出选择,勾出哪些是攻击行为,哪些不是。

是 否　1. 一位美式足球安全卫对对方接球手做出一个符合规则但非常凶猛的撞击动作,并说他要惩罚这位接球手,让他以后不敢随便越过中线。

是 否　2. 一位美式足球安全卫对对方接球手做出一个符合规则但非常凶猛的撞击动作。

是 否　3. 一位篮球教练员为抗议一项有争议的判罚而砸破一把椅子。

是 否　4. 一位曲棍球运动员因被对手用球棍击中小腿而故意用相同的行为报复对方。

是 否　5. 一位赛车手与失速冲出弯道的另一赛车手相撞,并撞死了他。

是 否　6. 为了让对方踢球队员感到担忧并想到赢得这场比赛的消极后果,美式足球教练萨利文叫了一个暂停。

是 否　7. 巴里知道约翰对自己在压力状态下(高尔夫球)推杆的能力十分敏感和害羞,因此他告诉约翰说:霍尔教练说如果你再推不好,就会被换掉。而霍尔教练其实没有这么说。

是 否　8. 珍妮因失手投出了一记快球击中了弗兰的头。

答案

1. 是。(虽然动作合乎规则,但其意图是造成伤害)

2. 否。(无伤害意图)

3. 否。(行为对物不对人)

4. 是。(虽是还击,但意图是伤害对手)

5. 否。(虽然对方被撞死,但并无伤害的意图)

6. 是。(虽然是很聪明的战术,但意在引起对方的恐惧与担忧,造成心理伤害)

7. 是。(意在造成心理伤害)

8. 否。(虽造成了伤害,但并无伤害的意图)

引自 Weinberg & Gould,1999,p.477

虽然理论上,攻击的判别标准是清晰的,但在实践中,有时却难以准确判断某个具体的行

为是否为攻击行为。因为,尽管是否造成了对他人的伤害有客观的标准,伤害者是否具有明显的伤害意图却难以判断。如,排球比赛中,某运动员一记漂亮的扣球落地开花,他情不自禁地做出了一个挥拳动作。如果这个动作是背对对手的,可以理解为自我激励;假如是面向对手的,则很可能被裁判判为不正当行为(挑衅或攻击)。

专栏 22 - 2

攻击的典型案例

1990 年 6 月 24 日,国际足联世界杯足球赛荷兰对联邦德国的 1/8 比赛在意大利米兰市的圣西罗体育场进行。第 16 分钟,德国前锋沃勒尔(Rudi Voeller)在左路突破中被荷兰前卫里杰卡尔德(Frank Rijkaard)铲倒在地,裁判当即出示黄牌对荷兰人予以警告。爬起身来的沃勒尔趁着裁判低头记录之际,向里杰卡尔德做出了一个极不君子的手势。5 分钟后,沃勒尔又因冲撞对方守门员而与荷兰队员发生争执,这时里杰卡尔德几乎失去了控制,于是他的全部怒气化作一口唾液,愤怒地喷射在沃勒尔的后脑勺上。于是两人被同时罚出场外。

1995 年,美国 NBA 的一场比赛中,休斯敦火箭队迎战波特兰开拓者队。火箭队的麦克斯韦尔(Vernon Maxwell)冲进波特兰队的观众席,击倒了一名正在辱骂的球迷。麦克斯韦尔由此被判停赛 10 天并罚款 2 万美元。

1997 年 6 月 28 日,世界拳击理事会(WBA)重量级拳王争霸战在美国赌城拉斯维加斯的麦迪逊花园广场进行。战至第 3 回合,拳台受挫的泰森(Mike Tyson)出人意料地用他那坚硬的牙齿咬下了对手霍利菲尔德(Evander Holyfield)的部分耳朵,导致比赛中断。最终,泰森受到了吊销拳击执照的处罚。

插图 22 - 2　学会控制自己的攻击行为是运动员的必修课

1999 年 12 月,美国 NBA 的一场比赛中,金州勇士队的球星斯普瑞维尔(Latrell Sprewell)卡住教练卡里希莫(J. P. Carlesimo)的脖子并扬言要杀死他,这个恶劣的动作使他的教练窒息达 15 秒钟,最终斯普瑞维尔被 NBA 禁赛一年。

1985 年 5 月 29 日,比利时布鲁塞尔海瑟尔体育场,欧洲足球俱乐部冠军杯决赛在意大利的尤文图斯和英格兰的利物浦之间进行。比赛开始前,醉醺醺的英国足球流氓用破酒瓶、破罐头、旗杆棍和金属杆袭击尤文图斯队的球迷。几分钟之内,成百名尤队球迷发现自己被挤压在球场周围的铁栅栏上,无法逃脱。随着越来越多的人往球场方向挤压,铁栅栏终于不堪重负,崩塌倒下,成百名惊恐失措的球迷被踩压成恐怖的一堆人山。这个事件造成了 32 人死亡,437 人受伤,酿成了现代足球史上著名的"海瑟尔惨案"。

有时,攻击行为容易和果敢行为(assertive behavior/assertiveness)相混淆。果敢行为是指为赢得胜利而不顾受伤或伤人的危险,用合理行动奋勇拼搏的行为。1987年5月20日,在广州进行的第24届(汉城)奥运会男子足球预选赛东亚区小组赛中,比赛至第47分钟时,中国队员唐尧东面对已准备双拳出击的香港守门员刘栋平奋不顾身地头球破门,同时被对手击中眼部受伤。在这个例子中,攻守双方触球机会均等,均无伤害对方的意图,双方的行为都是果敢行为。

二、攻击行为的分类

根据攻击者采取攻击行为时目的的不同,常常将攻击分为两类:一类是敌意性攻击;另一类是工具性攻击。

(一)敌意性攻击

以伤害对手为直接目的的攻击行为称为敌意性攻击。这种行为的主要目的就是使受害者饱受痛苦和折磨,伤害者此时常常伴有愤怒的情绪。前面所讲的里杰卡尔德和泰森的例子都是比较典型的敌意性攻击。

(二)工具性攻击

为实现某些外在目的而采取的攻击行为称为工具性攻击。这种行为的主要目的是为了获取某种利益(如,胜利、金钱等)而伤害他人。攻击者此时未必具有愤怒情绪,而且伤害他人的行为可能并未超出竞赛规则的限制。

例如,在一场散打王争霸战中,某运动员明知对手膝部已经受伤,却在比赛中故意用脚猛踢对方受伤部位;在第15届世界杯足球赛中,法国球星齐达内在沙特队员已经倒地的情况下,跳起落地时仍故意踩踏对方;在一场自由式摔跤比赛中,某运动员扳住身下对手的腿向反关节方向凶狠地扭转,对手疼痛难忍,愿以双肩着地为代价避免受伤,但该运动员不顾对手央求,仍扭伤其关节韧带,以造成对手在日后比赛中对自己的恐惧。这些都是典型的工具性攻击行为。

应该强调的是,任何攻击行为都是违反职业道德的不正当行为,是各级体育组织必须严厉禁止的行为,因为它的社会影响极坏,会给青少年树立不良的榜样。然而,在运动实践中,有时人们很难明确区分果敢行为、敌意性攻击和工具性攻击(图22-1)。

三、攻击行为的危害

攻击行为是与竞技运动相伴而生的副产品。其危害主要表现在两个方面。

第一是社会危害:在现代竞技体坛,攻击性的行为涉及运动员、观众、教练员和裁判员,造成大规模的殴斗,酿成骇人听闻的体育暴力,造成惨重的人员伤害和财产损失,甚至引发国家之间的战争,因此其社会影响极坏(王润平,2000)。1969年6月9日,为争夺第9届世界杯赛出线权,洪都拉斯队在主场以2:0战胜了萨尔瓦多队。萨尔瓦多球迷向裁判及洪都拉斯球迷发泄不满而闹事,两国发生外交纠纷。6天后,两国球队在萨尔瓦多进行第二场比赛。比赛前夕,萨尔瓦多球迷举行示威游行,袭击洪都拉斯队。比赛虽然照计划进行,但两国关系继续恶化并导致断绝外交关系。7月3日,两国发生边境武装冲突,7月14日演变成大规模军事行

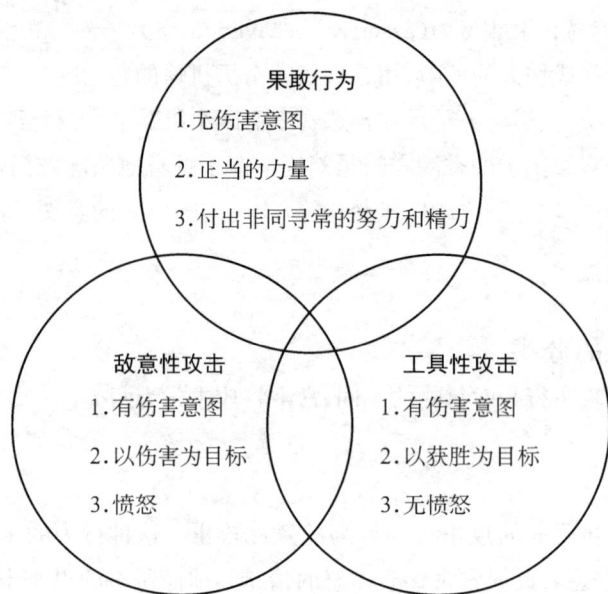

图 22-1　三类与攻击有关的行为之间的交叉重叠

改编自考克斯/江晓梅译,2003,373 页

动。双方出动坦克飞机,进行了一场历时一个月之久的足球战争。双方死亡近 1 万人,财物损失达 5 千万美元。直到联合国出面干预,才草草结束战争状态。洪萨战争虽然有两国之间长期的边境纠纷作内因,但导火索则是这两场足球赛,加速了矛盾的激化(巴家伟,2003)。另外,运动员常常是青年们的楷模,运动员的攻击行为往往被涉世未深、道德判断力尚处于发展之中的青少年所模仿,破坏文明的社会风气。

第二是对项目本身的危害:运动竞赛过程中的攻击性行为和体育暴力,不仅有悖于体育道德与宗旨,而且已成为困扰和阻碍竞技体育健康发展的难题与障碍(王润平,2000)。如果某个项目的运动员经常因为对手的攻击而受伤,从事这一运动的人数就会减少,进而影响该项目的普及和发展。

专栏 22-3

拳击比赛与暴力

曾有一项研究,调查了凶杀率与拳王争霸赛中公开暴力的关系。被调查的人在连续看了 10 场重量级拳王争霸赛之后,都承认自己在不同程度上模仿了攻击行为。赛前诸如“我要砸掉你的脑袋”这样的言语攻击,以及赛后气氛的渲染,提供了大量的攻击暗示。研究人员比较了 1973 年至 1978 年的 18 次重量级拳王争霸赛之后,预期的凶杀率和实际发生的凶杀率。结果发现,从比赛后的第三天开始,凶杀案的数量以平均 12.46 的比率上升。凶杀率增长最高的情况发生在宣传力度最大、收视范围最广的比赛之后,即著名的阿里和弗雷泽之战。那场比赛之后,凶杀案增加了 26 起。

运动心理学(第二版)

当泰森愤怒地咬了霍力菲尔德的耳朵时,赛场内和电视机前的所有观众无不为之哗然。这一攻击性行为激起了不少青少年心中蠢蠢欲动的暴力倾向。据说,那次比赛之后,很多人在和他人的争吵或打斗中学泰森的样,疯狂地咬伤了对方的耳朵。

孩子是最脆弱的,最容易受到外界刺激的负面影响。除了拳击这种公开暴力外,其他如电视暴力、媒体对暴力问题的过度渲染等,都会给孩子的成长带来"污染",增加了他们出现暴力行为的可能性。我们应该呼吁媒体尽可能地减少节目中的暴力镜头;还要呼吁父母监督孩子观看的节目,在出现暴力镜头后,对孩子进行及时的辅导和教育。

引自崔丽娟,2002,71—72页

第二节　攻击行为的原因

为什么有些运动员的攻击性特别强? 为什么竞技运动中有些人的行为会失控? 攻击行为是先天的还是后天的? 为回答这些问题,心理学家提出了解释攻击行为原因的 4 种理论。它们分别是本能论、社会学习理论、道德分析理论和修正的挫折—攻击理论。

一、本能理论

本能论(instinct theory)是基于弗洛伊德精神分析思想的理论。按照弗洛伊德(Freud,1950)的观点,攻击与饥饿、口渴、性欲等类似,是人类与生俱来的内驱力。它虽然不可避免,但通过合理释放或满足需求等途径能够得到控制。由于人类具有攻击的天性,所以就促进了体育运动和比赛。而体育运动和比赛也为攻击行为提供了一个可以被社会接受的发泄能量的出路。本能论的重要推论就是攻击行为使攻击的内驱力得到排泄或释放,这种对被压抑的攻击本能的释放叫做情感宣泄(catharsis)。根据本能论,比赛中袭击对手的行为使运动员合理地宣泄了被压抑的攻击本能。

然而,学者们至今没有找到攻击本能存在的证据,而宣泄的概念也未得到有效的验证。所以,我们还不能说竞技运动提供了合理宣泄攻击本能的场所(Weinberg & Gould, 1999)。

二、社会学习理论

与本能论中攻击行为的遗传观点相反,社会学习理论(social learning theory)认为,攻击行为是通过观察他人的行为,然后在个体出现类似行为时受到强化而学习获得的。美国学者阿尔伯特·班图拉为此进行了一系列儿童行为实验以证明攻击行为的习得性。在一项实验中(时蓉华,1996),实验者让一组儿童观看成人对充气的塑料娃娃的攻击行为(拳打、脚踢、口骂),然后让他们单独玩这些娃娃,以观察其行为表现;让另一组儿童观看成人平静地玩同样的充气娃娃,毫无攻击行为,然后也让他们单独玩这些娃娃,以观察其行为表现;最后实验者将两组儿童的行为表现加以比较,实验结果如下(表 22 - 1)。

表 22 - 1　儿童目睹攻击行为后的行为表现

实验条件	攻击行为总量(得分)	
	有形的(打)	言语的(骂)
暴力模式(实验组)	12.73	8.18
平静模式(控制组)	1.05	0.35

引自时蓉华, 1996,428 页

　　上述研究结果表明,实验组儿童的攻击行为比控制组多 12 倍以上,说明攻击行为是习得的,不是先天的,而且它与挫折的关系也不大。

　　在另一项实验中,班图拉(Bandura, 1973)把幼儿园的孩子分为 4 组:第一组观看一个成人对玩具娃娃所进行的攻击行为;第二组观看电影中所表现的同样的攻击行为;第三组观看动画片,即由小猫表现出同样的攻击行为;第四组是对照组,让他们观看非攻击行为的模式,即以中性态度对待玩具娃娃的模式。然后向所有孩子提供一次攻击别人的机会。实验结果表明,那些看过攻击行为模式的孩子比没有看过影片的孩子表现出的攻击行为要严重得多。第一组是活生生的模特儿,所提供的攻击行为最有力地发生榜样作用;第二组是电影提供的攻击行为模式,也同样有力地增强了孩子的攻击性;而动画片的影响力较小。这个实验说明,攻击行为是榜样学习的结果(图 22 - 2)。

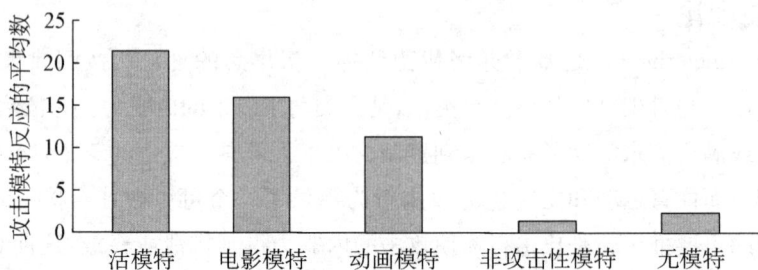

图 22 - 2　攻击行为的模仿

引自时蓉华, 1996,429 页

　　史密斯(Smith, 1988)的研究发现,职业运动员的暴力行为已经被年轻的业余选手所模仿。攻击行为在冰球界被视为有价值的行为,而运动员很快就学会了具有攻击性是让自己获得别人认同的方法之一。许多教练员、父母、队友还鼓励这种攻击行为。年轻的冰球队员在电视上看到自己的偶像展现攻击行为,就会使他们自己的攻击行为得到强化。

　　美国学者温伯格等(Weinberg & Gould, 1999)指出,社会学习在体育运动中的研究显示,大多数运动员不是被教成要公然地使用暴力的。然而,攻击也可以确实存在于各种运动之中。例如,一位花样滑冰选手可能会为了打击对手的士气而说“我听裁判说你这种服装今年是不合格的”这种令人气愤的话。这是一个较细微的攻击的例子,但其意图仍然是为了要伤害他人。大部分运动员的父母和教练不会容忍运动员主动攻击他人的行为,但如果运动员对对手的攻击行为“以牙还牙”,他们还是认可的。

社会学习理论获得了许多支持性证据（Bandura，1977；Thirer，1993）。它强调榜样对攻击行为的重要作用，因此给我们的启示是：要杜绝攻击行为，应该加强职业道德教育，强化行业规范，防止不良榜样受到模仿。

专栏 22－4

坏孩子比利

7岁的比利，是少儿冰球联盟布法罗麦炸机队的守门员。一次，他在自己的球门附近与队友和对手纠缠中发生了一次小冲突。比利被打得头晕目眩，但他不知道是谁、怎样打了他。生气之余，他一拳打在离自己最近的对手的鼻子上作为报复，结果被裁判罚出场外。教练告诉他说不应该出拳，因为球队需要他，他坐在板凳上对球队是没有帮助的。然而，后来比利偶然听到教练对一位助手的夸耀，"比利真是一位战斗者"，这使比利的感觉非常好。

在家里，比利的爸爸似乎对他的表现感到骄傲。他告诉比利绝对不要首先打人或在冰球场上向别人挥拳出击，但要像个男子汉并能保护自己。他说："冰球是个狗咬狗的游戏，你不能让任何人欺负你，总之，你不会看到 NHL 的守门员受人欺负而默不作声。"

从此，比利变成了一位令对手畏惧的守门员——任何攻入球门区的人都可能会遭到他异常粗野的对待。如今比利正在观察职业运动员，学习怎样可以既打得粗野又不被罚出场外。

引自 Weinberg & Gould，1999，p.481

三、道德分析理论

道德分析理论（theory of moral reasoning）由布瑞德麦尔（Bredemeier，1994）提出。该理论以皮亚杰（Jean Piaget，1896—1980）的认知发展理论为基础，认为个体愿意参与攻击的程度与其自身所处的道德分析的阶段有关。由于人类的攻击行为被认为是不道德的，布瑞德麦尔认为在道德分析的水平与体育运动中明显的攻击行为之间应该存在某种联系。由于竞技运动使攻击行为合理合法，因此接触竞技运动可能实际上起到了延缓一个人的道德发展的作用。日常生活所必需的道德水平通常在运动竞赛中被束之高阁，布瑞德麦尔称这种伦理道德的暂停现象为"被搁置的道德"（bracketed morality）。此外，运动队中所创造的"道德气氛"可能对运动员愿意参与攻击的程度起传递信息的作用（Stephen & Bredemeier，1996）。

出于这一考虑，我们应该强调：教练员、家长和全社会对于运动员中道德气氛的建设以及道德分析水平的发展起着重要的作用。

四、修正的挫折—攻击理论

修正的挫折—攻击理论（reformulated/revised frustration-aggression theory）源自多拉德等学者早年提出的挫折—攻击理论（frustration-aggression theory. Dollard，Miller，Doob，Mourer & Sears，1939）。

挫折—攻击理论实质上属于攻击行为的动机理论,它将挫折视为攻击行为的动机(图22-3),即挫折引起攻击。该理论的提出者多拉德1941年(时蓉华,1996)指出:挫折可以激发起多种反应,其中之一就是攻击行为。然而,后人的研究表明,挫折虽往往与攻击有关,但不能认为挫折总是引起攻击和侵犯。挫折只是攻击行为的可能原因,但并不是唯一原因。

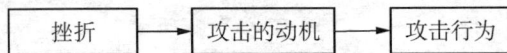

```
┌────────┐      ┌──────────┐      ┌──────────┐
│  挫折  │ ──→ │ 攻击的动机 │ ──→ │ 攻击行为  │
└────────┘      └──────────┘      └──────────┘
```

图22-3 挫折—攻击理论
引自时蓉华,1996,425页

伯克维茨(Berkowitz,1958,1993)提出的修正的挫折—攻击理论是对多拉德早期理论的修改和完善。该理论认为挫折未必直接导致攻击,它只是通过提高人的唤醒水平或增加人的愤怒情绪,提供了"攻击的准备"(readiness for aggression)。攻击行为的实际发生,必须有某些与攻击相联系的刺激因素。这些刺激因素是受挫折的人产生攻击行为的线索,它是后天习得的。例如,斗牛士手中挥舞的红旗,对于被激怒和受挫折的公牛就是一个刺激的线索。个体在受到挫折时,某些刺激(线索)可以成为其产生攻击倾向的"触发装置"。只有当刺激线索显示在该情境下攻击是适当的情况下,挫折才会诱发攻击行为(Anderson,Deuser & DeNeve,1995;Baron & Richardson,1994)(图22-4)。

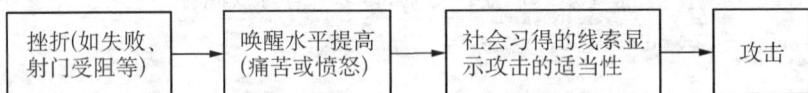

```
┌────────────┐   ┌────────────┐   ┌────────────┐   ┌──────┐
│挫折(如失败、│──→│唤醒水平提高 │──→│社会习得的线索│──→│ 攻击 │
│射门受阻等) │   │(痛苦或愤怒)│   │示攻击的适当性│   │      │
└────────────┘   └────────────┘   └────────────┘   └──────┘
```

图22-4 修正的挫折—攻击理论
引自 Weinberg & Gould,1999,p.482

与挫折相联系的消极情绪,是刺激攻击行为倾向的基本原因。愤怒情绪是敌意性攻击行为的根源,而抑郁也是引发攻击行为的消极情绪。虽然,攻击行为倾向的发展过程十分复杂,但可以肯定的是,来自父母、同伴和其他攻击者的影响是极其重要的因素。诱因式的奖赏和运动员对攻击行为的自我满意感,也促成运动员将自己变成攻击者(图22-5)。

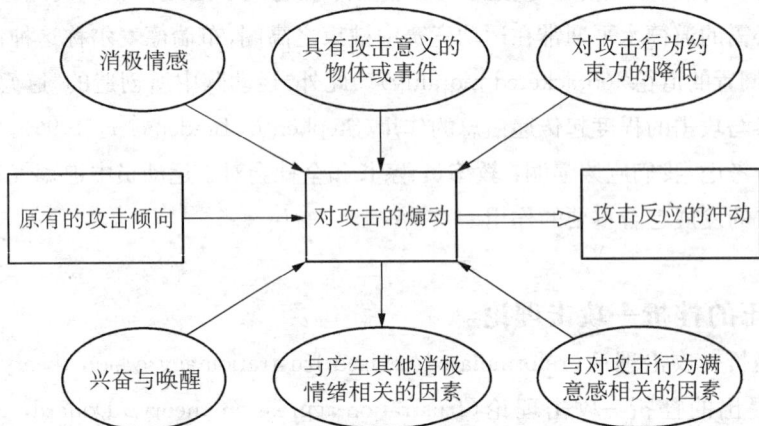

图22-5 攻击行为的诱发因素
引自 Cox,2000,p.311

这一理论虽然是挫折—攻击理论的改进版,但两者之间还是有本质的不同:多拉德的理论倾向于挫折是直接产生攻击的动机、攻击行为;伯克维茨则主张攻击行为是人在挫折情境下,受到多种刺激的诱发后产生的。修正的挫折—攻击理论的最大优点是结合了挫折—攻击理论与社会学习理论的精华,并注意到了人与环境的交互作用,是目前最受欢迎的攻击理论之一(Weinberg & Gould,1999)。

这一理论提示我们:要减少竞技运动中的攻击性,应从减少挫折情境下的诱发因素着手。教练员应该及时发现导致攻击行为的情境,如果运动员屡受挫折并产生愤怒情绪时,教练员应将此队员带离赛场,让他平静下来。

第三节　运动活动与攻击行为

研究攻击行为的理论固然重要,但运动心理学家还迫切需要回答和解决一些运动实践中关于攻击的具体问题。这些问题是:哪些观众容易产生攻击行为? 攻击行为有助于获胜吗? 运动场上何时可能产生攻击? 怎样减少攻击行为? 下面分别加以讨论。

一、观众的攻击行为

体育运动中的攻击行为不仅发生在运动员和运动队之间,而且还常常发生在看台上。观看比赛的观众不是被动的,他们常常会积极支持自己所喜爱的运动队或运动员。激烈的竞争、民族主义(或地方主义)情绪、酗酒等都有可能导致观众暴力(考克斯,2003)。此外,经济利益的冲突也可能使观众产生攻击和暴力(violence)行为。例如,为不同球队获胜而投注的球迷可能会因另一些球迷持相反观点而大打出手,也可能因自己所支持的球队中某个运动员偶然的低级失误导致自己的预测失败而袭击运动员。这两种攻击行为都是与经济利益相联系的。体育运动有时会怂恿观众的暴力行为。

(一)观赏比赛会降低观众的攻击性吗

传统的观点认为,观赏竞技运动有助于观众的合理宣泄,会降低观众的攻击性水平。然而,一项研究(IsoAhola & Hatfield,1986)表明:一般来说,观赏比赛不会降低观众的攻击性水平。相反,观看某些直接身体接触对抗的项目甚至会提高观众的攻击准备性。

(二)好斗观众的特征

1. 人格与认知特征

拉塞尔等学者(Russell,1995;Russell & Arms,1995)曾对参与暴力的球迷进行了问卷调查。结果发现,被试在调查表上"易怒的人格"和"身体攻击"两项上的得分很高。另外,这些人常常产生一种错觉(false consensus),认为其他观众会在理解和加入他们打架斗殴的狂热气氛中,对他们的争吵和打斗推波助澜。

2. 其他人口统计学特征

对冰球球迷的研究(Cavanaugh & Silva,1980;Arms & Russell,1997;Russell,1999;Russell & Arms,1998;Russell & Mustonen,1998)指出了哪些类型的球迷具有暴力倾向。

研究结果表明,年轻、经济状况差、体态瘦小、有近期参与斗殴的经历并喜欢结伴而行的男性,常常是潜在的暴力分子。特别是在处于拥挤的环境或受到酒精的影响时,他们更易产生攻击行为。在研究过程中,训练有素的研究助手在比赛间歇时随意选取部分球迷进行了短暂的面谈和问卷调查。调查结果显示,假如附近看台上发生冲突,被调查者中有61%的人说他们会旁观;26%的人说他们将设法阻止冲突;7%的人说他们将欢呼雀跃或积极加入;其余的人则说他们会立即离开那个地方。这7%的"闹事者"喜欢看打架,看冰球比赛时希望看到打斗场面,而且行为易冲动。

此外,还有研究(Smith,1983)发现,赛场上的一些小规模的攻击行为(如,运动员之间短暂的打斗,或者因裁判的某一判罚引起的激烈争论等)与之后观众的攻击有关。

根据上述规律,为了减少观众暴力,竞赛的组织管理者除需注意闹事者的特征之外,还应禁止贩卖酒精饮料,努力避免座位拥挤并严格约束教练员和运动员的场上行为。

二、攻击行为与运动表现

运动员的攻击行为与其竞赛表现的关系是一个比较复杂的问题。有些运动员认为自己在比赛中攻击对手是为了"以攻为守",不仅干扰对手的情绪、分散其注意力,而且防止自己因被对手袭击而受伤。橄榄球后卫杰克·塔图姆(Jack Tatum)说如果他在每次攻防时"惩罚"对手,他的队获胜的机会就比较大(Papanek,1977)。也有的教练员把攻击行为作为比赛战术的一部分,让一个技术比较差的队员用攻击行为对付一个技术比较高的对手来使他分心甚至因打架而被罚出场,从而扩大本方的胜面。

有些运动心理学家同意攻击促进运动表现的观点(Widmeyer,1984),其理由是敌意性攻击常常与愤怒的情绪相联系,愤怒的情绪可能增强比赛动机,提高生理唤醒水平,因而促进竞赛表现。

然而,另一些学者不同意攻击促进运动表现的观点(Gill,1986;Silva,1980),其理由是:攻击行为所升高的唤醒水平可能超过运动员的最佳功能区,或使运动员分散注意力,从而影响其场上表现。

造成观点差异的原因之一可能是由于在实践中有时很难明确区分攻击行为和果敢拼搏行为。不过,攻击与运动表现的关系问题或许不是最重要的,因为人们迟早会为自己的攻击行为付出代价,这个代价常常是高昂的(Widmeyer,1984)。即使攻击行为能使运动员或运动队在短时间内获得利益,但这是一个短期利益与长期利益的关系问题。运动员必须认真思考:为了短期利益而付出沉重的代价是否值得。

三、与攻击行为有关的赛场环境因素

比赛场上,运动员何时会产生攻击行为? 美国学者考克斯(Cox,2002)在归纳总结前人研究的基础上提出了以下6大赛场环境因素。

(一)环境的温度

环境温度与攻击行为可能存在线性关系:温度越高,运动员的攻击性强。对棒球投手攻击行为的观察结果支持了这一观点。

（二）对受害者意图的感知

如果运动员主观上感到对手企图伤害他们，他们更倾向于"以牙还牙"，主动采取攻击行动。攻击性强的运动员更倾向于将对手偶然的行为感知为攻击的企图，而有可能忽视对比赛的胜败和竞争的关注。对高中男子篮球运动员攻击行为的研究支持了这一观点。

（三）害怕报复

在某种程度上，担心遭到对手报复的运动员更可能会阻止自己主动采取攻击行动。如果一名篮球队员担心遭到对方的报复性攻击，这名运动员就不大可能用胳膊肘袭击对方的肋骨。然而，这种对对手"具有相同"反击能力的敬重，也有可能很快地发展成公开的攻击和反攻击。

（四）比赛的结构

1. 分数差距

随着比赛分数差距的拉大，（落后方）更具攻击性的惩罚就会发生。当双方比分非常接近或持平时，几乎不会发生攻击行为。在重大比赛中，对攻击行为的处罚非常严厉，以至于队员、教练和球队经理都尽量避免采取过激行为。

2. 主场比赛或客场比赛

主队或客队的攻击行为可能取决于攻击的性质和比赛的项目。足球队在客场比赛时，更具攻击性；而对于冰球队来说，主客队具有同样程度的攻击性。

3. 比赛的结果

与挫折—攻击理论的假设相一致，输球的球队比赢球的球队更具攻击性。

4. 联赛排名

球队排名越靠后，该队球员更易表现攻击行为。排名最前的球队最不易表现攻击行为。

5. 比赛的阶段

通常，随着比赛的进行，攻击行为也陡增。毫无疑问，在比赛的第一个阶段时，所发生的攻击行为最少，这个发现与比分差异有关。

（五）竞争、相互熟悉和比赛次数

职业冰球赛中，在地区内各冰球队之间的比赛中，运动员发生较多的攻击行为；而在地区之间各冰球队之间的比赛中，运动员的攻击行为相对少。参加地区内比赛的球队由于地理位置近和较为频繁的比赛，相互较为熟悉，因此竞争激烈。相反，在地区之间的比赛中，由于各队来自不同的地区，加上相互之间比赛次数不多，各队队员相互不熟悉，因此，队员不太紧张，竞争不很激烈。随着比赛次数增多，各队队员相互逐渐熟知，竞争将愈来愈激烈，队员也愈更多地表现出攻击行为。

（六）目标定向

自我目标定向（看重社会比较和获胜）的运动员，更倾向于认为比赛中的攻击行为是合理的，是比赛的一个组成部分。随着运动员自我定向的增长，他们对规则的遵守和对体育官员的尊重却在逐渐减少。与此相反，高度的任务目标定向与良好的运动员风度密切相关。

四、减少运动中攻击行为的策略

国际运动心理学会(Tenenbaum，Steward，Singer & Duda，1997)指出，减少运动员的攻击和暴力行为，是运动员、教练员、裁判员、竞赛管理者以及大众媒体的共同责任；一些心理学工作者的研究(Brunelle，Janelle & Tennant，1999；Miller，1993)表明，通过愤怒意识训练和角色扮演训练，或者通过同辈领导者仲裁的方法，进行以非暴力方式解决冲突的训练，可以有效调整有攻击先兆的运动员的愤怒感受和愤怒情绪，从而有助于减少运动中的攻击行为。美国学者考克斯(Cox，2002)以上述原理为依据，提出了以下一些减少运动员和观众攻击与暴力行为的建议。

(一) 减少运动员的攻击与暴力行为

(1) 应该给年轻的运动员树立非攻击性但十分有效的果敢行为的榜样。

(2) 参与攻击的运动员必须受到严厉的惩罚。

(3) 参与攻击的运动员所受到的惩罚必须超过他从攻击中获得的好处。假如两者是平衡的，运动员就会以为攻击与暴力行为不会付出代价。

(4) 对于参与攻击甚至听任运动员参与攻击的教练员，应该解雇，或者审查、暂停其执教资格。

(5) 应该消除赛场上可能出现的引起敌意性攻击的外在刺激。比如，一名极度狂热的观众哗众取宠地展示刺激性标识，就有可能导致攻击行为。

(6) 应鼓励教练员和裁判员参加如何处理和应对运动员攻击行为的训练班。

(7) 除了处罚有攻击行为的运动员之外，对于在火药味浓重的比赛中表现出克制和耐心的运动员应该予以奖励。

(8) 在实践中应使用专门约束攻击行为的策略和技巧。

(9) 教练员和领队应在比赛之前鼓励各个队运动员之间的相互交往。

(二) 减少观众的攻击和暴力行为

(1) 密切监视潜在的闹事者。有暴力和斗殴前科的观众应拒绝其入场观看比赛。

(2) 竞赛中应限制含酒精饮料的销售和饮用。

(3) 竞技赛事应当作为家庭事务来宣传和提倡。最好的方法是营造一个家庭式的环境，并对友好参与者提供经济报偿。

(4) 新闻媒体不应美化攻击行为，也不应挑起两队队员和观众间的摩擦或厌恶感，这样可以使观众更有责任心。

(5) 与运动员和教练员一样，观众的攻击行为必须从快从重予以惩罚。

本章提要

1. 攻击是指有意识地使他人身体和心理受到伤害的行为。极端的、严重的攻击行为就是暴力。体育运动中任何形式的攻击行为都是违背体育道德的行为，它不仅危害社会，也阻碍运动项目本身的发展。

2. 根据吉尔的判别标准，攻击行为具有 4 个特征：即，它是外显行为，是伤害性行为，指向一个有生命的客体,并且是故意的。虽然理论上,攻击的判别标准是清晰的,但在实践中,有时却难以准确判断某个具体的行为是否为攻击行为。因为,尽管是否造成了对他人的伤害有客观的标准,伤害者是否具有明显的伤害意图却难以判断。

3. 与攻击行为相区别,果敢行为是指运动员为赢得胜利而不顾受伤或伤人的危险,用合理行动奋勇拼搏的行为。

4. 根据攻击者采取攻击行为时目的的不同,常常将攻击分为两类:一类是敌意性攻击;另一类是工具性攻击。前者以伤害对手为直接目的,后者是为了获取某种利益而伤害他人。

5. 为了理解攻击的实质和攻击产生的原因,心理学家提出了4种攻击理论。本能论认为攻击行为是先天的本能,比赛中袭击对手的行为使运动员合理地宣泄了被压抑的攻击本能;社会学习理论认为,攻击行为是通过观察他人的行为,然后在个体出现类似行为时受到强化而学习获得的;道德分析理论认为个体愿意参与攻击的程度与其自身所处的道德分析的阶段有关;修正的挫折—攻击理论认为挫折通过提高人的唤醒水平或增加人的愤怒情绪,提供了"攻击的准备",攻击行为的实际发生,必须有某些刺激因素作为攻击行为的线索,这些线索诱发攻击行为。

6. 多数运动员的父母和教练不会容忍主动攻击他人的行为,但认可"以牙还牙"的攻击行为。

7. 拉塞尔等学者的研究表明,具有暴力倾向的冰球迷人格特质中的攻击性水平较高;他们多是经济状况差、体态瘦小、有近期参与斗殴的经历并喜欢结伴而行的男性;在拥挤的环境或受到酒精的影响时,他们更易产生攻击行为;他们常常错误地以为其他观众会理解和加入他们打架斗殴的狂热气氛中,对他们的争吵和打斗推波助澜。

8. 攻击行为通过增加愤怒情绪和提高生理唤醒影响运动表现。它可能增强,也可能破坏运动表现。这个问题或许并不重要,更为重要的是运动员必须考虑以攻击他人却受到惩罚的代价获取比赛利益是否值得。

9. 考克斯提出了诱发攻击行为的6大赛场环境因素。这些因素是:环境的温度,对受害者意图的感知,害怕报复,比赛的结构,竞争、相互熟悉和比赛次数,以及目标定向等。

10. 考克斯分别提出了减少运动员和观众攻击与暴力行为的行动策略。

关键术语

攻击,暴力,果敢行为,敌意性攻击,工具性攻击,本能论,社会学习理论,道德分析理论,修正的挫折—攻击理论

复习思考题

1. 什么是攻击与暴力? 举例说明什么是敌意性攻击、工具性攻击和果敢行为。

2. 试分析攻击行为的危害。

3. 攻击行为的本能论和社会学习理论有何本质不同?

4. 为什么修正的挫折—攻击理论被认为是目前学者们普遍认同的攻击理论？

5. 就自己所喜爱的运动项目,分析在什么情境下运动员或观众易产生攻击行为。假如你是教练员,应怎样减少运动员和观众的攻击行为？

推荐参考读物

1. 张力为(1998)：第十四章体育运动中的社会心理学问题,第四节体育运动中的攻击性行为。见马启伟、张力为(1998)：体育运动心理学,499—512页。杭州市：浙江教育出版社。该节简明扼要地讨论了体育运动中攻击行为的概念、种类、原因及预防问题。其中对攻击行为的测量方法以及实验研究介绍得较为具体,利于读者日后的研究应用。

2. Weinberg, R. S. & Gould, D. (1999). Chapter 23. Aggression in sport. In R. S. Weinberg & D. Gould (Eds.), Foundations of Sport and Exercise Psychology (2nd ed., pp. 475—488). Champaign, IL: Human Kinetics. 该章详细阐述了运动中的攻击问题,分析讨论了攻击的概念、种类、原因及预防问题。其特点是,注重理论联系实际并简明扼要,对攻击理论的分析概括性较强,案例介绍生动并突出实用性。

名 词 解 释

艾森克人格问卷（Eysenck Personality Questionnaire，EPQ）：英国心理学家艾森克在卡特尔的
研究基础上，根据因素分析结果研制出的人格问卷。该问卷将人格简化为内外向、神经质
和精神质。（第七章）

安慰剂效应（placebo effect）：使用兴奋剂的原因之一。指由于错误认识而产生的对兴奋剂的
心理依赖。（第十六章）

暗示调节（self-suggestion intervention）：通过言语暗示控制情绪和行为的方法。（第十四章）

暗示训练（self-suggestion training）：利用言语等刺激物对人的心理施加影响，并进而控制行为
的过程。（第十三章）

包裹变量（packed variable）：可分解为更小的或更基本的心理学概念的特征。（第二十一章）

暴力（violence）：极端的、严重的攻击行为。（第二十二章）

悲伤反应过程（grief response process）：运动员或锻炼者严重受伤后情绪反应的变化过程，包
括5个阶段：多数人开始时否认，后经愤怒、讨价还价和抑郁阶段，最终达到接受现实与
改变行为的积极情绪状态。（第十五章）

本能论（instinct theory）：弗洛伊德于20世纪30年代提出的解释人类攻击行为本质和原因的
理论。该理论认为攻击行为是人类先天所具有的先天本能，比赛场上的暴力行为是这种
本能的合理宣泄。（第二十二章）

比赛方案（competition plan）：教练员和运动员根据比赛目标而为比赛进程制定的详细计划。
（第十四章）

比赛心理定向（mental set in competition）：运动员赛前和赛中的注意焦点。（第十一章）

闭锁技能（closed skill）：执行过程中主要根据变化不大的场地、器材情况特别是人的本体感受
器所介入的反馈来进行调节，很少根据竞赛对手的情况进行直接、迅速和反复的调节的
运动技能，如跳水、体操、游泳、跑步、篮球的罚球等。（第十二章）

表面特质（surface trait）：彼此关联的、可以通过观察得到的行为或特征的集合。（第七章）

表情调节（expression intervention）：通过有意识地改变自己的面部和姿态的表情以控制情绪
的方法。（第十四章）

表现增强性药物（performance enhancing drugs）：可能提高运动成绩或增强运动表现的禁用物
质或方法。（第十六章）

表象调节（imagery intervention）：通过表象控制情绪和行为的方法。（第十四章）

表象训练（imagery training）：在暗示语的指导下，在头脑中反复想象某种运动动作或运动情

境,从而提高运动技能和情绪控制能力的过程。(第十三章)

冰山图像(iceberg profile):在活力维度上表现为高分,在紧张、抑郁、气愤、疲劳和困惑 5 个维度上表现为低分的运动员心境状态剖面图,是优秀运动员的情绪特征,因图形像冰山,故名。(第七章)

部分练习法(part learning method):把比较复杂的技能分解成若干局部动作,先分别掌握这些局部动作,在有一定基础时,再把局部动作联合起来练习。这种练习方法叫做部分练习法。(第十二章)

操作成绩(performance):完成特定任务的绩效水平。(第四章)

操作思维(operational thinking):反映肌肉动作和操作对象的相互关系及其规律的思维活动,有形象思维和抽象逻辑思维的成分参与,有过去的知识经验作为中介,有明确的自我意识的作用。(第十章)

长期身体锻炼(chronic exercise):每天进行或者定期进行,一般持续 10—12 个月的锻炼活动。(第十八章)

超人情结(superman complex):使用兴奋剂的原因之一。指为了保持体格健壮、运动能力突出的自我形象而不惜代价,甚至产生强迫观念或强迫行为的心理倾向。(第十六章)

成功定向的运动员(success oriented athlete):归因时具有更多积极特征的运动员。(第二章)

成员互补(mutual complement of group members):团体成员在完成任务过程中的互相取长补短。(第十九章)

触压觉(tactile sensation):由非均匀分布的压力(压力梯度)在皮肤上引起的感觉,分为触觉和压觉两种。外界刺激接触皮肤表面,使皮肤轻微变形,引起的感觉叫触觉;使皮肤明显变形,引起的感觉叫压觉。(第八章)

创造力(creativity):立异、改造和发明的能力,是智力、年龄、创造动机、创造方法和相关知识的函数。(第十章)

创造思维(creative thinking):独特的、新颖的、解决问题的思维,即在大量已知信息的基础上,产生不同方向和范围的、不因循守旧的、变化的、独特的新产品的思维,主要内容是发散思维。(第十章)

大五人格(Big Five personality):诺曼等一批心理学家在卡特尔的研究基础上,通过各自的研究,得出大致相同的 5 种人格特征,即神经质、外向性、开放性、随和性和意识性,因其相应的 5 个英文词首字母为 OCEAN,因此,也被称为人格的海洋。(第七章)

单一认同的发展和外部控制模型(unidimensional idenrity development and external control model):柯克利于 1992 年提出的解释青少年运动员产生心理耗竭的社会原因的理论模型。该模型认为,心理耗竭的产生有两个社会原因:一是运动员发展体育运动以外的才能的愿望无法实现;二是运动员感到自己在生活中的选择权几乎都被训练和竞赛所控制。这两个原因很可能导致他们心理耗竭,最终退出运动场。(第十五章)

当前定向(present-orientation):比赛时将注意的方向定位在当前任务而不是过去的结局和将来的结果的认识倾向。(第十四章)

倒 U 形假说(inverted U hypothesis)：关于唤醒水平与操作成绩关系的学说。该学说认为，个体处于较低的唤醒水平时，工作效率较低；处于中等唤醒水平时，工作效率最高；处于较高唤醒水平时，工作效率下降。该学说还认为，对于需要精细肌肉协调性的复杂运动任务而言，最适宜的唤醒水平可能较低一些。（第四章）

道德分析理论(theory of moral reasoning)：布瑞德麦尔于1994年提出的解释人类攻击行为原因的理论。该理论以皮亚杰的认知发展理论为基础，认为个体愿意参与攻击的程度与其自身所处的道德分析的阶段有关。体育运动中的攻击行为会延缓运动员的道德发展。（第二十二章）

敌意性攻击(hostile aggression)：以伤害对手为直接目的的攻击行为。其主要目的是使受害者饱受痛苦和折磨，伤害者此时常常伴有愤怒的情绪。（第二十二章）

第一评价(primary appraisal)：对应激刺激威胁性质的最初评判。（第三章）

第二评价(secondary appraisal)：继第一评价之后产生的、对可资利用的应对资源和可以采取的应对行动的评判。（第三章）

动机(motivation)：推动一个人进行活动的心理动因或内部动力，对人的行为具有始发作用、指向作用和强化作用。（第二章）

动觉(kinesthesis)：也称运动觉或本体感觉，它负责将身体运动的信息传入大脑，使个体对身体各部位的位置和运动有所觉知。动觉由肌觉、腱觉、关节觉和平衡觉4者结合而成。（第八章）

动觉表象(kinestheia imagery)：动觉感受器感知过的肌肉动作重现在脑中的动作形象。（第九章）

动力定型(dynamic stereotype)：在反复练习的过程中，大脑皮层经常受到按一定顺序出现的刺激物的作用，进而形成的某种与之相适应的暂时联系系统。（第十二章）

短期身体活动(acute exercise)：短期的、每次大约30分钟的身体活动。（第十八章）

对应推论说(correspond inferring theory)：由琼斯和戴维斯提出，是一种利用可观察到的行为判断被观察者潜在特质、信念和态度的理论。当人们认为一个人的行为与其特有的内在属性相一致时，就是在进行对应推论，其程序是，人们首先判定行为者的动机，然后由此推断行为者的品性。（第五章）

多维焦虑理论(multidimensional anxiety theory)：由马腾斯等人提出，该理论将竞赛焦虑分为认知状态焦虑、躯体状态焦虑和状态自信，并预测，认知状态焦虑与操作成绩呈正线性关系，状态自信与操作成绩呈负线性关系，躯体状态焦虑与操作成绩呈倒U形关系。（第四章）

放任式领导(laissez-faire leadership)：将权力定位在团体成员、具有无为而治、放任自流特点的领导作风。（第二十章）

放松训练(relaxation training)：以暗示语集中注意，调节呼吸，使肌肉得到充分放松，从而调节中枢神经系统兴奋性的过程。（第十三章）

分布练习(distributed practice)：在练习期间插入休息，再继续练习的方式。（第十二章）

分立技能（discrete skill）：组织方式上具有明确的开始和结束的动作技能，通常持续时间非常短暂，如投掷、踢球和排球中的扣球等。（第九章）

丰富性动机（abundancy motivation）：以体验乐趣、获得满足、达到理解、寻找新奇、有所发现、有所创造和有所成就等欲望为特征的动机。它包括满足和刺激的一般目的，趋向张力的增强。（第二章）

符号学习理论（symbol learning theory）：解释表象训练作用的理论，认为表象训练之所以有助于提高运动技能，是因为人在进行运动表象时对某任务各动作序列进行了符号练习。在练习中，可以排除错误动作，熟悉动作的时间、空间特征，预见到动作的结果。（第十三章）

负迁移（negative transfer）：已经形成的技能对新技能的形成发生消极影响，也称技能的干扰（interference）。（第十二章）

概括化理论（generalization theory）：一种解释迁移现象的理论，认为一般的教育具有迁移作用，强调过去的活动或经历所建立的神经通路会无意识地影响当前的活动。（第十二章）

高峰体验（peak experience）：人在某项活动中所产生的强烈的情感状态如：喜悦（bliss）、兴高采烈（ecstasy）、极大的乐趣（great joy）以及精神启迪（illumination）。这一经历可产生一种强烈的自我意识和冲破外部阻力的自由感，可以理解为"极度欢乐的时刻"。（第十八章）

高原现象（plateau phenomenon）：练习的进步出现暂时停顿，经过一段时间又继续进步的现象。（第十二章）

格式塔理论（Gestalt theory）：属心理学的重要流派，主张任何心理现象都是有组织的、不可分的整体。心理上的整体经验得之于整体知觉，而整体知觉并非由分散的部分知觉之和构成。在迁移问题上，该理论认为，如果在两种学习情境中发现了一种动态模式或关系，就可发生迁移。（第十二章）

个人成就动机（individual achievement motivation）：展示能力和自我价值，追求社会舆论积极评价的动机。这里是使用兴奋剂的原因之一。（第十六章）

个人最佳功能区理论（individual zone of optimal function theory）：由汉宁提出，该理论认为，每个运动员有自己独特的理想机能区段。焦虑水平处于这一区段内时，可获得最佳操作成绩。（第四章）

根源特质（source trait）：决定表面特质、支配个人一贯行为、作为行为或特征根源的基本人格因素。（第七章）

工具性攻击（instrumental aggression）：为实现某些外在目的（如，胜利、金钱等）而故意伤害他人的行为。攻击者此时未必具有愤怒情绪，而且伤害他人的行为可能并未超出竞赛规则的限制。（第二十二章）

工作取向（task orientation）：以完成工作任务和达到工作目标为重的领导作风。（第二十章）

攻击（aggression）：以敌意的行动伤害别人或破坏物体的一切行为。攻击分为两类：一类是敌对性攻击（hostile aggression），这类攻击有固定对象，攻击的目的在于使对方遭受肉体或精神上的痛苦；另一类是工具性攻击（instrument aggression），这类攻击目的不在于侵害受攻击者，而是借攻击而获得预谋的利益。（第二十一、二十二章）

共同要素说（common factor theory）：一种解释迁移现象的理论，认为只有一项任务与另一项任务所含成分具有共同要素时才会发生迁移，这种成分一般包括相似刺激或相同反应。这种相同不是模式或意义上的相同，而是各个独立的刺激与反应在形式上的相同。（第十二章）

观众效应（audience effect）：有他人在场时，操作成绩产生的变化。（第二十一章）

广阔内部注意（broad-internal attention）：范围广阔并指向内部信息的注意。（第十一章）

广阔外部注意（broad-external attention）：范围广阔并指向外部环境的注意。（第十一章）

归因（attribution）：对他人或自己的行为进行分析，判断和指出其性质或推论其原因的过程。（第五章）

归因模型（attribution model）：由维纳等人提出，将人们对成功与失败的解释归纳为 4 个方面，即能力高低、任务难易、努力大小和幸运与否。这 4 个方面构成了两个维度：内外控和稳定性。（第五章）

归属的需要（need for affiliation）：从属于一个集体的愿望。（第二章）

归属感（perception of affiliation）：团体成员在情绪上融入团体，作为团体一员所具有的"我们"和"我们的"这种心理感受。（第十九章）

果敢行为（assertive behavior/assertiveness）：也称拼搏行为，指运动员为赢得胜利而不顾受伤或伤人的危险，用合理行动奋勇拼搏的行为。（第二十二章）

过程定向（process-orientation）：比赛时将注意的方向定位在比赛过程要素而不是比赛最终结果的认识倾向。（第十四章）

过度训练（overtraining）：指运动员在一个短训练周期内（通常从几天到几周），运动负荷接近或等于其个人所能承受的最大身体负荷的训练方式。在这种情形下，运动员承受过重的身体负担而不得休息。也指由于持续大量或大强度的训练，使身体不得休息从而无法适应训练负荷时产生的一种心理生理状态。训练过度的人常常表现出：①总是感到疲倦但却睡不好觉；②不仅没有训练效果，而且成绩和表现还可能下降；③总是感到肌肉和关节的疼痛；④没有胃口；⑤没有或者缺乏训练动机；⑥总感到训练负担重等。（第十五章）

合理行动理论（the theory of reasoned action，TRA）：费希本和艾赞 1975 年提出的态度与自主行为关系的理论。该理论认为，预测人们是否将采取某种行动，最好的办法是了解其意向；影响意向的因素有二：一是对该行为的态度，二是主观规范即头脑中存在的某些行为准则，或者是自己对履行该行为所感知到的社会压力。（第十六章）

呼吸调节（respiration intervention）：通过调节呼吸的频率、深度和方式以控制情绪的方法。（第十四章）

唤醒（arousal）：有机体总的生理性激活的不同状态或不同程度。（第三、四章）

活动调节（activity intervention）：通过调节身体活动方式以控制情绪的方法。（第十四章）

积极强化（positive reinforcement）：通过出现特定行为就给予奖励以塑造特定行为的过程。（第二章）

基本归因偏差（fundamental attribution error）：观察者的一种归因倾向，他们往往把行为者本

身看做是其行为的原因，而忽视外在因素可能产生的影响。（第五章）

激化调节（sharpening intervention）：通过刺激和唤醒自尊意识控制情绪和行为的方法。（第十四章）

激励（motivate）：通过领导者的影响力和所制定的各种制度和奖惩条例，为提高被领导者的动机水平、充分发挥其积极性与创造性所进行的活动。（第二十章）

集中练习（massed practice）：学习一种技能时，在一段时间内很少有间歇地反复进行练习，这种练习方式称为集中练习。（第十二章）

计划行为理论（the theory of planned behavior，TPB）：艾赞 1985 年提出的解释态度与自主行为关系的理论。该理论认为，人的行为取决于行为意向；行为意向是由个人对行为的态度、主观规范和个人所体验到的主观控制感共同决定的；主观控制感不仅决定行为意向，而且对行为的产生也有一定的预测作用。（第十七章）

技能（skill）：人们在活动中运用知识经验经过练习而获得的完成某种任务的动作方式或心智活动方式。（第十二章）

技巧（acrobatic skill）：技能的高级阶段，主要标志是动作的完成达到自动化水平，人对动作的各组成成分以及时间、空间、力量特点等产生了清晰的运动知觉和动作表象。（第十二章）

间接动机（indirect motive）：以间接兴趣为基础，指向活动的结果的动机。（第二章）

健康信念模型（health belief model，HBM）：贝克和麦曼 1975 年提出的解释锻炼行为原因的理论。该理论认为，人是否产生预防性的健康行为（如参加身体锻炼），取决于其对自身潜在疾病的严重性的知觉，及其对采取行动的代价与所获利益的评估。如果一个人觉得自己的潜在疾病十分严重，自己处在危险之中时，他就可能产生健身行为。（第十七章）

健康幸福感（psychological well-being）：心理自我良好感。它是心理健康的重要标志之一，主要成分是兴奋、自信和自尊的情绪和态度体验。（第十八章）

渐进放松（progressive relaxation）：通过暗示语使身体各部位先紧张再放松，最后达到全身放松的方法，强调肌肉不同程度的紧张和放松的准确体验。（第十三章）

交互作用模式（interactional model）：强调环境、人格、运动行为三者之间交互作用的人格研究取向。（第七章）

焦虑（anxiety）：由于不能克服障碍或不能达到目标，而体验到身体和心理的平衡状态受到威胁，形成的一种紧张、担忧并带有恐惧的情绪状态。焦虑状态含三种主要成分，分别为生理唤醒、情绪体验以及威胁、不确定性和担忧的认知表征。（第三章）

焦虑方向理论（anxiety direction theory）：由琼斯和斯万提出，该理论认为，运动员竞赛焦虑体验的强度不是最好的运动成绩相关变量，相比之下，竞赛焦虑体验的频率和方向（积极性或消极性的解释）对于运动成绩具有更好的预测作用。（第四章）

角色定位（role positioning）：运动员比赛前和比赛中对自己、队友、对手之间关系的认识倾向。（第十四章）

警戒（vigilance）：在相对较长的时限内，在一定环境中觉察特定的、不能预期出现的事件的准备状态。（第十一章）

警觉(alertness)：在相对较短的时限内，在一定环境中觉察特定的、不能预期出现的事件的准备状态。（第十一章）

竞赛焦虑(competition anxiety)：对当前的或预计到的具有潜在威胁的竞赛情境产生的担忧，它包含情绪体验、认知表征和生理变化三种成分。（第三章）

决策(decision making)：进行选择的过程。（第十章）

卡特尔16种人格因素问卷(Cattell 16 Personality Factor Questionnaire，16PF)：卡特尔根据表面特质和根源特质的人格理论，通过自然语言分析技术和因素分析技术研制的人格问卷。该问卷将人格分为16种根源特质，即乐群性、聪慧性、稳定性、恃强性、兴奋性、有恒性、敢为性、敏感性、怀疑性、幻想性、世故性、忧虑性、实验性、独立性、自律性、紧张性。（第七章）

开放技能(open skill)：执行过程中主要根据迅速多变的环境因素特别是对手或同伴的情况来进行调节的运动技能，如拳击、足球、篮球、排球、网球等项目所运用的技能。（第十二章）

可控性(controllability)：对原因是否可控或在多大程度上可控的认识。（第五章）

空间能力(spatial ability)：知觉空间关系和表象物体位置变化的能力。（第六章）

空间知觉(space perception)：对物体空间特性的反映，包括形状知觉、大小知觉、深度与距离知觉、立体知觉、方位知觉与空间定向等。（第八章）

控制点(locus of control)：认为某些内部或外部因素在控制着自己的行为和生活的信念。（第五章）

控制功能(controlling function)：一个事件产生的降低自我决策感的消极影响。（第二章）

控制性事件(controlling event)：控制功能大于信息功能的事件。这种事件会加强外部动机。（第二章）

力量感(perception of strength)：团体成员依靠团体、得到支持、完成任务的信心方面的心理感受。（第十九章）

连续技能(continuous skill)：组织方式上没有明确的开始和结束的动作技能，通常指那些具有重复或韵律性质，持续若干分钟以上的动作技能，如跑步、游泳、竞走、滑冰和骑自行车等。（第九章）

练习(trial)：以掌握一定的动作或活动方式为目标的反复的操作过程。（第十二章）

练习曲线（或学习曲线，learning curve)：表示技能形成过程中练习次数和练习成绩关系的曲线。（第十二章）

领导(leadership)：指引、影响或控制个人或组织，以实现某种目标的行动过程。（第二十章）

领导方格(leadership grid)：将人情取向作为纵坐标、工作取向作为横坐标所形成的教练员领导方式系统。（第二十章）

领导方式(leadership style)：领导者在领导行为动态变化过程中表现出来的影响被领导者的风格。（第十九章）

流畅体验(flow)：一种理想的内部体验状态。在这种状态中，人忘我地全身心投入所从事的活动之中，从活动过程本身体验到乐趣和享受，并产生对动作过程的控制感。流畅体验的

名词解释

核心元素是享受（enjoyment）。（第十八章）

民主式领导（democratic leadership）：将权力定位于团体,具有相互尊重、博采众长特点的领导作风。（第二十章）

模拟训练（simulation training）：针对比赛中可能出现的情况或问题进行模拟实战的反复练习的过程,目的是适应各种比赛条件,保证技术战术在变化的情境中也能得到正常发挥。（第十三章）

目标定向理论（goal orientation theory）：探讨哪些心理和行为因素会影响人的主观能力,这种主观能力又如何影响人的后继行为及其效率的理论。该理论认为,指向活动本身并以自身进步为参照的任务定向可以激发对任务的直接兴趣,而指向将自己同他人进行能力比较的自我定向则会导致内部动机的下降。（第二章）

目标设置（goal setting）：对动机性活动将要到达的最后结果进行的规划。（第十三章）

目标设置训练（goal setting training）：根据有效推动行为的原则设置合理目标的过程。（第十三章）

目标整合（goal integration）：团体目标与个体目标之间的一致。（第十九章）

目的（goal）：人们通过活动所要达到的结果。（第二章）

内部表象（internal imagery）：以内心体验的形式,表象自己正在做各种动作。其实质是动觉表象或肌肉运动表象。（第九章）

内部动机（intrinsic motivation）：以生物性需要为基础、来源于主观内部原因的动机称为内部动机。（第二章）

内部竞争（inside competition）：团体成员间的互相争胜。（第十九章）

内化方法（internalization method）：通过启发信念和价值观来激发内部动机的方法。（第二章）

内控者（internals）：倾向于将人生中各种事件看做是自己个人行为的结果的人。（第五章）

内驱力理论（drive theory）：由赫尔提出,该理论推测,操作成绩（P）是内驱力状态（D）与习惯强度（H）的乘积,即 $P = D \times H$。内驱力的增强（唤醒升高）将使优势反应出现的可能性增大。如果优势反应是正确的,唤醒水平的增高会引起操作成绩的提高。如果优势反应是错误的,唤醒水平的增高将引起操作成绩的下降。（第四章）

内外控（internal/external orientation）：对行为结果（成功与失败）由内因引起还是由外因引起的认识。（第五章）

念动（ideo-motion）：即意念诱发运动,指启动动作表象后,引起大脑皮层运动中枢兴奋,进而引起微细的肌肉运动。（第十三章）

跑步者高潮（the runner's high）：也称"身体锻炼快感",是运动或锻炼中尖峰时刻特别是高峰体验的一个特例。它是指在跑步（或其他锻炼活动）中出现一过性高潮：一种欣快感,通常是不可预料地突然出现。此时,锻炼者健康幸福感高涨,对大自然的欣赏大增,而且有强烈的时空障碍超越感。（第十八章）

疲惫（stalensess）：一种由于过度训练引起的生理状态,表现为竞技准备状态的恶化,而且无法通过短期内减少训练量加以改善。此外,疲惫还伴有困倦、淡漠、烦躁、疲劳、焦虑、困惑、

睡眠障碍以及抑郁等症状。也可以指身体首次不能适应训练应激而产生的反应。（第十五章）

平衡觉（sense of equilibrium）：人体做加速度或减速度的直线运动或旋转运动时，通过内耳的前庭器官引起的感觉。（第八章）

气味调节（odor intervention）：通过气味控制情绪的方法。（第十四章）

迁移（transfer）：广义来说，指已经形成的技能对新技能的形成过程所产生的积极影响或消极影响。狭义来说，指已经形成的技能对新技能的形成过程产生的积极影响。（第十二章）

前摄干扰（proactive interference）：先学习的材料对记忆后学习的材料所发生的干扰作用。（第九章）

强化（reinforcement）：出现可接受的行为时，或者给予奖励，或者撤除消极刺激的过程。（第二章）

强制影响力（power influence）：也叫权力影响力，是通过行政组织任命教练员这一职务并使他/她因此获得团队地位和权力而形成的影响力。（第二十章）

情绪定向的应对（emotion focused coping）：对抗应激的一种方法，特点是只设法减轻应激刺激带来的不愉快感受，但并不试图改变应激刺激或者个体与应激刺激的关系。（第三章）

情志转移（interest shift）：通过转移注意控制情绪的方法。（第十四章）

驱力（drive）：驱使有机体进入活动，与身体的生理需要相联系的内部激起状态，是从"身后"对行为的推动。（第二章）

躯体焦虑（somatic anxiety）：焦虑的生理性特征，由自发的唤醒引起，通过心跳加快、呼吸急促、手心出汗、肠胃痉挛以及肌肉紧张表现出来。（第三章）

权变模式（contingency model）：也叫情境模式，是根据具体情况确定领导方式的领导风格。（第二十章）

缺乏性动机（deficiency motivation）：以排除缺乏、制止破坏、避免威胁、逃避危险等需要为特征的动机。它包括生存和安全的一般目的，趋向张力的缩减。（第二章）

群体的接受（group acceptance）：同辈群体对某一个体行为是否具备该群体特征的认同程度。它是使用兴奋剂或娱乐性药物的原因之一。（第十六章）

热身损耗（warming-up decrement）：已经掌握的运动技能在间歇后不能立刻回复到原有表现水平的现象。（第九章）

人格（personality）：个人独特的内在的动力组织及其相应的行为模式。（第七章）

人情取向（socioemotion orientation）：以职工的利益和情感为重的领导作风。（第二十章）

认同方法（identification method）：利用教练员与运动员之间的关系来激发运动动机的方法。（第二章）

认同感（perception of identification）：团体成员对重大事件与原则问题保持共同的认识与评价的心理感受。（第十九章）

认知策略（cognition strategy）：安歇尔 1993 年提出的帮助运动员改变对兴奋剂的错误认识的策略。包括依靠群体的支持、关心运动员、明确界定不可接受的行为、制订队规、传授心理

调节技术、注意运动员的心理状态、让运动员参与队内事务等 7 项措施。（第十六章）

认知焦虑（cognitive anxiety）：焦虑的认知性特征，由对内外刺激的评价引起，是含有担忧和干扰性视觉表象成分的一种不愉快感受。（第三章）

认知决策（cognitive decision making）：类似于一般情境下的决策活动，以逻辑思维为主导，通过概率论或决策策略来进行决策活动。（第十章）

认知评价（cognitive appraisal）：个体对自己与他人之间的关系或自己与环境之间的关系作出的判断。（第三章）

认知评价理论（cognitive evaluation theory）：德西和莱恩提出的关于内部动机与外部动机关系的理论。该理论认为，每一事件均具有两种功能，即与自我决策感相关的控制功能和与能力感相关的信息功能；外部奖励如果能够提高自我决策感和能力感，则会加强内部动机；外部奖励如果降低自我决策感和能力感，则会损害内部动机。（第二章）

认知—情感应激模型（cognitive-affective stress model）：史密斯于 1986 年提出的解释心理耗竭产生原因的理论模型。该模型认为，运动员或锻炼者对训练或竞赛中应激情境的持续消极评估所产生的消极的情绪反应和行为反应，是最终导致心理耗竭的原因。（第十五章）

认知心理学（cognitive psychology）：也叫信息加工心理学（information processing psychology），是用信息加工的术语和观点研究和解释人的认知过程的科学。可将这一认知过程看做是接受、编码、操作、提取和利用知识的过程，包括感知、注意、记忆、表象、思维、言语等。（第十章）

任务定向（task orientation）：强调纵向的自己与自己相比，注重个人努力，以掌握技能、完成任务为目标的心理定向。它有助于内部动机的维持和提高。（第二章）

任务凝聚力（task cohesiveness）：队员团结一致为实现某一特殊的和可识别的目标作出努力的程度。（第十九章）

瑞文标准推理测验（Raven's Standard Progressive Matrices Test）：由瑞文编制，是一种非文字的图形补充测验，由 60 题组成，可个别或团体施测，要求被试从 6 个备选小图形中选择一个小图形，置于给出的一个整体图形中的空缺处，使整体图形变得合理和完整。测验结果以同年龄组的百分等级表示。（第六章）

三维归因理论（three dimension attribution theory）：由凯利提出，认为人们必须在类似情境中作多次观察，根据客观刺激物、行为者和所处情境这三类线索来检验因果关系；作出归因判断时，还要依靠区别性、一致性和一贯性三种资料。（第五章）

社会促进（social facilitation）：最初是指他人在场的情况下，人们完成一些较为简单的、十分熟悉的工作任务时，工作效率提高的现象；现在则指有他人在场的情况下，优势反应得到加强的现象。（第二十一章）

社会凝聚力（social cohesiveness）：团体成员相互欣赏，并愿意成为队中一员的程度。（第十九章）

社会认知理论（social cognitive theory，SCT）：班杜拉 1986 年提出的认知与行为关系的理论。

该理论认为：第一，行为（如锻炼）是由个人因素、行为因素和环境因素三者交互作用决定的；第二，个人因素中包含有认知、情绪和生理三种成分；第三，在个人因素的认知成分中，自我效能感对决定人的行为及实现目标具有极其重要的作用。高自我效能感的人，总体上容易实现自己的目标。（第十七章）

社会性动机（social motivation）：以成就、交往等社会性需要为基础的动机。（第二章）

社会学习理论（social learning theory）：班杜拉于20世纪70年代提出的解释人类攻击行为原因的理论。该理论认为攻击行为是通过观察榜样的行为，然后在个体出现类似行为时受到强化而学习获得的。（第二十二章）

社会支持（social support）：由别人提供的、在社会交流和互相帮助的基础上形成的、应对应激刺激的资源，可使我们体验到被爱、被关心、被尊重和被接受的感觉。（第三章）

身体锻炼（physical exercise/exercise）：也称"体育锻炼"，是以发展身体、增进健康、增强体质、调节精神和丰富文化生活为目的，有计划、有规律的身体活动。（第十七章）

身体活动（physical activity）：能量消耗高于休息时的新陈代谢水平，对体质有积极影响的人类身体运动。（第十七章）

生活事件（life event）：打破日常平衡并对人的应对能力形成明显挑战的事件。（第三章）

生物性动机（biological motivation）：以饥饿、口渴等生物性需要为基础的动机。（第二章）

失败定向的运动员（failure oriented athlete）：归因时具有更多消极特征的运动员。（第二章）

时间知觉（time perception）：对时间长短、快慢、节奏和先后次序关系的反映，揭示客观事物运动和变化的延续性和顺序性。（第八章）

实验性尝试（experimental trial）：为满足好奇心或增加情感体验而作出非理性选择的行为。（第十六章）

使用兴奋剂（doping）：违反体育道德、医学道德甚至法律的行为。其操作定义为：以提高运动成绩而使用某种对运动员健康具有潜在危害的临时性物质或方法；或在运动员体内出现了某种禁用物质；或有证据表明其使用了某种禁用物质或方法。（第十六章）

视觉（vision）：通过眼睛、视传入神经和视觉中枢产生的、对波长约为380—740毫微米之间的电磁辐射产生的感觉。（第八章）

视觉表象（visual imagery）：视觉感受器感知过的客观事物重现在脑中的视觉形象。（第九章）

适应（adaptation）：个体为自身的生存和发展，在生理机能或心理结构上产生改变以便与环境保持平衡的过程。（第十三章）

双因素理论（two-factor theory）：一种解释迁移现象的理论，认为迁移是一般因素（概括化理论）与特殊因素（共同要素说）共同作用的结果，人们不仅可以"学习如何进行学习"，迁移一般的工作方式，还可以通过掌握刺激与反应的模式来学习各项特殊的任务。（第十二章）

双重任务技术（dual-task technique）：研究注意分配的一种实验范式，要求被试在完成一项主任务的同时，必须完成一项次任务（通常为简单反应时任务）。此种条件下测得的简单反应时比正常条件下的简单反应时减慢的程度，可作为主任务占用注意容量或注意资源的

指标：减慢得越多，占用的注意容量或资源就越多。（第十一章）

态度（attitude）：个人对特定对象以一定方式作出反应时所持的评价性的、较稳定的内部心理倾向。它是具有一定的对象性、稳定性、持续性以及价值判断成分和感性色彩的内在心理倾向，包括认知、情绪和行为倾向三种心理成分。（第十六章）

特殊能力（special ability）：在特定情境中完成特殊任务所必需的能力。（第六章）

特质（trait）：个体有别于他人的基本特性，人格的有效组成元素，测定和描述人格时常用的基本单位。（第七章）

特质焦虑（trait anxiety）：一种人格特质，即在各种情境中产生焦虑反应的情绪倾向和行为倾向。（第三章）

听觉（hearing）：通过耳朵、听传入神经和听觉中枢对频率约为 20—20 000 Hz 的声音刺激产生的感觉。（第八章）

同伴压力（peer pressure）：来自同伴或同辈群体的某种行为暗示对个体产生的主观压力感。它是使用兴奋剂或娱乐性药物的原因之一。（第十六章）

投入模型（investment model）：施密特和斯坦恩于 1991 年提出的解释心理耗竭产生原因的理论模型。该模型认为，个体对参与体育运动的投入与产出的评价，可以用来预测心理耗竭。运动员是通过对参与某项运动所获得的回报、所付出的代价、自我满意度、时间与精力的投入以及其他选择的余地等 5 个因素的评价来决定自己对参与体育运动的看法。如果他/她将所参与的运动看做是一种约束，则迟早会产生心理耗竭。（第十五章）

突变模型（catastrophe model）：由哈迪和法基提出的解释生理唤醒、认知焦虑和操作成绩关系的理论。该理论认为，认知焦虑较低时，操作成绩与生理唤醒的关系状似一条柔和的倒 U 形曲线；认知焦虑较高时，生理唤醒提高到一定程度时，操作成绩会呈现突然性的大幅度下降。（第四章）

团体规模（group size）：团体成员的数量。（第十九章）

团体凝聚力（group cohesiveness）：团体成员之间心理结合力的总体，表现在两个方面：一是团体成员对团体所感受到的吸引力，从而自愿参与团体的活动；二是团体对其成员所具有的吸引力，从而把团体成员积极地组织到团体活动中去。（第十九章）

团体稳定性（group stability）：团体成员的变动程度。（第十九章）

外部表象（external imagery）：表象时从旁观者角度看到表象的内容，即自己运动过程中外观上的变化。其实质是视觉表象。（第九章）

外部动机（extrinsic motivation）：以社会性需要为基础、来源于客观外部原因的动机称为外部动机。（第二章）

外界压力（outside pressure）：团体遇到的外来威胁。（第十九章）

外控者（externals）：倾向于将人生中各种事件看做是环境因素影响的结果的人。（第五章）

威胁（threat）：主观上感到的可能产生的危险或可能造成的伤害，这种危险和伤害可能是生理性的，如长期训练造成的腰肌劳损；也可能是心理性的，如比赛失败造成的自尊受伤。（第三章）

韦克斯勒成人智力量表（Wechsler Adult Intelligence Scale，WAIS）：由韦克斯勒编制，为个别施测的测验，内容包括言语和操作两类题目，构成两个分量表。言语分量表又分为常识、理解、算术、相似、记忆、词汇 6 个分测验，共 48 题；操作分量表又包括符号替换、图画完成、图系排列、方块设计、物形配置 5 个分测验，共 44 题。测验结果以离差智商表示，以100 为平均数，15 为标准差。可分别计算言语智商、操作智商和全量表智商，以分析比较被试不同方面的能力。（第六章）

稳定性（stability）：对内因与外因是否稳定的认识。（第五章）

问题定向的应对（problem focused coping）：通过解决问题的直接行动来面对和解决应激刺激带来的问题，以改变应激刺激或个体与应激刺激的关系。（第三章）

问题解决（problem solving）：在没有明显的解决方案的情况下，将给定情境转化为目标情境的认知加工过程。问题解决是有目的的认知活动，而非自动化加工。（第十章）

习得性无助（learned helplessness）：由于无法控制某事件的出现或消除而感到无能为力，是后天形成的。（第五章）

习惯（habit）：完成某种自动化行为的需要，如刷牙、晨操。（第十二章）

习惯强度（habit strength）：完成专门技能任务时正确反应与错误反应的等级序列。（第四章）

狭窄内部注意（narrow-internal attention）：范围狭窄并指向内部信息的注意。（第十一章）

狭窄外部注意（narrow-external attention）：范围狭窄并指向外部环境的注意。（第十一章）

消极迷瘾（negative addiction）：锻炼者因受锻炼行为的控制而产生的对锻炼行为的依赖。表现为：一旦休息就会产生戒断症状；而且因迷恋锻炼活动而拒遵医嘱，或是淡漠了对家庭、社会和工作的责任。（第十八章）

消极强化（negative reinforcement）：通过撤除消极的结果以塑造特定行为的过程。（第二章）

消极训练应激反应模型（negative-training stress response model）：席尔瓦于 1990 年提出的解释心理耗竭产生原因的理论模型。该模型认为，对训练应激的消极反应，是产生心理耗竭的原因。对训练应激的消极适应会导致训练效益的滞后。由于缺乏训练效益，就会出现疲惫、过度训练和心理耗竭。（第十五章）

心理不应期（psychological refractory period）：相继给予两个刺激并对两个刺激分别产生反应时，如果两个刺激间隔时间缩短，第二个反应的时间就延长，这种推迟的时间即为心理不应期。（第十一章）

心理耗竭（身心耗竭/崩溃，burnout）：由于经常不能有效适应训练或比赛应激的要求而产生的一种耗竭性的心理生理反应。其生理表现为：安静与锻炼时心率增高，安静时收缩压增高，肌肉疼痛增加和长期肌肉疲劳，血液中的应激生化指标增高，失眠，呼吸道疾病增加，体重减轻，最大有氧功率下降，肌糖原下降及性欲与消化功能下降；其心理表现为：心境状态紊乱，生理、精神和情绪的疲劳感增加，自尊心下降，人际关系质量的消极变化以及对日常应激的反应延长并消极堆积。（第十五、十八章）

心理技能训练（psychological skill training）：广义来讲，是有目的有计划地对受训者的心理过程和个性心理施加影响的过程。狭义来讲，是采用特殊手段使受训者学会调节和控制自

己的心理状态并进而调节和控制自己行为的过程。（第十三章）

心理健康（mental health）：一种生活适应良好的状态。主要包括正常发育的智力、适当的情绪控制能力、健全的人格、正确的自我意识以及良好的人际关系等。（第十八章）

心理健康模式（mental health model）：由摩根等人提出，认为运动员的成功与积极的心理健康状况呈正比关系，与心理病理状况呈反比关系的理论。该理论预测，具有神经质、焦虑、抑郁、内向、困惑、疲劳等特征的运动员比没有上述心理特征的运动员成绩差。（第七章）

心理神经肌肉理论（mental-neuro-muscle theory）：解释表象训练作用的理论，认为由于在大脑运动中枢和骨骼肌之间存在双向神经联系，因此，可以通过想象运动动作而引起有关的运动中枢兴奋，这一中枢兴奋又会引起难以觉察的肌肉运动动作。此一神经—肌肉运动模式与实际做动作时的神经—肌肉运动模式相似，使得通过表象训练改善运动技能成为可能。（第十三章）

心理相容（interpersonal harmony）：团体成员与成员、成员和团体、领导者和下属、领导者和领导者之间的相互吸引，和睦相处，相互尊重，相互信任，相互支持。（第十九章）

心理选材（talent selection by psychology）：应用心理学的指标和方法，将具有发展潜能的人选入运动员训练体系的过程。（第七章）

心理咨询（psychological counseling）：一种通过辅导达到教育目的和学习目的的过程。在这一过程中，通过面对面的交谈，咨询员根据受辅者的背景和需要，帮助受辅者了解自己，认识环境，解除困惑，完善人格，体现潜能。（第七章）

信息功能（informational function）：一个事件产生的提高能力感的积极影响。（第二章）

信息性事件（informational event）：信息功能大于控制功能的事件。这种事件会加强内部动机。（第二章）

兴奋剂（dope）：全称"运动兴奋剂"，是国际体育组织规定的禁用药物和方法的总称。其主要特征是可以通过训练外手段提高运动成绩，并对运动员的身体健康造成危害。（第十六章）

行为策略（behavior strategy）：安歇尔 1993 年提出的帮助运动员远离兴奋剂的方法，包括利用同伴的支持、加强药物检测、强调技术水平和训练的作用、合理安排闲暇时间等 4 项措施。（第十六章）

修正的挫折—攻击理论（reformulated/revised frustration-aggression theory）：伯克维茨 1958 年提出的解释人类原因的理论。该理论认为，挫折通过提高人的唤醒水平或增加人的愤怒情绪，提供了"攻击的准备"，攻击行为的实际发生，必须有某些刺激因素作为攻击行为的线索，这些线索诱发攻击行为。（第二十二章）

需要（need）：个体因对某种东西的缺乏而引起的内部紧张状态和不舒服感。（第二章）

宣泄调节（discharge intervention）：通过宣泄控制情绪的方法。（第十四章）

训练应激（training stress）：运动员对训练和竞赛产生的应激反应，是与竞技运动训练和竞赛相伴而生的必然产物。对训练应激的积极适应可使运动员从运动训练中获益，相反，消极的适应可导致运动员的过度训练、疲惫和心理耗竭。（第十五章）

颜色调节（color intervention）：通过颜色控制情绪的方法。（第十四章）

一般能力（general ability）：智力的同义词，是表现在特定情境中的所有特殊能力的基础。（第六章）

一般适应征候群（General Adaptation Syndrome，GAS）：薛利通过实验发现的一种对各类应激刺激产生的非特异性的适应性生理唤醒反应，分为警觉、抗拒和衰竭三个阶段。（第三章）

依从方法（compliance method）：利用外部奖励和惩罚的作用来激发运动动机的方法。（第二章）

遗忘（forgetting）：记忆的内容不能保持，或者提取记忆内容时产生困难。（第九章）

遗忘曲线（forgetting curve）：通过统计方法，表示停止练习之后遗忘速率随时间变化而变化的曲线，特点是遗忘的进程先快后慢，但识记的内容不会全部忘光。（第九章）

抑郁（depression）：一种复合性负情绪。可能是伴随人生价值的失落感而产生的悲伤、恐惧、焦虑、羞愧甚至负罪感。抑郁症的临床特点为悲观、悲伤、失助感、低自尊、绝望、疲劳感、易怒的情绪以及优柔寡断、回避社交甚至厌世的行为。（第十八章）

音乐调节（music intervention）：通过音乐控制情绪的方法。（第十四章）

饮食调节（food intervention）：通过饮食控制情绪的方法。（第十四章）

应激（stress）：有机体遇到超越自己应对能力的刺激事件或扰乱自己平衡状态的事件时，表现出的特定的或非特定的反应形态。应激是一种复杂的心理生物过程，包含应激刺激、对威胁的知觉评价和应激反应三种主要成分。（第三章）

应激刺激（stressor）：也被称作应激源，指对有机体形成威胁并引起有机体产生变化的各种内在及外在的影响因素。（第三章）

应激反应（stress reaction）：有机体对应激刺激作出的适应性变化，包括生理的、行为的、情绪的以及认知上的改变。（第三章）

应激—损伤模型（stress and injury model）：威廉姆斯和安德森于1998年提出的解释运动损伤的心理原因的理论模型。该模型中，预测运动损伤的核心因素是运动员的应激反应。当运动员主观上感到训练或竞赛任务的要求超过了自己的应变能力时，会产生明显的应激反应，导致肌肉紧张加剧，视野变窄及注意力分散等。这种变化会增加其受伤的风险。（第十五章）

影响力（influence）：一个人在与他人的接触、交往与工作过程中，影响和改变他人心理和行为的能力。（第二十章）

优势反应（dominant response）：习惯性的、唤醒水平升高时极易诱发出的行为反应。（第四章）

诱因（incentive）：引起个体动机，并能满足个体需求的外在刺激，是从"身前"对行为的拉动。（第二章）

娱乐性药物（recreational drugs）：用以产生快感或幻觉，满足好奇心或逃避生活现实等的禁用物质或方法。（第十六章）

运动表象（motion imagery）：在运动感知的基础上，在大脑中重现出的动作形象或运动情境，反映运动动作在时间、空间和力量方面的特点，包括身体的位置以及动作的幅度、方向和

速度。（第九章）

运动程序（movement program）：在大脑中形成的、按时间先后安排的运动动作执行步骤。（第九章）

运动程序图式（motor program schema）：经过长期的动作练习而形成的有组织的系统性知识。（第十二章）

运动技能（或动作技能，motor skill）：借助于神经系统和骨骼肌肉系统实现的，在学习活动、体育活动和生产劳动中的各种行为操作，如书写、跑步、体操、骑车、操纵生产工具等。（第十二章）

运动心理学（sport psychology）：阐明体育运动的心理学基础、研究人在体育运动中心理活动的特点及其规律的科学，主要研究领域包括竞技运动心理、体育教育心理和大众锻炼心理。（第一章）

运动员兴奋剂态度量表（the Attitude Scale Toward Doping in Sport，ASTD-Sport）：毛志雄于2001年以计划行为理论为基础研制的测量运动员的兴奋剂态度和行为意向的标准化量表。它包括行为信念、行为评价、标准信念、服从的动机、行为态度、主观规范、主观控制感和行为意向等8个维度，共56个条目，采用7级量表法计分。（第十六章）

运动知觉（motion perception）：对外界物体运动和机体自身运动的反映，通过视觉、动觉、平衡觉等多种感觉协同活动而实现。（第八章）

运动直觉（sport intuition）：直觉的一种，指在复杂的运动情境中，根据有限信息，对问题做直接和迅速求解的思维。（第十章）

战术思维（tactical thinking）：解决战术问题的思维，包括了解对方和同伴情况、推测对方和同伴作战意图、选择和确定战术方针等。（第十章）

战术意识（sense of tactics）：运动员在比赛中按照一定的战术目的，正确合理地运用技术和战术的主动、自觉的心理活动，突出地表现为在紧张、激烈、复杂的比赛中迅速选择战术和合理运用技术的瞬间决策能力。（第十章）

整体练习法（synthetic learning method）：通过一次练习，将全部内容完全学会为止的练习方法。（第十二章）

整体性（globalness）：对某一原因影响一特定情境中的特定事件，还是影响许多情境中的许多事件的认识。（第五章）

正迁移（positive transfer）：已经形成的技能对新技能的形成过程产生的积极影响，即狭义的迁移。见迁移。（第十二章）

肢体对侧迁移（bilateral transfer）：一侧肢体已经形成的技能对另一侧肢体技能的形成过程所产生的积极影响或消极影响。（第十二章）

直接动机（direct motivation）：以直接兴趣为基础，指向活动过程本身的动机。（第二章）

直觉决策（intuitive decision making）：在快速运动、时间压力大和结果不确定的复杂运动情境中作出的决策，具有快速、直接、或然性等特点。（第十章）

志趣一致（shared interests）：团体成员在动机、理想、志向、信念、兴趣、爱好等方面基本一致。

（第十九章）

智力（intelligence）：在推理、判断、问题解决、决策等高级认知过程中表现出的能力。（第六章）

智力技能（mental skill）：是指借助于内部言语在头脑中进行认知活动（如感知、记忆、想象、思维等）的心智操作，其中主要是思维活动的操作方式，例如运算、作文时的操作方式。（第十二章）

智商（intelligence quotient，IQ）：常用的对一般智力的总体测量和表达方式。过去常用的计算方法是比率智商，现在常用的计算方法是离差智商。（第六章）

主场效应（home effect）：见主场优势。（第二十一章）

主场优势（home advantage）：也称主场效应（home effect），指与比赛地点和比赛胜负有关的一种统计现象，即主场取胜的比例大于客场取胜的比例。（第二十一章）

主位定向（self-orientation）：比赛时将注意指向自己的思维和行动，而不是天气、裁判、比赛规则等难以控制的因素。这种认识倾向叫主位定向。（第十四章）

注意范围（attention span）：也叫注意广度，指在瞬间能清楚地把握的对象的数量。（第十一章）

注意方式（attention styles）：由奈德弗提出，是有关注意结构、个体差异与操作成绩关系的理论。该理论将注意的结构分为注意的范围和注意的方向。注意的范围指在刺激域中人能够注意到的刺激数量，由非常狭窄到非常广阔。注意的方向是指人正在关注外部的环境信息还是内部的身心情况。这两个维度经交叉组合后形成4种注意类型，即广阔内部注意、广阔外部注意、狭窄内部注意和狭窄外部注意。不同的运动任务需要不同的注意类型作支持。（第十一章）

注意方向（attention direction）：人正在关注外部的环境信息还是内部的身心情况。（第十一章）

注意分配（distribution of attention）：在同一时间内将注意指向于不同对象。（第十一章）

注意及人际行为类型测验（Test of Attentional and Interpersonal Style）：由奈德弗编制的注意倾向测验，包括17个分量表，144个题目。其中6个分量表测量的是与注意范围及注意方向有关的注意类型，两个分量表反映的是行为控制和认知控制的类型，9个分量表描述的是人际行为的类型。（第十一章）

注意训练（attention training）：通过各种方法提高注意的稳定性、抗干扰性或提高注意集中程度的过程。（第十三章）

专门化知觉（specialized perception）：在运动实践中经长期专项训练所形成的精细的综合性知觉，能对自身运动和环境线索（器械、场地、运动媒介物质如水、空气）作出敏锐和精确的识别和觉察。（第八章）

专制式领导（autocratic leadership）：将权力掌握在领导者手中，具有唯我独尊、独断专行特点的领导作风。（第二十章）

转换理论模型（transtheoretical model，TTM）：普罗切斯卡等人1992年提出的锻炼行为理论。该理论指出，个体所处的锻炼阶段是一个动态循环变化的过程，这种循环变化分为前意向、意向、准备、行动和保持等 5 个阶段。对处在不同阶段的个体应采取不同的行为转变策略，促使其向行动和保持阶段转换。如果锻炼干预措施得当，才有可能激发更多的人从事锻炼活动；假如措施错位，可能会造成锻炼者退出锻炼。（第十七章）

状态焦虑（state anxiety）：一种短暂的、强度在随时波动的情绪状态，特点是由紧张和忧虑所造成的可意识到的主观感受，也是高度自主的神经系统的活动。（第三章）

自然影响力（natural influence）：也叫非权力影响力，是通过人自身具备的能力特点、人格魅力、业务水平和道德修养等形成的影响力。（第二十章）

自生放松（autogenic relaxation）：通过暗示语使身体各部位直接放松，最后达到全身放松的方法，强调呼吸调节、温暖感和沉重感。（第十三章）

自我定向（ego orientation）：强调横向的自己与他人相比、注重社会参照、以超过他人为目标的心理定向。它对内部动机有损害作用。（第二章）

自我服务偏差（self serving bias）：一种归因倾向，即人们往往把成功归于自己的内在因素，如能力、努力或品格等，而把失败归于外在因素。（第五章）

自我效能（self-efficacy）：个体对自己能否成功地完成一项任务所持的信心和期望，即对自己成功地完成一项任务所具备的潜能的认识。（第二章）

自我效能理论（self-efficacy theory）：班杜拉提出的强调自我效能中心作用的理论。该理论对效能信息（行为成就、替代经验、言语劝导、情绪唤醒）、效能期望、行为及思维模式三类因素之间的关系做了概括。认为效能信息决定着效能期望，效能期望进而影响着人的行为模式和思维模式。自我效能可以从人们所接受的挑战、进行的努力和坚持的时间中体现出来，并影响着人的认知过程，如成功与失败的表象、目标定向、归因等等，这些认知过程进而影响着人们的动机状态。（第二章）

自我意识（self consciousness）：主体对自身的意识，分为三个层次：对自己机体及其状态的意识，对自己的肢体活动的意识，对自己的思维、情感等心理活动的意识。自我意识包括自我观念、自我知觉、自我评价、自我体验、自尊、自我监督、自我调节、自我控制等。（第二十一章）

组块（chunking）：在短时记忆的短暂时间中，对彼此分离的刺激（如数字、单词、棋子等），通过知觉组织加以迅速处理，将原本零散的个别信息单元组合成一个包括多个单元（或者具有意义）的、便于记忆的整体。（第九章）

最佳表现（peak performance）：一个人在某项活动中的行为超越了其自身正常水平的现象。其特点是：注意指向清晰；高水平的行为表现；对活动任务本身的迷恋；自发产生，不期而至；强烈的自我意识；对个人实力的意识；极大的满足感；发生的短暂性；对这种卓越状态的不可描述性。（第十八章）

参 考 文 献

艾森克(主编. 闫巩固译). 心理学——一条整合的途径. 上海: 华东师范大学出版社, 2001

巴家伟(2003). 战争的记忆: 足球只是很小的一部分. 2003 年 5 月 28 日, 接收自 http://sports. szptt. net. cn/2003 - 03 - 25/nw2003032500492. shtml

卞薇. 我国成年女排二传手性格特征及部分二传手性格特征与其二传行为的关系初探. 体育科学, 1991, 1: 75—79

波林(高觉敷译). 实验心理学史. 北京: 商务印书馆, 1982

布恩、埃克斯特兰德(韩进之、吴福元、张湛译). 心理学原理和应用. 上海: 知识出版社, 1985

柴文袖. 我国古代运动心理学思想再探. 体育科学, 1991, 5: 89—92

车文博. 当代西方心理学词典. 长春: 吉林人民出版社, 2001

陈敏. 表象演练与运动操作关系的理论综述. 体育科学, 1991, 4: 88—90

陈舒永、杨博民、邱宜均、贝恩渤、李季年. 六种心理特点与体育运动的关系. 武汉体育学院学报, 1982, 1: 20

陈小蓉. 体育创新学. 上海: 同济大学出版社, 1994

迟立忠. 色彩的心理效应. 大众心理学, 1990, 1: 37—38

崔丽娟. 心理学是什么? 北京: 北京大学出版社, 2002

邓壮、余民. 优秀无线电测向运动员个性因素的分析与研究. 四川体育科学学报, 1988, 1: 19—27

丁雪琴. 对我国优秀足球运动员几项个性心理特征的测试分析. 中国体育科技, 1990, 5: 24—27

丁雪琴. 如何制订比赛心理对策. 见中国体育科学学会运动心理学专业委员会, 北京体育大学(主编): 中国代表团征战悉尼奥运会心理咨询手册. 北京: 国家体育总局科教司, 2000, 64—66

方兴初、周家骥. 上海地区世界冠军、世界纪录创造者个性特点的初步分析. 体育科研, 1986, 8: 22—24

高德耀. 不良心理的自我调节. 大众心理学, 1991, 3: 25—26

郭有通. 创造心理学. 北京: 教育科学出版社, 2002

郭元奇. 关于运用音响助跑节奏模式进行跳远助跑训练的实验研究. 北京体育学院学报, 1991, 3: 52—61

郭云清、周成林、戈炳珠. 备战盐湖城冬奥会空中技巧国家集训队运动员助滑速度知觉测量与训练的研究. 在中国第六届体育科学大会上的报告. 湖北, 武汉, 2000, 12 月

韩晨. 问题情境及技术等级对运动员直觉思维的影响——对棒球运动员投一击球判断准确性和时间的实验. 硕士学位论文. 北京: 北京体育大学, 2000

韩健. 汤姆斯杯大战: 一个参战者的自述. 见何慧娴、李仁臣(主编): 争夺世界冠军的时刻. 北京: 北京十月文艺出版社, 1985, 103—149

何慧娴. 拼搏: 夺取第三届世界杯冠军的日日夜夜. 见何慧娴、李仁臣(主编): 争夺世界冠军的时刻. 北京: 北京十月文艺出版社, 1985, 3—39

赫葆源、张厚粲、陈舒永. 实验心理学. 北京: 北京大学出版社, 1983

亨特(李斯译). 心理学的故事. 海口: 海南出版社, 1999, 648—649

黄金柱. 体育社会心理学. 台北: 师大书苑有限公司出版, 1983

霍斯顿(孟继群、侯积良译). 动机心理学. 沈阳: 辽宁人民出版社, 1990

霍金(吴忠超译). 果壳中的宇宙. 长沙: 湖南科学技术出版社, 2002

季浏、符明秋. 当代运动心理学. 重庆: 西南师范大学出版社, 1994

季浏. 认知心理学与体育运动. 四川体育科学学报,1987,3:17—21

季浏. 体育活动与心理健康. 见祝蓓里(主编):体育心理学新编. 上海:华东师范大学出版社,1995

季浏. 心理社会因素与运动损伤. 见季浏、符明秋(著):当代运动心理学. 重庆:西南师范大学出版社,1995,181—193

加藤久(丁雪琴译). 运动员的表象训练. 1979—1983 全国运动心理学学术论文暨国外运动心理学译文汇编. 北京:中国体育科学学会运动心理学学会和中国心理学会运动心理学专业委员会,1984,269—276

贾之祖. 肌电控制假手. 科学普及,1976,3:6

江红、许基仁、刘晓利(2000). 中国对 EPO 进行血检不会错杀或错放. 2000 年 9 月 10 日,接收自新华网北京 9 月 5 日 http://202.84.17.73/aoyun/htm/20000910/110075.htm

金盛华、张杰. 当代社会心理学导论. 北京:北京师范大学出版社,1995

考克斯(江晓梅译). 体育运动中的攻击行为与暴力行为. 见考克斯(张力为、张禹、牛曼漪、江晓梅译):运动心理学——概念与应用. 北京:清华大学出版社,2003.389—406

克瑞蒂(张桂芬、刘东等译). 体育社会心理学. 武汉:武汉体育学院,1985

朗平. 再见,亲爱的观众. 见国荣洲(主编):世界体坛上的中国冠军(上). 兰州:甘肃教育出版社,1988,538—543

李富荣(主编). 摘桂夺冠——世界冠军诞生记. 天津市田径运动科学研究所,1992,48

李建周. 体育心理学. 北京:高等教育出版社,1985

李敬臣、陆大生(2000). 世界反兴奋剂机构举行首次正式会议. 2000 年 9 月 10 日,接收自 http://202.84.17.73/aoyun/htm/20000910/110064.htm

李少丹. 我国男子高水平自行车和篮球运动员智力发展水平的现状及智力结构的特点. 北京体育大学图书馆:硕士论文集(运动训练),1988,1

李益群. 体能主导类项群重大比赛中的"克拉克现象". 体育科学,1991,1

林逸琦、冉强辉、殷志新. 浅析我国女排运动员的智力结构. 上海体育学院学报,1987,3:23—26

刘破资、杨玲玲. 十二指肠溃疡男性患者的社会心理因素对照研究. 中国心理卫生杂志,1989,3(4):162

刘淑慧、韩桂凤. 对体育专业学生智力水平的探讨. 北京体育师范学院学报,1989,1:56

刘淑慧、王惠民、任未多、李京诚、张力为. 实用运动心理问答. 北京:人民体育出版社,1993

刘协和. 心理卫生大全. 重庆:重庆出版社,1993

刘智勇. 音乐的情感表现. 大众心理学,1991,5:45

卢昌亚. 运动兴奋剂概论. 上海:上海科学技术文献出版社,1999

卢元镇、毛志雄、崔富国、倪依克、郭泰伟、刘华平、孔文清. 对我国部分项目运动员服用兴奋剂的心理调查. 中华人民共和国国家体育总局政策法规司课题(待发表),1999,1

陆建峰、李珍妮、冯绍桢. 儿少体操、技巧运动员个性特征与急性运动损伤关系的探讨,体育科学,1995,3:53—56

罗季奥昂诺夫(卢振南等译). 运动能力诊断学. 武汉:武汉体育学院,1984

马启伟(编译). 和教练员运动员谈谈心理学(六). 北京体育学院学报,1983,4:74—80

马启伟、刘淑慧、任未多、张力为(主编). 体育心理学. 北京:高等教育出版社,1996

马启伟、张力为. 体育运动心理学. 台北:东华书局,1996

马启伟(编译). 和教练员运动员谈谈心理学(六). 北京体育学院学报,1982,2:28—34

毛志雄、王则珊. 北京城区中老年人身体锻炼与心理健康的关系:情绪维度的研究. 北京体育大学学报,1996,19(增刊):5—10

毛志雄、张力为、杨冬玉. 对体育大学生个性发展的追踪研究. 北京体育大学学报,1994,4:8—12

毛志雄、张力为. 不同性质的学习活动与智力发展水平关系的研究. 四川体育科学,1992,1:23—30

毛志雄. 北京城区中老年人身体锻炼与心理健康的关系——认知、情绪维度的研究. 北京体育大学硕士研究生毕业论文,1996,1—11

毛志雄. 中国部分项目运动员对兴奋剂的态度和意向:TRA 与 TPB 两个理论模型的检验. 北京体育大学

博士研究生学位（毕业）论文.北京：北京体育大学,2001

孟昭兰.人类情绪.上海：上海人民出版社,1989

潘前、刘志民.福建女子羽毛球运动员智力与运动智能关系的研究.中国体育科技,1990,10：45—48

彭凯平.心理测验.北京：华夏出版社,1989

普拉图诺夫（张德译）.趣味心理学.长春：吉林人民出版社,1984

漆昌柱.羽毛球专家——新手的模拟比赛情境中的问题表征与运动思维特征.博士学位论文.北京：北京
　　体育大学,2001

秦志辉.我国男子优秀足球运动员个性特征的研究.四川体育科学,1990,1：4—9

邱宜均、贝恩渤.对我国优秀短跑运动员个性特征的初步研究.见武汉体育学院运动心理学研究室（主
　　编）：优秀运动员个性特征研究.武汉：武汉体育学院,1984,23—46

邱宜均.对我国甲级排球运动员操作思维的初步研究.见中国体育科学学会运动心理学会和中国心理学
　　会体育运动心理专业委员会（主编）：全国运动心理学学术论文暨国外运动心理学译文汇编,1984,
　　134—136

邱宜均.实用运动心理学.武汉：湖北省体育运动委员会,1988

邱宜均.体育管理心理学.武汉：武汉体育学院,1986

邱宜均.运动员个性特征研究的几个问题.体育科学,1986,2：68—72

全国九所综合性大学《心理学》教材编写组.心理学.南宁：广西人民出版社,1982

全国体育学院教材委员会.运动心理学.北京：人民体育出版社,1988

任宝崇.组织管理心理学.北京：华夏出版社,1987

任炳南、李振彪.中国男子乒乓球队员个性特征的研究.天津体育学院学报,1990,3：68—72

任未多、邢玉香.运动直觉及其特征.体育科学,1989,4：68—72

任未多.身体活动与运动锻炼的心理效应研究综述.体育科学,1997,2：75—81

任未多.绪论,见马启伟、刘淑慧、任未多、张力为（主编）：体育心理学.北京：高等教育出版社,1996

石岩.运动员感觉寻求特质与人格特征的研究.山西体育科技,1992,51—57

时蓉华.社会心理学.台北：东华书局,1996

时蓉华.现代社会心理学.上海：华东师范大学出版社,1989

司马贺（荆其诚、张厚粲译）.人类的认知.北京：科学出版社,1986

姒刚彦、刘莅昕.对我国跳水运动员16项个性因素的测定.见武汉体育学院运动心理学研究室编：优秀运
　　动员个性特征研究,1984,138—146

姒刚彦、邢建辉.使用兴奋剂的心理学问题.见张力为、任未多（主编）：体育运动心理学研究进展.北京：
　　高等教育出版社,2000

姒刚彦.体育运动焦虑与归因的诊断.见邱宜均（主编）：运动心理诊断学.武汉：中国地质大学出版社,
　　1990,157—176

松田岩男（阎海等译）.体育心理学.北京：国家体委百科体育卷编写组,1982

孙波、于维新.对我国女子柔道运动员个性特征与选材问题的初步研究.辽宁体育科技,1986,5：13—23

孙平.体育院系足、篮、排球专业学生智力结构特点的研究.体育科学,1986,1：55—58

汤盛钦.焦虑.见中国大百科全书心理学编辑委员会（主编）：中国大百科全书,心理学.北京：大百科全书
　　出版社,1991

汤淑贞.管理心理学.台北：台北成功大学,1977

汤志庆、陆建平.关于我国优秀运动员性格特征研究的综合报告.山东体育科技,1992,4：67—73

田禾.后发制人：袁伟民谈金牌药检申奥.见北京：北京青年报2000年10月1日第5版,2000

王斌.手球运动情境中直觉决策的实验研究与运动直觉理论的初步建构.博士学位论文.北京：北京体育
　　大学,2002

王润平.教练员的领导行为.见张力为、任未多（主编）：体育运动心理学研究进展.北京：高等教育出版
　　社,2000,500—519

王润平.运动员的攻击性行为.见张力为、任未多（主编）：体育运动心理学研究进展.北京：高等教育出版

社,2000,436—454

王甦、汪安圣.认知心理学.北京：北京大学出版社,1993

王学智、陈志宇.反兴奋剂常识——运动员须知.中国奥委会反兴奋剂委员会,1998

王则珊."身体锻炼"(辞条).见：中国大百科全书·体育.北京：中国大百科全书出版社,1982,308

魏运柳.我国无线电测向优秀女运动员十六种个性因素特点初探.福建体育科技,1991,2：26—30

吴友莹.中国大学生(体育专业)性格特征的研究.体育科学,1986,3：77—79

谢红光、殷小川、李志强.对我国甲A职业足球联赛主场优势的研究.体育科学,1998,1：89—94

谢三才、于中芝、刘晓茹、胡智.我国射击运动员个性特点的研究.见中国体育科学学会运动心理学会和中国心理学会体育运动心理专业委员会(主编)：全国运动心理学学术论文暨国外运动心理学译文汇编,1984,76—95

新华社(2000).血栓有疑问.不能去悉尼——奥运会中国体育代表团总人数减少,中国奥委会表态：即使"拿不到金牌也不能使用兴奋剂".见北京：北京青年报2000年9月7日第1版

新华网(2000a).世界体育反兴奋剂大会.2000年9月10日,接收自 http://202.84.17.73/aoyun/htm/20000910/110062.htm

新华网(2000b)《洛桑宣言》.2000年9月10日,接收自 http://202.84.17.73/aoyun/htm/20000910/110060.htm

新华网(2000c).《中国反兴奋剂10年》报告发表.2000年9月10日,接收自 http://202.84.17.73/aoyun/htm/20000910/110008.htm

许尚侠.操作思维与运动操作的关系.见中国体育科学学会运动心理学会和中国心理学会体育运动心理专业委员会(主编)：全国运动心理学学术论文暨国外运动心理学译文汇编.1984,131—134

颜军.运动损伤与运动性疲劳的心理因素.见张力为、任未多(主编)：体育运动心理学研究进展.北京：高等教育出版社,2000,344—360

杨德森、张亚林,生活事件量表.见杨德森(主编)：行为医学.长沙：湖南师范大学出版社,1990

杨治良.实验心理学简编.兰州：甘肃人民出版社,1984

姚家新.运动员对新闻媒体的理解与协作.见中国体育科学学会运动心理学专业委员会,北京体育大学(主编)：中国代表团征战悉尼奥运会心理咨询手册.北京：国家体育总局科教司,2000,233—243

易剑东.兴奋剂——透视奥林匹克运动的多棱镜.南京体育学院学报,1997,3：55—57

殷小川.观众效应和主场效应.见张力为、任未多(主编)：体育运动心理学研究进展.北京：高等教育出版社,2000,455—477

尤晨、史文伟.如何克服不良情绪.大众心理学,1990,5：26

余敏克、刘志云.摔跤运动员的性格特点.山西体育科技,1987,2：5—12

郁景祖.大学生心理与调适.上海：复旦大学出版社,1995

约翰.P.霍斯顿(孟继群,侯积良译)：动机心理学.沈阳：辽宁人民出版社,1990,184

曾凡星.天使还是恶魔——什么是兴奋剂.见杨天乐、金季春(主编),王钰清、何珍文(执行主编)：对兴奋剂说:"不!"北京：北京体育大学出版社,1998

曾芊、曾琳娜、郭惠光.本院学生导致运动损伤的心理因素分析.广州体育学院学报,1994,1：58—61

札斯皮罗夫(尤培芬译,卢振南校)：音乐作用能使运动员赛前状态最佳化.武汉体院译报,1987,4：53—55

张春兴.张民心理学辞典.上海：上海辞书出版社,1991

张厚粲(主编)：大学心理学.北京：北京师范大学出版社,2002

张力为、丁雪琴.中国运动心理学的发展：历史、现在与未来.心理学报,1994,3：324—330

张力为、符明秋.焦虑、唤醒与运动操作关系的重要理论.见张力为、任未多(主编)：体育运动心理学研究进展.北京：高等教育出版社,2000,249—284

张力为、李翠莎.运动员个性特征的评价及其实践意义.精英(香港体育学院学报),1993,11：17—24

张力为、毛志雄.体育锻炼者的心理特点与心理保健.见朱琼等：社会体育指导员培训教材(一级、国家级).天津：天津人民出版社,1995a

张力为、毛志雄. 体育锻炼与心理健康的关系(综述). 广州体育学院学报,1995b,4:42—47

张力为、毛志雄. 运动员的心理选材. 见张力为、任未多(主编):体育运动心理学研究进展,北京:高等教育出版社,2000,403—433

张力为、任未多、毛志雄、李铂. 竞技运动心理学简编. 北京:北京第五运动技术学校,1992

张力为、任未多. 发展中的运动心理学. 见张力为、任未多(主编):体育运动心理学研究进展. 北京:高等教育出版社,2000,1—42

张力为、陶志翔、孙红标. 中国女子游泳运动员个性特征的研究. 江苏体育与科学(学术版),1994,3:3—5

张力为、陶志翔. 中国乒乓球运动员智力发展水平的研究. 体育科学,1994,4:73—78

张力为. 赛前情绪的因素结构、自陈评定与注意指向. 博士论文. 北京:北京体育大学,1999

张力为. 体育科学研究方法. 北京:高等教育出版社,2002

张力为. 训练与比赛中的归因问题(综述二). 山西体育科技,1994,1:27—32

张力为. 训练与比赛中的归因问题(综述一). 山西体育科技,1993,4:44—52

张力为. 运动焦虑的测量与评价. 见张力为、任未多(主编):体育运动心理学研究进展. 北京:高等教育出版社,2000,232—248

张力为. 运动心理学研究中若干方法学问题的探讨. 体育科学,1991,5:85—88

张力为. 运动智力:思考中的困惑与困惑中的思考. 中国体育科技,1993,1:39—45

张立. 关于我国优秀女子排球队凝聚力的初步研究. 中国体育科技,1992,1:15—27

张人骏、朱永新、袁振国. 咨询心理学. 北京:知识出版社,1987

张述祖、沈德立. 基础心理学. 北京:教育科学出版社,1987

张亚林、杨德森. 生活事件量表. 中国心理卫生杂志,增刊,1993,36—41

张雨青. 感觉寻求量表中文版(SSS—VC)使用手册. 北京:北京大学心理系,1989

张忠秋. 大赛前的心理定向与角色定位. 见中国体育科学学会运动心理学专业委员会、北京体育大学(主编):中国代表团征战悉尼奥运会心理咨询手册. 北京:国家体育总局科教司,2000,137—146

张忠秋. 对动作技能中专门化知觉最佳培养方式的探讨. 上海体育学院学报,1992,3:59—64

张忠秋. 运动群体主要表现特征与培养方式探讨. 体育科学,1996,3:68—72

章建成、坂平照宪. 乒乓球运动员正手攻球时的注意特征. 日本国体育学会第39届大会号A,1988,185

章建成、坂平照宪. 用探针法预测乒乓球运动员名次. 日本国广岛体育学研究,1990,16:13

章建成、调枝孝治、坂平照宪、财满只辉、矢作晋. 用探针法测定乒乓球运动员技能水平的尝试. 日本国运动心理学研究,1989,16:89

章建成. 比赛中的注意. 见张力为、任未多(主编):体育运动心理学研究进展. 北京:高等教育出版社,2000,140—174

章建成. 用探针法预测大学网球运动员比赛名次. 上海体育学院学报,1994,2:14

赵建中. 笑与健康. 大众心理学,1990,6:23

赵开强、张力为. 运动员心理选材的遗传学基础. 投稿的论文,2002

郑延平、杨德森. 中国生活事件调查. 中国心理卫生杂志,1990,4(6):262

周百之. 乒乓球运动员的操作思维. 中国体育科技,1984,7:3—5

周工、姒刚彦、刘莅昕. 中国划艇运动员个性特征的研究. 体育科学,1987,7(2):65—68

周家骥. 体育系学生的智力状况初析. 心理学运动训练和体育教学中的应用专题论文集,1985

朱新明、李亦菲. 假设人与计算机的桥梁——西蒙的认知与管理心理学. 武汉:湖北教育出版社,2000

朱智贤. 心理学大辞典. 北京:北京师范大学出版社,1989

祝蓓里、方兴初. 上海市健将级运动员的智力状况分析. 心理学报,1988,3:283—290

祝蓓里、季浏. 体育运动心理学新编. 上海:华东师范大学出版社,1995

祝蓓里、徐乐春. 对运动员感觉寻求特质的研究与分析. 福建体育科技,1994,2:27—33,50

祝蓓里. 体育运动心理学的历史与现状. 心理学报,1986,2:224—226

祝蓓里. 运动心理学的原理与应用. 上海:华东化工学院出版社,1992

庄锦彪. 应激的灾难模型. 山西体育科技,1992,2:30—34

Abernathy, B., Visual search strategies and decision making in sport. International Journal of sport Psychology, 1991,22: 189—210

Abernethy, B., Dual-task methodology and motor skills research: Some applications and methodological constraints. Journal of Human Movement Studies, 1988,14: 101—132

Adams, J. A., Dijkstra, S., Short-term memory for motor responses. Journal of Experimental Psychology, 1966,71: 314—318

Adams, J. A., The second facet of forgetting: A review of warm-up decrement. Psychological Bulletin, 1961,58: 257—273

Adams, J. A., Warm-up decrement in performance on the pursuit rotor. American Journal of Psychology, 1952,65: 404—414

Ajzen, I., From intention to actions: A theory of planned behavior. In J. Kuhl & J. Beckman(Eds.), Action-control: From cognition to behavior. Heidelberg: Springer, 1985,11—39

Alen, M., Hakkinen, K., Physical health and fitness of an elite bodybuilder during 1 year of self-administration of testosterone and anabolic steroids: A case study. International Journal of Sports Medicine, 1985,6: 24—29

Alen, M., Rahkila, P., Reinila, M., Reijo, V., Androgenic-anabolic steroid effects on serum thyroid, pituitary and steroid hormones in athletes. American Journal of Sports Medicine, 1987,15: 357—361

Allard, F., Starkes, J. L., Perception in sport: Volleyball. Journal of Sport Psychology, 1980,2: 22—23

Allport, F. H., The influence of the group upon association and thought. Journal of Experimental Psychology, 1920,3: 159—182

Alzado, L., (July 8). I'm sick and I'm scared. Sports Illustrated, 1991,75,21—24,27

American Medical Association. Standard nomenclature of athletic injuries. Chicago, IL: American Medical Association, 1966

Andersen, M. B., Williams, J. M., A model of stress and athletic injury: Prediction and prevention. Journal of Sport and Exercise Psychology, 1988,10(3): 294—306

Anderson, C. A., Deuser, W,E., DeNeve, K. M., Hot temperatures, hostile affect, hostile cognition, and arousal: Tests of a general model of affective aggression. Personality and Social Psychological Bulletin, 1995,21: 434—448

Anshel, M. H., Freedson, P., Hamill, J., Haywood, K., Horvat, M., Plowman, S. A., Dictionary of the sport and exercise sciences. Human Kinetics, Champaign Illinois, 1991

Anshel, M. H., Russell, K. G., Examining athletes' attitudes toward using anabolic steroids and their knowledge of the possible effects. Journal of Drug Education, 1997,27(2): 121—145

Anshel, M. H., A psycho-behavioral analysis of addicted versus non-addicted male and female exercisers. Journal of Sport Behavior, 1991,14(2): 145—154

Anshel, M. H., Causes for drug abuse in sport: A survey of intercollegiate athletes. Journal of Sport Behavior, 1991b,14: 283—307

Anshel, M. H., Cognitive and behavioral strategies for combating drug abuse in sport: Implications for coaches and sport psychology consultants. The Sport Psychologist, 1991a,5: 152—166

Anshel, M. H., Effect of age, sex, and type of feedback on motor performance and locus of control. Research Quarterly, 1979,50: 305—317

Anshel, M. H., Psychology of drug use. In R. Singer, M. Murphey, & L. K. Tennant (Eds.), Handbook of research on sport psychology. NY: Macmilian Publishing Company, 1993,851

Anshel, M. H., Sport psychology: From theory to practice. Scottsdale, Arizona: Gorsuch Scarisbrick, Publishers, 1990

Arms, R. L., Russell, G. W., Impulsivity, fight history and camaraderie as predictors of a willingness to escalate a disturbance. Current psychology: Research & Reviews, 1997,15: 279—285

Ascoli, K. M. , Schmidt, R. A. , Proactive interference in short-term motor retention. Journal of Motor Behavior, 1969,1: 29—35

Azrin, N. , Pain and aggression. Psychology Today, 1967,1(1): 26—33

Bahrke, M. S. , Morgan, W. P. , Anxiety reduction following exercise and meditation. Cognitive Therapy and Research, 1978,2: 323—333

Bandura, A. , Aggression: A Social learn analysis. Englewood Cliffs, NJ: Prentice Hall, 1973

Bandura, A. , Self efficacy: Toward a unifying theory of behavioural change. Psychological Review, 1977, 84: 191—215

Bandura, A. , Social foundations of thought and action: A social cognitive theory. Englewood Cliffs, NJ: Prentice-Hall, 1986

Bandura, A. , Social learning theory. Englewood Cliffs, NJ: Prentice Hall, 1977

Bard, C. , Fleury, M. , Considering eye movement as a predictor of attainment. In I. M. Cockerill & W. W. MacGillivary (Eds.), Vision and Sport. Cheltenham, England: Stanley Thornes, 1981,28—44

Baron, R. A. , Richardson, D. R. , Human Aggression. New York: Plenum, 1994

Barry, A. J. , Steinmetz, J. R. , Page, H. F. , Rodahl, K. , The effects of physical conditioning on older individuals. II. Motor performance and cognitive function. Journal of Gerontology, 1966, 21: 192—199

Baumeister, R. F. , Hamilton, J. , Tice, D. , Public versus private expectancy of success: Confidence booster or performance pressure? Journal of Personality and Social Psychology, 1985,48: 1447—1457

Baumeister, R. F. , Steinhilber, A. , Paradoxical effects of supportive audiences on performance under pressure: The home field disadvantage in sports championships. Journal of Personality and Social Psychology, 1984,47: 85—93

Baumeister, R. F. , Choking under pressure: Self-consciousness and paradoxical effects of incentives on skillful performance. Journal of Personality and Social Psychology, 1984,46: 610—620

Baumeister, R. F. , Disputing the effects of championship pressures and home audiences. Journal of Personality and Social Psychology, 1995,68: 644—648

Becker, R. K. , Maiman, B. A. , Sociobehavioral determinants of compliance with health and medical care recommendations. Medical Care, 1975,13(1): 10—24

Bell, G. J. , Howe, B. L. , Mood state profiles and motivations of triathletes. Journal of Sport Behavior, 1988,11: 66—77

Bennett, J. , Carmack, M. A. , Gardner, V. J. , The effect of a program of physical exercise on depression in older adults. Physical Educator, 1982,39: 21—24

Berger, B. G. , Friedmann, E. , Eaton, M. , Comparison of jogging, the relaxation response, and group interaction for stress reduction. Journal of Exercise Psychology, 1988,10(4): 431—447

Berger, B. G. , Mclnman, A. , Exercise and the quality of life. In R N Singer, M Murphey, & L K Tennant (Eds.), Handbook of Research on Sport Psychology. New York: Macmillan Publishing Company, 1993

Berger, B. G. , Motl, R. , Physical activity and quality of life. In R N Singer, H A Hausenblas, & C M Janelle(Eds.), Handbook of Sport Psychology (2nd ed.). New York: John & Wiley & Sons, Inc,2001

Berger, B. G. , Owen, D. R. , Frantisek, M. , A brief review of literature and examination of acute mood benefits of exercise in Czechoslovakian and United States swimmers. International Journal of Sport Psychology, 1993,24: 130—150

Berger, B. G. , Owen, D. R. , Mood alteration with swimming: A re-evaluation. In L. Vander Velden & J. H. Humphrey (Eds.), Current selected research in the psychology and sociology of sport. Vol. 1.

参
考
文
献

New York: AMS Press, 1986

Berger, B. G., Owen, D. R., Mood alteration with swimming-swimmers really do "feelbetter." Psychosomatic Medicine, 1983,45: 425—433

Berger, B. G., Owen, D. R., Stress reduction and mood enhancement in four exercise modes: Swimming, body conditioning, Hatha yoga, and fencing. Research Quarterly for Exercise and Sport, 1988,59: 148—159

Berger, B. G., Psychological benefits of an active lifestyle: What we know and what we need to know. Quest, 1996,48: 330—353

Berger, B. G., The meaning of regular jogging: A phenomenological approach. In R. Cox (Ed.), American Alliance for Health, Physical Education, and Recreation Research Consortium Symposium Papers, Vol. 2, Book2. Washington, DC: American Alliance for Health, Physical Education, Recreation, and Dance, 1980

Berkowitz, L., Aggression: Its causes, consequences, and control. Philadelphia: Temple University Press, 1993

Berkowitz, L., The expression and reduction of hostility. Psychological Bulletin, 1958,55: 257—283

Bezjak, J. E., Lee, J. W., Relationship of self-efficacy and locus of control constructs in predicting college students' physical fitness behaviors. Perceptual and motor Skills, 1990,71(2): 499—508

Biederman, I., Perceiving real-world scenes. Science, 1972,177: 77—80

Billings, A. G., Moos, R. H., Family environments and adaptation: A clinically applicable typology. American Journal of Family Therapy, 1982,20: 26—38

Blucker, J. A., Hershberger, E., Causal attribution theory and the female athlete: What conclusions can we draw? Journal of Sport Psychology, 1983,5: 353—360

Boggiano, A., Barrett, M., Performance and motivational deficits of helplessness: The role of motivational orientations. Unpublished manuscript, University of Colorado, Boulder, 1984

Bond, C. G., Jr, Titus, L. J., Social facilitation: A meta-analysis of 241 studies. Psychological Bulletin, 1983,94: 265—292

Bond, M. H., Social psychology across cultures: Two ways forward. Keynote lecture. International Congress of Psychology, Montreal, 1996

Borkovec, T. D., Physiological and cognitive processes in the regulation of anxiety. In G. Schwartz & D. Shapiro(Eds.), Consciousness and self-regulation: Advances in research. New York: Phelem Press, 1976,1: 261—312

Bosscher, R. J., Running the rapie bij depressie. Unpublished Doctoral dissertation. Amsterdam: Vrije Universiteit, Amsterdam, 1991

Botwinick, J., Thompson, L. W., Premotor and motor components of reaction time. Journal of Experimental Psychology, 1966,71: 9—15

Bouchard, C., Shephard, R. J., Stephens, T., Sutton. J. R., McPherson, B. D., (Eds.). Exercise, Fitness and Health: A Consensus of Current Knowledge. Champaign: Human Kinetics, 1990

Boutcher, S. H., Landers, D. M., The effects of vigorous exercise on anxiety, heart rate, and alpha activity of runners and nonrunners. Psychophysiology, 1988,25: 696—702

Bowers, K. S., Situationalism in psychology: An analysis and a critique. Psychological Review, 1973,80: 307—336

Boyce, B. A., The effects of goal proximity on skill acquisition and retention of a shooting task in a field-based setting. Journal of sport and exercise psychology, 1992,14(3): 298—308

Brawley, L. R., Attributions as social cognitions: Contemporary perspectives in sport. In W. F. Straub & J. M. Williams(Eds.), Cognitive sport psychology. Ithaca, NY: Sport Science Associates, 1984, 212—230

Brawley, L. R., Children's causal attributions in a competitive sport: A motivational interpretation. Ph. D. dissertation, Pennsylvania State University. University Park, PA, 1980

Bray, S. R., The home advantage from an individual team perspective. Journal of Applied Sport Psychology, 1999,11: 116—125

Bredemeier, B. J., Children's moral reasoning and their assertive, aggressive, and submissive tendencies in sport and daily life. Journal of Sport and Exercise Psychology, 1994,61: 343—364

Brewer, B. W., Review and critique of models of psychological adjustment to athletic injury. Journal of Applied Sport Psychology, 1994,6: 87—100

Brody, E. B., Hatfield, B. D., Spalding, T. W., Generalization of self-efficacy to a continuum of stressors upon mastery of a high-risk sport skill. Journal of Sport and Exercise Psychology, 1988,10 (1): 32—44

Brown, R. B., Personality characteristics related to injury in football. Research Quarterly, 1971, 42: 133—138

Bruch, H., Psychiatric aspects of Obesity. Psychiatric Annals, 1973,3(7): 6—10

Brunelle, J. P., Janelle, C. M., Tennant, L. K., Controlling competitive anger among male soccer players. Journal of Applied Sport Psychology, 1999,11: 283—297

Burton, D., Do anxious swimmers swim slower? Reexamining the elusive anxiety-performance relationship. Journal of Sport and Exercise Psychology, 1988,10: 45—61

Burton, D., The impact of goal specificity and task complexity on basketball skill development. Sport psychologist, 1989,3(1): 34—47

Buss, A. H., Plomin, R., Temperament: Early developing personality traits. Hillsdale, NJ: Erlbaum, 1984

Buton, D., Martins, R., Pinned by their own goals: An exploratory investigation into why kids drop out of wrestling. Journal of Sport Psychology, 1986,8: 183—197

Canadian Fitness and Lifestyle Research Institute. Progress in Prevention, 1996

Carron, A. V., Ball, J. R., Cause-effect characteristics of cohesiveness and participation motivation in intercollegiate hockey. International Review of Sport Sociology, 1977,12: 49—60

Carron, A. V., Chelladurai, P., Psychological factors and success: An analysis of coach-athlete interpersonal behaviour. Canadian Journal of Applied Sport Sciences, 1978,3: 43—50

Carron, A. V., Cohesiveness in sport groups: Interpretations and considerations. Journal of Sport Psychology, 1982,4: 123—138

Carron, A. V., Motivation: Implications for coaching and teaching. London, Ontario, Canada: Sports Dynamics, 1984

Carron, A. V., Personality and athletics: A review. In B. S. Rushall(Ed.), The status of psychomotor learning and sport psychology research. Dartmouth, Nova Scotia: Sport Science Associates, 1975

Carron, A. V., Processes of group interaction in sport teams. Quest, 1981,33: 245—270

Carron, A. V., Social Psychology of Sport. Ithaca, NY: Mouvement, 1980

Caspersen, C. J., Powell, K. E., Christenson, G. M., Physical activity, exercise and physical fitness: Definition and Distinctions for health-related research. Public Health Reports, 1985,100: 126—131

Castiello, U., Umilta, C., Temporal dimensions of mental effort in different sports. International Journal of Sport Psychology, 1988, 19: 199—210

Cattell, R. B., Scheier, J. H., The meaning and measurement of neuroticism and anxiety. New York: Ronald, 1961

Cavanaugh, B. M., Silva, J. M., Spectator perceptions of fan misbehavior: An attitudinal inquiry. In C. H. Nadeau, W. R. Halliwell, K. M. Newell, & G. C. Roberts(Eds.), Psychology of motor behavior and sport. Champaign, IL: Human Kinetics, 1980

参考文献

417

Ceci, S. J., Liker, J. K., A day at the races: A study of IQ, expertise, and cognitive complexity. Journal of Experimental Psychology: General, 1986,115: 255—266

Chaikin, T., Telander, R., The nightmare of steroids. Sports Illustrated, 1988,69(18): 82—102

Chapman, A. J., Social facilitation of laughter in children. Journal of Experimental Social Psychology, 1973,9(6): 528—541

Chappel, J. N., Drug use and abuse in the athlete. In J. R. May and M. J. Asken(Eds.), Sport psychology: The psychological health of the athlete. NY: PMA Publishing. 1987,187—212

Chelladurai, P., Carron, A. V., Leadership. Canadian Association for Health, Physical Education and Recreation, Sociology of Sport Monograph Series. Ottawa, Ontario: Canadian Association for Health, Physical Education and Recreation, 1978

Christensen, A. J., Wiebe, J. S., Smith, T. W., Turner, C. W., Predictors of survival among hemodialysis patients: Effect of perceived family support. Health Psychology, 1994,13: 521—525

Christensen, I. P., Wagner, H. L., Halliday, M. S., Instant notes in psychology（影印版）.北京：科学出版社,2002

Christopher, H., Developing the control needed for consistency and confidence. Excel, 1989,6,1,24—27

Clingman, J. M., Hilliard, D. V., Anxiety reduction in competitive running as a function of success. Journal of Sport Behavior, 1994,17: 120—129

Clingman, J. M., Hilliard, D. V., Some personality characteristics of the super-adherer: Following those who go beyond fitness. Journal of Sport Behavior, 1987,10: 123—136

Coakley, J., Burnout among adolescent athletes: A personal failure or social problem? Sociology of Sport Journal, 1992,9: 271—285

Cofer, C. N., Johnson, W. R., Personality dynamics in relation to exercise and sports. In W. R. Johnson(Ed.), Science and medicine of exercise and sport. New York: Harper & Row, 1960

Cohen, S., Syme, S. L., (Eds.). Social support and health. Orlando, FL: Academic Press, 1985

Collins, G. B., Pippenger, C. E., Janesz, J. W., Links in the chain: An approach to the treatment of drug abuse on a professional football team. Cleveland Clinic Quarterly, 1984,51: 485—492

Cooper, C. R., Cultural perspectives on continuity and change in adolescents' relationships. In R. Montemayor, G. Adams, & T. P. Gullotta(Eds.), Personal relationships during adolescence. London: Sage Publications, 1994,78—100

Cooper, L., Athletics, activity, and personality: A review of the literature. Research Quarterly, 1969, 40: 17—22

Costa, P. T., Jr, McCrae, R. R., The NEO—PI—R, Personality Inventory Manual. Odessa, FL: Psychological Assessment Resources, 1992

Courneya, K. S., Carron, A. V., Effect of Travel and Length of Home Stand/Road Trip on the Home Advantage. Journal of Sport & Exercise Psychology, 1991,13: 42—49

Cox, F. N., Some effects of test anxiety and presence or absence of other persons on boys' performance on a repetitive motor task. Journal of Experimental Child Psychology, 1966,3: 100—112

Cox, R. H., Relationship between psychological variables with player position and experience in women's volleyball. Unpublished manuscript, 1987

Cox, R. H., Sport Psychology: Concepts and applications (2nd ed.). New York: McGraw Hill, 1990

Cox, R. H., Sport Psychology: Concepts and applications (3rd ed.). Madison: McGraw Hill, 1994

Cox, R. H., Sport Psychology: Concepts and applications (4th ed.). Madison: McGraw-Hill, 1998

Cox, R. H., Sport psychology: Concepts and applications(5th ed.). Boston: McGraw-Hill,2002

Cox, R. H., Sport psychology: Concepts and applications. Dubuque, Iowa: Wm. C. Brown, 1985

Craighead, D. J., Privette, F. V, Byrkit, D., Personality characteristics of basketball players, starters, and nonstarters. International Journal of Sport Psychology, 1986,17: 110—119

运动心理学（第二版）

Cratty, B. J. , Movement behavior and motor learning. Philadelphia: Lea & Febiger, 1973

Cratty, B. J. , Psychology in contemporary sport: Guidelines for coaches and athletes (2nd ed.). Englewood Cliffs, NJ: Prentice-Hall, 1983

Crossman, J. , Jamieson, J. , Henderson, L. , Responses of competitive athletes to lay-offs in training: Exercise addiction or psychological relief? Journal of Sport Behavior, 1987,10: 28—38

Csikszentmihalyi, M. , Larson, R. , Validity and reliability of the experience sampling method. Journal of Nervous and Mental Disorders, 1987,175: 526—536

Csikszentmihalyi, M. , Finding flow: The psychology of engagement with everyday life. New York: Basic Books, 1997

Csikszentmihalyi, M. , Flow: The psychology of optimal experience. New York: Harper-Collns Perennial, 1991

Danielson, R. R. , Leadership motivation and coaching classification as related to success in minor league hockey. In D. M. Landers & R. W. Christina (Eds.), Psychology of motor behavior and sport. Champaign, IL: Human Kinetics Publishers, 1977,2

Dannemiller, J. L. , Babler, T. G. , Babler, B. L. , On catching fly balls. Science, 1996,273: 256—257

Darley, J. M. , Latane, B. , Bystander intervention in emergencies: Diffusion of responsibility. Journal of Personality and Social Psychology, 1968,8: 377—383

Dashiell, J. F. , An experimental analysis of some group effects. Journal of Abnormal and Social Psychology, 1930,25: 190—199

Davidson, R. J. , Schwartz, G. E. , The psychobiology of relaxation and related states: A multiprocess theory. In D. Mostofsky (Ed.), Behavioral control and modification of physiological activity. Englewood Cliffs, NJ: Prentice-Hall, 1976,399—442

Davis, H. , Criterion validity of the athletic motivation inventory: Issues in professional sport. Journal of Applied Sport Psychology, 1991,3: 176—182

Davis, J. O. t Sport injuries and stress management: An opportunity for research. The Sport Psychologist, 1991,5: 175—182

Deci, E. L. , Betley, G. , Kahle, J. , Abrams, L. , Porac, J. , When trying to win: Competition and intrinsic motivation. Personality and Social Psychology Bulletin, 1981,7: 79—83

Deci, E. L. , Ryan, R. M. , The empirical exploration of intrinsic motivational processes. In L. Berkowitz(Ed.), Advances in experimental social psychology. New York: Academic Press, 1980, 13: 39—80

Deci, E. L. , Schwartz, A. J, Sheinman, L. , Ryan, R. M. , An instrument to assess adults' orientations toward control versus autonomy with children: Reflections on intrinsic motivation and perceived competence. Journal of Educational Psychology, 1981,73: 642—650

DeCoverly Veale, M. W. , Exercise dependence. British Journal of Addiction, 1987,82: 736

Denis, M. , Visual imagery and the use of mental practice in the development of motor skills. Canada journal of applied sport science, 1985,10(4),4s—16s

deVries, H. A. , Adams, G. M. , Electromyographic comparison of single doses of exercise and meprobamate as to effects on muscular relaxation. Medicine and Science in Sports and Exercise, 1972, 23: 846—852

Diesfeldt, H. , Diesfledt-Groenendijk, H. , Improving cognitive performance in psychogeriatric patients: The influence of physical exercise. Age and Aging, 1977,6: 58—64

DiFebo, J. E. , Modification of general expectancy and sport expectancy within a sport setting. In D. M. Landers(Ed.), Psychology of sport and motor behavior. University Park, PA: Pennsylvania state university press, 1975,2

Dishman, R. K. , Buckworth, J. , Adherence to physical activity. In W. P. Morgan(Ed.), Physical activity and mental health. Washington, D. C. : Taylor & Francis, 1997,63—80

Dishman, R. K. , Sallis, J. F. , Determinates and interventions for physical activity and exercise. In C. Bouchard, R. Sheppard, & T. Stephens (Eds.), Physical Activity, Fitness, and Health: International Proceedings and Consensus Statement. Champaign, IL: Human Kinetics, 1994, 214—238

Dishman, R. K. , Mental health. In V. Seefled(Ed.), Physical activity and well being. Reston VA: American Association for Health, Physical Education, Recreation and Dance, 1986,304—341

Dollard, J. , Miller, N. , Doob, L. , Mourer, O. H. , Sears, R. R. , Frustration and aggression. New Haven, CT: Yale University Press, 1939

Donnelly, P. , An analysis of the relationship between organizational half-life and organizational effectiveness. Paper presented at the advanced topics course, Department of Sport Studies, University of Massachusetts, Amherst, 1975

Dowie, J. , Why Spain Should Win the World Cup. New Scientist, 1982,94: 693—695

Ducharme, K. A. , Brawley, L. R. , Predicting the intentions and behavior of exercise initiatives using two forms of self-efficacy. Journal of Behavioral Medicine, 1995,18: 479—497

Duda, J. L. , Nicholls, J. G. , Dimensions of achievement motivation in schoolwork and sport: Situational specificity or general traits. Unpublished manuscript, 1989

Duda, J. L. , Goals: A social cognitive approach to the study of achievement motivation in sport. In R. N. Singer, M. Murphey, & L. K. Tennant (Eds.), Handbook of research on sport psychology. New York: Macmillan Publishing Company, 1993,421—436

Duda, J. L. , Motivation in sport settings: A goal perspective analysis. In G. Roberts (Ed.), Motivation in sport and exercise. Champaign, IL: Human Kinetics, 1992,57—91

Dweck, C. S. , Reppucci, N. D. , Learned helplessness and reinforcement responsibility in children. Journal of Personality and Social Psychology, 1973,25: 109—116

Dweck, C. S. , The role of expectations and attributions in the alleviation of learned helplessness. Journal of Personality and Social Psychology, 1975,31: 674—685

Eades, A. , An investigation of burnout in intercollegiate athletes: The development of the Eades Athlete Burnout Inventory. Paper presented at the North American Society for the Psychology of Sport and Physical Activity National Conference, Asilomar, CA, 1991

Earn, B. M. , Intrinsic motivation as a function of extrinsic financial rewards and subjects' locus of control. Journal of Personality, 1982,50: 360—373

Elliot, E. S. , Dwek, C. S. , Goals: An approach to motivation and achievement. Journal of Personality and Social Psychology, 1988,54: 5—12

Ells, J. G. , Analysis of temporal and attention aspects of movement control. Journal of Experimental Psychology, 1973,99: 10—21

Endler, N. S. , The interaction model of anxiety: Some possible implications. In D. M. Landers & R. W. Christina(Eds.), Psychology of motor behavior and sport-1977. Champaign, IL: Human Kinetics, 1978,332—351

Etnier, J. L. , Salazar, W. , Landers, D. M. , Petruzzello, S. J. , Han, M. , Nowell, P. , The influence of physical fitness and exercise upon cognitive functioning: A meta-analysis. Journal of Sport and Exercise Psychology, 1997, 19: 249—277

Evans, L. , Hardy, L. , Sport injury and grief responses: A review. Journal of Sport and Exercise Psychology, 1995,17: 227—245

Eysenck, M. W. , A handbook of cognitive Psychology. London: Erlbaum, 1984

Feltz, D. L. , (May 31—June unpublished). A path analysis of the causal elements in Bandura's theory of self-efficacy and an anxiety-based model if avoidance behavior. North American society for the psychology of sport and physical activity. Annual conference. Montery, California, 1981,46

Feltz, D. L. , Bandura, A. , Lirgg, C. D. , Perceived collective efficacy in hockey. In D. Kendzierski (Chair), Self-perceptions in sport and physical activity: Self-efficacy and self-image. Symposium conducted at the meeting of the American Psychological Association, New Orleans, 1989, August

Feltz, D. L. , Landers, D. M. , Raeder, U. , Enhancing self-efficacy in high avoidance motor tasks: A comparison of modeling techniques. Journal of Sport Psychology, 1979,1: 112—122

Feltz, D. L. , Landers, D. M. , The effects of mental practice on motor skill learning and performance: A meta-analysis. Journal of Sport Psychology, 1983,5: 25—57

Feltz, D. L. , Riessinger, C. A. , Effects of in vivoemotive imagery and performance feedback on self efficacy and muscular endurance. Journal of Sport and Exercise Psychology, 1990,12(2): 132—143

Feltz, D. L. , Path analysis of the causal elements of Bandura's theory of self-efficacy and an anxiety-based model of avoidance behavior. Journal of Personality and Social Psychology, 1982,42: 764—781

Feltz, D. L. , Self-confidence and sports performance. In K. B. Pandolf(Ed.), Exercise and sport sciences reviews. New York: MacMillan, 1988,423—457

Feltz, D. L. , The psychology of sport injuries. In P. E. Vinger & E. F. Hoerner(Eds.), Sport injuries: The unthwarted epidemic(2nd ed.). Boston: John Wright, PSG, 1984,336—344

Flishman, E. A. , Parker, J. F. , Factors in the retention and relearning of perceptual motor skill. Journal of Experimental Psychology, 1962,64: 215—226

Floderus-Myrhed, B. , Pedersen, N. , Rasmuson, L. , Assessment of heritability for personality, based on a shortform of the Eysenck Personality Inventory: A study of 12898 twin pairs. Behaviour Genetics, 1980,10: 153—162

Fox, K. R. , The physical self: From motivation to well being. Champaign, IL: Human Kinetics, 1997

Freud, S. , Why war? In J. Strachey (Ed.), Collected papers. London: Hogarth, 1950

Frierman, S. H. , Weinberg, R. S. , Jackson, A. , The relationship between goal proximity and specificity in bowling: A field experiment. Sport psychologist, 1990,4(2): 145—154

Gagne, R. M. , Fleishman, E. A. , Psychology and Human Performance. New York: Henry Holt & Co, 1959

Ganzer, V. J. , Learning and retention in a serial learning situation. Journal of Personality and Social Psychology, 1968,8(2, PT. 1): 194—199

Garcia, A. W. , King, A. C. , Predicting long-term adherence to aerobic exercise: A comparison of two models. Journal of Sport & Exercise Psychology, 1991,13(4): 394—410

Garland, D. J. , Barry, J. R. , Personality and leader behaviors in collegiate football: A multidimensional approach to performance. Journal of Research in Personality, 1990,24: 355—370

Gauvin, L. , Rejeski, W. J. , The exercise-induced feeling inventory: Development and initial validation. Journal of Sport & Exercise Psychology, 1993,15: 403—423

Gayton, W. F. , Langevin, G. , Home advantage: Does it exist in individual sports? Perceptual and Motor Skills, 1992,74: 706

Gayton, W. F. , Matthews, G. R. , Nickless, C. J. , The home field advantage in sports championships: Does it exist in hockey? Journal of Sport Psychology, 1987,9: 183—185

Geron, D. , Furst, P. , Rotstein, P. , Personality of athletes participating in various sports. International Journal of Sport psychology, 1986,17: 120—135

Gill, D. L. , Psychological dynamics of sport. Champaign, IL: Human Kinetics, 1986

Girouard, Y. , Perreault, R. , Vachon, L. , Black, P. , Attention demands of high jumping (abstract). Canadian Journal of Applied Sport Sciences, 1978,3: 193

Glamser, F. D. , Contest location, player misconduct, and race: A case from English soccer. Journal of Sport Behavior, 1990,13: 41—49

Glasser, W. , Possitive addiction. New York: Haper & Row, 1976

Gleitaman, H. , Psychology. New York: W. W. Norton & Company, 1991

Glencross, D. J. , Gould, J. H. , The planning of precision movements. Journal of Motor Behavior, 1979, 11: 1—9

Goldon, S. , Milios, D. , Grove, R. J. , Psychological aspects of recovery process from sport injury: The perspective of sport physiotherapists. The Australian Journal of Science and Medicine in Sport, 1991, 23(2): 53—60

Goodkin, K. , Psychiatric aspects of HIV infection. Texas Medicine;1988,84: 55—61

Goodstadt, M. S. , Sheppard, M. A. , Relationships between drug education and drug use: Carts and horses. Journal of Drug Issues, 1982(Fall),12,431—442

Gore, W. V. , Taylor, D. A. , The nature of the audience as it effects social inhibition. Representative Research in Social Psychology, 1973,4(2): 18—27

Gottlieb, B. H. , (Ed.). Social networks and social support. Beverly Hills, CA: Sage, 1981

Gould, D. , Petlichkoff, L. , Simons, J. , Vevera, M. , The relationship between Competitive State Anxiety Inventory-2 subscale scores and pistol shooting performance. Journal of Sport Psychology, 1987,9: 33—42

Gregg, E. , Rejeski, J. , Social Psychobiologic dysfunction associated with anabolic steroid abuse: A review. The Sport Psychologist, 1990,4: 275—284

Gruber, J. J. , Gray, G. R. , Factor patterns of variables influencing cohesiveness at various levels of basketball competition. Research Quarterly for Exercise and Sport, 1981,52: 19—30

Guastello, S. J. , A butterfly catastrophe model of motiyation in organizations: Academic performance. Journal of Applied Psychology, 1987,72: 161—182

Guerin, B. , Social facilitation. Paris: Cambridge University Press, 1993

Hackfort, D. , Spielberger, C. D. , Sport-related anxiety: Current trends in theory and research. In D. Hackfort & C. D. Spielberger(Eds.), Anxiety in sports: An international perspective. New York: Hemisphere Publishing Corporation, 1989,262—267

Hale, B. D. , The effects of internal and external imagery on muscular and ocular concomitants. Journal of Sport Psychology, 1982,4: 379—387

Hall, H. K. , Byrne, A. T. J. , Goal setting in sport: Clarifying recent anomalies. Journal of sport and exercise psychology, 1988,10(2): 184—198

Hall, H. K. , Erffemyer, E. S. , The effjtct of visual-motor behavior rehearsal with videotaped modeling on free throw accuracy of intercollegiate on female basketball players. Journal of sport psychology, 1983,5: 343—346

Halpern, D. F. , Sex differences in cognitive abilities. Hillsdale, NJ: Erlbaum, 1992

Hanin, Y. L. , Interpersonal and intragroup anxiety in sports. In D. Hackfort & C. D. Spielberger (Eds.), Anxiety in sports: An international perspective. Series in health and behavioural medicine. New York: Hemisphere, 1989, 19—28

Hannaford, C. P. , Harrell, E. H. , Cox, K. , Psychophysiological effects of a running program on depression and anxiety in a psychiatric population. The Psychological Record, 1988,38: 37—48

Hanson, S. J. , McCullagh, P. , Tonyman, P. , The relationship of personality characteristics, life stress, and coping resources to athletic injury. Journal of Sport and Exercise Psychology, 1992,14(3): 262—272

Hardman, K. , A dual approach to the study of personality and performance in sport. In H. T. A. Whiting, K. Hardman, L. B. Hendry, & M. G. Jones(Eds.), Personality and performance in physical education and sport. London: Kimpton, 1973

Hardy, C. J. , Crace, R. K. , Dealing with injury. Sport Psychology Training Bulletin, 1990,3(1): 1—8

Hardy, L. , Fazey, J. , The inverted-U hypothesis: A catastrophe for sport psychology? Paper presented at the Annual Conference of the North American Society for the Psychology of Sport and Physical Activity. Vancouver, 1987, June

Hardy, L. , A catastrophe model of performance in sport. In J. G. Jones & L. Hardy (Eds.), Stress and performance in sport. Chichester: John Wiley & Sons, 1990,81—106

Harlow, R. G. , Masculine inadequacy and compensatory development of physique. Journal of Personality, 1951, 19: 312—323

Harris, D. V. , Robbinson, W. J. , The effects of skill level on EMG activity during internal and external imagery. Journal of Sport Psychology, 1986,8: 105—118

Heaton, A. W. , Sigall, H. , Self-consciousness, self-presentation, and performance under pressure. Journal of Applied Social Psychology, 1991,21: 175—188

Heider, F. , The psychology of interpersonal relationships. New York: Wiley

Held, J. D. , Alderton, D. L. , Foley, P. P. , Segall, D. O. , Arithmetic reasoning gender differences: Explanations found in the Armed Services Vocational Aptitude Battery (ASVAB). Learning and Individual Differences, 1993 Sum,5(2): 171—186

Henchy, T. , Glass, D. C. , Evaluation apprehension and the social facilitation of dominant and subordinate responses. Journal of Personality and Social Psychology, 1968,10: 446—454

Henry, F. M. , Personality differences in athletes, physical education and aviation students. Psychological Bulletin, 1941,38: 745

Holloway, J. B. , Beuter, A. , Duda, J. L. , Self-efficacy and training for strength in adolescent girls. Journal of Applied Social Psychology, 1988,18(8): 699—719

Holmes, T. H. , Rahe, R. H. , The social readjustment rating scale. Journal of Psychosomatic Research, 1967,11(2): 213—218

Homer, S. , Sex differences in achievement motivation and performance in competitive and noncompetitive situations. Unpublished doctoral dissertation, University of Michigan, Ann Arbor, 1968

Howe, E. S. , GSR conditioning in anxiety states, normals, and chronic functional schizophrenic subjects. Journal of Abnormal Psychology, 1958, 56: 183—189 Hull, C. L. , Principles of Behavior. New York: Appleton-Century CO, 1943

Hymbaugh, K. , Garrett, J. , Sensation seeking among skydivers. Perceptual and Motor Skills, 1974,38: 118

Ievleva, L. , Orlick, T. , Mental links to enhanced healing. The Sport Psychologist, 1991,5(1): 25—40

IOC Medical Commission(2000, May). Olympic Movement Anti-Doping Code. Retrieved July 7,2002, from http://multimedia. olympic. org/pdf/en_report_21. pdf

IOCMC(1999). 30 years of fight against doping, Doping cases. Retrieved January 25,2001, from http://www. nodoping. olympic. org/lutdop_cdopage_e. html

lronson, G. , LaPerriere, A. , Antoni, M. , Klimas, N. , Fletcher, M. A. , Schneiderman, N. , Changes in immunologic and psychological measures as a function of anticipation and reaction to news of HIV—1 antibody virus. Psychosomatic Medicine, 1990,52: 247—270

Ismail, A. II. , Young, R. J. , The effect of chronic exercise on the personality of middle-aged men by univariate and multivariate approaches. Journal of Human Ergology, 1973,2: 47—57

Isoahola, S. E. , Hatfield, B. , Psychology of sports: A social psychological approach. Dubuque, IA: William C. Brown, 1986

Iso-Ahola, S. , The social psychology of leisure and recreation. Dubuque, IA; W. C. Brown, 1980

ISSP. The use of anabolic-androgenic steroids(AAS) in sport and physical activity: A position statement. International Journal of Sport Psychology, 1993,24(1): 74—78

Itil, T. M. , Cora, R. , Akpinar, S. , Herrmann, W. M. , Patterson, C. J. , "Psychotropic" action of sex

参
考
文
献

hormones: Computerized EEG in establishing the immediate CNS effects of steroid hormones. Current Therapeutic Research, 1974,16: 1147—1170

Jackson, D. W., Jarrett, H., Bailey, D., Kausek, J., Swanson, J., Powell, J. W., Injury prediction in the young athlete: A preliminary report. American Journal of Sports Medicine, 1978,6: 6—14

Jackson, S. A., Csikszentmihalyi, M., Flow in sports. Champaign, IL: Human Kinetics, 1999

Jackson, S. A., Marsh, H. W., Development and validation of a scale to measure optimal experience: The Flow State Scale. Journal of Sport & Exercise Psychology, 1996,18: 17—35

Jackson, S. A., Athletes in flow: A qualitative investigation of flow in elite figure skaters. Journal of Applied Sport Psychology, 1992,4: 161—180

Jackson, S. A., Factors influencing the occurrence of flow state in elite athletes. Journal of Applied Sport Psychology, 1995,7: 138—166

Jackson, S. A., Toward a conceptual understanding of the flow experience in elite athletes. Research Quarterly for Exercise and Sport, 1996,67: 76—90

Jacobs, T. M., Lawrence, M. D., Hong, K., Giordano, N. Jr., Giordano, N. Sr., On catching fly balls. Science, 1996,273: 257—258

Jacobson, E., Progressive relaxation. Chicago: University of Chicago Press, 1938

Jickling, R., The effects of a course at the Canadian outward bound school at Keremeos British Columbia. Canadian Association for Health, Physical Education and Recreation Journal, 1977,44(1): 30—37

John, O. P., The big-five factor taxonomy: Dimensions of personality in the natural language and questionnaires. In L. A. Pervin(Ed.), Handbook of personality: Theory and research. New York: Guilford Press, 1990,66—100

Jones, C. M., Miles, T. R., Use of advance cues in predicting the flight of a lawn tennis ball. Journal of Human Movement Studies, 1978,4: 231—235

Jones, E. E., Davis, K. E., From acts to dispositions: The attribution process in person perception. In L. Berkowitz(Ed.), Advances in experimental social psychology. New York: Academic Press, 1965, 2

Jones, G., Swam, A. B. J., Intensity and direction dimensions of competitive state anxiety and relationships with competitiveness. Perceptual and Motor Skill, 1992,74: 467—472

Jones, G., Swam, A. B. J., Predispositions to experience debilitative and facilitative anxiety in elite and nonelite performers. The Sport Psychologist, 1995,9: 201—211

Jordan, M., I can't accept not trying. New York: Harper Collins Publishers, 1994

Julian, J. W., Lichtman, C. M., Ryckman, R. M., Internal-external control and need to control. Journal of Social Psychology, 1968,76: 43—48

Julien, R. M., A primer of drug action(3rd ed.). San Francisco: W. H. Freeman, 1981

Kane, J. E., Personality and performance in sport. In J. G. Williams & P. N. Sperryn(Eds.), Sports medicine. Baltimore: The Williams and Wilkins Company, 1976

Kane, J. E., Personality research: The current controversy and implications for sport studies. In W. F. Straub(Ed.), Sport psychology: An analysis of athlete behavior(2nd ed.). Ithaca, NY: Mouvement Publications, 1980

Kay, J., Trouble in river city: Players can't cite reason for Red's poor play. Muncie Evening Press, 1988, 15, June 30

Kelley, H. H., The process of causal attribution. American Psychologist, 1973,28: 107—128

Kellmann, M., Guunther, K. D., Changes in stress and recovery in elite rowers during preparation. for the Olympic Games. Medicine and Science in Sports and Exercise,2000,32(3): 676—683

Kerr, B., Processing demands during movement. Journal of Motor Behavior, 1975,7: 15—27

运动心理学(第二版)

Kerr, G. , Goss, J. , The effects of a stress management program on injuries and stress levels. Journal of Applied Sport Psychology, 1996,8: 109—117

Kirsta, A. , The book of stress survival. Simon & Schuster, Inc, 1986

Kolt, G. S. , Kirkby, R. J. , Injury, anxiety and mood in competitive gymnastics. Paper presented at the First Asian South Pacific Association of Sports Psychology International Conference. Melbourne: Australia, 1991

Kraus, J. F. , Conroy, C. , Mortality and morbidity from injuries in sports and recreation. Annual Review of Public Health, 1984,5: 163—192

Kroll, W. , Carlson, R. B. , Discriminant function and hierarchical grouping analysis of karate participants' personality profiles. Research Quarterly for Exercise and Sport, 1967,38: 405—411

Kroll, W. , Crenshaw, W. , Multivariate personality profile analysis of four athletic groups. In G. S. Kenyon(Ed.), Contemporary psychology of sport: Second international congress of sport psychology. Chicago: The Athletic Institute, 1970,97—106

Kroll, W. , Lewis, G. , America's first Sport psychologist. Quest, 1970,13: 1—14

Kroll, W. , Sixteen personality factor profiles of collegiate wrestlers. Research Quarterly, 1967,38: 49—57

Kvidera, D. , Frankel, V. H. , Trauma on eight wheels: A study of roller skating injuries in Seattle. American Journal of Sports Medicine, 1983,11,38—41

Lafavi, R. G. , Reeve, T. G. , Mewland, M. C. , Relationship between anabolic steroid use and selected psychological parameters in male bodybuilders. Journal of Sport Behavior, 1990,13: 157—166

Lafontaine, T. P. , DiLorenzo, T. M. , Frensch, P. A. , Stucky-Ropp, R. C. , Bargman, E. P. , McDonald, D. G. , Aerobic exercise and mood: A brief review, 1985—1990. Sports Medicine, 1992, 13(3): 160—170

Lander, D. M. , Wilkinson, M. O. , Hatfield, B. D. , Barber, H. , Causality and the cohesion-performance relationship. Journal of Sport Psychology, 1982,4: 170—183

Landers, D. M. , Lueschen, G. , Team performance outcome and cohesiveness of competitive coacting groups. International Review of Sport Sociology, 1974,9: 57—69

Landers, D. M. , The arousal-performance relationship revisited. Research Quarterly for Exercise and Sport, 1980,51: 77—90

LaPerriere, A. R. , Antonio, M. H. , Schneiderman, N. , Ironson, G. , Klimas, N. , Caralis, P. , Fletcher, M. A. , Exercise intervention attenuates emotional distress and natural killer cell decrements following notification of positive serologic status for HIV—1. Biofeedback and Self-Regulation, 1990,15: 229—242

Larson, G. A. , Starkey, C. , Zaichkowsky, L. D. , Psychological aspects of athletic injuries as perceived by athletic trainers. The Sport Psychologist, 1996,10: 37—47

Law, D. J. , Pellegrino J. W. , Hunt, E. B. , Comparing the tortoise and the hare: Gender differences and experience in dynamic spatial reasoning tasks. Psychological Science, 1993 Jan,4(1): 35—40

Lazarus, R. S. , Folkman, S. , Stress, appraisal, and coping. New York: Springer, 1984

Leavitt, J. , Young, J. , Connelly, D. , Journal of Applied Research in Coaching and Athletics, 1989,4 (4): 225—232

Lee, T. D. , Gallagher, J. D. , A parallel between the preselection effect in psychomotor memory and the generation effect in verbal fflemory. Journal of Experimental Psychology: Human Learning and Memory, 1981,7: 77—78

Lefcourt, H. M. , Wine, J. , Internal versus external control of reinforcement and the deployment of attention in experimental situations. Canadian Journal of Personality, 1969,1: 167—181

Lefcourt, H. M. , Internal versus external control of reinforcement: A review. Psychological Bulletin,

1966,65: 206—220

Lefcourt, H. M., Locus of control. Hillsdale, NJ: Erlbaum, 1976

Lefebrve, L. M., Passer, M. W., The effects of game location and importance on aggression in team sport. International journal of Sport Psychology, 1974,5: 102—110

Lenk, H., Top performance despite internal conflict: An antit-hesisto functionalistic proposition. In J. Loy & G. Kenyon(Eds.), Sport, culture and society. London: Macmillan, 1969,393—397

Leonard, W. M., The "home advantage": The case of the modern Olympiads. Journal of Sport Behavior, 1989,12: 227—241

Lieber, J., Deep scars. Sports Illustrated, 1991,75(5): 36—44

Liebert, R. M., Morris, L. W., Cognitive and emotional components of test anxiety: A distinction and some initial data. Psychological Reports, 1967,20: 975—978

Locke, E. A., Latham, G. P., The application of goal setting to sports. Journal of sport psychology, 1985,7(3): 205—222

Loehlin, J. C., Group differences in intelligence. In R. J. Sternberg(Ed.), Handbook of intelligence. Cambridge: Cambridge University Press,2000,176—193

Logan, A. C., Goetsch, V. L., Attention to external threat cues in anxiety states. Clinical Psychology Review, 1993,13: 541—559

Long, B. C., Haney, C. J., Coping strategies for working women: Aerobic exercise and relaxation interventions. Behavior Therapy, 1988a, 19: 75—83

Long, B. C., Haney, C. J., Long-term follow-up of stressed women: A comparison of aerobic exercise and progressive relaxation. Journal of Sport and Exercise Psychology, 1988b,10: 461—470

Long, B. C., Aerobic conditioning and stress inoculations: A comparison of stress management intervention. Cognitive Therapy and Research, 1984,8: 517—542

Long, B. C., Aerobic conditioning and stress reduction: Participation or conditioning? Human Movement Science, 1983,2: 171—186

Lox, C. L., McAuley, E., Tucker, R. S., Exercise as an intervention for enhancing subjective well-being in an HIV—1 population. Journal of Sport & Exercise Psychology, 1995,17: 345—362

Lupinacci, N. S., Rilli, R. E., Jones, J., Ross, D., Age and physical activity effects on reaction time and digit symbol substitution performance in cognitively active adults. Research Quarterly for Exercise and Sport, 1993,64: 144—150

Lynn, R., Some reinterpretations of the Minnesota Transracial Adoption Study. Intelligence, 1994, 19: 21—27

Ma, Q. w., The development of sport psychology in China. Proceedings of 7th world congress in sport psychology. International Society of Sport Psychology, 1989,206—209

Macchi, R., Crossman, J., After the fall: Reflections of injured classical ballet dancers. Journal of Sport Behavior, 1996, 19: 222—234

Macleod, C., Mathews, A., Tata, P., Attentional bias in emotional disorders. Journal of Abnormal Psychology, 1986,95: 15—20

MacRae, P. G., Physical activity and central nervous system integrity. In W. W. Spirduso & H. M. Eckerl(Eds.), Physical activity and aging. Champaign, IL: Human Kinetics, 1989,69—77

Magni, G., Rupolo, G., Simini. G., DeLeo, D., Rampazzo, M., Aspects of the psychology and personality of high altitude mountain climbers. International Journal of Sport Psychology, 1985,16: 12—19

Mahoney, M. J., Avener, M., Psychology of the elite athlete: An exploratory study. Cognitive Therapy and Research, 1977,1: 135—141

Mahoney, M. J., Meyers, A. W., Anxiety and athletic performance: Traditional and cognitive-developmental perspectives. In D. Hackfort & C. D. Spielberger (Eds.), Anxiety in sports: An international perspective. Series in Health and Behavioural Medicine. New York: Hemisphere, 1989, 77—94

Mahoney, M. J., Cognitive and skills and athletic performance. In P. C. Kendall & S. D. Hollon (Eds.), Cognitive-behavioral interventions: Theory, research, and procedures. New York: Academic Press, 1979,423—443

Malmo, R. B., Activation: A neuropsychological dimension. Psychological Review, 1959,66: 367—386

Manuck, S. B., Hinrichsen, J. J., Ross, E. O., Life stress, Locus of control and treatment seeking. Psychological Reports, 1975,37: 589—590

Marisi, D. Q. Anshel, M. H., The effects of related and unrelated stress on motor performance. New Zealand journal of Health, Physical Education and Recreation, 1976,9: 93—96

Marsh, H. W., Jackson, S. A., Flow experience in sport: Construct validation of multidimensional, hierarchical state and trait responses. Structural Equation Modeling, 1999,6: 343—371

Marteniuk, R. G., Retention characteristics of motor short-term memory cues. Journal of Motor Behavior, 1973,5: 249—259

Martens, R., Burton, D., Vealey, R. S., Bump, L. A., Smith, D. E., Competitive State Anxiety Inventory-2. Symposium presented at the meeting of the NASPSPA, College Park, MD, 1982, May

Martens, R., Landers, D. W., Loy, J. W., Sport cohesiveness questionnaire. Washington, DC: AAHPERD Publications, 1972

Martens, R., Peterson, J., Group cohesiveness as a determinant of success and member satisfaction in team performance. International Review of Sport Sociology, 1971,6: 49—71

Martens, R., Vealey, R. S., Burton, D., Competitive anxiety in sport. Campaign, IL: Human Kinetics, 1990

Martens, R., Coaches guide to sport psychology. Champaign, Illinois: Human Kinetics, 1987

Martens, R., Sport competition anxiety test. Champaign, IL: Human Kinetics Publishers, 1977

Martens, R., The paradigmatic crises in American sport personology. In A. C. Fisher (Ed.), Psychology of sport. Palo Alto, CA: Mayfield Publishing Company, 1976

Martin, M. B., Anshel, M. H., Attitudes of elite junior athletes on drug-taking behaviors: Implications for drug prevention programs. Drug Education Journal of Australia, 1991,5: 223—238

Martinsen, E. W., Hoffart, A., Solberg, O., Comparing aerobic with nonaerobic forms of exercise in the treatment of clinical depression: A randomized trial. Comprehensive Psychiatry, 1989,30: 324—331

Martinsen, E. W., Medhus, A., Sandvik, L., Effects of aerobic exercise on depression: A controlled study. British Medical Journal, , 1985,291: 109

Maslach, C., Jackson, S. E., The measurement of experienced burnout. Journal of Occupational Behavior, 1981,2: 99—113

Maslow, A. H., Motivation and personality (2nd ed.). New York: Harper & Row, 1970

Maslow, A. H., Toward a psychology of being. Princeton, NJ: Van Nostrand, 1968

Masters, M. S., Sanders, B., Is the gender difference in mental rotation disappearing? Behavior Genetics, 1993,23: 337—341

Matheson, H. E., Antecedents of cohesion-do coaches of different sports reflect the same approaches? Paper presented at 2nd International Congress Asian-South Pacific Association of Sport Psychology, Hong Kong, 1995

Mathews, A., Macleod, C., Selective processing of threat cues in anxiety states. Behavior Research and Therapy, 1985,23: 563—569

Mathews, A., Anxiety and the processing of threatening information. In V. Hamilton, G. H. Bower, & N. H. Frijda (Eds.), Cognitive perspectives on emotion and motivation. Boston: Kluwer Academic,

1988,265—284

McAndrew, F. T., The home advantage in individual sports. The Journal of Social Psychology, 1992, 133: 401—403

McAuley, E., Courneya, K. S., The subjective exercise experiences scale(SEES): Development and preliminary validation. Journal of Sport & Exercise Psychology, 1994,16: 163—177

McAuley, E., Gross, J. B., Perceptions of causality in sport: An application of the causal dimension scale. Journal of Sport Psychology, 1983,5: 72—76

McBeath, M. K., Shaffer, D. M., Kaiser, M. K., How baseball outfielders determine where to run to catch fly balls. Science, 1995,268: 569—573

McBeath, M. K., Shaffer, D. M., Kaiser, M. K., On catching fly balls. Science, 1996,273: 258—260

McCallum, J., For whom the Bull toils. Sport Illustrated, 1991, Nov. ll,75: 106—118

McCrae, R. R., John, O. P., An introduction to the five-factor model and its applications. Journal of Personality, 1992,60: 175—215

McCullagh, P. D., Landers, D. M., Size of audience and social facilitation. Perceptual and Motor Skills, 1976,42: 1067—1070

McCullagh, P., North, T. C., Mood, D., Exercise as a treatment for depression: A meta-analysis. Paper presented at the meeting of the North American Society for the Psychology of Sport and Physical Activity, Knoxville, TN, 1988, June

McDonald, D. G., Hodgdon, J. A., Psychological effects of aerobic fitness training. New York: Springer-Verlag, 1991

McGrath, J., The influence of positive interpersonal relations on adjustment and effectiveness in rifle teams. Journal of Abnormal and Social Psychology, 1962,65: 365—375

McGue, M., Bouchard, T. J., Jr. Genetic and environmental determinants of information processing and special mental abilities: A twin analysis. In R. J. Sternberg(Ed.), Advances in the psychology of human intelligence. Hillsdale, NJ: Erlbaum, 1989,5: 745

McNair, D. M., Lorr, M., Droppleman, L. F., Profile of Mood States manual. San Diego, CA: Educational and Industrial Testing Service, 1971

McNally, R. J., Kaspi, S. P., Riemann, B. C., Zeitlin, S. B., Selective processing of threat cues in post-traumatic stress disorder. Journal of Abnormal Psychology, 1990,99: 398—402

Mechelen, W., Hlobil, H., Kemper, H. C., Incidence, severity and prevention of sport injuries. Sports Medicine, 1992,14: 82—99

Meclay, P., Managing bursitis in the athlete: An overview. The Physician and Sports Medicine, 1988, 17: 115—118

Melnick, M., Chemers, M., Effects of group social structure on the success of basketball teams. Research Quarterly, 1974,45: 1—8

Michaels, J. W., Blommel, J. M., Brocato, R. M., Linkous, R. A., Rowe, J. S., Social facilitation and inhibition in a natural setting. Replications in Social Psychology, 1982,2: 21—24

Miller, R. W., In search of peace: Peer conflict resolution. Schools in the middle, Spring, 1993,11—13

Morgan, W. P., Brown, D. R., Gaglin, J. S., O'Connor P J, Ellickson K A. Psychological monitoring of overtraining and staleness. British Journal of Sport Medicine, 1987,21: 107—114

Morgan, W. P., Costill, D. L., Psychological characteristics of the marathon runner. Journal of Sports Medicine and Physical Fitness, 1972,12: 42—46

Morgan, W. P., Goldston, S. E., (Eds.). Exercise and mental health. New York: Hemisphere, 1987a

Morgan, W. P., Johnson, R. W., Psychological characteristics of successful and unsuccessful oarsmen. International Journal of Sport Psychology, 1978,11: 38—49

Morgan, W. P., Johnson, R. W., Psychological characterizations of the elite wrestler: A mental health model. Medicine and Science in Sports, 1977,9(1): 55—56

Morgan, W. P. , O'Connor, P. J. , Ellickson, K. A. , Bradley, P. W. , Personality structure, mood states, and performance in elite male distance runners. International Journal of Sport Psychology, 1988, 19: 247—263

Morgan, W. P. , O'Connor, P. J. , Sparling, P. B. , Pate, R. R. , Psychological characterization of the elite female distance runner. International Journal of Sports Medicine, 1987,8: 124—131

Morgan, W. P. , Pollock, M. L. , Psychological characterization of the elite distance runner. Annuals of the New York Academy of Science, 1977,301: 382—403

Morgan, W. P. , Anxiety reduction following acute physical activity. Psychiatric Annals, 1979a,9: 141—147

Morgan, W. P. , Prediction of performance in athletics. In P. Klavora & J. V. Daniel(Eds.), Coach, athlete, and the sport psychologist Champaign. IL: Human Kinetics Publishers, . 1979b,172—186

Morgan, W. P. , Reduction of state anxiety following acute physical activity. In W. P. Morgan & S. E. Goldston(Eds.), Exercise and mental health. Washington, DC: Hemisphere, 1987

Morgan, W. P. , Sport personology: The credulous-skeptical argument in perspective. In W. F. Straub (Ed.), Sport psychology: An analysis of athlete behavior(2nd ed.). Ithaca, NY: Mouvement Pulolications, 1980a,330—339

Morgan, W. P. , The trait psychology controversy. Research Quarterly for Exercise and Sport, 1980b, 51: 50—76

Morris, L. W. , Davis, M. A. , Hutchings, C. H. , Cognitive and emotional components of anxiety: Literature review and a revised Worry-Emotionality Scale. Journal of Educational Psychology, 1981, 73: 541—555

Murphy, S. M. , Fleck, S. J. , Dudley, G. , Callister, R. , Psychological and performance concomitants of increased volume training in athletes. Journal of Applied Sport Psychology, 1990,2: 34—50

Murphy, S. , Imagery intervention in sport. Medicine and Science in Sport and Exercise, 1994,26: 486—494

Myers, D. G. , Social psychology (5th ed.). New York: The McGraw-Hill Companies, 1996

Nacson, J. , Schmidt, R. A. , The activity-set hypothesis for warm-up decrement. Journal of Motor Behavior, 1971,3: 1—15

Nagle, F. G. , Morgan, W. P. , Hellickson, R. V. , Serfass, P. C. , Alexander, J. F. , Spotting success traits in Olympic contenders. Physician and Sports Medicine, 1975,3(12): 31—34

Nelson, B. , Carron, M. , Home court advantage as perceived by coaches and players in selected division I college sports. In W. K. Simpson, A. LeUnes, & J. S. Picou(Eds.), Applied Research in Coaching and Athletics Annual. Boston: American Press, 1991

Neumann, E. , Ammons, R. B. , Acquisition and long term retention of a simple serial perception motor skill. Journal of Experimental Psychology, 1957,53: 159—161

Nicholls, J. G. , Miller, A. T. , Development and its discontents: The differentiation of the concept of ability. In J. G. Nicholls(Ed.). Advances in motivation and achievement. London: JAI Press, 1984, 3: 185—218

Nicholson, N. , The role of drug education. In S. Hayners & M. Anshel(Eds.), Proceedings of the 1989 Motional Drugs in Sport Conference-Treating the Causes and Symptoms. University of Wollongong, Wollongong, NSW, Australia, 1989,48—57

Nideffer, R. M. , Attention control training. New York: Wyden Books, 1978

Nideffer, R. M. , Attentional focus self-assessment. In R. M. Suinn (Ed.), Psychology in sports: Methods and applicatins. minneapolis. Burgess Publishing Company, 1980a

Nideffer, R. M., Concentration and attention control training. In J. M. Williams(Ed.), Applied sport psychology. Palo Alto, CA: Mayfield Publishing Company, 1986,257—269

Nideffer, R. M., Test of attentional and interpersonal style. Journal of Personality and Social Psychology, 1976a,34: 394—404

Nideffer, R. M., The injured athlete: Psychological factors in treatment. Orthopedic Clinics of North America, 1983,14: 373—385

Nideffer, R. M., The inner athlete: Mind plus muscle for winning. New York: Thomas Y. Crowell Company, 1976b

Nideffer, R. M., The relationship of attention and anxiety to performance. In W. F. Straub(Ed.), Sport Psychology: An analysis of athlete behavior(2nd ed.). Ithaca, NY: Mouvement Publications, 1980b

Nideffer, R. M., Use of the test of attentional and interpersonal style(TAIS) in sport. The Sport Psychologist, 1990,4,285—300

Norman, W. T.,2800 personality trait descriptors: Normative operating characteristics for a university population(Research Rep. No. 08310—1—T). Ann Arbor: University of Michigan Press, 1967

Norman, W. T., Toward an adequate taxonomy of personality attributes: Replicated factor structure in peer nomination personality ratings. Journal of Abnormal and Social Psychology, 1963,66: 574—583

North, T. C., McCullagh, P., Tran, Z. V., Effect of exercise on depression. In K. B. Pandolf & J. O. Holloszy (Eds.), Exercise and sport sciences reviews. Baltimore: Williams and Wilkins, 1990,18: 379—415

O'Connor, P. J., Overtraining and staleness. In W. P. Morgan(Ed.), Physical activity and mental health. Bristol, PA: Taylor & Francis, 1997,145—160

Ogilvie, B. C., Tutko, T. A., Problem athletes and how to handle them. London: Palham Books, 1966

Ogilvie, B. C., Psychological consistencies within the personality of high-level competitors. Journal of the American Medical Association, 1968,205: 780—786

Ogilvie, B. C., Psychological consistencies within the personality of high-level competitors. In A. C. Fisher(Ed.), Psychology of sport. Palo Alto, CA: Mayfield Publishing Company, 1976

Oliva, T. A., Desarbo, W. S., Day, D. L., Jedidi, K., GEMCAT: A general multivariate methodology for estimating catastrophe models. Behavioral Science, 1987,32(2): 121—137

Olympic Wada(1999a). IOC's fight against doping-A brief History. Retrieved January 24,2001, from http://www. olympic. org/ioc/e/news/wada/wada_intro_e. html

Olympic Wada(1999b). Lausanne Declaration on Doping in Sport. Retrieved January 24, from http://www. nodoping. olympic. org/Declaration_e. html

Orlick, T. D., Mosher, R., Extrinsic awards and participant motivation in a sport related task. International Journal of Sport Psychology, 1978,9: 27—39

Orlick, T., Partington, J., Psyched: Inner views of winning. Ottawa, Canada: Coaching Association of Canada, 1986

Oxendine, J., Emotional arousal and motor performance. Quest, 1970,13: 23—30

Palmer, J., High school senior athletes as peer educators and role models: An innovative approach to drug prevention. Journal of Alcohol and Drug Education, 1989, Fall,35: 23—27

Papenek, J., The enforcers. Sports Illustrated, October 31, 1977,43—49

Parker, H., Visual detection and perception in netball. In I. M. Cockerill & W. W. MacGillivary (Eds.), Vision and sport. London: Stanley Thornes, 1981,42—53

Partinton, J. T., Shangi, G. M., Developing an understanding of team psychology. International Journal of Sport Psychology, 1992,23: 28—47

Patterson, E. L., Smith, R. E., Everett, J. J., Ptacek, J. T., Psychosocial factors as predictors of ballet injuries. Journal of Sport Behavior, 1998,21: 101—112

Pedersen, N. L., Plomin, R., Nesselroade, J. R., McClearn, G. E., A Quantitative genetic analysis of cognitive abilities during the second half of the life span. Psychological Science, 1992, 3: 346—353

Perri, S. II., Templer, D. I., The effects of an aerobic exercise program on psychological variables in older adults. International Journal of Aging and Human Development, 1985,20(3): 167—172

Perry, P. J., Andersen, K. H., Yates, W. R., Illicit anabolic steroid use in athletes. American Journal of Sports Medicine, 1990,18: 422—428

Pessin, J., Husband, R. W., Effects of social stimulation on human maze learning. Journal of Ab-normal and Social Psychology, 1933,28: 148—154

Pessin, J., The comparative effects of social and mechanical stimulation on memorizing. American Journal of Psychology, 1933,45: 263—270

Petitpas, A., Danish, S., Caring for injured athletes. In S. Murphy (Ed.), Sport psychology interventions. Champaign, IL: Human Kinetics, 1995,255—281

Petrie, T. A., The moderating effects of social support and playing status on the life stress-injury relationship. Journal of Applied Sport Psychology, 1993,5: 1—16

Petruzzello, S. J., Landers, D. M., Hatfield, B. D., Kubitz, K. A., Salazar, W., A meta-analysis on the anxiety reducing effects of acute and chronic exercise. Sports Medicine, 1991,11(3): 143—182

Phares, E. J., Differential utilisation of information as a function of internal-external control. Journal of Personality, 1968,36: 649—662

Phares, E. J., Locus of control in personality. New York: General Learning Press, 1976

Piaget, J., The moral judgment of the child. New York: Harcourt & Brace, 1936

Pierce, E. F., McGowan, R. W., Exercise dependence as a function of competitive orientation in runners. Research Quarterly of Exercise and Sport, Supplement to 63(1), Abstract A—81, 1992

Pilisuk, M., Parks, S. H., The healing web: Social networks and human survival. Hanover, NH: University Press of New England, 1986

Pines, H. A., Julian, J. W., An attributional analysis of locus of control orientation and source of information dependence. Journal of Personality and Social Psychology, 1973,36: 649—662

Pines, H. A., Julian, J. W., Effects of task and social demands on locus of control differences in information processing. Journal of Personality and Social Psychology, 1972,25: 262—272

Pittman, T. S., Davey, M. E., Alafat, K. A., Wetherill, K. V., Kramer, N. A., Informational versus controlling verbal rewards. Personality and Social Psychology Bulletin, 1980,6: 228—233

Poag, K., McAuley, E., Goal setting, self-efficacy, and exercise behavior. Journal of Sport & Exercise Psychology, 1992,14: 352—360

Pollard, R., Home Advantage in Soccer: A Retrospective Analysis. Journal of Sport Sciences, 1986,4: 237—248

Pomeranz, D. M., Krasner, L., Effect of a placebo on a simple motor response. Perceptual and Motor Skills, 1969,28: 15—18

Posner, M. I., Keele, S. W., Attention demands of movements. Proceedings of the 17th International Congress of Applied Psychology. Amsterdam: Swets & Zeitlinger, 1969

Poulton, E. C., On prediction skilled movement. Psychological Bulletin, 1957,54: 467—478

Powell, R. P., Psychological effects of exercise therapy upon institutionalized geriatric mental patients. Journal of Gerontology, 1974,29(2): 157—161

Powell, R. R., Pohndorf, R. H., Comparison of adult exercisers and nonexercisers on fluid intelligence and selected physiological variables. Research Quarterly, 1971,42(1): 70—77

Prapavessis, H., Carron, A. V., Learned helplessness in sport. The Sport Psychologist, 1988,2: 189—201

Privette, G. , Bundrick, C. M. , Effects of triggering activity on construct events: Peak performance, peak experience, flow, average events, misery, and failure. Journal of Social Behavior and Personality, 1989,4: 299—306

Privette, G. , Bundrick, C. M. , Measurement of experience: Construct and content validity of the experience questionnaire. Perceptual and Motor Skills, 1987,65: 315—332

Privette, G. , Bundrick, C. M. , Peak experience, peak performance, and flow: Correspondence of personal descriptions and the theoretical constructs. Journal of Social Behavior and Personality, 1991, 6: 169—188

Privette, G. , Bundrick, C. M. , Psychological processes of peak, average, and failing performance in sport. International Journal of Sport Psychology, 1997,28: 323—334

Privette, G. , Landsman, T. , Factors analysis of peak performance: The full use of potential. Journal of Personality and Social psychology, 1983,44: 195—200

Prochaska, J. O. , DiClemente, C. C. , Norcross, J. C. , In search of how people change. American Psychologist, 1992,47: 1102—1114

Raglin, J. S. , Eksten, F. , Garl, T. , Mood state responses to a pre-season conditioning program in male collegeiate basketball players. International Journal of Sport Psychology, 1995,26: 214—225

Raglin, J. S. , Morgan, W. P. , Influence of exercise and quiet rest on state anxiety and blood pressure. Medicine and Science in Sport and Exercise, 1987, 19: 456—463

Raglin, J. S. , Stager, J. M. , Koceja, D. M. , Harms, C. A. , Changes in mood state, neuromuscular function, and performance during a season of training in female collegiate swimmers. Medicine and Science in Sport and Exercise, 1996,28: 372—377

Reis, H. T. , Jelsma, B. , A social psychology of sex differences in sport. In W. F. Straub(Ed.), Sport psychology. Ithaca, NY: Movement, 1978,276—286

Rejeski, W. J. , Brawley, L. R. , Attribution theory in sport: Current status and new perspectives. Journal of Sport Psychology, 1983,5: 77—79

Rejeski, W. J. , Causal attribution: An aid to understanding and motivating athletes. Motor Skill: Theory into Practice, 1980,4: 32—36

Rice, P. L. ,（石林、古丽娜、梁竹苑、王谦译）:压力与健康. 北京:中国轻工业出版社,2000

Riddick, C. C. , Comparative psychological profiles of three group of female collegians: Competitive swimmers, recreational swimmers, and inactive swimmers. Journal of Sport Behavior, 1984,7: 160—174 Rigsby, L. W. , Dishman, R. K. , Jackson, A. W. , MaClean, G. S. , Raven, P. B. , Effects of exercise training on men seropositive for human immunodeficiency virus-l Medicine and Science in Sports and Exercise, 1992,24(1): 6—12

Rippol, H. , The understanding-acting process in sport: The relationship between the semantic and the sensorimotor visual function. International Journal of Sport Psychology, 1991,22: 221—243

Roberts, G. C. , Kleiber, D. A. , Duda, J. L. , Motivation in children's sport: The role of perceived competence. Journal of Sport Psychology, 1981,3: 206—216

Roberts, G. C. , (Ed.). Motivation in sport and exercise. Champaign: Human Kinetics, 1992

Roberts, G. C. , Children's achievement motivation. In J. Nicholls (Ed.), The development of achievement motivation. Greenwich, CT: JAI Press, 1984

Roberts, G. C. , Win-loss causal attributions of Little League players. Movement, 1975,7: 351—322

Rose, D. J. , Christina, R. W. , Attention demands of precision pistol-shooting as a function of skill level. Research Quarterly for Exercise and Sport, 1990,61: 111—113

Rose, J. , Jevne, R. F. J. Psychosocial processes associated with athletic injuries. The Sport Psychologist, 1993,7: 309—328

Rosenthal, R. , Experimenter expectancy and the reassuring mature of self hypothesis decision pro-

运动心理学(第二版)

cedures. Psychological Bulletin, Monograph Supplement, 1968,70: 30—47

Ross, M., Olson, J. M., An expectancy-attribution model of the effects of placebos. Psychological Review, 1981,88: 408—437

Rotella, R. J., Heyman, S. R., Stress, injury and the psychological rehabilitation of athletes. In J. M. Williams(Ed.), Applied sport psychology: Personal growth to peak performance. Palo Alto, CA: Mayfield, 1986,343—364

Roth, D. L., Acute emotional and psychophysiological effects of aerobic exercise. Psychophysiology, 1989,26: 593—602

Rotter, J. B., Generalized expectancies for internal versus external control of reinforcement. Psychological Monograph, 1966,80: 1—28

Rotter, J. B., Social learning and clinical psychology. Eglewood Cliffs, New Jersey: Prentice-Hall, 1954

Rowland, G. L., Franken, R. E., Harrision, K., Sensation seeking and participation in sporting activities. Journal of Sport Psychology, 1986,8: 212—220

Ruder, M. K., Gill, D. L., Immediate effects of win-loss on perceptions of cohesion in intramural and intercollegiate volleyball teams. Journal of Sport Psychology, 1982,4: 227—234

Rudolph, D. L., McAuley, E., Self-efficacy and salivary cortisol responses to acute exercise in physically active and less active adults: Journal of Sport & Exercise Psychology, 1995,17: 206—213

Rushall, B. S., The status of personality research and application in sports and physical education. Journal of Sports Medicine and Physical Fitness, 1973,13: 281—290

Rushall: B. S., Three studies relating personality variables to football performance. International Journal of Sport Psychology, 1972,3: 12—24

Russell, G. W., Arms, R. L., False consensus effect, physical aggression, anger, and a willingness to escalate a disturbance. Aggressive Behavior, 1995,21: 381—386

Russell, G. W., Arms, R. L., Toward a socially psychological profile of would be rioters. Aggressive Behavior, 1998,24: 219—226

Russell, G. W., Mustonen, A., Peacemakers: Those who would intervene to quell a sports riot. Personality and Individual Differences, 1998,24: 335—339

Russell, G. W., Personalities in the crowd: Those who would escalate a sport riot. Aggressive Behavior, 1995,21: 91—100

Russell, G. W., Spectators, hostility, and riots. In G. G. Brannigan(Eds.), The Sport Scientists: Research interests. New York: Longman, 1999

Ryan, R. M., Vallerand, R. J., Deci, E. L., In, W. F., Straub & J. M. Williams(Eds.), Cognitive sport psychology. Lansing, New York: Sport Science Associates, 1984,231—242

Ryan, R. M., Attribution, intrinsic motivation, and athletics. In C. H. Nadeau, W. R. Halliwell, K. M. Newell & G. C. Roberts(Eds.), Psychology of motor behavior and sport-1979. Champaign, IL: Human Kinetics, 1980

Ryan, R. M., Control and information in the intrapersonal sphere: An extension of cognitive evaluation theory. Journal of Personality and Social Psychology, 1982,43: 450—461

Ryckman, R. M., Robbins, M. A., Thornton, B., Cantrell, P., Development and validation of a physical self-efficacy scale. Journal of Personality and Social Psychology, 1982,42: 891—900

Sachs, M. L., The runner's high. In M. L. Sachs & G. W. Buffone(Eds.), Running as therapy: An integrated approach. Lincoln, NE: University of Nebraska Press, 1984,273—287

Sackett, R. S., The influence of symbolic rehearsal upon the retention of a maze habit. Journal of General Psychology, 1934,10: 376—395

Sacks, M. H., Sachs, M. L., (Eds.). Psychology of running. Champaign, IL: Human Kinetics, 1981

Sarason, I. G., Stress, anxiety, and cognitive interference: Reactions to tests. Journal of Personality and

Social Psychology, 1984,46: 929—938

Sarason, J. G., Assessing the impact of life change: Development of life experiences survey. Journal of Consulting and Clinical Psychology, 1978,46: 932

Savelsbergh, G. P., Whiting, H. T. A., Pijpers, J. R., The control of catching. In J. J. Summers (Ed.), Approaches to the study of motor control and learning. Amsterdam: NorthHolland, 1992, 313—342

Schlenker, B. R., Phillips, S. T., Boniecki, K. A., Schlenker, D. R., Championship pressures: Choking or triumphing in one's own territory? Journal of Personality and Social Psychology, 1995a, 68: 632—643

Schlenker, B. R., Phillips, S. T., Boniecki, K. A., Schlenker, D. R., Where is the home choke? Journal of Personality and Social Psychology, 1995b,68: 649—652

Schmidt, G. W., Stein, G. L., Sport commitment: A model integrating enjoyment, dropout, and burnout. Journal of Sport and Exercise Psychology, 1991,13(3): 254—265

Schmidt, R. A., Motor control and learning: a behavioral emphasis. Champaign, IL: Human Kinetics, 1982

Schultz, J. H., Luthe, W., Autogenic training: A psychophysiological approach to psychotherapy. New York: Grune and Stratton, 1959

Schurr, K. T., Ashley, M. A., Joy, K. L., A multivariate analysis of male athlete characteristics: Sport type and success. Multivariate Experimental Clinical Research, 1977,3: 53—68

Schurr, K. T., Ruble, V. E., Nisbet, J., Wallace, D., Myers-Briggs type inventory characteristics of more and less successful players on an American football team. Journal of Sport Behavior, 1984,7: 47—57

Schwartz, B., Barsky, S. F. The Home Advantage. Social Forces, 1977,55: 641—661

Seeman, J. C., Changes in state anxiety following vigorous exercise. Unpublished master's thesis, University of Arizona, Phoenix, 1978

Seeman, M., Evans, J. W., Alienation and learning in a hospital setting. American Psychological Review, 1962,27: 772—782

Seligman, M. E. P., Abramson, L. Y., Semmel, A., Van Baeyer, C., Depressive attributional style. Journal of Abnormal Psychology, 1979,88: 242—247

Selye, H., Stress in health and disease. Reading, MA: Butterworth, 1976a

Selye, H., The stress of life(2nd ed.). New York: McGraw-Hill, 1976b

Shaw, W., The distribution of muscular action potentials during imaging. The Psychological Record, 1983,2: 195—216

Shiffrin, R. M., Schneider, W., Controlled and automatic human information processing: Perceptual learning, automatic attending, and a general theory. Psychological Review, 1977,84: 127—190

Silva, J. M. III., Shultz, B. B., Haslam, R. W., Martin, T. P., Murray, D. F., Discriminating characteristics of contestants at the United States Olympic wrestling trials. International Journal of Sport Psychology, 1985,216: 79—10

Silva, J. M., III. An analysis of the training stress syndrome in competitive athletics. Journal of Applied Sport Psychology, 1990,2: 5—20

Silva, J. M., Schultz, B. B., Haslam, R. W., Murray, D. F., A psychophysiological assessment of elite wrestlers. Research Quarterly for Exercise and Sport, 1981,52: 348—358

Silva, J. M., Personality and sport performance: Controversy and challenge. In J. M. Silva & R. S. Weinberg(Eds.), Psychological foundations of sport. Champaign, IL: Human Kinetics, 1984, 59—69

Silva, J. M., Understanding aggressive behavior and its effects upon athletic performance. In W. F.

Straub (Ed.), Sport psychology: An analysis of athlete behavior (2nd ed.). Ithaca, NY: Mouvement, 1980

Sime, W. E., Psychological benefits of exercise training in the healthy individual. In J. D. Matarazzo, S. M. Weiss, J. A. Herd, W. E. Miller, & S. M. Wiss(Eds.), Behavioral health: A handbook of health enhancement and disease prevention. New York: Wiley, 1984

Simon, D. P., Simon, H. A., Individual differences in solving physics problems. In R. S. Siegler (Ed.), Children's thinking: What develops? Hillsdale NJ: Lawrence Erlbaum, 1978

Singer, R. N., Cauraugh, J. H., Tennant, L. K., Murphey, M., Chen, D., Lidor, R., Attention and distracters: Considerations for enhancing sport performance. International Journal of Sport Psychology, 1991,22: 95—114

Singer, R. N., Personality differences between and within baseball and tennis players. Research Quarterly, 1969,40: 582—587

Slamcka, N. J., Graf, P., The generation effect: Delineation of a phenomenon. Journal of Experimental Psychology: Human Learning and Memory, 1978,4: 592—604

Smith, G., Recreational drugs in sport. The Physician and Sports medicine, 1983,11: 75—76,79,82

Smith, M. D., Interpersonal sources of violence in hockey: The influence of parents, coaches, and teammates. In F. L. Smoll, R. A. Magill, & M. J. Ash(Eds.), Children in sport (3rd ed.). Champaign, IL: Human Kinetics, 1988,301—313

Smith, M. D., Violence and sport. Toronto: Butterworths, 1983

Smith, R. E., Smoll, F. L., Ptacek, J. T., Conjunctive moderatory variables in vulnerability and resiliency research: Life stress, social support and coping skills, and adolescent sport injuries. Journal of Personality and Social Psychology, 1990,58(2): 560—570

Smith, R. E., Smoll, F. L., Coaching the coaches: Youth sports as a scientific and applied behavioral setting. Current Directions in Psychological Science, 1997, February 6: 16—21

Smith, R. E., Toward a cognitive-affective model of athletic burnout. Journal of Sport Psychology, 1986, 8: 36—50

Snyder, E. E., Spreitzer, E. A., Involvement in sports and psychological well-being. International Journal of Sport Psychology, 1974,5: 28—74

Spence, J. T., Spence, K. W., The motivational components of manifest anxiety: Drive and drive stimuli. In C. D. Spielberger(Ed.), Anxiety and behavior. New York: Academic Press, 1966

Spielberger, C. D., Anxiety as an emotional state. In C. D. Spielberger(Ed.), Anxiety: Current trends in theory and research. New York: Academic Press, 1972,1

Spielberger, C. D., Theory and research on anxiety. In C. D. Spielberger(Ed.), Anxiety and behavior. New York: Academic Press, 1966

Spirduso, W. W., Physical activity and the prevention of premature aging. In V. Seefeld(Ed.), Physical activity and well-being. Reston, VA: American Alliance for Health, Physical Education, Recreation and Dance, 1986,142—160

Staff, AHA declares regular exercise to be a major factor in cardiovascular hearth. President's Councit on Physical Fitness and Sports Newsletter, 1992, September/October,92(5): 1,5

Stamford, B., Hambacher, W., Fallica, A., Effects of daily physical exercise on the psychiatric state of institutionalized geriatric mental patients. Research Quarterly, 1974,45: 34—41

Starkes, J. L., Attention demands of spatially locating the position of a ball in flight. Perceptual and Motor Skills, 1986,63: 1327—1335

Steiner, I. D., Group processes and group productivity. New York: Academic Press, 1972

Stephen, D. E., Bredemeier, B. J. L., Moral atmosphere and judgments about aggression in girls' soccer: Relationships among moral and motivational variables. Journal of Sport and Exercise Psychology,

参考文献

1996,18: 158—173

Steptoe, A. , Bolton, J. , The short-term influence of high and low intensity physical exercise on mood. Psychology and Health, 1988,2: 91—106

Steptoe, A. , Cox, S. , Acute effects of aerobic exercise on mood. Health Psychology, 1988,7: 329—340

Sternberg, R. J. , Detterman, D. K. ,(Eds.). What is intelligence? Contemporary viewpoints on its nature and definition. Norwood, NJ: Ablex, 1986

Stevenson, H. W. , Hickman, R. K. , Knights, R. M. , Parents and strangers as reinforcing agents for children's performance. Journal of Abnormal and Social Psychology, 1963,67(2): 183—186

Stogdill, R. M. , Team achievement under high motivation. Research Monograph No. 113. Bureau of Business Research. Ohio State University, Columbus, OH, 1992

Straub, W. F. , Williams, J. M. ,(Eds.). Cognitive sport psychology. New York, Lansing: Sport Science Associates, 1984

Straub, W. F. , Sensation seeking among high and low-risk male athletes. Journal of Sport Psychology, 1982,4: 246—253

Stronski, S. M. , Ireland, M. , Michaud, P. A. , Narring, F. , Resnick, M. D. , Protective correlates of stages in adolescent substance use: A Swiss national study. Journal of Adolescent Health,2000,26 (6): 420—427

Stumpf, W. E. , Sar, M. , Steroid hormone target sites in the brain: The differential distribution of estrogen, progestin, androgen and glucocortico steroid. Journal of Steroid Biochemistry, 1976,7: 1163—1170

Swam, A. , Jones, G. , Intensity and frequency dimensions of competitive state anxiety. Journal of Sports Sciences, 1993,11: 533—542

Taylor, J. A. , A personality scale of manifest anxiety. Journal of Abnormal and Social Psychology, 1953, 48: 285—290

Tenenbaum, G. , Pinchas, S. , Elbaz, G. , Bar-Eli, M. , Weinberg, R. , Effect of goal proximity and goal specificity on muscular endurance performance: A replication and extension. Journal of sport and exercise psychology, 1991,13(2): 174—187

Tenenbaum, G. , Stewart, E. , Singer, R. N. , Duda, J. , Aggression and violence in sport: An ISSP position stand. ISSP Newsletter, 1997,1: 14—17

Terman, L. M. , The measurement of intelligence. Boston: Houghton Mifflin, 1916

Thayer, R. E. , Energy, tiredness, and tension effects of a sugar snack versus moderated exercise. Journal of Personality and Social Psychology, 1987,52: 119—125

Theodorakis, Y. , Malliou, P. , Papaioannou, A. , Beneca, A. , Filactakidou, A. , The effect of personal goals, self-efficacy, and self-satisfaction on injury rehabilitation. Journal of Sport Rehabilitation, 1996,5: 214—233

Thirer, J. , Greer, D. L. , Personality characteristics associated with beginning, intermediate, and competitive bodybuilders. Journal of Sport Behavior, 1981,4: 3—11

Thirer, J. , Aggression. In R. N. Singer, M. Murphey, L. K. Tenant (Eds.), Handbook of research on sport psychology. New York: Macmillan, 1993,365—378

Thomas, J. R. , Landers, D. M. , Salazar, W. J. , Etnier, J. , Exercise and cognitive functioning. In C. Bouchard, R. J. Sheppard, & T. Stephens (Eds.), Physical activity, fitness, and health. Champaign, IL: Human Kinetics, 1994: 521—529

Thompson, C. E. , Wankel, I. M. , The effect of perceived activity choice upon frequency of exercise behaviour. Journal of Applied Social Psychology, 1980,10: 436—443

Thune, A. R. , Personality of weight lifters. Research Quarterly, 1949,20: 296—306

Toole, T. , Abourezk, T. , Aerobic function: Information processing and aging. In A. C. Ostrow (Ed.),

Aging and motor behavior. Indianapolis: Benchmark, 1989,37—65

Travis, L. E. , The effect of a small audience upon eye-hand coordination. Journal of Abnormal and Social Psychology, 1925,20: 142—146

Tresemer, D. , The cumulative record of research on "fear of success". Sex Roles, 1976,2: 217—236

Triplett, N. , The dynamogenic factors in pacemaking and competition. American Journal of Psychology, 1897,9: 507—553

Tuson, K. M. , Sinyor, D. , Pelletier, L. G. , Acute exercise and positive affect: An investigation of psychological processes leading to affective change. International Journal of Sport Psychology, 1995, 26: 138—159

Udry, E. , Gould, D. , Bridges, D. , Beck, L. , Down but not out: Athlete responses to seasonending ski injuries. Journal of Sport and Exercise Psychology, 1997,3: 229—248

Vallerand, R. J. , Gauvin, L. I. , Halliwell, W. R. , When you're not good enough: The effect of failing to win a performance-contingent reward on intrinsic motivation. Unpublished manuscript, University of Waterloo, 1982

Vallerand, R. J. , Gauvin, L. , Hallivell, W. R. , Negative effects of competition on children's intrinsic motivation. Journal of Social Psychology, 1986,126: 649—657

Vallerand, R. J. , Reid, G. , (In press). On the causal effects of perceived competence on intrinsic motivation: A test of cognitive evaluation theory. Journal of Sport Psychology

Vallerand, R. J. , Effect of differential amounts of positive verbal feedback on the intrinsic motivation of male hockey players. Journal of Sport Psychology, 1983,5: 100—107

Valliant, P. M. , Asu, M. E. , Exercise and its effects on cognition and physiology in older adults. Perceptual and Motor Skills, 1985,61: 1031—1038

Varca, P. , An analysis of home and away game performance of male college basketball teams. Journal of Sport Psychology, 1980,2: 245—257

Vealey, R. S. , Sport personology: A paradigmatic and methodological analysis. Journal of Sport & Exercise Psychology, 1989,11: 216—235

Vernon, P. E. , Personality assessment: A critical survey. New York: Wiley, 1964

Wada(2001). WADA Independent Observer Report: Olympic Games 2000, Sydney, Australia. Retrieved January 25,2001, from http://www. wada-ama. org/asiakas/003/wada_english. nsf/swp/23

Wankel, L. M. , Berger, B. G. , The psychological and social benefits of sport and physical activity. Leisure Research, 1990,21: 167—182

Wankel, L. M. , Audience size and trait anxiety effects upon state anxiety and motor performance. Research Quarterly, 1977,48: 181—186

Wann, D. L. , Sport psychology. Upper Saddle River, New Jersey: Prentice Hall, 1997

Watson, D. , Relationship between locus of control and anxiety. Journal of Personality and Social Psychology, 1967,6(1): 91—92

Weinberg, R. S. , Gould, D. , Jackson, A. , Expectations and performance: An state anxiety and golf performance: A field study. Journal of Sport Psychology, 1979,2: 148—154

Weinberg, R. S. , Gould, D. , Foundations of Sport and Exercise Psychology (2^{ed} ed). Champaign, IL: Human Kinetics, 1999

Weinberg, R. S. , Jackson, A. , Kolodny, K. , The relationship of massage and exercise to mood enhancement. The Sport Psychologist, 1988,2: 202—221

Weinberg, R. S. , Ragan, J. , Effects of competition, success/failure, and sex on intrinsic motivation. Research Quarterly, 1979,50: 503—510

Weinberg, R. , Bruya, L. , Jackson, A. , Garland, H. , Goal difficulty and endurance performance: A challenge to the goal attainability assumption. Journal of sport behavior, 1987,10(2): 82—92

参
考
文
献

Weinberg, R., Bruya, L., Longino, J., Jackson, A., Effect of goal proximity and specificity on endurance performance of primary-grade children. Journal of sport and exercise psychology, 1988, 10 (1): 81—89

Weinberg, R., Fowler, C., Jackson, A., Bagnall, J., Bruya, L., Effect of goal difficulty on motor performance: A replication across tasks and subjects. Journal of sport and exercise psychology, 1991, 13(2): 160—173

Weinberg, R., Gould, D., Jackson, A., Expectation and performance: An empirical test of Bandura's self-efficacy theory. Journal of Sport Psychology, 1979, 1(4): 320—331

Weinberg, R., Jackson, A., Building self-efficacy in tennis players: A coach's perspective. Journal of Applied Sport Psychology, 1990, 2(2): 164—174

Weinberg, R. S., Jackson A., Gould D., Yukelson D., Effect of preexisting an manipulated self-efficacy on a competitive muscular endurance task. Journal of Sport Psychology, 1981, 3(4): 345—354

Weiner, B., The emotional consequences of causal ascriptions. Unpublished manuscript, UCLA

Weiner, B., Frieze, I., Kukla, A., Reed, L., Rest, S., Rosenbaum, R. M., Perceiving the causes of success and failure. Norris-town, NJ: General learning press, 1971

Weiss, M. R., Wiese, D. M., Klint, K. A., Head over heels with success: The relationship between self-efficacy and performance in competitive youth gymnastics. Journal of Sport and Exercise Psy-chology, 1989, 11(4): 444—451

Werner, A. C., Gottheil, E., Personality development and participation in college athletics. Research Quarterly, 1966, 37(1): 126—131

Whiting, B., The problem of the packaged variable. In K. Riegel & J. Meacham(Eds.), The developing individual in a changing world: Historical and cultural issues. The Netherlands: Mouton, 1976, 304—309

Wickens, C. D., Engineering psychology and human performance. Columbus, OH: Charles. Merrill, 1984

Widmeyer, W. N., Brawley, L. R., Carron, A. V., The measurement of cohesion in sport teams: The group environment questionnaire. London, Ontario: Sports Dynamics, 1985

Widmeyer, W. N., Aggression-performance relationships in sport. In J. M. Silva & R. S. Weinberg (Eds.), Psychological foundations of sport. Champaign, IL: Human Kinetics, 1984, 274—286

Wiese, D. M., Weiss, M. R., Yukelson, D. P., Sport psychology in the training room: A survey of athletic trainers. The Sport Psychologist, 1991, 5(1): 15—24

Wiese, D. M., Weiss, M. R., Psychological rehabilitation and physical injury: implications for the sports-medicine team. The Sport Psychologist, 1987, 1(4): 318—330

Wiggins, D. K., The status of sport psychology: A national survey of coaches. In J. M. Silva & R. S. Weinberg(Eds.), Psychological Foundations of Sport. Champaign, IL: Human Kinetics, 1984, 9—22

WilKes, R. L., Summers, J. J., Cognitions, mediating variables, and strength performance. Journal of Sport Psychology, 1984, 6(3): 351—359

Williams, J. M., Andersen, M. B., Psychosocial antecedents of sport and injury: Review and critique of the stress and injury model. Journal of Sport and Exercise Psychology, 1998, 20(1): 5—25

Williams, J. M., Hacker, C. M., Causal relationships among cohesion, satisfaction, and performance in women's intercollegiate field hockey teams. Journal of Sport & Exercise Psychology, 1982, 6: 103—117

Williams, J. M., Tonyman, P., Andersen, M. B., The effects of stressors and coping resources on anxiety and peripheral narrowing. Journal of Applied Sport Psychology, 1991, 3(2): 126—141

Williams, J. M., Widmeyorn, W. N., The cohesion-performance outcome relationship in a coacting sport. Journal Sport Exercises Psychology, 1991,13(4): 364—371

Williams, L. R., Parkin, W. A., Personality profiles of three hockey groups. International Journal of Sport Psychology, 1980,11: 113—120

Willis, J. D., Campbell, L. F., Exercise psychology. Champaign, IL: Human Kinetics Publishers, 1992

Wilson, J. D., Griffin, J. E., The use and misuse of androgens. Metabolism, 1980,29: 1278—1295

Wragg, J., The impact of adolescent development: Implications for the timing, evaluation, and development of drug education programs. Drug Education Journal of Australia, 1990,4: 233—239

Wright, E. F., Jackson, W., C hristie, S. D., McGuire, G. R., Wright, R. D., The home-course disadvantage in golf championships: Further evidence for the undermining effect of supportive audiences under pressure. Journal of Sport Behavior, 1991,14: 51—60

Wright, E. F., Voyer, D., Wright, R. D., Roney, C., Supporting audiences and performance under pressure: The home-ice disadvantage in hockey championships. Journal of Sport Behavior, 1995,18: 21—28

Yerkes, R. M., Dodson, J. D., The relation of Strength of stimulus to rapidity of habit formation. Journal of Comparative Neurology of Psychology, 1908,18: 459—482

Yukelson, D., Weinberg, R. S., West, S., Jackson, A., Attributions and performance: An empiri-cal test of Kukla's theory. Journal of Sport Psychology, 1981,3: 46—57

Yukelson, D., Weinberg, R., Jackson, A., A multidimenisional group cohesion instrument for inter-collegiate basketball teams. Journal of Sport Psychology, 1984,6: 103—117

Zajonc, R. B., Sales, S. M., Social facilitation of dominant and subordinate responses. Journal of Experimental Social Psychology, 1966,2: 160—168

Zajonc, R. B., Social facilitation. Science, 1965,149: 269—274

Zelaznik, H. N., Shapiro, D. C., McClosky, D., Effects of secondary task on the accuracy of single aiming movements. Journal of Experimental Psychology: Human Perception and Performance, 1981, 7: 1007—1018

Zeller, R. A., Jurkovac, T., Dominating the Game. Psychology Today, 1988,10: 20

Zimbardo, P. G., Gerrig, R. J., Psychology. New York: Longman, 1999

Zoccolillo, M., Vitaro, F., Tremblay, R. E., Problem drug and alcohol use in a community sample of adolescents. Journal of the American Academy of Child and Adolescent Psychiatry, 1999,38(7): 900—907

Zucherman, M., All parents are environmentalists until they have their second child. Peer commentary on Plomin R. and Daniels K. Why are children from the same family so different from one another? Behavioural and Brain Sciences, 1987,10: 38—39

Zuckerman, M., Kolin, E. A., Price, L., Zoob, I., Development of a Sensation-Seeking Scale. Journal of Consulting Psychology, 1964,28: 477—482

Zuckerman, M., Porac, J., Lathin, D., Smith, R., Deci, E. L., On the importance of selfdetermination for intrinsically motivated behavior. Personality and Social Psychology Bulletin, 1978,4: 443—446

主 题 索 引

A

艾森克人格问卷（Eysenck Personality Questionnaire, EPQ） 105-107,111,121,261,391

安慰剂效应（placebo effect） 290,300,301,391

暗示调节（self-suggestion intervention） 248,249,255,391

暗示训练（self-suggestion training） 216,217,234,235,238,239,391

B

榜样作用（example's effect） 282,288,382

包裹变量（packed variable） 369,374,375,391

暴力（violence） 284,291,376,377,379,380,382,385,386,388,389,391,410

悲伤反应过程（grief response process） 266,279,280,391

本能论（instinct theory） 381,389,391

比赛方案（competition plan） 179,216,243-245,255,391

比赛心理定向（mental set in competition） 87,179,181,245,246,391

闭锁技能（closed skill） 186,212,213,391

表面特质（surface trait） 104,105,121,391,394,397

表情调节（expression intervention） 246,255,391

表现增强性药物（performance enhancing drugs） 282,283,300,301,391

表象调节（imagery intervention） 247,255,391

表象训练（imagery training） 8,216,217,226-228,230,238,239,391,394,404,410

冰山图像（iceberg profile） 119,121,392

部分练习法（part learning method） 196,212,213,392

C

操作成绩（performance） 13,31,61-65,67,68,70,71,82,100,161,169,174,218,221,228,345,362,364,366,374,392-395,398,402,407

操作思维（operational thinking） 124,154-157,166-168,392,411-413

长期目标（long term goal） 218,219,237,239,277

长期身体锻炼（chronic exercise） 316-320,327,331,392

长时运动记忆（long term movement memory） 145,146,148,152

超人情结（superman complex） 290,300,301,392

成功定向的运动员（success oriented athlete） 38,44,392

成员互补（mutual complement of group members） 339,341,346,347,392

创造力（creativity） 102,163,167,392

创造思维（creative thinking） 124,163,165,167,392

D

大五人格（Big Five personality） 106,121,392

单一认同的发展和外部控制模型（unidimensional identity development and external control model） 275,279,280,392

当前定向（present-orientation） 245,255,392

倒 U 形假说（inverted U hypothesis） 20,61,62,

观众效应（audience effect） 336,362,363,367,374,375,395,412

广阔内部注意（broad-internal attention） 181,395,407

广阔外部注意（broad-external attention） 181,395,407

归因（attribution） 13,20,33,38,39,41－43,72－77,79－85,87－90,285,290,315,330,338,369,392,395,400,401,408,411,413

归因模式（attribution model） 78,81

归因训练（attribution training） 83,90

归属的需要（need for affiliation） 25,38,44,395

归属感（perception of affiliation） 38,338,346,347,395

国际运动心理学会（International Society of Sport Psychology, ISSP） 5,7,15,16,287,387

果敢行为（assertive behavior/assertiveness） 378,379,388,389,395

过程定向（process-orientation） 245,255,395

过度训练（overtraining） 54,258,259,270,271,273,274,276,277,279－281,312,395,398,403,404

H

合理行动理论（the theory of reasoned action, TRA） 295,296,301,395

后摄迁移（retroactive transfer） 206,213

呼吸调节（respiration intervention） 224,247,255,395,408

唤醒（arousal） 13,20,33,43,45,50,55－63,65－68,70,71,77,78,109,173,219,250,254,262,264,317,364,372,389,395,396,398,399,402,405,408,412

唤醒水平（arousal level） 14,55,57,61－64,69,70,77,109,173,174,180,226,241,317,364,367,370,374,384,386,389,392,393,398,404,405

活动调节（activity intervention） 247,255,395

J

积极强化（positive reinforcement） 40,44,395

基本归因偏差（fundamental attribution error） 75,89,90,395

激励（motivate） 38,72,216,222,249,250,294,315,349,352,353,360,363,378,396

集中练习（massed practice） 196－198,206,207,211,213,231,396

计划行为理论（the theory of planned behavior, TPB） 296,301,308,309,313,314,396,406

记忆（memory） 5,10,49,53,92,94－96,98,106,124,141－153,158－160,163,165－167,170,180,185,186,190,191,226,231,232,238,284,285,316,325－327,354,399,400,403,405,407－409

技能（skill） 5－7,10,11,13－15,17,33,41,49,52,61－63,68,77,78,80,82,84,85,87－89,99,100,106,107,115,142,144－146,148,150－152,159,160,170,176,180,183－189,191－197,199－202,206－213,217,220,227,228,233,237,239,260,262－264,267,268,277,279,288－290,312,323,324,327,330,356,357,365,392－394,396,397,399,400,403,406,413

技能动作自动化（automation） 185

技能性项目（skill oriented sports） 15,16,62

技巧（acrobatic skill） 127,135,139,140,184,185,187－189,191,212,213,261,269,277,280,293,388,396,409,410

间接动机（indirect motivation） 24,43,44,396

健康信念模型（health belief model, HBM） 308,313,314,396

健康幸福感（psychological well-being） 311,312,316,319,320,322,323,331,396,398

渐进放松（progressive relaxation） 224,225,238,239,318,396

交互作用模式（interactional model） 117,118,121,396

焦虑（anxiety） 12－14,20,33,45,52,54－71,77,78,83,103,104,106,108,109,112,113,117,119,121,135,173,179,180,221,246,250,254,

256, 263, 264, 267, 271, 276 – 279, 283, 284, 289 – 291, 294, 303, 311, 313, 314, 316 – 320, 327 – 333, 338, 364, 366, 372, 393, 394, 396 – 400, 402, 404, 405, 411 – 413

焦虑方向理论（anxiety direction theory） 20, 68, 70, 396

角色定位（role positioning） 216, 241 – 243, 255, 396, 413

节奏知觉（rhythm perception） 130, 131, 133, 139

距离线索（distance cues） 142, 143, 152, 204

距离知觉（distance perception） 127 – 129, 133, 139, 397

决策（decision making） 6, 28 – 30, 32, 42, 43, 57, 93 – 96, 101, 124, 126, 127, 139, 140, 153, 154, 157 – 159, 161 – 163, 166 – 168, 182, 186, 193, 299, 308, 349, 350, 352, 354, 356, 397, 400, 406, 407

K

卡特尔 16 种人格因素问卷（Cattell 16 Personality Factors Questionnaire, 16PF） 97, 104 – 106, 120

开放技能（open skill） 186, 208, 212, 213, 397

科尔曼·罗伯特·格里菲斯（Coleman Roberts Griffith） 16

可控性（controllability） 54, 59, 78, 80, 81, 86, 89, 90, 229, 255, 397

空间能力（spatial ability） 94 – 96, 101, 397

空间知觉（space perception） 95, 127, 128, 134, 138, 139, 397

控制点（locus of control） 29, 31, 39, 41, 77 – 81, 84, 87, 89, 90, 261, 397

控制性事件（controlling event） 28, 44, 397

L

力量感（perception of strength） 338, 346, 347, 397

连续技能（continuous skill） 145, 146, 148, 152, 186, 212, 213, 397

练习（trial） 8, 30, 35 – 37, 41, 82, 83, 86, 127, 131,

135, 141, 142, 144 – 146, 148, 150 – 152, 180, 183 – 185, 187, 188, 190 – 213, 218, 222 – 234, 236 – 238, 244, 245, 247, 253, 267 – 270, 272, 277, 278, 280, 311, 317, 318, 320, 329 – 331, 363, 364, 392 – 394, 396 – 398, 405, 406

练习曲线（learning curve） 191 – 195, 212, 213, 397

领导（leadership） 55, 77, 78, 244, 263, 288, 336, 339 – 341, 348 – 361, 388, 393, 394, 396 – 399, 404, 407

领导方格（leadership grid） 355, 360, 397

领导方式（leadership style） 336, 339, 346 – 352, 355 – 357, 360, 361, 397, 399

领导行为（leadership behaviour） 336, 339, 349, 350, 352, 353, 355, 357, 361, 397, 411

流畅体验（flow） 321 – 324, 331, 397

旅途疲劳（traveling fatigue） 373, 374

M

民主式领导（democratic leadership） 349, 398

模拟训练（simulation training） 216, 217, 236, 238, 239, 398

目标定向理论（goal orientation theory） 35, 36, 43, 44, 220, 237, 246, 398

目标设置（goal setting） 13, 87, 90, 216 – 218, 220, 221, 237, 239, 267 – 269, 277, 299, 340, 398

目标整合（goal integration） 277, 339, 340, 346, 347, 398

N

内部表象（internal imagery） 148 – 150, 152, 398

内部动机（intrinsic motivation） 23, 25 – 32, 35 – 37, 39 – 44, 220, 261, 273, 307, 356, 398, 400, 404, 408

内部竞争（inside competition） 339, 342, 346, 347, 398

内化方法（internalization method） 40, 41, 44, 398

内控者（internals） 77 – 80, 90, 398

内驱力理论（drive theory） 20, 61 – 63, 70, 364, 398

内外控（internal/external orientation） 73, 80, 89,

32,36,43,44,400

认知—情感应激模型(cognitive-affective stress model) 272,279,280,400

认知运动心理学(cognitive sport psychology) 140,151,153,154,158,160,163,166,168,169,182

认知状态焦虑(state cognitive anxiety) 67,70,393

任务定向(task orientation) 35 - 37,43,44,220,221,237,239,398,400

任务凝聚力(task cohesion) 338,339,343,345 - 347,400

瑞文标准推理测验(Raven's Standard Progressive Matrices Test) 94,97 - 99,101,400

三维归因理论(three dimension attribution theory) 75,89,90,400

社会促进(social facilitation) 4,15,362 - 367,374,375,400

社会凝聚力(social cohesion) 338,339,346,347,400

社会认知理论(social cognitive theory) 27,33,34,36,308,310,313,314,400

社会性动机(social motivation) 23,43,44,401

社会学习理论(social learning theory) 381,382,385,389,401

社会压力(social pressure) 288,289,293,309,395

社会支持(social support) 55,59,60,128,260,262,267 - 269,277 - 279,307 - 309,357,369,371,401

身体锻炼(physical exercise/exercise) 29,34,258,259,277,302 - 306,308 - 310,312 - 316,318 - 322,325 - 329,331 - 333,396,398,401,410,412

身体活动(physical activity) 5,10,11,125,247,258,264,302,303,305,307,308,310 - 332,393,395,401,411

深度知觉(depth perception) 125,126,129,139,284

生活事件(life event) 46 - 48,59,60,260,261,294,325,332,401,412,413

生理调节(physiological intervention) 8,246,255

生物性动机(biological motivation) 23,43,44,401

失败定向的运动员(failure oriented athlete) 38,39,44,401

时间知觉(time perception) 129,130,133,134,139,401

实验性尝试(experimental trial) 293,300,301,401

使用兴奋剂(doping) 258,282,284,286 - 291,295 - 298,300,301,391,392,394,399,401,402,411,412

视觉表象(visual imagery) 57,59,148,149,152,230,268,269,400 - 402

视觉反馈(visual feedback) 189,190,212,213

适应(adaptation) 5,10,11,41,45 - 47,50 - 52,59,60,81,82,84,88,89,94,102,105,114,117,127,141,157,171,173,183,185,193,203,211,216,217,233,236,238,239,270,271,273,279,290,315,316,327,331,342,351,354,356,360,366,393,395,398,401,403 - 405

双因素理论(two-factor theory) 204,212,213,401

双重任务技术(dual-task technique) 173,175,176,180,181,401

T

态度(attitude) 42,73,74,79,84,89,97,103,105 - 107,130,195,217,218,221,235,236,244,249,250,263,266 - 269,283,286,287,290,293,295 - 298,300,301,306,309,313,316,319,336,340,349,350,355,356,360,382,393,395,396,402,406,410

特殊能力(special ability) 92,94 - 96,101,402,405

特质(trait) 35,68,74,76,89,104 - 106,109,117,119 - 122,173,180,320,361,393,402,411,413

特质焦虑(trait anxiety) 56,57,59,60,117,118,261,317,318,320,366,402

体能性项目(fitness oriented sports) 14,16,62

体育心理学(psychology of physical education) 5,7,11 - 13,16,234,410,411

主题索引